형평법

형평법

Equity

새라 워딩턴 지음 · 임동진 옮김

小花

일러두기

1. 이 책은 런던 정경대학의 새라 워딩턴 교수가 저술하고 옥스퍼드 출판사가 '클래런던 법서 시리즈Clarendon Law Series'의 일환으로 출간한 *EQUITY* 제2판을 번역한 것이다.
2. 원문의 법률용어는 가능한 한 한국에서 사용되는 법률용어로 번역했고, 필요할 경우 영문을 부기함으로써 독자의 이해에 도움이 되도록 힘썼다.
3. 문장은 최대한 원문에 충실하되 직역으로는 의미를 전달하기 어려운 경우 의역을 시도했다.
4. 원주는 본문 안에 각주 형식으로 표기하였으며, 역주는 각 장의 본문 뒤에 미주 형식으로 표기하였다.
5. 각 장의 참고문헌과 참고판례는 각 장의 본문 말미에 수록하였다.

차례

옮긴이의 말 · 13

초판에 붙이는 추천사 · 17

제2판 서문 · 19

초판 서문 · 22

판례 목록 · 25

제1부_서론

제1장 이중의 법체계: 보통법과 형평법 · 39

제1절 규칙과 그 자연적 진화 · 40

제2절 대륙법과 보통법의 체계 · 44

제3절 이중적 판례법체계의 연원 · 47

제4절 소송에서의 이중성—초기의 보통법과 형평법의 성격 차이 · 55

제5절 형평법에 대한 탐구 및 형평법에 대한 어려운 의문들에 답하기 —이 책의 기능 · 61

제6절 정리 · 64

제2장 법체계와 법적 권리 · 67

제1절 법적 권리와 법적 구제수단 사이를 연결하기 · 69

제1관 의무의 특정이행 · 71

1. 시장적 관점에서의 차별성 · 73
2. 기능적 차이 · 75
3. 채무의 특정이행을 명하지 않는 경우 · 77
4. 정책적 고려 · 79

제2관 인정션 · 82

1. 인정션의 형태 · 83

2. 인정션을 발하지 않는 경우 · 84

3. 보통법과 형평법 · 86

제2절 항변의 중요성 · 87

제1관 제소지연과 형평법상 태만의 항변 · 88

제2관 포기(또는 면제) · 92

제3관 상계 · 94

제4관 깨끗한 손 · 96

제3절 재판실무에 끼친 영향 · 98

제1관 금지가처분 · 98

제2관 수색명령(앤턴 필러 명령) · 100

제3관 처분금지가처분(마레바 가처분) · 102

제4관 확인판결 · 103

제4절 정리 · 105

제2부_재산권

제3장 새로운 재산권의 창설 · 113

제1절 재산권에 관한 단순한 발상 · 114

제2절 재산권의 중요성 · 116

제3절 양도성과 배타성에 대한 제한—물권들 간의 구분에 관한 판단 기준 · 120

제4절 재산에 관한 좀 더 복잡한 발상—"권리들의 다발"로서의 재산 · 122

제5절 형평법, 새로운 형태의 재산권을 창설해내다 · 124

제6절 형평법, 새로운 범주의 재산권을 창설해내다 · 131

제7절 신탁의 성립—명시적신탁, 의제신탁 및 결과적신탁 · 138

제8절 신탁이 주는 혜택 · 147
제9절 담보권의 창설—형평법상의 담보권 및 형평법상의 우선변제권 · 153
제10절 형평법상의 재산권 개념의 한계—인적 권리, 그리고 "단순형평권" · 159
제11절 정리 · 161

제4장 재산권의 확장 · 166

제1절 원물추급, 대체물추급 및 그 권리의 행사—개념상의 문제들 · 167
제2절 원물추급과 권리행사 · 171
제3절 원물추급 · 171
제4절 권리행사에 적용되는 원칙—소유권분쟁과 우선권다툼 · 175
제1관 등기, 등록 · 175
제2관 네모 다트 원칙 · 176
제3관 선착순의 원칙 · 178
제4관 제값을 치른 선의매수인의 우선권—형평법의 총아 · 179
제5관 단순형평법의 약점 · 182
제5절 대체물추급과 권리행사—핵심문제들 · 183
제6절 대체물추급에 나서기 · 187
제7절 권리행사의 준칙—실무와 원칙 · 190
제1관 파산시 우선권을 온존시키기 · 193
제2관 제2차적 대박이익에 대한 권리행사 · 196
제8절 대체물추급과 권리행사 준칙의 운용 실제—혼합형 대체물의 어려움 · 203
제9절 대체물추급의 마지막 단계 · 213
제1관 중간최저잔고의 원칙 · 214
제2관 소급적 대체물추급 · 214
제3관 섞이는 경우 · 215
제4관 대위 · 218
제10절 정리 · 219

제3부_불법행위

제5장 개인적 자치의 제한 · 227

제1절 허용항목의 열거주의와 금지항목의 열거주의 · 229

제2절 수임자의 의무—충실의무 · 231

제1관 충실의무와 자기부정의무에 관한 발상 · 233

제2관 토해내기라는 구제수단—원칙과 정책상의 난점 · 239

제3관 수임자에 대한 규제가 미치는 범위 · 248

제3절 의사결정권자에게 부과되는 의무—권한남용을 규제하는 원칙들 · 252

제1관 권한의 제한 · 253

제2관 형평법상의 신의성실원칙과 보통법상의 "웬즈베리" 비합리성 · 254

제3관 합목적성 · 256

제4관 두 법체계의 비교—보통법과 형평법 · 260

제4절 정보의 보유자에게 부과되는 의무—비밀유지의무 위반에 대한 규제 · 261

제1관 정보보호의 전략 · 261

제2관 비밀유지의무 위반—경합하는 이익 간에서 균형잡기 · 263

제3관 비밀유지의무 위반에 대한 구제수단 · 267

제5절 일반적인 구제전략으로서의 토해내기 · 270

제6절 정리 · 272

제6장 불법행위에 대한 구제수단의 보충 · 276

제1절 보통법상의 구제전략을 보충해주기 · 277

제1관 손해배상 청구권의 확장—"형평법상 법정 손해배상": 케언스 경의 법률 · 278

제2절 새 불법행위 영역의 개척—과실에 의한 불법행위 · 281

제1관 주의의무의 기준 · 284

제2관 보호하는 이익 · 284

제3관 구제수단 · 287

제4관 방어방법 · 292
제3절 형평법상 재산권을 수탁자의 권한남용으로부터 보호하기 · 293
제1관 특정회복 · 294
제2관 형평법, 특정회복, 그리고 도둑 · 299
제3관 신탁설정조항 중에서 명시된 의무조항에 위반한 경우 · 302
제4절 제3자의 간섭으로부터 형평법상의 재산권 보호하기 · 309
제1관 제3취득자의 책임—수탁자로 간주하기 : "정을 알면서 취득"한 것으로 간주되는 경우 · 309
제2관 방조책임— "정을 알면서 방조"한 경우 : "부정직한 방조" · 325
제5절 정보의 보호 · 327
제6절 새로운 형태의 불법행위 · 329
제7절 정리 · 330

제4부_계약

제7장 약속에 대한 심사 · 337
제1절 불공정성을 야기하는 요식행위들 · 341
제1관 정정하기 · 341
제2관 요식행위 · 343
제2절 절차적 불공정성—당사자의 의사에 대한 심사 · 346
제1관 착오 · 348
제2관 허위표시 · 350
제3관 강박과 부당한 영향력의 행사 · 353
1. 보통법상의 강박 : 물리적 및 경제적 강박 · 354
2. 형평법상의 부적절한 영향력 행사 · 357
3. 3당사자 간의 관계 · 362

제4관 불공정한 거래 · 365
제3절 실체적 불공정성—계약조건에 대한 심사 · 369
제1관 기한으로부터의 구제 · 371
제2관 "형평법상의 환매권"을 창설해낸 구제방법 · 372
제3관 물권적 권리의 몰취에 대한 구제수단 · 374
제4관 위약금에 대한 구제 · 377
제5관 실체적 정의인가, 또는 절차적 정의인가 · 379
제4절 정리 · 380

제8장 약속의 이행강제 · 385
제1절 요식행위에 따라야 한다는 요구를 무시하기 · 387
제1관 "원래"의 "특정이행"과 "특정이행에 준하는 구제" · 388
제2관 성문법상 요구되는 요식행위 · 389
제3관 증여를 위하여 요구되는 서면화의 요청—불완전한 증여 · 395
제2절 직접의 계약관계를 요구하는 관행의 폐기 · 400
제3절 대가관계에 대한 재검토 · 404
제1관 자기가 고지한 내용에 반하는 것을 금지하는 금반언 · 406
제2관 약속에 터잡은 금반언 · 409
제3관 물권적 금반언 · 413
제4관 금반언사건들의 재분류 · 415
1. 금반언과 계약 · 417
2. 금반언과 부당이득 · 420
3. 금반언과 불법행위 · 422
제4절 묵시적 조건들 · 424
제1관 퀴스트클로스 신탁 · 426
제2관 결과적신탁의 추정과 매수대금의 결과적신탁 · 429
제3관 결과적신탁의 추정에 의존하는 일 금지하기 · 432

제4관 주거용 주택과 “공통의사 의제신탁” · 435
제5절 사전에 보통법의 결과를 예상하고 확보하기 · 439
제1관 소유권에 대한 기대—특정이행 및 의제신탁 · 441
제2관 매매대금 청구권의 확보—매도인의 우선변제권 · 443
제3관 이론과 실무 · 444
제4관 “구제수단으로서의” 의제신탁 · 448
제6절 정리 · 449

제5부_부당이득

제9장 잘못된 재산권이전의 시정 · 455
제1절 원상회복을 제한하는 모델들 · 457
제1관 정통적인 모델 · 458
제2관 새로운 모델의 제안 · 465
제3관 정통적 모델과 재구성된 모델 간의 비교 · 468
제2절 잘못된 재산권이전의 시정에서 보통법과 형평법 간의 괴리 · 476
제3절 물권적 회복에서의 정책적 문제들 · 479
제4절 “재산권이전의사의 흠결”—물권적 회복의 이론적 문제들 · 484
제1관 객관적 관점에서의 재산권이전의사의 흠결—재산권이전이 무효인 경우 · 485
제2관 주관적 관점에서의 재산권이전의사의 흠결—재산권이전을 취소할 수 있는 경우 · 491
제5절 “증여의사의 흠결”—물권적 회복에서의 이론적 문제들 · 499
제6절 “재산권이전의사의 흠결”과 “증여의사의 흠결” 간의 구별방법 · 506
제7절 물권적 구제수단과 입장변화의 항변 · 508
제8절 대체물에 대한 권리를 주장함으로써 물권적 청구의 이점을 보전하기 · 510

제9절 이득을 청구함으로써 원상회복청구권을 확장하기 · 513
제10절 정리 · 517

제6부_ 결론

제10장 형평법 통합하기 · 525
제1절 이론적 통합의 실제 · 527
제2절 사법적 통합 · 532
제1관 형평법은 유난히 양심에 기초한 재판체계라고 말할 수 있는가 · 533
제2관 형평법의 간섭은 유난히 자의적인가 · 541
제3절 정리 · 547

참고문헌 · 551
찾아보기 · 560

≫ 옮긴이의 말

영국은 판례법 국가다. 우리가 속하는 대륙법 국가와는 달리 법원이 오랜 역사에 걸쳐서 부단히 만들어내는 판례가 점차 축적되어 판례법common law이라는 실체를 갖추게 된 나라이다. 영국의 판례법은 전문법관의 주재하에 보통사람들이 배심원으로 선정되어 법정에서 당사자와 증인의 구두진술을 듣고 그에 터잡아 진실을 발견하는 것이 기본구조로 되어 있었다. 그러나 보통사람들로 구성된 배심원단은 그만큼 전문성이 부족한데다가 당사자와 증인의 진술에만 의존할 경우 오판의 가능성도 커진다는 단점 또한 무시할 수 없었다. 게다가 배심원들이 발견한 사실에 법을 적용할 책무를 지는 판사들이 국왕에 의하여 임명되었으면서도 국왕의 대신들과 권력 다툼을 진행해 나가는 과정에서 국왕 측의 간섭을 저지하겠다는 속셈으로 분쟁의 당사자가 법원에 소송을 제기할 수 있는 자격을 영장writ제도에 의하여 엄격히 제한함으로써 이에 따르지 못하는 당사자는 법원에서 구제받지 못하게 된다는 폐단이 쌓이게 되었다.

이렇게 되자 법원에서 구제받지 못한 사람들은 국왕 앞에 나아가 호소하게 되었고, 총무대신은 국왕을 대신하여 이를 재심사하게 되었다. 이런 과정에서 국왕 측이 오로지 백성의 아픔을 함께 느껴보겠다는 순수한 일념만 작용했던 것은 아니라고 한다. 즉, 그만큼 움직이려면 그만한 대가의 지급이 또한 필요했다는 것이다. 초기에는 총무대신이 대부분 성직자이거나 귀족 출신으로서 법조인이 아니었으므로 법에 얽매이지 않고 융통성을 발휘하여 백성을 구제하는 조치를 발령하게 되었다. 그러는 과정에서 총무대신의 자리를 법조인이 차츰 채워 전문적으로 관여하게 됨으로써 이제는 배심재판으로 대변되는 보통법 법원에 대응하는 개념으로서 형평법 법원이 부상하게 되었다. 그리하여 형평법 법원은 보통법 법원에서 구제받지 못하는 백성을 살려준다는 명분에서 시작되어 절차법상으로도 배심원이 아닌 전문법관에 의한 재판, 더 나아가 구두변론주의를 탈피한 서면심리주의를 채택하게 되었다.

형평법 법원은 하나의 판례법 국가에서 보통법 법원과 분명히 다른 이질적인 법체계를 갖추게 되었다는 점에서 대륙법 국가의 눈으로 볼 때는 쉽게 납득하기 어려운 현실을 빚어내게 된다. 이질적인 법체계로 인하여 서로 다른 법원이 별도로 존재하게 되었으니, 가령 보통법 법원에 제소했다가 그곳에서 영장 형식에 맞지 않는다는 이유로 퇴짜를 맞으면 다시 형평법 법원으로 찾아가야 하는 불편이 계속되었다는 이야기다. 이런 불편을 영국에서는 1873년에, 미국에서는 연방법원의 경우 1938년에 (주법원은 예컨대 뉴욕주가 1848년에) 사법행정이 통일됨으로써 해결했다 하나, 그럼에도 여전히 같은 법원 안에서도 어떤 사안을 보통법으로 처리할 것이냐 형평법으로 처리할 것이냐를 결정해야 하며, 그에 따라 결론이 달라질 수도 있다는 점에서는 기이한 현상이 지속되고 있다. 그리하여 이제는 이 두 법체계가 통합되어야 한다는 강력한 주장이 대두하고 있다. 그러나 두 법체계가 발전해온 역사적 과정과 배경에 비추어보면 결국 두 법체계 간에 다소 이질적인 모습은 이를 부정할 수도 없고, 또한 부정해서도 안 될 것이다(단, 미국은 권력자의 간섭을 혐오한 청교도적 전통으로 인하여 영국에 비하여 형평법이 끼친 영향으로부터 좀 더 자유롭다고 한다).

한편 형평법에 대하여는 두 가지 측면에서 비판이 제기되고 있다. 첫째, 형평법은 보통법의 엄격한 형식주의를 배격함으로써 융통성과 신축성을 그 모토로 삼고 있으며, 그리하여 일관된 체계의 확립보다는 다소 우왕좌왕하더라도 개개의 사건에서 구체적 정의를 발휘하여야 한다는 욕구로 인하여 재량성 내지 자의성이 강하다는 비판을 받고 있다. 둘째, 법보다는 양심에 터잡고 있다는 비판이다. 양심이 과연 무엇이냐 하는 질문에서 시작하면 결코 쉬운 일이 아니겠지만, 보통법 법원에서 형식 미비를 이유로 퇴짜 맞은 백성을 구해주려다 보니 법보다는 양심 내지 상식에 좀 더 의존할 수밖에 없었다는 이야기이다.

그러나 형평법이 이룩한 업적에 비추어보면 이런 정도의 비판은 짐짓 무시해도 될 듯하다. 특히 "신탁trust"과 금반언estoppel이라는 뛰어난 법리의 확립, 다양하고 융통성 있는 인정셔injunction제도, 물건의 점유를 상실한 소유자의 추급권 확대, 금전에 의한 손해배상이라면 웃으면서 이행하겠다는 간악한 채무자에게 계약의 특정이행specific enforcement을 명하여 이에 불응할 경우 법정모욕죄로 처벌하겠다고 위협함으로써 계약대로 이행하지 않을 수 없도록 강제하는 일, 주의의무duty of care와 과실negligence책임 분야의 개척, 신임관계fiduciary relations와 수임자의 충실의무duty of loyalty, 채권자 또는 채무자를 위한 계약의 재해석, 융통성 있는 계약취소 사유(부당한 영향력의 행사, 불공정한 법률행위 등)의 인정, 절차법상 증거개시절차discovery의 도입 등 형평법이 영미법에 공헌한 바는 지대하다고 평가되고 있다.

영국 판례법의 근간을 이루는 보통법의 부족한 부분을 그때그때 보충하다 보니 형평법은 그 자체로서의 법체계를 갖추었다고는 할 수 없다. 따라서 영미법의 교과서를 보더라도 먼저 보통법을 판례법의 근간으로 소개한(그리하여 보통법은 곧 "법law"이 되며, 보통법적인 견해는 "법적legal"인 견해가 되는 것이다) 연후에 형평법상의 보충적 해결 방법이 소개되고 있다.

이 책은 영국의 런던 정경대학 교수인 새라 워딩턴 여사의 저술이다. 영국 런던 정경대학의 "클래런던 법서시리즈"의 일환으로서 출간된 것이므로 입문서라고 보아야 하겠으나, 그 내용은 결코 쉽지 않다. 이 책은 형평법의 역사를 소개하기보다는 현대법의 차원에서 형평법의 현주소와 역할을 보여주는 데 주력한다. 그리고 마침내는 보통법과 형평법이 이 시대에 더 이상 이런 식으로 각자의 길을 가서는 안 된다는 점, 즉 통합이 시도되어야 한다는 점을 강력히 주장하고 있다. 국외자로서 우리는 두 법의 통합에 대해서까지 관심을 가질 여유가 없으므로 우선은 보통법이라는 경직된 법체계를 형평법이 어떻게 시정해보려고 했는지를 살펴보는 것만으로도 대륙법의 현실에 대한 반성적 관찰에 도움이 될 수 있으리라고 여긴다. 대륙법이 일본을 거쳐 한국법으로 정착한 지도 60년이 넘는 마당에 이제 판례법의 원조인 영국에서 대륙법과는 대조적인 논리와 시각의 차이를 보이는 법체계가 독자적으로 발생, 존속하여 왔을 뿐만 아니라 현 시대에 이르러서는 전 세계적으로 대륙법보다 선호되는 현상을 보이는 이유가 무엇인지 음미하고 반성해보는 계기로 삼는 것도 의미가 있으리라고 생각된다.

옮긴이는 영미법 국가에서 공부한 배경도 없이 번역에 뛰어드는 만용을 저질렀음을 자인한다. 그리하여 익숙지 않은 영미법의 용어와 문장, 법리와 사고방식을 우리말로 옮기는 데 있어 충분히 이해하지 못한 채로 대충 넘어간 대목이 적지 않았음을 실토한다. 그러나 법조문에서 헤어나지 못하는 대륙법의 현실을 한 번이라도 개탄해본 경험이 있는 법조인이라면 형평법의 유연·온건하면서도 대담한 문제해결정신을 참고해보고자 갈구하리라고 믿기에 일단 이 책을 소개하는 것이 급선무라는 생각에서 부족함을 무릅쓰고 출간을 감행하게 되었다. 이 책에서 드러나는 오역이나 오류는 모두 역자에게 귀속되며, 역자는 이를 절실히 의식하고 있기에 발간 이후에도 수정, 보완작업을 계속할 것이다.

엄청난 분량의 구술녹음을 일일이 입력하고 되풀이되는 수정작업을 마다하지 아니한 김주희 과장에게 감사를 표한다.

2009년 3월

옮긴이 임동진

≫ 초판에 붙이는 추천사

이 책은 무게 있고 흔하지 않은 책이다. 이 책은 판례를 인용하지도 않고 학술서적에 대하여 언급하지도 않으므로 교과서라고는 할 수 없으나, 이 책의 배경에는 엄청난 규모의 문헌들이 숨어 있다. 이 책은 형평법 전체에 대한 시각을 제시하는 주제의 방대함으로 인하여 전공논문이라고도 할 수 없다. 이 책은 우리의 법체계상 형평법이 차지하는 위치에 관한 초보적인 탐색에 그친다고 스스로 겸손하려 하고 있으나, 우리의 보통법과 형평법이라는 이중의 법체계가 지속적으로 제기하는 가장 중요하고도 논쟁의 대상이 되는 문제들에 관하여 철두철미한 지적 호기심으로써 접근하고 있다.

여기서 워딩턴 박사는 방대한 분야에 걸친 그녀의 정열적인 분석에 힘입어 형평법을 하나의 체계로 통일할 수 있다는 신념을 지니고 있다. 이런 통합이 일반적으로 생각하듯이 그렇게 꼭 어려운 것만은 아니며, 실제로도 두 개의 법체계가 통합되고 상호 간에 영향을 미치는 상당히 의미심장한 일들이 지속적으로 있어왔다는 그녀의 주장은 분명히 옳다. 이런 과정은 앞으로도 계속될 것이다. 두 체계상의 원칙들이 서로 통일되기까지는 아직도 많은 시간을 필요로 하겠지만, 지금 당장에도 우리의 눈앞에는 앞으로 통합될 장래의 모습이 희미한 윤곽으로나마 어느새 떠오르고 있을 정도이다.

이 노작의 큰 덕목은 이 책이 (학설이나 이론doctrine이 아니라) 원리, 원칙principle을 앞세운다는 점이다. 어떤 사안에 대한 구제수단에 관하여 보통법과 형평법 간의 불일치는 그 각자가 내세우는 원칙에 의하여 정당화된다. 그러나 그중 어떤 것들은 의문의 여지없이 그렇지 못하다. 장래의 통합가능성을 탐색함에 워딩턴 박사는 이런 괴리로 인하여 결여되는 원칙들이 무엇인지를 확인하여 정책의 고려 위에 터잡은 통일되고 일관성 있는 체계가 어떻게 대응할 것인지를 보여준다. 여기서 그녀는 오늘날에도 여전히 남아 있는 가장 어려운 문제를 겁 없이 직시하여 용감하게 그에 대한 해결책을 제시한다. 물론 그런 대책들에 대하여 모두가 동의하지는 않으리라. 그러나 그녀의 이런 대책들을 진지하게 고려해보지도 않은 채로 그에 동의하지 않는 것 또한 현명치 않을 것이다. 이 사안의 본질에서는 바로 물권과 채권 간에 선을 긋는 문제가 자리 잡고 있다. 그녀는 이 구별의 문제야말로 현재 우리 법이 직면하고 있는 이론적으로, 또 실무적으로 가장 다루기 어려운 일이라고 설파하고 있는데, 이는 타당한 이야기이다.

워딩턴 박사는 이 책으로 기념비적 작품을 만들어냈으나, 그녀는 겸손하기만 하다. 이 책은 법을 주제로 하는 작품들에 대하여 보통 말해줄 수 있는 칭찬만으로는 충분치 못하다. 이 책은 진지하게 읽어볼 만한 책이다. 앞으로 법이 어떻게 발전할 것인지에 관하여 관심을 가지고 있는 사람이라면 이 책 없이 지낼 수 없을 것이다. 그런 과정에서 한몫을 담당하려고 하는 사람들 또한 이 책 없이는 견디기 어려울 것이다.

전 대법관 밀렛 경 Lord Millett

≫ 제2판 서문

이 책의 초판과 제2판 간에 가장 두드러지는 차이는, 제2판에서는 주요 판례들과 학술논문들을 선별적으로나마 참조했다는 점이다. 당초 초판을 출간하던 당시 저자는 판례와 논문의 인용을 생략하는 것이 어떤 독자들에게는 환영을 받겠지만 또 다른 독자들에게는 불편을 끼치리라고 예측했었는데, 실제로 정말 그런 결과가 되었다. 그래서 판례와 논문을 인용하는 이번 제2판도 일부 독자의 기분을 좋게 해주겠지만, 어떤 독자에게는 불편을 끼칠 것이 예측되나 어쩔 수 없는 일이다.

제2판의 목표는 초판 당시와 마찬가지이다. 각주를 추가한 것 이외에 본문이 크게 달라진 것은 없다. 초판에서와 마찬가지로 이 책의 첫 번째 목표는, 형평법이 현대의 법조 환경에 끼친 영향의 범위와 내역을 보여주는 일이다. 이 책은 형평법에 관하여 종합적인 설명을 해주지는 않으나, 독자들로 하여금 형평법이 어떻게 작용하는지를 이해할 수 있도록 해주기 위하여 형평법의 주요 원칙과 개념을 설명하는 데 주력하고 있다. 그리하여 이 책은 형평법에 기능적으로 접근하는 방법을 취함으로써 형평법이 무엇인가를 설명하는 것이 아니라 형평법이 어떤 작용을 하는가를 설명하는 데 주력한다. 이렇게 해야 그것이 기본개념을 취급한다는 의미에서 초보적인 것이다. 제2판의 두 번째 목표는, 초판에서와 마찬가지로 이제 형평법과 보통법을 통일할 때가 되었음을 보여주는 데 있다. 두 개의 법체계로부터 배운 점들을 종합하여 우리는 21세기에 합당한, 더욱 합리적이고도 일관성 있는 법체계를 만들어내는 데 활용하고자 하는 것이다.

형평법학은 보통법의 모든 부문에 영향을 끼쳐왔다. 형평법은 재산, 계약, 불법행위, 그리고 부당이득 등에 관한 우리들의 관념을 변화시켜왔다. 그 결과로서 매우 치밀하고 차별적이며, 또 정교한 법원칙들이 만들어졌다. 이 책은 그런 차별성이나 미묘함에 대하여 반박하는 내용을 담고 있지 않다. 이 책이야말로 이중의 법체계에 대한 반대논리로 일관하는 것이다. 차별적 접근방법이라 함은 어떤 문제를 어떤 사유에 해당한다고 보아 그에 합당하다고 생각되는 방법으로 해결하고자 하며, 다른 해결책은 완전히 무시하는 방법을 말한다. 이 책에서 비판하고 있는 의미에서의 이중의 법체계에 의하면 하나의 법률문제를 놓고 다른 방식으로 분류하고, 각자 서로 다른 자기 나름의 해결책을 제시하고 있다. 그러나 이것은 결코 바람직한 방법론이 되지 못한다. 고맙게도 우리는 보통법과 형평법이라는 이중체계를 가지고 있지만 그것은 결코 쓸 만한 방법론이 된다고 할 수 없다. 오히려 그것은 팽배한 위험 그 자체일 뿐이다.

위에서 살펴본 두 번째 목표가 좀 더 도발적인 것인데, 그 목표는 보통법을 완전히 재편성하겠다는 뜻도 아니며, 보통법과 형평법 사이를 가르고 있는 균열을 건너뛰어 단순히 합리화와 상호 교류를 해야 한다고 주장하는 데 있지도 않다. 법은 사회가 제대로 기능하는 데 도움을 줄 수 있어야 한다. 그렇다고 하여 법이 유일한 메커니즘이 된다고는 할 수 없겠으며, 또 가장 중요하다고도 할 수 없을 것이다. 그러나 법은 매우 중요한 역할을 한다. 특히 법은 비슷한 양상의 문제들에 관하여 시종일관하는 결과를 약속해준다는 점에서 중요하다. 시대가 변화함에 따라 제기되는 구체적 문제들에 대한 법의 바람직한 반응 또한 변화할 수 있다. 그러나 어떤 사회든 하나의 문제를 놓고 그때그때 서로 다른 해결책을 제시해도 부정의, 불공정, 불합리하다는 비판을 받지 않고 용인되는 사회는 없을 것이다. 이 책은 어떻게 법의 합리성을 보장할 것인지에 주안점을 두고 있다. 결국 우리의 제도가 존중받으려면 그래야만 한다.

마지막으로 이 책은 결국 누구를 위한 것인가? "클래런던 입문서Clarendon introduction"란 무엇인가? 사람마다 서로 다른 대답을 하리라. 저자는 이 책이 형평법의 현재 상태에 관한 담담한 기술이자 그 장래의 전망을 개진하는 것이라고 말하고 싶다. 이 책은 참고서가 아니다. 이 책이 목표로 하는 바는 설득하고, 또는 적어도 반성과 토론을 불러일으키기 위하여 단순히 지식을 전달하는 것만으로 만족하려 하지는 않는다. 그래서 저자는 판례와 논문들의 인용 또한 이런 원칙에 따라서 선택했다. 저자는 형평법의 현황에 관하여 정확하게, 그러나 명징하게 설명하려고 노력했으며, 또한 그런 설명에는 다양한 의견의 불일치가 있음(실제로도 많다)을 보여주려 했다. 그리고 저자는 현재의 법규정들에 대한 설명이나 법률가들이 성문법과 판례들로부터 논리적으로 협소하게 유추해내는 것에 대한 설명보다는 원칙과 당면한 과제에 터잡은 합리적이고도 전후 일관되는 해설 방법을 취했다. 물론 독자들이 반드시 저자의 결론에 동의하리라고는 생각하지 않는다. 그러나 독자들이 이 형평법이라는 매혹적이고도 반역적인disparate 법체계에 대하여 새삼 인식을 달리할 수 있게 된다면 이 책은 적어도 하나의 단면에서는 성공하는 셈이라고 하겠다.

초판에서 드린 감사의 말씀은 제2판에서도 되풀이되어야 하며, 또한 더욱 확대되어야 한다. 가족, 친구들, 동료들, 학생들, 그리고 옥스퍼드 대학 출판사의 저작팀 모두에게 특별히 감사를 드린다. 여러분 모두에게 감사드린다.

2006년 2월

런던 정경대학

새라 워딩턴

≫ 초판 서문

형평법을 공부하는 것은 어떤 사람들에게는 무척 매혹적이기도 하겠지만, 어떤 사람들에게는 공포의 대상이 될 수도 있다. 다행스럽게도 이 책은 전자에 속하는 분들의 머릿수를 조금 늘려줄지도 모르겠다. 형평법은 원래 어려운 사건들을 다루기 위한 방편으로 태어났다. 보통법의 원칙만으로는 그런 어려운 상황에서 해결하기 쉽지 않아 보일 때, 형평법은 좀 더 색다른 차별적인 해결책을 가지고 개입하여 보통법의 일반원칙을 건드리지 않으면서도 특정한 상황에서는 차별적인 접근방법을 제시함으로써 특별한 해결책을 마련해준 것이다. 채무의 특정이행specific performance, 인정션injunctions, 금반언estoppel, 그리고 심지어 신탁trust과 수임자의 주의의무fiduciary obligations에 관한 원칙들을 생각해보라. 다른 법체계에서도 비슷한 문제에 직면하게 되면 비슷한 해결책을 채택하게 될 것이다. 그러나 그때그때 고안되는 새로운 해결책은 곧장 기성법의 체계에 흡수되어 흔적도 없이 사라져버릴 것이다. 이에 반하여 형평법은 자신의 해결책을 따로 온존시킴으로써 어려운 사건들에 대한 해결책이라는 인식표를 붙인 상자 속에 고이 간직해놓는다. 그러므로 형평법이 어려운 사건에 적용되는 법이라는 명성을 얻게 되었더라도 놀랄 일이 아니다.

형평법이라는 "난해한 법hard law"을 취급함에 있어서 이 책은 두 가지 목표를 가진다(제1장 제1절 제5관을 보라). 첫째 목표는 형평법이 현대의 법조 환경에 끼친 영향의 범위와 내역을 보여주는 일이다. 그런데 이는 결코 사소한 일이 아니다. 왜냐하면 형평법이 건드리지 않은 재산법이나 채권법의 영역은 거의 없기 때문이다. 둘째 목표는 더욱 도발적인데, 이제 이 딱딱한 법의 상자를 열어서 그 속에 들어 있는 내용물들을 그 각각의 원래 소속해야 할 곳으로 보내줌으로써 우리가 형평법에서 배운 것을 보통법에 체계적으로 부합시키고 통합시킬 때가 되었다고 독자들을 설득하는 일이다. 물론 이런 작업은 이 책과 같은 입문서로는 힘겨운 일임에 틀림없다.

이 책에서는 판례나 논문을 인용하지 않고 있다. 이런 방식을 어떤 독자들은 좋아하기도 하겠지만, 어떤 독자들은 불편해할 것이다. 그러나 저자는 어느 쪽으로도 기운 바가 없다. 이 책은 법에 관한 발상과, 그 발상을 적극적으로 그리고 원칙에 입각하여 분석하는 데 목적을 두고 있다. 각 장별로 나타나는 사유방식이 탄생한 근거는 쉽사리 요약하여 설명하기 어렵다. 더욱이 이 분야에 생소한 분들에게 추천되는 독서는 이미 상당한 수준에 도달한 분들에게는 필요하지 않을 것이다. 양 극단과 또 그 사이에서 판사들과 학자들은 아마 비슷하게 고무받을 수 있을 것이다. 판례와 논문들에서 적절한 핵심사항들을 골라내는 작업은 이 책에 주어진 공간만으로는 불가능하다.

그럼에도 서문에서는 몇 사람의 이름을 거론할 만하다. 현재 웨스턴 오스트레일리아 대학에 재직중인 짐 오도너번 교수는 열정적으로 저자를 가르쳐 주어 형평법에 관한 저자의 매혹에 불을 당겼다. 후에 멜버른 대학에서 마이클 브라이언과 토니 더간(현재는 토론토 대학에 재직)은 저자가 이 주제에 관하여 가르치면서 저자 나름의 방향을 잡으려 할 때 동료로서 영감을 제공해주었다. 영국에서는 로이 구드와 린 실리에게 가장 큰 빚을 지고 있다. 오도너번 이외에도 위에서 언급한 네 명의 동료들은 모두 저자의 원고를 샅샅이 읽어주었다. 저자는 그들의 너그러운 마음씨에 감복했으며, 그들의 지적 통찰력에 감사를 표한다. 피터 벅스와 피터 밀렛 또한 원고를 읽어주었으며, 특히 피터 벅스는 편집주간으로서 원고를 읽어주었으며, 피터 밀렛은 고맙게도 추천사까지 써주었다. 저자가 쓴 다른 책에서도 그렇지만 바로 이 몇 안 되는 분들에게 가장 무거운 지적 부채를 지고 있다. 그들은 이 책의 본문에서 그들이 남긴 판례와 이론의 발자국을 확연히 찾아볼 수 있을 것이다. 휴 콜린스, 찰스 미첼, 그리고 제임스 펜너는 본문의 일부분을 읽어주었고 저자에게 큰 도움이 되는 직접 토론에 응해주었다. 저자는 그들로부터 무척 많이 배웠음을 인정한다. 마지막으로 네 명과

2권의 책에 대하여 더 말해야겠다. 형평법 학자, 그중에서도 특히 호주에서 교육받은 형평법 학자치고 미거, 검모우 및 리헤인(『형평법: 원칙과 구제수단』, 시드니: 버터워스, 1992)에게 진 거대한 빚을 인정하지 않는 사람은 없을 것이다. 또한 저자는 폴 핀의 『수임자의 주의의무』(시드니: Law Book Co., 1977)에서 엄청난 분량의 주석의 덕도 보았다. 이 책이야말로 저자가 학부에서 공부하던 당시 구입했던 유일한 전문서적이었다. 그 외의 사람들에게는 고맙다는 말로 충분할 것이다. 저자의 가족, 그리고 너무나도 많은 친구들, 동료들, 학생들은 여러 가지 형태로 이 책이 나오기까지 도움을 주었다. 여러 사람이 원고의 일부를 읽어주었으며, 통찰력 있는 논평을 해주었다. 이 분들이 누구인지는 밝히지 않아도 각자 잘 알 것이다. 당신들 모두에게 고마움을 표한다.

이 책을 제작하는 데 있어서는 제인 스테이플턴과 피터 케인이 최초로 저자에게 출간계획에 응할 것을 권유했다. 피터 벅스가 이 클래런던 법서시리즈 Clarendon Law Series의 주간에 취임하면서 저자에게 직설적direct일 것과 또한 "클래런던다울 것Clarendon-ish"을 주문해주었다. 옥스퍼드 대학 출판사의 직원들은 이 책의 제작 기간 내내 매우 친절하고 능률적이었다. 그들 모두에게 감사를 드린다.

2003년 4월

런던 정경대학

새라 워딩턴

≫ 판례 목록

A v B [2003] QB 195 (CA) 265

Abacus Trust Co (Isle of Man) v Barr [2003] Ch 409 255

Aberdeen Railway Co v Blaikie Bros (1854) 1 Macq 661 (HL) 245

Adderley v Dixon (1824) 1 Sim & St 607 75, 441

AG v Blake [2001] 1 AC 268 (HL) 92, 269, 271

AG v Guardian Newspapers (No 2) [1990] 1 AC 109 (HL) 264, 266, 267, 269, 275

AG v Jonathan Cape Ltd [1976] QB 752 265

AG v Observer Ltd (Spycatcher case) [1990] 1 AC 109 (HL) 85, 109

AG for Hong Kong v Reid [1994] 1 AC 324 (PC) 198, 223, 234, 237, 240, 275

Air Jamaica Ltd v Charlton [1999] 1 WLR 1399 (PC) 144, 165

Ajayi(t/a Colony Carrier Co) v RT Briscoe (Nigeria) Ltd [1964] 1 WLR 1326 (PC) 419

Alati v Kruger (1955) 94 CLR 216 (Aust HCt) 246, 275, 494, 496, 498, 522

Allcard v Skinner (1887) 36 Ch D 145 (CA) 357, 358, 498

American Cyanamid Co v Ethicon Ltd [1975] AC 396 (HL) 99, 109

Anisminic Ltd v Foreign Compensation Commission [1969] 2 AC 147 (HL) 260

Anton Piller KG v Manufacturing Processes Ltd [1976] Ch 55 (CA) 100, 109

Appleby v Myers (1867) LR 2 CP 651 472

Armitage v Nurse [1998] Ch 241 (CA) 238

Armstrong v Jackson [1917] 2 KB 822, 828 (KB) 494

A Schroeder Music Publishing Co Ltd v Macaulay(1974) 1 WLR 1308 386

Associated Alloys Pty Ltd v ACN 001 452 106 Pty Ltd (2000) 202 CLR 588 (Aust HCt) 138, 165, 255, 260

Associated Provincial Picture Houses v Wednesbury Corpn [1948] 1 KB 223 (CA) 205

Avon CC v Howlett [1983] 1 WLR 603 (CA) 406

Baden's Deed Trusts(No 2), Re [1973] Ch 9 (CA) 139, 165

Baden, Delvaux v Société Générale pour Favouiser le Développement du Commerce et de I'Indusrtie en France SA [1993] 1 WLR 509 313

Baird Textile Holdings Ltd v Marks and Spencer plc [2001] EWCA Civ 274, [2002] 1 All ER Comm

737 (CA) 415

Baltic Shipping Co v Dillon (1993) 176 CLR 344 (Aust HCt) 461

Bamford v Bamford [1970] 1 Ch 212 (CA) 255, 256

Bank of New Zealand v New Zealand Guardian Trust Ltd [1999] 1 NZLR 664 (NZCA) 289

Banner Homes Holdings Ltd v Luff Developments Ltd [2000] Ch 372 (CA) 436, 452

Banque Bruxelles Lambert SA v Eagle Star Insurance Co Ltd [1997] AC 191 (HL) 288

Banque Financière de la Cité v Parc (Battersea) Ltd [1999] AC 221 (HL) 219, 456

Barclays Bank Ltd v Quistclose Investments Ltd [1970] AC 567 (HL) 426, 452

Barclays Bank Ltd v W J Simms Son & Cooke (Southern) Ltd [1980] QB 677 459

Barclays Bank plc v O'Brien [1994] 1 AC 180 (HL) 361, 384

Barlow Clowes International Ltd (in liquidation) v Vaughan [1992] 4 All ER 22 (CA) 208

Barnes v Addy (1874) LR 9 Ch App 244 311, 325

Bartlett v Barclays Bank Trust Co Ltd (No 1) [1980] 1 All ER 139 282

Bartlett v Barclays Bank Trust Co Ltd (No 2) [1980] Ch 515 (CA) 288, 304, 334

Barton v Armstrong [1976] AC 104 (PC) 354

BCCI (Overseas) Ltd v Akindele [2001] Ch 437 (CA) 313, 334

Bell v Lever Bros Ltd [1932] AC 161 (HL) 349

Belmont Finance Corp v Williams Furniture Ltd (No 2) [1980] 1 All ER 399 (CA) 313

Bennet v Bennet (1879) 10 Ch D 474 430

Beswick v Beswick [1968] AC 58 (HL) 76, 109, 402

BICC plc v Burndy Corpn [1985] Ch 232 (CA) 376

Bishopsgate Investment Management Ltd (in liquidation) v Homan [1995] Ch 211(CA) 215, 223, 512, 522

Black v Freedman (1910) 12 CLR 105(Aust HCt) 300

Blomley v Ryan (1956) 99 CLR 362(Aust HCt) 384

Boardman v Phipps [1967] 2 AC 46 (HL) 234, 237, 239, 268, 275, 303

Bolton v Mahadeva [1972] 1 WLR 1009 (CA) 472

Bond Worth Ltd , Re [1980] Ch 288 155, 165

Borden (UK) Ltd v Scottish Timber Products Ltd [1981] Ch 25 (CA) 172, 216, 223

Boscowen v Bajwa [1996] 1 WLR 328 (CA) 223

BP Exploration Co (Lybia) Ltd v Hunt (No 2) [1979] 1 WLR 783 (QB) 463

BP Refinery (Westernport) Pty Ltd v Shire of Hastings [1977] HCA 40, (1994) 180 CLR 266 (PC) 425

Bray v Ford [1896] AC 44(HL) 234

Bristol & West Building Society v Mothew [1998] Ch 1 (CA) 233, 289, 334, 516

British Steel Corp v Cleveland Bridge & Engineering Co Ltd [1984] 1 All ER 504 (QBD) 500
British Steel Corp v Granada Television Ltd [1981] AC 1096 (HL) 266
Brogden, Re (1886) 38 ChD 546 239
Brown v Heffer (1967) 116 CLR 344 (Aust HCt) 442
Bulmer ex p Greaves, Re [1937] 1 Ch 499 (CA) 516
Butlin's Settlement Trust(Rectification), Re [1976] Ch 251 342
Canadian Aero Services Ltd v O'Malley [1974] SCR 592, (1973) 40 DLR (3d) 371 (Can SCt) 236, 275
Canson Enterprises Ltd v Boughton & Co [1991] 3 SCR 534, (1991) 85 DLR (4th) 129 (Can SCt) 289, 289, 293, 334
Cape Breton Co, Re (1885) 29 ChD 795 (CA) 245
Capital Finance Co Ltd v Stokes [1969] 1 Ch 261 (CA) 444
Car & Universal Finance Co Ltd v Caldwell [1965] 1 QB 525 (CA) 348
Carlill v Carbolic Smoke Ball Co [1893] 1 QB 256 (CA) 417
Carreras Rothmans Ltd v Freeman Matthews Treasure Ltd [1985] 1 Ch 207 427
Cave v Cave (1880) 15 ChD 639 (ChD) 516
Central London Property Ltd v High Trees House Ltd [1947] KB 130 410, 452
Chan v Zacharia (1984) 154 CLR 178 (Aust HCt) 234, 275
Chase Manhattan Bank v Israel British Bank [1981] 1 Ch 105 501, 522
Chinn v Collins [1981] AC 533 (HL) 394
CIBC Mortgages plc v Pitt [1994] 1 AC 200 (HL) 358
Clarke v Dickson (1858) EB & E 148, 120 ER 463 494, 497
Clayton's Case (1817) 1 Mer 572, 35 ER 781 204
Clough Mill Ltd v Martin [1985] 1 WLR 111 (CA) 155, 165
Coco v A N Clark (Engineers) Ltd [1969] RPC 41 265
Cohen v Cohen (1929) 42 CLR 91 (Aust HCt) 90
Colbeam Palmer Ltd v Stock Affiliates Pty Ltd (1970) 122 CLR 25 (Aust HCt) 516
Coleman v Harvey [1989] 1 NZLR 723 172
Combe v Combe [1951] 2 KB 215 (CA) 410, 420
Commercial Bank of Australia Ltd v Amadio (1983) 151 CLR 447 (Aust HCt) 366, 384
Commissioner of Stamp Duties (NSW) v Bone [1977] AC 511 (PC) 93
Commonwealth v John Fairfax & Sons Ltd (1980) 147 CLR 39 (Aust HCt) 265
Commonwealth v Verwayen (1990) 170 CLR 394 (Aust HCt) 423
Cook v Deeks [1916] 1 AC 554 (PC) 235, 275

Cook v Fountain (1676) 3 Swanst 585, 36 ER 984 52
Cooper v Phibbs (1867) LR 2 HL 149 (HL) 349
Cooperative Insurance Society Ltd v Argyll Stores (Holdings) Ltd [1998] AC 1 (HL) 78, 109
Corin v Patton (1990) 169 CLR 540 (Aust HCt) 391, 397, 452
Corporaçion Nacional del Cobre de Chile v Sogemin Metals Ltd [1997] 1 WLR 1396 293
Coulls v Bagot's Executor and Trustee Co Ltd (1967) 119 CLR 460 (Aust HCt) 76, 109
Coulthard v Disco Mix Club Ltd [2000] 1 WLR 707(ChD) 90
Couturier v Hastie (1856) 5 HLC 673 (HL) 349
Cowan v Scargill [1985] Ch 270 282
Crabb v Arun District Council [1976] Ch 179 (CA) 415, 423, 452
Cream Holdings Ltd v Banerjee [2005] 1 AC 253 (HL) 85, 109
Crédit Lyonnais Bank Nederland NV v Burch [1997] 1 All ER 144 (CA) 363
Creswell v Potter [1978] 1 WLR 255 366
Cuckmere Brick Co v Mutual Finance Ltd [1971] Ch 949 (CA) 282
Cundy v Lindsay (1878) 3 App Cas 459 (HL) 349, 490
Daly v Sydney Stock Exchange Ltd (1986) 160 CLR 371 (Aust HCt) 492, 498, 522
Darlington Borough Council v Wiltshier Northern Ltd [1995] 1 WLR 68 (CA) 400
Dawson (dec'd), Re [1966] 2 NSWR 211 146, 303, 304, 334
Day v Mead [1987] 2 NZLR 443 (NZCA) 289, 292
De Bussche v Alt (1878) 8 Ch D 286 (CA) 93
De Mattos v Gibson (1858) 4 De G & J 276, 45 ER 108 322
Denley's Trust Deed, Re [1969] 1 Ch 373(Goff J) 139, 165
Dextra Bank & Trust Co Ltd v Bank of Jamaica [2002] 1 All ER (Comm) 193 (PC) 459
Dillwyn v Llewelyn (1862) 4 De GF & J 517, [1861-73] All ER Rep 384 413, 419
Diplock, Re [1948] Ch 465 (CA); aff'd sub nom Ministry of Health v Simpson [1951] AC 251 (HL) 187, 216, 218, 222, 314, 535
Donoghue v Stevenson [1932] AC 562 (HL) 282, 540
Dougan v Ley(1946) 71 CLR 142(Aust HCt) 81
Douglas v Hello! Ltd (No 1) [2001] QB 967 (CA) 261, 275
Douglas v Hello! Ltd (No 3) [2005] EWCA Civ 595, [2005] 3 WLR 881 (CA) 261, 275, 328
Dubai Aluminium Co Ltd v Salaam [2003] 2 AC 366 (HL) 315, 334
Duckwari Plc, Re [1999] Ch 253 (CA) 247
Duke Corporation Ltd (in liq) v Pilmer (1999) 73 SASR 64 292
Duncuft v Albrecht (1841) 12 Sim 189, 59 ER 1104 447

Dunlop Pneumatic Tyre Co Ltd v New Garage and Motor Co Ltd [1915] AC 79 (HL) 378, 384
Dunlop Pneumatic Tyre Co Ltd v Selfridge [1915] AC 847 (HL) 400
Earl of Aylesford v Morris (1873) Ch App 484 365
Earl of Oxford's Case (1615) 1 Ch Rep 1, 21 ER 485 52
Earl of Lucan, Re (1890) 45 ChD 470 155
East v Maurer [1991] 1 WLR 461 (CA) 497
Eastgate ex p Ward, Re [1905] 1 KB 465 (KB) 493
Edge v Pensions Ombudsman [1998] Ch 512; aff'd [2000] Ch 602 255
El Ajou v Dollar Land Holdings plc(No1) [1993] 3 All ER 717(chD)(rev'd on other grounds, [1994] 2 All ER 685 (CA)) 511
Erlanger v New Sombrero Phosphate Co (1878) 3 App Cas 1218 (HL) 90, 494, 496, 522
Evia Luck, The [1992] 2 AC 152 (HL) 354
EVTR Ltd, Re [1987] BCLC 647, (1987) 3 BCC 382 (CA) 42
Export Credits Guarantee Department v Universal Oil Products Co [1983] 1 WLR 399 (HL) 378
Falcke v Scottish Imperial Insurance Co Ltd (1886) 34 Ch D 234 (CA) 42
F C Jones & Sons (Trustee in Bankruptcy) v Jones [1997] Ch 159 (CA) 199, 223, 514, 515, 522
Fells v Read (1796) 3 Ves 70; 30 ER 230 295
Fibrosa Spolka Akcyina v Fairbairn Lawson Combe Barbour Ltd [1943] AC 32 (HL) 460
Fletcher v Fletcher (1844) 4 Hare 67 402
Foran v Wright (1989) 168 CLR 385 (Aust HCt), 435 407
Fortex Group Ltd v MacIntosh [1998] 3 NZLR 171 (NZCA) 448
Foskett v McKeown [2001] 1 AC 102 (HL) 190, 198, 199, 223, 514, 522
Fowkes v Pascoe (1875) LR 10 Ch App 343 (CA) 431
Frame v Smith [1987] 2 SCR 99, [1987] 42 DLR (4th) 81 251
Frederick Rose (London) Ltd v William Pimm Jr Co Ltd [1953] 2 QB 450 (CA) 342
Freeman & Lockyer v Buckhurt Park Properties (Mangal) Ltd [1964] 2 QB 480 (CA) 254
Froese v Montreal Trust Co [1996] 137 DLR (4th) 725 (BCCA) 289
Fry, Re [1946] Ch 312 (ChD) 442
Fry v Fry (1859) 27 Beav 144 282
Fry v Lane (1888) 40 ChD 312 366
F S Sandeman & Sons v Tyzack & Branfoot Steamship Co Ltd [1913] AC 680 (HL) 174, 223
Garcia v National Australia Bank Ltd (1998) 194 CLR 395 (Aust Hct) 368, 384
George Wimpey UK Ltd V I Construction Ltd [2005] EWCA Civ 77 (CA) 342
Gillett v Holt [2001] 1 Ch 210 (CA) 414

Gillies v Keogh [1989] 2 NZLR 327 (NZCA) 439
Gissing v Gissing [1971] AC 887 (HL) 436
Giumelli v Giumelli (1999) 196 CLR 101, [1999] HCA 10 (Aust HCt) 418, 452
Goldcorp Exchange Ltd (in rec), Re [1995] 1 AC 74 (PC) 118, 165, 445, 452, 493, 522
Goss v Chilcott [1996] AC 788 (PC) 461, 522
Gouriet v Union of Post Office Workers [1978] AC 435 (HL) 87, 109
Grant v Edwards [1986] Ch 638 (CA) 438
Great Peace Shipping Ltd v Tsavliris (International) Ltd [2003] QB 679 (CA) 350, 384
Greenwood v Bennett [1973] 1 QB 486
Grey v IRC [1960] AC 1 (HL) 391
Grist v Bailey [1967] Ch 532 349
Grobelaar v News Group Newspapers Ltd [2002] 1 WLR 3024 (HL) 97, 109
Guinness Mahon & Co Ltd v Kensington and Chelsea Royal London Borough Council [1999] QB 215 (CA) 464
Guinness Plc v Saunders [1990] 2 AC 633 (HL) 239
Gulbenkian's Settlement Trusts, Re, Whishaw v Stephens [1970] AC 508 (HL) 139, 165
Halifax Building Society v Thomas [1996] Ch 217 (CA) 516, 522
Hallett's Estate, Re (1880) 13 Ch D 696 (CA) 204, 223
Harris v Digital Pulse Pty Ltd (2003) 56 NSWLR 298 239
Hart v O'Connor [1985] AC 1000 (PC) 367, 384
Harvard Securities Ltd (in liq), Re [1997] 2 BCLC 369, [1998] BCC 567 445
Hastings-Bass, Re [1975] Ch 25 (CA) 257
Hedley Byrne & Co Ltd v Heller & Partners Ltd [1964] AC 465 (HL) 286, 422
Henderson v Merrett Syndicates Ltd [1995] 2 AC 145 (HL) 289, 334
Hewitt v Court [1983] 149 CLR 639 (Aust HCt) 444, 452
Hodgson v Marks [1971] Ch 892 (CA) 344, 390
Holder v Holder [1968] Ch 353 (CA) 234
Hospital Products Ltd v United States Surgical Corporation (1984) 156 CLR 41 (Aust HCt) 234, 238, 249, 275
Howard Smith Ltd v Ampol Petroleum Ltd [1974] AC 821 (PC) 253, 257, 275
Hunter v Moss [1994] 1 WLR 452 (CA) 138, 165, 399
Huntingford v Hobbs [1993] 1 FLR 736 (CA) 431
Hyundai Heavy Industries Ltd v Papadopoulos [1980] 1 WLR 1129 (HL) 462

Indian Oil Co Ltd v Greenstone Shipping SA (Panama) (The Ypatianna) [1988] 1 QB 345 174, 223

Industrial Development Consultants Ltd v Cooley [1972] 1 WLR 443 235, 236, 275

Ingram v Little [1961] 1 QB 31 (CA) 349, 485

IRC v Broadway Cottages Trust [1955] Ch 20 (CA) 139, 165

Item Software (UK) Ltd v Fassihi [2004] EWCA Civ 1244, [2004] BCC 994 (CA) 238

Jaggard v Sawyer [1995] 1 WLR 269 (CA) 280, 334

James Roscoe (Bolton) Ltd v Winder [1915] 1 Ch 62 214

J C Williamson Ltd v Lukey (1931) 45 CLR 282 (Aust HCt) 388

Jefferys v Jefferys(1841) Cr & Ph 138, 41 ER 443 80

Jobson v Johnson [1989] 1 WLR 1026 (CA) 377

Johnson v Agnew [1980] AC 367 (HL) 279, 334

Jones v Maynard [1951] Ch 572 430, 431

Jorden v Money (1854) 5 HL Cas 185 (HL) 407, 410

Joscelyne v Nissen [1970] 2 QB 86 342

Junior Books Ltd v The Veitchi Co [1983] 1 AC 520 (HL) 286

Keech v Sandford (1726) Sel Cas Ch 61, (1726) 25 ER 223 235

Kleinwort Benson Ltd v Lincoln City Council [1998] 2 AC 349 (HL) 459

Knox v Gye (1872) LR 5 HL 656 (HL) 89

Kuwait Airways Corp v Iraqi Airways Co (No 6) [2002] AC 883 (HL) 486, 513, 522

Lac Minerals Ltd v International Corona Resources Ltd [1989] 2 SCR 574; [1989] 61 DLR (4th) 14; [1990] FSR 441 (Can SCt) 265, 270, 275

Lady Hood of Avalon v Mackinnon [1909] 1 Ch 476 (Chd) 459

Ladywell Mining Co v Brookes (1887) 35 ChD 400 (CA) 245

Latec Investments Ltd v Hotel Terrigal Pty Ltd (1965) 113 CLR 265 (Aust HCt) 182, 223, 322

Learoyd v Whiteley (1887) 12 App Cas 727 282

Leeds Industrial Co-operative Society Ltd v Slack [1924] AC 851 (HL) 279

Les Affréteurs Réunis v Walford (London) Ltd [1919] AC 801 (HL) 402

Levy v Stogdon [1898] 1 Ch 478 501

Lewis v Averay [1972] 1 QB 198 (CA) 348

Lewis v Maddocks 17 Ves 48 516

Linden Gardens Trust Ltd v Lenesta Sludge Disposals Ltd [1994] 1 AC 85 (CA) 400

Lindsay Petroleum Co v Hurd (1874) LR 5 PC 221 (PC) 88, 90, 91, 109

Lion Laboratories Ltd v Evans [1985] QB 526 (CA) 266

Lipkin Gorman (a firm) v Karpnale Ltd [1991] 2 AC 548 (HL) 315, 408, 421, 456, 508, 522
Lipkin Gorman (a firm) v Karpnale Ltd [1992] 4 All ER 331(QBD) 293
Lister v Stubbs (1890) 45 ChD 1 (CA) 240
Lloyds Bank v Bundy [1975] QB 326 366, 384
Lloyds Bank v Rosset [1991] 1 AC 107 (HL) 436, 438, 452
London Wine (Shippers) Ltd, Re [1986] PCC 121 445, 452
Lonrho plc v Fayed (No 2) [1992] 1 WLR 1, 12 (ChD) 511
Lord Napier and Ettrick v Hunter [1993] AC 713 (HL) 444
Lumley v Wagner (1852) 1 De GM & G 604, 42 ER 687 80, 109
M (K) v M (H) (1992) 96 DLR (4th) 289 251
Macmillan Inc v Bishopsgate Investment Trust plc (No 3) [1995] 1 WLR 798 [aff'd on different grounds [1996] 1 WLR 387(CA)] 180
Maddison v Alderson (1883) 8 App Cas 467 (HL) 390
Magee v Pennine Insurance Co [1969] 2 QB 507 (CA) 350
Maguire v Makaronis (1998) 188 CLR 449 (Aust HCt) 246
Mahoney v Purnell [1996] 3 All ER 61 (QB) 497, 512, 516, 522
Mareva Compania Naviera SA of Panama v International Bulkcarriers SA [1975] 2 Lloyd's Rep 509, [1980] 1 All ER 213 (CA) 102, 109
McKenzie v McDonald [1927] VLR 134 246
McPhail v Doulton [1971] AC 424 (HL) 139, 165
McRae v Commonwealth Disposals Commission (1951) 84 CLR 377 (Aust HCt) 349
Medforth v Blake [2000] Ch 86 (CA) 260, 282, 334
Miller v Race (1758) 1 Burr 452 177
Milroy v Lord (1862) 4 De GF & J 264 (CA) 397
Montagu's ST , Re [1987] Ch 264 313
Moorcock, The (1889) LR 14 PD 64, [1886-90] All ER Rep 530 (CA) 425
Morris v C W Martin & Sons Ltd [1966] 1 QB 716 (CA) 304
Movitex Ltd v Bulfield [1988] BCLC 104 245
Muschinski v Dodds (1985) 160 CLR 583 (Aust HCt) 439, 452
National Funds Assurance Co, Re (1878) 10 ChD 118 543
National Westminster Bank plc v Morgan [1985] AC 686 (HL) 358, 384
National Westminster Bank plc v Somer International (UK) Ltd [2001] EWCA Civ 970, [2002] 3 WLR 64 (CA) 407
National Westminster Bank P1c v Spectrum Plus Ltd (in creditors' vol liq) [2005] 2 AC 680, [2005]

UKHL 41 (HL) 165
Nelson v Nelson (1995) 184 CLR 538 (Aust HCt) 430, 435
Nelson v Rye [1996] 1 WLR 1378 (ChD) 90
Neville v Wilson [1997] Ch 144 (CA) 391, 394
Nocton v Lord Ashburton [1914] AC 32 (HL) 287, 334
Norberg v Wynrib [1992] 2 SCR 226, 92 DLR (4th) 229 251
Norman v Federal Commissioner of Taxation (1963) 109 CLR 9 (Aust HCt) 128, 165, 396, 452
North v Great Northern Railway Co (1860) 2 Giff 64; 66 ER 28 295
Norwich Pharmacal Co v Commissioners of Customs and Excise [1974] AC 133 (HL) 109
Oatway, Re [1903] 2 Ch 356 204, 223
O'Dea v Allstates Leasing System (WA) Pty Ltd (1983) 152 CLR 359 (Aust HCt) 378
Olsson v Dyson (1969) 120 CLR 365 (Aust HCt) 415
Orr v Ford (1989) 167 CLR 316 (Aust HCt) 90
O'Sullivan v management Agency and Music Ltd [1985] QB 428 (CA)
248, 275, 496~498, 512, 516, 522
Oughtred v IRC [1960] AC 206 (HL) 394
Oxley v Hiscock [2004] EWCA Civ 546, [2004] 3 WLR 715 (CA) 438
Padfield v Minister of Agriculture, Fisheries and Food [1968] AC 997 (HL) 260
Paragon Finance plc v Thakerar & Co [1999] 1 All ER 400 (CA) 90
Pascoe v Turner [1979] 1 WLR 431 (CA) 414, 452
Paton v Trustees of British Pregnancy Advisory Service [1979] QB 276 85
Paul v Constance [1977] 1 WLR 527 (CA) 399
Pavey and Matthews Pty Ltd v Paul (1987) 162 CLR 221 (Aust HCt) 474
Pennington v Waine (No 1) [2002] ECWA Civ 227, [2002] 1 WLR 2075 (CA) 398
Permanent Building Society (in liq) v Wheeler (1994) 14 ACSR 109 289
Peso-Silver Mines Ltd v Cropper [1966] SCR 673, 58 DLR (2d) 1 (Can SCt) 236
Pettitt v Pettitt [1970] AC 777 (HL) 431
Pettkus v Becker [1980] 2 SCR 834, (1980) 117 DLR (3d) 257 (Can SCt) 439
Phillips v Phillips (1862) 4 De G F & J 208, 45 ER 1164 182
Pilmer v Duke Group Ltd (in liq) (2001) 207 CLR 165 (Aust HCt) 292
Pioneer Container, The [1994] 2 AC 324 (PC) 304
Plimmer v Mayor of Wellington (1884) 9 App Cas 699 (PC) 414
Polly Peck International plc v Nadir (No 2) [1992] 4 All ER 769 (CA) 180, 313
Polly Peck International Plc (in admin), Re; Marangos Hoter Ltd v Stone (Re Polly Peck

International Plc (No 2) [1998] 3 All ER 812 (CA) 448
Prince Albert v Strange (1849) 18 LJ Ch 120 265
Pusey v Pusey (1684) 1 Vern 273 ; 23 ER 465 295
Ramsden v Dyson (1865) LR 1 HL 129 (HL) 419, 421
Rank Film Distributors Ltd v Video Information Centre [1982] AC 380 (HL) 101
Redgrave v Hurd (1881) 20 Ch D 1 353
Redland Bricks Ltd v Morris [1970] AC 652 (HL) 83
Reeves v Brymer (1801) 6 Ves 516, 31 ER 1172 93
Regal (Hastings) Ltd v Gulliver [1942] 1 All ER 378, [1967] 2 AC 134n (HL) 236, 237, 275
Regalian Properties plc v London Docklands Development Corp [1995] 1 WLR 212 (ChD) 500
Republic of India v India Steamship Co Ltd (The Indian Endurance) (No 2) [1998] AC 878 (PC) 407
Rice v Rice (1853) 2 Drew 73 179
Rochefoucauld v Boustead [1897] 1 Ch 196 (CA) 90, 344, 384
Rose, Re [1952] Ch 499 (CA) 397, 442
Rowland v Divall [1923] 2 KB 500 (CA) 176
Royal Bank of Scotland v Etridge (No 2) [2002] 2 AC 773 (HL) 330, 361, 363, 384
Royscot Trust Ltd v Rogerson [1991] 2 QB 297 (CA) 353
Ruxley Electronics & Construction Ltd v Forsyth [1996] AC 344 (HL) 79, 109, 290
Ryall v Ryall (1739) 1 Atk 59 516
Saltman Engineering Co Ltd v Campbell Engineering Co Ltd (1948) 65 RPC 203 265
Sanderson v Collins [1904] 1 KB 628 (CA) 304
Saunders v Vautier (1841) 4 Beav 115; aff'd (1841) Cr & Ph 240 295
Scandinavian Trading Tanker Co AB v Flota Petrolera Ecuatoriana (The Scaptrade) [1983] 2 AC 694 (HL) 375, 376, 384
Schering Chemicals Ltd v Falkman Ltd [1982] QB 1 (CA) 266
Schmidt v Rosewood Trust Ltd [2003] 2 AC 709 (PC) 143, 165
Scott v National Trust [1998] 2 All ER 705 259
Scott v Scott (1963) 109 CLR 649 (Aust HCt) 206, 223
Scottish Equitable plc & Derby [2001] EWCA Civ 369, [2001] 3 All ER 818 (CA) 407
Seager v Copydex Ltd (No 2) [1969] 1 WLR 809 (CA) 267
Selangor United Rubber Estates Ltd v Cradock (No 3) [1968] 1 WLR 1555 313
Senanayake v Cheng [1966] AC 63 (HL) 353
Shelfer v City of London Electric Lighting Co [1895] 1 Ch 287 280, 334
Shephard v Cartwright [1955] AC 431 (HL) 430

Shiloh Spinners Ltd v Harding [1973] AC 691 (HL) 374, 384
Shirlaw v Southern Foundries (1926) 2 KB 206 (CA) 425
Sinclair v Brougham [1914] AC 398 (HL) 501, 522
Sky Petroleum Ltd v VIP Petroleum Ltd [1974] 1 WLR 576 81, 109
Smith New Court Securities v Scrimgeour Vickers (Asset Management) Ltd [1977] AC 254 (HL) 246
Solle v Butcher [1950] 1 KB 671 (CA) 349, 350
Space investments Ltd v Canadian Imperial Bank of Commerce Trust Co (Bahamas) Ltd [1986] 1 WLR 1072 214
Spartan Steel and Alloys Ltd v Martin & Co [1972] 3 All ER 557 (CA) 286
Speight v Gaunt (1883) 9 App Cas 1 (HL) 282
Spence v Crawford [1939] 3 All ER 271 (HL) 497
Spence v Union Marine Insurance Co (1868) LR 2 CP 427 174, 223
Sport International Bussum v Inter-Footwear Ltd [1984] 1 WLR 776 (HL) 375, 376
Steedman v Drinkle [1916] 1 AC 275 (PC) 372
Stern v McArthur (1988) 165 CLR 489 (Aust HCt) 372
Stocks v Wilson [1913] 2 KB 235 (KB) 499
Stocznia Gdanska SA v Latvian Shipping Co [1998] 1 WLR 574 (HL) 462
Sumpter v Hedges [1898] 1 QB 673 (CA) 472
Swaledale Cleaners Ltd, Re [1968] 1 WLR 1710 (CA) 443
Swindle v Harrison [1997] 4 All ER 705 (CA) 293
Tang Man Sit v Capacious Investments Ltd [1996] AC 514 (PC) 513
Tanwar Enterprises Pty Ltd v Cauchi [2003] HCA 57 (Aust HCt) 372, 384
Target Holdings v Redferns (a firm) [1996] AC 421 (HL) 288, 303, 305, 334
Thomas Bates & Son Ltd v Wyndham's (Lingerie) Ltd [1981] 1 WLR 505 (CA) 342
Tilley's WT, Re [1967] 1 Ch 1179 207, 223
Tinsley v Milligan [1994] 1 AC 340 (HL) 434, 452
Tito v Waddell (No2) [1977] Ch 106 78
Tribe v Tribe [1996] Ch 107 (CA) 433
Trident General Insurance Co Ltd v McNeice Bros Pty Ltd (1988) 165 CLR 107 (Aust HCt) 402
TSB Bank plc v Camfield [1995] 1 WLR 430 (CA) 246
Twinsectra Ltd v Yardley [2002] UKHL 12, [2002] 2 AC 164 (HL) 327, 334, 426, 452
Union Eagle Ltd v Golden Achievement Ltd [1997] 2 WLR 341 (PC) 372, 384
Universe Tankships of Monrovia v International Transport Workers Federation (The Universe Sentinel) [1983] 1 AC 366 (HL) 354

Vadasz v Pioneer Concrete (SA) Pty Ltd (1995) 184 CLR 102 (Aust HCt) 246
Vandepitte v Preferred Accident Corp of New York [1933] AC 70 (PC) 402
Vandervell v IRC [1967] Ch 261 (CA), aff'd [1967] 2 AC 291 (HL) 430
Vatcher v Paul [1915] AC 372 (PC) 255, 256
Venture, The [1908] P 218 (CA) 430
Vinogradoff, Re [1935] WN 68 431
Wait, Re [1927] 1 Ch 606 (CA) 446, 452
Waltons Stores (Interstate) Ltd v Maher (1988) 164 CLR 387 (Aust Hct) 411, 412, 415, 424, 452
Wekett v Raby (1742) 2 Bro PC 386, 1 ER 1014 93
West v Jones (1851) 1 Sim (NS) 205, 61 ER 79 406
Westdeutsche Landesbank Girozentrale v Islington LBC [1994] 1 WLR 938 467
Westdeutsche Landesbank Girozentrale v Islington LBC [1996] AC 669 (HL) 300, 308, 463, 467, 473, 480, 481, 501~503, 522, 535
Western Fish Products v Penwith District Council [1981] 2 All ER 204 415
White v Jones [1995] 2 AC 207 (HL) 251, 401
White v Mellin [1895] AC 154 (HL) 85
White and Carter (Councils) Ltd v McGregor [1962] AC 413 (HL) 329, 470
Whiteley, Re (1886) 33 ChD 347 282
Williams Brandt's Sons & Co v Dunlop Rubber Co Ltd [1905] AC 454 (HL) 129
Williams v Bayley (1866) LR 1 HL 200 (HL) 357
Williams v Roffey Bros & Nicholls (Contractors) Ltd [1991] 1 QB 1 (CA) 405
Wolverhampton and Walsall Railway Co v London and North-Western Railway Co (1873) LR 16 Eq 388
Wood v Rowcliffe (1847) 2 Ph 3, 45 ER 990 296
Woodar Investment Development Ltd v Wimpey Construction UK Ltd [1980] 1 WLR 227 (HL) 400
Woolwich Equitable Building Society v IRC [1993] 1 AC 70 (HL) 499
Workers Trust and Merchant Bank Ltd v Dojap Investments Ltd [1993] AC 573 (PC) 379
Wright v Morgan [1926] AC 788 (PC) 234
Wright v Vanderplank (1856) 8 De GM & G 133, ; 44 ER 340(CA) 93
Wroth v Tyler [1974] Ch 30 279
X Health Authority v Y [1988] RPC 379 266
Yaxley v Gotts [2000] Ch 162 (CA) 390
Yerkey v Jones (1939) 63 CLR 649 (Aust HCt) 358

제1부
서론

제1장 이중의 법체계: 보통법과 형평법

이 책은 법, 그중에서도 특히 "형평법Equity"이라고 알려진 법에 관한 것이다. 그러나 가장 경험 많은 법률가조차도 "무엇이 형평법인가" 하는 질문에 대하여 단순명료한 해답을 주기는 매우 어려운 일이다. 이 주제에 관하여 처음으로 접하는 사람에게는 차라리 친근한 영역에서부터 설명을 시작하면 이해하기에 편할 것이다. 가령 10여 명의 유치원 어린이들이 놀이를 하는 장면을 상정해보자. 틀림없이 아이들은 놀이를 진행해가면서 차츰 규칙을 만들게 될 것이다. 애초에 만드는 규칙들은 단순하면서도 핵심을 찌르는 것들이다. 그런 경우의 규칙이라면, 가령 가장 많은 골을 얻은 팀이 이기는 것으로 하며, 한 골을 얻으려면 공이 두 기둥 사이로 들어가야 한다는 따위일 것이다. 그러나 게임이 차츰 진행되다 보면 불가피하게 좀 더 복잡하고 정교한 규칙이 필요하게 된다. 예컨대 공은 발로만 차야 하고 손으로 던지거나 들고 달려서는 안 된다는 따위의 규칙이 생겨날 것이다. 또 예상치 못했던 상황이 생겨나거나 어느 쪽에서 떳떳하지 못한 짓을 할 경우에는 그에 대처하는 규칙들이 추가될 것이다. 예컨대 선수들 중 한 사람이 다쳐서 뛰지 못할 경우에는 게임이 중단되어야 한다든지, 상대방의 골을 저지하기 위하여 수비 측 선수들이 골문을 잔뜩 가로막고 있으면 안 된다든지 하는 규칙들이 생겨날 것이다. 다만 우연히 생긴 일이라든지 사소한 위반 정도는 무시되기도 할 것이다. 골인지 아닌지 의심스러운 경우 판정을 내리기 위하여, 그리고 규칙 위반자를 지목하기 위하여 심판을 둘 필요도 생길 것이다. 사안에 따라서 서로 다른 결과가 도출될 것임에는 의문의 여지가 없다. 어떤 규칙 위반은 선수의 퇴장명령을 불러올 수도 있으며, 어떤 위반의 경우에는 프리킥이 허용될 수도 있다. 이런 모든 과정은 결국 다섯 살배기들의 게임에서조차도 피할 수 없는 진화의 과정이라고 할 만하다.

제1절 규칙과 그 자연적 진화

이런 간단한 사례조차도 우리에게 놀랄 만큼 민감한 통찰의 기회를 제공해준다. 어떤 단체적 행동도 본능적으로 규칙을 채택하게 된다. 어린이들의 놀이조차도 규칙 없이는 될 수 없는 판이니, 하물며 사회에 있어서랴! 그러면서도 어떤 일반적 규칙이 어떤 상황에서는 불가피하게 불공정한 쪽으로 운용될 수도 있다는 점 또한 보편적으로 인정되고 있다. 이런 이야기는 새삼스러운 것이 아니지만, 그로 인한 결과로서 보편적이고 일반화된 규칙에 대한 갈망과, 또 다른 한편에서 개별화되고 구체적인 사실에 민감한 정의구현에의 필요성 간에 끊임없는 갈등을 불러일으키고 있다. 이런 갈등과 긴장관계는 더욱 정교해지고 차별화되며 예민한 규칙들을 개발해내는데도 불구하고 더욱 일반화된 규칙을 개발해내는 방법에 의하여 극복되고 있다. 이런 식으로 해서 사회에서 최초로 형성되는 기본적 규칙들은 불가피하게 더욱 진전되고 세련되며 차별화되는 형태로 진화하게 된다.

규칙은 통상 반복되는 실제 경험에 터잡아 효율적으로 진화한다. 유치원 어린이들의 게임도 바로 이렇게 진화하는 것이다. 최초의 결정은 구체적, 개별적 상황에 터잡게 된다. 그러나 그 이후에는 비슷한 상황에서는 비슷하게 처리되어야 한다는 공정성의 요청과, 또는 새로이 등장하게 되는 요소들로 인하여 추가적인 차별을 허용해야 한다는 필요성에 접하게 된다. 마침내 이렇게 구체화되고 개별화된 결정들 속에서 분명히 드러나는 유형들이 일반화되고 보편화된 규칙으로서 자리 잡을 수 있게 된다(이런 관행에 터잡아 이룩된 법적 규칙legal rules의 체계야말로 바로 선례precedent에 기초한 법체계가 아닐 수 없다). 이렇게 느리게 형성되는 진화의 전략은 애초부터 실무적이고 포괄적이며 정교한 규칙을 순식간에, 또 한꺼번에 만들어내는 것은 거의 불가능함을 인정하는 데서 출발한다. 또한 그런 시도를 하는 것은 매우 위험한 일이 아닐 수 없다. 막대한 희생을 감수해야 하는 실수 또한 생겨날 수 있다. 그러므로 애초부터 필요한 모든 규칙을 완비하겠다는 속전속결식의 전략은, 오직 충분한 과거의 경험에 터잡거나 또는 예상하지 못한 상황에 대비할 수 있도록 충분한 융통성을 고려해야만 가능해진다. 후자의 방법은 규칙을 만들 때 통상적으로 매우 일반적인 용어와 문장만을 사용함으로써 그때그때 상황에 따라 해석을 달리해도 될 수 있도록 하는 방법으로만 가능해진다. 그러고 나면 일반적인 규칙의 적용을 뒷받침하기 위하여 구체적 사안에 적용될 수 있는 해석의 규범이 수립될 수 있다(이런 전략하에 운용되는 법규칙의 체계를 성문법legal code체계라고 부른다).

유치원 어린이들의 놀이는 바로 이런 규칙들의 피할 수 없는 진화의 모습을 보여주고 있다. 그것은 또한 "느리게 형성slow-build" 되는 메커니즘이 어떻게 일반화된 법과 개별화된 정의를 향한 서로 모순되는 욕구를 조정해줄 수 있는지를 보여준다. 그러나 어린이들의 놀이는 그다음 차례로 규칙의 매우 심각한 국면에 봉착하게 된다. 진화하는 규칙은 일관성이 있어야 하며, 또한 합리적이어야 한다. 비슷한 상황에서는 비슷한 취급을 받아야 하는 것이다. 다른 상황에서는 다른 취급을 받아야 하며, 또한 더욱 중요한 것은 그런 차별화가 합리적이어야 한다는 점이다. 유치원 어린이들의 놀이로 돌아가보면, 참여선수들 중에서 보여주는 재주가 높은 사람일수록 높은 점수를 주어야 하며, 반대의 경우 점수는 낮아져야 한다. 규칙에 크게 위반하는 경우에는 벌칙 또한 가혹해질 수밖에 없으며, 위반의 정도가 약할 때에는 벌칙 또한 완화되어야 한다. 여기서 중요한 것은 이런 상황마다의 판단을 내림에 있어 해당 사실을 공정하게 평가하는 바탕 위에 서도록 노력해야 한다는 점이다. 만약 경험에 비추어 그런 판단에 일관성이 결여되어 있음이 드러나게 된다면, 일관성을 되찾기 위해서라도 규칙은 불가피하게 개정되어야 할 것이다.

이렇게 일관성coherence의 개념이 매우 중요하게 대두한다. 놀이의 내용이 다른 경우에는 그에 맞추어 규칙 또한 달라져야 하겠으나, 놀이마다 정해지는 규칙은 일관성을 갖추고 있어야 한다. 이 다섯 살배기들의 놀이에 두 명의 심판이 나서서 한 사람은 빨간색 규칙과 빨간색 관행에 터잡아 매사에 빨간색으로 반응하고, 또 한 사람의 심판은 녹색 규칙과 녹색 관행에 터잡아 모든 사태에 대하여 녹색 반응을 보여준다고 가정해보자. 그때 어떤 일이 생기겠는가? 놀이는 순식간에 혼돈에 빠져버릴 것이다. 빨간색 심판이 득점을 인정해주는데, 녹색 심판이 이를 노골이라고 선언하는 사태가 생겨날 수 있다. 이는 그런 결정적인 순간에 어떤 사람이 심판을 맡고 있는지에 좌우될 것이다. 규칙의 위반 여부를 평가하고 벌칙을 적용함에도 이와 마찬가지가 된다. 빨간색 심판은 빨간색 관행에 터잡아 평가하고, 빨간색 규칙에 터잡아 결단을 내릴 것이다. 녹색 심판은 녹색 관행에 터잡아 판정하고, 녹색 규칙에 터잡아 결정을 내릴 것이다.

물론 이렇게 황당한 놀이로 전락해버리는 상태를 방지하는 최선의 방법은 보라색 규칙만을 적용하기로 합의하는 것이다. 이로써 보라색 규칙을 고안해내는 데 빨간색 규칙과 녹색 규칙이 어떤 기여를 했든 새로운 놀이가 개발된다는 점이다. 이를 다른 방법으로 해결하려면 더욱 어렵게 된다. 빨간색 규칙과 녹색 규칙 간의, 그리고 빨간색 심판과 녹색 심판 간의 상호 작용을 조심스럽게 규제해야만 하는 것이다. 한 가지 방법은 빨간색 심판과 녹색 심판에게 독자적인 각자의 활동 영역의 선을 그어주는 방법이다. 이런 방법은 간단해 보이면서도 불가피하게 그 각자의 관할 영역을 둘러싼 논쟁을 불러일으킬 가능성이 있으며, 더욱이 참여선수들이 엉뚱한 심판에게 아무 소용도 없는 이의제기를 하도록 만드는 실무적인 어려움을 야기하게 된다. 또 하나의 방법은 빨간색 심판의 판정이 항상 우선하기로 하되, 빨간색 심판이 개입해야 할 특별한 사정이 있기 전에는 녹색 심판이 심판 업무를 주도하도록 하는 방법이다. 이 경우의 문제로서는 빨간색 심판이 과다한, 그리고 아마도 어느 한 쪽이 받아들이기 어려운 재량권을 가지게 된다는 점에 있다. 참으로 수없이 많은 여러 가지 방법이 있을 수 있겠으나, 그 어느 방법이라도 온전하지는 못하며 문제를 안고 있다. 결국 어떤 게임의 규칙을 미리 정하는 것은 결코 합리적인 방법이라고 할 수 없다.

더욱 중요한 문제는 시간이 갈수록 어려움이 더욱 증폭된다는 데 있다. 아무리 빨간색 심판과 녹색 심판 간의 관계를 규율하는 정교한 규정을 만들어놓은들 그 게임의 규칙이 내부에서 일관성 있게 유지되리라는 보장은 없다. 어차피 불가피한 일이지만, 만약 빨간색 규칙과 녹색 규칙들이 진화를 계속한다면 이 두 개의 규칙들 간의 경계선은 흐려질 것이다. 이 두 사람의 심판은 결국 매우 비슷한 상황을 서로 다른 접근방법으로 규율하게 될 것이다. 빨간색 심판은 반칙한 선수가 고의로 어떤 특정한 형태로 상대방 선수의 진로를 방해했다는 이유로 그를 퇴장시키는 명령을 내릴 수도 있을 것이다. 이에 반하여 녹색 심판은 비슷한 상황에서 반칙을 당한 선수에게 단순히 프리킥만을 허용할 수도 있을 것이다. 결과적으로 비슷한 상황이 비슷하게 취급되지 않게 된다. 이것은 결코 심판들 잘못 때문이 아니라 빨간색 규칙과 녹색 규칙이라는 2개의 서로 이질적인 규칙들이 각자 나름대로 발전해오면서 그 각자의 내부에서는 합리적이지만 서로 다른 체계로 발전해온 결과이다. 또 문제는 여기서 그치지 않는다. 빨간색 관행과 녹색 관행을 비교 대조할 만한 공식적인 장치가 없는 상황에서는 크고 작은 규칙 위반에 대하여 빨간색 심판과 녹색 심판 간에 이를 취급하는 내용이 달라질 것이다. 선수의 재주와 그에 부응하는 점수(또는 선수의 규칙 위반과 그에 부응하는 벌칙) 간에 합리적인 비례가 되어야 한다는 필요성은 결국 상실되고야 말 것이다. 내적인 일관성 없이 게임은 결국 싸움으로 끝나고 말 것이다. 이렇게 기이한 형태의 게임으로부터 얻게 되는 분명한 교훈은, 최선의 규칙체계는 통상적으로 이중의 구조하에서가 아니라 통합된 체계 내에서만 제대로 진화한다는 점이다.

제2절 대륙법과 보통법의 체계

이렇게 어린이들의 놀이라든지, 빨간색 심판과 녹색 심판이라든지 하는 것이 도대체 법과 무슨 관계가 있는 것일까? 상당한 관계가 있을 듯하다. 어린이들이라도 무리를 지어 놀이를 하는 모습은 곧 우리 사회의 축소판이기도 하다. 어린이들의 놀이에서와 마찬가지로 우리 사회 또한 일관되고도 합리적인 일단의 규칙에 의하여 규율을 받을 필요를 느낀다. 어린이들의 놀이에 적용되는 규칙들과 마찬가지로 우리 사회에 적용될 규칙들 또한 진화를 피할 길이 없다. 원시사회는 원시적인 규칙들을 가지고 있다. 좀 더 진화된 사회는 불가피하게 진화된 규칙들을 개발하게 된다. 더욱이 서로 다른 놀이에 서로 다른 규칙이 적용되듯이, 서로 다른 사회는 각자 서로 다른 자기 나름의 규칙하에서 온당한 결론을 합리적으로 도출해낼 수 있게 된다. 프랑스의 법원칙이 독일의 법원칙과 똑같아야 할 이유는 없다. 그러나 프랑스나 독일 각자의 법체계 내에서는 마치 어린이들의 놀이에서와 마찬가지로 비슷한 상황은 비슷하게 처리되어야 하며, 또한 서로 다른 상황에는 방어할 수 있을 만큼 서로 다른 방법으로 처리되어야 하는 것이 당연하다. 어린이들의 놀이를 유추해보면, 이런 것은 오로지 규칙을 지키는 자에 대한 포상이나 규칙을 지키지 않는 자에 대한 제재가 그 규칙에 대하여 포괄적이고도 적절한 비례성을 유지하는 데 의식적인 주의를 기울이면서 진화하는 경우에만 가능함을 암시한다.

이렇게 일관성 있는 법의 발전은 아무래도 단일한 법체계하에서 가장 효과적일 수 있으며, 이것이야말로 대부분의 현대사회의 법원칙들이 진화해온 과정을 설명하는 것이라고 단언할 만하다. 대부분의 사회는 문명사회에서 질서를 유지하기 위하여 필요한 최소한도의 기본적 규칙들을 원시적 형태로나마 일반적으로 기술하는 데서 시작한다. 그러고 나면 그런 사회는 마치 어린이들이 그렇듯이 다른 사회의 실무관행으로부터 차용해오기도 하고, 다른 사회의 성공과 실패 사례에서 배우기도 하여 차츰 이런 규칙들을 진화시키게 된다. 여기서 양보할 수 없는 목표는 사회가 계속 진화해야 한다는 요청에 최선으로 부응하기 위하여 필요한 만큼 더욱 정교한 법체계를 진화시키는 데 있다. 이런 사회들은 선례에 터잡은 법체계로 시작할 수도 있으나, 어떤 사회들은 마침내 성문법체계를 구축해내고야 만다. 이런 후자의 법 진화과정은 대부분의 유럽 국가들(영국, 아일랜드, 북아일랜드 및 웨일스를 제외하고), 중남미 국가들, 일본 및 터키 등과 같은 대륙법체계 국가들에 의하여 대표되고 있다. 이런 법체계는 현재 한 나라의 모든 법체계를 명시적이고도 포괄적으로(비록 자꾸 변화하기는 하지만) 나열하는 데 목적을 둔 성문법전에 의하여 대변되고 있다. 이런 다양한 형태의 성문법전들은 대체로 초기 로마법 전통에 따르는 것이지만, 각 나라별로 자기 나라의 지역적 관습과 사정에 맞추어 이를 변형, 재단함으로써 적응력을 발휘해왔다.

이런 대륙법 국가들의 모델에 비추어볼 때, 영국이 전혀 다르고 두드러지는 전략을 채택했다는 것은 매우 괄목할 만한 일이다. 이들 대륙법 국가들과는 달리 영국의 법체계는 선례에 터잡고 있으며precedent-based, 또한 이중의dualist 법체계를 갖추고 있다. 선례에 터잡은 체계는 그 나름대로 선택해볼 만한 매력이 있다고 할 수 있다. 실제로 이런 전략은 개개인이 자신만의 도덕적 원칙과 인생관을 발전시킴에 있어 그 개개인의 정상적인 삶의 실제를 그대로 반영하는 것이다. 심지어 초기의 침입자[역주1]들조차도 자기들 나름의 법체계를 가져오기는 했겠지만, 영국의 기왕의 법적 안정성을 유지하면서 영국의 법체계 내에서의 변화를 추구하는 방법에 따를 경우의 정치적 이득을 눈여겨보았음직하다. 이것이야말로 선례에 터잡은 법체계에서만 가능한 것이다. 그러나 우리가 변명하기 어려운 것은 영국이 이중적 법체계에 집착해왔다는 점이다. 이는 어린이들의 놀이에서 빨간색과 녹색의 서로 다른 규칙 및 관행들이 보여주는 기이한 모습을 그대로 반영하고 있다. 이런 전략은 어린이들의 놀이에서 혼란을 초래할 수 있으며, 어른들의 사회에서 그런 잠재적 위험성은 훨씬 더 커진다. 어른들의 사회에서 가능한 경우를 생각해보자. "빨간색" 판사들은 X가 계약에 기속되지 않는다고 판단하는 반면, "녹색" 판사들은 기속된다고 판단할 수 있다. 또는 "빨간색" 판사들은 어떤 물건이 X의 소유라고 판단하지만, "녹색" 판사들은 그것이 Y의 소유라고 고집할 수 있다. 다음 절section에서 전개되는 설명에서는 어찌하여 이렇게 극단적이고도 예외적인 현상이 나타나게 되었는지를 보여줄 것이다. 그럼에도 영국에서 성문법체계가 아닌 판례법체계가 어떤 진화과정을 거쳐서 그렇게 불가피하게 자리 잡게 되었는지를 설명할 길은 없다.

그런데 불가해한 점은 이렇게 두드러지는 현상이 영국에서 살아남았을뿐더러 영국의 법 모델을 승계한 다른 나라들에서도 되풀이되었다는 점이다. 그리하여 이런 나라들에서의 법의 틀을 이제 판례법common law[역주2]이라고 불러 앞에서 설명한 대륙법체계와 구별하기로 한다. 판례법체계는 영국, 미국, 캐나다, 오스트레일리아, 뉴질랜드, 인도 및 한때 대영제국에 속하던 여타의 나라들에서 여전히 유효하게 적용되고 있다. 이런 나라들에서 원래 모습의 영국법은 그 나라 나름의 상황과 정치적, 사회적 요구를 반영하여 시간을 두고 불가피하게 진화해온 것이 사실이다. 대륙법이나 마찬가지로 판례법 또한 단조로운 모습이 아니다. 실로 현재 판례법 국가들 간에서, 그 공통의 연원에도 불구하고 존재하는 격차와 차별성이야말로 선례에 기초하여 진화하는 법체계 속에 내재하는 융통성flexibility을 입증하는 것에 다름 아니다. 만약 판사들이 마음만 먹는다면 새로 떠오르는 발상들은 즉시 법체계 속에 받아들여질 수 있는 것이다. 이는 특히 미국에서 가장 두드러진다. 미국의 정치적 역사야말로 필요하기만 하면, 특히 영국의 정치에 대한 불만을 강조하기 위해서라면 언제라도, 판례법의 실무를 무시하고 어디서든지, 심지어 대륙법으로부터도 아이디어를 차용하기도 해왔던 것이다. 이와 마찬가지로 판사들이 진보를 방해하기로 마음만 먹는다면 아직 법을 바꾸는 것을 정당화할 만한 법적인 선례가 없다고 주장하는 것만으로도 선례에 기초한 법체계를 악용할 수도 있는 것이다.

제3절 이중적 판례법체계의 연원

이렇게 이상야릇해 보이는 이중적인 보통법체계가 어떻게 생겨나게 되었는지를 설명하려면 중세 영국으로 되돌아가볼 필요가 있다. 그 당시 영국의 보편적 법(잉글랜드의 "보통"법)은 왕을 대리하는 판사들King's Judges이 주관해왔다. 어린이들의 놀이에서 사용되는 언어를 이용하자면 이것은 영국의 녹색 법이었고, 판사들은 녹색 심판들이었다. 이런 판사들이 주관하여 형성하는 법은 아마도 다양한 사회적, 정치적, 그리고 경제적 변화에의 압력에 반응함으로써 진화해왔을 것이다. 그러나 그런 변화가 충분한 속도를 얻지 못한다면, 또는 만약 어느 특정한 상황하에서 판사들의 판단이 공정하지 않다는 사정이 드러난다면, 당사자들은 직접 왕에게 호소할 수 있었다. 이 경우 국왕은 정의의 원천으로 간주됨으로써 자기의 백성들이 공평하고 정의로운 취급을 받을 수 있도록 보장해줄 책임을 져야 했다. 국왕은 마침내 자신의 이러한 중요한 기능을 자신의 왕국 내에서 최고의 행정책임자가 되는 총무대신Chancellor[역주3]에게 맡겼다. 총무대신에게는 보통법으로는 불공평한 결과가 초래되리라고 우려되는 경우 정의롭지 못한 일을 방지하거나 부족을 보충하기 위한 광범위한 권한이 주어졌다. 이 경우 총무대신의 재판권은 특정한 문제에 국한되지 않았다. 대신은 실체법의 문제나 절차법 또는 구제수단과 관련하여 정의롭지 못한 결과가 초래될 수 있는 경우에 어떤 사안이라도 다룰 권한이 주어졌다. 이렇게 백성의 고통을 덜어주기 위하여 대신이 가지는 재판권은 마침내 원칙들과 규칙들과 관행들로 이루어지는 어떤 실체를 갖춘 법의 모습으로 진화하게 된다. 다시 한 번 어린이들의 언어를 빌리자면, 이것은 왕국의 빨간색 법이 되고 대신은 빨간색 심판이 된 것이었다.

우리들이 상상해보았던 어린이들의 놀이와 비교해보면, 이 경우 분명히 양자를 대조할 수 있게 된다. 왕국의 법—영국의 판례법—은 이제 단순히 판사들이 주관하는 법(녹색 법)이라거나, 또는 대신이 주관하는 법(빨간색 법)이라고 어느 한쪽으로 단정할 수 없게 된다. 결국 양자를 합친 법이 되어야 하는 것이다. 녹색 법과 녹색 관행 및 녹색 판사들을 한쪽으로 하고, 빨간색 법과 빨간색 관행 및 빨간색 판사들을 다른 한쪽으로 하여 칼로 자른 듯한 제도적 차이가 있었던 것은 사실이다. 이 경우 각자의 법체계는 서로 다른 법정에서 운용되었다. 따라서 소송당사자들은 자기들의 구체적인 분쟁이 제대로 재판권 있는 판관에게 제소되는지 확실히 따져보아야 했다. 만약 재판관할을 잘못 선택했음이 드러나면 재판권 있는 법원으로 찾아가서 모든 과정을 처음부터 새로 시작해야 했다. 왕의 판사들은 원칙적으로 왕좌법원King's Bench, 민소법원Court of Common Pleas 및 재무법원Court of Exchequer에서 재판을 해주었다. 이런 법원의 판사들은 "보통법"의 관행과 절차에 따라 "보통법"의 원칙을 적용했다. 이에 반하여 총무대신은 대신의 법원Court of Chancery[역주4]에서 균형감 있는 실무관행과 절차에 따라 형평법의 규칙과 원칙들을 적용하여 재판했다. 현대의 재판은 결국 이런 두 가지의 토대 위에 자리 잡은 것이다. 이제 판례법은 이 두 가지 법체계가 진화한 형태를 포괄하면서, 또 한편 의회가 통과시킨 방대한 양의 성문법에 의하여 보완되고 있다. 이렇게 설명한 바와 같이 "형평법"은 영국 형평법원English High Court of Chancery이 애초부터 발전시키고 또한 주관해온 규칙들, 원칙들, 그리고 구제수단들의 총체라고 할 수 있다. 이런 정의내림이 비록 정확하지만 결코 만족스럽지 못한 것은 형평법[1]이 도대체 무엇인가를 전혀 보여주고 있지 못하기 때

1) 용어에 주의할 필요가 있다. 여기서 사용되는 "커먼로common law"라는 용어는 맥락에 따라서 서로 다른 의미로 사용되기 때문에 그 뜻을 파악하는 데 어려움이 생긴다. 지금까지 이렇게 서로 다른 여러 가지의 의미들은 이미 지속적으로 사용되고 있지만 충분한 설명이 되고 있지는 않다. 좁은 의미로는 판사들이 그동안 형성해온 서로 다른 재판권의 역사를 가리키는 "보통법Common Law"과 "형평법Equity"을 구별하는 데 사용된다. 이 용어는 또한 좀 더 넓은 의미에서 판사들이 만든 모든 법("판례법common law")과 의회가 만든 법률("성문법statutes")을 구별하는 의미로도 쓰인다. 이 구별법은 규칙을 만드는 기관이 누구냐에 따라 비교하는 방법인데, 이때 사용되는 "커먼로common law"는 앞에서 이미 설명한 보통법과 형평법을 아우르는 개념이다. 마지막으로 이 용어는 그것보다도 더 넓은 의미로 사용될 수 있는데, 그것은 판례법의 체계와 대륙법civil law의 체계를 구별할 때 사용된다. 이런 맥락에서 커먼로는 판례법체계에 관계 있는 모든 법을 망라하여 그것이 판사들에 의하여 만들어진 것(보통법과 형평법을 포함한다)이든 또는 의회가 만든 성문법이든 이를 모두 포함하는 것이다. 이 책에서는 맨 앞에서 본 의미로 사용할 때에는 보통법

문이다.

영국의 국왕들과 대신들에 의하여 초기에 행해진 실무적 관행에는 특별한 것이 없었다. 대부분의 초기 법체계들은 대체로 비슷한 접근방법을 취하여 초보단계의 일반화된 규칙들을 엄격하게 적용할 경우 정의롭지 못한 결과에 도달하게 되는 부작용을 시정해줄 수 있는 권한을 가진 왕이나 사제들에게 재판권을 주는 방법이었다. 왕이 베푸는 "은사bounty"나 사제가 베푸는 "자비mercy"는 소송당사자들을 회복할 수 없는 부당성으로부터 구제해줄 수 있었다. 그러나 그런 은사는 결코 법이 되지 못하므로 대부분의 법체계는 그런 문제들에 접근할 수 있는 규칙에 기초한 법적 해결방식을 고안해내게 된다. 그러나 영국의 법체계는 이런 식으로 즉각 반응하지는 못했다. 한창 절실한 시기에 왕에 의하여 임명된 판사들로 구성되는 법원[역주5]은 소송당사자들의 불만을 해결해줄 수 있는 새로운 법규칙을 개발해낼 능력이 없었던 것이 아니면, 의욕이 없었던 것이다. 이에 대해서는 특히 세 가지의 요소, 즉 정치적 문제, 영장체계 및 배심원체계가 장애요소로 되었다. 소송은 영장writ(서면에 의한 법원의 명령)이 있어야 개시할 수 있었으며, 배심원이 있어야 판단을 받을 수 있었다. 여기서 영장이라 함은 국왕이 소송당사자에게 재판을 해도 좋다고 허용해주는 국왕의 대권prerogative이었다. 이런 영장은 사건을 법원으로 가져갈 수 있는 유일한 절차적 통로가 되었으며, 피해를 입은 당사자가 어떤 상황하에서 어떤 구제를 받을 수 있는지를 지정해주게 되었다. 만약 그런 형식을 갖춘 영장을 발급받지 못하면 보통법상의 구제를 결코 받지 못하게 되는 것이다. 이에 대해 판사의 역할은, 단순히 그런 영장이 법원의 재판권을 인정해주는 형식을 갖추었느냐의 여부만을 판단할 뿐이었고, 사실관계는—따라서 그 사건의 결과 또한—오로지 배심원이 판단, 결정하는 것이었다.

Common Law과 형평법Equity을 대문자로 표기한다. 그러나 이것이 다른 저서들에서도 일반적인 관행은 아니다. 다른 책들에서는 문맥에 따라서 그 사용되는 의미를 구분해야 하는 것이 보통이다. 이 책에서 소문자로 "커먼로common law"라고 할 때는 위에서 본 두 번째의 두 가지 법체계를 포괄하는 것으로서 문맥에 따라 달라질 수 있다.

이런 접근방법에 의존할 경우의 문제는 실체법이 영장에 의하여 결정된다는 데 있었다. 그렇더라도 판사들이 다양한 형식의 영장을 취급함에 있어, 또한 사실관계를 판단함에 있어 의미 있는 재량권을 행사하겠다는 마음의 준비가 되어 있었다면, 보통법은 진화할 수 있었을 것이다. 그러나 만약 판사들이 영장을 엄격하게 해석하는 데 집착한다면 보통법은 금방 쓸모없게 될 수밖에 없었다. 초기의 비교적 신축성 있는 실무관행에도 불구하고 14세기 후반이 되면 융통성 없고 경직된 해석론이 지배하게 된다. 영장은 이용 가능한 서식이 극히 제한되어 있는데다가 그 서식에 엄격히 부응해야 했으며, 그 서식은 엄격하게 해석되었다. 이런 완고성을 초래한 이유는 정치상황에 있었다. 그 당시에는 국왕과 의회와 판사들 간에 치열한 권력투쟁이 있던 시기였다. 그리하여 영장제도를 요식화함으로써 대신의 권한(적어도 대신의 중요한 권한에 속하지는 않지만 영장발부자로서의 역할)을 제한할 의도에서, 그리고 이를 통하여 국왕의 권한 또한 축소시킬 의도였던 것이다. 그러나 그로 인한 실제의 (기대하지 않았던) 결과는 보통법하에서 법원에 제소할 수 있는 청구의 형태를 극히 제한해버리는 부작용을 낳게 되었다.

실로 배심제도로 인하여 보통법하에서 명시적으로 허용되는 청구조차도 이런 법의 형식적인 규칙들을 좀 더 차별성 있는 형태로 즉각 진화시킬 수 있는 가능성이 봉쇄되어버렸다. 판사는 배심원들에게 법에 관하여 설명할 때 배심원들이 이해할 수 있도록 규칙에 관하여 가장 단순한 형태로만 표명하는 경향을 띠게 되었다. 그리하여 정교한 설명을 회피함으로써 결국 법에 대한 대중의 이해 양상을 변화시킬 수도 있는 가능성은 봉쇄되었다. 물론 배심원들 스스로도 자기들이 판단을 내림에 있어 일반적으로 받아들여지고 계속 진화하는 사회적 규범들을 자기들의 평결에 주입시킬 수 있었겠지만, 그런 실무관행들이 모여 궁극적으로 법이라고 하는 수준의 규칙을 형성하는 데까지는 이르지 못했던 것이다. 배심원들은 도대체 자기들의 평결에 대한 이유를 댈 필요가 없었으며, 또한 선례에 따라야 할 의무도 없었다. 이에 따라 설사 결과적으로는 바람직한 결론을 도출하더라도 법체계는 정체된 채로 남아 있었다.

한 마디로 보통법은 총무대신의 "은사bounty"에 깔려 있는 발상을 자기의 체제 내로 흡수할 수 없었다. 여기서의 문제는 보통법이 선례 존중의 정신에 집착했다는 것 때문이 아니었다. 현대법의 발전 양상을 보면 오히려 그런 선례 존중의 법체계가 차라리 법을 개혁하는 데 있어서 잠재적 원동력이 됨을 보여주고 있다. 정작 문제점은 앞에서 본 정치적 권력투쟁이라는 맥락이 결과적으로 이런 선례들을 필요 없이 융통성 없는 해석론으로 몰고 갔다는 데 있다.

국왕이 임명한 판사들의 법원에서 진행되는 게임이 이런 양상을 보이고 있는 동안 국왕의 은사를 법의 차원으로 한 단계 올려놓으려는 압력이 또 다른 출구를 찾게 된다. 앞에서 본 유치원 어린이들의 놀이는 높은 사람의 은사에 의하기보다는 규칙에 의하여 사회가 운용되어야 한다는 생각을 더욱 뒷받침해주게 된다. 결과적으로 총무대신의 재판권은 그 자체가 독자적이고도 특색 있는 법원칙의 체계를 만들어내기 시작했다. 비록 초기의 대신들이 라틴어와 프랑스어로 교육받고 로마시민법과 교회법으로 교육받은 가톨릭 사제나 귀족 출신들이기는 했으나 그들은 자기들에게 익숙한 법체계로부터 많은 아이디어를 차용해낸 것이었다. 그들은 사건당사자들의 불만이 어디에 있는지를 시민법적이고 로마법적인 방식으로(즉 서면에 의한 쟁송방식을 선호하고 배심원을 배제하는 방식으로) 심리하게 되었으며, 도덕성이라는 개념이 주입된 일반적이고도 실질적인 법의 원칙에 터잡아 시민법적인 접근방법으로 판단을 내렸다. 그리하여 형평법원이 개입해줄 것을 요청하는 소리가 높아질수록 일관성의 필요 또한 갈수록 절실해졌다. 이렇게 됨에 따라 대신들은 또한 어떤 원칙을 특정한 사건에 적용하려면 이를 정당화시켜주는 합리적 설명을 추구하지 않을 수 없었다. 이렇게 판결에 이유를 붙이게 됨에 따라, 특히 17세기 후반부터는 형평법을 체계화하기 쉬워졌으며, 이에 따라 일단의 형평법원칙—빨간색 규칙—이라고 할 만한 것들이 생겨나게 된 것이다.

형평법을 국왕의 은사로부터 법의 경지로 승화시켜야 한다는 욕구는 그 자체가 부분적으로 정치적 동기를 가지고 있었음을 부인할 수 없다. 한쪽에서는 대신과 다른 한쪽에서는 국왕이 임명한 판사들 간의 권력투쟁은 형평법이 좀 더 법다운 모양을 갖추지 않을 수 없도록 불가피하게 몰고 가는 압력수단이 되었다. 형평법원이 내리는 판단이 합리적이고 예측가능하며, 또한 객관적이라는 평가를 받을 수 없는 한 그것은 결코 정치적으로 용납될 수 없었던 것이다.[2] 17세기 영국에서의 정치적 혁명은 이런 일반적 압력에 가세하는 꼴이 되었다. 민주화를 지향하는 혁명세력은 만약 형평법이 종전대로 군주 및 군주의 대권 prerogative과 가까운 관계를 유지하려 할 경우에는 형평법 그 자체를 말살시켜 버리겠다고 위협했다. 형평법은 이제 이런 요구에 부응하든지, 아니면 법이라는 영역 밖에 머무르든지 해야 하는 선택의 기로에 서게 된 것이었다. 만약 법의 영역에 남아 있게 된다면 형평법은 불가피하게 권리와 의무에 관한 권위 있는 판단을 내려줄 수 있는 지위에 서게 될 것이지만, 국왕이 재량권을 행사하는 데 단순히 수족의 역할을 하는 데 그치게 된다면 결과적으로는 그때그때 국왕의 변덕에 따라 내려질지 말지가 결정되는 은사에 불과해질 터였다.

형평법은 이와 같은 압력에 적극적으로 부응하여 법이 되었다. 이런 진화는 결국 보통법과 형평법 간의 관계, 즉 녹색 심판과 빨간색 심판 간의 관계를 규율할 규칙을 필요로 하게 되었다. 처음에는 매우 단순한 형태의 규칙들이 생겨났다. 총무대신들—즉 빨간색 심판들—의 역할은 아직 매우 미약했다. 그들이 하는 일이라고는 단지 정의롭지 못한 결과를 회피하기 위하여 꼭 필요한 경우에만 개입하는 것이었다. 물론 이는 오래 가지 못했다. 형평법이 다른 분야에도 확장되어야 한다는 압력이 가해졌으며, 17세기 초반에는 대신과 대법원장 간에 악명 높고도 열띤 정치적 투쟁이 전개되었다.[3] 이 싸움에서 대신이 이겼다. 이

---

2) 이 기간 중 형평법의 "양심conscience"이라는 개념이 변화한 정도에 관하여는 노팅엄 Nottingham 경이 *Cook v Fountain*(1676) 3 Swanst 585, 600(36 ER 984) 사건에서 내린 판결에서 잘 볼 수 있다. "자연적이고 내적naturalis et interna인 것에 불과한 그런 양심과는 이 법원은 아무런 관계도 없다. 내가 의존해야 할 양심은 단지 시민적이고도 정치적civilis et politica인 것이며, 총무대신의 단순한 환상과 상상만으로 사람들이 자기 재산을 잃는 것보다는 차라리 신뢰관계나 안전장치나 사회적 합의가 실패하는 것이 공익을 위해서는 무한히 더 나은 일이다."

3) *Earl of Oxford's Case*(1615) 1 Ch Rep 1, 21 ER 485.

제 녹색 심판과 빨간색 심판 간의 관계를 규율하는 새로운 법은 분쟁이 일어났을 경우에 빨간색 심판—대신—의 규칙과 실무관행이 녹색 심판—국왕의 판사들—의 규칙과 실무관행에 우선하게 된다. 결과적으로 형평법의 규칙들이 보통법의 규칙들을 대체하게 된 것이다.

이런 역사적 전개과정이야말로 바로 형평법이 어떻게 생겨나게 되었는지를 설명해주는 정통적인 방법에 해당한다. 이 이야기는 사실이기도 하지만 일부는 형평법의 신화myth라고도 할 만하다.[4] 그럼에도 이런 설명은 매우 만족스럽지 못하여 우리를 곤혹스럽게 한다. 이중의 체계야말로 직관에 반하는counter-intuitive 접근방법이기 때문에 아무리 역사적, 정치적인 설명방법으로 접근하더라도 이런 이중적 체계의 선택을 정당화해주기에는 부족하다. 그 어떤 근거가 들먹거려지더라도 초기 영국의 법과 은사의 실무관행이 좀 더 정교한 법의 규칙으로 통합되지 못했다는 점은 매우 이상한 일이다. 더욱이 형평법의 규칙들이 일관성 없는 보통법의 규칙들을 대체하고 난 수백 년 후에조차도 통합이 이루어지지 않았다는 점은 훨씬 더 이해할 수 없는 일이다. 이 두 가지 규칙들의 체계가 즉각 통합되어 두 체계 간에 불일치하는 점에 대하여는 “형평법이 우선”해야 한다는 원칙이 주저 없이 적용될 수 있었어야 한다. 그럼에도 판사들의 사법권에 대한 개인적 집착과 선례 존중이라는 융통성 없는 고집은 두 법체계의 통합을 정치적으로도, 법적으로도 불가능하게 만들어내고야 말았던 것으로 보인다.

그리하여 이중의 법체계는 지속되었다. 그러나 형평법이 성공적으로 체계화됨에 따라 이는 결국 보통법체계에 심대한 영향을 끼치게 된다. 그리고 형평법의 실무는 차츰 격식을 갖추게 되고, 결과적으로 더욱 많은 제약을 붙이게 됨에 따라 형평법은 더 이상 법의 변화에 대응하는 쓸 만한 출구를 제공해줄 수 없게

---

4) 이런 역사로부터 유래하는 모델은 보통법과 형평법을 예리한 대립구도로 만들어놓는다. 그러나 현실은 오히려 훨씬 더 큰 수용의 여지를 보여주고 있다. 그럼에도 두 재판권의 미래에 관한 현재의 예상은—이것이야말로 이 책의 초점이 되는 것인데—현실에 터잡은 것이기도 하지만, 적잖이 신화에 의하여 형성된 감이 짙다.

되었다. 그리하여 이제는 보통법이 스스로 진화해야 한다는 압력이 가중되었다. 이런 압력은 19세기에 정점에 이르러 어쩔 수 없이 보통법은 마침내 자신의 가혹한 절차적 제약들을 완화할 수밖에 없게 되었다. 그리하여 몇 가지 중요한 변화가 생겨났다. 당사자들은 굳이 총무대신에게 호소하지 않고서도 제소할 수 있는 권리를 인정받게 되었다. 더욱 중요한 것은 이제 소송의 형태를 제한적으로만 허용하는 영장제도는 폐지되고, 그 자리에 사실관계만 진술하면 소를 접수해주는 체계가 확립되었다. 이는 종전의 배심원들에 의한 판단의 대상으로만 여겨지던 사실에 관한 다툼이 이제는 판사들이 담당하는 법의 관심 대상으로 떠올라서 판사들은 배심원들이 내리는 평결의 배경을 이루는 원칙들을 명시하지 않으면 안 되게 되었다. 이런 원칙들을 해석하는 것은 자주 창조적인 상상력을 요구하기도 했다. 더욱이 이런 접근방식은 보통법의 제약 없는 발전을 촉진했다. 보통법의 원칙들은 재정의redefined를 받게 되었으며, 판사들은 자기들 앞에 놓인 사건의 사실관계와 종전의 원칙들이 적용되던 사실관계와의 차이점을 찾아냄으로써 새로운 원칙들을 정립하게 되었다. 형평법의 초기에 대신들이 이끌어낸 관행과 쌍벽을 이루는 이런 보통법의 변모는 매우 인상적이다.

이렇게 보통법과 형평법의 실무관행이 서로 수렴하게 됨에도 불구하고 이중의 법체계는 여전히 지속했다. 이런 이중의 전략을 취할 경우에 나타나는 근본적인 단점들은 대체로 무시되었으며, 설사 그런 통합의 움직임이 있다 하더라도 그것은 단지 행정적 차원에 국한되었다. 사건당사자가 어떤 법원에 소장을 내더라도 그 법원이 자체의 분명한 규칙상 그 당사자에게 구제수단을 제공할 재판권이 없었던 경우를 되돌이켜보자. 이런 실무적인 어려움은 19세기에 들어서서 1873년과 1875년의 법원조직법Judicature Act이 왕좌법원King's Bench과 형평법원Chancery Court의 사법행정을 통합함으로써 마침내 해결될 수 있었다. 이는 결국 어떤 사건을 다루게 되는 판사가 이제는 당사자가 법원을 어떻게 표시하든지, 보통법의 규칙이든 형평법의 규칙이든 필요 적절한 것을 그때그때 골라 쓸 수 있게 되었다는 이야기가 된다. 그러나 지적인 면에서는 이에도 불구하고 여전히 이중의 법체계, 즉 녹색과 빨간색의 각 규칙 및 관행들, 그리고 양자의 엄격한 분리에 집착하는 경향이 우세했다. 실무적인 변화에도 불구하고 판사들은 상황에 따라 녹색 배지도 빨간색 배지도 착용하지 않고, 또한 녹색 법원에도 빨간색 법원에도 나타나지 않으면서도 여전히 녹색이 아니면 빨간색 심판으로만 활동하기를 지속했다. 변호사들 또한 보통법 변호사와 형평법 변호사라는 양분법에 집착했다. 법학교육조차도 두 법체계 간의 전반적인 진화에 의한 일관성을 추구하기보다는 두 체계 간의 차이점과 부조화점에 초점을 맞추는 이중적 접근방법을 취함으로써 이를 고착화시켰다. 그러므로 이 두 개의 서로 다르고 독자적인 법체계—즉 보통법과 형평법—는 통합되고 단일화된 운영이 필요하다는 논리적 요청에도 불구하고 오늘날에 이르기까지도 지속되어오고 있는 것이다.

제4절 소송에서의 이중성
—초기의 보통법과 형평법의 성격 차이

출발점에서부터 보통법과 형평법의 원칙—판례법체계의 녹색 규칙과 적색 규칙—들은 몇 가지 중요한 점에서 서로 달랐다. 형평법이 생겨나게 된 과정에 대한 설명만으로도 최소한 출발 당시에는 형평법의 실체법적 원칙들substantive rules이 보통법의 원칙과 크게 달랐음을 쉽게 설명해준다. 당초 형평법은 보통법의 원칙들을 적용하기에 부적절하다고 여겨질 때에만 그 개입을 요청받았다. 그러므로 일단 어떤 상황에 형평법이 적용되어야 한다면 그것은 불가피하게 보통법과는 다르게 적용되어야 함을 의미했다. 때로 형평법은 보통법이 인정하는 권리를 부정하기도 했다. 예컨대 형평법은 보통법이 기속력binding이 있다고 인정해주는 계약을 기속력이 없다고 선언하기도 했다. 또한 형평법은 보통법이 당사자에게 인정해주지 않는 권리를 인정해주기도 하고, 보통법이 인정해주지 않는 비밀유지의무를 인정해주기도 했다. 어떤 경우에, 그리고 왜, 형평법이 이런 식으로 반응했는지에 관하여는 뒤의 장들chapters에서 설명하기로 한다. 당장 제1장에서는 두 법체계의 실체법적인 원칙들이 어쩔 수 없이 서로 달랐다는 점을 강조함으로써도 충분하다.

이런 실체법적인 차이들은 매우 큰 문제를 제기한다. 서로 다른 두 개의 법체계가 각자 진화하면서 곁에서 보기에는 똑같아 보이는 사안에 서로 자기만이 개입할 권리가 있다고 주장할 수도 있게 된다. 예컨대 보통법이 보통법상의 재산legal property[역주6]을 취득한 제3자에 대하여 어느 한쪽으로 대응하면, 형평법은 형평법상의 재산을 취득한 제3자에 대하여 또 다른 방향에서 대응한다.[5] 이와 똑같은 문제는 이미 유치원 어린이들의 놀이에서 확인된 바 있다. 거기서는 녹색과 빨간색의 심판들이 선수들의 똑같은 행위에 대하여 마침내 서로 다르게 규율하는 상황이 연출될 수 있음을 예측한 바 있다. 이는 매우 심각한 문제를 야기한다. 똑같은 행위를 서로 다르게 규율하는 규칙들을 가진 법체계는 결국 일관성을 상실하는 것이다. 그러므로 현대의 판례법체계에 요청되는 중요한 임무는 일관성을 잃은 구제방법을 재정렬하거나 그런 차이점을 합리적으로 설명함으로써 잃어버린 일관성을 재건해내는 데 있다.

보통법과 형평법이 똑같은 사실관계에 대하여 서로 다른 결론을 내려주게 될 가능성은 보통법과 형평법이 애초부터 서로 다른 구제전략remedial strategies을 채택했다는 점에서 더욱 악화된다. 이것은 보통법과 형평법의 두 번째로 중요한 차이점이 된다. 보통법은 손해에 대하여 통상적으로 금전적 구제수단을 선호한다. 그리하여 그 위반의 형태에 따라 여러 가지 방식으로 계량화quantified된다. 이렇게 여러 가지 방법으로 계량하는 원칙은 보통법상의 채무를 계약contract, 불법행위civil wrongs 및 부당이득unjust enrichment이라는 3가지의 하부구조로 분류하게 한다. 넓은 의미에서 말하자면, 계약의 위반에 대한 손해배상은 그 계약이 제대로 이행되었을 경우 원고가 처해 있을 경제적 위치에 원고를 되돌려 놓는 것을 목표로 한다. 예컨대 매매에서 매수인이 도저히 받아들일 수 없을 정도로 조악한 품질의 물품을 공급한 매도인은 매수인이 입은 기대이익의 손해

5) 제6장 제4절 제1관을 보시오.

expectation damages를 배상해야 한다. 이 경우 법원은 제대로 된 물건이 공급되었을 경우의 그 물건의 시장가격market value과 실제로 공급된 물품의 시장가격을 평가하여 그 차액을 원고에게 지급하라고 명하는 것이다. 이에 비하여 과실negligence이나 이웃 토지의 생활방해nuisance로 인한 불법행위civil wrongs(또는 "torts"[역주7])에 대한 손해배상은 그런 불법행위가 저질러지지 않았을 경우에 원고가 처해 있을 경제적 위치에 원고를 되돌려놓는 데 있다. 예컨대 과실로 사고를 저지른 운전자는 자신의 잘못된 운행으로 인하여 타인의 재산에 일으킨 수리비에 충당할 수 있을 만큼, 손해를 배상compensatory damages할 의무가 있다. 마지막으로 부당이득unjust enrichment에 대하여는 피고가 그대로 가지고 있다면 정의로운 결과가 되지 못한다고 생각되는 이득분을 피고로부터 제거하는 데 있다. 예컨대 어떤 사람의 은행계좌에 눈먼 돈이 실수로 입금되었을 경우 그 돈은 원상회복restitution되어야 하는 것이다.

형평법은 통상 이와는 다른 형태로 작용한다. 그 전형적인 방법은 피고에게 어떤 일을 하도록do 명하는 것이다. 즉, 예컨대 재산을 인도hand over하도록 하거나, 계약을 특정이행specifically perform하도록 하거나, 생활방해행위를 중지하도록 하거나, 문서를 정정correct하도록 하거나(또는 서명하게 하거나, 또는 계약의 취소를 위하여 반환하게 하거나) 하는 등등이다. 형평법이 명하는 바가 돈money에 관한 경우라도 그것은 통상 특정이 가능하고 다른 돈으로부터 구별할 수 있는 자금fund을 넘겨주라는 명령의 형태로 되어 있다. 형평법이 단순히 돈을 얼마 지급하라고 명하는 경우는 매우 드물며, 그렇게 명하는 경우에서조차도 보통법에서 취하는 방법과는 다른 기법을 사용한다.[6)]

이렇게 구제수단에서 나타나는 차이점은 보통법과 형평법이 똑같은 문제를 다루려고 하면서도 서로 다른 방법으로 접근함으로써 양자의 경계선상에서 생

---

6) 즉, 계량화 작업에 보통법과는 다른 규칙을 사용하여 일정한 금액의 지급을 명하는 직접적인 경로를 거치지 않고, 어느 기금이나 계좌에 채워 넣으라고 명함으로써 지급의 효과를 달성한다. 이에 관하여는 제6장 제2절 제3관을 보시오.

길 수 있는 문제를 더욱 악화시킬 수 있다. 예컨대 현재 보통법과 형평법은 주의의무에 위반하여 과실로 제3자에게 손해를 일으킨 피고에 대하여 서로 자기에게 재판권이 있다고 주장한다. 여기서 문제는 두 법체계가 서로 다르게 작용한다는 데 있다. 비슷한 사건이 서로 다르게 처리되는 것이다.[7] 이는 바로 법체계에서 일관성이 없음을 보여주는 것인데, 문제는 이보다 더 깊은 곳에 있다. 보통법과 형평법이 각자 구조적으로 서로 다른 구제수단을 제공하면서 서로 다른 길을 가는 동안 보통법과 형평법의 개입으로 인한 파급효의 상대적 차이를 비교할 수 있는 아무런 공식적인 방법이 없다는 점이다. 이에 대해 두 법체계의 경계선을 뛰어넘는 시각에서 살펴볼 경우 가치가 높은 권리가 침해되었을 경우 높게 평가되는 수단이 제공되고, 그보다 못한 권리가 침해되었을 경우 그보다 못한 구제수단이 제공되도록 확보하는 수단이 없다는 점이다. 예컨대 보통법상의 재산권에 대한 침해에 대한 구제수단은 형평법상의 재산권에 대한 침해에 대한 구제수단과 현저히 다르다.[8] 만약 판례법체계가 일관성 있게 유지되려면 두 재판권을 일관하는 관점이 매우 중요한 것이다.

보통법과 형평법 간의 세 번째 차이점은 두 법체계가 각자의 구제수단에 부응하여 내놓는 강제의 기법enforcement techniques에서의 차이이다. 보통법에서 금전적 구제수단이라 함은 피고가 원고에 대하여 지는 빚을 다 갚을 때까지 강제적으로 그가 가진 재산을 박탈당하는 것을 의미한다. 그러나 형평법상으로는 빚을 갚지 않는 채무자는 빚을 갚으라는 법원의 명령에 불응함으로써 법정모욕죄를 저지른 것으로 이해된다. 따라서 이 경우 피고는 이런 법정모욕행위를 이유로 감옥에 갇힐 수 있게 된다. 그러니까 아주 현실적인 의미에서 형평법은 그 명령이 이행되도록 확보하기 위하여 피고라는 "개인에게on the person" 직접 작용하는 것이다. 이 경우 라틴어 꼬리표를 붙이자면 형평법은 대인적으로in personam 작용하는 것이다. 이렇게 물리적인 형태의 강제방법은 원시사회가 법

7) 제6장 제2절을 보시오.
8) 제4장 제4절 제2관, 제3관, 제4관과 제6장 제3절 제1관, 제2관을 보시오.

을 준수하도록 확보하기 위하여 채택한 초기적인 수단이었다. 그러나 형평법은 이런 특별한 강제집행의 아이디어를 이보다 훨씬 더 발전시켰다. 만약 형평법상 원고가 어떤 재산에 대한 권리를 가지고 있다고 판단되면, 형평법원은 그 물건을 원고에게 인도하든지 또는 그렇게 하지 않을 경우 감옥에 갇힐 것을 각오하든지 하라고 피고에게 명했던 것이다. 그러나 이런 형평법원의 명령이 집행되어야 했기 때문에—즉 원고가 그 재산을 되찾아야 했기 때문에—이런 명령들은 결과적으로 피고가 원고에게 그 물건을 현실적으로 돌려주기 전이라도 형평법상in Equity 그 물건의 소유권ownership이 당연히 원고에게 회복되는 것으로 간주하는 데 이르렀으며, 마침내 더 나아가서는 형평법원이 그런 인도명령을 내리기 전에조차 재산권이 이미 원고에게 회복된 것으로 간주하게 되었다. 이런 기법은 개인적으로 구제받을 수 있는 권리를, 판례법이 재산권을 보호하기 위하여 유보해두고 있는 부수적 보호수단들과 함께 효과적으로 재산권의 형태로 변형시킬 수 있었다.[9] 보통법에는 이런 형평법상의 보호수단에 맞먹을 만한 것이 없었으므로 결국 이런 양자 간의 현저한 차이는 판례법체계에서의 일관성을 저해하는 또 하나의 양상으로 나타나고 있는 것이다.

마지막으로 어떤 사건을 해결하기 위한 형평법의 절차procedures는 처음부터 보통법의 경우와 크게 달랐다. 보통법을 적용하는 법원은 소송을 개시하려면 영장writ이 있어야 하며, 그 영장도 반드시 특정한 형태의 서식에 맞출 것을 요구했음을 기억해보자. 사건당사자는 이런 서식에 맞추어 주장과 답변pleadings(원고에 의한 소장statement of the claim과 피고에 의한 답변서statement of defense를 포함)을 제출해야 했으며, 증인들은 판사와 배심원들 앞에서 구두로 증언해야 했고, 판사들은 법의 문제만을 판단하고 배심원들은 사실의 문제만을 판단했다. 바로 이런 절차상의 문제점들을 시정하기 위하여 형평법의 개입이 요청되었다. 보통법의 이런 철저한 형식주의는 결국 비생산적이었고, 증인들은 판사에게 야단을 맞거나 주눅이 들기 일쑤였으며, 배심원들은 판사로부터 직접, 간

9) 제3장 제6절, 제7절을 보시오.

접으로 영향을 받을 수밖에 없었다. 그리하여 형평법은 전혀 다른 절차를 채택하게 되었다. 즉, 형평법은 좀 더 형식에 얽매이지 않는 소장으로도 소송을 제기할 수 있도록 허용해주게 되었으며, 선서진술서affidavit(즉 선서하고 서면화한 진술)에 의한 증거에 좀 더 의존하게 되었다. 사건을 해결하기 위하여 필요하다고 여길 때에는 그 이상의 증거도 받아들였으며, 그리하여 새로운 증거조사절차를 고안해냈고(당사자들에게 그들이 소지하고 있는 모든 관련된 서류들의 목록을 제출하도록 하며, 필요할 경우 그런 서류들을 검증을 위하여 제출하도록 하는 등), 또한 서면에 의한 질문절차(변론에 들어가기 전에 당사자로 하여금 상대방에게 서면질의서를 제출하여 답변서를 요구할 수 있도록 허용) 등의 새로운 진실발견절차를 고안해내기도 했던 것이다. 또한 형평법은 배심원을 기피하여 차라리 판사들이 법과 사실 모두를 판단하도록 하는 방향을 선호했다. 만약 절차에 관한 규칙이 사건을 합당하게 해결하는 데 방해가 된다면 정의를 구현할 수 없게 된다. 따라서 이런 분야에서라도 최소한도 지적 이중성intellectual dualism은 공정성fairness과 정의justice의 요청에 양보하지 않을 수 없게 되었다. 현재 판례법의 법원소송절차는 성문법으로 규율받고 있으나, 그런 법률은 형평법원의 오래된 실무관행을 일반화하여 채택한 것에 다름 아니다.

현대의 판례법은 여전히 보통법과 형평법의 초기 재판권 간의 차이점을 그대로 반영하고 있으나, 이런 체계에 주어지는 압력은 점차로 강화되고 있다. 특히 어떠한 형식적 메커니즘에 의해서도 속박을 받지 않는 실체법과 구제수단에서의 차이점은 갈수록 큰 위험을 내포하게 된다. 이 두 법체계가 통합되더라도 여전히 종전과 다름없이 분명하고도 확실한 실무적인 차이점을 노정할지는 모르겠지만, 여기에서 본질적인 것은 두 체계의 통합은 조심스럽게 종합적인 평가를 거쳐서 결국 우리의 법조환경이 합리적이고도 일관성 있는 모습을 갖추게 되도록 보장해주는 데 있을 것이다.

제5절 형평법에 대한 탐구 및 형평법에 대한 어려운 의문들에 답하기—이 책의 기능

형평법의 기원에 관한 이상의 간단한 설명은 이 주제에 관하여 처음으로 연구하기 시작하는 사람들이 직면하게 되는 황당함을 드러내기에 충분하다. 첫째, 형평법에는 아무런 "일반이론"이 없다. 형평법은 현대사회에서 나타나는 특정한 양상을 법적으로 규제하려고 하는 계약법이나 불법행위법 따위와는 다르다. 따라서 형평법은 이렇게 분명한 목표에 도달하기 위하여 형평법이 이룩해낸 것들에 기초하여 설명, 분석, 평가될 수 없다. 형평법은 심지어 공정성과 정의 관념에 기초한 넓은 의미에서의 개혁과제를 제공하는 데서도 별로 뚜렷한 역할을 하지 못한다. 이에 반하여 보통법과 성문법은 그런 기반을 공유하고 있다. 이는 형평법이 눈에 띌 만한 이론적 "지표peg"를 결여하고 있음을 의미한다. 즉, 이런 데 도움이 될 만한 것들은 판례법의 나머지 부분들과 공유되고 있는 것이다. 그런데도 지적 이중성이 여전히 지배하고 있는 현상은 형평법이 법의 철학과 실무에 독특하고도 두드러지는 공헌을 했다는 사실을 발견해낼 수 있는 경우에만 만족스럽게 설명되고 또한 정당화될 수 있을 것이다.

둘째, 형평법이 다루는 주제의 방대함이 문제가 된다. 형평법이 개입해온 분야는 판례법의 전 분야에 걸쳐 있다. 때로 형평법의 개입을 정당화할 만한 상황에서는 형평법이 보통법의 원칙들을 보완해왔다. 예컨대 계약에 대하여 때로 특정이행을 명하고, 명백히 기속력 있다고 보이는 계약을 무시하기도 했으며, 어떤 재산권은 때로 특정 회복이 허용되었다. 이런 형평법의 보완적 역할을 이해하는 것은 보통법의 원칙 그 자체를 활용하지 않고서는 불가능한 경우조차도 있다. 다른 경우에는 형평법이 개입하여 보통법에 전혀 없는 새로운 원칙을 만들어내기도 했다. 형평법은 예컨대 충실의무loyalty와 비밀유지의무를 부과하기도 하며, 새로운 재산권을 만들어내기도 한다. 부지런한 학생이라면 형평법을 연구하기 위해 판례법체계 전체에 대하여 정교한 지식을 가지고 있어야 함을 절감할 것이다.

이것만으로는 부족했던지 형평법을 탐구하는 학생은 곧 얼마 지나지 않아 단순히 큰 그림만 보는 것이 어려운 일은 아님을 실감하게 될 것이다. 형평법의 세세한 내역에 들어가 보면, 그 하나하나가 또한 논쟁의 대상이 되는 것이다. 사법 분야 및 학문에서의 논쟁은 형평법이 개입하는 모든 분야를 건드리고 있다. 이런 논쟁은 주제를 활성화시키지만 초심자에게는 매우 주눅이 들게 하는 일이 아닐 수 없다. 이런 것들로 인하여 형평법의 여러 실무분야에 걸쳐서 단서를 붙이지 않은unqualified 설명을 하기는 매우 어렵다.

이런 모든 사정을 감안할 때 형평법에 관하여 좀 더 진전된 형태의 소개를 하고자 책을 저술한다는 일은 지난한 일이 아닐 수 없다. 관심을 끄는 모든 논쟁들을 전부 다 다루는 것은 불가능하며, 중요한 문제점들만을 다루는 것조차도 불가능할 정도이다. 따라서 이 책에서는 관련된 두 가지 주제에 국한하고자 한다. 첫째, 형평법이 현대법에 끼친 영향을 드러내 보여주는 일이다. 형평법은 재산, 계약, 불법행위 및 부당이득에 관한 보통법에 지대한 영향을 미쳤다. 제2부 이하에서는 차례로 형평법이 이런 여러 분야에 끼친 두드러지는 영향들을 검토하기로 한다. 형평법이 건드리지 않은 분야는 전혀 없음이 명백히 드러난다. 따라서 이 책의 목표는 형평법이 강구하는 다양한 구제수단을 설명하는 일이다. 보통법이 왜 스스로 간섭하러 나서지 않았는지를 설명하거나 형평법의 자세가 정치적으로나 사회적으로 정당화될 수 있는지의 여부를 고려하는 것은 이 책의 목적이 아니다. 이 책의 초점은 형평법이 어떻게 발전했는가의 역사를 설명하는 데 있지 않으며, 오로지 현대법의 지평에 집중하는 데 있다. 더욱이 이 책의 목적은 일반원칙들의 기본적 뼈대를 노출하는 데 있을 뿐, 그런 원칙들의 세세한 부분에 들어가서 살피거나 그런 원칙들이 가지는 독특한 의미상의 차이나 변형된 예외들을 보여주는 데 있지 않다(비록 독자는 이런 것들이 상당히 있음을 항상 유념해야 하겠지만—법이란 것은 때로 우리를 화나게 할 정도로 변덕스럽기도 하다).

이 책의 초점은 영국의 형평법에 맞추어지고 있다. 비록 이 책의 분석이 다른 판례법 국가들의 독자들에게도 도움이 될 만큼 일반성을 갖추고 있으리라고 기대되기는 하지만, 이 책의 분량으로는 다른 판례법 국가들에서 나타나는 차이까지도 일일이 언급하기에는 부족하다. 기초적인 수준에 머물러야 한다는 점을 의식함에 따라 이 책은 판례를 거의 인용하지 않으며, 문헌의 인용도 매 장의 말미에 붙이고, 일반적 문헌을 소개하는 데 그치기로 한다.[10] 그럼에도 이 책을 쓰게 된 발상을 제공해준 수많은 판사들과 학자들에게 저자가 지는 지적인 채무는 그들의 이름을 일일이 열거하지 않더라도 명백히 드러날 것이다.

이 책의 두 번째 목적은 한 걸음 더 나아가서 좀 더 야심적이다. 그것은 보통법과 형평법을 일관성 있게 실질적으로 통합시킬 수 있는 가능성을 노출시켜보는 데 있다. 사법행정 분야에서 두 법체계의 통합은 이미 개시되었다. 또한 원칙의 통합도 긴절하다. 제1장의 앞부분에서 보여준 심리조작게임mind game에 의하면 이는 매우 평이한 일이다. 그럼에도 현재 대부분의 판사들, 실무가들, 학자들의 지배적인 관심은 지적 이중성 내지 원칙의 이중성에 머무르고 있을 뿐이다. 참으로 영국 판례법체계 안에 존속하는 이중성은 피할 수 없다는 것이다. 보통법과 형평법이라는 두 개의 법체계는 상당히 독특하여 결코 통합될 수 없다는 것이다. 이런 주장은 불가피하게 두 개의 핵심적인 관심사항을 건드리게 된다. 첫째, 형평법의 개입intervention 논리가 개념적으로 보통법의 경우와 다르다는 것이다. 형평법은 양심과 도덕에 기초하고 있음에 반하여 보통법은 그렇지 않다는 것이다. 둘째, 형평법은 구제할 수 없을 정도로 자의성discretionary이 강함에 반하여 보통법은 그렇지 않다는 것이다. 이런 주장들에 대하여는 제10장에서 좀 더 자세히 논하기로 한다. 결국 어느 주장도 고려해볼 만한 가치가 있지만, 모두 과장된 것이다. 형평법이 개입하는 주된 전략을 노출시키는 전략은, 형평법의 개념을 이런 식으로 파악해보려는 시도에 대하여 의문을 제기해보는 데 있다. 제1장에 이어 다음 장들에서는 형평법의 주된 원칙들과 그 원칙들의 현대적 적용에 대하여 설명함으로써 형평법이 현실적으로 진화하면서 보통법과 상호 교류하게 되는 데 대한 검토 및 평가와 결합시키고자 한다. 그리하여 나타나는 큰 그림의 모습은 이 두 개의 법체계가 서로 의미 있는 실질적 통

10) 제1판에서는 판례나 주석 책을 전혀 인용한 바 없었다.

합에 이르게 되며, 상호 거름주기의 역할을 하는 모습이다. 이런 그림은 이중의 법체계가 불가피하다는 주장을 극복할 수 있게 해주며, 동시에 보통법과 형평법을 단일한 영국 판례법체계하에서 분석하고 적용하는 방안을 제공해준다.

제6절 정리

어쨌든 제1장에서는 보통법과 형평법의 서로 이질적인 규칙들로 이루어진 이상야릇하기만 한 영국의 이중적 법체계가 보여주는 여러 가지 서로 다른 양상을 살펴보는 데 주력했다. 제1장의 앞부분에서 보았듯이 유치원 어린이들조차도 통합된 규칙체계가 이중의 체계보다 훨씬 더 잘—또 더 합리적으로, 그리고 더 일관성 있게—작용함을 잘 알고 있다. 통합을 이루게 되면 비슷한 사건들을 비슷하게 처리할 수 있게 된다. 그것은 또한 서로 다른 사건들을 적절히 다르게 처리하는 방법의 개발을 촉진하게 된다. 이에 반하여 이중의 체계는 합리적 일관성을 상실할 위험에 처하게 된다. 이중적 법체계하에서 판사들은 유사한 것들을 찾아내고, 또한 상이한 것들을 구분해내는 능력에 불가피하게 제약을 받게 된다. 그들의 분석능력은 어느 법체계에 따라 재판을 하느냐의 우연적인 사정에 의하여 제약받게 된다. 이에 반하여 법조환경 전체를 꿰뚫은 일관성을 달성하려면 종합적인 고려의 틀이 요청되는 것이다.

이러한 다툴 수 없는 전제를 깔고 보는 한 영국의 법체계는 참으로 독특하다고 하지 않을 수 없다. 이 기묘한 이중적 법체계를 설명하는 것은 가능하지만, 어찌하여 이런 식의 체계가 지속하게 되었는지를 설득력 있게 해명한다든지, 또는 그것이 여태껏 존속하는 합리적 근거를 제공한다든지 하는 것은 사실상 불가능해 보인다. 형평법을 최선으로 정의하는 방법으로서 그것이 역사적으로 철학이나 어떤 이념적 발상에 터잡은 것이라고 보기보다 역사적 우연에 귀속시키는 것 또한 여전히 만족스럽지 못하다. 결국 형평법이라 함은 애초 1873년 이전에 영국의 형평법원English High Court of Chancery이 개발해내고 관리해온 규칙들rules과 원칙들principles 및 구제수단들remedies의 총체라고 설명하는 길밖에 없다. 이 책의 나머지 부분들에서는 형평법의 모습을 보여주는 데 그치지 않고, 이런 형평법의 안목을 지속시킬 만한 장점이 과연 무엇인가를 탐구하는 데 도전해보기로 한다.

【 역주 】

1 고대 영국을 침입한 노르만족.
2 이 책에서 소문자로 "common law"는 판례법을, 대문자로 "Common Law"는 보통법을 의미한다.
3 국왕의 문서작성, 수발 등 총무 내지 관방을 담당.
4 앞으로는 "형평법원"으로 번역한다.
5 보통법 법원.
6 원래 판례법은 보통법으로 시작했기 때문에 "legal"은 곧 "법적"이라는 의미가 되지만, 형평법을 의식할 때에는 "보통법상"이라는 의미로 된다.
7 보통법상 민사법 차원에서의 불법행위를 총칭하는 개념이다. "형평법상의 불법행위Equitable wrongs"(신임관계의 위반이나 비밀유지의무 위반의 경우)는 포함하지 않는다.

제1장 참고문헌

Adams, G. B., "The Origin of English Equity" (1916) 16 Columbia Law Review 87.

_____, "The Continuity of English Equity" (1917) 26 Yale Law Journal 550.

Baker, J. H., "The Court of Chancery and Equity" in J. H. Baker, *An Introduction to English Legal History* (4th edn, London: Butterworths, 2002).

Getzler, J., "Patterns of Fusion" in P. Birks (ed.), *The Classification of Obligations* (Oxford: Clarendon Press, 1997).

Haskett, T., "The Medieval English Court of Chancery" (1996) 14 Law and History Review 245.

Holdsworth, W. S., "The Relation of the Equity Administered by the Common Law Judges to the Equity Administered by the Chancellor" (1916) 26 Yale Law Journal 1.

_____, "Equity" (1935) 51 LQR 142.

Maitland, F. W., *Equity: A Course of Lectures*, ed. A. H. Chaytor and W. J. Whittaker, rev. J. Brunyate (2nd edn, Cambridge: Cambridge University Press, 1969), Lectures 1 and 2.

Mason, A., "The Place of Equity and Equitable Remedies in the Contemporary Common Law World"(1994) 110 LQR 238.

_____, "Equity's Role in the Twentieth Century" (1997/98) 8 King's College Law Journal 1.

Meagher, R. P., Heydon, J. D., and Leeming, M. J., *Meagher, Gummow and Lehane's Equity: Doctrines and Remedies* (4th edn, Australia: Butterworths, 2002).

Pound, R., "The Decadence of Equity" (1905) 5 Columbia Law Review 20.

Shiner, R., "Aristotle's Theory of Equity" (1994) 27 Loyola of Los Angeles Law Review 1245.

Vinogradoff, P., "Reason and Conscienc in Sixteenth-Century Jurisprudence" (1908) 24 LQR 373.

제2장 **법체계와 법적 권리**

사람이 살아가는 사회라면 어느 곳에서나 정치적, 상업적, 사회적 활동 영역에서 그 운용의 실제를 규율하기 위하여 법체계를 필요로 한다. 이런 법체계는 단순히 규칙을 정하는 데 그치지 않고, 더 나아가서 누가 새로운 규칙을 만들고 분쟁을 해결할 권한을 갖는지, 그리고 그런 절차가 어떻게 행해져야 할지 등을 정해준다.

서유럽의 민주주의에서는 입법부, 행정부 및 사법부가 각자 나름대로의 불가결한 역할을 수행하고 있다. 그러나 판례법체계하에서는 사법부의 역할이 유난히 중요성을 띤다. 사법부는 단순히 정해진 규칙에 따라 분쟁을 해결하는 데 그치지 않고, 새로운 규칙을 만들어내는 능력조차도 보유하고 있는 것이다. 결국 사법부의 권한은 지금까지 전혀 존재하지 않던 법적인 권리와 의무를 새로 인정해주는 주제넘는 짓까지도 마다하지 않을 정도이다. 여기서 가장 뚜렷이 드러나는 현대적인 사례로서는, 예컨대 보통법이 과실에 기한 불법행위를 인정하게 된 것이 이에 속한다.[1] 그러나 시간이 흐르면서 이런 똑같은 과정이 판례법상의 채권법 영역의 틀을 온전히 새로 짜내기도 했다. 형평법 또한 새로운 형태의 재산권을 인정해주고,[2] 개인에게 새로운 형태의 채무를 지움으로써 나름의 한몫을 담당해왔다.[3] 그러나 이런 사법적인 고안 내지 발명이라고 할 만한 것은 통상 매우 미묘하다고 할 수 있다. 법적 권리로 인정받을 경우 그것은 법체계에 의하여 허용되는 보호를 받게 되기 때문에 가치가 있는 것이다. 그리하여 오랜 세월에 걸쳐서 여러 권리들 간에는 계층적 서열이 형성되었다. 사법적으로 다양한 권리에 관하여 다양한 보호의 정도를 정해줌으로써 법적 권리가 재구성될 수 있다는 이야기이다. 이 장에서는 어떤 기법을 활용하여 형평법이 구제수단, 방어방법, 그리고 실무절차의 다양성을 도입함으로써 다양한 법적 권리 간에 좀 더 정교한 위계질서를 만들어주고, 결과적으로는 좀 더 정교한 서열체계를 만들어내게 되었는지를 살펴본다.

이렇게 진화하면서 차별화하는 전략이야말로 형평법이 현대 판례법 환경에 가장 기여했으면서도 가장 인정받지 못하는 대목이다. 형평법을 정통적인 관점에서 설명할 경우 통상 개개의 구체적 사건에 개입하는 데 초점을 맞춤으로써 그런 세세한 점으로 좀 더 넓은 안목을 가리고 있는 것이다. 이보다 더 나쁜 것은 이로 인하여 일관성 있는 통합이 아니라 두 법체계 간에 극복하기 어려운 근본적 차이가 있다는 인상을 얻게 된다는 점이다.[4] 이 장에서의 목표는 형평법의 전략이 어떻게 좀 더 넓은 안목을 얻게 해주는가를 이해하는 데 있으며, 또 이런 형평법의 전략 그 자체에 있어서 구제할 수 없을 정도로 "형평스러운 Equitable" 것은 아무것도 없음을 보여주는 데 있다. 뒤늦게 깨닫게 된 일이지만

1) *Donohue v Stevenson* [1932] AC 562. 또 제6장 제2절 본문을 보시오.

2) 제3장 제6절을 보시오.

3) 제5장 제2절 제1관, 제3절 제3관. 제4절 제1관을 보시오.

4) 보통법과 형평법을 구별해주는 특징들을 돌이켜보시오. 제1장 제4절. 이런 차이점들은 의문의 여지없이 현실적이지만, 두 법체계가 지향하는 바는 결국 판례법체계 내에서의 분열이 아니라 일관성임을 시사한다.

이런 전략은 다양한 권리들 간에 차별화를 이룩하는 데 있어서 가장 분명한 선택이 된다. 그 어느 법체계하에서라도 융통성만 있었다면 이런 전략을 택할 수 있었을 것이다. 형평법이 보통법에 앞서서 이 역할을 먼저 떠맡게 되었다는 사실은 이제 더 이상 역사적인 우연이라고만은 보기 어렵다.

제1절 법적 권리와 법적 구제수단 사이를 연결하기

법적 권리legal rights가 무엇을 뜻하는지 생각해보자. 법적 권리는 아무래도 도덕적 권리moral rights라든지 단순한 기대mere expectations와는 구별된다고 할 수 있다. 예컨대 나는 사용자로부터 급료를 받고 싶고, 어머니로부터 사랑을 받고 싶고, 또는 생일날 선물을 받고 싶어 한다. 이런 여러 가지의 희망은 일상적으로 원하는 대로 쉽게 채워지는 것이 보통이지만, 그중에 법적 권리라고 할 만한 것은 별로 없다. 물론 사용자로부터 급료를 받을 권리를 가진 사람이 받지 못할 경우에는 사회 내에 존재하는 공식적인 제도에 힘입어 권리를 행사할 수 있게 된다. 이와는 대조적으로 어머니로 하여금 자녀에 대한 도덕적 의무를 수행토록 강요하는 공식적인 법체계는 찾아볼 수 없다. 생일선물에 관해서도 그것은 단순히 기대expectation의 문제일 뿐 도덕적이거나 법적인 권리의 대상이 되지 못한다. 그렇다고 하여 이 세상 어디서든지 꼭 그래야만 하는 것은 아니다. 가령 어떤 나라의 법은 선물을 주라고 요구할 수도 있고, 자녀를 사랑하지 않는 어머니를 감옥에 가둘 수도 있는 것이다.

여기서 주목해야 할 중요한 점은 법적 권리인지의 여부가 그 사회의 선택에 달려 있다는 점이다. 법적인 규칙은 법적 권리를 만들어내고, 또한 법적 의무와 책임을 부과하게 되는데, 그런 규칙은 이를 지키지 않을 경우에는 법적인 제재가 뒤따르고, 또한 사회의 법제도에 의하여 보호받기 때문이다. 원시사회에서 필요한 규칙들은 주로 사회의 기초적인 상호 작용과 긴요한 물자의 배분을 규율하는 일과 관련된 것이었다. 그 후 사회가 발전하면서 사회적, 도덕적 관심사항에 대하여 좀 더 민감하게 반응하는 규칙들이 불가피하게 만들어진다. 매슬로Maslow의 욕구단계설hierarchy of needs[역주1]에 의하면 바로 이런 초점의 이동을 예측할 수 있게 해준다. 대륙법체계에서 법적 권리는 성문법에 의하여 창설된다. 이와는 대조적으로 판례법체계에서 대부분의 권리는 그 권리를 침해하는 자에게 법원이 제재를 가한다는 점에서 비로소 법적 권리로 인식할 수 있게 된다. 만약 법원이 침해자에 대하여 제재를 가하게 되면 우리는 법적 권리와 법적 의무가 현재 쟁점으로 다루어지고 있음을 깨닫게 되기 때문이다. 따라서 종전에 없던 새로운 상황이 발생하여 법적 제재를 야기하게 될 경우에는 그곳에서 새로운 법적 권리가 만들어지는 것이다.

그러나 법적 권리에 대한 발상은 애초 이를 인정해주던 당시보다 훨씬 더 진전하게 된다. 권리란 것은 결국 그 권리가 이끌어내는 구제수단이 어떠하냐에 의하여 그 존재가치와 강약을 가늠해볼 수 있게 된다. 침해자가 금전으로 배상책임을 지게 될 경우에 법적 권리가 가지는 의미가 다르고, 또 침해자가 감옥에 갇히거나 또는 원상회복이나 시정조치들을 하지 않을 수 없도록 법원으로부터 강제받는 경우의 법적 권리의 양상이 또한 다른 것이다. 여기서 법이 어떻게 반응하는지가 매우 결정적이다. 만약 서로 다른 권리의 침해에 대한 제재방법이 서로 다르다면 권리 간에 우열관계를 정하는 것이 가능해지며, 그리하여 그 사회에서 가장 소중하게 대접받는 권리는 가장 높은 평가를 받는 구제수단에 의하여 보호받게 된다.

여기서 형평법은 법적 권리들 간의 우열관계를 정하는 데 있어서 매우 중요한 역할을 한다. 앞에서 보았듯이 보통법은 법적 권리의 침해에 대하여 통상적으로 금전에 의한 배상[5]을 명하고 있다는 점을 돌이켜보자. 이런 금전적 배상액을 양정함quantify에 있어서 자연히 보통법은 그 채무가 속하는 분야에 따라 차이를 두지만, 계약상의 권리라면 사안 여하 간에 똑같이 취급하며, 불법행위나 부당이득에 해당하는 경우라면 역시 사안 여하 간에 똑같이 대접한다. 이에

5) 제1장 제4절을 보시오.

반하여 형평법은 같은 분류 체계 내에 들어가는 동종의 권리 내에서도 다시 차별을 허용하는 메커니즘을 지니고 있다. 이에 따라 형평법은 때로 금전에 의한 배상 대신에 피고에게 어떤 일을 하도록do 명하는 방법으로 대체하기도 한다. 가장 잘 알려진 형평법의 구제수단들 중에는 계약에서 정한 의무를 특정이행specific performance하라는 명령(피고는 계약에서 약정한 대로 이행하라는 명령)과 인정선injunction[역주2](피고는 어떤 행위를 하든지 또는 하지 말라는 명령)이 있다. 이런 구제수단들에 대하여는 좀 더 관심을 가지고 볼 만한 점들이 있다. 그러나 형평법에서 좀 덜 알려진 구제수단들 또한 무시할 수 없는 가치를 지니고 있다. 형평법은 때로는 어떤 재산의 특정한 원상회복specific restitution[6] 또는 문서의 정정rectification, 반환, 폐기, 또는 원고의 재산이 피고의 수중에 그대로 있으면 위험에 처할 수 있다고 여겨질 경우 원고의 재산을 보관, 관리할 "관리자receiver"의 지명 등과 같은 명령을 내리기도 한다. 이런 다양한 명령들은 피상적으로는 비슷해 보이는 권리들 간을 차별화하는 데 이용되기도 한다. 즉, 계약들 중에서도 특정한 계약의 경우에는 반드시 이행되어야 하며, 불법행위나 부당이득 중에서도 특정한 경우에는 단순히 금전에 의한 배상이나 반환만이 아니라 특정한 행위에 의한 구제를 강구하기도 하는 것이다. 이런 방식으로 어떤 권리들은 다른 권리들보다 좀 더 우월적인 대접을 받는 특권을 효과적으로 누리게 된다. 그리하여 결과적으로는 좀 더 정교하고 좀 더 차별화된 법체계가 이룩되는 것이다.

제1관 의무의 특정이행

보통법은 채무자가 계약에 위반했을 경우 만약 그 계약이 제대로 이행되었더라면 채권자가 합리적으로 기대할 수 있는 경제적 위치에 채권자를 데려다놓을 수 있을 만한 금액이라고 계산되는 금액을 배상하라고 명한다.[7] 만약 매도

6) 제6장 제3절 제1관, 제2관을 보시오.
7) 때로 보통법은 "기대이익expectation"의 차원보다는 "신뢰이익reliance"의 개념을 채용함으로써 손해액을 평가하는 방법을 바꾸기도 하지만, 그럼에도 그 구제수단은 금전에 국한

인이 매매계약에 위반하면, 매수인은 예컨대 그 채무불이행, 또는 하자 있는 물건의 인도, 또는 지연된 인도로 인하여 입게 된 손해로 계산되는 만큼을 금전적으로 회수할 수 있게 된다. 이런 구제수단은 결과적으로 매도인에게 약정한 대로 자신의 채무를 제때 이행하지 않을 수 없도록 만든다. 만약 매도인이 그렇게 이행하지 못하면 매도인은 그 이행 대신에 금전으로써 이행된 때와 마찬가지의 위치에 매수인을 데려다놓을 수 있을 만큼 배상해야 하는 것이다. 그러나 매수인은 단순하게 매도인이 채무를 원래의 약속대로 이행해야 한다고 요구할 수 없다. 매수인이 아무리 원하더라도 매도인에게 약속한 물건을 제때 완벽한 상태로 인도하도록 강요할 수는 없으며, 매도인이 그렇게 하지 못할 경우에는 결국 기껏해야 금전적인 배상을 받는 데 그치는 것이다.[8] 이렇게 될 경우 마티스Matisse의 그림을 수집가에게 팔기로 하는 계약이나 당장 생명유지에 필요한 약품을 병원에 공급하기로 하는 계약이 흔해빠진 차 한 대를 수요자에게 공급하기로 하는 계약과 마찬가지로 취급받게 된다. 어떤 내용의 계약이든 다른 계약에 비하여 특별히 더 대접을 받겠다고 요구할 권리가 없는 것이다.

그러나 세월이 지나면서 이런 단조로운 접근방식은 결국 타당하지 못한 것으로 판명되었다. 이 사회가 계약의 상황에 따라 부여하고 있는 상대적 차별성을 무시해왔다는 잘못 때문이다. 보통법은 영장writ체계에 의하여 융통성 없이 꽉 막힌 채로 있었기 때문에 부득불 형평법이 개입할 수밖에 없었던 것이다. 그리하여 형평법은 어떤 계약에 관하여는 그 계약에서 정한 내용대로 이행할 것을 명하면서 만약 이에 따르지 않을 경우에는 채무자를 법정모욕죄contempt of

---

된다. 참으로 이런 변환은 수치상의 입증을 단순화시켜 실제의 손해보다 더 큰 회복을 허용하지 않으려는 뜻에서 고안되었던 것으로 보인다. "기대이익"의 차원에서는 손해배상의 이론적 상한선에 도달하기 때문이다. 그러나 제5장 제5절에서 토해내기식의 손해배상에 관한 논의를 보시오. 만약 피해를 당한 당사자가 계약 위반을 이유로 계약을 해제, 해지terminate할 수 있으면, 그 경우 그 사람은 계약상의 손해배상 대신에 피고의 부당이득을 이유로 하는 원상회복을 허용 받을 수 있는 경우도 있다. 제9장 제1절 제1관, 제2관을 보시오.

8) 그리고 보통법이든 형평법이든 당사자들 스스로가 계약의 특정이행을 확보하기 위하여 고안해낸 계약조항을 결코 허용하지 않을 것이다. 제7장 제3절 본문을 보시오.

court로 구금하겠다고 위협하게 된다. 형평법은 특히 계약당사자 간에서 그 거래에 의하여 달성코자 했던 목표market objectives에 부응하지 못하는 금전적 배상만으로는 계약당사자들이 원래 달성하려고 했던 목적을 이루기 곤란한 상황에서 위력을 발휘하게 된 것이다.

1. 시장적 관점에서의 차별성

계약에서 정한 내용대로 이행하라고 법원이 명할 수 있는 것으로서 가장 쉽고도 잘 알려진 범주에 속하는 것이 바로 계약의 목적물을 시중에서 구할 수 없는 경우이다. 시중에서 구할 수 없다면 매수인이 아무리 보통법에 따라서 매도인으로부터 금전적 손해배상을 받더라도 그 돈으로 그에 대체할 물건을 살 수 없기 때문이다. 이런 점에서 보통법의 대응방법은 적절해 보이지 않는다. 형평법은 그런 사안에 개입하여 계약에서 정한 대로 이행하라고 명해왔다. 앞에서 본 기준에 비추어볼 경우 계약에서 약정한 대로 이행하라는 명령의 대상으로서 적절한 것은 명나라의 도자기나 마티스의 그림이나 또는 비상장법인의 주식(이런 회사의 주식은 공개시장에서 구할 수 없기 때문이다)이 이에 속하며, 흔해빠진 물건이거나 또는 증권거래소에 상장된 주식인 경우에는 그럴 필요가 없다. 그런데 매수인이 쉽사리 대체물(예컨대 명나라 도자기)을 구할 수 없기 때문에 계약내용대로 이행할 것을 요구할 권리가 있다고 한다면, 매도인 또한 매수인이 계약을 취소하려고 할 경우 마찬가지로 계약대로 이행하겠다고 주장할 수 있을 것이다. 매도인은 돈만 추구한다고 생각하는 것도 현실에 맞지 않는다. 그리하여 형평법은 이런 계약의 목적물이 단순히 희귀한 물건이라는 이유만으로 그치지 않고, 더 나아가서 계약의 목적물에 관심을 가진 매수희망자와 이를 팔려고 하는 매도희망자의 수가 드물다는 이유에서도 이런 계약들의 중요성을 인정하는 전략을 구사하고 있다. 즉, 매도인과 매수인이 어떤 특정한 내용의 이행이라든지 또는 특정한 물건의 인도에 일치된 관심을 보이게 될 경우 그 거래는 무척 매력적으로 되기 때문이다.

그런데 이렇게 계약에서 정한 대로 이행해야 하는 범주에 드는 사안들 중에서도 대표적인 경우가 놀랍게도 토지매매계약의 경우이다. 초기에 영국에서는 개인적 부의 원천으로서 토지가 지니는 엄청난 역사적 의미로 인하여 형평법원은 어느 땅뙈기든 대체성이 없는 단 하나의 물건이라는 견해를 채택하게 되었다. 원고는 아무리 많은 돈으로도 시중에서 계약의 목적물인 토지와 대등한 대체물을 구할 수 없다는 논리였다. 이렇게 역사적으로 오래된 관점이 현대의 법원에도 깊숙이 자리 잡게 됨에 따라 어떤 토지의 매매계약이 단지 투자 목적에 그치기 때문에 원고에게 금전적 배상을 허용하는 것만으로도 충분히 완벽하고도 적절한 구제수단이 되는 경우조차도 현대의 법원들은 여전히 계약에서 정한 대로 이행하라고 명하는 경우가 자주 있는 것이다.

여기서 사건당사자의 개별적 사정은 무시되는데, 이로써 형평법은 그 계약이 어떤 유형이냐types of contract의 여부에 관심을 둘 뿐 사건당사자가 상대방으로부터 얼마나 심한 피해를 입었느냐의 여부를 따지는 데에는 관심이 없다는 관측에 더욱 무게를 실어주게 된다. 예를 들어 보통의 자동차 한 대를 사고파는 계약을 체결했다고 가정해보자. 이런 계약은 꼭 억지로라도 약속한 대로 이행하도록 강제해야 할 필요가 없다. 만약 매도인이 이행을 거부할 경우라면 매수인은 금전배상을 받으면 된다. 더욱이 매도인이 파산 상태가 되어 금전배상조차 할 수 없는 상황이 되더라도 법원은 종래의 자세를 바꾸지 아니 할 것이다. 비록 매수인이 차값을 이미 지급했다 하더라도 매도인은 꼭 차를 인도하지 않아도 되며, 파산절차에서 허용되는 배당(비록 충분치 못하더라도)만 해주면 되는 것이다.[9)]

---

9) 비록 이 책의 현단계에서 평가하기는 어렵지만, 다양한 보호 전략이 존재한다. 만약 자동차가 아직 인도되지 않았더라도 자동차에 대한 소유권이 이미 매수인에게 넘어갔으면 그때 매수인은 좀 더 확실한 보호를 받을 수 있게 된다. 제3장 제2절을 보시오. 소유권의 이전 여부는 당사자 간의 계약에 의하여 결정되거나, 또는 1979년 물품매매법Sales of Goods Act 17, 18, 20(A)조의 기본원칙에 의하여 결정된다. 만약 이것만으로는 충분한 보호가 되지 못한다면, 그리고 매수인이 이미 매매대금을 전부 지급 완료했다면 매수인이 매매대금을 회수할 수 있도록 허용해주는 원상회복 차원에서의restitutionary 구제수단은 매도인이 파산한 경우에도 매수인이 그 차에 대하여 우선변제권을 확보하는 방법으로 확보될 수 있을 것이다. 제9장 제5절을 보시오.

2. 기능적 차이

형평법은 또한 어떤 계약에 의하여 얻으려고 했던 특정한 이익이 금전배상의 방법으로는 도저히 실현될 수 없는 경우에 그런 형태의 계약에 특별히 우선권을 주려 한다.[10] 아래에서 두 가지 대조적인 사례를 보면 이를 확연히 알 수 있을 것이다. 첫째 사례는 대여금의 회수를 담보(예컨대 저당권)하기 위한 계약의 경우이다.[11] 은행이 어떤 사람에게 주택매수자금을 대여해주면서 그 채권회수의 담보를 위하여 그 주택에 저당권을 설정받는 경우를 생각해보자. 이렇게 되면 은행은 대출금의 연체시 그 집을 경매에 붙여 낙찰대금에서 연체대출금을 회수할 권리를 가지게 될 것이다. 이 경우 특별히 형평법은 일부러 나서서 대출금 그 자체의 회수를 강행해주려 하지는 않겠지만, 만약 은행이 이미 대출금을 내어준 이후에 차용인이 지체에 빠지게 되면 형평법이 개입하여 그 담보물에 대한 강제집행을 실시하게 된다. 이 경우 형평법은 은행에게 금전적 손해만의 배상에 국한되어야 한다고는 명하지 않는다. 만약 형평법이 이와 다른 방법으로 대응한다고 가정하면 담보제공계약에서 특별히 약속한 파산시의 우선변제권에 관한 약정은 있으나마나 한 결과가 될 것이다. 그러므로 이런 특정한 대상에 대한 강제집행이 없이는 법적 담보권은 그 현대적인 힘과 효력을 결여하게 될 것이다. 담보권에 관하여는 제3장[12]에서 다시 자세히 살펴보기로 하자.

이 범주에서의 두 번째 사례는 매우 다르고, 또한 약간 수상쩍기도 한 경우이다. 그것은 제3자(즉 계약의 당사자가 아닌 사람)를 위한 계약에 관한 것이다. 예컨대 A가 자기의 재산을 팔면서 그 대가를 자기의 처, 또는 자녀, 또는 공익법인

10) *Adderley v Dixon*(1824) 1 Sim & St 607은 손해액을 평가할 수 없어 완전한 구제를 해줄 수 없는 상황에서 파산자의 채권을 양도해주기로 한 합의의 특정이행을 명한 사건이다.

11) 제3장 제9절을 보시오.

12) 제3장 제9절을 보시오. 신탁에 따라 수탁자에게 생기는 의무(제3장 제6절을 보시오) 또한 그 타당성을 설명하기는 훨씬 더 어려운 편이지만, 특정이행을 명할 수 있다. 특히 제4장 제7절 제5장 제2절 제2관, 제6장 제3절 본문 및 제1관을 보시오.

등에 주도록 원할 경우이다. 그 경우 B가 5만 파운드의 대가를 C(A의 부인, 또는 자녀, 또는 선호하는 공익법인)에게 주기로 하는 전제하에서 A는 자기의 재산을 B에게 이전한다고 가정해보자. 만약 B가 계약의 이행을 거절함에 따라 A가 계약위반을 이유로 B를 상대로 소송을 제기하면 보통법상의 원칙으로는 A는 명목상nominal의 손해[역주3]만을 배상받을 수 있을 것이다. 이 경우 보통법의 논리는 단순하다. 즉, 설사 B가 제대로 이행했다고 하더라도 A는 어차피 아무것도 받을 것이 없으므로 B의 계약 위반으로 인하여 A가 손해 볼 일은 없다는 것이다. 또 여기서 손해를 본 사람은 C인데도, 보통법은 C는 계약당사자가 아니므로 소송을 제기할 자격이 없다고 고집한다. 그 대신에 형평법이 A에게 B를 상대로 하여 특정한 채무의 이행을 청구하는 소송을 허용해준다면 그 계약상의 이익은 결국 C에게 전달될 수 있을 것이다. 이렇게 하는 것이 C에게 아무런 구제수단을 허용하지 않는 것보다 훨씬 나을 것이기는 하나, 이런 경우는 형평법이 특별히 대우해주고 싶어 하는 "중요한important" 계약 유형에 해당되지 않는다는 점에 문제가 있다. 이런 계약은 가장 흔해빠진 경우에 해당하므로 이런 사안에서 형평법이 개입하는 이유는 단순히 그 경직성으로 인하여 비난을 면할 수 없는 보통법의 원칙들을 개혁해보는 데 진짜 의도가 있음이 분명해진다.[13] 여기서의 문제는 형평법이 바람직한 개혁안을 제공할 수단을 갖추지 못하고 있다는 점이다. 형평법은 그 손해배상이 직접 C에게 향해야 한다고 주장할 수 없는 것이다. 왜냐하면 형평법은 손해배상을 명할 일반적인 재판권을 갖추고 있지 못하기 때문이다. 형평법은 단지 피고에게 특정한 행위를 하도록 명할 수밖에 없기 때문이다. 그 결과로서 형평법에 의한 개혁은 판례법 내에서 변명할 수 없는 괴리를

13) *Beswick v Beswick* 〔1968〕 AC 58 (HL) (조카가 삼촌으로부터 광산을 넘겨받으면서 삼촌의 사후에 숙모에게 연금을 지급하기로 약정하고서도 불이행한 사건인데, 법원은 보통법에 의한 손해배상은 명목에 그침에 반하여 조카는 부당하게 큰 이익을 보유하는 것이 옳지 않다는 이유에서 약정대로의 특정이행을 명했다. 그러나 계약이 충분히 "중요"하다고 다툴 만한 사건이었는지는 의문이다); *Coulls v Bagot's Executor and Trustee Co Ltd*(1967) 119 CLR 460 (Aust HCt). 또 제8장 제5절을 보시오.

초래하게 된다. 예컨대 흔해빠진 물건에 관한 3당사자 간의 매매계약은 똑같은 물건에 관한 2당사자 간의 매매계약에 비하여 훨씬 특혜를 받는다. 판례법은 최근에 들어서야 입법을 통하여 좀 더 합리적이고도 전후 모순되지 않는 개혁이 필요함을 인정하게 되었다. 그리하여 의회에서 새로 제정된 법률은 C가 B의 계약 위반을 이유로 B를 상대로 직접 제소하는 것을 허용하고 있다.[14)]

3. 채무의 특정이행을 명하지 않는 경우

형평법이 몇몇 중요하다고 생각되는 유형의 계약들에 관하여 그 의무의 이행 강제를 위한 우선적 배려를 해주었다고는 하지만, 거기에는 내재적인 제약이 있었다. 설사 그런 계약이 중요하다고 하더라도, 만약 피고가 그 계약서에 서명한 것이 감언이설에 속았기duped 때문이라거나,[15)] 또는 이행이 불가능impossible한 경우라거나, 또는 원고 또한 자기의 채무를 이행할 준비가 되어 있지 않거나, 그럴 의사가 없거나, 그럴 능력이 없는 경우라거나,[16)] 또는 피고가 형평법상의 통상적인 항변defense들을 제출하여 원고가 희망하는 구제수단이 결코 확실한 대책이 되지 못한다고[17)] 법원을 설득하는 등의 경우에도 형평법은 피고가 꼭 계약대로 이행해야 한다고 고집하지 않는다. 예컨대 피고가 자기 소유의 명나라 도자기를 원고에게 매도하기로 약속했더라도 그런 약정이 기초 사실에 관한 원고의 허위표시misrepresentation[역주4]에 터잡아 체결된 경우, 또는 그 도자기가 깨졌거나 도둑맞은 경우, 또는 원고가 대금을 지급할 능력이 없음이 분명한 경우 등에는 법원이 구태여 계약대로 이행하라고 명할 이유가 없는 것이다. 계약상의 권리를 원고 스스로 포기한waive 경우도 마찬가지이다.

더 나아가서 계약대로 이행할 경우, 불이행시 원고가 입게 될 실손해에 비하

---

14) 1999년의 계약(제3자의 권리)법Contracts (Rights of Third Parties) Act.

15) 제7장 제2절 본문 및 제1관, 제2관, 제3관을 보시오.

16) 이런 제한은 "상호주의mutuality"의 요건이라고 불린다. 법원은 쌍방 당사자 모두에게 이행기가 도래한 채무의 이행을 확보할 수 없는 한 특정이행을 명하지 않을 것이다.

17) 아래 제2절을 보시오.

여 피고가 불균형할 정도로 더 심한 곤경에 처하게 될 우려가 있으면 형평법은 계약대로의 이행을 명하지 않는다. 이렇게 계약대로 이행하라는 명령을 내림에 있어서 최종적으로 법원이 재량권discretion을 행사할 수 있다는 점이야말로 손해의 배상과 관련하여 형평법과 보통법 간에 가장 뚜렷이 드러나는 차이점으로 인식되고 있다. 여기서 계약대로의 이행은 재량적 구제수단임에 반하여, 보통법상의 손해배상은 재량의 여지가 없는 의무적인 구제수단이라는 추측이 가능해진다. 이런 차이점으로 인하여 두 법체계 간의 통합이 불가능하다는 주장이 대두할 수 있게 된다.[18)]

그러나 실제로 양자의 법체계는 사물에 접근하는 방법에서 놀라울 정도로 비슷한 자세를 취하고 있다. 양자 간에 하나씩 예를 들어보자. 형평법은 피고인 광산회사가 채광사업의 종료 후 토지를 원상복구해주겠다고 한 약속대로 이행하라는 명령을 내리기를 거부할 수 있다. 형평법의 눈으로 볼 경우 원고가 그 토지를 더 이상 점유하고 있지 않다면 그런 원상회복의 비용이 과다하고 소모적인 것으로 보일 수도 있기 때문이다. 그 경우 원고에게 그 대신에 보통법상의 손해배상(비록 이런 경우에 명목상의 손해배상이 아닌 실질적 손해배상을 위하여 그 손해를 어떻게 평가해야 할 것이냐에 관하여는 논쟁의 소지가 있겠지만)으로 국한시켜주어도 충분하다는 것이다.[19)] 그러나 보통법 또한 똑같은 재량권을 가지고 있다. 보통법 또한 형평법과 비슷하게 피고가 수영장을 실제로 약속한 것보다 15cm 얕게 만들었을 경우, 제대로 이행할 때 드는 비용을 금전으로 완전히 배상하라는 명령을 내리기를 거부할 수 있을 것이다. 보통법이 보기에 이렇게 얕게 건설된 수영장을 도로 파내서 더 깊게 만들 경우의 비용은 원고가 피고의

---

18) 제1장 제4절 및 제10장 제2절 제2관을 보시오.

19) *Tito v Waddell*(No2) 〔1977〕 Ch 106 (Megarry V-C). 또한 *Cooperative Insurance Society Ltd v Argyll Stores (Holdings) Ltd* 〔1998〕 AC 1 (HL)을 보시오. 슈퍼마켓용으로 건물의 주요 부분을 임차하면서 그 부분을 35년간 슈퍼마켓으로 매일 영업시간 중에 개장하겠다고 약속한 임차기업이 사세 위축으로 인하여 슈퍼마켓을 닫으려 하자 임대인이 이를 저지하기 위하여 특정이행을 명하여 달라고 청구한 사건인데, 대법원은 이를 인용한 고등법원 판결을 파기했다.

계약 위반으로 인하여 입은 실손해에 비추어볼 때 과다하고도 소모적인 것이라는 이유에서다. 그러므로 이런 경우 원고는 원래대로 시공하는 데 드는 비용이 아니라 얕게 시공됨으로 인하여 입게 되는 불편에 따르는 손해만을 배상받는 것이 타당하다는 판단을 받을 수도 있다.[20] 위의 어느 것도 각자 그럴 듯한 논리를 지니고 있다. 판례법체계는 형평법과 보통법 중 어느 쪽 마스크를 쓰든, 계약대로 이행될 경우에 원고가 입을 수 있었을 이익에 비교해볼 때 무의미pointless하거나 과다하게 불균형적wholly disproportionate일 경우에는 구제명령을 내리기를 거부할 수 있는 재량권을 보유하고 있는 것이다.

4. 정책적 고려

계약을 그 유형에 따라 차별하는 과정은 정책적 고려에 의하여 큰 영향을 받을 수 있음을 충분히 짐작할 수 있다. 이는 다음 두 가지 사례에 의하여 쉽게 조명된다.

첫째 사례는 형평법이 개인적 용역에 관한 계약을 취급하는 데서 엿볼 수 있다. 가령 원고가 아무리 많은 돈으로도 시장에서 대등한 대체서비스를 발견할 수 없을 정도로 최고의 평가를 받는 작가(또는 미술가, 또는 건축가)에게 어떤 특정한 일을 맡긴다고 가정해보자. 이럴 경우 계약에서의 약속이 특정이행되어야 한다는 특권을 인정해주는 것은 좋으나, 이를 강행하면 사회적으로 보다 더 중요하게 여겨지는 작가의 개인적 가치를 손상시킬 수 있다. 그리하여 형평법은 시장적 효율성과 개인적 가치라는 서로 대립되는 정책적 명제를 조화시키기 위하여 계약대로 이행하게 하면 강제노역이나 노예제도에 준하는 결과가 야기될 가능성이 있을 경우 그런 명령을 거부하게 된다. 그러나 그런 문제점이 제기되지 않는 경우에는 계약대로 이행해야 한다는 주장이 순풍을 타서 법원으로부터 승소 판결을 받게 될 수 있을 것이다. 이런 기초 위에 서서 법원은 문화나 예술 분야에서 약속한 대로 이행하라고 명하는 것을 통상 거부하기도 하는 것이지

---

20) *Ruxley Electronics & Construction Ltd v Forsyth* [1996] AC 344(HL).

만, 일상적인 서비스 계약에 대해서는 거부하지 않을 것이다.[21)]

두 번째 사례로서는 형평법이 증여gift의 경우를 다루는 방식이다. 판례법의 일반원칙에 의하면 증여의 약속promise[역주5]은 그 약속이 아무리 진지하게 이루어졌다 하더라도 기속력이 없다고 한다.[역주6] 따라서 약속한 대로 증여하지 않더라도 법원은 약속한 대로 증여하라고 강요하지도 않고 손해배상을 명하지도 않는다. 그런데 보통법은 증여를 약속한 자가 그 약속을 일정한 형식을 갖춘 증서deed에 의하여 행할 경우에는 이를 달리 본다.[22)] 즉, 증서상의 특정한 요식행위를 갖춘 경우에는 그 약속이 충분히 기속력을 가졌다고 생각되는 것이다. 예컨대 증여자가 증서에 의하여 수증자에게 피카소의 그림을 주기로 약속한 경우 보통법상 수증자는 그 약속이 약정대로 이행되지 않을 때 금전에 의한 손해배상을 청구할 수 있다. 그러나 형평법은 약정대로 그림을 인도하라고 명해주기를 거부한다. 물론 형평법은 수증자가 일정한 형태의 반대급부counter-performance를 약속했을 때에는 개입하려 하지만, 단순한 증여의 약속만으로는 형평법원에서 특별한 우선적 대우를 받아야 할 만한 사정이 되지 않는다고 보는 것이다.[23)] 여기서 두 체계의 정책적 고려가 서로 분명하게 대조적으로 드러난다.

이렇게 정책에 근거하여 계약 유형에 따라 차별화하는 과정은 앞으로도 불가피하게 계속될 것이다. 앞에서 보았던 대로 보통의 차 한 대를 소비자에게 팔기로 하는 계약, 마티스의 그림을 수집가에게 팔기로 하는 계약, 그리고 환자의

---

21) 단, *Lumley v Wagner* (1852) 1 De GM & G 604, 42 ER 687 사건에서는 공연계약대로 이행하라고는 강제할 수 없어도 다른 극장에서 공연하지 않기로 한 약속을 지키도록 강제할 수는 있다고 판시되었다.

22) "증서deed"라는 용어를 쓰는 문서, 또는 그 문서가 증서로서의 효과를 발휘할 목적으로 작성된 것임을 시사하는 문서는 그 증서를 작성하는 당사자와 증인이 서명하고 상대방에게 교부되어야 하는데, 이는 그 증서를 작성하는 사람이 자기가 그 증서에 의하여 기속될 의사를 가졌음을 보여주기 위하여 무언가 가시적인 행위를 해야 함을 뜻한다. 1989년의 재산(잡칙)법 제1조(2), (3)에 의하면 이제는 증서에는 더 이상 도장seal을 찍을 필요가 없다. 그러므로 증서가 되려면 "서명되고 날인되고 교부"되어야 한다는 낡은 요건이 더 이상 존속하지 않는다.

23) *Jefferys v Jefferys* (1841) Cr & Ph 138, 41 ER 443.

생명유지에 필요한 약품을 병원에 팔기로 하는 계약의 사례로 돌아가보자. 보통법에서 매도인이 계약을 이행하지 않을 경우의 유일한 구제책은 계약의 성질 여하 간에 금전적 손해배상으로 그칠 뿐이다. 한편 형평법은 두 번째 계약(마티스의 그림매매)을 계약대로 이행하라고 명하겠지만, 첫 번째 계약(자동차매매)에 대해서는 그러지 않을 것임이 분명히 드러난다. 형평법이 생명유지에 긴절한 약품의 매매계약을 계약대로 이행하라고 명할 것인지의 여부는 더 어려운 문제가 된다. 만약 전 세계적으로 그런 약품이 품절상태인데다 의료 위기가 한창 진행중이라면 "보통"의 약품이던 것이 "특별"하고도 "독특"한 약품으로 변질될 것이며, 그 경우에는 형평법이 개입하여 계약대로 이행하라고 명하게 될 것이다. 그러나 만약 그런 초비상 사태가 아니라면, 현재의 형평법으로서는 계약대로의 이행명령을 거부하고 단기간의 최고at short notice를 거쳐 다른 곳에서 약품을 제공받되 그에 소요되는 차액에 충당하기 위하여 손해배상을 청구하는 일은 보통법에 떠넘길 것이다.[24] 대부분의 경우에 이런 방법은 충분히 받아들일 만하다. 이렇게 하더라도 환자들에게 아무런 위험이 따르지 않기 때문이다. 반면 현대적인 감각으로 볼 때 이런 계약은 앞에서 본 상황 여하 간에 본질적으로 그 이행이 매우 "중요"하다고 여겨질 수도 있다. 만약 그런 경우라면 차별성을 인정하는 추가적인 원칙이 새로 채택되어야 하며, 그 경우 이런 진화 수준의 변화를 불러올 수단은 형평법이나 보통법이 아닌 성문법이 될 가능성이 매우 높아진다.

이런 진화적 차별화의 방법 중 어느 것도 내재적으로 문제성을 내포하고 있지는 않다. 법은 법이 좀 더 정교해져야 한다는 사회적 필요성에 단순히 부응하고 있을 뿐이다. 계약이라면 이제는 크든 작든 "중요성"을 인정받고 있다. 보통

---

24) *Howard E Perry & Co Ltd v British Railways Board* [1980] 2 All ER 579, 586 (Megarry V-C); *Dougan v Ley*(1946) 71 CLR 142; 그러나 in *Sky Petroleum Ltd v VIP Petroleum Ltd* [1974] 1 WLR 576에서는 1973년의 "석유위기" 때 석유공급량을 감축한 석유회사에 대하여 이를 금지하는 가처분interim injunction—특정이행을 명하지는 않았지만—을 발령했다.

법에서도 바야흐로 단조로움을 탈피하고 있는 중이다. 그리하여 조금 중요한 계약들은 계약대로의 이행을 명받고, 덜 중요한 계약들은 구제수단이 금전적 손해배상에 한정된다. 이런 초창기적인 발상이 좀 더 진전되면 결국 균열이 생겨나는데, 그리하여 판례법의 지평에 고르고 넓게 도달할 수 있는 일관성에 대한 고려를 상실하게 된다. 제3장에서 보게 되듯이, 계약대로 이행하라는 명령을 받을 수 있는 특정한 형태의 계약들은 원고에게 매매목적물(명나라 도자기 또는 생명유지에 긴절한 약품)에 대한 형평법상의 재산권Equitable property interest을 허용받도록 해주게 된다. 원고와 피고 간에서는 이것이 별로 문제될 것이 없다. 그것은 피고가 이전을 거부하는 재산에 대하여 원고가 당연히 청구할 수 있는 권리를 가지고 있다는 발상을 강화시켜줄 뿐이다. 그러나 재산property상의 이해관계는 제3자에게 결정적인 피해를 입힐 수 있다. 이런 부수적인 결과물들이 정당화될 수 있는지, 또 바람직한 일인지의 여부는 매우 조심스럽게 접근하여 고찰해야 할 문제가 아닐 수 없다.[25)]

제2관 인정션[역주7]

권리들 간을 차별화시키는 형평법의 두 번째이자 더욱 일반적인 전략은 인정션을 발하기도 하고 또는 거부하기도 하는 데 있다. 인정션은 법원이 피고에게 어떠한 형태로든 어떤 행위를 하게 하거나 또는 하지 못하게 하는 행위이다. 예컨대 공사도급계약에서 정한 사항에 위반하여 건물을 건축하는 시공자에게 법원은 공사중지명령을 내릴 수 있다. 원고는 자신의 계약상의 권리를 침해당하는 채로 수수방관하다가 공사가 완료된 연후에야 손해배상을 받은 방법으로는 만족할 수 없는 것이다. 더 이상의 손해가 발생하기 전에 공사의 중지를 명받을 수 있으면 공사가 강행됨에 따르는 손해를 예방할 수 있는 것이다. 이는

25) 제3장 제6절, 제6장 제3절부터 제4절 제1관까지 및 제8장 제5절 본문 및 제1관, 제2관, 제3관을 보시오.

계약에 위반하는 피고에 대하여 단순히 금전적 손해배상이라는 일반적 방법보다는 이런 금지명령을 내리는 것이 원고를 좀 더 잘 보호해줄 수 있음을 의미하는 것이다.

1. 인정션의 형태

인정션injunctions은 무척 융통성 있는 구제수단이라고 할 수 있다. 법원이 계약조건대로 이행하라고 명하는 경우 법원에게는 그런 이행에 필요한 조건을 정할 재량의 여지가 허용되지 않는다. 그러나 인정션에는 이런 제약이 없다. 법원은 인정션을 통하여 당사자의 방대한 활동 분야에 걸쳐서 법원이 정하는 조건으로 어떤 행위를 금지하거나 요구할 수 있다. 그리하여 인정션은 피고에게 어떤 행위를 하지 못하도록 하거나(금지명령prohibitory injunctions), 앞에서 보았듯이 행위를 하도록 요구(작위명령mandatory injunctions)할 수 있는 것이다. 금지명령은 앞의 예에서 보았듯이 원고의 권리가 침해되기 전에도 발령될 수 있다(선제금지명령quia timet injunctions).[26] 인정션은 영구적일 수도 있고 임시적일 수도 있으며, 잠정적interlocutory(소송 진행중에 한하여)일 수도 있고[27] 종국적final(법률문제에 관하여 완전한 결론을 내리고 난 이후에)으로 발령될 수도 있다. 바로 이런 점들이 인정션을 매우 강력한 법적 수단으로 만들어주는 것이다. 계약의 특정이행을 명했는데 불응하는 경우에서처럼 이런 인정션에 응하지 않을 경우 이는 법정모욕죄를 구성하게 된다. 이렇게 방대한 영역에 걸쳐서 여러 가능한 형태의 명령들이야말로 형평법이 다양한 방법으로 권리를 차별적으로 대접함을 의미하는 것이다.

26) *Redland Bricks Ltd v Morris* [1970] AC 652 (HL).

27) 아래 제3절 본문 및 제1관, 제2관, 제3관을 보시오.

2. 인정션을 발하지 않는 경우

인정션에 대하여 가해지는 여러 가지 제약들은 계약의 특정이행명령에 가해지는 제약들에 유추해볼 수 있다. 원고가 가장 얻기 쉬운 명령이 종국적 금지명령final prohibitory injunction임은 애초부터 예측할 수 있다. 만약 원고가 재판부에 대하여 원고의 권리가 피고의 행위에 의하여 침해되고 있다(또는 침해될 것이라)고 입증할 수 있다면, 일견 원고는 법원이 피고에게 그런 위반행위를 더 이상 하지 못하도록(또는 앞으로 하지 못하도록) 제약을 가하는 종국적 금지명령을 얻을 자격이 있는 것처럼 보일 수도 있다. 공사계약조항에 위반하여 시공하겠다고 고집하는 수급자에 대하여는 이런 방법으로 쉽사리 금지명령을 얻어낼 수 있게 된다. 원고가 충분히 입증을 한데다가 법원이 명령을 내리더라도 피고에게 어떤 행위를 하지 못하도록 금지함에 불과하므로 그런 금지명령을 내리더라도 피고의 이익이 크게 침해될 염려가 있어 그런 금지명령을 내려서는 안 되고, 오로지 금전적 손해배상만을 허용해야 한다고 꼭 고집해야만 할 이유가 없게 되기 때문이다. 그러나 만약 피고가 끝내 일을 벌이게 되면 이제는 손해배상액을 산정함에 있어 장래의 손해까지도 포함하도록 해주는 성문법이 존재하기 때문에 종래 보통법상의 손해배상만으로는 부족하던 보호를 해줄 수 있게 되었다.[28]

원고의 입장에서는 피고에게 어떤 특정행위를 명하도록 법원을 설득하는 것이 훨씬 더 어렵다. 그럴 경우 법원은 그런 명령으로 인하여 피고에게 온당치 못한 곤란을 초래해서도 안 된다고 염려하기 때문이다. 여기서 이는 또다시 의무의 특정이행을 명하는 것과 매우 유사함이 분명해진다. 마지막으로 잠정적 인정션은 더욱 더 어려운 문제를 제기하게 되는데, 이에 대하여는 이 장의 뒷부분에서 좀 더 상세히 다루기로 한다. 이 모든 것에 덧붙여서 형평법은 원래 쓸데없는 짓을 하지 않으므로 유용한 목적을 달성할 수 없다고 여겨지는 경우에조차도 인정션을 발령해서는 안 된다고 하는 발상이 가능하다. 전형적인 경우로서 법원은 비밀유지의무에 위반하는 경우라도 일단 그것이 공지의 사실이 되

28) 제6장 제1절 제1관을 보시오.

었을 때 더 이상은 비밀유지를 명할 사유가 되지 못한다고 본다.[29] 또 형평법은 설사 원고가 계쟁사안에 관한 모든 증거를 만족스럽게 제시하더라도, 만약 그것이 공익에 반한다고 여겨질 경우에는 인정션을 거부할 수 있다.[30] 그리고 마지막으로 피고로서는 여차여차한 경우에는 인정션이 허용되어서는 안 된다는 통상적인 항변 사유를 제출할 수도 있다.[31] 이런 모든 제약들은 앞에서 본 계약상의 특정이행명령의 경우에 제기되는 제약들과 매우 유사한 것이다.

더욱이 형평법의 재판권에 한계를 설정하는 일은 매우 어렵다. 아마도 형평법상의 인정션은 공인된 법적 권리를 보호해주기 위해서만 발령될 수 있으리라고 예측해도 될 듯하다. 공인된 불법행위에 도달하지 못하는 수준의 단순히 정의롭지 못하거나unjust, 불공정하거나unfair, 또는 명예롭지 못한dishonorable 행위까지도 형평법이 금지할 수는 없는 노릇이다. 예컨대 어떤 기업의 시장전략이 너무나 공격적이고도 경쟁적이라거나,[32] 또는 임신한 여성이 낙태하려 한다하여[33] 이를 금지할 수는 없는 것이다. 이렇게 정통적인 견해에 따르면 앞에서 수급자가 공사도급계약에서 금지하는 사항을 굳이 위반하려는 경우의 예에서 보았듯이, 일종의 재산권property right이 침해되지 않는 한 형평법은 인정션을 발하지 않을 것이다. 이는 애초에는 상당히 그럴 듯했을 수 있으나, 현재는 다분히 논란의 대상이 되고 있다. 분명히 이런 제한은 형평법상의 권리Equitable rights를 보호하기 위한 인정션에는 미치지 아니한다. 비밀confidence은 재산권property right이 아님에도 불구하고 형평법은 비밀누설을 금지하는 명령을 발할 수 있다.[34] 성문법상의 권리를 침해하거나 계약상의 금지조항에 위반하는 경우에도 이런 제한은 적용되지 않을 것으로 보인다. 또 이것은 형평법이 구두에 의

29) *AG v Observer Ltd(Spycatcher case)* [1990] 1 AC 109 (HL)

30) 그리고 이것은 현재 1999년의 인권법에 의하여 보호되는 권익을 포함한다. *Cream Holdings Ltd v Banerjee* [2005] 1 AC 253 (HL).

31) 아래 제2절을 보시오.

32) *White v Mellin* [1895] AC 154 (HL).

33) *Paton v Trustees of British Pregnancy Advisory Service* [1979] QB 276.

34) 제5장 제4절 제3관을 보시오.

한 명예훼손mere defamation(문서에 의한 명예훼손publication of libel에 반대되는 개념으로서)이나 개인의 신체에 대한 불법행위를 금지하는 명령을 발하지 않는 이유—또는 이유들 중의 하나—로 보인다. 마지막으로 인정션은 원래 금전에 의한 손해배상만으로는 적절하지 못하다고 여겨질 때 발령되었다. 이는 과거에는 물론 현재에 있어서조차 개인에게 속하는 재산권에 대한 침해행위의 대부분에 대하여는 금전에 의한 배상만이 적절하다는 이유에서 금지명령은 거의 발동되지 않았음을 의미한다. 그러나 이런 영역의 밖에서는 보통법상의 금전에 의한 손해배상만으로는 불충분해야 한다는 요건이 바야흐로 그 힘을 상실해가고 있다. 어떤 사람들은 이제 그런 요건은 더 이상 존재하지 않는다고까지 생각하기도 한다. 이런 제반 정황은 이제 형평법의 재판권 행사가 시대를 두고 갈수록 매우 개방적liberal으로 되어가고 있음을 의미한다.

3. 보통법과 형평법

이런 개방성은 훗날 보통법이 그 분야에서 발전하는 데 되풀이되었다. 애초에 보통법 법원들은 이런 인정션을 발할 내재적 재판권이 없었다. 그리하여 보통법에는 19세기 중반에야 비로소 성문법에 의하여 이런 권한이 허용되었지만 그나마도 형평법의 경우만은 못한 조건이었다. 성문법상의 인정션에는 형평법이 선호하던 자발적 제약이란 것이 없었고, 게다가 형평법상의 권리Equitable rights에는 적용될 수 없었으며, 또 단지 어떤 불법행위의 위협만이 현존할 뿐인 경우에 요청되는 선제금지명령을 내릴 권한도 없었다. 이는 인정션이 적절한지의 여부를 판단함에 있어 보통법과 형평법이 당분간 서로 다른 규칙을 적용하고 있었음을 의미한다. 이러한 이중적 체계는 1873년의 법원조직법이 어느 법원이라도 정의에 부합하고 공평한 경우에는 인정션을 발할 수 있도록(현행 성문법 조항[35]의 문자 그대로) 권한을 부여할 때까지 지속했다. 그리하여 이보다 더 넓은 재판권은 상상하기조차도 어려운데, 우리의 이성에 비추어보면 이렇게 형

35) 1981년 최고법원법 Supreme Court Act.

평법 영역에만 있는 독특한 인정션은 이미 100여 년 전에 성문법의 규정에 의하여 포괄적으로 극복되었어야 했다.[36] 서로 중복되는 것도, 서로 갈라선 채로 있는 것도 득을 볼 것이라고는 전혀 없다. 법원들은 판례법체계의 지평을 모두 아우르는 넓은 안목에서 관련사안들을 비교하여 비슷한 사안에는 비슷한 방식으로 우선적인 대접을 받도록 배려해줄 필요가 있는 것이다. 여기서 더 어려운 과제는 여러 권리들 중에서 어느 것이 더 특별한 대접을 받을 자격이 있느냐를 결정하는 데 있다. 이와 같이 인정션은 매우 융통성 있는 것이므로 인정션에 의한 구제대상이 될 수 있는 권리는 다양하며, 권리 간의 차별화와 다양한 대우를 위한 선택의 여지야말로 계약상의 의무를 특정이행하라는 명령에 비할 바 없이 훨씬 더 복잡다단한 것이다.

제2절 항변의 중요성

법적 권리들을 평가하고 그 권리들 간을 차별화하는 과정은 권리와 구제수단 간을 연결해주는 수준에서 그치지 않는다. 법은 피고가 채무의 전부 또는 일부의 이행을 거절할 수 있는 항변defenses(또는 구실excuses)을 개방적으로 또는 제한적으로만 인정해줌으로써 권리의 가치에 심대한 변화를 초래할 수도 있다. 어떤 항변은 어떤 특별한 청구원인cause of action[역주8]에만 적용된다. 어떤 항변은 상당히 일반적으로 적용될 수도 있다. 예컨대 과실을 이유로 책임을 추궁당하는 피고는 원고에게도 과실이 있다고 주장할 수도 있으며, 그리하여 결과적으로 야기된 손해는 피고 혼자만에 의해서가 아니라 양자에 의해서 초래된 것이라고 항변할 수 있다. 이는 성문법에서 인정하는 "기여과실contributory negligence" 규정에 근거한 항변으로서, 피고는 이런 항변에 의하여 그동안 야기된 손해에

---

36) 그러나 *Gouriet v Union of Post Office Workers* [1978] AC 435 (HL)에서는 우편법, 전신법, 지방자치법, 대법원법 등 성문법의 조항에 의지하고 있는 모습을 보시오.

서 자기 책임의 몫을 줄여보려고 시도하게 된다. 그러나 이런 항변은 과실을 이유로 하는 손해배상의 경우에만[역주9] 적용될 수 있을 뿐이다. 이와 유사하게 부당이득에 있어서는 입장변화change of position[37]의 항변이란 것이 있다. 형평법은 피고의 책임을 경감할 수 있는 중요한 항변으로 4가지를 도입하여 원고의 구제받을 권리를 축소시키는 데 이용한다. 이것들은 제소지연delay(특히 태만 laches), 포기waiver(면제release), 상계set-off 및 깨끗한 손clean hands이다. 이것들에 대하여는 하나씩 설명해볼 가치가 있다.

제1관 제소지연과 형평법상 태만의 항변

제소지연delay의 항변은 형평법상 가장 흔하게 제출되는 항변이라고 할 만하다. 이 항변의 요체는 피고가 무기한으로 원고로부터의 제소 위협을 받기만 해서는 안 된다는 데 있다. 법적인 권리는 자연적인 수명을 가져야 하며, 실행되지 않은 권리는 언젠가는 소멸해야 한다는 것이다. 이를 확실히 하는 방안들 중 하나는 피고에게 원고가 소를 제기하기까지 너무 지체했다는 사실에 기초한 항변을 제출하도록 허용하는 방법이다. 이 항변은 정의가 구현되는 것을 보아야겠다는 공익과 너무 지연된 제소가 있어서는 안 되겠다는 공익 간의 균형을 잡기 위한 것이다.[38] 시기적으로 뒤늦은 제소는 피고에게 단순히 법적 불안정만을 초래하는 것이 아니다. 그런 지연은 또한 관련증거의 부족 내지 완전한 상실로 인하여 법원의 판단에 정확성을 보장해주지 못하게 될 염려도 있는 것이다.

비록 보통법이 판례를 통하여 소 제기의 지연을 이유로 하는 항변을 개발해내지는 못했지만, 현대의 판례법 국가들에서는 예외 없이 이런 발상을 성문법에 의한 출소기한Statutes of Limitation[역주10]제도로 해결하고 있다. 영국에서는 이미 17세기 초부터 그런 성문법이 존재해왔다.[39] 이런 성문법들은 보통법이나

37) 제9장 본문과 제7절을 보시오.

38) *Lindsay Petroleum Co v Hurd*(1874) LR 5 PC 221 (PC), 239-41.

39) 현재는 1980년의 출소기한법Limitation Act을 보시오.

형평법상의 소송의 제기에 관하여 일정한 기한을 설정하고 있다. 이런 경우 출소기한은 청구권이 발생하는 시점, 즉 통상적으로는 피고의 채무불이행 시점에서부터 기산하여 6년으로 잡는 것이 전형적이다. 좀 더 심각한 내용의 청구권과 관련하여서는 출소기한이 더 길어진다. 예컨대 권리이전증서deed[역주11]에 의하여 체결된 계약이나 담보부채권에 대한 출소기한은 일반적으로 12년이 된다. 수탁자에 대한 소송이나 수탁자를 상대로 신탁상의 임무에 배신하였음을 이유로 하는 소송에 대하여는 출소기한이 아예 존재하지 않는다. 수익자beneficiary는 걸고 싶으면 아무 때라도 소를 제기할 수 있는 것이다. 이런 성문법들은 또한 일정한 기간으로 정해진 출소기한이 때로 정의롭지 못한 결과를 초래할 수도 있음을 인정하고 있다. 예컨대 만약 어떤 소송이 사기나 착오를 이유로 제기되는 경우, 또는 피고가 원고에게 중요한 사실관계를 고의로 숨긴 경우, 원고로서는 출소기한이 만료할 때까지도 자신이 청구권을 보유한다는 것조차 인식하지 못할 수도 있다. 이럴 경우 성문법은 그 출소기한이 일반적으로 원고가 실제로 그런 사실을 알아차린 날, 또는 합리적인 주의를 기울였더라면 그런 사기나 착오나 은폐 사실을 알아차렸을 수 있는 날로부터 기산한다고 규정하고 있다.

이렇게 성문법이 출소기한을 정해놓는 경우에는 형평법이 끼어들 여지가 없다. 이 경우 형평법은 특별한 사정이 있다는 이유만으로 성문법에 정해진 기간을 단축하거나 연장할 수 없는 것이다. 그러나 성문법은 결코 완벽하지 못하다. 성문법은 형평법의 영역인 계약의 특정이행, 계약의 취소, 해제, 정정rectification, 또는 인정션 등과 같은 형평법상의 구제수단과 관련한 소송에 대해서까지도 출소기한을 정하고 있지는 않다. 이렇게 성문법에서 출소기한을 규정하고 있지 않을 경우(성문법에 아무런 출소기한의 정함이 없는 수탁자를 상대로 하는 소송을 포함하여) 형평법은 이에 개입할 수 있는 것이다. 여기에는 두 가지 작용기제mechanism가 있다. 첫째, "형평법은 실정법에 따른다Equity follows the law"[40]는 원칙에 터잡아 성문법의 규정을 유추하는 방법으로 이를 해결할 수 있다. 형평법은 이런

40) *Knox v Gye*(1872) LR 5 HL 656 (HL), 674 (Lord Westbury).

접근방법을 꽤 자주 채용한다. 실로 그 소송이 보통법상의 소송이든 또는 형평법상의 소송이든 간에 비슷한 사실관계가 비슷하게 취급되도록 보장해주기 위하여 한 걸음 더 나아가기도 한다. 예컨대 만약 어떤 계약에 의하여 한쪽 당사자가 다른 쪽 당사자의 수임자fiduciary로 되었을 경우[41] 그 수임자의 배임적 행위에 대하여는 계약상의 청구권에 대한 출소기한을 유추하여 6년의 출소기한이 적용될 수 있다.[42] 또 형평법의 두 번째 작용기제로서 이에 갈음하여 단순히 피고에게 원고가 소송을 걸기까지 너무 오랜 기간을 허송하였다는 항변을 제출하도록 허용함으로써 사실상de facto의 출소기한(따라서 이 경우에는 출소기한이 특정되지 않는다)을 적용하는 방법이다. 이것이 형평법상의 태만laches의 원칙이다. 이런 방법은 보통법에서 유추할 방법이 없거나,[43] 또는 성문법의 규정이 적용되지 않는다고 명시하고 있는 경우에 불가피한 해결방법이 된다.

소 제기의 지연delay—또는 태만laches—에 관한 형평법의 특별원칙이 성문법에서 정하는 출소기한에 관한 규정과 똑같다고는 할 수 없다. 소 제기가 단순히 지연되었을 뿐인 경우에는 아무리 오랜 기간이 지났더라도 그것만으로 곧 항변을 성립시킬 수는 없다. 원고가 자신의 권리를 잘 알고 있으면서도 피고의 행위를 묵인acquiesce하였다든지, 또는 피고에게 원고가 그런 현상을 인정해주고 있다고 합리적으로 신뢰할 만한 정황하에서 피고의 입장position에 변화가 초래되었다든지, 또는 원고가 어떤 상황이 야기되도록 한참 허용하다가 이제 와서 그런 상황을 흩트리는 것은 오히려 정의롭지 못하다든지 할 경우에 한해야 하는 것이다.[44]

---

41) 제5장 제2절 제3관을 보시오.

42) *Paragon Finance plc v Thakerar & Co* [1999] I All ER 400; *Coulthard v Disco Mix Club Ltd* [2000] 1 WLR 707; 이와는 대조적으로 *Nelson v Rye* [1996] 1 WLR 1378은 반대의 논지로서 나중의 판례들은 이를 별종으로 여기거나 이에 따르기를 거부했다.

43) *Cohen v Cohen* (1929) 42 CLR 91 (Aust HCt).

44) *Lindsay Petroleum Co v Hurd* (1874) LR 5 PC 221 (PC), 239; *Orr v Ford* (1989) 167 CLR 316 (Aust HCt). 이런 발상은 *Erlanger v New Sombrero Phosphate Co* (1878) 3 App Cas 1218, 1279 (Lord Blackburn) 및 *Rochefoucauld v Boustead* [1897] 1 Ch 196 (CA), 209-12

이렇게 묵인acquiescence이라 함은 위 두 갈래의 기준 중 첫째 기준에 비추어 원고가 자신의 권리를 잘 알면서도(또는 그런 권리가 있음을 알아낼 시간이 있으면서도) 자기의 권리 실현을 위하여 아무 일도 하지 않는 경우에 추론infer되는 것이다. 처음부터 알지 못한 경우라면 묵인이 있을 수 없다. 이런 기준에 걸릴 경우에는 피고로서 소 제기의 지연에 따르는 불이익을 받아야 할 이유가 없다. 전형적인 예로서 원고가 피고의 부적절한 압력undue pressure으로 말미암아 피고에게 증여gift를 한 경우를 생각해볼 수 있다.[45] 만약 원고가 이를 돌려받을 수 있음을 알면서도 한참동안 소 제기를 꾸무럭거렸다면, 원고는 그런 증여행위를 묵인했다고 평가될 수도 있다. 이런 경우 원고가 소송을 걸면 그 소송은 제소의 태만laches과 묵인을 이유로 배척될 수 있는 것이다.

제소 태만의 두 번째 경우로서 소 제기의 지연으로 인하여 다른 사람에게 피해가 야기되는 경우를 생각할 수 있는데, 이런 경우가 훨씬 더 흔하다. 소송의 지연으로 인하여 다른 사람에게 다양한 형태로 불이익이 주어질 수 있는데, 그런 경우에는 소송이 허용되지 않는다는 것이다.[46] 예컨대 다분히 모험적이거나 투기적인 거래에 나선 원고가 그 거래를 백지화하거나 또는 승인할 권리가 있음을 잘 알면서도 즉각적인 조치를 취하지 않은 채로 그런 거래에서의 이익 또는 손실 여부가 확인될 때까지 기다려 그 결과를 본 연후에야 방향을 선택하고자 한다면 그런 원고의 청구는 허용될 수 없다는 것이다. 그리하여 다분히 투기성이 있는 광산 거래와 관련한 소송을 그 성과가 판명될 때까지 보류한 원고들은 구제받지 못하는 경우가 흔했다. 마찬가지로 피고가 원고의 재산을 권원 없이 사용하여 이익을 발생시키고 있는데도 원고가 이를 수수방관하고 있다가 뒤늦게야 그로 인한 이익의 반환을 요구하는 행위도 더 이상 받아들이지 않겠다

(Lindley LJ)에서 Lindsay Petroleum 판례를 인용하면서 잘 논의되고 있다.

45) 제7장 제2절 제3관을 보시오.

46) 이 원칙에 대한 고전적 설명은 반스 피콕Barnes Peacock 경이 *Lindsay Petroleum Co v Hurd*(1874) LR 5 PC 221, 239-40에서 설시한 바와 같다(그러나 그 문장은 셀번Selbourne 경의 것임에 틀림없다. *Orr v Ford*(1989) 167 CLR 316, 341 참조).

는 것이다.

이런 성문법과 형평법상의 제소 지연의 항변은 대부분 비슷한 사건들이 비슷하게 취급되어야 하며, 그 청구가 보통법에 근거하든 형평법에 근거하든 부당한 차별이 행해져서는 안 된다는 생각과 긴밀히 연관되어 있는 것으로 보인다. 흥미롭게도 이와 관련하여 유일하게 문제로 대두한 것은 비교적 최근의 일이다. 그것은 이익의 반환recovery of profits을 청구하는 소송의 경우이다. 형평법을 적용할 경우 묵인이 있었거나 상대방에게 피해가 우려되는 경우에는 설사 제소를 지연한 기간이 너무 길다고 여겨지지 않는 경우에 있어서조차 이는 허용되지 않는 것이다. 최근까지도 이런 이익반환의 청구는 형평법하에서만 제기되어왔다. 그러나 이제는 일정한 유형의 계약 위반의 경우에도 이익반환의 청구가 허용된다.[47] 이에 관하여는 몇 가지 관점에서 문제가 있다고 할 수 있는데, 그중 하나는 이익반환청구에 대한 출소기한이 판례법 국가에서 성문법에 의하여 결정되어야 한다는 점이다. 성문법에서 정한 6년의 출소기한은 형평법의 원칙이 채용한 요소들을 전혀 고려하지 않은 것이다. 피고에게 그 받은 이익을 토해내라고disgorgement 청구하는 원고들은 그 청구가 보통법에 기한 것이냐, 또는 형평법에 기한 것이냐에 따라 전혀 다른 대접을 받게 될 것이다. 이런 형태의 차별성은 결코 합리적 고려에 근거한 것이 아니어서 법에 대한 불신을 불러일으킬 뿐이다.

제2관 포기(또는 면제)

두 번째로 중요한 형평법의 방어방법으로서는 포기waiver 또는 면제release가 있다. 법적 권리가 있다 하여 그것을 반드시 행사할 필요는 없다. 실제로 행사되지 않기도 한다. 예컨대 어떤 회사는 그 이사들에 의한 경영상의 결정에 과실이 있었더라도 손해배상의 청구소송을 단념할 수도 있다. 매수인은 매도인이

---

47) *AG v Blake* [2001] 1 AC 268 (HL). 또 제5장 제5절을 보시오.

목적물을 약정보다 늦게 공급했더라도 이를 모른 척할 수 있다. 이런 상황에서 법적 권리가 단순히 소멸하는 것은 아니다. 통상적으로 원고는 그 후 마음을 바꾸어 잘못이 있는 임원이나 게으른 공급자를 언제든지 제소할 수도 있다. 그러나 어떤 경우 원고는 피고에 대한 자신의 권리를 포기했거나 피고의 채무를 면제해주었다고 간주될 수도 있다. 그런 경우에는 피고가 포기 내지 면제의 항변을 제출함으로써 원고의 제소를 효과적으로 방어할 수 있다.

형평법상의 포기에 관한 판례들은 혼란스러워서 단정적으로 말하기 어렵다. 이는 특히 보통법상의 권리를 포기한 경우에 두드러진다. 이 경우 지배적인 견해는 그런 포기(그런 경우에는 면제release라고 부르는 것이 더 정확할 것이다)를 하더라도 약인consideration[역주12]에 의하여 지지되지 않는 한 그런 포기는 무효라는 것이다.[48] 이는 보통법상 권리를 포기하려면 쌍방을 기속하는 계약에 의해야 한다는(그리고 보통법에서 이는 또한 일정한 요식행위에 따르는 증서deed에 의하는 포기를 포함한다) 보통법의 원칙을 그대로 반영하는 것이다. 그러나 형평법상의 권리를 포기할 경우 이에 대한 형평법의 원칙은 이와 다르며, 논란도 덜 야기하고 있다. 그렇다면 포기는 원고가 자신에게 권리가 있음을 알면서도 그런 권리를 포기하겠다는 확정적이고도 틀림없는 의사를 표현하는 한 대가관계가 없어도 gratuitous 되며, 또한 요식행위가 없어도without formalities(아마도 구두로도 또는 행동으로도) 유효하다는 주장이 타당해 보이게 된다.[49] 이런 포기의 의사는 일정한 시간의 경과 또는 다른 어떤 사정들에 의하여 증명될 수도 있다. 이렇게 타인에게 피해를 주지 않는 제소의 지연, 묵인이나 포기(그리고 또한 금반언 estoppel[50])는 모두 서로 간에 긴밀하게 연결되어 있는 것이다(또는 아마도 모두가

48) *Reeves v Brymer*(1801) 6 Ves 516, 31 ER 1172; *Commissioner of Stamp Duties (NSW) v Bone* 〔1977〕 AC 511 (PC). 그러나 *Wekett v Raby* (1742) 2 Bro PC 386, 1 ER 1014는 반대의 취지이다.

49) *Wright v Vanderplank*(1856) 8 De GM & G 133, 147; 44 ER 340, 346 (Turner LJ). 또한 *De Bussche v Alt* (1878) 8 Ch D 286, 314를 보시오.

50) 제8장 제3절 본문 및 제1관, 제2관, 제3관을 보시오.

서로 간에 혼란스럽게 섞여 있는 것이다).

이런 식의 방어방법이 왜 필요한지는 이제 분명해졌다고 할 수 있으나, 도대체 왜 보통법과 형평법상 이렇게 서로 다른 원칙이 적용되어야 하는지는 설명할 방법이 없다. 이런 특징들이야말로 어떤 형태의 약정이 법적으로 구속력 있는지의 여부를 놓고 벌어지는 현재의 혼란 상황을 그대로 반영하는 것이다. 보통법은 약인이 있어야(또는 증서deed의 요식행위가 있어야) 한다고 고집한다. 형평법 또한 "증여의 약속을 받은[역주13] 자를 도와주지 않겠다Equity will not assist a volunteer"(이는 보통법상의 약인에 대한 염려를 그대로 되풀이하는 것으로 보인다)고 고집하는 것으로 보이지만, 그러면서도 이를 금반언estoppel의 발상으로 깨뜨리고 있다. 일단 법적으로 기속력 있는 약정에 대하여 일관성 있는 접근방법을 강구하는 것이 가능해진다면,[51] 원고가 피고에 대하여 법적으로 기속력 있는 약정에 의하여 자신의 권리를 포기하겠다고 약속했을 때 (그리고 바로 그런 경우에만) 원고의 법적 권리의 포기(또는 면제)가 허용된다고 단순하게 말할 수 있어야 한다. 이에 있어 포기의 대상인 권리가 보통법상의 권리냐 또는 형평법상의 권리냐의 여부는 따질 의미가 없는 것이다.

제3관 상계

상계set-off 항변의 배경에 깔려 있는 발상은 매우 단순하지만, 이를 적용하는 과정에서의 실무적인 규칙들은 실제로 그렇게 단순하지만은 않다. 예를 들어보자. C가 D에 대하여 1,000파운드의 채권을 가지고 있는데, D는 C에 대하여 900파운드의 채권을 가지고 있다고 가정해보자. 표면적으로 보자면 이 경우 D가 C에게 100파운드만 지급하면 쌍방의 청구권은 모두 만족스럽게 해결될 것처럼 보인다. 달리 말하자면 D는 자신의 C에 대한 채권을 상계함으로써 자신의 C에 대

51) 제8장 제3절 제4관을 보시오.

한 채무를 그만큼 줄일 수 있다. 이렇게 서로 가진 권리를 상쇄하여 남는 것만 챙기도록 하는 방법은 매우 그럴듯해 보이는데도 실제의 경우에는 원고와 피고가 서로 상대방에 대하여 채권을 가지고 있는 경우에 법이 통상적으로는 상계를 허용하지 않는다는 점을 알게 되면 놀랄 수밖에 없다. 이에 관하여는 부득이 설명이 필요해진다.

상계는 분명히 쓸모가 있다. 앞에서 본 사례는 C가 D에게 굳이 900파운드를 지급할 필요가 없음을 의미한다. C가 900파운드의 지급을 거부하더라도 채무불이행이 되는 것이 아니다. 긴 안목에서 볼 경우, 이런 항변을 하더라도 쌍방 당사자가 각자 지급능력을 갖추고 있는 한 쌍방의 경제적 지위에 당장 어떤 급격한 변화를 초래하지는 않는다. 따라서 이 항변은 쌍방 중 어느 한쪽의 당사자가 지급능력을 상실하였을 경우에만 매우 중요한 의미를 지니게 된다. 가령 C가 파산하여 채권자들은 채권액의 50%만을 배당받을 수 있게 된다고 가정해보자. 이 경우 만약 상계가 허용된다면 쌍방의 채권은 서로 대등한 금액에서 소멸됨으로써 C는 한 푼도 지급할 필요가 없게 되며, D만이 여전히 C에게 100파운드를 지급할 의무를 지게 된다. 그러나 만약 이 경우 상계가 허용되지 않는다면 각자의 채권은 별도로 취급되어야 한다. 이는 D가 C에게 1,000파운드를 지급할 능력에 이상이 없으므로 1,000파운드 전액을 지급해야 함을 의미한다. 이에 반하여 C는 900파운드를 지급해야 할 의무를 지지만 파산으로 인하여 450파운드만 배당으로 지급하면 되므로 결과적으로 전액에 대한 상계가 없이는 D는 550파운드를 지급해야 하는 결과가 된다. 만약 원고가 지급불능으로 된다면 이 상계의 항변은 피고인 D에게 파산으로부터 생명과도 같은 보호막을 제공해주게 된다. 더욱이 이는 C의 일반채권자들의 손해 감수를 요구하는 것이다. 결국 만약 D가 이런 상계의 방법으로 자기의 채권을 사실상 전액 회수한 것이나 다름없는 효과를 얻게 된다면 다른 일반채권자들은 그에 따라 상대적으로 훨씬 더 줄어들 파산재단에서의 배당만을 받게 됨으로써 그만큼 더 피해를 입게 된다.

이렇게 파산의 경우 상계와 관련하여 심각한 결과를 초래할 수 있게 되므로 법은 이런 항변을 언제 허용해야 할지의 여부를 결정해야 한다. 파산절차에서의 상계는 쌍방의 채권이 쌍무적mutual[52)]인 경우에만 허용되는데, 이는 두 채권의 당사자가 똑같고 또한 대상이 똑같아야 함을 의미한다. 예컨대 만약 한쪽의 채권은 물품판매대금 채권임에 반하여 상대방의 채권은 그 인도된 물품의 품질 하자를 이유로 하는 손해배상청구채권이라면 상계가 허용된다. 그러나 만약 반대채권이 우연히도 연체된 임대료 청구채권이라면 상계는 허용되지 않는다.[역주14] 이런 형태의 파산절차상의 원칙은 좀 더 넓은 의미에서의, 파산 절차 외에서의 계약상의(즉 당사자 간의 합의에 의한), 성문법상의, 그리고 형평법상의 상계에 대체하게 된다. 이런 여러 가지의 상계 원칙 간에는 그 세부내역에서 분명히 차이가 있지만, 그 모두가 지향하는 바는 똑같다. 그 모두가 결국 상대방에 대하여 상계할 수 있는 채권의 형태에 어떠한 식으로든 제한을 가하고 있는 것이다. 형평법적인 발상이 채용되고 또한 좀 더 정교화되어왔다고는 할 수 있겠지만, 그 세부내역에서 차이가 있든 없든 간에 그 지향하는 방향이나 방법에서는 아무런 철학적 차별성이 없다고 보인다.

제4관 깨끗한 손

제2절에서의 네 번째이자 마지막 방어방법으로 형평법상의 "깨끗한 손clean hands" 항변이 있다. 이런 표현은 "형평법의 보호를 받으려는 자는 스스로도 결함이 없어야 한다He who comes to Equity must come with clean hands"는 형평법의 원칙으로부터 추출된 것이다. 이런 방법은 보통법에서도 또 한 번 그 비슷한 예를 볼 수 있다. 판례법체계는 원고 스스로의 행동에 문제가 있다고 여길 경우 원고의 권리를 실현시켜 이익을 부여하기를 주저한다. 보통법은 원고의 행위가 위법할 경우 (일반적으로) 원고의 구제를 거부함으로써 선을 그으려 한다.[53)] 형평법은 원고의 행위가 비록 법적으로 불법legal wrong은 아니지만 온당하지 못

52) 1986년 파산규칙Insolvency Rules 제4.90조를 보시오.

53) 제8장 제4절 제3관을 보시오.

한improper 경우에도 (일반적으로) 형평법상의 구제(이 경우 보통법상의 구제는 가능하다)를 보류함으로써 좀 다른 선을 그으려 한다. 여기서 그 부적절성impropriety은 원고가 추구하는 구제와 필연적으로 연관되어 있거나 직접적으로 연관되어 있어야 한다.[54] 예컨대 특정한 행위의 이행을 구하는 원고가 비록 선의로 그랬더라도 피고에게 사실과 다른 내용을 고지misrepresent함으로써 피고의 합의를 받아냈음이 밝혀질 경우에는 형평법상의 구제를 거부당할 수 있다. 이런 상황에서 원고는, 비록 보통법상의 구제는 받을 수 있을지언정 형평법상 특정이행의 구제수단은 기대할 수 없게 될 것이다.

이렇게 형평법상의 방어방법은 원래 형평법원이 양심을 다루는 법원court of conscience으로서 시작했다는 역사적 사실을 그대로 반영해주는 것이기도 하지만, 원고가 되려는 사람은 사법절차를 악용해서는 안 된다고 하는 좀 더 넓은 의미에서의 판례법 정서와 완벽하게 일치하기도 한다. 이런 방어방법은 결국 형평법이 허용하는 특별한 구제수단은, 원고가 자신의 권리를 필요하고도 타당한 요건에 맞추어 취득한 경우에만 허용됨을 확실히 보여준다는 데 그 의의가 있다.

매우 드물기는 하지만, 원고의 행위의 부적절성에도 불구하고 형평법상의 구제가 허용되는 경우가 있다. 이는 형평법상의 구제를 거부하는 것보다는 이를 허용하는 것이 훨씬 더 도움이 된다고 여겨질 경우에 한한다. 예컨대 한 번의 인정선으로도 이를 방치할 경우 뒤따를 수 있는 무수한 소송사태를 예방할 수 있다고 여겨질 경우, 또는 어떤 문서가 항간에 떠돌아다니는 것을 방치할 경우 불특정 다수인에게 사기의 피해를 입힐 수 있다고 여겨지는 경우, 그 문서의 제출delivery up과 폐기cancellation를 청구하는 사안에서 이런 필요를 느끼게 된다.

54) 따라서 아무리 온당하지 못하더라도 그것이 원고가 추구하는 구제와 연관되어 있지 않을 때에는 구제에 지장이 되지 않는다. *Grobelaar v News Group Newspapers Ltd* [2002] 1 WLR 3024 (HL).

제3절 재판실무에 끼친 영향

법적인 권리들을 서로 차별화하는 마지막의 요소는 사건당사자가 법원에 소송을 제기하는 방법을 규제하는 데 있다. 어떤 권리는 그것을 실현하기가 쉬울수록, 또 그런 권리의 실현이 예측가능하고 꾸준할수록 권리로서의 가치가 높아진다. 형평법은 그 출발에서부터 보통법 법원에서 사용해오던 절차와 상당히 다른 절차를 채용해왔다. 형평법은 만약 어떤 절차상의 규칙이 사건을 적절하게 해결하는 데 지장을 준다면 정의가 실현될 수 없음을 확실하게 인식하고 있었다. 현대 성문법상의 절차는 이런 형평법상의 오래된 실무적 절차를 채용하고 정교하게 다듬어서 일반화한 것들이다. 그리하여 요식행위를 별로 갖추지 못한 소장으로도 소송이 개시될 수 있다. 피고도 증거를 제출할 수 있으며(또 경우에 따라서는 제출하도록 요구받기도 한다), 당사자 이외의 이해관계자도 절차에 참여할 수 있고, 문서의 제출을 명받을 수도 있다. 이런 성문법의 규정들은 이제 더 이상은 보통법과 형평법의 실무절차상 어떠한 심각한 괴리도 나타내지 못하도록 확보해주고 있는 것이다.

그러나 이런 성문법의 출현에도 불구하고 형평법은 현대의 재판실무에 의미심장한 영향을 미치기를 계속하고 있다. 제3절section에서는 논란의 대상이 되는 세 가지 실무상의 문제에 관하여 보기로 한다. 금지가처분interlocutory injunction, 수색명령(앤턴 필러Anton Piller 명령), 그리고 처분금지가처분(마레바Mareva 금지명령)이다. 이 하나하나는 절차상의 규칙이 가지는 막강한 권한을 글자 그대로 보여준다.

제1관 금지가처분

원고가 상대방에게 계약에서 정한 부작위의 약정을 지키도록 하고 싶다거나, 어떤 정보의 비밀이 유지되기를 바란다거나, 피고로부터 특정한 물품의 인도를 받기 원한다고 가정해보자. 원칙적으로 원고는 분쟁이 상소심까지 가서 종국적으로 판결을 받을 때까지는 아무런 보호수단을 강구할 수 없을 것이다. 이런 소송절차는 몇 달이고 몇 년이고 걸릴 수도 있으며, 그렇게 오랜 세월이 지난 후에는 원고가 설사 승소하더라도 그 권리는 쓸모없게 될 수도 있다. 피고는 그때까지 여전히 공사계약에 위반한 건물을 짓고 있을 수도 있고, 이미 비밀을 누설해버렸을 수도 있으며, 매매물건을 제3자에게 팔아버렸을 수도 있는 것이다.

이런 경우에 금지가처분은 도움이 될 수 있다. 그것은 소송 계속 중의 현상유지를 목적으로 하여 고안된 단기간의 잠정적 금지명령이다. 이에 의하면 건물의 공사를 중지시킬 수 있고, 비밀의 누설을 금지할 수 있으며, 분쟁이 법원에서 종국적으로 결론을 얻을 때까지 계약목적물의 처분을 중지시킬 수 있다. 여기서의 난제는 법원이 쌍방 당사자가 충분히 각자의 주장을 개진하기도 전에 그런 가처분을 해주어도 되겠느냐 하는 데 있다. 만약 그런 가처분이 결과적으로 잘못된 것이라면 그로 인하여 한쪽 당사자는 충분한 근거도 없이 피해를 입게 된다. 이런 위험을 감소시키기 위하여 법원은 쌍방 당사자 간의 "편의의 균형 balance of convenience"을 따지게 된다. 이는 가처분이 허용될 경우, 그리고 가처분이 허용되지 않을 경우, 각 당사자가 입게 될 수 있는 피해와 분쟁이 소송을 거쳐 종국적으로 판결이 내려진 이후에 피해를 돈으로 보상해도 충분하겠는지 등의 여부를 따지는 방법을 포함한다. 그리하여 그런 금지가처분을 발령할 경우에는 나중에 그 가처분이 잘못되었음이 드러날 경우에는 그로 인하여 피고가 입게 되는 손해를 배상하겠다고 원고로부터 확약을 받아두는 것이 일반적이다.[55]

그러나 이런 기준에 의하더라도, 법원이 일단 어느 쪽을 선택하게 되면 그것은 충분한 재판을 해보지 않고서도 본안에 관하여 똑같은 결론에 이르게 될 가능성을 암시하게 된다는 점에서 진짜 어려움이 있게 된다. 예컨대 원고가 피고가 자기의 특허를 침해한다고 주장하면서 신청한 가처분을 법원이 받아들여 피고에게 그런 제품의 제조, 판매를 하지 못하도록 금지하는 가처분을 발령하였을 경우, 피고는 그 사건에 대한 충분한 재판이 진행되기 이전부터도 실질적으

55) *American Cyanamid Co v Ethicon Ltd* [1975] AC 396 (HL).

로 이미 그 사업분야에서 강제로 쫓겨나는 꼴이 되는 것이다. 그러나 그렇다고 하여 법원이 피고의 행위를 수수방관한다면 그때에는 피고에 의한 부정경쟁으로 오히려 원고가 그 사업분야에서 쫓겨나는 꼴이 되니 이 또한 마찬가지의 잘못이 아닐 수 없다. 여기서 진짜 어려움은 법원이 사건에 관하여 최종적인 결론을 내려줄 때까지 걸리는 시간에 있는 것이다.

제2관 수색명령(앤턴 필러Anton Piller 명령)

형평법이 인정하는 수색명령은 가처분 중에서도 특별하고도 공격적인 색채를 띠고 있다. 소송사건을 수행함에 있어서 증거가 결정적 역할을 함은 너무나도 당연하다. 증거 없이는 정의가 구현될 수 없으며, 증거 없이는 보통법상의 권리가 있다 하여도 인정받기 어렵게 된다. 형평법은 그 형성의 초기 당시 보통법 법원들이 당사자에게 문서 제출을 요구할 수 없는 위치에 있다는 사실을 도저히 납득할 수 없었다. 이에 대한 반동으로 형평법이 나서게 된 것이며, 그리하여 증거개시disclosure의 절차는 이제 소송에서 통상적인 절차의 한 부분을 차지하고 있다. 그러나 만약 피고가 상대방으로부터 곧 소송이 제기되리라는 것을 눈치 채고 결정적 증거물들을 없애버리기로 마음먹기만 한다면, 이런 증거개시 절차는 아무런 실효성을 갖출 수 없게 될 것이다. 지난 세기[역주15]에 이런 문제는 레코드판이나 테이프의 해적판에 관한 사건 등에서 소송의 수행을 매우 골치 아프게 만들었다. 소송이 예감되는 순간, 잠재적 피고들은 즉각 증거물이 될 수 있는 모조품들을 치우거나 폐기해버림으로써 자기들이 저지른 짓에 대한 법적인 제재를 피할 수 있었던 것이다.

이런 문제를 극복하기 위하여 형평법은 그 나름으로 수색영장을 발령하는 방법을 개발해냈다(종전에는 이런 수색영장이 발령된 최초의 사건명을 따라 "앤턴 필러" 명령으로 불렸다[56]). 이 명령은 피고에게 원고가 피고의 구내premise에 들어

56) *Anton Piller KG v Manufacturing Processes Ltd* [1976] Ch 55 (CA).

가서 점검하거나, 가져오거나, 또는 피고에게 속하는 서류나 물건의 복제품을 만들거나 하는 일을 수인하도록 요구한다. 이런 명령의 신청은 당연히 피고가 모르게 행해지며, 피고에게는 변명할 기회가 주어지지 않는데, 그것은 피고를 급습하여 피고가 관련증거물을 파기하지 못하도록 하는 데 목적이 있기 때문이다. 이런 양상에 비추어보면, 수색영장은 대체로 개인을 상대로 하여 경찰에게 발부되는 압수수색영장에 매우 유사해 보인다. 여기서 이론적 차이가 있다면, 그것은 원고가 피고의 구내에 들어갈 권리right를 가지는 것이 아니라 피고가 원고의 입장entry을 수인受忍할 의무를 진다는 점뿐이다. 그러나 피고가 만약 이에 위반하게 되면 법정모욕죄에 해당하게 되므로 결국 차이라고 하는 것은 그저 학문적인 의의를 가질 뿐이라 하겠다. 실로 이는 형사상의 압수수색영장과의 사이에서 평행선을 긋고 있지만, 적어도 모조품을 만들었다거나 지적재산권을 침해했다는 주장들에 대한 관계에서는 피고가 자기 부죄의 거부특권privilege against self-incrimination에 근거해서도 수색영장의 집행을 거부하지 못하도록 하는 성문법의 규정에 의하여 보강되고 있다.[57)]

이제는 법원들조차도 이런 수색영장이 원고에게 "증거낚기fishing expedition"를 허용해줌으로써 종전 같으면 감히 엄두도 내지 못했을 불법행위의 증거를 찾아 나설 수 있도록 해준다고 인정하고 있다. 다만 이런 수색영장을 남용하거나 악용하는 폐해를 최소화하기 위하여 법원은 피고를 보호하기 위한 몇 가지 절차상의 안전장치를 고안해냈으며, 영장의 발부를 원하는 원고에게는 법원에 모든 관련된 사실을 충분하고도 솔직하게 밝히고, 또한 그 영장이 결과적으로 잘못 발부된 것이라고 밝혀질 경우 이로 인한 손해배상책임을 지겠다는 확약을 하도록 요구하고 있다. 그럼에도 남용의 가능성은 얼마든지 존재한다. 이로 인하여 피고의 시민적 자유가 위협당할 수 있을 뿐만 아니라 피고의 사업에도 지장을 초래당할 수 있다. 원고는 수색의 기회에 피고의 물품들을 옮기거나 소송

57) 1981년의 대법원법Supreme Court Act 제72조는 *Rank Film Distributors Ltd v Video Information Centre* [1982] AC 380 (HL) 사건에서 이에 역행하는 판결에 자극받아 만들어진 것이다.

계속 중 이를 자기 수중에 가져다놓고 소송 자체를 가능한 한 질질 끌고 감으로써 피고를 골탕 먹일 수도 있는 것이다. 이로 인하여 피고의 사업은 쉽사리 폐업에 이를 수도 있게 되며, 그리하여 원고는 본안 소송 없이도 자기의 목적을 달성할 수 있게 된다. 법원들이 직면하고 있는 이해당사자 간의 균형잡기라는 매우 어려운 문제야말로 실무상의 절차가 얼마나 막강한 권한을 행사할 수 있는 것인지를 또 한 번 보여준다.

제3관 처분금지가처분(마레바Mareva 가처분)

증거를 수집하거나 현상을 유지하는 데 있어서의 어려움들만이 원고가 직면하는 유일한 문제에 그치지는 않는다. 만약 손해배상을 명하는 판결의 이행을 고의적으로 기피한다면 정의는 실현될 수 없다. 독한 마음을 품은 피고는 소송이 걸릴 조짐이 보일 때 자기의 재산을 미리 도피시킴으로써 원고가 설사 손해배상청구소송에서 승소하더라도 피고에 대하여 집행할 방법이 없도록 만들기도 한다. 따라서 소송이 시작하기 전에 발령되는 가처분은 또 한 번 쓸모 있음이 드러나게 된다. 이런 경우에 대비한 특별한 형태의 명령이 처분금지가처분으로 불린다(종전에는 이런 명령을 내려준 초기의 판례들 중 하나의 이름을 따서 "마레바" 가처분으로 불렸다[58]). 이는 피고에게 그 재산을 처분하지 못하도록 금지하는 명령이다. 이 명령은 특정재산에 한할 수도 있고, 일반재산 전체에 걸치는 형태로도 가능하다. 이 명령은 원고에게 피고의 재산에 대한 우선권을 주지는 않으며, 다만 이를 동결freeze시켜서 피고에게 당해 명령의 조건에 따라서가 아니면 이를 처분하지 못하도록 금지하는 것이다. 이 명령은 피고에 대한 대인적personal 명령이므로 형평법원의 재판권에 속하지 않는 피고에 대하여는 발령될 수 없다. 그러나 일단 재판권이 있는 경우에는 형평법원은 피고가 장래 취득할

58) *Mareva Compania Naviera SA of Panama v International Bulkcarriers SA* [1975] 2 Lloyd's Rep 509, [1980] 1 All ER 213 (CA). 현재는 1981년의 대법원법제37(3)조로 성문화되었다.

재산을 포함하여 전 세계상에 걸친 재산을 대상으로 발령될 수 있다. 피고나 이 명령의 존재에 대하여 알고 있는 제3자(예컨대 은행)가 이 명령을 지키지 않을 때에는 법정모욕이 된다.

개인이 자기 소유의 재산을 자기 마음대로 처분(다만 파산의 경우에는 파산법상의 특별규정에 따라서)할 수 있어야 한다는 전제하에서 보면, 이런 처분금지가처분은 상당히 이례적인 것이다. 따라서 처분금지가처분은 성문법상으로든 판례법상으로든 법원에 그럴 재판권이 없다거나 의회의 권한을 찬탈하지 않는 한 그런 명령을 내릴 재판권이 없다고 주장하는 논자들에 의하여 상당한 비판을 받아왔다. 이들에 의하면 오직 의회만이 개인의 재산권에 대하여 이런 처분을 할 수 있다는 것이다. 그러나 다른 한편으로는 처분금지가처분은 원고에게 법의 힘을 빌려 채권의 만족을 얻게 하고 법체계의 신뢰성을 보전하는 데 필요하다는 점에서 그 정당성이 인정되고 있다. 앞에서 통상의 인정션injunctions에 관하여 본 바와 같이 법원은 원고와 피고의 대립되는 이해관계를 조정해야 한다는 매우 어려운 임무에 직면해 있다. 따라서 피고가 앞으로 예상되는 손해배상판결에 따르는 집행을 모면하려고 시도한다는 현실적인 염려가 없다면 처분금지가처분명령은 내려지지 않을 것이며, 또 한편 처분금지가처분명령이 내려지면 원고는 잘못된 처분금지가처분명령으로 인한 손해배상책임을 확약해야 한다. 그럼에도 이런 명령은 결과적으로 주로 피고 측에 부당한 손해를 끼칠 염려를 내포하고 있다. 쟁점에 관한 재판이 진행되기도 전에 피고의 재산이 우선 동결되기 때문이다. 이로 인하여 피고는 사업의 기회를 박탈당하게 될 염려가 있으며, 설사 법원이 입에 발린 소리로 유죄가 입증될 때까지는 무죄가 추정된다고 아무리 공언해도 피고에게 사업의 기회를 상실하도록 만들 가능성은 엄연히 상존하는 것이다.

제4관 확인판결declarations

또 한 가지 전략에 관하여 간단히 언급할 가치가 있다. 초기의 보통법 법원들은 가정적hypothetical(모의moot) 문제에 관하여 판단해주기를 거부했다. 즉, 원고는 법원에 자기의 법적 권리가 무엇인지를 선언해달라는 청구를 할 수 없었다는 이야기이다. 그러려면 구체적 분쟁이 법원에 제소되어야 했다. 이에 관하여 형평법원도 또한 마찬가지로 제약을 받았느냐의 여부는 논쟁의 대상이다. 그러나 19세기 중반부터 다양한 성문법이 이 원칙을 수정하는 쪽으로 움직여 마침내 1873년의 법원조직법Judicature Act에서는 원고에게 "확인재판declaratory orders(물론 통상적인 상소의 대상이 되지만)"을 해줄 수 있는 전권을 법원에 허용함으로써 절정에 이르렀다. 물론 법원은 순전히 가정적 질문에 대하여는 여전히 판단해주지 않았지만, 적어도 이제는 당장 분쟁의 전제로서 해결해야 할 선결문제가 아니더라도 당사자의 권리를 법원이 정의해줄 수 있게 된 것이다.

이와 관련한 확인판결declarations의 구체적인 예로서 어떤 사람이 어떤 클럽의 회원이라든지, 그 클럽에서 회원을 축출한 것이 무효라든지, 어떤 사람이 어느 땅의 소유자라든지, 유언장이나 신탁증서상의 어떤 조건이 어떤 특별한 의미를 지니고 있다든지, 어떤 계약이 존재한다든지, 또는 그 계약에 대한 위반행위가 저질러졌다든지, 또는 그 계약이 해지되었다든지, 어떤 약정이 유효하게 존재한다든지, 또는 위법하다든지, 또는 통지의 양식이 합리적이라든지 하는데 대한 선언이었다.[역주16] 이런 목록은 무한하다. 참으로 법원의 확인판결은 사실상 상상이 가능한 모든 상황에서 다 내려질 수 있는 것이다.

이렇게 법원에게 추가로 허용된 권한은 별로 의미 없어 보이기도 하지만, 실제로 이는 당사자의 법적 권리에 의미심장한 도움을 주었다. 그러므로 이것이 질질 끌기만 하는 통상적인 재판이나 중재에 대한 대안으로서 훨씬 빠르고, 훨씬 비용이 절감되는 것이다. 또 이는 법원에게 부정적 구제수단negative relief을 허용할 수 있도록 해준다. 예컨대 어떤 계약이 존재하지 않는다든지, 어떤 계약을 위반한 일이 없다고 하든지, 원고가 수익자가 아니라고 확인해주는 경우이다. 결론적으로 이런 구제수단은 당사자들이 자기들의 분쟁을 아직 통상 재판의 수준까지 끌고 가지 않았든지, 또는 다른 법적 구제수단이 전혀 없다든지 하여 구제의 대책이 없는 상황에서 소용이 될 수 있다. 한 마디로 이는 당사자의 법적 권리를 촉진, 조장시켜주는 매우 효율적인 절차상의 메커니즘으로서 제 역할을 하는 것이다.

제4절 정리

이 장에서는 법적 권리에 관하여 합리적인 위계서열을 만드는 데 있어서 형평법이 맡은 역할에 초점을 맞추어보았다. 판례법의 지평은 이로써 해를 거듭할수록 매우 심오한 변화를 겪게 되었다. 그 진화과정은 좀 더 차별화되고 좀 더 정교한 법체계를 이룩해내는 데 주저 없이 집중되었다. 이런 체계는 다양한 법적 권리들 간에 다양한 가치의 차이가 있으며, 그런 가치의 차이에 따라 법적 보호에 있어서도 다양한 계층화가 이루어져야 함을 인정하는 전제 위에 서 있다. 좀 더 가치 있다고 대접받는 권리는 좀 더 가치 있다고 인정되는 구제수단을 허용받을 수 있고, 피고의 방어방법은 제약을 받게 되며, 또한 좀 더 원고에게 유리한 실무절차상의 도움을 받게 된다. 가장 강력한 위계서열은 권리들과 그 구제수단들 간에 이루어진다. 가장 약한 위계서열은 권리들과 그 권리들을 실현시켜주는 절차들 간에 이루어진다. 이는 당연한 일이다. 모든 권리는 그것이 비록 가장 가치 없는 것이라 하더라도, 문제가 되는 분쟁을 정확하고 예측가능하며 실속 있는 해결을 보장해주는 절차적 접근방법에 의하여 판단될 자격을 보유하고 있기 때문이다.

현대의 관점에서 보면 보통법과 형평법 간에는 소송절차와 방어방법에 관하여 분명히 일관되게 일치하는 점이 있다. 그 목표로 하는 바는 두 개의 법체계에서 똑같으며, 다만 이런 목표가 언제 달성되었는가에 관한 평가가 분명히 다를 뿐이다. 형평법의 원칙들은 일반적으로 좀 더 광범위하다. 예컨대 공정한 재판을 추구하기 위하여 증거개시절차가 필요불가결하다면, 형평법은 증거개시를 피하려고 하는 피고의 시도에 직면하여 효과적인 증거개시를 확보하기 위한 규칙을 확대 적용할 준비가 되어 있다. 원고가 진실로 원한다는 전제하에서 권리가 포기될 수 있다면 그때 형평법은 이런 기준에 합치하는 다양한 형태의 비공식적인 처리를 포함하는 규칙들을 확대 적용할 태세가 되어 있다. 어느 경우에라도 이런 분야들은 이제 보통법과 형평법 두 분야의 규칙들 모두를 염두에 두고 고안된 성문법에 의하여 심각하게 훼손되고 있다. 이 분야에서 판례법의 합리적인 자리매김은 이미 이루어졌으며, 비록 세부내역은 아직도 좀 더 발전의 필요가 있다고 하겠지만, 이미 큰 그림은 대체로 상당히 그럴 듯한 완성단계에 있는 것이다.

구제수단remedies의 문제는 이보다 덜 간단하다. 구제수단은 곧 권리의 가치를 규정하는 것이다. 구제수단은 단순히 권리의 실현을 돕는 데 그치지 않는다. 법적 권리라고 해서 모두 똑같은 부류의 구제수단을 보장받는 것은 분명히 아니다. 어떤 법체계에서도 권리들 간에 불가피하게 서열관계가 생길 수밖에 없다. 마찬가지로 구제수단의 서열관계 또한 분명하게 생겨날 것이다. 법체계는 자의적인 사법적 재량이 아니라 일반화되고 일관성 있는 규칙을 요구하는 것이다.

이 장에서는 형평법이 보통법상의 권리들로부터 어떻게 스스로를 효과적으로 차별화했는지를 설명했다. 형평법은 매우 단순한 접근방법을 강구했던 것이다. 즉, 형평법은 보통법상의 단순히 금전에 의한 배상방법을 형평법을 특징짓는 특정이행이라는 구제수단으로 대체했지만, 이것은 특정 분야에서 제한적으로 우선대우해야 할 만한 특별한 경우에 한했던 것이다. 그 결과로서 형평법과 보통법이 법적 권리들 간의 바람직한 상대성에 주목하면서 서로 협조한 덕분에 긴밀하면서도 차별화된 법의 지평에 도달하게 되었다. 그러나 이 장에서 다루지 못한 것은 분열된 이 두 개의 법 영역을 아우르는 일관성 있는 법적 권리의 서열체계를 이룩하는 어려움이다. 보통법상의 권리는 매우 일관성 있는 유형을 보여줄 수 있을 것이다. 이는 형평법에서도 마찬가지이다. 그러나 보통법과 형평법이라는 두 개의 법체계가 비슷한 문제를 서로 그다지 다르지 않은 방법으로 다루고 있음을 확인해내는 데는 아무런 공식적인 메커니즘이 존재하지 않는다. 여기서의 위험은 이중적 법체계에서의 일관성의 결여incoherence라는 위험이다. 이로 인하여 초래되는 위험들은 다음의 장들에서 조명해보기로 한다. 그러나 당장 문제가 되는 것은 형평법이 좀 더 정교한 법의 지평을 여는 데 있어서 어떤 다양한 접근방법들을 활용했는가 하는 점이다.

【 역주 】

1 미국의 심리학자, 철학자인 에이브러햄 매슬로가 주창한 이론. 사람은 기초적인 생리적 욕구에서부터 시작하여 안전, 사랑과 소속감, 존중(자존, 자신, 업적, 상호 간의 존중), 자기실현(도덕성, 창조성, 자발성, 문제해결능력, 편견의 극복, 현실의 수인)으로 차츰 고차원을 지향한다는 이론.

2 아래에서는 편의상 "금지명령"으로 번역하기도 한다.

3 영국에서는 2파운드 정도의 금전배상을 의미한다.

4 어떤 의도(예컨대 사기)를 가지고 허위의 내용을 고지하는 경우, 또는 어떤 의도는 없더라도 진실과 다른 내용을 고지하는 경우.

5 계약contract의 수준에 도달하지 못하는 일방적 의사표시로서 상대방에게 그 약속받은 것에 대한 기대를 불러일으킨다.

6 우리의 경우는 증여도 "계약"에 해당한다. 다만 서면에 의하지 아니한 증여는 취소할 수 있다.

7 "작위 또는 부작위의 명령"이지만, 이 책에서는 편의상 "인정션" 또는 "금지명령"으로 단순화하여 번역한다.

8 "cause of action"은 "소인訴因"이라고 번역하는 것이 일반적이지만, 여기서는 우리에게 익숙한 용어로 번역해본다.

9 "고의"에 의한 불법행위를 저지른 원고는 "과실상계"를 주장할 수 없다.

10 실체법상의 소멸시효제도가 아닌 절차법상의 개념이다.

11 서명과 봉인seal과 교부delivery라는 요식행위를 필요로 하는 문서로서 이를 받은 자는 권리를 이전받게 된다는 점에서 "계약"과는 구별되며 물권행위에 해당하는 감이 짙다.

12 계약의 일방 당사자가 상대방에게 어떤 약속promise을 해주는 데 대응하여 상대방으로부터 받는(또는 받기로 약속받은) 반대급부, 작위 또는 부작위. 이 책에서는 상황에 따라 "반대급부"로도 번역한다.

13 제8장 제1절 및 제9장 제5절, 6절 참조. 형평법은 증여의 약속에 대하여 적대감을 가지고 있다고조차 표현되기도 한다.

14 우리 민법상으로는 물론 회생절차상으로도 "사실관계의 공통성"이 아니라 "채권의 동종" 여부에 달려 있다.

15 20세기.

16 우리처럼 "확인의 이익" 따위의 이론에 얽매이지 않음으로써 상식적 접근으로 권리구제의 범위를 넓혀주고 있다고 보인다.

제2장 참고문헌

Burrows, A., *Fusing Common Law and Equity: Remedies, Restitution and Reform* (Hochelaga Lecture, University of Hong Kong and Sweet & Maxwell, 2002).

Devonshire, P., "Freezing Orders, Disappearing Assets and the Problem of Enjoining Non-Parties" (2002) 118 LQR 124.

Handley, K. R., "Exploring Election" (2006) 122 LQR 82-97.

Mason, A., "The Place of Equity and Equitable Remedies in the Contemporary Common Law World" (1994) 110 LQR 238.

Schwartz, A., "The Case for Specific Performance" (1979) 89 Yale Law Journal 271.

Waddams, S., "Johanna Wagner and the Rival Opera Houses" (2001) 117 LQR 431.

참고판례

AG v Observer Ltd (Spycatcher case) [1990] 1 AC 109 (HL)

American Cyanamid Co v Ethicon Ltd [1975] AC 396 (HL)

Anton Piller KG v Manufacturing Processes Ltd [1976] Ch 55 (CA)

Beswick v Beswick [1968] AC 58 (HL)

Cooperative Insurance Society Ltd v Argyll Stores (Holdings) Ltd [1998] AC 1 (HL)

Coulls v Bagot's Executor and Trustee Co Ltd (1967) 119 CLR 460 (Aust HCt)

Cream Holdings Ltd v Banerjee [2005] 1 AC 253 (HL)

Gouriet v Union of Post Office Workers [1978] AC 435 (HL)

Grobelaar v News Group Newspapers Ltd [2002] 1 WLR 3024 (HL)

Lindsay Petroleum Co v Hurd (1874) LR 5 PC 221 (PC)

Lumley v Wagner (1852) 1 De GM & G 604, 42 ER 687

Mareva Compania Naviera SA of Panama v International Bulkcarriers SA [1975] 2 Lloyd's Rep 509, [1980] 1 All ER 213 (CA)

Norwich Pharmacal Co v Commissioners of Customs and Excise [1974] AC 133 (HL)

Ruxley Electronics & Construction Ltd v Forsyth [1996] AC 344 (HL)

Sky Petroleum Ltd v VIP Petroleum Ltd [1974] 1 WLR 576 (Goulding J)

제2부

재산권

제3장 새로운 재산권의 창설

많은 사람들이 보기에 형평법이 법의 발전에 가장 기여한 점은 전통적으로 받아들여오던 재산권의 개념을 재정립했다는 것이다. 따라서 이 장에서는 형평법이 자신의 급진적 목표를 달성하기 위하여 취해온 두 가지 전략에 관하여 다루어보기로 한다. 또 다음 장에서는 두 가지를 더 다루어보기로 한다. 여기에 깔려 있는 발상은 매우 단순해 보이지만 그 영향과 충격은 유례없는 것이었다. 형평법의 첫 번째 전략은 단도직입적이다. 형평법은 보통법이 재산권의 대상으로 인정하지 않는 것을 때로 재산권으로 인정해주기도 했다. 이는 이런 재산들이 거래trade될 수 있음을 의미했다. 이런 재산들은 적어도 형평법의 안목으로는 쓸 만한 재화wealth로 보였던 것이다. 예컨대 형평법은 채권debt[역주1]을 보통법보다 한참 앞서서 재산권의 대상으로 취급해왔다. 이에 반하여 보통법은 채권이란 단순히 채권자로 하여금 채무자로부터 변제를 받을 수 있도록 해주는 인신전속적 계약관계personal contract에 불과하다고 고집해왔다. 형평법은 이와 생각이 달랐다. 그리하여 채권자가 제3자에게 자신의 채권을 양도하는 것을 허용했다. 채권자는 자신의 채권을 팔아 즉각 현금으로 바꿀 수 있었다. 이는 시장에 자본의 흐름을 극적으로 증가시켜주게 되었다. 이제 채권은 어엿한 상품이 된 것이었다. 형평법이 재산권의 개념을 재정립함에 있어 취한 두 번째 전략은 좀 더 복잡한 양상을 띠고 있다. 때로 형평법은 보통법이 B를 자동차의 소유자라고 인정해주는데도 A가 그 차를(또는 회사주식을, 또는 보험금을) "소유 own" 한다고 인정해주기도 한다. 법적 의미라는 관점에서 본다면 여기서 형평법과 보통법이 "소유"라는 단어를 똑같은 의미로 사용하는 것은 아니라는 것이다. 따라서 이 장에서는 형평법이 A를 어떤 재산의 "소유"자라고 말할 경우 그것이 무엇을 의미하는지, 또 형평법의 그런 주장이 왜 독창적인 것인지에 관하여 생각해보기로 한다.

제1절 재산권에 관한 단순한 발상

대부분의 문외한은 재산을 하나의 "물건thing"으로 생각하는 경향이 있다. 자동차나 말 horse은 손으로 만져볼 수 있는 재산이다. 이에 반하여 회사의 주식이나 문학작품에 대한 저작권은 손으로 만져볼 수 없는 무체재산이다. 그러나 재산의 개념은 이보다도 훨씬 더 복잡하다. 이런 복잡성에 관한 첫 번째 암시는 "물건"이라 하더라도—설사 가치 있는 물건이라 하더라도—그것이 반드시 재산은 아닐 수도 있다는 인식으로부터 나온다. 가령 인간은 (비록 한때 노예나 결혼한 여성이 재산권의 대상이기는 했으나) 재산이 아니다. 또 직업이나 명성도 재산이 아니다. 여기서 "재산"에 이르게 되는 열쇠는 무언가 좀 더 미묘한 고려를 필요로 한다.

19세기의 철학자 제러미 벤담Jeremy Bentham은, 재산이라 함은 "물건thing"이 아니라 "관계relationship"라고 갈파한 바 있다. 재산 property이라는 단어는 어느 개인과 어느 물건 간의 특별한 관계를 간략하게 표현하는 수단에 불과하다. 말은 재산—인간은 재산이 아니다—인데, 이는 말 그 자체의 성질 때문이 아니라 인간이 그 말에 대하여 가지는 권리의 본질 때문에 그러한 것이다. 그 말을 누가 타도 좋을지, 그 말이 경마에서 우승했을 경우 상금을 누가 받을 것인지, 또 그 말을 누가 살 수 있는지를 결정할 권리는 어떤 개인individual[역주2](소유자)이 가지고 있다. 따라서 만약 이런 관계로 인하여 어느 개인이 특별한 권리를 가지게 되면 우리는 그 물건을 "재산property"이라고 부르게 되며, 또한 그런 관계 및 그와 결부된 권리들은 "물권적proprietary"이 된다. 이런 특별한 권리관계가 없으면 그 물건은 재산이라고 불리지 못한다. 따라서 그 물건에 대한 관계나 권리가 물권이라고 불리지도 못하며 단지 채권적personal[역주3]이라고 불릴 뿐이다.

그러나 이것조차도 아직은 문제의 핵심을 건드리지 못하고 있다. 우리는 "물권"과 "채권" 간의 본질적 차이를 이루는 것이 과연 무엇인지 알아둘 필요가 있다. 여기서 본질적 차이는 특별한 이익을 향유할 권리에 있지 않음이 드러난다. 두 가지 권리 중 어느 것도 어떠한 형태로든 이익 내지 즐거움을 향유enjoyment한다는 점에서는 마찬가지이다. 가령 직업은 재산이 아니지만, 재산인 자동차만큼이나 향유의 대상이 된다. 비록 이상해 보이기는 할망정 여기서 본질적 차이점이라고 할 만한 것은 제3자에게 당해 물건에 접근하지 못하도록 배제exclude할 수 있는 권리이다. 자동차의 소유자는 제3자의 승차를 저지할 수 있다. 주주는 제3자가 회사의 정기주주총회에서 투표권을 행사하지 못하도록 배제할 수 있다. 이에 반하여 피용자는 제3자가 자기의 업무에 관여하는 것이 금지되어야 한다고 주장할 권원이 없으며, 또한 제3자가 임금기금wages pool에 끼어드는 것을 저지해달라고 요구할 권원도 없다. 이런 현상은, 물권을 보유하는 사람은 그 물권(예컨대 물건에 대한 소유권 따위)에 기하여 제3자에 대하여 자기의 법적 권리를 주장할 수 있다는 식의 설명방법으로 일반화할 수 있을 것이다. 이에 반하여 채권(예컨대 임금채권 따위)은 그렇지 못하다. 채권은 그 권리를 가진 사람이 그 권리를 주는 사람(예컨대 사용자)에게 단지 청구할 수 있는 자격만을 주는 것이 보통이다.

그러나 여기에는 또 다른 측면도 있다. 만약 어느 재산의 소유자가 제3자를 배제할 수 있다면, 마찬가지 차원에서 제3자에게 그 재산을 주거나 사용하도록 하거나 매각하는 등 접근을 허용해줄 수도 있는 것이다. 이런 양도성 transferability[역주4]으로 인하여 재산은 상업적 가치를 얻게 된다. 즉, 재산은 거래될 수 있는 것이다. 양도성과 배타성excludability이라는 이 두 가지 이익은 재산을 특징짓는 매우 중요한 요소이다. 이들은 결국 물건에 대한 개인의 관계가 곧 물권적proprietary임을 가리키는 것이다.

제2절 재산권의 중요성

이렇게 물권의 두 가지 속성인 양도성과 배타성이 분명히 가치 있는 것이기는 하지만, 왜 재산이라는 개념에 관하여 때로 열띤 논쟁을 불러일으키는가를 알려면 좀 더 깊이 들어가볼 필요가 있다. 아리스토텔레스로부터 현대의 법학자와 경제학자들에 이르기까지 재산권의 필요성을 정당화시켜주는 출발점은 보통 경제적economic인 데 있다. 여기서 핵심적인 발상은 재산권을 보호해주는 사회가 그렇지 못한 사회보다 훨씬 부유하다는 것이다. 자원은 사람이 이를 개발할 때에만 그 가치가 증가하며, 그 가치의 증가는 사람이 자원을 보유하고 그 노력의 결과로 대가를 수확(또 손실을 부담)할 때에만 가능하다는 것이다. 이런 기초 위에 서서 보면 아마도 어느 자원이든 "현금화cashable"할 수만 있으면 재산으로 분류되어야 할 것이다. 그러나 소유권ownership에는 그 소유물에 대한 분배 및 접근을 통제하는 권리가 수반된다. 이는 정치적, 사회적 및 도덕적 차원을 지니고 있다. 어떤 권리는 너무나도 고귀하여 이를 "소유"하는 개인이 원하더라도 분배가 허용되지 않는 경우도 있는 것으로 보인다. 인간(그리고 아마도 오늘날 더욱 의문스러운 것으로서 인간의 장기 등 신체 부분이나 유전자 등)에 대한 권리, 숨 쉬는 공기에 대한 권리, 선거권, 독서하거나 일하거나 놀 수 있는 권리 따위는, 비록 그 권리가 재산이 되어야 할 필요가 없다고 인식하는 것은 물론 건전한 일이지만, 어느 것도 결코 "재산"이 아니다.

무엇이 재산이며, 무엇이 아닌가에 관한 법의 개념이 수시로 변한다는 것은 (또 그것은 원래 꾸준히 변하는 개념이다) 상업적, 경제적 욕구와 사회적, 도덕적 제약 간의 저촉을 그 시대에 사회가 어떻게 묵과할 수 있는 선에서 균형잡았는지를 그대로 반영하는 것이다. 이와 같이 재산이냐, 재산이 아니냐를 구분하여 나열해주는 법적인 목록은 없다. 물건things(또는 좀 더 정확하게는 "권리rights")은 만약, 또 오로지, 법이 그 물건에 대하여 재산권에 관한 특별한 형태의 보호(즉 제3자를 배제할 권리)를 허용하고, 또한 특별한 통제권(즉 접근을 허용할 권리)을 허용한다면 그것은 "재산 property"이 된다. 만약 어떤 "물건"(또는 권리)이 이런 특권을 부여받는다면 그것은 재산이다. 사회가 진화할수록 그 경계선은 자꾸 움직이게 된다. 전에는 재산으로 간주되지 않던 물건이 재산의 속성을 부여받을 수도 있으며, 한때 재산으로 취급되던 물건이 그 지위를 상실할 수도 있다.

이런 모든 것이 탁상공론처럼 여겨진다면, 여기에 깔려 있는 기본적 발상의 중요성을 아주 간단한 예로써 집약해볼 수 있을 것이다. 만약 어떤 상인이 그의 채권자들에게 10만 파운드를 빚진 상태에서 파산한다면 그 상인의 재산은 매각되고, 매각대금은 그의 채권자들에게 채권액에 비례하여 분배될 것이다.[1] 파산은 채무에 비하여 재산이 부족함을 의미하므로 여기서 파산법을 지배하는 철학은 상인의 채권자들이 손실을 평등하게 부담해야 한다는 것이다. 만약 상인의 재산이 워낙 적으면 무고한 채권자들이 채권액의 5%밖에 회수하지 못할 수도 있고, 그보다 더 최악의 경우조차 있을 것이다. 이는 채무자에 대하여 채권을 가지는 경우에 당연히 따를 수밖에 없는 위험이다. 따라서 채권은 채무자의 신용의 정도만큼만 가치 있을 뿐이다. 그러나 여기서 진실로 중요한 것은 오로지 채무자의 재산만이 파산재단으로 집결되어 채권자들에 대한 변제를 위하여 매각된다는 점이다. 만약 어느 채권자가 채무자가 점유하는 재산들 중 어떤 재산이 채무자의 소유가 아닌 자기의 소유임을 입증할 수 있다면, 그는 이 재산을

1) 비록 어떤 채권은 법률의 규정(1986년의 파산법)에 의하여 우선적 대우를 받지만, 일반적 원칙은 역시 채권자평등주의에 있다.

파산재단으로부터 환취withdraw할 수 있다. 그때 그 채권자는, 채무자는 물론 채무자의 채권자들을 자기의 재산에 접근하지 못하도록 배제할 수 있다. 채권자의 물권은 이렇게 채무자의 파산시 보호받을 수 있음에 반하여, 그의 채권은 보호받지 못한다.

이는 채권자들이 채무자에 대한 관계에 따라서 서로 다른 위험에 처할 수 있음을 의미하는 것이다. 가령 어떤 공급자가 상인에게 컴퓨터를 2,000파운드에 공급했으나 아직 그 대금을 받지 못했다고 가정해보자. 공급자는 그 컴퓨터가 파산재단으로 휩쓸려 들어가서 매각되어 모든 일반채권자들을 위한 변제기금이 되는 모습을 수수방관할 수밖에 없을 것이다. 만약 그 파산재단의 매각대금이 1만 파운드(총채무의 10%)에 불과하다면 공급자는 자기의 2,000파운드 채권에서 200파운드만 회수할 수 있을 것이다. 매수인이 아직 대금을 갚지 않았다는 이유만으로는 채권자가 "자기"의 컴퓨터를 되찾아올 수 없음을 알게 되는 순간 그는 의문의 여지없이 절망에 빠질 것이다. 그가 컴퓨터를 되찾아올 수 있느냐의 여부는 이렇게 그의 권리가 물권이냐의 여부에 달리는 것이다. 물건이 팔릴 경우 매수인은 통상 그 인도를 받는 시점에서 소유자가 된다. 물론 그 이전에 소유권을 취득하기로 하는 특약이 있을 수는 있지만 이는 이례적이다.[2] 이렇게 매수인은 아직 대금을 지급하지 않았더라도 인도를 받는 시점에서 이미 컴퓨터의 소유자가 된다. 그리하여 그는 컴퓨터에 대한 소유권을 가지게 되며, 공급자는 2,000파운드에 대한 채권만을 가지게 된다. 상인의 컴퓨터를 포함하는 모든 재산은 공급자를 포함하는 모든 채권자들에 대한 채무를 지급할 파산재단에 들어가게 된다. 여기서 불가피하게 생기는 부족분은 곧 공급자의 2,000파운드 상당의 채권이 파산절차에서 한참 줄어들 수밖에 없음을 의미한다.

2) 1979년의 물품매매법 제17조와 제18조를 보시오. 물건을 인도하기 전에는 매수인은 그 매매목적물건이 계약에 따라 특정되어 있고, 매수인을 위하여 배타적으로 선별appropriated된 경우에만 소유자로 될 수 있다. 만약 그렇지 않을 경우에는 매수인은 단순히 매매계약상(비물권적) 약정의 혜택을 기대할 수 있을 뿐이다. *Re Goldcorp Exchange Ltd (in rec)* 〔1995〕 1 AC 74 (PC).

그러나 사실관계에 조그마한 변화만 있어도 이런 결과를 극단적으로 바꾸어 버릴 수도 있다. 가령 공급자가 그 컴퓨터를 파는sell 대신 빌려lease주기만 했다고 가정해보자. 이런 경우에 공급자는 컴퓨터의 소유권을 계속 보유하며, 매수인이 이를 계속 점유할 권리를 보유하느냐의 여부는 임대료를 지급하느냐의 여부에 달리게 된다. 따라서 이 경우에는 파산절차에서 그 컴퓨터가 파산재단으로 휩쓸려 들어가 채권자들에 대한 빚을 갚기 위한 용도로 매각되지도 않을 것이다. 오히려 공급자는 컴퓨터의 점유를 회복할 자격을 얻을 것이다. 바로 공급자가 컴퓨터에 대한 물권을 가지며, 따라서 매수인 및 매수인의 채권자들이 그 컴퓨터에 접근하는 것을 배제할 권리를 보유하게 되는 것이다.

여기서 얻게 되는 교훈은 채무자가 파산했을 때 물권을 가진 채권자는 채권만을 가지는 채권자보다 훨씬 더 두터운 보호를 받는다는 점이다. 채권과 물권에 대한 취급에서 이렇게 두드러지는 차이점으로 인하여 파산절차에서 파산채권자들은 자신의 권리를 채권이 아닌 물권으로 분류받기 위하여 분투하는 것이다. 이렇게 단순한 채권만을 가지는 채권자는 일반의 회생채권자unsecured creditors가 되며, 물권에 의한 지지를 받는 채권을 가지는 채권자는 회생담보권자secured creditors가 된다. 많은 파산의 경우에 회생담보권자(아마도 가장 전형적인 예로 은행)들은 사실상 채무자의 모든 재산에 대한 권리를 내세울 만한 지위를 미리 확보해둠으로써 회생채권자들이 한 푼도 받지 못하도록 만드는 경우가 자주 있다. 이렇게 회생담보권자들에게 허용되는 보호의 정도는 그 물권이 어떤 종류의 물권이냐에 따른다. 이런 물권은 앞의 컴퓨터 임대의 사례에서 보았듯이 거래당사자들이 서로 간 어떤 보호가 필요한지를 판단하여 의도적으로 선택, 결정함에 따라 그에 상응하는 물권이 생기게 된다. 은행이 주택자금을 대출하면서 채권을 확보하기 위하여 그 집에 저당권을 설정 받는 경우도 마찬가지이다. 그러나 이런 물권적 이해관계는 당사자들이 미리 대비해두지 못했더라도 법원이(법률의 규정에 의하여by operation of law) 상황에 따라 물권적 보호가 필요하다고 판단하여 개입judicial intervention하는 경우에도 형성될 수 있다. 이 두 가지 전략은 모두 논란의 대상이 되고 있다. 현대의 정서는 아무래도 채권자들로 하여금 손실을 평등하게 부담하도록 하는 쪽으로 회귀하고 있는 편이다. 그럼에도 다음 장들에서 보듯이 형평법의 개입은 전통적으로 특별대우를 받는 물권을 창설create해내는 전략에 의하여 행해졌음이 분명하다.[3] 이에 대하여 제기되는 비판—또는 비판들 중의 하나—은 이런 형평법의 전략이 일반의 회생채권자의 지위를 더욱 약화시킨다는 것이다. 그러나 동전의 다른 한 면에서 보면, 재산권은 중요하므로 보호되어야 하며, 당사자 간에서의 담보에 관한 약정과 법원이 특별히 부여하는 물권적 구제수단은 사회적, 상업적 활동을 보호하고 촉진함에 있어 긴요한 것임을 보여주고 있는 것이다.

제3절 양도성과 배타성에 대한 제한
—물권들 간의 구분에 관한 판단기준

위에서 본 바에 비추어보면, 어떤 재산의 소유권ownership이라 함은 그 재산이 제공하는 모든 이익을 향유할 권리, 또 그 재산을 마음대로 타에 양도할 권리 및 제3자가 그 재산에 간섭하는 것을 배제할 권리 등과 불가피하게 연결되어 있다고 생각할 수 있다. 그러나 이는 정확한 것이 아니다. 소유권은 그 향유, 양도, 또는 배타성에서 결코 절대적 권리가 아니다.

조금만 생각해보면 금방 알 수 있다. 자동차를 소유한다고 해서 그 소유자가 그 차를 (아무리 자기의 즐거움을 위해서라고는 하나) 도로의 어느 방향으로도, 어떤 속도로도, 마음대로 달릴 권리까지도 향유한다는 뜻은 아니다. 재산을 향유할 권리는 다른 사람의 이익을 보호하기 위하여 고안된 규칙들에 의하여 제약받고 있다. 이와 마찬가지로 다른 사람에게 재산을 양도할 수 있는 권리 또한 제약을 받는다. 비상장회사의 주식은 기성주주에게만 양도가 허용되는 경우가

3) 그러나 현대적 논의에 관하여는 제9장 제3절, 제5절을 보시오.

자주 있다. 이는 그 주식이 당해 사업에 친숙한 사람들의 손에 계속 남아 있도록 하는 데 목적이 있으며, 그리하여 주식의 소유권은 결국 양도에서 제약을 받게 된다. 이에도 불구하고 주식은 여전히 "재산"이다. 마지막으로 제3자가 나의 재산에 개입하는 것을 배제하는 권리 또한 제약받을 수 있다. 법에 의하면 물권은 대세적으로against the whole world 무제한한 권리가 아니라, 오직 그 권리의 존재를 알고 이에 따라 그 권리의 존재를 "의식notice"하는 사람들에 대해서만 주장될 수 있다는 것이 정설이다. 이는 토지, 주식, 특허 등에 대한 권리처럼 많은 물권이 등기, 등록을 통하여 공시되어야 하는 이유를 설명해준다. 특히 등기, 등록이 되어 있는 경우—다른 상황에서도 마찬가지지만—그 재산은 그 존재를 실제로 아는 사람에 대해서만이 아니라, 그 존재를 알 수 있거나 알아야만 하는 사람들(따라서 그 권리에 대하여 알았다고 의제constructive notice되는 사람들)에 대하여도 주장될 수 있다. 여기서 중요한 것은 권리의 향유, 양도성, 또는 제3자에 대한 배타성 등과 같은 다양한 제약에도 불구하고 이런 권리가 물권proprietary rights(또는 "실권實權 real rights", 또는 대물적 권리rights in rem)이라는 호칭을 유지할 수 있다는 점이다.

그러나 이는 곧 우리를 난관에 봉착하게 한다. 만약 이런 특징들에 제약이 가해진다면, 특히 "물권"에 특유한 양도성과 배타성이라는 성격에 제약이 가해진다면 도대체 물권과 채권 간의 경계선을 어디에 그어야 할 것인가? 이런 제약이 어느 정도로 심해지면 물권은 그 본질적 속성을 상실하게 되는가? 이에 대한 이론적 해답은 실무적 해답보다 오히려 더 어렵다. 어떤 권리가 물권으로 인정받기 위해서는 양도성이라는 요소가 상당히 필수적인 것이기는 하나 이런 속성은 물권이라는 꼬리표를 상실함이 없이도 꽤 제약받을 수 있다. 통상 비상장법인의 주식에 관련된 양도제한의 사례가 이 경우를 보여준다. 이와 같이 양도성이 제한됨으로 인하여 그 재산의 교환가치에 영향을 주게 된다. 이는 그 대상이 자유롭게 거래될 수 없음을 의미하기 때문이다. 그럼에도 상사거래의 당사자들은 이를 즉각 가격 책정에 반영시킬 수 있다(어쨌거나 합의에 의하여 양도를 제한한 것이어서 그런 제약이 해소되면 언제든지 자유롭게 양도할 수 있는 권리이기 때문이다). 제3자를 배제할 수 있는 권리는 더 큰 문제를 야기한다. 어떤 재산이 가지는 가치의 상당 부분은 제3자의 개입으로부터 보호받을 수 있는 권리를 반영하고 있다. 이런 보호는 잠재적으로 방해꾼이 될 수 있는 사람들에 대하여 배제권이 행사될 수 있을 때에만 가능하다. 이해타산적인 맥락에서 보면 채무자가 파산했을 때 채무자의 다른 채권자들을 배제할 수 있는 권리야말로 특별히 가치 있는 것으로 간주될 수 있다. 비록 배타성에 관한 어떤 제약은 그럭저럭 감수할 만도 하지만, 어떤 권리가 물권으로 인정될 수 있느냐의 여부는 파산절차에서 이런 우선권이 비교적 손상받지 않고 그대로 유지될 수 있을 때에만 가능한 것이다.[4] 이런 이유로 배타성은 일반적으로 물권의 결정적인 모습으로 간주되기도 한다.

제4절 재산에 관한 좀 더 복잡한 발상
—"권리들의 다발"로서의 재산

재산을 "물건"으로서가 아니라 "관계"로 파악하고, 양도성과 배타성을 물권에 특유한 핵심적 양상으로 이해하려는 개념적 변천은 결과적으로 재산권의 미묘한 성격에 아직도 미개척지가 산재하고 있음을 보여준다. 재산을 "소유own"한다는 말이 무엇을 의미하는지부터 생각해보자. 오노레Honoré 박사[역주5]가 소유권의 전형적인 양상으로서 점유권(비록 무형의 재산은 점유될 수 없으나), 사용권, 관리권, 수익권, 원본권right to the capital[역주6] 및 양도권을 포함하는 개념으로 묘사한 것은 매우 유명한 이야기이다. 비록 우리가 이런 모든 권리가 소유권에 필수적인 것이라고 하는 데 동의하더라도 그 모두가 반드시 절대적인 권리여야

4) 물론 법은 파산이라는 맥락에서는 배타성을 부정할 수도 있을 것이다. 그러나 일부 법학자나 경제학자들은 채무자가 파산했다는 이유만으로 파산 전의 재산권에 간섭하는 것은 필연적으로 채권자로 하여금 충동적으로 섣부른 파산으로 몰아갈 수도 있는 대책 없는 유발요인이 될 수도 있다고 우려한다.

할 필요는 없음이 분명해 보인다. 예컨대 주택의 소유자는 그 집에서 살면서 자기가 원하는 대로 이를 사용할 권리를 가진다. 그러나 중요한 것은 그가 그 집을 임차인에게 빌려주거나, 은행에 저당권을 설정해주거나, 이웃집 사람에게 뒤뜰을 통행할 권리를 허용한다 하여 소유권이 상실되는 것은 아니라는 점이다. 소유권을 구성하는 다양한 권리—그리고 물건에 대한 소유자의 특별한 관계를 규정하는 다양한 권리—는 누가 소유자냐의 문제를 결정하는 핵심적 권리를 손상시키지 않으면서도 서로 경합하는 관계에 있는 사용자들 간에 분점될 수 있다. "소유자"가 반드시 물건에 대한 모든 권리를 다 가져야 할 이유는 없는 것이다. 이런 현실인식은 재산이라는 개념에 그럴듯한 윤색을 가해주게 된다. 소유권은 단순한 "하나"의 권리가 아니며, 그것은 "권리들의 다발bundle of rights"인 것이다. 그러나 소유권을 권리들의 다발이라고 일컬어본들 그것이 소유권을 정확하게 정의해주는 것은 아니다. 소유자는 자기가 가지고 있는 권리들의 다발 중에서 일부의 권리를 타에 양도하고서도 여전히 소유자로 남을 수 있는 것이다.

이런 "권리들의 다발" 개념은 더욱 정교한 형태로 발전될 수도 있다. 어떤 집을 소유한 사람이 다른 여러 사람에게 그 권리들을 쪼개어준다면 소유자로부터 그런 권리들 중 일부씩을 받는 사람들은 각자 물권을 갖는다고 할 수 있겠으나 소유권에는 도달하지 못한다. 임차인은 재산을 (어떤 특정한 조건하에서) 점유할 권리를 가지고, 은행은 저당물건을 (마찬가지로 특정한 조건하에서) 자기의 점유하로 가져와서[역주7] 경매에 부칠 권리를 가지며, 이웃집 사람은 뒤뜰을 통행할 권리를 (마찬가지로 특정한 조건하에서) 가진다. 우리는 이런 여러 가지 권리들의 묶음에 서로 다른 이름표를 붙여 구분할 수 있다. 즉, 우리는 소유자가 재산에 대하여 소유권을 가지며, 임차인이 임차권(점유이익)을 가지며, 은행이 담보권 security interest을 가지며, 이웃이 지역권easement을 가진다고 말한다. 이런 모든 물권은 병렬적으로 존재할 수 있다. 게다가 이런 경우에 붙여지는 이름표는 소유권에 딸려 있는 권리들의 다발로 인도해주는 대충의 안내 역할을 맡는 데 불과할 뿐이다. 이런 모든 사례들에서 권리 그 자체는 당사자들 간의 약정에 의해서 정해진다. 이에 따라 모든 임차인마다 똑같은 권리를 가지는 것도 아니고, 담보권자들마다 똑같은 권리를 가지는 것도 아니지만, 어떤 형태로든 소유자의 주택에 대하여 물권적 이해관계를 가지는 것이다.

재산을 "물건"이 아니라 물건에 대한 "관계"로 생각하고, 더 나아가서 이를 "권리들의 다발"로 생각하게 되는 개념적 변천 과정은 매우 중요한 의미를 지니고 있다. 이는 물건의 사용을 다루는 관계들 간에 좀 더 정교한 상호 작용을 허용해준다. 결국 "소유권"이란 특정한 물건에 대한 다수의 가능한 물권적 이해관계들 중에서 단지 특별한 어느 하나를 의미할 뿐이다. 소유자 이외의 다른 사람들 또한 그 물건에 대하여 다양한 물권적 이해관계를 가질 수 있는 것이다.

그러나 소유자가 다른 사람들에게 나누어줄 수 있는 권리라고 하여 그것이 모두 필연적으로 물권뿐이 아님에 주의하라. 소유자들은 통상적으로 손님을 저녁식사에 초대하며, 수리업체에 연락하여 수리공사 등을 행하게 한다. 그 경우 물론 그 사람들은 그 집에 들어갈 권리를 가지지만 물권을 가지는 것은 아니다. 여기서의 판단기준은 양도성과 배타성이다. 집에 들어오는 손님이나 수리공은 그 집에 들어오려는 다른 사람을 내쫓을 권리가 없으며, 그 집을 다른 사람에게 양도할 권리 또한 보유하지 못하는 것이다.

이렇게 재산에 관한 핵심적 발상을 탐구해본 만큼 이제는 형평법이 이런 발상을 더욱 진전시켜서 재산권의 영역을 어떻게 확장해왔는가를 살펴볼 때가 되었다.

제5절 형평법, 새로운 형태의 재산권을 창설해내다

어떤 물건이나 어떤 권리들의 다발이 재산으로 인정받을 수 있느냐, 없느냐를 결정함에 있어 사회적, 정치적, 도덕적 및 경제적 가치가 중요한 역할을 한다는 점을 돌이켜보자. 더욱이 개념에는 변화가 있는 법이다. 한때 법은 노예를 재산으로 생각했으나 이제는 그렇지 않다. 이미 위에서 이야기된 바에 따르면 이런 변화가 어떻게 이루어질 수 있는지를 짐작할 수 있다. 재산의 중요한 속성들 중 하나는 그것이 양도 가능하다는 점이다. 즉, 재산은 단순한 재화wealth 그 자체가 아니라 사용할 수 있는usable 재화인 것이다. 이런 속성이 없이는 아무리 엄격하게 한계를 긋더라도 권리가 재산으로 분류되기 어렵다. 예컨대 고용계약은 분명히 가치 있다고 평가될 수 있으며, 부wealth를 창출하는 것이지만 피용자가 자기의 직업을 거래에 내놓을 수는 없다. 즉, 이를 제3자에게 대가를 받고 팔 수는 없는 것이다. 그러나 양도할 수 없다고 생각되던 권리가 그 후 어떻게 해서든지 양도할 수 있게 된다면 이로써 새로운 형태의 재산권이 창설된다.[5] 바로 이런 일을 형평법이 만들어냈다. 형평법은 보통법상 양도할 수 없던 권리를 양도할 수 있도록 허용해줌으로써 새로운 형태의 재산권을 창설해낸 것이다. 형평법은 이런 권리들을 물권적proprietary(그리고 양도 가능한) 권리로 보았으며, 이에 반하여 보통법은 이를 채권적personal(또 양도 불가능한) 권리라고 보았다.

형평법이 이 문제를 어떤 이유에서 이렇게 처리하게 되었는지, 그리고 그 경제적 의미가 어떠한지를 이해하기 위해서는 사용되는 용어terminology부터 잠깐 점검해볼 필요가 있다. 영국 판례법은 위에서 본 단순한 분류법과는 상당히 다른 권리(또는 재화)의 분류체계를 가지고 있다. 우리는 앞에서 권리를 물권(권리들의 다발이 양도성과 배타성을 포함하는 것)과 채권(양도성과 배타성이 결여되는 것)으로 분류해보았다. 이에 반하여 영국 판례법의 오래된 분류체계에 의하면 모든 권리는 양도성이나 배타성이라는 특별한 속성 여하 간에 "재산property"이라고 간주되어왔다. 그리고 나서 영국 판례법은 이런 권리들을 사람의 물건에 대한 관계로서보다는 "물건" 그 자체에 내재하는 성격에 따라 하위의 분류체계를 정립했다.

이런 분류체계에 따르면 재산property(또는 "권리rights", 또는 "재화wealth")은 그것이 토지에 대한 이해관계인지 또는 기타의 이해관계인지에 따라 먼저 부동

5) 배타성이 왜 필요한지에 관하여는 이 5절의 뒷부분에서 논의한다.

산real property과 동산personal property으로 분류된다.[6] 그러고 나서 동산은 다시 유체동산choses in possession(이 프랑스어를 영역하자면 "things in possession"이 된다)과 무체재산choses in action(또는 "things in action")으로 재분류된다. 유체동산은 점유에 기하여 청구되고 실현될 수 있는 권리이다. 그 사례로서 자동차, 컴퓨터, 기름oil 등과 같이 물리적으로 자기의 수중에 잡아둘 수 있는 유형tangible의 물건들에 대한 소유권을 포함한다. 이에 반하여 무체재산은 물리적 점유권을 행사함으로써가 아니라 권리를 부여해준 자right-giver에 대한 소송을 통해서만 청구되고 실현될 수 있는 권리를 의미한다. 그 사례로서 물리적으로 수중에 붙잡아둘 수 없는 채권debts, 주식, 또는 금융파생상품financial derivatives 등이 있다. 예컨대 금전채권을 가진 사람은 자기의 권리를 실현하기 위해서는 채무자를 제소해야 한다. 비록 아직은 상세한 내역을 이해하기 어려우나 이 정도로도 벌써 보통법과 형평법상의 무체재산권을 충분히 이해할 수 있게 된다. 보통법상의(또는 "법적legal"인) 무체재산권은 역사적으로 보통법 법원에서의 소송을 통하여 실현될 수 있었던 것들이다. 금전채권, 환어음bills of exchange, 보험증서insurance policies, 그리고 회사의 주식들이 바로 이런 것에 해당한다. 이에 반하여 신탁재산상의 수익자의 권리와 같은 형평법상의 무체재산권은 역사적으로 형평법원Court of Chancery에서의 소송을 통해서만 실현될 수 있었다.

역사적으로 보통법은 어떤 무체재산권도 제3자에게 양도하는 것이 불가능하다고 생각해왔다. 즉, 오로지 토지에 대한 권리와 유체동산에 대한 권리만이 양도될 수 있었다. 만약 우리가 이런 두 가지 분류체계를 결합시켜보기로 시도한다면 보통법은 부동산과 유체동산에 대한 권리를 물권으로, 무체재산권을 단순히 인적personal 권리로 파악해왔던 것이다. 이는 결코 놀랄 일이 아니다. 이는 재

6) "real"(물권"proprietary"에서처럼)이라는 단어와 "personal"이라는 단어를 완전히 다른 의미로 사용하는 것에 주목하시오. 그렇지만 공통된 계통이라는 의미에서 사용하는 경우도 있다. "real"한 권리들은 보통법이 그 재산 자체(재산이라 함은 곧 토지를 말한다)의 회복을 허용한다는 사실을 반영한다. 반면 "personal"한 권리는 손해배상에서만 통용되는 말이었다.

산권에 대한 초기의 개념들과 매우 일치한다. 유치원 어린이들이나 원시사회의 구성원들이 재산을 머리에 떠올린다면 아무래도 토지나 동산과 같은 유형적 재산만을 떠올리게 될 것이다. 그들이 친구나 이웃으로부터 물품이나 용역의 제공을 약속받을 경우 그런 무형적 채권도 재산이라고 생각할 가능성은 거의 없다.

형평법은 이런 양상에 변화를 불러왔다. 형평법은 어떤 형태의 재화가 양도 가능한 재산 또는 거래할 수 있는 재산으로서 취급되어야 할지에 대하여 좀 더 너그러운 견해를 채택하게 되었다. 형평법은 보통법이 취하는 유체동산과 무체재산 간의 구분을 무시해버리고, 다수의 (비록 전부는 아니나마) 보통법 및 형평법상의 무체재산권을 자유롭게 양도할 수 있도록 허용했다. 형평법상 이런 양도가 유효해지기 위한 요건은 매우 단순했다. 어떤 양도인이 양수인에게 자신의 재산권(그 전부 또는 일부)을 양도해줄 의사를 분명히 표시하면 충분했다.[7] 이에는 아무런 요식행위도 필요없었으며, 또한 그것은 증여행위로든 쌍무계약으로든 상관없었던 것이다. 비록 현대의 성문법이 형평법상의 무체재산권의 양도는 서면으로 하라고 요구하고 있기는 하지만, 오늘날에조차 이런 원칙들은 여전히 비교적 단순한 형태로 남아 있다.[8] 이렇게 형평법이 보통법과 다르게 취한 접근방법의 중요성은 아무리 강조해도 결코 지나치지 않는다. 형평법은 이렇게 손으로 만질 수 없는 권리를 재산으로 간주했다. 이에 반하여 초기의 보통법은 이를 순전히 인신전속적purely personal인 것으로 보아 오로지 당사자 간에만 실현시킬 수 있고, 타에 양도할 수 없으며, 대세적against the world으로(또는 심지어 이 세계의 일부 지역에서라도) 그 보호를 받을 수 없다고 고집해왔던 것이다.

이와 같이 형평법이 보통법과는 다른 방식으로 반응한 것은 의문의 여지없이 이용 가능한 재화에 대한 사회적, 경제적 개념인식의 변화를 그대로 반영한 것이었다. 따라서 만약 형평법이 이런 법적 변화를 불러오지 못했더라면 그런 사회적, 경제적 압력들은 불가피하게 다른 곳에서 감지되었을 것이다. 당연히

7) 통지 전에는 그 목적한 양도를 철회할 수 있었다.
8) 1925년의 재산법 제53조(1) (c).

재산권에 대한 보통법의 개념인식 또한 비록 그 변화가 사법적 개입에 의해서보다는 의회입법에 의해 초래되었다고는 하나 마찬가지로 변화했다.[9] 이제는 성문법의 일반규정에 의해 보통법상의 무체재산권의 양도가 허용되며,[10] 무체재산권의 하위분류체계에 들어가는 권리(예컨대 저작권, 회사의 주식이나 생명보험증서 등)와 같은 특정한 권리에 대하여는 특별법의 규정이 이를 양도할 수 있도록 허용해준다. 이는 곧 이제는 다수의 무체재산권을 형평법의 힘을 빌려서만이 아니라, 보통법의 힘을 빌려서도 양도(또는 이전의 공시)할 수 있게 되었음을 의미한다. 이런 모든 양상은 현대사회에서 재화의 상당 부분이 궁극적으로는 유체동산의 형태에 비하여 훨씬 더 무형적 재산의 형태(예컨대 주식, 은행예금, 그리고 대출금채권 등)로 보유되고 있으며, 이들을 거래할 수 있어야 한다는 상거래상의 필요에 부응하는 것이다. 짧게 말해서 보통법과 형평법은 이제 일반적으로 이런 무형적 재화의 양도가 허용되어야 함을 인정하고 있는 것이다.

이렇게 보통법의 원칙들이 변화를 보게 되었다 하여 형평법상의 무체재산권 양도가 이제 역사의 유물로 된 것은 아니다. 형평법적인 해결방법(형평법상의 무체재산권 양도시 성문법에 서면행위를 요구하고 있음에도 불구하고)은 아직도 자주 활용되고 있다. 이는 때로 그런 양도가 형평법상으로만 가능하기 때문이다. 예컨대 성문법은 채권의 일부 part만의 양도를 허용하지 않지만 형평법은 이를 허용한다. 때로는 보통법상의 엄격한 요건에 그대로 따를 경우의 역효과를 덜어주기 위한 목적도 있다. 예컨대 성문법상 필요한 요식의 서면행위에 따르다 보면 인지세를 부담해야 하는 것과 같은 원치 않는 결과를 불러올 수도 있다. 마지막으로 예기치 못한 장애를 극복하기 위한 경우도 있다. 즉, 당초에 보통법상의 효과를 얻기 위하여 양도했으나 성문법상의 요건을 충족시켜주지 못하게 되

9) 19세기가 되면 보통법상으로도 원칙에 대한 예외를 허용하게 되며, 여전히 버티고 남아 있던 원칙조차도 흔히 다양한 메커니즘을 통하여 회피될 수 있었음이 진실이다. *Norman v Federal Commissioner fo Taxation* (1963) 109 CLR 9 (Windeyer J.)

10) 1925년 재산법 제136조.

는 경우 형평법상의 요건이 충족되기만 한다면 그 양도는 형평법상 유효하게 받아들여지는 것이다.[11)]

이렇게 법이 물권으로 파악하는 권리들이 진화하면서 보여주는 변화의 모습은 현대의 안목으로 보기에 결코 이례적인 것이 아니다. 보통법과 형평법이 다수의 무체재산권을 양도 가능한 것으로 파악하듯이, 이제 더 이상은 법체계상 전후 모순의 위험이 야기될 염려조차 없다고 보인다. 그러나 이 문제에 대한 논의에서 한 가지 중요한 양상이 의문이 여지없이 간과되었고, 사태를 매우 복잡하게 만드는 또 하나의 요소도 되고 있으므로 이를 조명해볼 필요가 있다.

첫째, 논의에서 간과된 점부터 살펴보자. 우리는 보통법과 형평법상의 양도에 관하여 간단히 살펴보면서 이들이 서로 다른 메커니즘으로 인하여 서로 다른 결과를 야기할 가능성에 대해서는 생각해보지도 않았던 것이다. A가 B에게 100파운드의 채권을 가진다고 가정해보자. 만약 A가 그 채권을 성문법의 절차에 따라 C에게 보통법상의 양도를 한다면 A는 그 채권에 대한 모든 권리를 상실하며, C는 보통법상 무체재산권의 소유자가 된다. 여기까지는 간단하다. 이는 곧 자동차와 같은 유체동산의 소유권이전의 경우를 그대로 반영하는 것이다. 전에는 A가 법적인 권리자였지만, 이제 C가 권리자로 된 것이다. 그러나 A가 그와 같은 권리를 형평법에 따라 이전한다고 가정해보자. 그 경우에는 보통법이 그런 권리의 이전을 인정해주지 않는 것이다. 보통법상 A는 여전히 채권의 소유자로 남게 된다. 이와는 대조적으로 형평법은 소유권이전을 인정하므로 형평법상 C는 그 채권의 형평법상 권리자가 된다. 이는 곧 그 채권이 형평법상의 절차를 밟아 이전되고 나면 보통법은 A를 소유자라고 인정해주고, 형평법은 C를 소유자라고 인정해줌을 의미한다. 이런 모순되는 결과는 난센스로 보인다. 비록 다음 절section에서 그것이 정확히 무엇을 의미하는지 알아볼 필요는 있겠으나, 실제로는 난센스가 아니다.

---

11) *William Brandt's Sons & Co v Dunlop Rubber Co Ltd* 〔1905〕 AC 454, 461 중 맥너튼 Macnaghten 경의 설시부분을 보시오.

둘째, 일을 복잡하게 만드는 요소에 관하여 생각해보자. 여기서의 초점은 양도성 여부인데, 말하자면 형평법이 어떤 권리에 대하여는 양도를 허용해줌으로써 어떻게 재산권의 개념을 넓혀왔는가에 주로 초점이 맞추어졌다. 그 과정에서 우리는 배타성 및 이와 연관된 파산법상의 보호에 관하여는 생각을 소홀히 해왔다. 다시 한 번 A가 B에 대하여 100파운드의 채권을 가진다고 가정해보자. 이는 A가 무체재산권(금전채권)의 소유자임을 의미한다. 이 권리의 속성에 관하여 조심스럽게 생각해보자. 우리는 A가 이 권리를 성문법상의 절차, 또는 그보다 더 오래된 형평법상의 절차에 따라 C에게 양도할 수 있음을 알고 있다. 그러나 만약 B가 파산한다면 A(또는 C)의 100파운드에 대한 청구권은 B에 대한 일반채권자들의 채권액 여하에 비례하여 줄어들게 될 것이다. 결국 이 채권은 B의 파산절차에서 A(또는 C)에게 어떠한 보호도 해주지 못하며, 그리하여 B나 B의 채권자를 배제할 수 없게 된다. 무체재산권은 양도할 수 있다는 속성을 지니고 있지만, 배타성이라는 속성이나 그와 연관된 파산절차에서의 보호라는 속성은 지니고 있지 못하다. 이것이 바로 왜 채권debt이 통상적으로 물권이 아니라 인적 권리personal right라고 묘사되는지를 설명해주는 것이다.[12] 그러나 다른 의미에서 보면 채권은 재산이며, 좀 더 복잡한 이전방법을 택하면 파산절차에서 제3자에 대하여도 상당한 정도의 우선권을 주장할 수 있게 되는데, 이에 관하여는 나중에 담보부채권에 관하여 살펴볼 기회가 있을 것이다.[13] 여기서의 핵심열쇠는 논의의 대상인 재산이 100파운드에 대한 권리가 아님을 인식해야 한다는 데 있다. 즉, 이는 100파운드에 대한 권리가 아니라 B(또한 B의 신용 상태에

12) 위 제3절을 보시오. 현대의 보통법이 "계약 위반의 교사inducing a breach of contract"라는 불법행위의 개념을 도입함으로써 무체재산에 대한 보호장치를 추가했다는 사실에 주목하시오. 가령 B가 A와의 계약에 따라 A에게 이행할 의무를 지고 있는데, 제3자가 개입하여 B에게 이를 이행하지 않도록 사주한다면 그것은 불법행위가 된다. 그 결과로서 무체재산에 체현되어 있는 "인적" 권리는 제3자로부터의 간섭에 대한 보호장치를 부여받게 된다. 이는 "물"권에 부여되는 보호장치에 필적하며, 비로소 우리는 계약과 재산법을 구분하는 경계선(즉 채권과 물권 간)이 갈수록 흐려지고 있다는 결론에 도달하게 된다.

13) 아래 제9절을 보시오.

따르는 가치와 함께)에 대한 무형의 청구권이라는 점을 인식해야 한다.

이런 복잡한 문제를 제쳐놓고 보면, 여기서의 결정적인 쟁점은 형평법이 채권과 물권 간의 구분에 변화를 초래함으로써 새로운 형태의 재산권 개념을 창안해냈다는 점이다. 형평법은 보통법과는 달리 채권이 제3자에게도 양도될 수 있도록 허용함으로써 이를 달성한 것이다. 그리하여 이렇게 애초에 양도가 제한되었던 채권은 양도할 수 있는, 또 사용할 수 있는 재화로 변환하게 되었다. 그리하여 법체계—및 사회적, 경제적 체계—는 즉각 좀 더 정교해졌다. 물론 이런 새로운 형태의 재산권 개념은 법의 보호를 필요로 하게 되었으며, 그리하여 이런 보호를 위하여 법체계가 좀 더 진화할 수밖에 없도록 압력을 가하게 되었는데, 이에 관하여는 다음 장들에서 살펴보게 될 것이다.

제6절 형평법, 새로운 범주의 재산권을 창설해내다

재산권을 "창설해냄creating"에 있어서 형평법의 두 번째 전략은 상당히 달랐다. 비록 오늘날 우리가 이 전략을 설명하는 일은 비교적 간단한 일이지만, 그것이 형성되는 데는 수백 년이 걸렸다. 이를 강하게 표현하자면, 형평법은 보통법이 물권이라고 인정하는 것을 "권리들의 다발"로 받아들여 이를 두 사람 이상의 다수인에게 나누어주도록 허용함으로써 이를 넘겨받은 각자의 권리가 여전히 물권이라고 인정받을 수 있을 만큼 의미 있는 권리를 인정해준 것이었다. 이렇게 설명하면, 이 전략은 결코 대단한 것이 아니다. 보통법도 똑같은 일을 행했기 때문이다. 앞에서 본 대로 주택의 소유자가 권리들의 다발을 쪼개어 임차인과 분점함으로써 양자가 그 집에 대한 서로 다른 물권을 보유하게 됨을 기억해보자. 여기서 진실로 두드러지고도 독특한 것은 형평법이 이 권리들의 다발을 어떻게 나누었느냐에 있으며, 또한 이렇게 부가적으로 정교화시킴으로써 가져온 사회적, 경제적 혜택에 있다.

여기서 그것이 "어떻게" 이루어졌느냐를 이해하려면 역사를 통해서 보는 것이 필수적이다. 형평법의 신화는 십자군 때부터 시작한다.[14] 십자군들은 중동으로 출정하기 전에 자기 소유의 땅을 믿을 만한 친구에게 맡기면서 이를 자기의 가족을 위하여 관리해달라고 부탁하곤 했다. 이와 같은 조치는 십자군으로 출정한 사람이 전투에서 죽게 될 경우 필연적으로 부과될 상속세와 또한 까다로운 상속 원칙을 회피하기 위한 것이었다. 물론 보통법은 이런 일에 아무런 도움을 주지 못했다. 그 십자군이 다행히 전장에서 살아 돌아와 자기의 땅을 되찾으려 하더라도 보통법은 그를 더 이상 소유자로 인정해주지 않았다. 그가 일단 자기의 모든 권리를 신뢰하는 친구에게 넘긴 이상 이제는 그 친구가 소유자라는 이유 때문이었다. 그래서 그 십자군이 전사하게 되면 그의 가족 또한 더 이상 아무런 권리를 주장할 수 없었으니, 이는 이를 맡은 친구가 비록 도의적으로는 자기들끼리의 약속에 따라야 할 의무를 질지 모르겠으나 법적으로는 아무런 의무가 없었기 때문이다. 보통법에 의하면, 그 친구는 전사자의 남은 가족구성원 누구와도 아무런 계약관계에 있지 않으므로 그 토지는 그의 것이 되며, 유족은 더 이상 아무런 권리를 가질 수 없다는 이유였다.

이 경우 전사자의 친구의 배신으로 실의에 빠진 유족들이 대신Chancellor에게 이런 억울한 사정을 헤아려달라고 청원하는 것은 충분히 예상 가능한 일이었다. 여기서 우리는 보통법을 우회해보려는 의도가 분명해 보이는 당사자 간의 거래에 개입하도록 대신을 설득한 논리가 도대체 무엇이었을지 궁금해질 만도 하다. 여하튼 늦어도 13세기가 되면 대신은 그 땅을 맡아준 친구(이제는 수탁자trustee라고 불린다)에게 채무를 이행하도록 명하는 조치를 취하기 시작했다. 대신은 땅을 맡은 친구가 그 토지의 법적 소유자legal owner[역주8]인 것은 일단 인정하지만, 그는 그 십자군 친구와의 약정에 따라 그 땅을 유족(이제는 수익자beneficiary라고 불린다)의 이익을 위하여 관리할 의무를 진다고 해석한 것이었다.

달리 말해서 대신은 수익자들이 수탁자에 대하여 그 토지(신탁재산trust

14) 달갑지 않은 상속원칙을 회피하기 위한 통로로서 실제 신탁을 활용한 사람들 중 십자군 출정자는 극히 일부에 지나지 않았다.

property)를 애초의 약정대로 관리하라고 요구할 자격을 갖게 해주는 인적 권리 personal rights를 향유한다고 인정해주었다. 이는 오늘날에조차도 수익자들 자신이 직접 수탁자와 법적으로 기속력 있는 계약을 맺었을 때에만 그런 권리가 인정된다고 고집하는 보통법의 입장과는 단적으로 대조되는 모습이다.[15] 여기서 대신은 수익자들을 위한 형평법상의 권리가 십자군(이제는 신탁자settlor라고 불린다)과 그의 친구 간의 사적인 신탁의 합의로부터 우러나온다고 해석한 것이다. 이는 형평법상 새로운 물권이 진화하는 과정에서 극적이면서도 본질적인 첫 번째 중요한 발걸음이었지만, 그 단계에서는 수익자들의 권리는 아직 수탁자에게 관리책임을 물을 수 있는 인적 권리에 불과했음이 분명하다. 앞에서 소개한 용어를 써보자면, 수익자들은 형평법상의 무체재산권chose in action을 가진 것이었다. 이 무체재산권이야말로 수익자들에게 수탁자가 관리하는 재산을 향유할 수 있도록 자격을 부여해주는 것이었다.

형평법의 그다음 발걸음은 이제 우리에게 잘 알려져 있다. 형평법은 이런 인적 권리를 물권proprietary rights으로 재분류하기에 이른다. 이 과정은 단순히 권리의 "명칭을 바꾸어renaming"주는 데 그치지 않고, 이런 권리들에 특별한 보호를 베풀어주었다는 점에서 중요하다. 이것이 한꺼번에 가능해진 일은 아니었지만, 19세기가 되면 수익자들은 자기들의 권리다발을 제3자에게 (무체재산권의 양도에 관한 형평법상의 메커니즘을 이용하여) 양도할 수 있게 되었음이 역사상 확실한 진실이다. 더욱 중요한 것은, 수익자들이 수탁자의 파산에도 불구하고 보호받을 수 있게 됨으로써, 수익자들은 수탁자의 파산재단으로부터 "그들의" 재산estate—즉 신탁재산—을 환취하여 그것이 수탁자의 일반채권자들에 대한 배당 용도로 매각되지 못하도록 저지할 수 있었다는 이야기이다. 한 마디로 수익자들은 이제 수탁자와 수탁자의 일반채권자들이 수익자들의 권리에 끼어드는 것을 배척할 수 있게 된 것이었다. 파산으로부터의 강력한 보호, 그리고 수익자

15) 그러나 1999년의 계약(제3자의 권리)법 참조.

들이 신탁재산에 대한 보통법상의 소유자legal owner였을 경우 누렸을 지위와 똑같은 위치를 보장받게 됨으로써 결국 수익자들은 신탁재산에 대한 형평법상의 소유자Equitable owner로 묘사되는 지경에 이르렀다.

법적으로 재산권과 다름없는 보호는 여기서 그치지 않았다. 수익자들은 또한 파산의 경우가 아닌 상황에서도 보호받게 되었다. 보통법상 재산의 소유자가 제3자의 간섭을 배척할 수 있음과 마찬가지로 수익자들도 이제는 마찬가지의 배타성을 인정받게 되었다. 이렇게 제3자를 배척할 수 있는 권리에 대하여는 좀 생각해볼 필요가 있다. 예컨대 보통법상 토지의 소유자는 그 토지에 침입한 사람을 쫓아낼 수 있다. 수탁자도 보통법상 그 토지의 소유자로서 마찬가지의 권리를 행사할 수 있다. 수익자들은 이런 류의 보호를 받을 필요가 없다. 그들이 안게 되는 위험은 수탁자가 변심하여 수탁재산을 제3자에게 팔고 돈을 받아 달아나는run 데 있었다. 여기서는 수탁자들이 보통법상의 소유자로서 자기 자신이야말로 그 재산을 매각할 권리가 있다고 당장 큰소리칠 수 있는 위치에 있기 때문에 위험성이 높았던 것이다. 그렇게 되면 수익자에게는 아무것도 남지 않게 되었다. 형평법은 이런 문제를 해결하기 위하여 두 가지 전략을 채택했다. 첫째, 수익자에게는 배타성이 인정되었다. 형평법은 수익자의 권리를 이미 알고 있거나 또는 알고 있었어야 할(즉 그런 사실을 알았다고 의제constructive notice되는 경우) 제3자는 수익자의 권리를 인정해줄 의무가 있다고 판단하기 시작한 것이었다. 보통법과 성문법상의 재산권 중 몇 가지, 그중에서 특히 지적재산권은 이런 근거 위에서만 인정되는 것이다. 그 원칙의 작동원리는 다음과 같다. 만약 신탁재산이 제3자에게 증여되면given 그 제3자는 수익자의 권리가 자기에게 알려진revealed 만큼만 수익자의 권리를 인정해주면 되었다. 비록 제3자가 수탁자로부터의 증여에 의해 신탁재산의 보통법상 소유자로 되더라도 실제로는 수익자 또한 그 제3자에게 그 재산에 대하여 경합하는 권리(즉 형평법상의 소유권)를 인정해달라고 주장할 수 있었다. 반면 그 신탁재산이 제3자에게 잘못 매각sold되었을 경우에는 그 제3자가 매수하던 당시 수익자의 권리가 존재함을 알았다고 의제할 수 있을 때에만 수익자는 그 재산에 대하여 경합하는 권리를 가지고 있음을 인정해달라고 요구할 수 있었던 것이다. 이런 원칙들에 의하면, 수익자의 형평법상의 재산권에도 불구하고 자신의 권리가 우선함을 주장할 수 있는 제3자는 수익자의 권리의 존재를 의식하지 못한 선의의innocent, 정직한honest, 제3취득자에 한함을 의미했다(이렇게 "제3취득자가 형평법상의 권리의 존재를 모른 채로 선의로 매수"한 경우는 드물기는 했지만, 이들은 "형평법의 총아Equity's darlings"로 불렸다[16]). 의무를 지키지 않는 수탁자로 인한 위험을 방지하기 위하여 수익자의 형평법상의 권리를 보호해주려고 하는 형평법의 두 번째 전략에 대하여는 다음 장에서 살펴보기로 하지만, 우선 간단히 언급하자면 수익자의 토지가 위법하게 매각되었을 경우 형평법은 수탁자가 수령한 매각대금이 그 수탁재산에 갈음할 새로운 수탁재산으로 되어야 한다고 주장할 권리가 수익자에게 있음을 인정해준 것이었다.[17]

비록 이런 과정에 수백 년이 걸리기는 했지만, 일단 이런 원칙들이 정립되고 나서부터 수익자의 권리는 상상이 가능한 최고의 의미에서의 물권으로 대접받게 되었음이 분명하다. 현대의 관점에서 보면, 수익자의 권리는 양도할 수 있고, 수탁자의 파산시에도 우선적으로 보호를 받으며, 수익자의 권리를 알고 있었다고 의제되는 제3자의 간섭을 배제할 수 있는 자격이 부여된다. 만약 모든 제3자에 의한 간섭으로부터의 구제를 허용받을 수 있으면 이런 권리의 물권적 성질은 더욱 두드러질 것이다. 더욱이 다른 모든 재산에 있어서나 마찬가지로 이런 권리들은 창설되면서부터 즉각 물권적으로 되었다. 구태여 법원이 특별한 보호의 원칙을 세워 시행할 때까지 기다릴 필요도 없었다. 즉, 그런 보호를 받게 되리라는 예지knowledge만으로도 이미 충분했다. 이 전 과정은 형평법이 단지 인적 권리를 물권으로 전환시켜주었다는 이유만으로 독창적인 것은 아니었다. 형평법은 먼저 색다른 형태의 인적 권리를 창안해내고 나서 그 다음에는 이를 물권으로 전환시켜준 것이었다.

---

16) 제4장 제4절 제4관을 보시오.

17) 제4장 제5절을 보시오.

그렇다면 이런 색다른 권리란 정확하게는 도대체 무엇을 의미하는 것일까? 형평법상의 소유권이란 무엇인가? 이에 대한 정답은 그것이 "경우에 따라 다르다"는 것이다. 보통법상의 소유권도 마찬가지이다. 앞으로 돌아가서 주택의 소유자와 그 임차인의 경우를 보자. 그들의 서로 다른 물권적 권리는 그들 간의 합의에서 정한 조건에 그대로 따르게 된다. "소유권"과 "임차권"이란 용어만으로도 곧 각 권리의 맛을 어느 정도 보여줄지는 모르겠으나, 그 각 권리의 정확한 범위는 합의의 내용에 달려 있다. 이는 또한 형평법상의 소유권Equitable ownership에서도 마찬가지이다. 이 용어는 그 안에 포함되어 있는 권리들의 냄새를 풍겨준다. 수익자는 수탁자가 관리하는 재산으로부터 향유할 자격을 가진다. 이런 일은 당해 재산 내에 거주할 권리라든지, 당해 재산이 발생시키는 수익을 수령할 권리 등을 포함할 수 있을 것이다. 그러나 그 가능성은 무한히 다양하다. 자기들끼리는 서로 원하는 대로 신탁자(역사적으로는 그 십자군)와 수탁자 간에 합의하여 정하는 특약에 따라 마음대로 정할 수 있다. 비록 지금까지의 논의가 수탁자의 토지관리 사례에 집중되기는 했지만, 그 수탁재산이 반드시 토지일 필요는 없다. 재산이라면 그것이 보통법상의 권리든 또는 형평법상의 권리든 간에, 또 유체동산이든 무체재산이든 간에 어떤 것이라도 신탁의 대상이 될 수 있는 것이다.

이렇게 신탁자와 수탁자 간에 수탁자가 신탁재산을 수익자의 이익을 위하여 맡기로 하는 융통성 있는 신탁설정계약arrangement을 신탁trust이라고 부른다. 우리의 초점은 신탁의 물권적 측면에 주로 맞추어졌으나, 형평법은 또한 "수임자의 주의의무fiduciary obligations"[역주9]라는 독특하고도 뛰어난 개념을 개발해냄으로써 인적 권리의 측면에서도 극적인 공헌을 하게 되었다. 수임자의 주의의무는 원래 신탁재산의 관리를 맡은 수탁자들을 통제하기 위하여 고안된 것이었으나 이제 그 미치는 작용의 반경은 훨씬 넓어졌다.[18] 그러나 현재로서 중요한

18) 제5장 제2절 본문 및 제3관을 보시오.

점은 형평법이 새로운 범주의 물권을 창설해내는 데 있어서 채택한 전략의 독특성에 있다. 형평법은 보통법을 대변하는 권리들의 다발을 취하여 거기에서 이를 여러 개의 작은 다발로 분류해냄으로써 그 각 권리자에게 그 재산에서 나오는 특정한 이익을 향유하도록 허용해준 것이다. 수탁자(예컨대 앞에서 본 주택소유자)는 그 수탁한 재산에 대하여 보통법상의 소유권과 관리권을 보유하고, 수익자는 "형평법상의 소유권"을 가지게 된 것이다.[19] 제3장의 뒷부분에서 우리는 형평법상의 담보권Equitable charges(이는 재산에 대하여 형평법상의 또 다른 형태의 물권을 창설해낸 것이다)을 해석함에 있어서도 똑같은 전략을 채용하고 있음을 보게 될 것이다. 형평법상의 소유권은 제3자에게 양도할 수 있는 권리와 제3자를 배제할 수 있는 권리를 포함한다는 단순한 이유만으로도 인적 권리가 아닌 물권으로 간주되고 있다. 신탁제도를 만들어낸 법적인 진화과정에는 수백년이 걸렸지만, 신탁은 이제 형평법이 판례법체계에 바친 최대의 공헌이라는 것이 중론이다. 실로 대륙법 국가들은—대륙법의 체계상으로는 형평법상의 소유권 개념이 없다—신탁이라는 장치를 통하여 제공되는 엄청난 규모의 사회적 및 상업적 혜택에 갈수록 주목하고 있다. 이런 혜택에 관하여는 이 장의 뒷부분에서 그 윤곽을 보여주겠지만, 우리는 먼저 신탁이 어떻게 성립되는지 그에 관한 다양한 방법들을 이해할 필요가 있다.

19) 법학도로서는 아마도 법적 소유자가 가지는 "권리들의 다발"이 "법적 소유권"의 다발과 "형평법상의 소유권"의 다발로 되어 있으므로 법적 소유자는 또한 동시에 형평법상의 소유자가 된다고 말하고 싶은 유혹을 받을 것이다. 이런 생각은 법학도들에게 항상 반직관적으로 보이기는 하지만 틀린 생각이다. 가령 다음의 경우를 유추해보더라도 쉽게 납득할 수 있을 것이다. 법학도들은 임대주택의 소유자가 자기의 소유권을 소유권과 임차권으로 쪼갤 수 있더라도 그 소유자가 동시에 임차인도 겸한다는 논리를 적용하려 하지는 않는 것이다.

제7절 신탁의 성립
—명시적신탁, 의제신탁 및 결과적신탁

신탁이라는 것이 신탁자와 수탁자 간의 신탁설정합의consensual arrangement에 의하여 성립됨은 분명하다. 이것은 아직 신탁에 관한 법이 생기기도 전에 십자군에 출정하는 사람이 당초 시도했던 그대로다. 이제 그런 신탁은 수백만 파운드의 기금신탁에서부터 가족을 위한 상대적으로 작은 규모의 신탁에 이르기까지 광범위하게 또 다양하게 활용되고 있다. 이런 신탁은 이른바 명시적신탁express trust으로서 당사자들이 그 목적하는 바를 달성하기 위하여 명시적으로 합의에 의하여 만들어내는 것이다. 신탁자는 수탁자에게 수익자들을 위하여 신탁재산을 관리하도록 맡기면서 잔뜩 조건을 붙이거나 자세한 조건을 붙이기도 하고 때로는 거의 건드리지 않기도 한다. 심지어 신탁자는 자기 자신을 수탁자로 만듦으로써 중간에 누가 끼어들지 못하게 만들 수도 있다.

신탁자가 수탁자에게 신탁재산을 처음 넘겨줄 때에는 때로 특별한 요식행위를 필요로 하기도 한다. 예컨대 토지나 주식의 신탁을 위한 소유권이전에는 등기나 등록을 필요로 한다. 이런 것을 제외하고 명시적신탁은 요식행위 없이 이루어질 수 있다.[20] 그런 경우 이외에는 세 가지 요건만 확실히 지킨다면 충분하다. 첫째, 신탁자가 신탁을 하겠다는 확실한 의사intention를 가져야 한다. 여기서 "신탁"이라는 용어는 꼭 쓰지 않아도 되며, 전후 사정에 의하여 신탁의 의사가 추정될 수 있으면 충분하지만, 그런 신탁의 의사는 증여나 대여나 계약이나 또는 다른 방법이 아니라 오직 신탁의 방법으로만 수익자에게 어떤 이익을 주겠다는 의사이어야 한다. 둘째, 그 신탁재산trust property이 어떤 것인지를 분명히 해야 한다. 수탁자는 자기가 도대체 정확히 어떤 재산을 관리할 것인지를 정확히 알아야 한다.[21] 셋째, 수익자beneficiaries가 누구인지도 또한 확실해야 한

20) 단 토지에 대한 신탁의 설정은 서면으로 해야 한다. 1925년의 재산법 제53조(I) (b)참조

21) *Hunter v Moss* [*1994*] *1 WLR 452 (CA); Associated Alloys Pty Ltd v ACN 001 452 106 Pty Ltd (2000) 202 CLR 588 (Aust HCt).*

다.[22] 여기서 완벽한 인적 사항은 필요하지 않으나, 신탁자는 신탁재산으로부터 혜택을 받을 수익자가 누구인지를 알아낼 수 있을 만큼 충분히 분명하게 정의define해주어야 한다.[23] 예컨대 신탁자는 앞으로 X라는 여성과 결혼하여 낳게 될 아이들을 위한 신탁을 할 수 있을 것이다. 이는 비록 그 신탁이 어린이들의 출생 전에 이루어지지만, 이 정도면 그 수탁자가 누구인지를 충분히 특정해준다. 다음 절에서는 이런 단순한 신탁구조가 다양한 상황에서 얼마나 가치를 발휘했는지 살펴보기로 한다.

그렇다고 하여 무슨 신탁이든지 모두가 합의에 의하여consensually 형성되는 것만은 아니다. 형평법은 때로 당사자의 의사에 반해서도 신탁을 인정해준다. 달리 설명하자면 형평법의 구제조치remedial orders로서 신탁관계가 인정될 수도 있는 것이다. 이런 일이 어떻게 가능한지는 쉽게 이해할 수 있다. 실로 이런 발상은 명시적신탁을 설명하는 배경에 깔려 있다. 명시적신탁에 의하여 당사자는 재산의 관리권과 재산으로부터의 향유권을 분리하는 약정에 이르게 된다. 이런 약정이 결과적으로 물권으로서 대접을 받는 이유는 오로지 형평법상의 수탁자가 신탁의 약정을 준수해야 하며, 신탁재산을 수익자를 위하여 보관해야 하며, 또 수익자의 권리는 강력히 보호되어야 하므로 양도할 수 있으며, 또한 제3자의 간섭으로부터 보호받을 수 있어야 한다는 형평법의 고집 때문이다. 이런 명시적신탁은 당사자 간에 합의된 약정을 약정대로 이행해주게 된다. 그러나 좀 다른 상황이 되면, 형평법은 그런 상황에서 가장 적절한 구제수단은 피고가 문제의 재산을 원고에게 넘겨transfer주어야 하며, 또 넘겨줄 때까지는 원고의 이익을 위하여 이를 관리해주어야 한다고 고집하는 일이라고 생각할 가능성이 있다. 만약 형평법이 이에 덧붙여서 이런 구제수단을 허용받을 권리에 양도

22) 이에 대한 유일한 예외는 자선 목적의 신탁으로서 자선이라는 목적이 분명히 드러나야 한다. 그러나 법은 무엇이 자선이냐에 관하여 상당히 제한적인 견해를 취하고 있다.

23) *Re Denley's Trust Deed* [1969] 1 Ch 373(Goff J); *IRC v Broadway Cottages Trust* [1955] Ch 20 (CA); *McPhail v Doulton* [1971] AC 424 (HL); *Re Baden's Deed Trusts (No 2)* [1973] Ch 9 (CA); *Re Gulbenkian's Settlement Trusts, Whishaw v Stephens* [1970] AC 508 (HL).

성과 배타성이라는 속성을 부여하게 되면 그 권리는 물권적 권리로 된다. 이는 명시적신탁 약정의 근저에 깔려 있는 것과 정확하게 똑같은 유형의 사고방식에 의하여 생겨나는 권리이다. 여기서 굳이 차이가 있다면 단지 그런 신탁관계가 법률의 규정에 의하여by operation of law(어떤 특별한 사실관계가 있을 때 법 규정이 정하는 바에 따라) 이루어지는 것이지, 합의에 의하여consensually 이루어지는 것이 아니라는 점뿐이다.

이 단계에서는 단지 형평법의 개입 양식을 보여주는 것만으로도 충분해진다. 즉, 형평법은 두 가지 모습으로 나타나서 사태를 더욱 복잡하게 만든다. 법률의 규정에 의한 신탁은 의제신탁constructive trust이거나 결과적신탁resulting trust일 수 있다. 먼저 의제신탁의 경우를 보자. 우리는 이미 "알았다고 의제constructive notice" 되는 경우에 "의제constructive" 라는 용어를 본 바 있다. 법에서 "의제" 라 함은 통상적으로 어떤 사태가 〔X〕에 해당하지 않지만, 그 전후 사정에 비추어 마치 〔X〕인 경우와 마찬가지로 취급해야 함을 의미한다. 그리하여 알았다고 의제함은 실제로 인지하지 못했더라도 인지한 것으로 간주한다는 뜻이다. 이와 마찬가지로 의제신탁은 명시적신탁이 없는 상황에서 마치 명시적신탁이 있었던 경우와 마찬가지로 간주하겠다는 뜻이 된다. 당사자 간에 신탁관계를 설정하려고 의도하지 않은 경우에도 법원이 상황에 따라 정의의 구현을 위해서 필요하다고 여기는 경우에는 신탁이 있었다고 의제하는 것이다. 다음 장들에서 보게 되겠지만, 의제신탁은 다양한 상황에서 인정될 수 있다. 여기서는 한 가지 단순한 예만 보는 것으로도 충분하다고 생각한다.

제2장에서 본 대로 보통법상 인정되는 계약 위반에 대한 금전적 손해배상의 방법으로 불충분할 때, 형평법이 때로 문제의 계약에서 정한 그대로 특정이행하라고 명하는 경우를 생각해보자. 예컨대 비상장법인의 주식을 매수하기로 약정한 매수인은 매도인을 상대로 그 약정대로 주식을 인도하라는 판결을 받을 수 있다.[24] 이렇게 원고에게 주식을 이전하라는 명령을 받게 되면 매도인은 그

24) 제2장 제1절 제1관을 보시오. 명나라 시대의 도자기를 구매하기로 약정한 매수인은 피고

이전시까지는 그 주식을 매수인을 위하여 보관할 책임을 지게 된다. 이는 명시적신탁상의 권리를 반영하는 것인데, 여기서는 당사자들 간에 그런 신탁관계를 의도했기 때문이 아니라, 단지 형평법이 계약에 따르는 특정한 의무의 이행을 흔쾌히 명할 용의가 있기 때문에 그런 신탁관계를 인정해주는 것이다. 그 유사성은 여기서 그치지 않는다. 만약 매도인이 주식을 인도하라는 명령에 응하기 전에 파산한다면 그 주식에 대하여는 매수인이 우선하게 된다. 매수인은 매도인의 채권자들을 위한 파산재단에서 이를 환취할 권리를 인정받는 것이다. 그리고 만약 매도인이 그 주식을 제3자에게 넘겨주려고 시도할 경우에 매수인은 그 제3자가 매수인의 권리를 실제로 알고 있거나, 또는 안다고 의제되는 한 그 제3자에 대하여 자신의 형평법상의 권리를 주장할 수 있는 것이다. 이와 같이 형평법이 제3자의 개입으로부터 매수인을 보호해주는 것은 비록 매도인이 그 주식에 대하여 아직 보통법상의 소유권을 가지고 있더라도(그리고 또한 그 주식이 공식적으로 매수인의 이름으로 등록될 때까지 매도인이 그 소유권을 보유하더라도) 매수인은 주식에 대한 형평법상의 소유권을 가지고 있음을 확인해주는 것이다. 그러므로 매도인은—수탁자로서 신탁의제에 따라—매수인을 위하여 주식을 보관할 의무를 진다고 말할 수 있게 되는 것이다.

이런 물권적 결론을 이끌어내는 법적 추론과정은 이제 우리에게 꽤 익숙하다. 형평법은 먼저 새로운 형태의 인적 권리, 즉 특정한 행위를 요구할 수 있는 권리를 고안해낸다. 그러고 나서 형평법은 이 권리를 보호해준다. 만약 그 보호

에 대하여 약정대로 특정이행하라는 판결을 또한 받을 수 있다. 그러나 그런 재판의 효과는 자주 그렇듯이 인도 전에 이미 법적 소유권이 매수인에게 이전되었는지의 여부에 따라 달라진다. 만약 매수인이 이미 법적 소유권을 취득했다면 더 이상 신탁이 인정될 수 없다. 매수인은 이미 법적(그리고 또한 수익적) 소유자이기 때문이다. 매수인은 단지 점유권을 가지고 있지 못할 뿐이다. 그리고 법원은 바로 이 점에 착안하여 피고에게 그 점유를 원고에게 돌려주도록 명령할 것이다. 반면 만약 소유권이 아직 이전되지 않음으로써 매도인이 아직도 법적 소유권을 가지고 있다면 계약이 특정이행 가능하다는 사실은 그 사실로 인하여 피고는 그 도자기를 매수인을 위한 수탁자로서 보유한다는 이야기가 될 것이며, 이는 바로 비상장법인의 주식의 경우에서와 똑같은 상황이 될 것이다.

가 충분해지면 제3자는 그 권리에 개입하지 못하게 된다. 이 권리는 또한 양도가 가능해질 수도 있다. 이런 속성을 부여받게 되면 그 권리는 재산권의 대상으로 분류된다. 형평법은 명시적신탁의 법리를 개발해냄에 있어서 정확히 똑같은 두 개의 과정을 거쳤다. 이중 어느 과정도 법의 발전을 위해서 불가피하다고 생각될 수는 없으나, 이들을 합쳐보면 이들은 효과적으로 재산상에 새로운 권리를 창설해냄을 알 수 있게 해준다.

이 이야기에는 하나의 변형을 생각해볼 수 있다. 즉, 기준시점timing의 문제이다. 그 매매한 주식에 대한 매수인의 권리는 법원이 공식적으로 피고에게 계약대로 주식을 인도하라고 명하고서야 비로소 재산권으로서 보호받게 되는 것일까, 또는 그보다 훨씬 빠르게, 가령 매수인이 매도인과 계약을 체결한 순간부터 즉각 발생하는 것일까? 후자에 해당한다는 사정이 드러나고 있다. 이는 특히 파산시의 우선권을 인정받기 위해서는 매우 긴요한 일이 된다. 법원에 갈 때까지는 아직 재산권을 인정받지 못한다면 그보다 먼저 권리를 취득한 제3자가 주식에 대한 매수인의 주장에 앞설 수밖에 없게 될 것이다.[25] 이는 기준시점의 문제가 매우 중요할 뿐만 아니라 잠재적으로 논란의 대상이 될 수 있음을 의미한다.[26] 이런 사실관계에 적용될 추론의 방법은 명시적신탁 관계에 적용되는 추론과 똑같다. 명시적신탁의 경우의 수익자를 생각해보자. 그 경우 수익자가 수탁자를 상대로 제소할 수 있는 형평법상의 권리가 실제로 행사되어야만 신탁재산에 대한 권리를 인정받는 것은 아니다. 수익자가 법원을 찾아가기만 하면 법원은 신탁대로 이행하라고(수탁자는 물론 제3자에 대하여도) 명해줄 것이기 때문에 수익자는 권리를 가지고 있는 것이다. 이것은 매수인의 경우에도 마찬가지이다. 매수인은 매매계약에 따르는 특정한 행위를 요구할 형평법상의 권리를 보유하고 있다. 이런 권리는 매수인이 법원에 제소할 경우 법원이 (매도인에 대해서뿐만 아니라 제3자에 대해서도) 그 권리를 실현할 수 있도록 도와

25) 제4장 제4절을 보시오.

26) 제8장 제5절 제1관, 제2관을 보시오.

주기 때문에 물권적이다. 이 두 이야기들 간의 차이점은 명시적신탁의 수익자는 수탁자에게 신탁약정에 따르는 특정한 행위의 이행을 구할 권리를 가진다는 점이다. 즉, 이런 수익자들은 항상 재산상의 권리를 가지고 있는 셈이 된다.[27] 그러나 매수인의 경우에는 그렇지 못하다. 매수인이라고 하여 누구나 매도인에게 특정한 행위의 이행을 청구할 수는 없는 것처럼 매수인이라고 하여 아무나 재산상의 권리를 가지는 것은 아니다. 이 경우 법원은 이런 권리가 존재하는지의 여부를 결정해줄 수도 있다. 그러나 만약 그런 권리가 존재한다면 그 권리는 전후 사정상 그런 권리를 발생시킨 날로부터 존재한다. 이와 똑같은 원칙이 다른 어디서나 적용되는 것이다. 예컨대 법원은 어떤 계약의 위반이 있었는지의 여부 및 그로 인하여 입은 손실이 회복될 수 있는 것인지의 여부를 결정할 수 있겠으나, 원고의 손해배상청구권은, 만약 그것이 존재한다면, 상대방의 계약 위반의 날로부터 이미 존재하는 것이지 법원이 그런 권리가 존재한다는 사실과, 또한 그런 권리가 특정한 가치를 가진다고 판단해주는 날부터 존재하는 것은 아니라는 점이다.

법률의 규정에 의한 두 번째 형태의 신탁은 결과적신탁resulting trust이다. 결과적신탁과 의제신탁 간의 구분은 명확하지 않다. 그러나 분명한 것은 결과적신탁에서는 형평법상의 소유권이 애초의 소유자에게로 "되돌아간다jumps back"("되돌아간다는 결과를 빚는다results back")는 점이다. 예컨대 D가 자기의 주식을 C에게 이전하고 C가 이 주식을 결과적신탁에 따라 보관한다고 할 경우 C는 그 주식에 대한 보통법상의 소유자로 되지만, D는 여전히 형평법상의 소유자로 남게 될 것이다(형평법상의 소유권은 그에게 "되돌아올" 것이기 때문이다). 이런 양상은 결과적신탁이 어떤 재산을 그 적법한 소유자에게 되돌려주는 메커니

27) 이것이 꼭 진리는 아니다. "재량적 신탁discretionary trusts"의 경우에는 수탁자가 수탁기금을 나누어줄 재량권을 가지고 있다. 따라서 설사 수탁자의 의무를 특정이행하라고 요구할 수 있는 경우라도 수익자는 반드시 그런 권한의 행사로부터 무엇을 얻을 수 있다는 보장이 없기 때문에 재산권을 가지지 못한다. 좀 더 일반론으로서 *Schmidt v Rosewood Trust Ltd* [2003] 2 AC 709 (PC)를 보시오.

즘임을 암시해준다. 다시 말하자면, 결과적신탁은 부당이득의 상태를 원상회복 시켜주는 것이다. 결과적신탁에 대하여는 나중에[28] 좀 더 자세히 다루어볼 기회가 있겠지만, 여기서는 우선 간단한 예로서 충분할 것이다.

A가 자기의 재산을 B에게 대가 없이 넘겨준 경우 형평법은 A가 증여의 의사로 그리한 것은 아니라고 추정한다.[29] 이는 아마도 형평법이 항상 대가관계 없는 수증자volunteers(이는 보통법상 약인consideration이나 반대급부counter-performance가 없이 증여를 받는 자를 의미한다)에 대하여 비교적 적대적으로 대해왔다[역주10]는 점을 감안하더라도 다분히 놀랄 만한 일이다. 실로 형평법은 이보다 한 수 더 뜰 지경이다. 형평법은 B가 그 재산을 증여받은 것임을(또는 다른 이해타산적 합의를 했음을) 입증하지 못할 경우에는 그 재산을 돌려주되, 돌려줄 때까지 A를 위하여 보관하라고 명한다. 우리는 앞에서 본 바에 따라 형평법이 일단 배경에 깔려 있는 권리를 보호하기로 결심하면, 그때 내려지는 명령은 B가 그 재산을 A를 위한 신탁관계에서 보관해야 하며, 또한 A에게는 그에 따르는 모든 물권적 보호가 허여되는 효과를 초래함을 알고 있다. 이런 형태의 결과적신탁은 애초의 소유권이전에 관한 형평법의 추정presumptions에 의하여 발생하는 것이므로 결과적신탁의 추정presumed resulting trust이라는 이름으로도 알려져 있다.[30]

여기서 또 한 번 우리는 형평법이 어떤 권리를 물권적 지위로까지 올려주는 데는 두 단계의 간단한 과정을 거치고 있음을 알게 된다. 첫째, 여기서 이행강

---

28) 제9장 제5절을 보시오. 이와는 대조적으로 의제신탁은 계약 위반과 몇 가지의 불법행위에 대한 구제수단으로 사용되는 것으로 보인다.

29) 여기에서는 특히 B가 아주 가까운 친척일 경우에 약간의 왜곡이 있다. 제8장 제4절 제2관을 보시오. "자동적 결과적신탁automatic resulting trust"은 또 다른 사례를 보여준다. 만약 재산이 명시적신탁 관계에서 보유되지만, 그 신탁으로 인하여 신탁재산상의 모든 이익이 수익자에게 귀속되도록 조치하지 않은 경우에는 수익자에게 귀속되도록 할당되지 않은 재산은 수익자가 신탁설정자를 위하여 결과적신탁 관계에서 보유하게 된다. 이는 설정자가 신탁을 설정하면서 신탁을 통하여 명시적으로 제3자에게 전달되지 않은 재산상의 이익은 설정자 스스로가 보유하겠다는 뜻으로 자동적으로 추정되기 때문이다. *Air Jamaica Ltd v Charlton* [1999] 1 WLR 1399 (PC).

30) 이 모든 것들은 이제 점증하는 논란의 대상이 되고 있다. 제9장 제5절을 보시오.

제가 가능한 권리라 함은 그 재산의 소유자에게 그 재산에서 얻어지는 어떤 이익을 원고에게 넘겨주도록 강제함으로써 원고가 문제의 재산에 대하여 가지고 있는 권리의 정도와 범위를 규정해주고, 이로써 그 권리는 실현이 가능한 권리로 된다는 점이다. 둘째, 형평법은 제3자가 이런 권리에 개입하지 못한다고 단언함으로써 이 권리를 재산권의 지위로까지 승격시켜준다. 일단 법이 이런 두 가지 단계를 밟게 되면, 진정한 권리자는 설사 피고가 보통법상의 소유자인 경우에도 문제의 재산에 대하여 형평법상 물권적 권리를 가지는 것으로 간주받게 된다.

명시적신탁, 의제신탁, 그리고 결과적신탁 간의 중요한 차이점은 피고defendant인 수탁자에게 부과되는 관리책임이 서로 다르다는 점이다. 어느 유형의 신탁이든 원고는 문제의 재산상에 형평법상의 소유권을 가지게 되지만, 이런 공식은 단지 문제의 권리에 대하여 기본적인 맛을 보여줌에 불과하다. 구체적으로 보면, 명시적신탁의 경우 수탁자는 수탁재산을 신탁증서에서 정한 조건에 따라 관리할 책임을 진다. 이로 인하여 수탁자는 신탁재산을 수익자에게 가장 이익이 되는 방법으로 투자하고 또 재투자하는 적극적 역할을 요청받게 될 것이다. 의제신탁에서 수탁자는 신탁재산에 대한 합리적 주의의무를 기울여야 하며, 상황에 따라서는 그보다 더 주의를 기울여야 하는 경우도 있을 것이다. 이 경우 법원은 주어진 전후 사정에 의하여 합리적이라고 생각되는 한도 내에서 그에 합당한 관리의무를 진다고 의제(바로 이런 신탁이 의제constructive신탁으로 되는 이유이다)할 수 있는 것이다. 마지막으로 결과적신탁에서 수탁자는 일반적으로 어떠한 관리책임도 지지 않으며, 유일하게 책임이 있다면 그것은 그 재산을 원고에게 돌려주어야 할 책임이라는 점뿐이다.

이렇게 명시적신탁, 의제신탁, 그리고 결과적신탁에 관하여 간략하게 설명하는 것으로 그치고, 다음 장들에서 다시 좀 더 자세히 설명하게 될 것이다. 이 정도만으로도 형평법상의 이해관계가 그렇게 논란의 대상이 되는지를 이해할 수 있을 것이다. 어떤 재산상의 이해관계든지 그것은 그 보유자가 그 재산에 대하여 단순한 인적 권리만을 가지는 사람들에게 우선하기 때문에 잠재적으로 다툼이 생길 수 있는 것이다. 그러나 의제신탁과 결과적신탁에서는 다른 사유들이 추가된다. 이 경우 당사자들은 파산시 우선대우를 받기로 약정받은 일도 없고, 그를 위한 대가를 지급한 일도 없는 것이다. 이로 인하여 이런 신탁관계가 생겨나는 다양한 상황들을 정확하게 분석해볼 필요가 제기된다. 현대의 법원들은 피고에게 금전에 의한 배상을 명하는 것보다는 원고의 우선권을 이유로 피고에게 계쟁재산과 관련된 이익을 원고에게 인도하라고 강제하는 결정을 내리기를 날이 갈수록 꺼리고 있다. 현대의 법원은 또한 원고가 가지는 우선적 권리가 물권적 지위를 향유하므로 제3자를 배척할 수 있다는 데 쉽사리 동의하려 하지 않는다. 그리고 마지막으로 설사 법원이 그런 권리를 물권의 수준으로 파악해준다 하더라도 그 권리가 언제 발생하느냐에 관하여는 더욱 회의적으로 된다. 이런 모든 움직임은 결국 형평법상의 재산권 개념을 확장할 정도로 문제를 해결하였다고 보던 과거의 실무관행으로부터 후퇴하는 신호로 보이기도 한다.

과거의 실무관행은 이런 신탁을 설명하면서 "형평법은 되어야 할 일이 그렇게 된 것처럼 취급한다Equity treats as done that which ought to be done"고 하는 법언maxim으로 설명하곤 했다. 만약 재산을 신탁받은 친구가 출정한 십자군 가족의 이익을 위하여 그 재산을 보관해야 한다거나, 또는 매도인이 주식을 매수인에게 인도해야 한다거나, 또는 수증자가 수증품을 증여자에게 돌려주어야 한다는 것이 형평법의 입장이라면, 형평법의 법언에 따를 경우 그것이 이미 그렇게 된 것처럼 취급하면 된다는 이야기가 될 것이다. 이에 따라 그 신탁토지로부터의 수익은 이미 십자군의 가족이 보유하고 있는 것으로 간주될 것이고, 주식은 이미 매수인에게 소유명의가 이전된 것으로 취급될 것이며, 증여물건은 이미 증여자에게 되돌려진 것으로 취급될 것이다. 어느 경우에나 그 내포하는 의미는 원고가 이미 계쟁재산에 대한 형평법상의 소유권을 가지고 있다는 뜻이 될 것이다. 위의 법언을 이런 식으로 사용함에 따라 형평법은 물권이 창설되었다는 결론을 실증하는 불가결한 단계를 모두 밟은 양 가장하고 있다는 당연한 비판에 직면하게 되었다. 형평법은 이런 모든 일들이 이미 이루어진 것으로 간주할 수 있을지는 모르겠으나, 이런 식의 설명방식이야말로 어떤 의무를 이행하도록 강제할지, 또 특히 어떤 특정한 의무가 이행강제되어야 할지, 또 그로 인하여 생기는 권리가 제3자에 대하여 어떻게 보호되어야 할지 등에 관하여 오랜 세월에 걸쳐 해답을 모색해오는 동안 아마도 서서히 나타났을 변화를 반영하는 것이리라.

제8절 신탁이 주는 혜택

소유권을 "권리들의 다발"로 파악하여 이를 법적인 소유권과 형평법상의 소유권으로 분리해내는 기발한 발상에 접하여 이제 신탁이란 것이 무엇인지 이해하기가 좀 더 쉬워졌으므로, 이제는 이런 신탁으로 인하여 얻을 수 있게 되는 어마어마한 실무상의 혜택을 탐구해보는 것이 가능해진다. 첫째, 명시적신탁이 가지는 명백하고도 괄목할 만한 양상은 그것이 보통법에서 줄곧 인정해오던 계약 외 제3자 배제privity의 원칙과 약인consideration의 원칙으로부터 완전한 단절을 보게 되었다는 점이다. 보통법의 이 두 가지 원칙은 계약이 약정대로 이행되는 것을 심하게 제약해왔다. 즉, 보통법에서 계약의 당사자가 아닌 사람이거나(즉 계약당사자 privity가 아니라면), 상대방이 이미 대가를 받았거나 또는 대가관계를 약속받지 않았거나 한 경우에는(즉 그 거래에서 "약인" 또는 쌍무적 성격 reciprocity이 없다면), 당사자는 계약의 이행을 구할 수 없었던 것이다.[31] 이는 증여를 약속했더라도 그 이행을 강제할 방법이 없었음을 의미한다. 더욱이 보통법상 계약불이행에 대한 유일한 구제수단은 금전배상에 불과했으며, 형평법 또한 예외적으로만 계약에서 약정한 특정의무의 이행을 명하여 왔다.[32] 이에 반하여 현대의 신탁은 두 법체계의 이런 모든 원칙을 뒤엎어버렸다. 수익자들은 이제 자기들이 계약의 당사자가 아니더라도, 또 약인을 제공하지 않았더라도 약정대로 이행할 것을 청구할 수 있게 되었다. 더욱이 수익자들은 신탁재산이

31) 제8장 본문을 보시오.

32) 제2장 제1절 본문과 제1관을 보시오.

예외적, 이색적인 성격을 지니고 있지 않더라도 신탁약정에 따라 특정한 의무의 이행을 구할 수 있게 되었다. 이런 모든 것은 보통법의 눈으로 보기에는 이해하기 매우 어려울 것이다. 즉, 증여를 약속할 경우 그 증여를 신탁관계의 선언declaration[역주11]이나 설정establishment[역주12]의 수단에 의하여 우회적으로 약속하면, 그런 증여의무에 대하여는 (특정)이행을 구할 수 있는 것이다. 흥미롭게도 대륙법체계는 이를 당연한 것으로 보고 있다. 오히려 그들은 그런 대응책response이 채권이 아닌 물권(거기에 또한 부수되는 권리까지도 덧붙여)의 논리를 빌린다는 점을 이상하게 여길 정도이다.

둘째, 이제 신탁은 신탁의 당사자에게 보통법으로는 허용되지 않을 상황에서도 재산권을 보유할 수 있도록 허용해주고 있다. 예컨대 미성년자는 그 연령 때문에 법적으로 소유할 수 없는 토지상에 재산권을 가질 수 있도록 허용받을 수 있게 된다. 신탁은 수익자에게 모든 물권적 이익의 혜택을 허용해줄 뿐만 아니라, 그 신탁재산을 관리할 책임을 맡은 수탁자에게 철저한 관리책임을 지우기도 하는 것이다.[33)] 이렇게 잘 구비된 신탁관계는 단순히 계약에 의하여 달성할 수 있는 것보다도 미성년자에게 훨씬 더 혜택으로 돌아간다. 현대의 신탁은 또한 다소 새롭기는 하지만 연령이 아니라 어떤 지위 때문에 소유권에 제한을 받는 경우를 회피할 수 있도록 해준다. 예컨대 정부에서 장관직을 맡은 사람은 자기 담당부처의 업무와 저촉될 수 있는 거래를 도모해서는 안 된다. 또 외국인은 국내 재산을 소유할 수 없는 경우도 있다. 마지막으로 신탁은 세금과 공정거래법 등의 적용을 회피할 수 있는 방법이 되기도 한다(미국에서는 공정거래법이 원래 "반신탁법anti-trust"으로 불렸는데, 이는 신탁관계에 의하여 확보되는 방대한 범위에서의 독점을 막기 위하여 고안된 것이었다). 아마도 예측 가능한 일이겠지만, 이런 다양한 분야에서의 신탁이라는 장치가 성공적이냐의 여부는 사안에 따라 매우 편차가 있다고 보아야 할 듯하다.

33) 제5장 제2절 본문을 보시오.

셋째, 신탁은 물권을 시차를 두고along a time line 분할해줄 수도 있다. 수탁자는 렘브란트Rembrandt의 그림을 맡아 A의 생존기간 중에는 A를 위하여, 그 이후 B의 생존기간 중에는 B를 위하여, 그다음에는 영구히 C를 위하여 관리해줄 수 있다(여기서 사망이라는 지표만이 시간적 구획에 있어 유일한 기준이 될 필요는 없다). 이러한 약정은 각 당사자(수탁자, A, B 및 C)에게, 비록 B와 C가 그 그림을 소유하게 될 때까지는 얼마간 기다려야 한다는 점만을 빼놓고는 당해 그림에 대한 즉각적인 물권과 이에 부수되는 모든 보호장치를 허용하게 된다. 물론 일반적인 계약에 의해서도 비슷한 결과를 달성할 수 있겠으나, 그 경우에는 매우 중요한 물권적 보호가 뒤따르지 못한다. 이렇게 시차를 두고 권리를 나누어주는 접근방법 또한 형평법에게는 결코 낯선 것이 아니다. 보통법도 부동산에 관한 한 이런 식의 시차를 두는 재산권분할의 원칙을 진작부터 인정해왔으나, 동산personal property에 관하여는 이를 거부해왔던 것이다.

넷째, 신탁은 소유권이라는 이익을 관리의 책임으로부터 분리시켜줄 수 있다. 재산의 소유자는 신탁을 설정하지 않고서는 자기 자신이 소유하는 재산에 대한 관리책임까지도 지게 된다. 물론 다른 사람에게 그 관리업무를 맡길 수도 있겠으나, 그로 인한 결과에 대한 책임은 궁극적으로 소유자에게 돌아가는 것이다. 그러나 신탁에 의하여 형평법상의 소유자는 소유권이라는 이익만을 얻고 관리책임은 수탁자에게 넘길 수 있다. 수탁자 또한 다른 사람에게 그 수탁재산의 관리를 맡길 수 있겠으나, 그 관리에 대한 궁극적인 책임은 수탁자에게 귀속되는 것이다. 이는 아주 작은 규모의 가족재산 신탁에서부터 수십억 파운드대의 연금신탁에 이르기까지 마찬가지이다. 가족구성원이든 연금수익자든 수탁자에 의한 관리에 따르는 이익을 향유할 수 있는 것이다. 이렇게 전문가가 수탁재산을 관리해줄 수 있다는 것은 의문의 여지없이 편리한 것이지만, 신탁은 여기서 한 걸음 더 나아가서 일반계약으로는 더 이상 해줄 수 없는 또 다른 혜택을 부여하게 된다. 특히 수익자는 법적 소유명의를 수탁자에게 남겨놓음으로 인한 관리책임의 면제에 덧붙여 물권적 보호라는 혜택마저도 향유하는 것이다. 게다가 수탁자는 그 관리 기능을 수행함에 있어 자동적으로 부담스러운 수임자의 주의의무fiduciary obligations를 떠안게 된다.[34] 다른 어떤 관리계약도 수익자에게 이런 모든 혜택을 부여할 수는 없다. 현대의 주식회사에서 두드러지는 소유와 경영의 분리현상이 이에 견줄 만한 것이지만, 회사라는 매개체는 신탁이라는 발상이 이미 수백 년 전부터 구체화된 데 비하여 보면, 겨우 100년의 역사를 지님에 불과하다. 더욱이 소유와 경영의 분리는 법이 회사를 법인으로 의제해줌으로써 비로소 가능해지는 것이지만, 신탁은 그런 의제의 필요조차도 느끼지 않는다.

다섯째, 신탁은 독특한 재산분할의 형태를 달성하고 있다. 이는 헤아릴 수 없는 가치와 독창적인 상업적 업적이 아닐 수 없으며, 거의 전적으로 신탁이 가지는 유별난 물권적 속성에 터잡는 것이다. 정상적인 보통법의 원칙에 의하면 개인이 소유하는 재산은 분할할 수 없는 하나의 집합물로 파악된다. 따라서 개인의 재산은 그 전부가 통째로 그 개인에 대한 채권자들의 채권에 노출된다. 예컨대 어떤 개인이 사업을 하면 그 사업의 위험은 그의 개인적인 투자자산들로부터 분리될 수 없으므로 사업상의 채권자들은 자기들의 채권을 회수하기 위하여 그 사람의 주택을 포함하는 모든 재산상에 권리를 행사할 수 있게 된다. 마찬가지로 그 사람에 대한 개인적 채권자들 또한 자기들의 채권을 회수하기 위하여 그 사람의 사업용 재산과 개인 용도의 재산 모두를 대상으로 삼을 수 있게 된다. 여기서 보통법은 그 개인의 사업용 재산과 순수한 개인 용도의 재산 간에 개념적 구분을 하지 않는다. 이는 불가피하게 그 사람에 대한 사업상의 채권자 및 순수한 개인적 채권자들을 무제한의 위험에 노출시켜 불안하게 만드는 요인이 된다. 이런 경우에 신탁이라는 수단을 이용하면—그것이 사업상의 신탁이든, 또는 개인적 신탁이든 —이런 딜레마를 해결해줄 수 있다. 가장 단순한 수준에서는, 그 사업가는 자기가 사는 주택에 자기의 배우자와 자녀들을 위하여 신탁을 설정한다고 선언할 수 있다. 그렇게 되면 그의 사업상의 채권자들은 채권을 회수하려 하더라도 그 재산에는 접근할 수 없게 된다. 그 사업자가 그 주

34) 제5장 제2절 제1관을 보시오.

택의 보통법상 소유자[역주13]로 남아 있는 것은 사실이지만, 그가 지명한 수익자들은 형평법상의 소유자로 간주되는 것이다. 그리하여 그들은 제3자(이 사업자의 일반채권자들)가 끼어드는 것을 배제할 권리를 가지게 된다. 이와 마찬가지로 이런 접근방법은 역으로도 적용될 수 있다. 사업용 재산을 신탁수단에 의하여 분리해냄으로써 수탁자의 개인적 채권자들의 청구로부터 방어해줄 수 있는 것이다. 이런 방법으로 특정한 사업상의 위험이 다른 사업상의 위험으로부터, 또는 다른 비사업상의 위험으로부터 분리될 수 있다. 대규모의 상업활동은 이런 식의 재산분리라는 보호수단을 강구하지 않고서는 거의 발전할 수 없었다. 신탁이야말로 바로 이런 목표를 달성하고 상업적 혜택을 가져다줄 수 있는 가장 최초의 수단들 중 하나였다. 이와 유사한 목적은 현재 회사들과, 그리고 비록 범위는 적지만 현대의 증권법(이것 또한 형평법이 고안해낸 것이다)에 의하여 달성되고 있다.[35] 그러나 신탁이라는 메커니즘은 여전히 독특한 체계로 존속하고 있다. 아마도 대륙법체계에서 자기들 나름의 신탁체계를 고안해낼 필요를 느끼지 않는 것은 대부분의 대륙법체계가 다양한 맥락에서 구분이 가능한 일반재산divided patrimony이라는 관념에 익숙하기 때문에 이 나라에서 신탁제도가 달성해낸 것들이 자기들에게는 그다지 괄목할 만하다고 여기지 않는 데 유래하는 듯하다.

여섯째, 신탁은 이른바 기금fund이라는 발상의 원조가 되었다. 이런 생각은 매우 단순해 보이지만, 이 또한 매우 중요한 상업적 결과를 초래했다. 이로 인하여 더욱 진전된 형태의 재산분할이 가능해지게 된 것이다. 가령 신탁된 재산이 서점bookstore이고 그 수탁재산의 가치를 극대화하기 위하여 서점사업을 경영해 나가야 한다고 가정해보자. 이 경우 그 사업은 "신탁기금trust fund"으로 간주된다. 그 기금의 가치는 고정자산 및 유동자산의 총합계액에서 사업상의 채무를 공제한 금액이 된다. 이 경우 수익자의 권리는 책이나 서점 건물 또는 그 수입에 직접 미치는 것이 아니라 그 기금의 일정한 몫에만 미칠 뿐이다. 이는

35) 아래 제9절을 보시오.

그 사업상의 채권자들의 몫을 공제하고 남는 순수한 이익을 의미한다. 달리 말하자면, 사업상의 채권자들은 그 신탁재산의 총체에 대하여 우선권을 가지는 것이다. 수익자(또한 수익자가 파산할 경우 그 수익자의 일반채권자)는 단지 그 기금에 남아 있는 잔액에 대하여만 자기 몫을 가질 뿐이다. 이는 수익자의 채권자들을 위해서보다는 신탁된 사업의 채권자들에게 그 신탁기금에의 우선적 접근권을 허용함으로써 재산을 쪼개는partitioning 효과를 나타냄을 의미한다. 이렇게 함으로써 신탁은 사업상의 채권자들에게 매력적으로 떠오르게 된다. 사업상의 채권자들은 신탁수익자의 신용상태에 대하여 걱정하지 않고서도 거래할 수 있게 된다. 즉, 자기들은 수익자가 받아가기 전에 우선변제를 받을 수 있다는 신뢰를 가질 수 있게 되는 것이다. 이렇게 기금과 관련하여 재산을 분할하는 형태는 앞의 문단[역주14]에서 본 것보다 좀 더 진전된 발상이 더욱 정교해진 형태라고 할 수 있겠다. 이 두 가지 형태의 재산분할방법은 사업에 엄청난 혜택을 주는 것인데, 이를 통상의 계약에 의하여 재현해내기는 매우 어렵다.

마지막으로 신탁 없이는 상상도 할 수 없을 만큼 신탁은 재산권을 쪼개는 데 있어서 엄청난 융통성을 발휘하고 있다. 회사의 주식을 생각해보자. 주식을 매각하고자 하는 주주는 그 주식에 대한 모든 권리들의 다발 일체에 대한 완전한 소유권을 양도하든지, 또는 담보권을 한꺼번에 설정해주든지 하는 수밖에 없다. 즉, 주식에 귀속되는 여러 가지의 이익을 이리저리 쪼개어 여러 사람에게 나누어 어떤 사람에게는 이익배당청구권을, 다른 사람에게는 투표권을, 또 다른 사람에게는 이익배당청구권을 나누어 양도할 수 없는 것이다. 그러나 신탁이라는 우산 밑에서는 이런 모든 일이 가능해진다. 소유자는 (신탁설정자로서) 적절한 방법으로 신탁에 의하여 수익자의 권리를 지정해주면 그만인 것이다. 이런 발상은 대규모의 "자산담보부증권신탁asset securitization trusts"에서 활용되고 있다. 가령 이런 식의 신탁에 의한 수탁자가 그 자산담보부증권에서 받을 수 있는 채권에 대하여 자기 몫에 비례하여 갖게 되는 형평법상의 이익을 생각해보자. 그는 자기의 권리(또는 그 일부)를 단순히 양도하든지, 또는 그것을 담보로 사용할 수 있다. 그러나 그는 그 미수채권을 고위험채권과 저위험채권으로 나누어 그것을 제3자에게 매각할 수 있으며, 그리함으로써 그는 법적으로 채무자가 아니고 기금에 대한 형평법상의 권리자인 지위만을 유지하면서도 이런 모든 일을 해낼 수 있다. 이렇게 놀랍도록 유연성을 가지는 이 신탁은 수익자에게 신탁을 모르는 세계에서는 상상할 수도 없는 다양한 방법으로 자기들의 권리를 처분할 수 있는 실질적, 상업적 혜택을 갖게 해주는 것이다.

이렇게 개략적으로 윤곽만 살펴본 것들이 신탁과 관련된 주된 혜택들이라고 할 수 있다. 처음 4가지는 제3장의 앞부분에서 신탁에 관하여 간단히 설명한 데서 이미 충분히 감지할 수 있었을 것이다. 그러나 현대 신탁의 엄청난 사업상의 중요성을 설명해주는 것은 나중 3가지, 즉 다양한 형태의 재산분할방법 및 물권적 권리를 재포장할 수 있는 잠재성인 것이다.

제9절 담보권의 창설
—형평법상의 담보권 및 형평법상의 우선변제권

형평법이 재산법에 기여한 세 번째 항목이자 이 장에서 마지막으로 고찰해 볼 것은 형평법이 담보권에 끼친 공헌이라고 할 수 있다. 담보제도의 기저에 깔린 발상은 매우 단순하다. 담보는 인적 채무의 이행을 뒷받침하기 위하여 허용되는 물권이라고 할 수 있다. 예컨대 농부가 돈을 빌리면서 채권자에게 만약 자기가 돈을 갚지 못하게 되면 자기의 트랙터를 가져가 매각하고, 그 매각대금으로 채권의 변제에 충당해도 좋다고 동의하는 경우를 생각해보자. 이렇게 되면 채권자는 채무자인 농부의 파산으로 인하여 겪게 될 위험을 줄일 수 있게 된다. 농부가 파산할 경우 채권자는 담보권이 없는 일반채권자로 남는 대신에 적어도 그 트랙터가 교환가치 있는 재산으로 남아 있는 한 그 트랙터에 대한 물권을 행사함으로써 손실을 보전받게 될 것이다. 또 이에 상응하여 당해 농부도 이런 담보를 제공함으로써 자금을 쉽사리 조달할 수 있다는 혜택을 얻게 될 것이다. 담보권이라는 것은 단지 채권(통상적으로 대여금)을 담보하기 위한 것이기 때문에

3가지 문제가 뒤따르게 된다. 첫째, 채무를 갚게 되면 담보권은 소멸한다. 둘째, 채무를 이행하지 않아 담보권이 실행되었으나 그 결과 채무에 충당하고서도 남게 된다면 채권자는 그 잉여분을 채무자에게 돌려주어야 한다. 셋째, 담보만으로는 변제에 부족할 경우 채권자는 잔여액을 받기 위하여 채무자의 일반재산상에 권리를 행사할 수 있다.

보통법은 저당권mortgages, 질권pledges, 보통법상의 유치권Common Law liens 등으로 담보권을 잘 정비하고 있다. 그러나 이런 모든 장치는 보통법상의 소유권 내지 점유권을 적당히 수정한 권리 개념에 터잡고 있을 뿐이다. 그리하여 이것들만으로는 새로운 형태의 물권을 창설해내지 못한다.[36] 이에 비하여 형평법은 소유권이나 점유권과는 완전히 다른 새로운 형태의 물권 개념을 창설해냄으로써 독창적인 발상으로 공헌하게 되었다. 형평법은 채무자가 보통법상 가지는 권리들의 다발을 채권자들을 위하여 여러 개의 작은 다발로 솎아내고, 그리고서는 이들 각 권리를 충분히 보호해줌으로써 재산권으로 분리 독립될 수 있게 만들었다. 우리는 형평법이 어떻게 이를 달성하였는지 이미 충분히 짐작할 만한 상태에 있다. 즉, 형평법은 재산에 관련된 채권을 취하여 특정이행을 강제할 수 있다고 강조하면서 이런 권리에 제3자가 개입하지 못하도록 물권적 보호를 허용해주었던 것이다.

---

36) 예컨대 질권(또는 전당pawn)은 채무자가 채권자에게 당해 물건의 점유권을 넘겨주는지의 여부에 달려 있다. 만약 채무자가 채무를 이행하지 못하면 채권자는 그 전당 잡은 pawned 재산을 매각하여 대여금을 회수할 수 있다. 보통법상의 유치권은 채권자에게 다른 목적으로 우연히 채권자의 수중에 들어온 재산을 유치할 권리를 준다. 예컨대 자동차 정비업소는 자동차 소유자가 그 자동차의 서비스 또는 수리에 따라 생기는 대금을 소유자가 갚을 때까지 점유할 수 있다(수리점은 그 자동차에 대하여 보통법상의 유치권을 가지는 것이다). 보통법상의 저당권은 채무자가 나중에 자기가 빚을 다 갚으면 소유권을 돌려받으리라는 양해하에서 채권자에게 자기 소유의 재산에 대한 법적 소유권을 넘겨주는 전제 위에 터잡고 있다. 현대의 토지저당은 보통법상의 저당과 다르다는 점에 주목하라. 현대의 토지저당은 성문법에 의하여 창설된 법적 담보이다. 그리하여 채무자는 그 집의 소유자겸 점유자의 지위를 여전히 보유하지만 만약 변제가 지체되면 대여자는 그 집의 점유를 차지하여 집을 매각할 수 있게 된다.

가령 농부가 빚을 갚지 못하게 되자 자기의 트랙터를 채권자가 가져가 처분해도 좋다고 동의하는 경우를 생각해보자. 이런 경우 보통법상의 금전적 손해배상만으로는 부적절하기 때문에 형평법은 이를 계약대로 이행하도록 강제해줄 것이다. 여기서 당사자들이 서로 합의한 것은 파산이 되더라도 채권자가 우선변제권을 보장받는 일이다. 그러나 보통법이 허용하는 금전적 손해배상은 일반채권자들과 똑같은 순위로 비례적으로만 나누어 받을 수 있는, 담보가 없는 일반채권에 불과하다.[37] 계약이 정한 특정한 의무의 이행을 명한다 함은 농부가 트랙터의 소유권과 점유권을 계속 유지하되 만약 채무의 이행을 지체할 경우에는 채권자가 (계약조항에 따라) 트랙터의 점유를 빼앗아 그것을 매각하고, 그 매각대금으로부터 연체금의 상환에 충당(나머지가 있으면 이를 농부에게 돌려주는 것)함을 의미한다. 그 경우 채권자는 이런 권리들에 의하여 정의되는 이익을 트랙터에 대하여 갖게 된다. 그 경우 형평법은 제3자가 끼어들어 담보권을 사실상 무용화하지 못하도록 하기 위하여 제3자가 끼어들 권리를 허용하지 않는다.[38] 이는 그 권리가 물권적proprietory임을 의미한다. 이런 이해관계가 계약에 의하여 창설되었을 때에는 형평법상의 담보권Equitable charges으로, 그리고 법률의 규정에 의하여(즉 쌍방의 합의에 의하여서가 아니라 특정한 상황에서 법률의 규정에 의하여) 창설되었을 때에는 형평법상의 우선변제권Equitable liens(보통법상의 유치권은 형평법상의 우선변제권과 공통점이 거의 없으므로 혼동해서는 안 된다)으로 알려져 있다. 앞에서 본 대로 명시적신탁(합의에 의하여 만들어진 관계)과 결과적신탁 및 의제신탁(법률의 규정에 의하여 만들어진 관계) 간의 유사한 관계를 돌이켜보자. 우리는 농부가 채권자에게 트랙터에 대한 담보권을 설정해주었다고

---

37) 형평법은 대가관계consideration에 의하여 지탱되지 않는 계약에 대하여는 특정이행을 명해주지 않는다는 점에 주목하라. 특정이행이 없이는 재산권이 창설될 수 없기 때문에 대가관계는 담보권의 창설을 위하여 필요하다는 결론이 된다. *Re Earl of Lucan* (1890) 45 ChD 470 앞에서 논의했듯이 신탁은 참으로 예외적인 경우이다.

38) 담보권이나 다른 무슨 권리가 창설되었는지의 여부를 결정하는 실무적 어려움에 대하여는 *Re Bond Worth Ltd* 〔1980〕 Ch 288 (Slade J) and *Clough Mill Ltd v Martin* 〔1985〕 1 WLR 111 (CA)를 보시오.

말할 수 있을 것이다. 채권자는 트랙터에 대한 담보이익을 가지는 것이다. 그는 담보약정이 정하는 특정한 권리로서 트랙터에 대하여 담보권을 가진다. 또한 채권자는 특정한 상황에서 법률의 규정에 따라 정의되는 특정한 권리로서 트랙터에 대한 우선변제권을 가진다.

형평법상의 담보권은 두 가지 눈에 띄는 이점을 지니고 있다. 첫 번째 혜택은 채무자가 파산할 경우 채권자를 강력히 보호해줄 수 있다는 점이다. 채무자가 파산할 경우 채권자는 채무자나 채무자의 일반채권자(비록 때로는 아래에서 보는 바와 같이 담보권이 제대로 등기, 등록된 경우에만 그런 것이지만)의 개입을 허용하지 않고, 그 담보재산에 관하여 배타적인 권리를 행사할 수 있게 된다. 이런 점에서 담보권은, 비록 그와 연관된 물권적 권리가 훨씬 제약받고 있는 것은 사실이지만, 신탁과 마찬가지로 재산을 쪼개는 수단이 된다. 또 두 번째 혜택은 매우 현실적인 것이다. 즉, 채무자는 재산에 대한 소유권과 점유권을 여전히 유지할 수 있게 된다. 채무자는 그의 사업이나 사회생활에서 그 재산을 계속 사용할 수 있는 것이다. 따라서 채무자가 채무의 변제를 지체하지 않는 한 그는 그 재산을 빼앗길 염려가 없게 된다. 이에 반하여 보통법상의 담보수단으로는 채무자에게 이런 사업상 및 사회생활상의 혜택을 허용해줄 수 없다.

그러나 이런 혜택은 물론 상당한 대가를 지불해야만 한다. 즉, 제3자는 채무자를 실제보다도 훨씬 과대평가하여 그가 재산적으로 능력이 대단하다고 오해할 위험이 생기는 것이다. 겉으로는 채무자가 직접 소유하고 있다지만 다양한 채무의 담보로 인하여 실속이 없기 때문이다. 이런 위험을 줄이기 위하여 법은 이제 어떤 담보가 제3자에 대하여 효과적으로 배타성을 얻으려면 공부상에 등기, 등록되어야 한다고 고집한다. 예컨대 토지상의 담보권은 토지등기부에 등기되어야 한다. 또 회사의 재산상의 담보권은 회사등기부상에 등기되어야 한다. 이렇게 되면 제3자는(등기에 의하여) 채권자의 담보권에 관하여 알았다고 의제constructive notice되므로 그 담보재산에 끼어들 수 없게 된다.

이것 이외에도 사업상의 혜택이 두 가지 더 있다. 첫째, 채무자는 자기가 아직 소유하지 않은 재산에 대한 담보제공을 약속할 수 있다. 이런 약속은 매우 허황되어 보이지만 이렇게 함으로써 새로운 재산을 취득할 때마다 당사자 간에 담보계약을 체결할 필요 없이 새로 취득되는 재산이 담보물로 변환되는 것이다. 그리하여 예컨대 공장의 시설과 장비에 대한 담보는 이런 식으로 제공될 수 있다.

이런 담보의 두 번째 양상으로서는 좀 더 설명을 필요로 하지만, 이는 또다시 형평법상의 재산권 개념이 얼마나 융통성 있는 것인지를 다시 한 번 강력히 입증해주며, 또한 사업상 이런 융통성의 요청이 얼마만큼 절실한 것인지를 입증해준다. 우리가 이렇게 고찰해본 모든 담보는 현재 또는 장래의 재산에 대한 것을 막론하고 물권에 매우 유사하고 친근한 형태를 띤다. 담보제공계약은 채권자에게 담보재산에 대한 특별한 권리를 허용하게 되며, 담보재산에 관하여 채무자나 또는 다른 제3자에 의한 개입을 받지 않아도 되는 특별한 권리를 허용하게 된다. 이는 채무자가 먼저 채권자의 동의를 받지 않고는 그 담보재산을 함부로 처분할 수 없음을 의미한다. 만약 그럼에도 불구하고 채무자가 그렇게 한다면 그 재산은 이제 채무자의 점유를 벗어나서 결국 채권자가 담보권을 실행할 능력을 파괴하는 셈이 된다. 이 모든 것은 수많은 사업이 실제로 어떻게 작동하는가에 대하여 잠시 생각해볼 때까지는 매우 민감한 문제로 보인다. 가령 컴퓨터제조회사에서 컴퓨터들이 조립라인에서 착착 조립된다든지, 또는 의류회사가 디자이너의 청바지를 계속 찍어내는 경우를 생각해보자. 담보권에 관한 전통적 개념 아래에서는 이렇게 생산 중에 있는 제품은 채무자가 이를 완성시켜 판매함으로써 채무를 변제할 재원으로 삼아야 되기 때문에 담보가 될 수 없다. 그럼에도 채권자의 입장에서 볼 때 채무자가 채무의 이행을 지체할 경우 그 이행 지체 당시 공장 안에 있는 컴퓨터든 청바지든 간에 그에 대한 담보권을 가지는 것이 담보권을 가지지 않는 경우보다 채권자에게 유리할 것임은 당연하다. 영국의 법원들은 이런 점에서 사업상의 센스를 발휘하여 이미 수백 년 전에 유동적 담보floating charge의 개념을 창설해줌으로써 전통적인 고정적 담보fixed charge와 이를 구분하게 되었던 것이다.

예컨대 생산중에 있는 컴퓨터에 대한 유동적 담보는 채무자가 정상적으로 사업하는 과정에서 생산하는 컴퓨터를, 채권자로부터 일일이 처분에 대한 동의를 받지 않고서도 정상적인 거래관행에 따라 도매업자에게 이를 처분해도 괜찮도록 구성하고 있다. 채무자가 연체에 빠지거나 또는 사업을 중단하는 순간까지는 이런 식으로 계속 나아갈 수 있다. 그러다가 채무자가 연체하거나 또는 사업을 중단하는 순간 채권자는(그 담보설정계약의 조건에 따라서) 그 유동적 담보를 "동결crystallize" 시킬 권리를 얻게 된다. 유동적 담보의 동결은 의자빼앗기놀이game of musical chairs에서 음악이 갑자기 멎는 경우와 유사하다. 그 당시 이미 공장을 떠난 컴퓨터나 의류제조공장의 관리자의 관리를 떠나간 의류는 담보권의 대상에서 자유로워진다. 이에 반하여, 그 당시 아직 공장에 남아 있거나 제조업자가 관리중에 있는 컴퓨터나 의류는 고정적 담보의 대상으로 된다. 이렇게 공장에 남아 있는 컴퓨터는 채권자가 자기의 미수채권을 회수하기 위한 담보로서 처분할 수 있게 되는 것이다.

이런 식의 약정은 그다지 머리를 혼란스럽게 하지 않는 것으로 보일 수 있으며, 또 심지어 사업상 그럴듯해 보일 수도 있다. 그러나 미국의 법원들은 이런 문제에 접하여 영국의 법원들과 같은 접근방법을 취하기를 거부해왔다. 미국의 법원들은 동결되지 않은 유동적 담보하에서 채권자가 지향하는 "물권적" 이익을 담보권으로 분류해주기에는 너무 덧없는ephemeral 존재라고 생각했다. 오늘날 미국은 비록 업계의 압력의 결과로 통일상법전Uniform Commercial Code에 의하여 성문법에 의한 담보 메커니즘으로 기능하도록 하고는 있으나[39] 아직까지도 판례법 국가들 중에서 유동적 담보를 인정하지 않는 유일한 국가로 남아 있다. 잘 알려진 바와 같이 유동적 담보가 형평법의 독창성을 보여주는 것이기는 하지만, 그렇다고 하여 형평법의 이런 강한 추진력이 반드시 모두 좋기만 했던 것은 아니었다. 유동적 담보는 특히 지난 수십 년간에 걸쳐서 그것이 강력한 대규모 負債의 자본debt capital 제공자들(예컨대 은행이나 대규모 공급자들)에게 어느

39) 다수의 영연방 국가들은 이제 형평법의 모델로부터 벗어나서 그 대신에 이런 성문법에 의한 담보장치를 채택하고 있다.

시점에서라도 채무자 기업이 보유하는 모든 재산에 대하여 담보를 설정해달라고 요구할 수 있도록 허용해준다는 점에서 지속적인 비난을 받아왔다. 그 경우 만약 사업이 망하면 담보권을 취득한 대자본 채권자만이 전부를 얻게 되고, 이에 반하여 영세하고 우선권도 없으며 담보권도 없는 채권자들은 한 푼도 챙길 수 없게 되기 때문이다.[40)]

제10절 형평법상의 재산권 개념의 한계
—인적 권리, 그리고 "단순형평권"

이 장에서는 새로운 형태의 재산과 새로운 형태의 재산권을 창설해낼 수 있는 형평법의 막강한 힘에 관하여만 초점을 맞추어보았다. 따라서 형평법상의 권리는 그것이 채무자에게 문제의 재산을 원고의 이익을 위해서만 보유하도록 강제하고, 채권자가 자기 앞으로 권리를 이전해갈 수 있도록 허용하며, 제3자가 거기에 끼어들지 못하도록 해주는 한 결국 물권적이라고 보인다.

여기서 그렇게 받는 혜택의 정도에 따라 그 물권적 권리가 소유권이냐 또는 담보권이냐가 결정된다. 그러나 형평법상의 권리라고 하여 그것이 반드시 물권이 될 수도 없으며, 또 그렇게 되어서도 안 될 것이다. 형평법상의 권리들 중에서는 순전히 채권적인 것도 꽤 있다. 이는 특정한 상대방에 대해서만 행사할 수 있는 권리들이다.

이런 권리는 어떤 특정한 재산에 연결되어 있지 않으며, 원고에게 당해 재산에 대한 물권적 이익을 부여하지 않는다. 이렇게 형평법상 단순한 인적 권리에 불과한 것은 얼마든지 예를 들 수 있다. 예컨대 어느 신문사에 대하여 명예훼

40) 이는 흔한 실무적 결론이 되지만, 1986년의 파산법은 일반채권자를 위하여 특별한 구제수단을 제공하고 있다. 일례로 *National Westminster Bank P1c v Spectrum Plus Ltd (in creditors' vol liq)* 〔2005〕 1 AC 680, 〔2005〕 UKHL 41 (HL)을 보시오.

손적인 기사를 싣지 못하도록 하기 위한 금지명령이 내려질 경우, 또는 어느 건축수급자에게 벽을 강화하는 조치를 취하라는 명령이 내려질 경우, 그와 같은 명령은 채권적 구제수단인 것이다. 또한 고용계약이나 인적 용역을 위한 계약을 백지화하기 위하여 허용되는 해제 내지 취소rescission라는 구제수단 또한 마찬가지다. 어느 경우에서도 설사 원고가 승소하여 막대한 금액을 배상받게 된다 하더라도 그는 결코 피고의 재산상에 물권을 얻지는 못하는 것이다.

형평법상의 물권과 형평법상의 채권의 중간에 단순형평권mere equities이라고 불리는 권리가 존재하고 있다. 그 정의는 매우 어렵다. 그러나 이런 분류방법에 의하더라도 일단 그 권리를 행사하기로 작정하면 그 권리의 보유자에게 재산에 대한 형평법상의 물권을 허여 받는 결과로 될 수도 있다. 예컨대 임대차관계를 시정해달라고 요구할 권리가 있는 원고가 그 권리를 행사하면 임대차계약의 수정이라는 결과에 이를 수 있게 되므로 단순형평권을 가진다고 말할 수 있다. 이와 마찬가지로 매매계약을 취소, 해제할 권리 또한 단순형평권이라고 불리고 있다. 이런 취소, 해제권을 행사할 경우 원고는 매도되었던 재산을 회수하여 그 재산상에 물권을 가지게 된다.[41] 이렇게 단순형평권은 제3자를 배제하는 상당한 우선적 권리를 보장받기는 하지만, 완전한 의미에서의 형평법상의 물권 Equitable proprietary right과 같은 정도의 보호는 받지 못한다. 만약 원고가 단순형평권(예컨대 계약취소, 해제권 따위)을 행사하기 전에 피고가 그 재산을 처분해 버리면 원고는 제3취득자가 이를 자발적으로 내놓거나, 또는 제3취득자가 원고의 권리를 실제로 알고 있었다거나, 또는 알고 있었다고 의제되는 경우를 제외하고는 이에 우선하는 물권을 주장할 수 없게 된다. 따라서 이 원칙은 결국 "형평법의 총아Equity's darling"(어떤 보통법상의 권리를 선의로 취득한 사람)만을 편들어주는 것이 아니다. 이 원칙은 형평법상의 권리를 선의로 취득한 자 또한 편들어주는 것이다. 이는 곧 완전한 물권을 가진 경우에 비하여 그 배타성이라는 속

41) 주지하는 바와 같이 이런 주장은 갈수록 논란의 대상이 되고 있다. 제9장 제4절 제2관을 보시오.

성이 훨씬 제한됨을 의미하지만, 이에도 불구하고 이런 권리들이 단순한 인적 권리보다는 훨씬 유리함을 분명히 보여주는 것이다.[42]

제11절 정리

이 장에서 보여준 발상은 아마도 이 책에서 가장 이해하기 어려운 부분일지도 모르겠다. 이런 발상들은 아마도 가장 영향력 있으며, 또한 가장 주의를 끄는 것일 터이다. 확실히 이런 발상들은 나중 장들에서 노출될 여러 가지의 논란과 난점들의 기저에 깔려 있다. 그럼에도 핵심개념은 매우 초보적인 것이다.

여기서의 출발점은 재산권이라는 개념이다. 재산권은 물건이 아니라 물건에 대한 관계일 뿐이다. 물권적 관계의 요소들은 엄격히 정의되고 있지 않다. 서로 꽤 다른 "권리들의 다발"이 재산으로 분류될 수 있다. 이런 권리들의 다발이 당사자 간의 합의 또는 법률에 따라 요청되는 사법적 개입에 의하여 창설될 수 있다. 당사자 간의 합의에 의하여 명시적신탁 관계와 형평법상의 담보권이 설정될 수 있다. 사법적 개입에 의하여 의제신탁과 결과적신탁 및 형평법상의 우선변제권이 인정될 수 있다. 이런 인식표label들은 그런 권리들에 관한 맛보기일 뿐이다. 이런 다양한 가능성들 중에서 어떤 권리가 물권적이냐 또는 채권적이냐를 결정해주는 것은 두 가지의 속성이다. 어떤 권리가 양도 가능하며, 소유자에게 제3자의 개입을 배제할 수 있도록 허용해준다면 그 권리는 물권적이라고 할 수 있다.

형평법은 두 가지 메커니즘에 의하여 새로운 물권 개념을 "창설create" 해냈다. 첫째, 형평법은 보통법이 양도할 수 없다immobile고 간주했던 "권리들의 다발" 을 통째로 이전하는 것을 허용했다. 따라서 이런 권리들(무체재산권)은 단순히 향유될 수 있음에 불과한 인신전속적 권리로부터 거래의 대상이 될 수 있는

42) 제4장 제1절 제1관을 보시오.

물적 권리로 전환되었다. 둘째, 형평법은 보통법이 재산으로 간주하던(그리고 때로는 이미 보통법에 의해서도 분할할 수는 있으나 이런 색다른 방법으로는 분할할 수 없다고 간주되어오던) 권리들의 다발을 색다르게 여러 작은 다발로 쪼개는 것을 허용했다. 형평법은 이렇게 권리를 쪼개고 재포장해서 형평법상의 소유권(명시적신탁, 결과적신탁 및 의제신탁)과 형평법상의 담보이익(형평법상의 담보권과 형평법상의 우선변제권)을 허용해준 것이다.

특히 명시적신탁에 의하여 생기는 형평법상의 소유권은 그 권리자에게 스스로는 관리책임을 지지 않으면서도 그 재산으로부터의 향유만이 가능할 수 있도록 허용해준다. 법적인 소유자는 관리자로서 그 수탁재산을 형평법상의 소유자의 이익을 위하여 관리할 책임을 지는 것이다. 이렇게 권리를 쪼개는 새로운 방식에 의하여 보통법상의 소유자에게는 그 신탁재산을 철저히 관리할 주의의무를 지우면서 형평법상의 소유자는 강력한 물권적 보호를 얻을 수 있도록 결합시켜준다. 이런 단순한 수단이 수탁자나 수익자의 일반채권자들이 신탁기금에 끼어드는 것을 금지시켜주고, 또한 보통법상으로는 상상도 할 수 없는 방법으로 물적 권리들을 쪼개고 재포장하는 일을 수없이 되풀이할 수 있는 유연성을 허용해준다.

형평법상의 담보권은 그 담보권자에게 당해 물건의 보통법상 소유자(또는 다른 어느 당사자라도)가 부담하는 일일이 언급되지 않은 채무의 이행도 확보하도록 해줌으로써 강력한 물권적 보호를 해준다. 이로 인한 장점은 형평법상의 담보권이 그 담보권자에게 당해 재산의 점유를 요구하지 않는다는 점에 있다. 즉, 보통법상의 소유자가 당해 재산을 사업상 또는 사회생활상 그대로 점유, 사용하도록 허용하면서도 담보권을 취득할 수 있다는 점이다. 이런 담보권 또한 이미 앞에서 유동적 담보에서 범상치 않은 권리들과 강력한 사업상의 이점에 관하여 본 바와 같이 형평법이 물적 권리를 창설해냄에 있어 얼마나 융통성을 갖추었는지 또한 보여준다.

이렇게 설명할 경우 권리의 양도성이나 권리의 분해와 재포장에 관한 형평법의 결단은 형평법원이 아닌 통상의 어떤 법원이라도 내릴 수 있었을 것처럼 보인다. 그러나 여기서 결정적인 요소는 사회적, 정치적 및 경제적 관점에서 볼 때 어떤 경우에 재산권으로 인정해줄 것인지의 문제이며, 더 나아가서는 선택된 결과를 가져다줄 수 있도록 "사법적 입법judicial law-making"을 허용하는 제도적 유연성이라 하겠다. 이런 다양한 변화들이 고려의 대상으로 되었을 때 형평법원이야말로 그 선택된 결과를 실현시켜줄 수 있는 가장 유능한 기관으로서 대두하게 된 것이었다.

【 역주 】

1 일반적으로는 "금전채권"을 의미하는 것이 보통이지만, 넓은 의미로는 금전적 가치 있는 동산의 급부의무, 노무, 용역의 제공의무까지도 포함한다.

2 일반적으로는 "자연인natural person"을 가리키지만, 여기서는 "법인artificial person"을 포함하는 개념으로 사용되고 있다.

3 "채권"보다는 좀 더 넓은 의미로 쓰일 때도 있다. 이 책에서는 경우에 따라 "인적 권리"와 "채권"으로 번갈아 사용한다.

4 대륙법상 "양도성"은 물권이나 채권이나 간에 차이가 없다. 그러나 영국에서는 보통법이 채권의 양도성을 인정하지 않았다는 점에서 물권과의 차별성을 보여준다.

5 A. M. Honoré는 "Ownership" in Oxford Essays in Jurisprudence 107, 112–28 (A. G. Guest ed., 1961)에서 소유권의 표준적 양상으로서 11가지를 거론하고 있다.

6 양도, 소비, 소모, 파괴 등 원본의 가치에 대한 처분권.

7 영국법상 저당권자의 권리임.

8 곧 보통법상의 소유자를 의미한다.

9 신임관계fiduciary relations에서 본인을 위한 임무를 맡은 사람이 부담하는 주의의무. 우리의 "선량한 관리자의 주의의무"와는 그 내용에 다소 차이가 있다. 자세한 내용은 제5장 제2절 참조.

10 수증자에게 아무런 부담을 지우지 않은 채로 일방적으로 증여를 약속한 사람에 대하여 형평법은 증여 약속의 이행을 강요하려 하지 않는다.

11 신탁자가 수익자를 위하여 신탁을 설정하면서 스스로를 수탁자로 지명하는 행위. 이 경우에는 신탁재산을 인도할 필요도 없고, 수익자에게 통지할 필요도 없으며, 구두로도 가능하다.

12 신탁자가 제3자를 수익자로 하여 신탁을 설정하는 행위. 부동산에 관하여는 증서나 유언장으로 해야 하지만, 동산은 구두로도 신탁할 수 있다. 또 신탁재산의 인도를 필요로 한다.

13 신탁자가 수탁자를 겸하는 경우이다.

14 신탁의 다섯 번째 이점에 관한 설명 부분.

Emery, C., "The Most Hallowed Principle-Certainty of Beneficiaries of Trusts and Powers of Appointment" (1982) 98 LQR 551

Grantham, R., "Doctrinal Bases for the Recognition of Proprietary Rights" (1996) 16 OJLS 561.

Gray, K., "Property in Thin Air" [1991] CLJ 253.

Gretton, G. L., "Trusts Without Equity" (2000) International and Comparative Law Quarterly 599.

Goode, R., "Inalienable Rights?" (1979) 42 MLR 553.

Hansmann, H., and Kraakman, R., "Property Contract and Verification: The *Numerus Clausus* Problem and the Divisibility of Rights" (2002) 31 Journal of Legal Studies 373.

_____ and Mattei, U., "The Functions of Trust Law: A Comparative Legal and Economic Analysis" (1998) 73 New York University Law Review 434.

Hayton, D., "Uncertainty of Subject-Matter of Trusts" (1994) 110 LQR 335.

Honoré, A. M., "Ownership" in A. Guest (ed.), *Oxford Essays in Jurisprudence* (Oxford: Oxford University Press, 1961), p. 106.

Langbein, J. H., "The Contractarian Basis of the Law of Trusts" (1995) 105 Yale Law Journal 625.

_____, "The Secret Life of the Trust: The Trust as an Instrument of Commerce" (1997) 107 Yale Law Journal 165.

Penner, J., "The Bundle of Rights Picture of Property" (1996) 43 University of California at Los Angeles Law Review 711.

Rudden, B., "Things as Things and Things as Wealth" (1994) 14 OJLS 81.

Scott, A., "The Nature of the Rights of the Cestui Que Trust" (1917) 17 Columbia Law Review 269.

Waters, D. M. W., "The Nature of the Trust Beneficiary' s Interest" (1967) 45 Canadian Bar Review 219.

Worthington, S., "An 'Unsatisfactory Area of the Law'—Fixed and Floating Charges Yet

Again" (2004) 1 International Corporate Rescue 175.

_____, "The Disappearing Divide Between Property and Obligation: The Impact of Aligning Legal Analysis and Commercial Expectation" in S. Degeling and J. Edelman (eds), *Equity in Commercial Law* (Sweet & Maxwell, Thompson, and Carswell, 2006), Ch. 5.

참고판례

Air Jamaica Ltd v Charlton [1999] 1 WLR 1399 (PC)

Associated Alloys Pty Ltd v ACN 001 452 106 Pty Ltd [2000] 202 CLR 588 (Aust HCt)

Re Baden's Deed Trusts (No 2) [1973] Ch 9 (CA)

Re Bond Worth Ltd [1980] Ch 288 (Slade J)

Clough Mill Ltd v Martin [1985] 1 WLR 111 (CA)

Re Denley's Trust Deed [1969] 1 Ch 373 (Goff J)

Re Goldcorp Exchange Ltd (in rec) [1995] 1 AC 74 (PC)

Re Gulbenkian's Settlement Trusts, Whishaw v Stephens [1970] AC 508 (HL)

Hunter v Moss [1994] 1 WLR 452 (CA)

IRC v Broadway Cottages Trust [1955] Ch 20 (CA)

McPhail v Doulton [1971] AC 424 (HL)

National Westminster Bank Plc v Spectrum Plus Ltd (in creditors' vol liq) [2005] 2 AC 680, [2005] UKHL 41 (HL)

Norman v Federal Commissioner of Taxation (1963) 109 CLR 9 (Windeyer J)

Schmidt v Rosewood Trust Ltd [2003] 2 AC 709 (PC)

제4장 재산권의 확장

제3장에서는 형평법이 새로운 형태의 재산권을 창설해내는 능력에 관하여 살펴보았다. 이 장에서는 형평법이 이렇게 창설해낸 재산권을 보호해주는 독창적인 기법technique에 관하여 살펴보기로 한다. 형평법은 물권을 보호하기 위한 다양한 전략을 고안해냈을 뿐만 아니라, 또한 애초 권리의 물권적 지위를 연장시켜주고, 때로는 심지어 확장시켜주기도 하는 다양한 전략을 고안해냈다. 이런 형평법의 기법에 관하여는, 특히 그로 인하여 원고의 원천적 재산권을 확장해주는 효과가 발생하는 경우 상당한 논란이 제기될 수 있다.[1)]

1) 제4장에서는 재산권에 대한 간섭이 있을 경우 강구될 수 있는 구제수단 중 단순한 손해배상(내지 금전적 보상)의 방법에 관하여는 이를 고려하지 않는다. 제6장 제1절 제1관, 제2절 본문, 제3절 제3관 및 제4절을 보시오.

제1절 원물 추급, 대체물 추급 및 그 권리의 행사 —개념상의 문제들

아주 간단한 경우를 생각해보자. X의 자동차를 Y가 훔쳐서 Z에게 2,000파운드에 팔고 그 받은 돈으로 주식을 사는 데 쓴다고 가정해보자. 이 경우 X가 보통법에 따라 손해배상을 청구하는 경우는 무시하기로 하자.[2)] 그 대신에 물권적 보호나 차량 그 자체의 회수의 가능성에 초점을 맞추어보자. 이 경우 X는 잃어버린 차에 초점을 맞추어 그 차가 Y의 손을 거쳐 Z에게로 간 과정을 추급follow[역주1] 하여 Z의 경합되는 권리에도 불구하고 그 차가 자기의 것이라고 주장하려 시도해볼 수 있을 것이다. 이런 경우 그 차에 관하여 X와 Z 간에 소유권의 귀속을 놓고 분쟁title conflict이 생기지만 두 사람 중 한 사람만이 이길 수(비록 패소자는 훔친 Y에 대하여 손해배상청구를 할 수 있겠지만) 있게 된다. 이런 접근방법을 취할 경우에 논란이 있을 수 있다면, 그것은 곧 그런 방식에 따를 경우 X와 Z를 공평하게 대우해주는 결과가 되느냐의 여부에 놓여 있다. 두 사람 모두 선의였지만 한 사람은 차를 빼앗기게 될 터이기 때문이다.

이에 갈음하여 X는 도둑질한 Y에게 초점을 맞출 수도 있을 것이다. X는 Y의 수중에 있는 차량의 대체물에 대한 추급trace에 나서서 우선은 2,000파운드, 그 다음에는 그 돈으로 산 주식에 대한 추급권을 행사해보려 할 것이다. 그러고 나서 X는 형평법상의 소유권 또는 형평법상의 우선변제권 중 어느 하나를 내세워 (Y가 보통법상 소유권을 인정받는) 그 주식에 대하여 형평법상의 물권이 있다고 주장하려 시도할 수 있을 것이다. 만약 X가 이런 방법을 허용받을 수 있다면, 설사 Y가 X의 원래 소유물인 자동차를 더 이상 가지고 있지 않더라도 X는 Y의

2) 이 경우 X는 Y 또는 Z가 자기의 차를 불법영득conversion한 것을 이유로 불법행위tort(민사불법 행위에 해당)에 터잡아 청구할 수 있으며, 그리하여 그 가치상당액을 회수할 수 있다. 흥미로운 것은 비록 법원이 자유재량으로 그 자동차 자체의 그 반환을 명할 수는 있을지언정 원고는 그 차의 반환을 청구할 수 없다는 점이다. 1977년의 불법행위(동산에 대한 간섭)법 제3조를 보시오. 또 제6장 제3절 제1관, 제2관을 보시오.

파산시에도 Y 및 Y의 채권자들보다 우선권으로 보호받을 수 있게 된다. 또한 그 주식의 가치가 증가하게 된다면, 또 X가 형평법상의 우선변제권보다는 형평법상의 소유권을 주장할 자격이 있다고 한다면, X로서는 그 주식의 증가된 가치에 대하여도 권리를 행사할 수 있게 될 것이다. 이 두 가지 가능성—즉 도둑맞은 원래의 물건이 제3자에게 넘어갔더라도 물권적 보호를 받을 수 있는 권리 및 피고가 훔쳐서 얻은 돈으로 투자하여 제2차적으로 얻게 되는 예상 외의 이익을 회수할 수 있는 기회—이 가장 논란의 대상이 되는 대목이다.

이런 과정들은 재산권을 보호하는 두 가지 접근방법으로서 이 장에서 집중적으로 조명해볼 대상이다. 첫 번째 접근방법이 좀 더 단순하다. 잃어버린 물건은 이야기의 전 과정을 통해서 특정이 가능한 상태로 남아 있어야 한다(이는 원물추급following 원칙에 따르는 기능이다). 이 경우 법은 그 물건에 대하여 똑같은 권리를 주장하는 다른 사람(Z)이 있음에도 불구하고 애초 소유자(X)가 여전히 자기의 권리를 향유할 수 있겠느냐의 여부를 결정해줄 수 있는 원칙을 세워주어야 한다. 이런 분쟁은 소유권의 귀속에 관한 분쟁title conflicts(즉 사건당사자들이 동일한 재산에 대하여 동일한, 그러므로 서로 양립할 수 없는 청구를 하는 경우), 또는 우선권에 관한 다툼priority disputes(사건당사자들이 동일한 재산에 관하여 서로 상이하면서도 경합하는 주장을 내세움에 따라 이들 간에 누가 우선하는지를 정해주어야 하는 사안)을 포함할 수 있다. 당면한 문제는 애초의 소유자가 이미 다른 사람의 수중에 들어가 있는 재산[역주2]에 대하여 여전히 권리를 가지는지의 여부를 결정하는 일이다.

두 번째 접근방법은 좀 더 이색적이라고 할 수 있다. 이 방법은 비록 피고[역주3]가 더 이상 원고의 재산을 수중에 지니고 있지 않지만, 형평법은 애초의 소유자가 어떠한 형태로든 여전히 재산권(및 그에 부수되는 다른 혜택들)을 향유한다고 간주하는 경향이 있음을 암시해준다. 위의 사례에서 보면, Y는 X의 차를 훔쳐서 팔아 얻은 돈으로 주식을 샀다. 여기서의 관심사는 X의 차에 대한 재산권[3)]

3) 비록 그 도둑이 차의 점유를 취득했더라도 X는 여전히 그 차의 보통법상 소유자로 남아 있다. 아래 93-4를 보시오.

이, Y가 더 이상 차를 가지고 있지 않음에도 불구하고 그 대체물인 현금과, 더 나아가서 주식에까지도 미치는가 하는 점이다. 이러한 형태의 보호방안은 잃어버린 재산의 대체물에까지도 추급trace하여 추급자에게 그 대체물에 대하여 어떤 형태로든 물권적 권리를 행사claim할 수 있도록 허용해준다는 내용을 포함하고 있다. 이런 형태의 재산권보호 메커니즘은, 특히 소유자가 더 이상 원물을 돌려받을 수 없게 된 경우에 소용이 된다(이는 아마도 분실되었거나 또는 파손되었거나, 때로는 제3자에게 넘어가서 그 사람이 제약 없는 완전한 소유권을 취득하는 경우에 그럴 것으로 예상된다[4]). 이런 메커니즘은 또한 애초 원물을 처분하여 얻은 대가로 투자한 것이 대박을 터뜨렸을 때 그것까지도 회수할 수 있는 가능성을 제기해주는 것이다.

앞에서 본 용어들에 대하여 좀 더 설명할 필요가 있다. 소유권분쟁title conflicts이나 우선권다툼priority disputes은 원고와 피고 간에 동일한 재산을 (은유적으로 말하자면) 가리키면서 각자 그것이 "자기의 것"(비록 반드시 꼭 소유권이라고는 하지 못하더라도 각자 어떠한 형태로든 권리를 가진다는 의미에서)이라고 서로 다투는 경우를 포함한다. 법의 기능은 이런 다툼을 해결해주는 데 있다. 이 경우 원고와 피고가 어느 재산이 "자기의 것"이라고 확인하는 과정을 원물추급following(대체물추급tracing과 구별하기 위하여)이라고 부른다. 원고는 자기가 잃어버린 애초의original 물건을 찾아 그 물건이 거쳐간 사람들을 연달아 쫓아다닌 끝에 마침내 다수 당사자 간에 서로 경합하는 권리의 주장에도 불구하고 그 재산이 바로 자기가 찾던 것이라고 지목할 수 있게 된다. 여기서 권리의 행사대상이 되는 그 재산은 바로 처음부터 끝까지 똑같은 물건임에 주목하자. 그 재산이 어느 사람의 수중으로부터 또 다른 사람의 수중으로 넘어가 현재 마지막으로 어디에 있는지를 그저 확인하기만 하면 되는 것이다. 그러나 이렇게 자기의 재산을 추급했다고 하여 원고가 반드시 그 소유권을 주장할 수 있는 것은 아니다. 앞에서 본 사례에서 X는 차를 도둑맞은 것이 아니라 Y에게 팔았고, Y는 이를 다시 Z에

4) 아래 제4절 제4관을 보시오.

게 되팔았거나 증여했을 수도 있다. 이런 경우 X가 그 차를 추급하여 Z의 수중에 있는 것을 확인하게 되더라도 X는 결코 그 차에 대한 법적 권리를 가질 수 없게 된다. 원물추급과 그 권리의 행사claiming는 분석적으로 볼 때 (비록 나중에 볼 기회가 있겠지만, 양자가 서로 절대적으로 각자 독립한 것은 아니지만) 서로 다르다.

대체물추급tracing에 관하여도 비슷한 문제가 제기될 수 있다. 여기서 대체물추급은 단 한 사람(피고)에게 집중되며, 원래의 물건을 피고가 여러 차례의 거래를 통하여 다른 것으로 바꿀 때마다 그에 따라 바뀌는 대체물을 쫓아가게 된다. 따라서 여기서 대체물추급의 원칙은, 애초에 잃어버린 재산이 다른 것으로 바뀌어 Y의 수중에 있을 때, X가 애초의 재산이 여전히 Y의 수중에 대체물의 형태로 잔존하고 있다고 주장해도 된다고 법이 허용해줄 것인지의 여부에 관한 것이다. 원물추급의 경우에서와 마찬가지로 X가 그 대체물에 대하여도 권리를 주장할 수 있느냐의 여부와, 그 경우 원고가 그 권리를 어떤 종류의 권리라고 주장할 수 있는지(소유권인지 또는 우선변제권인지)의 여부는 별개의 문제이다. 대체물추급과 권리의 행사는 분석적으로 볼 때 또 다른 것이다(그러나 다시 말하자면 반드시 절대적으로 각자 서로 독립한 것은 아니다).

물론 실무상으로는 사실관계가 그렇게 분명히 구분되는 경우는 별로 없다. 대부분의 사건은 자기의 재산을 빼앗긴 원고가 몇 다리를 걸러 제3자의 손에 들어가 있는 바로 그 물건을 (원물추급의 방법으로) 되찾으려 하거나, 또는 대체물을 (대체물추급의 방법으로) 회수하려 시도할 경우 통상 두 가지 방법을 모두 동원하는 것이 통상적일 것이다. 그러나 이렇게 좀 더 복잡한 사건에서조차도 이를 제대로 분석해보면 결국 원물추급과 권리행사, 또는 대체물추급과 권리행사라는 기본적 원칙을 차례로 밟아 나가는 것에 불과하다. 여기서 보여준 원칙들은 엄격하면서도 꽤 기술적인데 그 이유는 분명하다. 왜냐하면 재산권은 판사의 기분에 따라 그 마음대로 어느 쪽으로든 재배치되기에는 너무나도 소중하다고 여겨지기 때문이다. 누가 권리를 가지느냐의 문제는 명료하게 판단되어야 하는 것이다.

제2절 원물 추급과 권리행사

원물추급과 권리행사에 관한 보통법의 원칙은 X가 잃어버린 물건의 소재를 알고 있는 경우에 제시되는 해결책이다. 즉, 원고는 도중에 거쳐 간 사람들을 차례로 확인하여 마침내 Z에까지도 추급할 수 있는 것이다. 이 경우 Z는 불가피하게 자기가 그 물건에 대한 합법적 권리를 가지고 있으므로 이를 계속 보유할 권리가 있다고 다툴 것이다. Z는 자기가 그 물건을 샀다거나, 또는 합법적으로 증여받았다거나, 또는 유효한 담보설정계약에 따라 보관하고 있다거나 하는 등의 주장을 내세울 수 있을 것이다. 이 경우 X는 자기가 이 물건을 누구에게도 자기의 의사로 넘겨준 바 없으므로 애초부터 이 물건은 여전히 자기의 것이라고 주장할 것임은 불문가지다. 이 물건이 넘어간 매 단계별로[5] X가 그 취득자의 수중에 들어가 있는 원물을 추급할 수 있는지, 또 소유권분쟁이나 우선권다툼에서 누구의 손을 들어주어야 할지 등을 매우 조심스럽게 따져보아야 한다. 만약 그 단계의 맨 마지막에 이르기까지 X가 계속하여 정당성을 인정받을 수 있다면 그 최종적 다툼은 X와 Z 간에 계쟁물건에 대한 재산권이 궁극적으로 누구에게 귀속할 것인가를 결정하는 다툼이 될 것이다. 법원에서 정력적으로 행해지는 이런 원물추급과 그 권리의 행사야말로 이런 재산권에 내재하는 가치가 얼마나 소중한지를 그대로 반영하는 것이다.

제3절 원물 추급

첫 단계는 잃어버린 재산을 찾아나서는 일이다. 그 재산이 이 손에서 저 손으로 자꾸 넘어갈수록 애초의 재산(앞에서 본 사례에서 자동차)을 집요하게 추적할

5) 만약 X가 Y를 상대로 하여 "승소"하지 못하면(아마도 이는 Y가 도둑이라기보다는 선의의 취득자이기 때문일 가능성이 높다) 그때에 X는 Z에 대하여 "승소"할 가능성이 거의 없다.

필요가 있다. 그러나 이는 상당한 문제를 일으킬 수 있다. 법은 때로 상식에 비추어 이제는 더 이상 추급하면 안 된다고 판단할 수도 있고, 또 때로는 원물추급의 원칙은 잃어버린 물건의 족적보다는 피고의 행위에 좀 더 의존한다고 고집할 수도 있다.

아주 간단한 예를 보자. B가 A의 허락 없이 A의 달걀을 가지고 케이크를 만들었을 경우 A는 자기의 달걀이 케이크 속에 현존하므로 자기는 이를 "추급"하여 그 케이크에 대하여 다소나마 물적 권리를 행사할 자격이 있다고 주장하는 경우도 있을 것이다. 그 과학적인 현실이 어떠하든 간에 이 경우 법은 조금 다른 입장을 취하고 있다. 법은 그 경우 달걀이 "사라졌으며" 케이크는 완전히 새로운 대체물이라고 본다. 따라서 A는 더 이상 "자기의" 달걀에 대한 주장을 할 수 없게 된다. 물론 B가 이 경우 달걀을 케이크로 바꾼(또는 빼앗은) 데 대하여 A에게 손해배상을 해야 할지는 모르겠지만, 여하튼 A로서는 이런 채권적 권리행사 이외에는 달리 좀 더 나은 피해회복의 방법을 강구할 수 없게 된다. 그리하여 달걀을 섞어 새로이 만들어진 재산은 "제조자"인 B에게 완전히 귀속하게 된다.[6] 보통법 및 형평법상 소유권을 나누어가지는 것이 허용된다는 점에도 불구하고 이는 엄연한 현실인 것이다. 만약 당사자들이 진작에 그렇게 명시적으로 합의했다면 법은 물론 이를 허용할 것이다.[7] 이런 상황에 직면해볼 때 B가 A의 재산권을 무시하는 도발적 행위를 하고 있는데도 보통법과 형평법이 일치하여 A에게의 물권존속("원물추급")을 부정한다면 그것은 매우 부당하고 가혹한 일이 될 수도 있다. 이 점은 결코 사소한 문제가 아니다. 여기서의 쟁점은 케이크 한 조각의 문제가 아니라 수십 톤의 포도로 와인을 만든 경우라든지 수백 톤의 합성수지로 전자기판을 만든 경우에 진짜 어려운 문제가 제기될 수 있을 것이다.

---

6) *Borden(UK) Ltd v Scottish Timber Products Ltd* 〔1981〕 1 Ch 25 (CA), 41 (Bridge LJ), 44 (Templeman LJ). "혼합물mixtures"과 "새로운 물건" 간을 구분하는 것은 매우 어려운 일이며, 또한 때로는 반직관적counter-intuitive인 일이 되기도 한다. 저자의 다른 책인 *Proprietary Interests in Commercial Transactions*(1996, Clarendon Press, Oxford) 135-43을 보시오.

7) *Coleman v Harvey* 〔1989〕 1 NZLR 723.

이렇게 법이 절제하는 모습을 보이는 이유는 매우 현실적인 데 있다. 원래의 소유자가 자기의 물권적 지위를 유지하는 것과 상대방에게 거래의 안전을 보호해주는 것 간에는 지속적으로 긴장관계가 형성된다. 만약 권원 없는 재료를 사용하여 만들어진 제품에 대하여 관련 당사자 모두에게 소유권의 분점shared ownership을 허용한다면 제3취득자는 그 물건에 대하여 안전한 소유권을 확보하기 어려워질 것이다. 그러므로 법은 애초의 물권이 어디까지 미쳐야 할 것인지를 결정함에 있어, 설사 경직된 감이 있다 하더라도 좀 더 현실적인 자세를 취할 수밖에 없게 된다. 여기서 법이 취하는 자세는 원물을 "추급"하여 쫓아가더라도 그 물건이 원래의 정체성original identity을 상실하게 될 때에는 추급이 정지해야 한다는 입장이다.[8)]

이런 실용주의적 논리로 인하여 법은 어느 물건이 그 원래의 정체성을 유지하느냐의 여부에 관하여 다소 직관에 반하는counter-intuitive 듯한 입장을 취할 수밖에 없게 되었다. 집을 짓는 데 사용되는 벽돌은 토지의 일부로 간주되는 정착물fixture이 되므로 토지소유자의 소유가 된다. 구두를 수선하는 데 사용되는 가죽은 부합물accession이 되어 구두의 일부로 변하므로 구두의 소유자에게 속하게 된다. 이런 논리에 의할 경우 애초의 벽돌과 가죽의 소유자(여기서 정착물과 부합물에 관한 원칙의 한계에 관하여는 많은 다툼이 있다)에게는 매우 불리해질 것이나, 이로 인한 거래의 안전이라는 혜택은 이를 압도하는 것이다. 이 장의 뒷부분에서는 대체물추급의 맥락에서도 현실적 접근 자세를 다시 한 번 보게 될 것이다.

그런데 또 하나의 전혀 다른 각본을 보면, 원물추급의 원칙 또한 구체적 사안

8) 원물이 "사라졌다disappear"고 하는 결론은 원물추급과 관련된 권리행사의 원칙들을 모두 무의미하게 만든다. 그 달걀의 소유권이 등기, 등록되어 있는지의 여부(설사 등기, 등록이 되어 있더라도 되찾기 위하여 투쟁을 벌여야 할 달걀은 이제 더 이상 존재하지 않는다), 또는 제조자로부터 매수한 제3취득자가 제값을 지급한 선의의 취득자인지(그가 설사 제값을 지급한 선의의 취득자라도 그가 취득한 것은 달걀이 아니다)의 여부는 중요하지 않다. 아래 제4절을 보시오. 반면 그 달걀의 원래 소유자는 대안으로서 그 달걀의 대체물(케이크)에 대한 추급권을 주장하여 자기의 물권적 지위를 보전할 수도 있을 것이다. 아래 제9절 제3관을 보시오.

에 따라서는 달라질 수도 있음을 알 수 있게 된다. 즉, 원물추급과 권리행사는 결코 전적으로 서로 별개의 것이 아니라는 점이다. 즉, B가 A의 허락 없이 A의 기름 1,000배럴을 자기의 기름 1,000배럴과 섞었다고 가정해보자. 어느 쪽도 상대방에게 "소유권"을 넘겨준 일은 없다. 어느 쪽도 "자기의" 기름을 거기서 분리해낼 수는 없으나 "자기의" 기름이 그 혼합물 속에 들어 있음은 잘 알고 있다.[9] 이 경우 각자 자기의 기름을 "원물추급follow"할 수 있으며, 법은 두 사람이 그들 각자의 애초 소유물량에 비례하여 전체를 공유하는 것으로 간주해준다. 이제 이 혼합물 중 600배럴이 없어졌다고 가정해보자. 남은 1,400배럴은 누구의 소유가 되는가. 만약 A와 B 두 사람이 모두 애초 기름을 섞은 데 대하여 아무런 책임이 없고 제3자가 두 사람의 허락 없이 행한 일이라면 이 경우 법은 두 사람이 그 손실을 애초 물량에 비례하여 부담하면 된다고 간주하게 된다. 따라서 A와 B는 남아 있는 물량을 똑같은 비율로 공유하게 될 것이다. 반면에 만약 애초에 B가 A의 허락 없이 섞는 일을 자행함으로써 현재 A와 B가 직면하고 있는 문제를 야기했다면, 이 경우 법은 선의인 A의 입장을 고려하여 B의 몫에서 그만큼 줄어드는 것으로 간주하게 될 것이다. 즉, B의 몫에서 600배럴이 줄어들고 A의 1,000배럴은 그대로 남아 있게 될 것이다. 간단히 말하자면, 피고가 선의인 경우의 추급원칙이 따로 있고, 피고가 책임 있는 경우의 추급원칙이 따로 있다는 것이다.[10] 이 장의 뒷부분에서 우리는 다시 한 번 대체물추급의 원칙과 관련하여서도 이와 똑같은 접근방법이 채택되고 있음을 보게 될 것이다.

---

9) 이런 혼합물은 새로운 대체물로 간주되는 것이 아니라 단순히 소유자의 원물이 똑같은 용기 안에서 서로 혼합된 것으로 간주된다. 이 두 가지 구분법을 경계 짓는 선은 과학적이지 않다. 합성수지와 나무 조각들이 합쳐져서 합판이라는 새로운 제품을 만들어낸다. 그러나 기름 또는 곡물이 서로 섞였을 경우에는(설사 그 품질이 서로 다르다 하더라도) 그 각각의 원래의 정체성이 유지된다.

10) *Spence v Union Marine Insurance Co* (1868) LR 2 CP 427, 436-9 (Bovill CJ); *F S Sandeman & Sons v Tyzack & Branfoot Steamship Co Ltd* [1913] AC 680 (HL), 694-9 (Lord Moulton); *Indian Oil Co Ltd v Greenstone Shipping SA (Panama) (The Ypatianna)* [1988] 1 QB 345, 360, 368-71 (Staughton J).

제4절 권리행사에 적용되는 원칙
—소유권분쟁과 우선권다툼

원고가 원물의 추급을 거듭한 끝에 마침내 그 잃어버린 물건을 찾아내어 그 물건에 대한 권리(그것이 소유권이든 또는 다른 권리든 간에)를 주장한다고 가정해 보자. 이때 문제는 피고 또한 동일한 물건을 놓고 자기도 권리를 가진다고 주장하기 때문에 생겨난다. 따라서 이런 분쟁이 있을 경우 이를 해결할 수 있는 법의 원칙을 적용하는 단계가 필요해진다. 이런 원칙은 때로는 원고의 재산권을 보호해주기도 하고, 때로는 피고를 보호하기 위하여 원고의 재산권이 소멸했다고 인정하기도 한다. 이런 다양한 원칙들은 보통법, 형평법, 그리고 성문법에 연원을 두고 있다. 이 모두를 하나씩 살펴보기로 하자.

제1관 등기, 등록

어떤 재산권에 관하여 소유권분쟁이나 우선권다툼이 있을 경우 성문법이 요구하는 등기, 등록register이 경료(또는 "perfected")되어 있지 않는 경우에는 전혀 보호받지 못하는 수가 있다. 이에 관련된 법률은 (토지소유권 따위와 같은) 보통법상의 특정한 권리에 관한 규정일 때도 있고, 또 어떤 경우에는 형평법상의 특정한 권리에 관한 것일 수도 있다. 예컨대 회사가 채권자에게 설정해주는 형평법상의 담보는 그것이 1985년의 회사법[11]의 규정에 따라 등기되지 않는 한 그 재산에 대하여 경합하는 당사자 간의 분쟁이 있을 경우 보호받지 못한다. 이런 원칙은 결국 정책적 결정에 따르는 것이다. 의회는 당사자가 회사에 대한 채권관계에서 자신의 권리를 보호받기 위하여 담보를 설정받는 것은 허용하되, 앞으로 그 회사에게 돈을 빌려주거나, 제품을 팔거나, 그 회사로부터 제품을 살

11) 1985년의 회사법Companies Act 제394-5조를 보시오. 이 규정은 등기, 등록되지 않은 경우 그 담보를 무효화시킬 뿐임에 주목하시오. 즉, 이 규정은 채권에 합체되어 있는 인적 권리까지도 무효화시키지는 않는 것이다.

사람들에게 담보설정 사실에 대하여 알 수 있도록 해주어야 한다는 조건을 붙인다(이는 반드시 현실적인 통지에만 국한되는 것이 아니며 등기함으로써 통지가 의제되는 경우도 포함한다. 즉, 실제로 제3자는 그 회사와의 대규모 거래에 앞서 등기부를 열람해볼 수 있는 것이다). 이는 그런 잠재적 거래예정자들이 뜻하지 않게 겉으로만 그럴듯해 보이는 채무자의 재산상태에 속지 않고 자기들의 거래와 관련된 위험성을 적절히 평가하도록 해주기 위한 것이다. 그러므로 자기의 권리를 (등기의무가 부과되는데도) 등기하지 않은 채권자는 거래상대방의 재산을 놓고 제3자와 다툼이 벌어질 경우 마치 아무런 물권도 없는 양 취급받게 되더라도 할 말이 없게 될 것이다.

제2관 네모 다트nemo dat 원칙

서로 경합하는 권리 간에 자기가 우선한다는 주장이 서로 대립할 수 있는 경우(필요할 경우 관련된 권리가 일단 모두 등기, 등록은 될 수 있으므로), 법은 이런 권리들 간에 어느 것에 우선권이 있는지를 결정해주어야 한다. 보통법상의 소유권[역주4]은 매우 소중하게 보호받고 있다. 보통법상의 소유권자는 자기의 의사로 이를 남에게 넘겨주지 않는 한 그 재산에 대한 소유권을 잃지 않는다. 어떤 재산이 도난당하더라도 그 애초의 소유자는 여전히 소유권을 보유한다. 물건을 훔친 사람이 팔려고 하더라도 이를 사는 사람은 아무리 선의이고 아무리 제값을 치렀더라도 소유권을 취득하지 못한다.[12] 바꾸어 말하자면, 애초의 소유자와 절도범으로부터 취득한 자 간에서의 우선권다툼에서는 항상 애초의 소유자가 이긴다는 것이다. 이는 선의의 취득자를 곤경에 빠뜨릴 터이므로, 이 경우 선의의 취득자에게 남아 있는 유일한 구제수단은 절도범에게 물어내라고 하는 것이겠으나, 만약 그 절도범이 이미 사라졌거나 무일푼이라면 아무 도움이 되지 못할 터이기 때문이다.

---

12) *Rowland v Divall* 〔1923〕 2 KB 500 (CA), 506-7 (Atkin LJ).

이런 원칙은 라틴어 법언으로 말하자면, "자기가 가지지 않은 것을 남에게 줄 수 없다nemo dat quod non habet"라는 말로 축약할 수 있다. 자기가 가지는 것보다 더 큰 권리를 남에게 줄 수 없는 것이다. 이런 법언대로 적용하면 물론 소유자의 권리가 보호되지만, 이로 인하여 거래의 안전을 해치게 된다. 선의로 제값을 주고 물건을 취득한 사람이라도 선의취득을 한다는 보장이 없기 때문이다. 앞에서 본 사례에서 도둑으로부터 차를 산 Z가 바로 이에 해당한다. Z는 차 값을 Y에게 치렀지만, Y(도둑)가 적법한 소유권을 가지고 있지 못하므로 Z 또한 제대로 된 권리를 취득할 수 없게 되는 것이다.

이렇게 소유권을 보호해주겠다는 강력한 원칙에는 물론 이로운 점도 있으나 때로는 거래안전의 요청을 간과한다는 점을 인정해야 할 경우가 있다. 이에 따라 이 원칙에 대하여는 현재까지 몇 가지 예외가 만들어지게 되었다. 이와 같은 네모 다트nemo dat 원칙에 대한 가장 중요한 보통법상의 예외는 돈(통화currency 또는 법화legal tender)에 관한 것이다. 선의로 대가를 주고 동전이나 지폐 등의 통화를 취득하는 사람은 그 돈에 대하여 소유권을 취득하게 된다.[13] 그러므로 도둑이 훔친 돈으로 물건을 사면 선의의 매도인은 그 돈에 대한 소유권을 취득하게 된다. 그리하여 비록 도둑은 그 돈에 대한 권리를 취득하지 못하지만, 소유권은 선의의 매도인에게서 되살아나게 (그리고 절도의 피해자는 소유권을 상실하게) 된다. 다소 이상해 보이기도 하는 이 원칙이 목적하는 바는 단순하다. 통화에 대한 신뢰를 일반화해줌으로써 거래를 활성화하자는 것이다. 이와 마찬가지로 이 원칙에 대한 가장 중요한 성문법상의 예외는 1979년의 물품매매법Sales of Goods Act에 들어 있는데, 이는 흔해 빠졌으면서도 리스크가 있는 거래에서 원소유자의 재산권을 보호하는 것보다는 거래의 안전을 보호하여 상거래를 촉진하자는 데 뜻을 두고 있는 것이다.

13) *Miller v Race* (1758) 1 Burr 452.

제3관 선착순의 원칙

만약 네모 다트 원칙이 다른 사람에게의 권리이전을 허용한다면(이는 물론 양도할 만한 권리가 있기 때문이다), 여기서 가장 기초적인 우선의 원칙은 대체로 그 물권이 만들어진 순서에 따라 우선한다는 점이다. 달리 설명하자면 "선착순 first in time"의 원칙이다.

예컨대 만약 어느 재산의 소유자가 그 재산에 대하여 두 번에 걸쳐서 차례로 담보를 설정한다면, 여기서 당장 적용되는 원칙은 첫 번째 설정된 담보권(물론 그에 관한 등기가 경료되는 것을 전제로 하여)이 우선권을 가질 것이며, 두 번째 설정된 담보권은 후순위가 된다는 점이다.[14] 이는 곧 담보재산을 처분하여 빚을 갚아야 할 경우 그 매각대금은 우선 제1순위 채권자의 채권을 완전히 갚는 데 최우선적으로 쓰이고 나서, 그러고도 남는 것이 있을 때에만 제2순위로 설정된 채권자에게 차례가 가게 된다는 점이다.

만약 이 경우 소유자가 제대로만 행동한다면 순차적인 권리의 설정은 전후 모순되는 것이 아니므로 1순위 담보권자든 2순위 담보권자든 그 결과에 대하여 만족하게 될 것(또는 적어도 깜짝 놀라지는 않을 것)이다. 그러나 소유자는 아무래도 욕심을 내어 자기의 재산으로 원래 가능한 것보다도 2배 이상의 효과를 얻으려고 담보를 이중으로 제공하는 수도 있을 것이다. 그럴 경우 당사자 간에는 이해가 서로 저촉되게 된다. 그 두 사람의 담보권자는 두 사람 모두 선의이지만, 이 경우 "선착순"의 원칙은 이런 난제를 해결해주는 가장 현실적 해결책이 된다.

물론 이 원칙은 아주 풀기 어려운 상황에서 이를 공평하게 해결하기 위한 수

---

14) 그 재산이 무형의 재산이고 그에 대한 순차적인 권리가 두 가지 모두 형평법상의 권리라고 한다면, 그때에 적용할 수 있는 원칙은 좀 더 복잡해진다. 즉, 이 경우에는 지급할 책임을 지는 사람(만약 서로 경합하는 형평법상 무형의 권리가 신탁기금상의 권리 또는 형평법상의 채권적 이해관계라면 그 수탁자 또는 채무자를 가리킨다)에게 최초로 양도 통지를 한 양수인assignee에게 우선권을 주는 원칙이 "선착순"의 원칙보다 앞서게 된다.

단에 불과하므로 때로는 예외가 있을 수도 있음을 짐작할 수 있다. 이 원칙을 좀 더 장황하게 설명하자면 다음과 같은 조건이 붙는다. "형평의 관점에서 대등할 경우 선착순으로 우선권을 준다Where the equities are equal, the first in time prevails"는 것이다. 여기서의 "형평Equity"이라 함은 토마스 아퀴나스가 특정한 구체적 사안에서의 정의로움과 공평함이 문제로 대두하는 경우에 사용했던 의미에서의 형평을 의미하고 있다. 따라서 만약 선순위자가 후순위자의 곤경을 초래한 경우에는 형평이 대등하다고 할 수 없다. 이는 선순위자가 후순위자에게 충분한 잉여가 있는 양 그럴듯하게 표시한 경우에 나타날 수 있다.

선순위자의 그런 언동들 중에는 원소유자에게 소유권을 증명하는 서류(소유권이전증서title deed 등)를 그대로 소지하고 있도록 허용하는 악의 없는 행위도 포함될 수 있다. 이럴 경우 소유자가 제2순위 담보권자로 될 사람에게 그 서류들을 내보이면서 자기가 문제의 재산에 대하여 여전히 완전한 처분권을 가지고 있다고 현혹시키는 사태가 일어날 수 있기 때문이다. 이런 일이 생기게 되면 후순위자가 우선하게 된다.[15]

제4관 제값을 치른 선의 매수인의 우선권
—형평법의 총아

"선착순"의 원칙에 대한 몇 가지 사소한 예외로서 또 하나의 극적이고도 파급 효과가 넓은 사례를 거론할 필요가 있다. 다음의 예를 보면 이해가 쉬울 것이다. 가령 A가 어느 신탁의 수익자라고 가정해보자. 그러면 A는 그 신탁재산에 대하여 형평법상의 소유권을 가지며, 수탁자는 이에 대한 보통법상의 소유권을 가진다. 이제 수탁자가 불법으로 신탁재산을 B에게 매각한다고 가정해보자. 그 경우 A와 B는 두 사람 모두 수탁자의 기만적 행위로 인하여 선의의 피해자가 될 수 있다. 이런 상황에서 법은 그 손해를 누가 부담할 것인지를 결정

15) *Rice v Rice* (1853) 2 Drew 73.

해주어야 한다. "선착순"의 원칙은 수익자의 형평법상의 권리를 우선시키려고 할 것이다. 그러나 법이 공리적인 안목에서 제대로 대응한다면 그 재산에 대한 보통법상의 권리이전의 안전성을 더 선호하려고 할 것이다. 제값을 치르고 보통법상의 소유권을 취득한 선의의 매수인의 합법적인 기대를, 그때까지 숨어 있던 신탁상의 권리가 느닷없이 나타나 허물어서는 안 될 것이기 때문이다. 여기서 법은 또 한 번 수익자(또는 형평법상의 다른 권리의 보유자)의 개인적 재산권보다는 거래의 안전을 더 보호하려는 쪽으로 기우는 것으로 보인다. 이에 따라 "선착순"의 원칙의 예외로서 "형평법상의 소유권이 존재함을 모르는 채로 제값을 치르고 신탁재산을 취득한 선의의 취득자는 완전한 소유권을 취득한다"는 원칙이 정립된다. 여기서 매우 중요한 역할을 하는 조건들을 다시 보자. B는 A의 애초 형평법상의 권리를 알지도 못하고, 안 것으로 의제[16]되지도 않는 상황에서 보통법상의 권리를 매수했어야 한다. 이런 사실관계에 터잡으면 B는 A의 권리가 전혀 미치지 않는 깨끗한 소유권을 취득하게 되며, 이에 따라 때로는 "형평법의 총아Equity' s darling"[17]라고 불리게도 된다. 이런 원칙은 결과적으로 그 재산을 신탁관계로부터 빠져 나가게 만든다. 수탁자는 이제 더 이상 신탁재산에 대한 보통법상의 소유권을 가지지 못하며, 수익자는 자기의 형평법상의 권리를 박탈당하게 된다. 그렇다고 하여 완전히 잃기만 하는 것은 아닐 수도 있다. 아래에서 보는 대로 수익자로서는 수탁자가 그 매각의 대가로 받은 대금이 신탁재산을 대체한다고 주장하는 것이 가능해질 수도 있기 때문이다.[18]

이렇게 선의매수인 우선의 원칙이 거래안전을 보호하기 위한 필요에서 정당화된다고는 하나, 이런 합리화는 보통법상의 소유권이 재산권 중에서 가장 우

16) 이는 곧 형평법상의 권리가 등기, 등록된 경우 우선권을 부여받음을 의미한다. 그러면 매수인은 원고의 (앞선) 등기, 등록된 권리에 대하여 알고 있었다고 의제되며, 따라서 이런 전제하에서 보통법상의 권리를 취득하게 된다.

17) *Polly Peck International plc v Nadir (No 2)* 〔1992〕 4 All ER 769 (CA); *Macmillan Inc v Bishopsgate Investment Trust plc (No 3)* 〔1995〕 1 WLR 798 (Millett J) (나중에 항소심 〔1996〕 1 WLR 387은 다른 근거에서 원심을 유지했다).

18) 아래 제5절을 보시오.

선하는 권리임을 전제로 해야만 가능하다. 만약 모든 재산상의 권리가 상호 간에 똑같은 보호를 받아야 할 만큼 대등하다고 여겨진다면, 여전히 앞에서 본 "선착순"의 원칙이 적용될 수밖에 없다. 이런 사태에 직면해보면, 이 원칙은 논리logic에 터잡은 것이 아니라, 보통법 법원과 형평법원 간에 한때 재판권이 경합하던 시절에 형평법원이 단순히 (그러나 아마도 비논리적으로) 그 재판권을 보통법 법원에게 양보하던 관행 내지 정책에서 비롯된 것임을 암시하기도 한다. 신탁관계는 수익자가 수탁자에게 신탁재산을 마음대로 처분할 수 있는 (권한은 아니라고 하더라도) 자격을 부여하는 모든 관계 서류들을 교부했다는 전제 위에 터잡고 있다. 이렇게 가정할 경우 수익자와 선의의 제3자 간에 위험을 적절히 배분하는 것이 가능해지며, 때로는 (항상 그런 것은 아니지만) 수익자의 재산권보다 제3자의 거래안전을 보호하는 것이 설득력 있다고 이해될 수도 있다.[19] 이로 인하여 궁극적으로 잘못을 저지른 수탁자가 물어낼 수 없는 상황에서는 제3자가 아닌 수익자가 최종적으로 손해를 감수하도록 강제하게 되는 것이다.

이러한 "선의매수인bona fide purchaser" 우선의 원칙은 자주 활용되고 있다. 자금세탁의 경우를 생각해보자. 막대한 액수의 돈에 대한 소유권 문제는 우선권다툼을 초래할 수 있다. 전형적인 경우로서 A의 자금이 사기꾼 B에 의하여 편취(또는 도난)되는 경우를 생각해보자. 그 자금은 그러고 나서 C, D, E 등 여러 사람의 손을 거쳐—그리고 아마도 여러 나라를 거쳐—마침내 F에게 도달할 것이다. A가 그 자금을 되찾으려 할 경우 사기꾼은 이미 사라졌거나, 또는 파산했을 수도 있다. 또 C, D, E는 선의로 수령한 자들로서 이제 그 돈을 더 이상 수중에 가지고 있지 않으며, 이에 따라 A는 F에게 덤벼들게 된다. 그때 만약 A가 F가 받아 가지고 있는 바로 그 자금의 형평법상의 소유자임을 주장한다

19) 수익자가 수탁자에게 부여하는 권한이 유일한 고려의 요소는 아니다. 수익자 쪽에서는 자신의 형평법상의 권리가 등기, 등록되며(그리하여 대세적으로 공시되며), 또 제3자 쪽에서는 그 제3자의 권리가 제값을 주고 취득한 것(그리하여 그 제3자의 위험이 그만큼 증가한다)이라는 점이 또한 중요한 고려의 요소로 된다.

면,[20] 이들 간의 분쟁은 A가 애초 가지고 있던 형평법상의 권리와 F가 나중에 취득한 보통법상의 권리 간의 우선권다툼으로 귀착될 것이다. 여기서 선의취득자 우선의 원칙을 적용하면, F가 A의 애초 형평법상의 권리가 있었음을 알지 못한 채로 그 세탁된 자금에 대한 보통법상의 소유권을 취득하기 위하여 제값을 치른 선의의 취득자라고 가정할 경우 F의 권리가 우선할 것이다. 만약 그렇지 않은 경우라면 A의 권리가 우선할 것이다.

제5관 단순형평권의 약점

"선착순"의 원칙에는 또 하나의 예외가 있다. 이는 단순형평권mere equities[21]에 관련된 것이다. 이런 단순형평권에 대하여는 그보다 나중에 선의로 매수한 사람들이 모두 우선하게 된다.[22] 여기서도 예를 들어보면 쉽게 이해될 것이다. X가 Y에게 자기의 집을 팔았지만 Y의 부당한 영향력행사undue influence[역주5]하에 팔았으므로 취소할 수 있는 경우라고 가정해보자.[23] 이런 상황에서 우리는 X가 단순형평권을 가진다고 말한다. 그 의미는, X는 만약 스스로 원하기만 한다면 그 매매계약을 취소하고 그 매매대금을 매수인에게 되돌려주는 전제하에서 그 집을 되찾을 수 있다는 것이다. 그런데 만약 X가 이렇게 하기 전에 Y가 그 집을 Z에게 전매하였다면 단순한 형평법상의 권리를 가질 뿐인 X와 보통법상

20) 이렇게 하기 위해서는 A는 사기꾼의 수중에 들어간 자금에 대한 형평법상의 소유권을 입증해야 하며, 그렇게 되면 F의 수중에 들어가 있는 자금에 대하여 원물추급 또는 대체물추급을 하게 되고, 그리하여 A가 출발부터 종점에 이르기까지 도중에 끊어지지 않고 연연히 이어지는 물권적 권리의 사슬을 확보할 수 있게 된다. 이런 식으로 사실관계에 따라서는 제4장에서 논의되는 원물추급 및 대체물추급의 원칙, 두 가지 모두의 적용을 요구하는 경우도 있다.

21) 제3장 제10절 및 제9장 제7절, 제8절을 보시오.

22) *Phillips v Phillips* (1862) 4 De G F & J 208, 215-18, 45 ER 1164, 1166-7 (Lord Westbury); *Latec Investments Ltd v Hotel Terrigal Pty Ltd* (1965) 113 CLR 265 (Aust HCt), 276-8 (Kitto J), 289-91 (Menzies J).

23) 제7장 제2절 제3관을 보시오.

의 소유권을 취득한 Z 간에 우선권다툼이 생기게 된다. 비록 X가 시간적인 순서로는 우선하지만 Z는 "형평법의 총아"가 되므로 Z가 이길 것이다. 그러나 단순형평권은 또한 형평법상의 권리를 나중에 선의로 취득한 자들에게도 우선하지 못한다. 예컨대 만약 Y가 그것을 Z에게 팔지 않고 은행에 저당 잡혔다면, 은행의 형평법상의 담보권은 비록 시기적으로는 늦지만 X의 단순형평권에 우선할 것이다. 법은 비록 X가 Y에게 매도한 과정에 하자가 있다고 인정하면서도 X가 은행의 담보권을 떠안는(인정해주는) 경우에만 그 집의 회복을 허용해줄 것이다.

이는 단순형평권이 다른 형평법상의 권리들보다 훨씬 약함을 의미한다. 즉, 이런 권리는 그보다 나중의 선의매수인 누구에게도 대항하지 못하는 것이다. 따라서 "선착순"의 원칙은 그보다 나중의 취득자가 그런 사실을 알았다든지 또는 증여받았다든지 하는 경우처럼 현실에서는 기대하기 어려운 상황에서만 적용될 수 있게 된다.

이 절에서 살펴본 원물추급following 및 권리행사claiming의 원칙은 모두가 원고의 애초 소유재산이 이 손에서 저 손을 거쳐가는 하나하나의 과정에서 그 소유권과 모순되거나, 또는 경합하는 권리를 주장하는 다른 당사자들과의 분쟁을 해결하는 데 있어서 원고가 애초 소유하던 원물의 정체성을 확인해주는 데 집중되고 있다. 그 목표는 이렇게 여러 차례 이전하는 연결고리의 마지막 부분에서도 원고가 여전히 그 원물에 대하여 어떠한 형태로든 물적 권리를 보유하고 있느냐의 여부를 결정하는 일이다.

제5절 대체물 추급과 권리행사 —핵심문제들

형평법이 물권을 보호하기 위하여 사용하는 두 번째 메커니즘은 앞의 경우와 초점을 꽤 달리한다. 이는 현재 피고의 수중에 있는 재산상에 원고가 어느 시점에서는 물권을 보유하고 있었다는 가정하에서 출발한다. 그런데 문제는 피고가 그 재산을 현재 더 이상 보유하고 있지 않으므로 원고가 원물에 대한 자기의 권리를 향유할 수 없다는 데서 생긴다. 피고가 대가를 받으면서 이를 남에게 주어버린 것이다. 앞에서 본 사례에서 도둑은 원고의 차를 팔아 돈을 받고 그 돈으로 주식을 샀다. 이제 법은 원고가 그 대체물에 대하여 여전히 어떤 물권을 주장하도록 허용해야 할 것인지의 여부를 결정해야 한다. 그렇게 하기 위해서 원고는 먼저 자기가 소유하던 재산이 팔려 현재 다른 물건으로 대체(이것이 바로 대체물추급tracing의 단계이다)되어 있다는 사실을 입증해야 한다. 둘째, 원고는 그런 상황에서 자기가 그 대체물에 대하여 어떤 권리를 가진다고(이것이 권리행사claiming의 단계이다) 주장할 권원이 있음을 입증해야 한다. 이 두 단계는 어느 하나도 단순하지 않다.

형평법상 대체물추급과 권리행사의 기법은 수탁자의 배임으로 인하여 생기는 문제들을 다루기 위하여 개발되었다.[24] 아주 간단한 사례를 보자. T(수탁자)가 B(수익자)를 위하여 그림 한 점을 신탁받았다고 가정해보자. T는 그 그림에 대하여 보통법상 소유권을 보유하지만 B는 형평법상의 소유권을 가진다.[25] 만약 신탁증서에서 T에게 그 그림을 팔아 그 대금을 특정한 방법으로 투자하도록 요구하고 있다면, 그 매각대금 및 이에 기한 새로운 투자물(두 번이나 대체된 재산)은 자동적으로 차례로 애초의 신탁에 따르는 수탁재산이 될 것이다. B는 더 이상 그림에 대한 권리를 가지지 못하지만 신탁기금을 구성하는 다른 형태의 재산상에 권리를 가지게 되는 것이다. 이는 매우 간단한 경우이다. 그러나 상황을 바꾸어 신탁증서가 T에게 그림을 보관하기만 하고 팔지 못하도록 했음에도 불구하고 T가 그림을 팔아 그 매각대금으로 주식을 사서 그런 거래를 통하여 개인적으로 이득을 받으려 획책하고, 이에 따라 수익자를 실망시

24) 보통법에서도 일종의 대체물추급 장치를 찾아볼 수 있으나, 그것은 결코 형평법에서와 같은 정도로 발전하지 못했다. 특히 보통법상의 대체물추급권은 혼합물mixtures에 대한 대체물추급이 불가능하다고 여겨짐으로써 치명적인 한계를 극복할 수 없게 되었다.

25) 제3장 제6절을 보시오.

키게 된다고 가정해보자. 이런 경우에 형평법은 어떤 구제수단을 제공할 수 있을까?

형평법은 이런 상황에서도 T는 여전히 애초의 신탁증서상의 조건에 따라 변형된 투자자산을 보유한다고 인정해주는 데 조금도 어려움을 느끼지 않는다. 수탁자는 수탁재산을 착복하여 자기 자신의 이익을 위하여 투자해서는 안 되기 때문이다. 수탁자는 충실한 관리자loyal manager가 될 의무를 지는 것이다. 형평법은 수탁자가 수익자에 대하여 충실loyalty이라고 하는 수임자의 주의의무 fiduciary obligations(즉 수탁자는 수익자의 이익을 도모하고, 의문이나 선택의 여지가 있을 때는 수탁자의 이익이 아닌 수익자의 이익을 도모해야 한다는 특별한 책임)를 진다고 설명한다.[26] 이런 전제하에서 보면, 형평법은 수탁자가 그런 방법으로 투자했더라도 그것은 수익자를 위하여 한 일이라고 추정하려 할 것이다. 여기서 실질적인 의미는 없지만, 차이점이라면 이 경우의 신탁관계는 문제의 투자가 권한 없이 행해진 것이라도 법원이 이를 의제신탁constructive trust으로 해석한다는 점이다. 결국 이는 신탁증서에서 정한 바에 따르는 명시적신탁이 아닌 것이다. 대체물추급과 권리행사의 문제는 아직 그다지 차별화되지는 않았으나, 형평법은 수익자에게 그림을 추적하여 매각대금을 찾아내고 그다음에는 주식을 찾아내어 그 주식에 대한 형평법상의 소유권을 주장할 수 있도록 효과적으로 허용해주고 있는 것이다. 여기서의 장점은 두 가지이다. 첫째, 수익자는 비록 애초의 신탁재산을 상실하더라도 여전히 어떤 재산권(또 그에 부수되는 이익과 그에 내재하는 파산시의 보호를 포함하여)을 향유할 수 있다. 둘째, 이런 재산권은 수탁자가 권한 없이 행한 주식에 대한 투자로부터의 이익까지도 수익자가 향유할 수 있도록 도와준다. 따라서 현대의 대체물추급과 권리행사를 둘러싼 논란은 이렇게 신탁재산이 바뀌더라도 존속할 물권적 보호 및 신탁재산이 바뀜에 따라 우연히 제2차적으로 생길 수 있는 대박이익을 누가(명시적신탁의 수익자 이외에도 누가) 차지할 것이냐를 둘러싸고 벌어지는 것이다.

26) 제5장 제2절 제1관을 보시오.

이 논란에 끼어들기 전에 먼저 수익자의 지위에 관하여 살펴볼 필요가 있다. 만약 T가 주식에 투자했지만 결과적으로는 그림값만도 못한 결과가 된다면, B는 또 다른 전략을 택할 수도 있다. 수익자는 그 주식을 신탁재산으로 간주하는 것을 단념하고 그 대신에 T에게 수탁자로서의 의무 위반을 이유로 하는 손해배상을 청구할 수 있다. 이것은 T의 수중에 있는 어떤 특정한 재산에 대한 청구가 아니라 T로 하여금 그림값에 상당하는 금액을 신탁기금에 금전으로 되돌려놓도록 요구하는 채권적 권리에 불과하다.[27] 그러나 이런 채권적 권리는 T의 파산시의 위험을 각오해야 한다. 만약 T가 파산하면 B는 자기의 손해를 전부 배상받지 못하게 될 수도 있다. 형평법은 이런 경우 딜레마에 빠진 B에게 그림값만도 못한 주식에 대한 소유권을 확보하는 것으로 만족하라고 강요하지는 않는다. 그 대신에 형평법은 B에게 손해배상청구권을 견지하도록 허용하면서도 주식에 대한 B의 형평법상의 우선변제권Equitable lien을 인정해줌으로써 파산절차에서의 우선권 또한 확보해주는 것이다.[28] 문제의 그림이 5,000파운드짜리였는데, 주식은 이제 3,000파운드밖에 되지 못한다고 가정해보자. B가 T에 대하여 가지는 5,000파운드의 청구권이 주식에 대한 형평법상의 우선변제권으로 담보되어 있으므로, B는 주권을 인출하여 처분하고 거기서 자신의 손실분을 충당할 수 있다. 이렇게 해도 여전히 2,000파운드가 모자라겠지만, B는 여전히 T에 대하여 이 금액을 청구할 수 있는 것이다. 다만 T가 파산할 경우에는 이 청구권은 일반채권으로서 그만큼 변제가 불확실해지는 것이 물론이다. 이런 형평법상의 우선변제권을 인정해줌으로 인한 혜택은 적어도 그림에 대체할 만한 재산을 추적할 수 있는 한도 내에서는 B의 지위가 그만큼 보호받을 수 있다는 점이다.

형평법이 재산권을 보호해주기 위하여 채택하는 이런 접근방법이 있다고 할 경우 그 한계는 어디까지일까? 대체물추급을 시작하려면 필요한 것은 무엇이

27) 제6장 제3절 제3관을 보시오.

28) 제3장 제9절을 보시오.

며, 대체물추급을 시작하고, 또 이를 계속하고, 또 이를 끝내기 위하여 요구되는 것은 무엇일까? 파산시에도 우선변제가 허용될 수 있는 대체물은 어디까지인지를 결정해주는 기준은 무엇인가? 마지막으로, 아마도 가장 논란의 대상이 되는 것으로, 원고가 애초 잃어버린 재산의 가치상당액에 그치지 않고 배신한 수탁자가 우연히 일구어낸 대박을 전부 내놓으라고 요구할 권리를 가질 수 있는지의 여부를 판단해주는 기준은 무엇일까? 이런 의문들에 관하여서는 이 장의 나머지 부분들에서 할애되고 있다. 원물추급과 권리행사에 관한 원칙에서 보았듯이, 이에 대한 해답은 구체적 사건의 맥락에 의하여 영향을 받는 것으로 보인다. 그리하여 대체물추급의 기법을 권리행사라는 실무로부터 온전히 떼어내라는 현대적 요청에도 불구하고 그 실천은 대단히 어렵게 된다.[29] 우리는 첫 번째 의문에 대한 해답으로부터 시작하겠지만, 이에 대한 전반적인 검토가 끝나기까지는 실로 쉽사리 해답을 얻기 어려울 것이다.

제6절 대체물추급에 나서기

형평법상의 대체물추급과 권리행사의 기법이 애초 신탁상의 의무에 위배한 수탁자들을 다루기 위하여 발전되었다고 전제한다면, 어떤 형태의 신탁이 이루어지느냐에 따라 대체물추급과 권리행사의 기법에 필요한 본질적 전제조건을 대체로 예측할 수 있게 된다. 50년 전의 정통적인 견해는 원고가 현재 피고의 수중에 있는 원물의 형평법상의 소유자임과 피고가 그 재산의 취급에 관하여 수임자의 주의의무를 진다는 사실을 입증할 수 있을 때에만 대체물추급이 가능하다고 보았다.[30] 비록 법원들이 아직은 이런 자기 제약으로부터 스스로를 완전히 해방시키지 못한 처지라고는 하지만, 이렇게 신탁에 유사한 것으로 보이

29) *Boscawen v Bajwa* [1996] 1 WLR 328 (CA).

30) *Diplock, Re* [1948] Ch 465 (CA); 나중에 *Ministry of Health v Simpson* [1951] AC 251 (HL) 이라는 사건명으로 바뀌어 원심이 유지되었다.

는 속성 두 가지를 모두 입증하라고 요구하는 자세는 이제 가차 없는 비판의 대상으로 되고 있다.

애초 이런 전제조건은 꽤 근거가 있는 것으로 보였을 것이다. 대체물추급과 권리행사라는 두 가지 사이에는 설사 차이가 있었더라도 거의 없었을 것이다. 그리하여 흔히 "대체물추급청구tracing claim"라고 부를 정도였다. 이런 "대체물추급청구"—또는 원고가 피고에 대하여 가지는 권리 일체—는 의문의 여지없이 이런 두 가지 전제조건, 그중에서도 특히 피고가 원고에게 수임자의 주의의무를 지고 있는지의 여부에 달려 있었다.[31] 다른 원고들도 또한 마찬가지로 보호받을 권리를 가지고 있을지의 여부에 대하여는 아무도 물을 생각조차 하지 않았다. 이런 대체물추급과 권리행사의 밑바닥에 깔려 있는 핵심적 원칙이 무엇인가를 밝혀내려는 노력도 없었다.

그러나 이제는 대체물추급과 권리행사 사이에 차이점이 분명히 인정(비록 양자 간의 상호 작용은 아직도 안개 속에 있지만)되고 있다. 대체물추급이란 단순히 원물의 대체물이라고 간주해도 합당할 만한 새로운 모습의 재산인지의 여부를 가려내는 기법이다. 이런 통찰의 방법이 분명히 제시되기 전에서조차 위의 두 가지 전제조건의 기초는 이미 허물어지고 있었다. 복잡다단한 원물추급과 대체물추급의 고리가 이어진 사건에서 법원은 대체물로 변하는 사슬 중 어느 하나의 고리에서만이라도 누군가가 원고에 대하여 수임자의 주의의무를 지고 있다고 하는 한 반드시 피고가 수임자여야 할 필요는 없으며, 피고에 대하여 원고는 그저 피고가 원고의 형평법상의 재산을 가지고 있다고 입증하기만 하면 된다고 판시했다.[32] 얼마 지나지 않아 형평법원들은 현실적인 신임관계의 성립요건으로 연결해주는 이런 느슨한 연결점마저도 필요없다고 보았다. 즉, 법원은 피고가 원고의 형평법상의 재산을 가지고 있다면 그 사실만으로도 곧 피고는 원고

31) 아래 제7절을 보시오.

32) 이제는 그 절차가 좀 더 철저하게 분석됨으로써 "원물추급 및 권리행사"의 단계가 "대체물추급 및 권리행사"의 단계로부터 구별될 수 있을지도 모른다. 이런 오래된 다수의 판례들에서는 전 과정이 단순히 "대체물추급청구권의 행사"를 확인하는 것에 불과했다.

에 대하여 수임자의 주의의무를 지게 되는 것이며, 이는 그 주의의무의 내용이 순전히 명목에 그치는 경우라 하더라도 마찬가지라고 주장할 정도로 되었다.[33)] 더욱이 피고가 수임자라면, 설사 원고가 애초의 재산상에 형평법상의 소유권이 아닌 보통법상의 소유권(예컨대 원고가 특정한 목적으로 자신의 점유물을 대리인에게 맡기는 경우)만을 가지기 때문에 원물에 대하여 형평법상의 권리를 가지지 못하는 경우라도 원고는 피고가 권한 없이 처분하여 얻은 대체물에 추급할 수 있다는 것이었다. 한 마디로 형평법상의 대체물추급에 관한 원칙은 원고가 원물에 대한 형평법상의 권리를 가지고 있든 없든, 또 피고가 원고에 대하여 수임자의 주의의무를 지든 지지 않든, 대체물을 찾아내기 위하여 활용되었던 것이다. 물론 이에 대한 권리행사claiming의 결과는 이런 양상에 따라 결정적으로 달라질 수도 있지만, 여기서 결과를 좌우할 수 있는 핵심쟁점은 형평법상의 대체물추급에 관한 원칙을 일반적으로 적용할 수 있겠느냐의 문제인 것이다.

이 일반성의 여부가 매우 중요하다. 형평법상의 재산권이 있는지, 또는 신탁관계가 성립되어 있는지에 대한 아무런 방증이 없는 상태에서도 이런 대체물추급에 관한 원칙이 활용될 수 있겠는가? 이런 원칙은 예컨대 보통법상의 소유자를 포함하여 아무나 활용해도 되겠는가? 만약 대체물추급을 권리행사로부터 떼어낸다면 이런 문제는 논리적으로는 이를 긍정하는 길밖에 없다. 대체물추급은 (원물추급이나 마찬가지로) 재산assets에 관계된다. 이에 반하여 권리행사(원물추급이나 대체물추급이나 모두 마찬가지로)는 재산상의 권리interests in assets에 관계될 뿐이다. 대체물추급의 원칙은 자동차에 대한 원고의 형평법상의 권리가 현금에 대한 형평법상의 권리로, 그리고 더 나아가서는 주식에 대한 형평법상의 권리로 추급될 수 있다고는 주장하지 않는다. 만약 그런 이론이 가능하다면 원고의 원물에 대한 재산권 및 피고에 대한 신임(또는 다른) 관계는 의문의 여지

---

33) 이 전략은 다수의 판례들에서 정당한 비판을 받는 결과로 이끌었다. 즉, 수임자로서의 지위는 권리행사라는 문제에 심각한 영향을 미치기 때문에 이를 기피하는 것은 곧 엉뚱한 결론으로 이끌게 될 위험성을 내포하게 되었다.

없이 매우 결정적인 판단기준이 될 것이다. 이렇게 하는 대신에 대체물추급의 원칙은 단순히 자동차는 현금으로, 그리고 현금은 주식으로 추급될 수 있다고 말할 뿐이다. 이렇게 원래의 재산과 그 대체물에 초점을 맞추고 나면 형평법상의 권리나 수임자의 주의의무에 대한 의미 있는 요건을 제시하기는 불가능해진다. 이런 것들은 권리행사의 단계에서나 가능해지는 것이다. 달리 말하자면 대체물추급의 원칙은 "형평법적"일 수 있겠으나, 그것은 단지 그 역사적 전개과정을 민감하게 반영하는 것일 뿐, 결코 그것이 형평법상의 재산권이나 형평법상의 수임자의 주의의무라는 선결요건과 필수적으로 연결되어 있음을 반영하는 것은 아닌 것이다.[34)]

제7절 권리행사의 준칙
—실무와 원칙

애초에 대체물추급과 권리행사를 구분하지 못함으로써 이는 그 후 다른 데서도 분석에 영향을 주었다. 그것은 "대체물추급청구tracing claim"는 추급 가능한 어떤 재산에 대해서도 원고의 권리가 간단히 행사될 수 있다고 쉽사리 착각하도록 만들었다. 그리하여 수탁자가 배임하는 경우에는 즉각 그런 결과로 나타나게 되었다. 즉, 원고의 당초 신탁재산(원물)에 대한 형평법상의 소유권은 대체물추급 결과 대체물에 대한 형평법상의 소유권으로 전환하게 되었다. 더 나아가볼 경우 이런 식으로 전제한다고 하면, 피고가 원고의 차를 훔쳐 팔아 돈을 받고 그 돈으로 주식을 살 경우, 피고는 마치 직접 원고의 주식(이런 식의 대체물추급이 허용된다고 가정할 경우)을 훔친 것과 마찬가지로 취급됨을 의미할 수도

34) *Foskett v McKeown* [2001] 1 AC 102, 113 (Lord Steyn) and 128-9 (Lord Millett)를 보시오. 이 판례에 나타나는 두 판사의 의견은 모두가 방론obiter으로서 개진된 것들인데, 두 경우 모두 보통법이든 형평법이든 간에 대체물추급의 원칙은 동일해야 한다는 주장이었다. 이에 따르게 되면 이 책에서 주장되는 것과 똑같은 결론에 도달하게 될 것이다.

있게 된다. 그리하여 피고는 권원 없이 원고의 주식을 처분하는 불법행위를 저지른 셈이 되며, 따라서 손해배상책임을 져야 한다. 원고의 자동차에 대한 보통법상의 소유권은 대체된 주식에 대한 보통법상의 소유권으로 되어버린다. 그러나 권리행사의 원칙은 이렇게 작용하는 것이 아니다. "대체물추급"이 곧 대체물을 확인해주는 것은 사실이지만, 이 "권리를 행사"한다 하여 곧장 원고의 애초의 권리가 대체물로 전이하는 것은 아닌 것이다. 이를 두 가지로 두드러지게 설명해볼 수 있다.

첫째, 원고의 당초의original 권리(및 특히 그 물권적 지위)가 대체물에 존속되어야 할지에 대하여 의문이 제기된다. 앞에서 본 예에서 원고가 피고에 대하여 그 차를 불법처분함에 따르는 손해배상으로 2,000파운드를 청구할 수 있다고 가정해보자. 만약 피고가 아직도 그 차를 가지고 있는 중이라면, 이 청구권은 그의 파산시 우선권을 가진다.[35] 대체물추급에 의해서 자동차에 대한 추급이 주식에 대한 추급으로 바뀔 수 있지만, 원고의 권리행사에 의해서 2,000파운드의 손해

35) 보통법상의 소유자가 누리는 파산법상의 우선적 지위에 관하여는 약간의 설명을 필요로 한다. 앞에서 보았던 대로 X의 자동차가 도난당한 경우를 돌이켜보자. X는 그 경우 여전히 차에 대한 보통법상의 소유권을 유지하지만, 그렇더라도 X가 자기 차를 되찾을 권리까지는 부여하지 않는다는 것이 보통법의 변덕스러움들 중 하나이다. 즉, 그 경우 X는 Y에 대하여 X의 재산에 대한 불법영득이라는 불법행위에 대한 금전적 손해배상청구권만을 가지는 것이다. 그러면 Y는 그 손해를 배상하든지 또는 차를 되돌려주든지 할 선택권을 가지게 된다〔법원은 이 경우 1977년의 불법행위(동산에 대한 간섭)법에 터잡아 특정회복을 명할 수 있는 재량권을 가지게 되지만, 법원은 그 경우 그 동산이 희소성을 지닌 물건이거나 또는 독특한 물건인 경우에 한해서만 그런 재량권을 발휘하는 것이 보통이다. 제6장 제3절 제1관을 보시오〕. 그럼에도 보통법에서 조차도 X의 청구권은 파산법상의 보호를 받게 된다. 이는 보통법이 여간해서는 하지 않는 양보이지만, 만약 Y가 파산하게 되면, 그리고 또 만약 그 경우 Y가 여전히 차를 보유하고 있다면 Y는 그 차를 돌려주든지 또는 그 차의 완전한 가치상당액을 지급해야 한다. 그 경우 Y가 차를 그대로 보유하면서 X에게는 Y의 다른 일반채권자들과의 대등한 권리에 불과한 손해배상청구권만을 행사하라고 요구할 수 없는 것이다. 그러나 만약 Y가 더 이상 차를 가지고 있지 않을 때에는 X가 청구할 수 있는 것은 손해배상일 뿐이며, 그렇게 되면 특별히 법이 X를 위하여 대체물상에 우선적 물권적 지위를 허용해주지 않는 한 X의 청구권은 어쩔 수 없이 그만큼 줄어들게 된다.

에 대한 애초의 권리가 피고 파산시에 대체물에 대한 우선권을 보유하느냐의 여부가 문제로 된다. 원고는 당장 그 주식의 가치가 4,000파운드나 되더라도 2,000파운드밖에는 받지 못할 것이다.[36)] 마찬가지로 주식이 단지 1,000파운드밖에 안 되더라도 피고의 파산시 원고의 우선권은 이 금액에 한정된다. 그러나 어느 경우에서나 원고의 청구권은 자동차의 매각대금 2,000파운드에 대한 것이지, 주식의 매각대금 4,000파운드나 1,000파운드에 대한 것은 아니다. 이 어느 경우에나 원고의 재산이 자동차라든지, 원고의 이해관계가 보통법상의 소유권이라든지 하는 것은 별로 중요하지 않다. 핵심문제는 피고의 처분으로 인하여 손해배상을 받을 수 있는 원고의 법적 권리가 너무나도 특별하기 때문에 출발점에서부터 파산법상의 우선권을 가질 뿐만 아니라, 그 우선권이 또한 대체물 내에 존속해야 하느냐의 여부이다. 이런 문제는 합리적인 차별화를 허용해준다. 즉, 권리의 형태가 다를 경우 그 형태에 따라 보호의 정도 또한 차별화될 수 있는 것이다.

둘째, 권리행사의 원칙은 추급에 의하여 확인되는(대체물추급이 가능한) 상품이나 매각대금에 대하여 우선적primary 권리를 가지도록 하는 것일 뿐이지 애초의 권리를 온존시켜주는 것은 아니다. 지금까지 공표된 판례들의 대부분은, 앞에서 본 배임행위를 한 수탁자처럼 수임자의 주의의무에 위반한 경우에 관한 것이다. 그리하여 원고가 의외의 제2차적 대박이익을 자기의 것으로 귀속시킬 수 있는 이유는 피고가 수임자로서의 충실의무를 진다는 점에 의하여 정당화된다. 즉, 불충실한 행동에 대한 구제방법으로서 잘못을 저지른 피고로부터 그가 옳지 않은 방법으로 얻은 이익을 하나도 남김없이 빼앗아 주인에게 돌려주는 것이 피해의 구제수단으로서 적절하다는 것이다.[37)] 그리하여 대체물추급에 의

---

36) 물론 "원고가 대체물에 대한 새로운, 그리고 독립한 청구를 제기할 수 없는 한"이라는 조건이 붙는다. 이는 곧 원고가 제2차적 대박이익을 내놓으라고 청구하기 위한 요건이 된다. 아래 제7절 제2관을 보시오.

37) 이런 추론과정을 응용하면 신탁기금에 도로 채워넣어야 할 수탁자의 책임을 확보하는 우선변제권을 설명하는 일조차 가능해진다. 위 앞의 두 페이지를 보시오. 수탁자는 자신

하여 이런 대박이익을 확인할 수 있게 되면, 권리행사에 의하여 이를 토해내게 disgorgement 만든다는 것이다. 신임관계와는 동떨어진 형태의 우선권을 주장하는 것도 또한 가능하다. 실로 이 전 영역에 걸쳐 경계선을 긋는 문제는 현재 격렬한 논란의 대상이 되어 있다.[38] 이런 모든 판례들에서의 구제수단은 물권적이라고 이해되고 있으나, 어떤 상황하에서는 이런 견해가 비판을 받을 수도 있다.[39] 만약 구제수단이 물권적일 경우에는 관심의 초점인 그 상품이나 매각대금이 더 이상 피고의 수중에 남아 있지 않을 경우에 이 권리가 여전히 파산법상의 우선권으로서 온전하게 존속할 수 있는지를 따져볼 만한 가치가 있음에 주목할 필요가 있다.

이렇게 권리행사의 두 가지 목표에 깔려 있는 원칙들에 대하여는 관심을 두고 더 따져볼 필요가 있다.

제1관 파산시 우선권을 온존시키기

이렇게 일단 대체물추급과 권리행사의 규칙을 서로 떼어낸다고 할 경우, 그 때에는 권리행사의 원칙에 어떤 논리가 적용되는지를 확인할 필요가 생긴다. 어떤 권리행사가 파산시에 우선권을 온존시킬 수 있을까? 그리고 왜 그럴까? 이 문제에 대답함에 있어 그 결과에서 원인을 찾으려고 하는 것은 쉽지만 위험한 일이다. 특히 명시적신탁의 수익자가 대체물에 대하여 가지는 권리로 인하여 피고의 파산시에도 여전히 우선권을 보유하기 때문이라고 해석한다면, 그것은 바로 그런 목적을 달성할 수 있도록 고안되어야 한다. 이런 발상에 따를 경

의 의무 위반행위로 인한 이익을 차지할 수 없으며, 그리하여 수탁자는 원래의 신탁기금을 적어도 그 원래 가치상당액까지 회복해 놓을 때까지는 그 주식에 대한 소유권을 주장할 수 없을 것이다. (우리의 애초 사례로 돌아가보면) 형평법상의 우선변제권은 바로 이런 목적을 달성하도록 도와주는 수단이 된다.

38) 아래 제2관을 보시오.

39) 제5장 제2절 제2관을 보시오.

우, 권리행사의 원칙은 원고가 원래 소유하던 재산상에 내재하던 파산시의 우선권이 그 대체물에 그대로 온전히 존속한다고 하는 내용이 되어야 할 것이다. 이렇게 명시적신탁에 따르는 형평법상의 소유권이 추급할 수 있는 대체물에 대하여도 여전히 피고 파산시의 우선권을 보유해야 한다면, 결과적신탁 및 의제신탁에서의 형평법상의 소유권 또한 그러해야 한다는 가차 없는 논리로 귀결되고야 말 것이다. 또 형평법상의 소유권이 파산시에도 우선권을 가진다고 한다면, 그런 우선적 지위를 가지고 출발하는 보통법상의 권리 또한 그러해야 한다는 논리가 되고 말 것이다. 결과적으로 볼 때 도대체 도난당한 자동차의 보통법상 소유자가 파산시에 형평법상의 소유자보다도 훨씬 더 약한 보호밖에는 받을 수 없어야 할 이유는 무엇이란 말일까?

한 마디로 말하자면, 이런 모든 물권적 이해관계에 대하여 그것들 간에 특별히 차등을 두어야 할 합리적 이유가 없다면 똑같이 대접해야 한다는 것이 법적 일관성의 원칙에 따르는 요청이다. 합리적인 이유를 대려면 그 모두가 파산시 우선권을 가진다고 하는 데서 출발하지만, 원물이 더 이상 피고의 수중에 남아 있지 않고 추급할 수 있는 대체물이 확인되는 경우에는 어떠한 경우에도 왜 그 중 단 하나의 권리(또는 몇 개 안 되는 권리)만이 파산시의 우선권으로서 여전히 존속한다고 인정받을 수 있는지를 설명할 수 있어야 한다. 이 논리는 매우 설득력이 있어 보인다. 법원들은, 비록 아직까지는 목표에 대하여 논의하기를 거부하고 있지만, 대체로 이런 접근방법으로 기울고 있는 듯하다. 그럼에도 이런 설명방법이 유일한 선택은 아니다.

아마도 좀 더 선호되는 접근방법은 이런 모든 권리에 대하여 파산시에 우선권이 존속함을 일률적으로 부인하는 방법일 것이다. 이것은 평등하게 일관성 있는 대응방식이다. 이렇게 되면 보통법상의 물권이든 형평법상의 물권이든 간에 모두 출발시점에서는 파산시의 (그들 각자의 물권에 합당한) 우선권을 부여받겠으나, 일단 원물이 사라지게 되면 이런 우선적 지위는 더 이상 연장되지 못하며, 그리하여 대체물에도 존속하지 못하게 될 것이다. 이런 전략은 파산시에는 불가피하게 잃는 자도 있음을 전제로 하는 것이어서 만약 원고가 물권을 가지고 있으면 "잃는 사람들losers"은 자기들의 채권을 회수할 파산재단의 규모가 더욱 축소될 수밖에 없다는 점을 인정하는 것이다. 어떤 권리들은 애초의 우선적 지위를 보장받아야 할 만큼 중요하지만, 그 권리가 대체물 위에도 그대로 존속할 정도로 보장해주어야 할 만큼 중요한 것인지는 그와는 별도로 정책상의 문제인 것이다. 대륙법 국가들은 그렇지 않다는 결론을 내렸다.[40] 이런 대륙법 체계의 방식은 또 하나의 대안으로서 좀 더 나은 모델이 될지도 모른다.

흥미롭게도 "대체물추급청구"와 관련된 (보통법과 형평법 모두의) 초기의 판례법은 그 중간적인 전략을 취하는 것으로 보인다. 이를 잘 살펴보면 매우 중요한 내막에 접할 수 있게 된다. 앞에서 본 두 가지의 각자 극단적인 견해는 원고의 재산asset이라는 대상에 초점을 맞추고 있다. 파산시의 우선권은 자동적으로 이런 재산의 본질적 속성들 중의 하나로서 나타나는 것이다. 여기서의 핵심문제는 어떤 대체물에 대하여는 원고의 우선권을 지속시켜주어도 좋겠느냐의 문제가 된다. 재산이라면 어느 것이나 똑같이 대접을 받아야 할 것처럼 보인다. 즉, 재산이라면 가리지 않고 모두가 우선권의 보호를 계속해서 받든지, 아니면 누구도 받지 못하든지 해야 할 것처럼 보인다. 그러나 이런 식으로 재산에 초점을 맞추고 보는 경우에는 서로 다른 권리들right 간에서의 의미 있는 차별화의 시도를 방해하게 된다. 이와는 대조적으로 초기의 판례들은 중용적인 자세를 취해왔다. 이에 의하면 피고가 수임자fiduciary인 경우에만 대체물상에 우선권이 존속했던 것이다. 달리 말하자면, 수임자에 대한 물권적 청구권은 비수임자에 대한 물권적 청구권보다는 훨씬 더 적극적으로 보호받았다는 말이다. 심지어 보통법상의 대체물추급조차도 경험적으로 보면 신임관계라는 맥락fiduciary context에서의 청구권을 지지하는 데 국한되었던 것으로 보인다. 즉, 그것은 원고의 보통법상의 재산을 특정한 목적을 위하여 점유하는 대리인이나 동업자가

40) 대륙법에서는 피고가 원고의 허락 없이 바꾼 대체물에 대하여 파산법상의 우선권을 허용하지 않는다. 대신 허락받고 한 투자는 판례법 국가들에서와 마찬가지로 보호받게 되는데, 이는 판례법 국가에서의 형평법상의 재산권 개념을 빌려서라기보다는 물상대위real subrogation의 이론에 의하여 도달한 결론이라는 감이 짙다.

그 특정한 그 임무에 위배하여 행동한 경우에 국한되었던 것이다.[41] 이런 예리한 구분방법은 최근의 판례들에서는 상당 부분 사라지고 있다. 그럼에도 차별화의 전략은, 비록 현재로서는 그 기저에 깔려 있는 발상에 대하여 재평가가 필요하다고 보이기는 하지만, 여전히 주목할 만한 가치가 있다.

이런 대안들이 제공해주는 선택의 여지는 매우 중요하다. 형평법의 오랜 실무관행은 매우 중요한 문제를 감추고 있었다. 형평법원이 대체물추급과 권리행사를 분리함이 없이 단순히 이를 "대체물추급청구"로 통일하여 처리해오는 과정에서는 목표를 위장할 수 있었다. 그러나 이제는 추론의 과정이 노출되어야 한다. 즉, 법원은 판례법상의 재산권이 일반적이고 급진적이며, 또 외연外延이 멀리까지 미치는 파산시의 우선권을 허용받아도 될 것인지, 또는 대체물추급 및 권리행사에 관한 원칙들이 원래 좀 더 제한된 목적을 위하여 고안된 것인지의 여부에 대하여 판단을 내려야 할 때가 된 것이다.

제2관 제2차적 대박이익에 대한 권리행사

불확실성은 거기서 그치지 않는다. 형평법상의 권리행사에 관한 원칙은 (때로는) 대체물에 의하여 얻게 되는 제2차적 대박이익에 대한 권리를 주장하는 데도 활용될 수 있음이 분명하다. 명시적신탁의 맥락에서 형평법의 대응책을 돌이켜보자. 거기서 수익자는 원래의 그림이 주식으로 바뀐 경우에 그 주식의 가치가 원래의 그림가치보다도 훨씬 능가하더라도 그 대체물인 주식 전부에 대하여 형평법상의 소유권을 자동적으로 주장할 자격을 인정받았다.[42] 그러나 그런 결론을 이끌어내는 이유는 결코 분명히 논리화되지 못했으며, 그리하여 이제는 이를 적절히 합리화하는 방안이 치열한 논란의 대상으로 떠오르고 있다.

41) 보통법상의 대체물추급이 형평법상의 대체물추급에 비하여 덜 발달되어 있다는 점을 상기하시오. 보통법상의 대체물추급은 직접의 대체물에 대한 추급은 허용하지만 혼합물 mixtures에 대한 추급까지는 허용하지 않는다.

42) 위 제5절을 보시오.

좀 더 광범위한 문제가, 매우 단순하지만 실제로는 있을 법하지 않은 사례에서 매우 충격적으로 드러나고 있다. Y가 X에게 속하는 1파운드짜리 동전으로 로또복권에 응모하여 당첨되었을 경우, X는 그 당첨금 수백만 파운드에 대하여 권리를 가질 수 있을까? 만약 당사자 간 이에 대하여 미리 약정한 내용이 있었다면 법은 그 계약대로 되는 것을 이의 없이 지지해주리라. 그러나 만약 그런 약정이 없었다면, 그리고 Y가 X의 허락 없이 그 돈을 쓴 것이라면, 법은 어떤 판단을 내려줄까? Y가 X에게 1파운드만 손해배상조로 물어주면 되는 것일까? 또는 당첨금 전액을 넘겨주어야 하는 것일까? 이 경우 X의 권리는 물권적(즉 X가 그 수백만 파운드에 대한 소유권을 가지며, 그리하여 Y의 파산시 우선권을 주장할 수 있는 것)일까, 또는 그런 청구권은 단지 채권적(그래서 Y가 파산하면 X의 권리는 그만큼 줄어드는 것)일까? 이처럼 극적 사례는 아니지만, 좀 더 현실적인 사례들은 얼마든지 있을 수 있다.

여기서 그 재산이 대체물이라는 점에서 해결이 쉽지 않음에 주목할 필요가 있다. 원고의 1파운드짜리 동전이 로또복권으로 바뀌었는데, 그것이 이제는 당첨되어 수백만 파운드를 받을 권리로 변한 것이다. 단지 누가 원고의 주식으로부터 배당받을 자격이 있는지, 또는 원고의 사과나무에 달린 과일을 따갈 자격이 있는지의 여부만을 알고자 할 뿐이라면 문제는 매우 간단하다. 이것은 제2차적 이익이 아니기 때문이다. 이런 경우에는 결국 원래의 재산의 일부이거나 또는 거기서 떨어지는 한 조각에 불과하기 때문으로서 결국 이들은 원물에 대한 과실이고, 따라서 원물인 사과나무의 소유자는 과실을 향유할 권리가 있기 때문이다. 그런데 제2차적 이익의 문제는 그 주식이나 사과나무가 팔리거나 그 매각대금이 재투자되는 경우에만 일어나는 것이다.

앞에서 본 신탁수익자에게로 돌아가보자. 수익자에게 주식에 대한 형평법상의 소유권을 주장할 수 있도록 허용하는 이유는 적어도 4가지가 있다. 이들은 제2차적 대박이익에 대한 청구와 관련하여 갈수록 개방적으로 되어가는 접근방법을 그대로 대변한다. 그중 어떤 것은, 비록 전부는 아니지만, X가 로또당첨금에 대하여 가지는 유사한 권리를 정당화해줄 것이다. 첫째, 그런 결과는 수탁자가 신탁기금을 수익자를 위하여 투자할 의무를 지며, 또한 그 투자에서 대상을 선택하는 재량권을 가지기 때문에 초래될 수도 있다. 이런 상황에서는 법이 수익자에게 자기가 허락하지 않았던 수탁자의 투자를 "추인"하거나 "승인"하면서 이제 그 신탁재산은 수탁자가 아닌 수익자를 위하여 투자된 것이라고 주장할 수 있도록 허용해줄 수도 있다. 이런 접근방법은 자동적으로 물권적인 접근방법이라 할 수 있으며, 이에 따라 그로부터 흘러나오는 모든 혜택이 수익자에게 집중될 수 있도록 해주는 것이지만,[43] 그것은 구체적 사정 여하에 달리는 것이다.

둘째, 이런 결과는 수탁자인 피고가 수임자fiduciary이기 때문에 나타나는 현상일 수도 있다. 모든 수임자는 충실하게loyally 행동해야 한다. 즉, 자기의 본분을 벗어나서 허락받지 않은 이익을 비밀리에 도모하는 행위를 할 수 없는 것이다.[44] 따라서 이에 위반하는 수탁자는 이렇게 불충실한 방법으로 얻은 이익을 수익자에게 돌려주어야(또는 토해내어야disgorge) 하는 것이다. 현재의 법이 그렇듯이 이렇게 토해낼 의무는 물권적인 것이다. 수익자는 어떠한 이익(예컨대 주식)에 대하여도 형평법상의 소유자이므로 수탁자는 이를 수익자에게 넘겨주어야 하는 것이다.[45] 그러나 이런 우선적 지위는 아무런 보장이 없는 것으로 드러날 수도 있다.[46]

이런 두 가지 논거는 의문의 여지없이 현행법의 일부이다. 만약 현행법이 이렇다면 제2차적 이익에 대한 청구권은 수탁자의 잘못, 그리고 그중에서도 특히 특정한 형태의 잘못을 입증하는 데 달려 있다. (또한 이 두 가지를 수탁자가 수익자의 허락 없이 이익을 챙긴 경우라고 하는 일반적 표제하에 합치는 것보다는 이 두 가지를 서로 구분해내려는 이유는 대체물추급에 관한 원칙의 구체적인 내용으로 돌아가서

43) *Foskett v MeKeown* 〔2001〕 I AC 102 (HL)은 이런 방식으로 분석될 수 있을 것이다.

44) 위 제5절 및 제5장 제2절 제1관, 제2관을 보시오.

45) *AG for Hong Kong v Reid* 〔1994〕 1 AC 324 (PC). 그 논거에 대하여는 제3장 제7절을 보시오.

46) 제5장 제2절 제2관을 보시오.

보면 좀 더 분명하게 드러날 것이다.[47]

셋째, 제2차적 이익에 대한 청구권은 더 이상 그 정당화를 위하여 노력할 필요도 없이 재산법의 법리에서 자동적으로 도출된다고 말할 수도 있다. 그 경우의 논리는 다음과 같이 단순하다. 즉, 만약 원고가 원래의 재산을 보통법상으로든 형평법상으로든 간에 소유했다면 원고는 또한 원물을 사용함으로부터 발생하는 이익을 자동적으로 보유하게 된다는 논리이다. 이런 논리 자체는 그런 권리가 물권적이라는 결론을 강제하게 된다. 이런 분석은 신탁수익자와 X를 각자 그 주식과 복권당첨금에 대한 형평법상의 소유자로 정당화해 준다. 지난 수년간 이런 견해가 사법부에 의하여 갈수록 강화되고 있다.[48] 이런 해석론은 단순하다는 점에서는 장점이 있으나 그 부작용이 너무 커서 대체로 바람직하지 않은 결과를 초래한다고 보인다.

이로 인하여 생기는 문제는 다양하다. 이런 원칙은 아무래도 뜻밖의 결과를 빚어낼 수도 있다. 더욱이 선의의 피고조차도 악의의 피고나 마찬가지로 일률적으로 취급받게 된다. 피고는 자기가 취득하는 재산에 대하여 절대적 권리를 가지고 있다고 생각하는데도 뒤늦게 그렇지 못함을 발견하게 될 수도 있을 것이다. 물론 원고로서는 자기의 원래의 권리를 보전하기 위한 구제수단을 요구할 자격이 있다.[49] 그러나 만약 우연히도 피고가 그 재산을 활용하여 막대한 투자이익을 거두게 된다면 이런 식의 제2차적 이익을 원고에게 귀속시켜야 한다는 원칙은 피고로 하여금 그 전부를 원고에게 넘겨주지 않을 수 없도록 만들며, 심지어 피고가 원고의 재산을 돌보아주어야 할 의무를 지지 않는 경우에 있어

47) 아래 제8절을 보시오.

48) *F C Jones & Sons (Trustee in Bankruptcy) v Jones* 〔1997〕 Ch 159 (CA); *Foskett v McKeown* 〔2001〕 1 AC 102 (HL).

49) 만약 피고가 아직도 그 재산을 보유하고 있다면 피고는 그 적법한 소유자에게 그 재산을 (또는 그 가치를) 반환해야 한다. 앞에서 논의했던 원물추급 및 권리행사의 원칙에 관한 제4장 제3절을 보시오. 때로 피고는 설사 더 이상 그 재산을 보유하고 있지 않더라도 원고에게 지급해야 하는 경우가 있을 것이다. 제6장 제3절 제1관, 제4절 본문 및 제1관 그리고 제9장 제1절 본문 및 제1관, 제2관을 보시오.

서조차 그런 의무를 지우게 되며, 또 피고가 그 재산에 대하여 원고의 권리가 경합함을 알지 못한 경우에조차도 그렇게 될 염려가 있다. 로또당첨금으로 돌아가보자. Y가 X의 동전으로 로또복권을 샀다면 Y는 추급을 피할 수 없을 것이나 만약 자기 돈으로 샀다면 그렇지 않을 것이다. 이런 식의 결론의 차이는 X의 재산권을 보호하기 위하여 필요한 정도 이상을 보호해주는 셈이 되며, 또는 원고의 그런 이해관계와 필수적으로 연관된 어떠한 권리나 자격에 의하여 정당화되는 것 이상을 요구하는 결과가 된다. 소유자가 자기의 재산을 자기가 원하는 대로 사용하고, 또 그 결실을 거두며(때로는 손해를 감수하고), 다른 사람이 자기의 향유를 방해함으로써 입게 된 손해를 회복하고, 또는 다른 사람이 부당이득하여 자기에게 손해를 끼친 경우 이를 환수할 권리가 있다 하여 다른 사람이 자기 재산을 사용하여 거둔 소득을 나에게 내어놓으라고 청구할 권리가 자동적으로 발생하는 것은 아니다. 그런데 토해내도록 하는 구제수단이 단지 그런 행위를 억지deterrence하는 데 있을 뿐[50] 자신의 권리를 보호하거나 유지하는 데 있는 것이 아니라면, 그것에 의하여 억지하고자 하는 행위가 과연 무엇인가를 확인하기는 매우 어려워진다. 이런 원칙의 적용을 받게 되는 피고들 중에는 이런 작용을 하지 않을 수 없도록 야기하는 상황에 대하여 전혀 알지 못하는 경우가 자주 있다. 그들은 그런 억지의 체계에 대하여 대응할 위치에 있지 못한 것이다. 마지막으로, 토해내라는 원칙을 정당화할 수 있는 논리가 개발될 수 있다 하더라도 이런 구제방안에 물권적 지위를 부여할 만한 충분한 사유는 발견되지 않는다. 피고가 그렇게 얻은 이익에 대하여 원고가 소유권을 주장할 수 있는 경우라면[51] 그것이 정당화될 수 있을지 모르겠으나, 그렇지 않은 경우에는 그 제2차적 이익은 피고가 파산한 경우 피고의 채권자들에 대하여 불공평한 손실 감수를 강요하는 결과가 된다. 파산재단은 단순히 원고의 원래 재산의 가치만이 아

---

50) 제5장 본문 및 제1절에서 이런 전략에 관하여 설명하고 있다.

51) 이것은 오로지 명시적 합의로서 이를 허용하거나 또는 합의사항을 지키지 않아도 된다고 원고가 허용하든지 승인한 경우에 한하여 그러하다. (이는 위에서 살펴본 대박이익에 대한 첫 번째 정당화 논리에서 본 바와 같다)

니라 피고가 그 재산을 활용하여 얻을 수 있는 이익의 가치만큼도 포함해야 하는 것이다.

제2차적 이익에 대한 원고의 청구를 정당화하는 네 번째이자 마지막 논리는 부당이득unjust enrichment이라는 데 기초하고 있다. 이런 접근방법은 학자들이 시도하였지만 법원들은 아직 채용하고 있지 않다.[52] 이 분석에 의하면, 다른 사람의 재산을 그 허락 없이 사용하여 거둔 이익은 그 재산의 원소유자에게 돌아가야 할 부당이득이라는 것이다. 이런 주장의 논리에 본능적 호소력이 있는 것은 사실이나, 합리적으로 근거를 대기는 매우 어렵다. 원고로부터 주겠다는 의사 없이 그 재산을 받아 가지고 있는 피고는 일반적으로 이를 원고에게 돌려줄 의무가 있다.[53] 그러므로 이럴 경우 원고가 자기의 원래 재산, 또는 그 가치상당액(물론 이에 대한 항변 및 부당이득에 대한 특별한 평가의 원칙에 따라야 한다)을 회수할 수 있는 근거를 설명해주는 것이지만, 그렇다고 하더라도 이것만으로는 원고가 제2차적 이익까지도 회수할 수 있는 근거를 설명해주지는 못한다. 다른 사람의 재산을 이용하여 이익을 거둔 자가 이를 그대로 보유하는 것은 왜 부당unjust한가? 본능적으로는 당연하다고 생각할 수 있지만 피고가 그 재산이 자기의 것이 아니라는 사실을 선의로 전혀 몰랐다고 하는 경우, 또 만약 피고가 그런 사실을 알았더라면 원고에게 그것을 돌려주고 자기의 돈으로 투자했으리라고 추정되는 경우에조차도 "부당"하다고 보기는 곤란하다는 것이다. 그럼에도 설사 다른 사람의 재산을 이용하여 거둔 이익을 보유하는 그 자체가 어쩔 수 없이 부당하다는 발상에 근거하여 이런 우려를 짐짓 물리치더라도, 그때에 그런 자기합리화는 기껏해야 현재 사법부가 선호하는 재산권 개념에 의한 합리화를 되풀이하는 데 지나지 않는 것으로 보인다. 결국 이런 논리는 부당이득의 법리가 원래 구제해주려고 하는 문제들과 직접 관계되지 않는 것이다.[54] 도대체 어

52) P Birks, 'Mixing and Tracing' (1992) 45 CLP 69.

53) 제9장을 보시오.

54) 제9장 제1절 본문 및 제1관, 제2관을 보시오.

떤 이유로 이렇게 거둔 이익을 토해내야 하는지에 관하여 부당이득의 법리가 명확한 기준을 제시하지 못하는 한 그런 구제수단이 타당한지의 여부를 평가하는 것은 두 배나 더 어려운 일이 된다. 만약 구제수단이 부당이득의 논리 모델을 따른다면 매우 격렬한 다툼은 있겠지만, 물권적이라기보다는 채권적으로 된다. 그러나 그것은 또한 부당이득의 법리상 입장의 변화change of position[55)]를 이유로 하는 항변을 가능하게 해줄 것이다.

위에서 본 여러 가지 정당화 사유들 중 어느 것이 마침내 제2차적 이익에 대한 청구의 근거로서 받아들여질 것인지는 분명하지 않다. 출발 당시에 제기했던 문제로 돌아가보자. Y가 X의 동전 1파운드로 로또복권을 샀을 경우 X는 그 당첨금에 대하여 권리를 가지는가? "재산법"과 "부당이득법"에 터잡은 분석에 의하면 불가피하게 그렇다는 답을 내놓게 된다. 이에 반하여 "불법행위법" 이론은 훨씬 제약을 가한다. 즉, 피고가 투자금관리약정에 위반했든지, 수임자의 충실의무에 위반했든지 할 경우에만 토해내는 것이 허용된다는 것이다. 어느 경우에나 그 반응에는 물권적 속성이 잠재하고 있다고 보이므로 이에 대하여는 좀 더 조심스러운 평가가 필요하다고 보인다.

제6절과 제7절에서의 논의를 전제로 해볼 때, 권리행사의 원칙에 깔려 있는 이론들은 시급하고도 철저한 검토를 필요로 한다. 여기서의 어려움은 대체물추급과 권리행사를 분리해내고서야 완벽하게 노출되고 있다. 놀랍게도, 그리고 한편으로는 염려스럽게도, 이 분야에서 현재의 분석이론은 다른 법 분야에서의 일반적 경향, 즉 보통법상의 청구에 의한 물권적 충격을 최소한도로 하고자 하는 다른 분야에서의 법의 일반적 경향에 역행하는 감이 있다. 그와는 대조적으로 여기서 논자들은 피고의 파산시 대체물에 대하여 애초의 우선권을 유지해주는 것과 제2차적 이익에 대하여도 일반화된 (그리고 아마도 물권적이기조차도 한) 접근을 허용하는 것을 선호하고 있다. 그러나 어떤 정책적 목표로 인하여 이런 정도로 애초의 재산에 대한 원고의 물권을 보호해주는 일이 정당화될지는 분명

55) 제9장 제7절을 보시오.

하지 않다. 좀 더 제약을 가하는 자세가 그 확인된 목표에 도달하기 쉽게 만드는 것으로 보이기 쉽다.[56] 참으로 옛날부터의 신임관계fiduciary상의 전제조건들이 그 기저에 제법 견고한 기초를 잡고 있는 것일지도 모른다.

제8절 대체물추급과 권리행사 준칙의 운용 실제 —혼합형 대체물의 어려움

그동안 보았던 사례들은 비현실적으로 단순했다. 만약 A의 1,000파운드가 그림을 사는 데 사용되었다면 그 대체물추급은 매우 쉽다. 1,000파운드의 대체물은 바로 그림이 되는 것이다. 그러나 권리행사시의 문제는 물론 좀 더 어려워진다. A는 1,000파운드에 대한 피고의 파산시의 우선권을 그대로 유지할 수 있을까? 또 그 그림에 내재하는 제2차적 이익에 대한 권리를 계속 보유할 수 있을까?

사실관계는 대부분 이보다 훨씬 복잡한 경우가 많다. A의 1,000파운드는 B의 은행계좌에 입금되어 있고, 당장은 사용되지 않을 수도 있다. 이로 인하여 B의 예금잔고는 2,000파운드가 되며, 그 연후에 B가 그중 1,000파운드를 블루칩 주식을 사는 데 사용하고, 또 나머지 1,000파운드는 스키여행에 사용했다고 가정해보자. 여기서 A의 1,000파운드를 좇아가서 B가 그 돈으로 구입한 재산을 찾아내는 데 대체물추급의 목적이 있다면 그것이 얼마나 어려울지는 자명해진다. 대체물추급의 원칙이 A에게 자기의 1,000파운드가 주식으로 대체되었다는 주장을 허용할 것인지, 또는 그 1,000파운드가 스키여행에 사용되었다는 사실을 인정하도록 강요하고, 그리하여 대체물이 현재 남아 있지 않다는 사실을 인정하도록 강요하게 될 것인지의 어려운 문제가 제기된다. 이 경우의 해답은 B가

56) 그러므로 이런 전략은 애초의 재산에 대하여 원고가 부당이득을 주장하는 경우에 물권적 청구권을 인정함으로써 이를 과보호해준다는 현재의 다수의 우려에 당장 집중되고 있다. 제9장 제4절 본문을 보시오.

선의인지, 또는 불법행위자인지의 여부에 달려 있는 것인가? 또는 그 불법행위의 형태와 종류에 따라 달라질 것인가? 또는 A가 왜 대체물에 추급하려고 하는지의 여부에 달려 있는 것인가?

형평법은 애초 그 대체물추급의 원칙을 신탁의 수탁자라는 위치에 주안점을 두고 발전시켜왔다. 만약 B가 수탁자라면 그는 그 수탁한 A의 재산을 제대로 돌보기 위하여 자기의 재산으로부터 분리시킬 의무를 진다. B는 이런 의무에 위반함으로써 A의 돈의 행방을 찾을 수 없게 만들어버렸다. 이런 상황에서는 일단 그 잘못한 수탁자에게 불리하게 추정된다. A가 자기의 돈이 주식을 사는데 사용되었다고 주장하더라도 B는 그와 반대되는 사실을 입증할 길이 없게 된다. B는 자기가 수탁자로서의 의무에 위반했다는 사실을 시인하지 않고서는 그 돈을 어디에 사용했는지의 여부에 관한 A의 주장을 반박할 길이 없다. 더 나아가서 B는 자기가 A로부터 신탁받은 재산으로 행할 수 있었을 모든 가능한 거래들 중에서도 A에게는 최악이고 수탁자인 자신에게는 최선인 거래를 했다고 주장하는 일을 허용받지 못할 것이다. 그가 수탁자로서의 의무에 위반했을 경우 그것은 가능한 한도 내에서는 수익자에게 끼칠 불이익을 최소한도로 하는 쪽으로 해석될 것이다.[57] 이런 결론에 도달할 때 그 섞인 돈이 들락거린 순서는 별로 중요하지 않다. 이 경우 형평법은 "선입선출first in first out"의 원칙(이것은 적어도 역사적으로는 보통법이 당좌계정에 대하여 취한 접근방법이다[58])에 따르는 기계적 해석론에 동의하지 않는다. 그리하여 결론적으로 A는 주식에 추급하는 쪽으로 선택할 수도 있게 되며, A의 돈의 행방을 확실히 가르쳐줄 의무를 지고 있는 B로서는 이와 같은 A의 추급을 거부할 수 없게 된다. 이런 원칙이 정당화될 수 있느냐의 여부는 대체물추급의 상대방이 되는 피고의 지위에 따라 결정적으로 좌우된다. 즉, 이렇게 원고인 수익자의 보호를 강력하게 우선시키려는 이 원칙에 대하여 다투려면 수탁자라는 지위에만 주안점을 두고 다투어야지 나중에 논

57) *Re Hallett's Estate* (1880) 13 Ch D 696 (CA); *Re Oatway* 〔1903〕 2 Ch 356.

58) *Clayton's Case* (1817) 1 Mer 572, 605; 35 ER 781.

하게 될 다른 맥락에서 다투어서는 안 되는 것이다.

이런 대체물추급의 원칙이 지지하는 청구권claims이 무엇인지에 대해 생각해 보자. B가 A의 이익을 위하여 A의 자금을 재투자할 적극적인 관리책임을 진다고 가정해보자.[59] 이런 상황에서 B는 수익자의 이익을 위하여 행사할 수 있는 재량권이 없었다고 부인만 할 수는 없다. 즉, B는 자기가 단지 A의 1,000파운드를 빼냈다거나 또는 그 돈을 스키여행에 사용했다고만은 말할 수 없다. B의 행동거지로 볼 때 B가 A에게 도움이 될 수도 있는 주식을 사는 데 사용했을 가능성이 있는 상황에서는 B가 단지 A의 돈을 착복했다거나 또는 그 돈을 가지고 가서 스키여행에 사용했다고만 주장할 수는 없는 것이다. 이럴 경우 A는 수탁자인 B가 A의 돈 1,000파운드를 가지고 주식에 투자했다고 주장할 수 있으며, 또 A가 허락하지 않은 이런 투자행위를 뒤늦게라도 추인 또는 승인한다고 주장할 수 있는 것이다. 이런 식으로 A는 그 주식에 의하여 얻게 되는 제2차적 대박이익에 대한 형평법상의 소유권을 주장할 수 있게 된다(만약 그 주식의 가치가 예컨대 1,500파운드로 올라간다면 이는 매우 매력적인 선택의 대상이 될 것이다). 이런 식의 결론은 눈을 번쩍 뜨게 해준다. 수탁자가 수탁재산을 착복하여 자기의 이익을 위하여 사용해서는 안 된다는 주장은 얼마든지 가능하다. 그러나 수익자의 자금이 투자에 사용되었는지의 여부는 불확실하다. 그랬을 가능성은 있으나 그러지 않았을 가능성도 있다. 수탁자는 투자에 쓸 자기 자신의 자금을 충분히 가지고 있을 수도 있다. 바로 이런 경우에 수익자의 자금으로 투자할 의무를 지는 수탁자는 자기가 그런 일을 했음을 부인하도록 허용받지 못한다. 수익자는 그 경우 자기에게 가장 유리한 쪽으로 사안을 구성할 수 있으며, 수탁자 내심의 다소 치사한 의사가 어떠했든 간에 수익자 자신에게 가장 유리한 방향으로 사실을 구성하고 주장함을 허용받는 것이다.

---

59) 아마도 이 범주는 피고의 의무가 단순히 그 재산을 보관함에 그치는 경우에서조차도 모든 명시적신탁 관계를 포괄하게 될 것이다. 왜냐하면 수탁자는 만약 그 재산을 단순히 보관만 하는 것이 현명하다고 느끼지 않을 경우에는 법원에 가서 그 신탁조건의 변경을 구해야 하기 때문이다.

다른 한편으로 만약 B가 투자에 관하여 아무런 재량권도 허용받지 못한다면 결과는 상당히 달라지게 된다. 그 경우 A는 B의 투자를 단순히 추인하거나 승인할 수 없게 된다. 그러나 A는 B가 수임자로서의 충실의무에 위반하여 얻은 이익을 모조리 토해내야 한다고 주장할 수 있게 된다. B는 분명히 애초에 착복한 1,000파운드를 이용하여 자신의 이익을 창출했기 때문이다.[60] 만약 B가 여전히 그로 인한 이익을 보유하고 있다면 A는 그것을 자기에게 넘기라고 청구할 수 있다. 만약 B가 그의 의무 위반을 통하여 다른 이익을 얻었다면 B는 그것마저도 토해내야 한다. 만약 B가 A의 1,000파운드로 주식을 샀다면 A는 그로 인한 이익을 내놓으라고 요구할 수 있다. 만약 B가 애초의 의무 위반으로 인하여 A로부터 추가적인 자금을 받게 되고, 그 이후에는 이 모두를 잘 굴렸다고 할 경우 A는 그 주식 전체에 대하여 이에 비례하는 청구권만을 가지는 것이 아니라 그 투자를 통하여 B가 얻은 이익 전체를 내놓으라고 요구할 수 있는 것이다.[61] 여기서의 논리구조는 단순하다. 수임자는 충실의무에 위반하여 얻은 이익을 손톱만큼이라도 자기의 것으로 할 수 없다는 것이다. 이 경우 B가 똑같은 목적을 위하여 자기 자신의 자금을 사용할 수 있는 여건하에 있었더라도 그런 사정은 무시해도 된다. 만약 실제로 그가 의무 위반을 통하여 이익을 만들어냈다면 그는 그것을 토해내야 하는 것이다. 여기서의 어려움은 그로 인하여 얻은 이익이 어느 것이냐를 확정하는 데 있을 것이다.

앞에서 본 예는 바로 이런 어려움들을 그대로 드러내 보여주고 있다. 그것은 또한 대체물추급의 원칙을 교묘하게 달리 사용하는 사례를 조명해준다. 만약 B가 충실의무에 위반하여 이익을 거두었음과 B가 아직도 그 이익을 수중에 가지

60) 이에 대한 대안으로서 A는 수임자가 얻은 이익을 무시하고 그 대신에 수탁자가 신탁조건을 철저히 지켜야 할 의무를 위반했음을 이유로 수탁자에 대하여 1,000파운드의 채권행사를 할 수도 있을 것이다. 제6장 제3절 제3관을 보시오. 참으로 B가 그 의무 위반에 의하여 별로 두드러지는 이익을 얻지 못한 경우에 원고는 부득이 이런 전략을 택하지 않을 수 없게 될 듯하다.

61) *Scott v Scott* (1963) 109 CLR 649 (Aust HCt).

고 있음을 A가 입증할 수 있다면, A는 B에게 그것을 토해내라고 요구할 수 있게 된다. B는 A의 원래 재산을 착복할 때 이미 1,000파운드의 이익을 얻은 것임에 틀림없다. 더욱이 이렇게 얻은 1,000파운드 상당의 이익은 B의 재산, 즉 추급이 가능한 대체물인 주식에 온전히 아직도 남아 있다(대체물추급의 원칙은 임무에 위배한 수탁자에게 불리하게 추정하는 원칙을 택하고 있음을 기억하자[62]). 그러므로 적어도 현재까지의 논리에 의하면 A는 B에게 그 먹은 것을 토해내라고 요구할 수 있는 물권적 청구권을 가지게 된다.[63] 그리하여 A는 B에게 1,000파운드의 이익을 토해내라고 요구할 자기의 청구권을 확보하기 위하여 그 주식 위에 형평법상의 우선변제권을 가지게 된다. 앞에서 대체물추급의 원칙은 피고가 의무에 위배하여 얻는 이익을 아직도 그의 수중에 가지고 있음을 확인하고, 또 그것을 토해내라고 청구하는 권리에 물권적 지위를 확보해주기 위하여 담보의 역할을 할 적당한 재산을 찾아내는 데 활용되어왔음에 주목해보자. 일단 B가 A의 자금을 자기의 은행계좌에 들어 있는 예금에 섞고 난 이후에는, A는 B가 임무에 위배하였어도 그 주식에서 이익을 얻었음을 입증할 길이 없다. 확실하게 그런 결론으로 이끌어주는 연결고리가 발견되지 않기 때문이다. B가 원고의 자금을 이용하여 주식을 샀을지는 모르나, B가 그것을 자기의 자금으로 샀을 가능성도 마찬가지로 존재하기 때문이다. 이런 상황에서 A는 그런 이익이 B의 수탁자로서의 의무 위반으로부터 얻어진 것임을 입증할 수 없기 때문에 그 주식에서 얻은 이익을 토해내라고 요구할 수 없게 되는 것이다.[64] 대체물추급의 원칙(주지하다시피 그들과는 미묘하게 다른 부류로서 미묘하게 다른 목적을 지향하고 있다)

62) 위 제8절을 보시오.

63) 그러나 제5장 제2절 제2관을 보면 거기서는 이런 구제수단은 물권적이 아니라 채권적이어야 한다는 주장이 제기되고 있다.

64) *Re Tilley's WT* [1967] 1 Ch 1179. 그래서 앞의 제7절 제2관에서 보았듯이, 설사 A가 재산법 또는 부당이득법리에 터잡아 제2차적 배당이익을 차지할 자격을 얻게 된다고 하더라도 그런 논리들이 여기서도 똑같은 도움이 되지는 않을 것이다. 즉, A로서는 자기의 재산이 주식을 만들어냈음을 입증할 수 없는 것이다. 즉, 자기의 재산이 주식을 만들어냈을 수도 있지만 그러지 않았을 수도 있는 것이다.

은 결국 A를 도와주지 못하는 것이다.

앞에서 시사한 바와 같이, 피고가 수탁자가 아닌 경우에는 형평법상의 대체물추급과 이에 따르는 그 권리행사는 결과적으로 크게 차이가 난다. 원고와 피고가 모두 선의인 경우에는 타당하지 않다고 여겨지는 방향으로 수탁자에게 불리한 의무를 지우게 되고, 또한 불리하게 추정되고 있다. 문제는 여러 가지로 나타날 수 있다. 아마도 이런 경우는 A와 B 모두 각자 별개의 신탁에 따르는 수익자들일 경우로서, 각 수탁자들이—각자 자기의 수익자에 대한 선관주의의무에 위반하여—각자 받은 신탁기금에서 1,000파운드씩을 수탁자들 자신의 (또는 잔고가 없는) 은행계좌에 입금하는 경우를 들 수 있다.[65] 이런 상황에서 A와 B가 신탁한 자금이 흘러들어가 다른 자금과 섞여 있는 그 계좌에까지 추적할 수 있음은 당연하나, A도 B도 결코 그 자금의 출처를 확실히 댈 수 없게 된다. 이런 문제에 관하여 형평법의 접근방책은 시대적으로 변화를 겪어왔다. 형평법은 처음에는 보통법상 지배적이던 선입선출의 원칙을 적용하여 수익자의 운명을 결정했다. 그러나 이런 방법은 그 결과의 도출에 우연성이 너무 짙다는 데 문제가 있다. 가령 A의 자금이 먼저 수탁자의 계좌에 들어갔다가 B의 계좌로 들어가고, 그러고 나서 수탁자가 그중 1,000파운드를 블루칩 주식을 사는 데 쓰고, 그 후에 1,000파운드는 스키여행에 썼다고 가정해보자. 이 경우 선입선출의 원칙을 적용하면 A의 자금이 주식을 사는 데 쓰였고, B의 자금은 스키여행에 쓰였다는 이야기가 될 수 있다. 그러면 A는 대체물에 추급할 수 있게 되지만 B는 할 수 없게 된다. 여기서 좀 더 현대적인 접근방책은 이런 기계적 원칙을 그대로 적용하여 타당치 못하거나 비현실적인 결과를 빚는 경우(그것은 거의 항상 그럴 것이다)에는 이를 폐기하는 방법이다.[66] 그 경우 여기서 선호되는 원칙은 수익자들의 재산적 손실 또는 이익 여하 간에 이를 각자의 재산 비율에 따라pro

65) 만약 그 은행계좌에 수탁자의 개인자금도 들어 있을 경우에는 정을 모르는 A와 B 및 악의인 T 간에의 경합은 앞에서 언급된 바와 같은 경로를 통하여 T에게 불리하게 추정됨으로써 해결된다. 위 제8절 앞부분을 보시오

66) *Barlow Clowes International Ltd (in liquidation) v Vaughan* 〔1992〕 4 All ER 22 (CA).

rata 부담하는 방법이다.[67] 이 원칙에 따르면 각 수익자의 자금의 절반씩이 스키여행에 사용되고, 또 나머지 절반씩이 주식취득에 사용되었다고 추정될 수 있을 것이다. 달리 말하자면 A와 B 두 사람의 각 500파운드씩은 주식에서 대체물을 발견할 수 있게 될 것이며, 나머지 금액은 결국 대체물에 추급할 수 없게 될 것이다. 여기서 이런 식으로 대체물추급의 문제를 해결하게 되면 결국 A와 B의 청구는 수탁자를 향하게 되는 것이지 각자 서로를 상대방으로 하는 것이 아니라는 점에 주목할 필요가 있다. 이런 전제하에서, 또 수탁자는 신탁상의 의무에 위반하여 자기의 이익을 도모하여서는 안 된다고 전제하는 한 주식에서 얻은 이익은 A와 B 간에 나누면 되고, 그 경우 이런 구제수단은 물권적이라고 볼 수 있는 것이다. 즉, A와 B는 그 주식에 대하여 형평법상의 소유자로 취급된다.

그런데 만약 A의 청구가 수탁자를 향하지 않고, 또 다른 선의의 당사자인 B에게로 향한다고 할 경우에는 그 논리가 약간만 달라진다. 그런 가능성이 왜 일어나는지를 살펴보기 위해서는 사실관계를 약간 바꾸어볼 필요가 있다. 가령 A의 수탁자가 A로부터 받은 신탁재산 중에서 1,000파운드를 B에게 주고 B는 그 돈이 자기 것이 되었다고 진지하게 믿은 나머지 이미 1,000파운드가 예금되어 있는 자기의 은행계좌에 이를 입금시킨다고 가정해보자. A는 물론 수탁자가 신탁상의 의무에 위반했음을 이유로 수탁자를 상대로 소송을 제기할 수 있겠지만, B에 대하여 청구권을 행사하는 것 또한 가능해질 것이다. 여기서 우리는 A의 인적 권리가 아닌 물적 권리에 관심을 가지게 된다.[68] B가 A의 수탁자로부

67) 만약 어느 계좌에 입출금이 빈번했다면 이 원칙을 적용하여 그 계좌에 남아 있는 잔금상에 각 당사자가 가지고 있는 상대적 이해관계(아마도 수탁자의 이해관계를 포함하여)를 정교하게 산출하려면 절충식계산rolling calculation이라는 좀 더 정교하고 복잡한 계산법을 필요로 하게 된다. 이런 과정은 북미에서는 흔한 일이며, "선입선출식과 평등배당식을 혼합한 절충식 "배분방법rolling charge"으로 알려져 있다. 이런 물권적 결과를 도출하는 방식과는 별도로 A와 B는 각자 수탁자에 대하여 그 수탁자가 신탁상의 의무에 위반했음을 이유로 채권적 배상청구권도 또한 가지게 될 것이다. 제6장 제3절 제3관을 보시오.

68) 원고의 채권적 청구권에 대한 제약은 예상보다 훨씬 광범위하다. 제6장 제4절 본문 및 제1관을 보시오.

터 처음에 1,000파운드를 받으면 A는 여전히 형평법상의 소유권을 유지한다. 즉, A는 그 돈에 대하여 형평법상의 우선권을 가지게 되며, 매수인이 아니라 수증자에 불과한 B는 설사 그런 사정을 몰랐더라도 이런 부담을 안은 채로 이를 취득하게 된다.[69] 따라서 A는 B가 그 돈으로 다른 물건을 취득했을 경우 그 대체물에 대하여 자기의 원래 형평법상의 권리에 터잡아 B가 마련한 대체물에 추급할 수 있게 되는 것이다.

선의의 당사자인 B가 앞의 사례에서 가정했던 행위를 되풀이하여 1,000파운드는 주식을 사는 데 사용하고, 1,000파운드는 스키여행에 사용한다고 가정해 보자. B는 선의의 당사자이므로 그 섞여버린 돈에 대하여 자기의 재산권을 주장할 경우 A에 비하여 더 불리한 대우를 받아야 할 이유가 없다. 따라서 B가 알면서 잘못했음을 입증할 만한 자료가 없는 한 대체물추급의 원칙은 쌍방 당사자가 모두 각각 신탁의 수익자였을 때 적용되던 원칙과 똑같은 것이 적용될 수 있다. 대체물을 추급함에 있어 A와 B는 이익과 손실을 각자의 금액에 비례하여 나누면 되는 것이다. 여기서는 대체물추급의 단계가 아니라 권리행사의 단계에서 문제가 발생한다. 이런 사안들은 A가 B의 파산시에도 자신의 원래 권리의 우선권을 보전하기 위하여 대체물에 추급할 수 있음을 시사해주고 있다. 그러나 문제가 제기되었을 때 아직은 이런 식의 결론을 내리는 데에는 회의가 깃들 수 있다. A는 배임을 저지른 수탁자에 대하여 권리를 행사할 수 있으며, 수탁자의 파산시 우선권 또한 유지할 수 있을 것이다. 그러나 B에 대하여는 그런 강력한 보호를 정당화할 만한 근거가 부족해 보인다. 주식을 사서 제2차적 대박이익을 거두었을 때 그에 대한 권리행사를 둘러싸고도 비슷한 의문들이 제기된다. A는 신탁재산에서 나간 500파운드를 좇아 주식에까지 추급할 수 있으나 거기서 더 나아가서 투자이익의 절반까지도 청구할 수 있겠는가? 이런 의문은 우리를 애초의 논의로 되돌려놓는다. 만약 제2차적 이익에 관하여 제한적으로 해

69) 위 제4절 제3관을 보시오.

석하는 견해를 따른다면 B는 투자에 관한 재량권을 가지는 수탁자로서 배임한 것도 아니고, 충실의무를 지는 수임자로서 잘못한 것도 아니므로 A는 그 이익에 대하여 전혀 권리를 가지지 못하게 된다. 반면 광의의 재산권이론 내지 부당이득이론을 채택하게 되면 A는 그 투자이익에 대하여 청구권을 가지게 되지만, 그 주식의 매수 당시 오로지 A의 돈이 사용되었음을 입증할 수 있을 때에만 가능해진다(여기서 사실관계는 가능성에 불과하기 때문에 충분히 전개되지 못한다). 이렇게 도출되는 결과들 또한 모두 논란의 대상이 된다.

마지막으로 시나리오 하나를 더 보면, 여기서 그동안 제기되었던 여러 가지의 방안들을 시험해볼 수 있게 된다. 다른 모든 사실관계는 다 똑같다는 전제하에서 다만 그 주식투자가 성공이라기보다는 실패였다고 가정해보자. 1,000파운드를 주고 산 주식이 이제는 500파운드의 가치밖에 되지 않는다고 치자. A나 B나 두 사람 모두 마찬가지로 선의의 신탁수익자라면 결과는 간단하게 도출될 수 있다. 애초에 A에게서 1,000파운드 및 B에게서 1,000파운드가 섞였다. 그래서 두 사람은 스키여행에 각 500파운드씩, 그리고 주식매수에 각 500파운드씩 기여한 것으로 추정된다. 그렇다면 A나 B나 모두 자기들의 주식매수에 사용한 것으로 추정되는 각 500파운드씩의 회수를 담보받기 위하여 그 주식에 대하여 우선변제권을 주장할 수 있다는 말이 된다. 더욱이 그들의 우선변제권은 동등한 서열에 있으므로 A의 권리가 B보다 우선한다거나, 또는 그 역의 경우를 상정할 만한 아무런 근거가 없다. 따라서 이렇게 서로 같은 순위에 있는 채권을 잔존하는 재산만으로는 갚아주기에 부족한 경우, 결국 그 손실은 채권액에 비례하여 분담될 수밖에 없다. 그 결과로서 A와 B는 각자 주식의 매각대금으로부터 250파운드씩만을 받을 수 있게 된다. 여기서 이 두 사람 모두가 수익자가 아니고, 그 배임한 수탁자를 상대로 하기보다는 두 사람 간에 서로 권리다툼을 하고 있는 경우라 하더라도 결과는 마찬가지가 되리라는 것이 공통된 추론이다. 앞에서 본 바와 같이 이는 A가 애초 B에 대하여 가지고 있던 권리에 파산시의 우선권을 계속 가지도록 허용해줄 것인지의 여부에 관하여 지혜를 발동하는 데 달린 것이다.

만약 B가 임무에 위반한 수탁자라면 그 논리는 좀 더 복잡해진다. 어떤 경우에 A는 B가 주식을 살 때 A의 자금만이 사용되었다고 추정할 자격이 생기므로, 설사 사실관계상으로는 B의 자금이 같은 비율로 주식매수에 사용되었을 가능성이 나타난다 하더라도 B는 A에 대하여 대항할 수 없는 상황이 될 수도 있다. 이것은 우리가 앞에서 본 예에 해당한다. 즉, A는 자기의 자금이 전액 주식매수에 사용되었고, B의 자금은 스키여행에만 사용되었다고 추정할 수 있다. 이는 진실은 정반대의 사실관계인 경우에조차 그러한 것이다. 그렇게 되면 원고는 B가 주식투자에서 거둔 수익 전체에 대하여 권리를 주장할 수 있게 된다. 그러나 만약 B의 자금 또한 주식을 사는 데 사용되지 않을 수 없었던 상황이라면 이야기가 달라진다. 가령 A의 신탁자금 500파운드와 수탁자 자신의 자금 500파운드가 주식매수에 사용되었으나 그 가치가 합계 500파운드로 떨어져버린다고 가정해보자. 여기서 각 당사자가 각 500파운드씩을 냈다는 사실은 다툴 수 없는 진실이므로 각자 그 주식에 대하여 자기 몫을 주장하지 못할 이유가 없어 보인다. A는 그 주식매수에 오로지 자기의 자금만이 사용되었다고 주장할 수도 없을 것이고, B 또한 A가 거부할 수 없는 권리를 가지게 된다. 이렇게 잘못을 저지른 수탁자들이 반드시 그 권리를 전부 빼앗겨야만 하는 것은 아니다. 여기서의 진실은 단지 수탁자가 임무에 위배하여 진실을 밝혀내기 불가능하게 만드는 경우에는 증거법상 수탁자에게 불리한 추정을 받을 수도 있다는 점뿐이다.

이 모든 사정은 하나하나 매우 어려운 일이지만, 본질의 핵심은 비교적 간단히 정리할 수 있다. 만약 파산시에 우선권을 존속시켜주는 것이 타당해 보이는 경우라면 원고는 자기의 원물에 대한 권리를 지속시킬 수 있는 적당한 대체물을 찾아내야 한다는 것이다. 신탁재산이 다른 것과 섞이는 경우에는 대체물에 대한 확실한 증거를 대는 것이 거의 불가능해진다. 여러 가지 가능한 대체물의 행방을 짐작함에 있어서 형평법은 선의의 당사자들을 똑같이 대우하지만, 적어도 임무에 위배한 수탁자에 대한 관계에서는 원고가 자기에게 유리한 추정을 할 수 있도록 허락해준다. 반면 원고가 제2차적 이익에 대한 권리 또한 보장받으려면 원고로서는 자기의 재산이 실제로 그 수익을 발생시키는 데 사용되었음을 입증할 의무를 진다. 그 경우 허용되는 유일한 추정은 신탁재산으로 투자할 의무를 진 수탁자가 그 신탁재산을 가능한 한 가장 이익이 되는 방향으로 투자했으리라는 추정뿐이며, 이는 일이 벌어진 후에 되돌아보며 편한 대로 재구성하기가 된다(즉, 수탁자로서는 결과를 보고 나서 어떤 대체물을 지목하면서 그것이 자기의 신탁재산으로 취득된 것이라고 주장할 수 있는 선택권을 가졌다는 점이다).

제9절 대체물추급의 마지막 단계

형평법상 대체물을 추급하고자 하는 원고는 피고에게 다음과 같이 말할 수 있어야 한다. 즉, "처음에 당신이 나의 재산 P1을 받아 가지고 그것으로 P2를 취득했으니 이제 나는 P2에 대하여 (어떤 종류의) 권리를 주장할 자격이 있소." 물론 그 연결고리는 이것보다 훨씬 더 길 수도 있다. 그러나 이런 아주 간단한 사례만 보더라도 그 연결고리의 끝에 아무런 재산이 남아 있지 않다면 대체물추급은 아무런 의미가 없을 것이다. 앞에서 본 사례에서 신탁자금이 스키여행에 소비되었을 경우가 바로 이에 해당한다. 또한 P1으로 P2를 취득했다는 사실을 원고가 입증할 수 없으면 대체물추급은 마찬가지로 무의미하게 된다. 그 경우 만약 P1과 P2가 맞교환되었다면 그런 사실은 입증이 비교적 쉽다. 예컨대 원고의 1,000파운드가 주식을 사는 데 사용되었을 경우가 이에 해당할 것이다. 그러나 대부분의 사건은 매우 복잡하므로 부득이 추정presumptions의 방법을 동원하지 않을 수 없는데, 이런 추정은 대부분의 경우 특히 수탁자에게 불리하게 된다. 이에도 불구하고 대체물을 취득하는 데 원고의 재산이 사용되었을 가능성(비록 확실하지는 않다 하더라도)이 현존해야 한다. 만약 그렇지 못하면 대체물추급은 또한 그 자리에서 멈추게 된다. 이는 몇 가지 중요한 부작용을 낳게 된다.

제1관 중간최저잔고의 원칙

만약 원고의 자금이 피고의 은행계좌에 입금되었다면 대체물추급의 원칙상 원고는 설사 그 후에 피고가 그 계좌에서 돈을 인출하더라도 자기의 자금에 대한 대체물이 그 계좌에 아직도 남아 있다고 추정할 수 있게 된다. 예컨대 이미 1,000파운드가 들어 있는 피고의 계좌에 원고의 1,000파운드가 입금되면 원고로서는 그 계좌의 잔고가 1,000파운드 이상 유지되는 한 자기 돈의 대체물이 그 계좌에 그대로 남아 있다고 추정할 수 있게 된다. 그러나 피고의 인출로 인하여 500파운드밖에 남지 않게 되면 원고는 더 이상 그런 주장을 할 수 없게 된다. 설사 피고가 자기의 돈을 우선적으로 사용했다고 가정하더라도 그 계좌에 남은 원고의 대체물은 500파운드가 된다. 그리하여 그 후에 다시 다른 자금이 입금됨으로써 잔고가 1,000파운드 이상으로 올라가더라도 변동이 생기지 않는다. 그때조차도 원고는 500파운드에 한하여 대체물을 추급할 수 있는 것이다. 이것이 바로 "중간최저잔고lowest intermediate balance"의 원칙이다.[70] 이는 곧 대체물추급의 물리적 현실을 반영하는 것이다. 그 추정이 여하 간에 최소한 원고의 애초의 재산이 대체물로 남는 일이 가능해야 하는 것이다.

제2관 소급적 대체물추급

가령 B가 당좌대월을 일으켜서 어떤 물건을 구매하고 얼마 후에 이를 갚기 위하여 A로부터 맡은 신탁재산을 유용하여(또는 적어도 허락 없이) 은행에 변제한다고 가정해보자. 그동안 검토해본 여러 원칙들에 기초해서 보면 A는 자기의 신탁자금의 대체물을 추적할 수 없게 된다. 왜냐하면 원고가 맡긴 돈이 당좌대

---

70) *James Roscoe (Bolton) Ltd v Winder* 〔1915〕 1 Ch 62. 이제는 더 이상 채택되고 있지 않지만 "불어난 재산swollen assets" 이론을 표방하는 다음의 판례와 대조하시오. *Space investments Ltd v Canadian Imperial Bank of Commerce Trust Co (Bahamas) Ltd* 〔1986〕 1 WLR 1072, 1074 per Lord Templeman.

월금을 갚기 위하여 은행계좌로 들어가서 은행의 빚을 갚는 데 사용함으로써 "사라져버리고" 더 이상 대체물을 남기지 않기 때문이다. 이 경우 "소급적 대체물추급backwards tracing"을 허용하면 A로서는 B가 일으킨 당좌대월금이 물건을 구매하는 데 사용되었으며, 자기가 맡긴 돈이 당좌대월금을 갚는 데 사용되었으므로 결국 자기가 맡긴 돈은 그 물건을 구매하는 데 사용한 셈이 되고, 따라서 B가 구매한 물건은 대체물로서 추급이 가능해진다고 주장할 수 있게 된다. 일부 논자들 중에서는 전체로 보아서 B가 바로 그 물건을 구입하기 위하여 꾸민 음모의 일환임이 드러나는 경우에는 이를 인정해줄 용의가 있음을 보여주는 경우도 있으나, 법원들은 아직까지는 이런 구제방법을 동원하는 것에 동의하지 않고 있다.[71)]

제3관 섞이는 경우

지금까지 보아온 대체물이 섞이는 경우mixed inputs는 A와 B가 대체물에 똑같은 형태로 기여한 경우에 국한되었다. A와 B는 통상 돈으로 기여하므로 그 대체물에 대한 각자의 이해관계는 쉽게 평가될 수 있다. 그러나 실제의 사실관계가 결코 그렇게 쉽지만은 않다. 앞에서 A의 달걀이 그의 허락 없이 B의 케이크를 만드는 데 사용된 사안으로 돌아가보자. 이 경우 판례법[역주6]에 의하면, A는 자기의 달걀을 케이크에까지 "추급follow"하여 그 케이크에 대한 소유권을 주장할 수 없게 된다.[72)] 또 현재의 판례법상으로는 A가 B의 수중에 있는 자기의 달걀에 대한 애초의 물권적 권리(만약 A가 일찌감치 B를 추급했더라면 주장할 수 있었을 권리)가 대체물인 케이크에까지 "추급trace"함으로써 A의 원래 권리(이는 원물이 형태를 전환함에 따르는 금전적 청구권이다)가 피고의 파산시에도 여전히

71) *Bishopsgate Investment Management Ltd (in liquidation) v Homan* 〔1995〕 Ch 211 (CA), Dillon LJ. but contrast Legatt LJ.

72) 위 제3절을 보시오.

우선권을 보유한다고 주장할 수 없게 된다.[73)] 또 A는 그 대체물로 얻게 되는 제2차적 이익에 대하여 자기의 권리를 주장하기도 더욱 어렵게 된다. 그러나 판례법상 왜 이런 결론이 되어야 하는지는 그 논리가 아직 분명하지 않다. 만약 A의 달걀이 B의 밀가루가 아닌 B의 달걀과 합쳐졌더라면 A가 여전히 물권적 이해관계를 가진다고 보는 결론이 우세해졌을 것이다. 이렇게 대체물추급을 정당화해주는 이론적 근거는 애초에 기여한 내용이 같은 종류의 것이냐의 여부에 달려 있는 것 같지 않다. 앞에서 주목한 바와 같이 이 문제는 사소한 문제가 아니다. 가령 대량의 포도로 포도주를 만들었다든지, 또는 막대한 물량의 합성수지로 전자기판을 만든 경우에는 진짜 큰 논쟁이 붙을 수 있는 것이다.

물론 접근방책에서의 변화는 평가 과정에서 매우 어려운 문제를 제기할 수 있다. 포도가 포도주로 된 경우는 비교적 쉬운 편이다. 그러나 말이 건초를 먹었을 때 그 건초의 대체물로서 말을 지목할 때에는 이야기가 어려워진다. 이 경우 건초의 대체물로서 말까지 추급할 수는 없다고 대답하고 싶어지는 유혹을 받게 됨은 물론이다. 왜냐하면 건초는 그로써 어떤 제품을 만들어내지 못한 채로 단순히 소모되어버리기 때문이다. 그럼에도 경제적 관점에서는 이와 전혀 다른 시각이 합리적으로 제기될 수도 있으며, 그런 시각하에서는 이런 문제와 관련된 원칙을 좀 더 융통성 있게 변형시켜줄 수 있게 된다.

실제로도 보통법은 이런 식으로 점진적 변화를 보이고 있는 듯하다. B가 소유하는 재산을 개량 또는 개선하기 위하여 A의 신탁자금이 사용된 경우에 관한 오래된 판례들에서는 이렇게 A와 B의 소유물이 뒤섞여 들어가는 경우의 대체물추급이 문제가 된 적이 있었다. A가 맡긴 자금이 B의 집을 증축하거나 부엌을 개량하는 데 사용되었을 수 있다. 이런 사건에서의 판례들은 단순히 대체물추급이 그런 경우에 허용되지 않는다고 판시함에 그칠 뿐, 이론적 근거를 대는 어려움을 슬쩍 회피해왔다.[74)] 그리하여 이런 판례들에 대하여는 원고의 재산(원

73) *Borden (UK) Ltd v Scottish Timber Products Ltd* [1981] Ch 25.

74) *Re Diplock* [1948] Ch 456; *Borden (UK) Ltd v Scottish Timber Products Ltd* [1981] Ch 25 (CA).

고의 자금)이 단순히 "사라지는" 것이 아니라 개량된 주택으로 대체[75]된다고 하는 본능적 직감을 법적으로 인정해주지 못하였다는 비난이 가해지게 되었다. 비록 그와 같이 최종적으로 완성된 주택이나 부엌의 가치에 기여한 정도를 평가하는 것이 어려움은 사실이라 하더라도 그런 어려움을 구실로 하여 원고의 정당한 권리를 부정해서도 안 되는 것이다. 이를 해결할 수 있는 아주 간단한 방법으로서는—그 돈을 쓰기에 따라서는 오히려 완성된 후의 가치를 떨어뜨릴 수도 있는 것이겠지만—여하튼 지출된 금액 또는 개량된 재산 중의 가치 상승분을 수치화하여 그중 적은 금액을 선택하는 방법이다. 이 방법은 최소한도 원고의 자금이 완성품을 만들어내는 데 쓰인 최소한도의 가치를 인정해주는 것이다.

여기서의 핵심은, 대체물추급은 결과적으로 일관성 있게 평가되어야 한다는 점이다. 만약 물권적 이해관계를 적극적으로 보호해주어야 할 필요가 있다면 서로 비슷한 물권적 이해관계는 비슷한 맥락에서 대등하게 취급해야 하는 것이다. 돈을 서로 섞는 경우와 돈 이외의 다른 재산을 서로 섞는 경우는, 만약 두 경우가 합리적으로 볼 때 서로 다르게 취급받아야 할 만한 충분한 이유가 없다면 똑같은 맥락에서 똑같은 보호를 받아야 하는 것이다. 그러나 그렇다고 하여 이렇게 섞여버린 원래 재산의 대체물을 반드시 자동적으로 추급할 수 있음을 의미하는 것은 아니다. 건초가 말에까지 추급될 수는 없을 것이다. 섞여버린 경우의 진정한 어려움은 더욱 미묘하다. 그 어려움은 대체물에 기여한 정도의 상대적 가치를 측정하는 데 있는 것이 아니라 그런 대체물추급이라는 것이 도대체 본질적으로는 재산으로서의 대체물에 추급하는 것이냐, 아니면 단지 기여가치value contributions[76]에 추급하는 것이냐를 결정하는 데에 있는 것이다.

75) *Boscawen v Bajwa* 〔1996〕 1 WLR 328 (CA).

76) Akkouh and Worthington (2006), pp. 305-15.

제4관 대위

이제까지 우리의 논의는 두 당사자 간에서 생길 수 있는 물권적 이해관계를 보호해주는 데 집중되었다. 대위는 3당사자 간의 관계에서 생긴다. 아주 간단한 예를 보자. 자동차를 도로상에서 운전하던 중 사고로 차가 파손되었을 경우 그 운전자는 보험회사에 청구할 수 있다. 놀랍겠지만 그 보험자는 보험금을 지급하고 나면 상대방 운전자를 상대로 청구할 권리를 얻게 될 것이다. 이것은 그 보험자가 그 사고의 피해자가 아닌 경우라도, 또 상대방 운전자와 아무런 계약상의, 또는 법적 관계가 없더라도 가능한 것이다. 이제는 보험자가 "피보험자의 입장이 되어" 부보된 손실을 줄이기 위하여 행사할 수 있는 어떤 권리라도 대신 행사할 수 있게 된다. 이렇게 "다른 사람의 입장이 된다"는 발상이 곧 대위 subrogation이다. 대위는 피보험자의 권리를 보험자에게 유효하게 이전해줌으로써 보험자가 곧장 가해자를 상대로 소송을 청구할 수 있게 해주는 것이다.

이런 해결 방법은 대체물추급의 과정에서도 도움이 될 수 있을 것이다. 가령 원고가 맡긴 자금을 피고가 자기의 빚을 갚는 데 써버린다고 가정해보자. 이렇게 되면 원고의 대체물추급권은 더 이상 진전하지 못하게 되는 것일까, 또는 원고는 "자기의" 돈으로 변제를 받은 채권자들의 권리에 대위subrogation할 수 있는 것일까? 예컨대 만약 피고가 원고의 자금으로 자기의 저당채무를 갚는 데 쓴다면 원고의 대체물추급권은 더 이상 진전하지 못할 것인가, 또는 원고는 저당권자였던 은행의 입장에서 은행의 저당권을 되살려서 마치 자기가 그 저당권으로 피고에 대한 채권을 담보 받는 것과 마찬가지로 대우받을 권리가 있다고 주장할 수 있을 것인가?

과거의 판례들은 이런 경우에 대체물추급이 정지한다고 판단해왔다.[77] 즉, 원고의 돈이 피고의 은행빚을 갚는 데 소비됨으로써 피고의 수중에는 더 이상

77) *Diplock, Re* [1948] Ch 465 (CA); 사건당사자명이 바뀐 *Ministry of Health v Simpson* [1951] AC 251 (HL)에서 원심판결을 그대로 유지.

추급할 만한 대체물이 남아 있지 않다는 것이었다. 그러나 더 최근의 판례들은 견해를 바꾸기 시작했다. 이들에 의하면 원고는 피고의 채권자들의 권리에 대위할 수 있다는 것이다.[78] 이런 논리의 전환은 특히 피고의 채권자들이 담보를 확보하고 있는 경우에 중요하다. 그러나 원고가 새롭게 취득하는 물권적 이해관계에는 조건이 붙는다는 점에 주목하라. 주채무자의 입장에서 대위하는 원고는 그 채권자의 입장에 서므로 채권자의 권리에 애초부터 흠결이 있을 경우 그 흠결은 대위한 원고에게도 마찬가지로 그대로 승계될 것이다.

이런 대위의 발상은 단순한 형태의 대체물추급 조건에서 쉽게 간파할 수 있다. 만약 원고가 피고의 수중에 들어간 자기의 자금상에 물권적 이해관계를 가진다면, 대체물추급이라는 개념은 피고가 마치 원고의 자금으로 자기가 제3의 담보권자(아마도 은행이겠지만)에게 설정해준 담보권을 포함하는 물권적 권리의 다발을 재구매re-purchase하는 데 쓴 것처럼 취급함을 의미한다. 이 경우 원고의 애초 자금은 그렇게 변환된 권리의 다발이라는 대체물에 추급할 수 있게 되며, 그것들이 발생시키는 종류 여하를 막론한 담보권에 대하여 대위할 자격을 얻게 되는 것이다. 이런 이론 구성은 만약 원고가 애초부터 그 자금에 대하여 어떠한 물권적 이해관계도 가지고 있지 못한 경우에는 원고가 이런 식으로 추급할 수도 없으며, 그리하여 물권적 보호도 얻지 못하게 될 것임을 암시한다. 현대의 대위에 관한 판례들을 보면 바로 이런 점을 확인해주고 있다.[79]

제10절 정리

제4장에서 논의된 문제들 중 몇 가지는 상당한 논란의 대상이 된다. 재산권은 보호받아야 마땅하지만, 그런 보호가 그 근저에 깔려 있는 권리의 물권적 지

78) *Boscawen v Bajwa* 〔1996〕 I WLR 328 (CA) (Millett LJ).
79) *Banque Financiére de la Cité v Parc (Battersea) Ltd* 〔1999〕 AC 221 (HL).

위를 연장시켜주고 때로는 확장시켜주는 정도에까지 이를 지경이 되어도 좋을지는 매우 의문스러운 것이다.

재산권에 대한 최초의 보호는 분쟁당사자 간에 소유권분쟁과 우선권다툼을 해결하기 위한 원칙을 세우는 데서 시작되었다. 여기서 절대적 정의를 기대하기는 어렵다. 법은 단순히 누가 좀 더 강한 권리를 가졌느냐를 판단해줄 수 있을 뿐이다. 예컨대 어떤 재산이 도난당하여 팔렸을 때 애초의 소유자와 새로운 취득자 두 사람이 모두 그 재산의 소유자가 될 수는 없다. 이 경우 법은 나쁜 도둑으로 인하여 피해를 입게 된 두 사람의 선의의 피해자 중에서 어느 한 사람을 선택해야 한다. 이 경우 법의 다양한 원칙은 개인의 재산권을 보호할 것인가, 또는 일반거래의 안전을 보호해야 할 것인가, 이 사이에서의 갈등과 긴장을 노정하게 된다. 현재의 보통법과 형평법의 원칙들은 기본적으로 이런 문제들에 대한 각자의 대응책이 모순 없고 일관된 모습임을 그대로 보여주고 있다. 실로 이 원칙들 자체가 이제는 그 역사적 출처를 보여주기 위하여 어느 쪽 법에서 연원하는 것인지를 가르쳐주는 꼬리표도 없이 그대로 인용되고 있을 정도다. 그럼에도 여전히 역사적 출처를 찾아야 할 필요가 있는 경우라면 그 근저에 깔려있는 재산권이 무엇인가를 따질 때뿐이다.

재산권에 대한 제2차적 보호장치에 대하여는 더욱 논란이 있다. 형평법에서 인정하는 대체물추급은 원고에게 대체물에 대하여 새로운 물권적 권리를 주장할 수 있도록 허용해준다. 이런 권리들은 애초의 물권적 권리가 지니는 피고 파산시의 우선권을 온존시켜줄 뿐만 아니라 제2차적 이익에 대한 권리 또한 확보시켜준다. 그렇다고 하여 이런 두 가지의 선택권이 애초의 물권적 권리를 주장함으로부터 필연적으로 도출되는 것은 아니다. 어느 재산에 대한 소유권에 내재하는 피고 파산시의 우선권이 꼭 대체물에 필수적으로 존속해야 하는 것은 아니다. 그렇게 하려면 재산권의 안전이 거래의 안전보다 더 우선한다는 전제 위에서만 가능하며, 원래의 재산권에 의하여 피해 내지 영향을 받게 되는 제3자 집단의 범위를 극적으로 넓혀주게 된다. 제2차적 이익에 대한 물권적 권리는 더욱 그 파급효가 커진다.

이에도 불구하고 현대의 경향은 이 두 가지 권리가 미치는 범위를 확장시켜 주는 감이 있다. 그리하여 그 결과로서 더욱 강화된 파산시의 보호 및 제2차적 이익에 대한 접근권이 더욱 강화되고 있지만, 그럼에도 담보가 없는 제3자의 권리를 더 존중해주어야 한다는, 귀에 거슬리지만 이에 못지않게 강력한 반론 또한 대두하고 있다. 이렇게 광범위한 효력을 미치는 형평법상의 대체물추급은 그 개념이 잉태된 신탁관계에는 그 적용이 타당하더라도 그 분야 외에서는 타당치 않다는 견해에 일리가 있다. 신탁이라는 맥락에서 보면 이런 원칙은 결국 수탁자의 고유재산과 신탁받은 재산 간에 구분을 하는 것이 필수적으로 되며, 그리하여 원래의 재산과 대체물을 그중 어느 하나에 소속시키게 된다. 이런 제한적인 상황 이외의 경우에는 재산권이라고 하여 그 미치는 효력을 불필요하게 너무 확장시켜줄 것은 아니라는 주장이 그럴듯해진다. 확실히 가장 심각하고도 논란이 되는 현대적 논의는 대체물에 여전히 파산시의 우선권을 존속시켜주어야 할지, 또 단지 원고가 전혀 다른 재산상의 재산권을 가지고 출발했는데도, 그리고 피고에게는 아무런 잘못이 없음에도 제2차적 이익을 원고에게 넘겨주어야 할지에 관하여 이를 어떻게 해결하는 것이 지혜로운 일인지를 둘러싸고 벌어지고 있다.

【 역주 】

1 원물元物에 대한 추급.

2 원물元物.

3 도둑인 "Y"를 가리킨다.

4 예컨대 수탁자의 경우처럼 대외적으로 드러나는 소유권.

5 보통법상 강박duress에 대응하는 형평법상의 계약취소 사유. 특히 부모와 자녀, 의사와 환자, 변호사와 의뢰인, 본인과 대리인과 같이 신임信任관계에서 고도의 충실의무가 요구되는 사안에서는 부당한 영향력의 행사가 있었다고 추정될 수 있다.

6 이 점에 관하여는 보통법과 형평법의 판례가 일치하는 듯하다.

제4장 참고문헌

Akkouh, T. and Worthington, S., "*Re Diplock* (1948)" in C. Mitchell and P. Mitchell, (eds), *Landmark Cases in the Law of Restitution* (Oxford: Hart Publishing, 2006), Ch. 11.

Birks, P., "Mixing and Tracing: Property and Restitution" (1992) 45 CLP 69.

Evans, S., "Rethinking Tracing and the Law of Restitution" (1999) 115 LQR 469.

Fox, D., "Common Law Claims to Substituted Assets" [1999] RLR 55.

Goode, R., "The Right to Trace and its Impact in Commercial Transactions" (1976) 92 LQR 360, 528.

Guest, A. S., "Accession and Confusion in the Law of Hire-Purchase" (1964) 27 MLR 505.

Kurshid, S. and Matthews, P., "Tracing Confusion" (1979) 95 LQR 78.

Matthews, P., "Proprietary Claims at Common Law for Mixed and Improved Goods" (1981) 34 CLP 159.

_____, "The Legal and Moral Limits of Common Law Tracing" in P. Birks (ed.), *Laundering and Tracing* (Oxford: Oxford University Press, 1995), Ch. 2.

Millett, P. J., "Tracing the Procddes of Fraud" (1991) 107 LQR 71.

Smith, L., *Tracing* (Oxford: Oxford University Press, 1997).

Williston, S., "The Right to Follow Trust Property When Confused With Other Property" (1888) 2 Harvard Law Review 28.

Worthington, S., *Proprietary Interests in Commercial Transactions* (Oxford: Clarendon Press, 1996).

_____, "Subrogation Claims on Insolvency" in F. Rose (ed.), *Insolvency and Restitution* (London: LLP, 2000), Ch. 4.

_____, "Justifying Claims to Secondary Profits" in E.J.H. Schrage (ed.), *Unjust Enrichment and the Law of Contract* (London: Kluwer, 2001), p. 451.

_____, "Proprietary Remedies and Insolvency Policy: The Need for a New Approach" in J. Lowry and L. Mistalis (eds), *Commercial Law: Perspectives and Practice* (London: Lexis-Nexis/Butterworths, 2006) Ch. 11.

참고판례

AG for Hong Kong v Reid [1994] 1 AC 324 (PC)

Bishopsgate Investment Management Ltd (in liquidation) v Homan [1995] Ch 211 (CA)

Borden (UK) Ltd v Scottish Timber Products Ltd [1981] Ch 25 (CA)

Boscowen v Bajwa [1996] 1 WLR 328 (CA)

Re Diplock [1948] Ch 465 (CA); aff'd sub nom Ministry of Health v Simpson [1951] AC 251 (HL)

Foskett v McKeown [2001] 1 AC 102 (HL)

Re Hallett's Estate (1880) 13 Ch D 696 (CA)

Indian Oil Co Ltd v Greenstone Shipping SA (Panama) (The Ypatianna) [1988] 1 QB 345

F C Jones & Sons (Trustee in Bankruptcy) v Jones [1997] Ch 159 (CA)

Latec Investments Ltd v Hotel Terrigal Pty Ltd (1965) 113 CLR 265 (Aust HCt)

Re Oatway [1903] 2 Ch 356 (Joyce J)

F S Sandeman & Sons v Tyzack & Branfoot Steamship Co Ltd [1913] AC 680 (HL)

Scott v Scott (1963) 109 CLR 649 (Aust HCt)

Spence v Union Marine Insurance Co (1868) LR 2 CP 427

Re Tilley's WT [1967] 1 Ch 1179

제3부
불법행위

제5장 **개인적 자치의 제한**

형평법이 재산권의 발전에 공헌한 것을 제쳐놓고 보면, 형평법이 판례법의 지평에서 눈에 띄게 기여한 것은 새롭고도 독창적으로 구조화한 몇 가지의 의무obligations 개념을 창안해냈다는 데 있다. 이런 의무들은 개인의 자치를 특별하고도 또 다소 공격적인 방법으로 제한한다. 통상적으로 법은 문제의 행위가 다른 사람에게 피해를 끼칠 때에만 개인의 자치를 제한하려 한다. 가령 주의의무라든지 또는 약정에 따라 이행할 의무의 경우를 생각해보자. 여기서는 원고에게 끼칠 손해에 초점을 맞추어 그 의무를 특정하고 그 위반시의 구제수단을 강구하게 된다. 이에 비하면 이 장에서 살펴볼 형평법상의 의무들은 매우 독특하다. 즉, 이들은 문제가 되는 피고의 행위가 원고에게 아무 해를 끼치지 않았을 경우에도 피고의 자치를 제한할 수 있는 것이다.

이는 매우 이상하게 보일 수도 있으나 형평법이 개입하고자 했던 부류의 문제들을 보면 이해가 될 것이다. 예컨대 신탁의 경우를 보면 수탁자에게 관리권을 주면서 이를 다른 사람의 이익을 위해서만 행사하도록 제한한다. 이렇게 부여되는 권한은 전형적으로 수탁자에게 매우 광범위한 관리상의 재량권을 부여하며, 그런 재량권이 커질수록 수익자는 수탁자의 재량권 남용 위험에 더욱 노출되게 된다. 이런 경우 법은 그에 개입하여 어떻게 해서든지 수탁자의 행동 반경을 통제하려 하겠지만, 그렇다고 하여 수탁자가 그 임무를 제대로 수행하기 위하여 필요로 하는 행동규범을 일일이 미리 제시할 수는 없는 일이다. 수탁자는 통상적으로 신탁자가 설정settle한 행동수칙을 존중하여 조심스럽게 준수할 의무를 진다. 그 경우 수탁자는 여러 가능한 관리방안들 중에서 자기 나름으로 최선이라고 생각되는 것을 선택할 적법한 권한을 가진다. 이런 상황에서 형평법의 통제전략은, 허용하는 행위를 나열prescribe하는 방법[역주1]이 아니라 금지하는 행위를 나열[역주2]하는 방법을 취하는 것이다. 즉, 형평법은 일정한 행위는 허용되지 않는다고 명시하면서 그렇게 금지된 것 이외에는 수탁자가 재량껏 필요한 대로 선택할 수 있다고 자유를 허용하는 것이다.

형평법은 이렇게 금지항목을 나열하는 원칙에 관하여 세 가지 분명한 기준을 발전시켰다. 여기서 가장 잘 알려진 것이 형평법상 수임자의 주의의무fiduciary obligations로서, 이에 의하면 수탁자 또는 타인 소유의 재산을 관리함에 있어 재량권을 가지는 자에게 충실loyalty 및 자기부정self-denial을 요구하는 것이다. 더 일반적으로 말하자면, 형평법은 주어진 권한이 다른 사람의 이해관계를 건드릴 수 있는 경우에는 그 이해관계가 물권적이든 아니든 간에 모든 권한의 행사를 규율하겠다는 것이다. 이것이 형평법상 권한남용abuse of power금지의 원칙이다. 마지막으로 형평법은 정보의 활용을 규제하는 특별한 전략을 채용하고 있다. 이는 형평법상 비밀유지의무의 위반breach of confidence에 대한 규제라고 불린다. 이 장에서는 이 세 가지 전략을 차례로 살펴보기로 한다.

제1절 허용항목의 열거주의와 금지항목의 열거주의

개인 간의 관계를 법이 일반적으로 규율하는 전략을 생각해보자. 법이 어느 당사자에게 의무를 지울 경우, 이는 상대방 당사자를 특정한 이익이라는 최종 목표에 데려다주기 위한 것(이는 계약조건에 달려 있다)이 아니면, 그 상대방 당사자를 특정한 피해(민사법상의 채권법에서 규정되는 바와 같이)로부터 보호해주기 위한 것이 전형적이다. 원고의 최종 목표가 이러저러해야 한다고 나열했을 때 피고의 위반에 대한 효과적인 법적 제재수단은 피고에게 원고를 법에 규정된 원래의 위치에 데려다 놓을 것이며, 할 수 있는 한 최소한 돈으로라도 그렇게 하라고 단순히 요구함에 그칠 것이다.[1] 품질이 불량한 제품을 공급하는 매도인은 그 시장가격의 차이만큼을 물어주어야 한다. 차를 마구 몰아대다가 다른 차를 파손시킨 운전자는 그 수리 비용을 물어주어야 한다.[2]

이 장에서 언급되는 상황을 특징짓는 것은 최종 목표가 어디인지를 정의해주는 것이 사실상 불가능하다는 점이다.[3] 수임자는 상업적 및 사회적 동기에서 재량권을 부여받는 경우가 자주 있다. 여기서 주의할 것은 적어도 재량권이라고 하는 말 자체가 함축하고 있는 의미에 의할 경우 법이 최종의 목표를 지정해주는 방법으로 이를 규율해서는 안 된다는 점이다. 그것은 바로 재량권이라는 원래 의미에 역행하는 일이 될 것이기 때문이다. 그렇지만 주어진 권한을 남용함으로 인한 위험만큼은 분명히 짚고 넘어가야 한다. 형평법의 전략은 (현재는 보통법에서도 이미 채용되고 있지만) 매우 영악하다고 할 수 있다. 형평법은 시종

1) 어떤 경우에는 법원은 단지 경제적 등가치를 회복시키는 데 그치는 것이 아니라 인정션이나 특정이행을 명함으로써 실제로 현물이 인도되도록 도모할 것이다. 제2장 제1절 본문 및 제1절을 보시오.

2) 부당이득의 사안에서도 그 최종목표는 분명히 정의되어 있다. 제9장을 보시오. 물론 이런 사안들은 모두가 갚아야 할 금액을 계량하고, 이에 관하여 대응할 수 있는 방어방법을 인정해주는 각자 나름의 자세한 원칙을 가지고 있다.

3) 아래 제4절 제3관에서 보는 바와 같이 이것이 비밀유지의무 위반의 사안에서도 그런 것인지에 대하여는 의문이 있다.

일관 원고가 아닌 피고에 초점을 맞춘다. 형평법은 원고에게 가장 피해를 끼칠 수 있으리라고 생각되는 행위의 유형을 골라내어 피고에게 그런 행위를 금지하거나 금지항목을 나열한다. 만약 피고가 이렇게 나열된 금지행위 중의 어느 하나에 위반하면 형평법은 다시 한 번 원고를 무시한다(형평법은 구제수단을 정의함에 있어 도움이 될 수도 있는 최종 목표에 관하여는 아무런 규정도 나열하지 않는 것이다). 그 대신에 형평법의 전략은 피고를 그가 위반하기 전의 위치로 돌려놓자는 것이다. 즉, 피고가 충실의무에 위반하여 거둔 이익을 빼앗겠다는 것이고, 부당하게 행해진 결정을 취소하겠다는 것이며, 이례적인 거래를 무효화시키겠다는 것이다. 수임자가 잔꾀를 부리더라도 헛수고로 그치게 되리라는 이 위협이야말로 피고에게 명백히 금지된 행위를 하지 못하도록 억지하는 가장 효과적인 무기가 되는 것이다.

이런 구제수단에 관한 전략이 주는 파급효에 대하여는 특별히 한 마디의 논평을 하지 않을 수 없다. 이런 구제수단으로도 피고가 제대로 의무를 이행했더라면 원고가 자리하고 있을 바로 그 위치에 (돈으로라도) 원고를 데려다 놓지 못함은 분명하다. 그런 위치란 것을 분명히 정의할 수는 없다. 그 대신에 형평법은 그런 부당한 행위를 무효화시킴으로써 피고가 그다음에는 제대로 행위하리라는 기대를 할 수 있게 해준다. 그것은 또한 피고가 금지에 위반하여 행한 행위로써 얻은 부적절한 이익을 원고에게 귀속시킬 수 있다. 여기서 중요한 것은, 형평법은 원고가 손해를 입었느냐의 여하를 따지지 아니하고 이를 강행한다는 점이다. 만약 피고가 자기의 사적 이익을 도모하는 행위를 통하여 특별히 큰 이익을 얻었을 경우 원고는 피고가 거둔 그 대박이익까지도 자기에게 귀속시킬 수 있는 것이다.

이런 차이점들로 인하여 형평법의 원칙들이 불법행위에 관한 한 보통법과 쉽사리 통합될 수 없음이 입증된다고도 한다. 그러나 이런 시각에 대하여는 의문이 제기되고 있다. 형평법의 원칙들(그리고 보통법상의 이에 유사한 원칙들)이 서로 다른 것은 의문의 여지가 없다. 즉, 형평법은 이러저러한 행위를 하라고 명령을 나열하는 것보다는 이러저러한 행위를 해서는 안 된다고 금지항목만을 나열할 뿐이다. 형평법의 구제수단은 원고보다는 피고에게 초점을 맞추고 있다. 그러나 결국 그 목표는 다른 불법행위에서나 마찬가지로 단순히 원고를 피고의 행위로 인하여 입을 수도 있는 뜻하지 않은 피해로부터 보호해주기 위한 데 있을 뿐이다.

제2절 수임자의 의무
—충실의무

수임자의 주의의무는 처음 명시적신탁의 맥락에서 개발된 이론이지만, 현재는 다른 경영이나 관리의 측면에서도 생겨나는 다수의 유사한 문제들에 대한 구제수단으로 채용되고 있다. 이에 따라 이 용어는 차츰 일반화됨으로써 수임자fiduciary(수탁자에 유사한 역할을 하는 당사자)는 (수익자보다는) 본인principal에 대하여 책임을 진다. 이런 수임자와 본인의 범주에는 수탁자와 그 수익자, 회사와 그 임원, 동업자 상호 간, 변호사와 그 의뢰인, 그리고 다른 여러 형태의 관계들을 포함한다.[4)]

신탁이야말로 신임관계에서 가장 대표적인 경우이다. 신탁의 설정에서 생기는 문제들을 생각해보자. 수탁자가 사회적, 시장적 요청에 적절히 부응할 수 있기 위해서는 신탁받은 재산을 관리함에 있어 상당한 융통성을 부여받을 필요가 있다. 그러므로 수탁자에게 최대한 많은 권한을 주면 매우 도움이 되면서도 그만큼 위험을 내포하게 된다. 수탁자는 지시에 완전히 역행하는 행위를 할 수도 있으며, 또는 묵과할 수 없을 정도로 부주의하게unacceptably carelessly, 또는 악의로in bad faith, 또는 수익자보다는 수탁자 자신의 이익을 더 앞세우고 행동할 수도 있다.

보통법은 원래 이런 문제들을 규율할 아무런 통제 메커니즘을 제공하지 못

4) 다음 제3관을 보시오.

했다. 보통법은 수탁자를 수탁재산의 법적 소유자라고 보았으므로 수익자는 그 재산에 대하여 아무런 계약상 또는 재산상의 권리를 가지지 못한다고 여겨졌다. 이에 부득이 형평법이 개입하여 필요한 통제를 가할 수밖에 없었다. 형평법의 원칙은 비록 느린 속도로 서서히 개발되었으나, 19세기 말이 되면 이미 네 가지의 주된 대처방안이 작동중에 있었다. 첫째, 형평법은 신탁조건을 엄밀하게 준수해야 한다고 강제했다. 만약 신탁증서상 수탁자가 그 수탁재산을 그대로 보관해야 하거나, 또는 특정한 재산을 구입해야 한다는 구체적 지시가 들어 있다면 그런 지시사항을 무시한 수탁자를 상대로 하는 구제수단이 제공되었다. 둘째, 형평법은 수탁자가 그 관리의무의 이행을 태만히negligently 한 경우 원고에게 책임을 지도록 했다. 셋째, 형평법은 수탁자가 관리권을 행사하는 방법에 제약을 가했다. 형평법은 수탁자의 관리에 관한 의사결정은 관련 제반 사항을 고려한 기초 위에서 행해져야 하며, 관계없는 정황을 고려해서는 안 됨을 분명히 했다. 그리고 마지막으로 형평법은 수탁자에게 수임자의 충실의무를 부과하여 수탁재산을 관리함에 있어 자신의 이익보다는 수익자의 이익을 더 우선시키도록 조치했다. 이 네 가지 중 나중의 두 가지 전략에 관하여는 이 장에서 살펴보고 앞의 두 가지 전략에 관하여는 제6장에서 살펴보기로 한다.

대체방안을 이와 같이 구분하여 보는 이유는 매우 중요하다. 비록 이 대처방안들은 모두가 의무에 위배한 수탁자들로 인한 문제를 다루기 위하여 형평법이 개발해낸 것이기는 하나, 이것들 모두가 금지항목을 나열하는 방법을 취하고 있는 것은 아니며, 독특하게 "형평법적"인 의미를 지니는 것도 아니다. 형평법상 신탁조건을 엄밀히 준수해야 할 의무는 보통법이 계약 위반에 대처하는 자세와 매우 유사한 감이 있다. 형평법상의 주의의무 또한 보통법에서 유사한 경우를 발견할 수 있다. 영국 판례법이 일관성 있게 발전하려면 이런 두 가지를 모두 다 검토해야 한다. 비슷한 경우는 비슷하게 대접받아야 하는 것이다. 형평법의 전략 중 앞의 두 가지는 보통법에서도 볼 수 있는 바와 같이 구체적 의무를 나열하는 방안이지만, 이에 대한 논의는 제6장에서 살펴볼 때까지 보류하기로 한다. 이 장에서 살펴볼 세 번째와 네 번째 방안은 다르다. 이 두 가지는 모두가 독특한 방법으로 개인의 자치를 제한하기 위하여 고안된 금지사항의 나열 메커니즘이라고 할 수 있다.

자세히 살펴보기 전에 용어에 관하여 좀 더 언급할 필요가 있다. 위의 방안들은 처음에 수탁자에 대한 관계에서 개발되었고, 나중에 모든 수임자들에게 확대적용되었으며, 그러므로 이 네 가지 의무가 모두 "수임자의 의무fiduciary duties"라고 자주 불렸어도 꽤 자연스러운 일이었을 것이다. 그러나 이런 용어상의 혼용은 불가피하게 이론상의 문제를 야기했다. 그런 의무에 위반했다고 인정할 수 있기 위하여 필요한 다양한 요건들과 그에 대한 다양한 구제수단이 서로 뒤얽혀 혼란을 초래했다. 1990년대가 되어서야 그 다양한 위반의 형태를 분석하고 다양한 구제수단을 제대로 평가하려는 의식적인 노력이 행해질 수 있었다. 핵심을 찌르는 말로 해보자면 "수임자의 위반행위라고 해서 그것이 어느 것이나 수임자의 의무에 위반하는 것은 아닌 것"이다. 유일한 진짜 "수임자"의 의무가 있다면 그것은 충실의무obligation of loyalty일 뿐이다. 다른 의무들은 모두가 수임자의 영역 밖에서도 적용되고 있는 것이다.

제1관 충실의무와 자기부정의무에 관한 발상

형평법은 수탁자가 수익자에 대하여 한결같은 충실의무를 진다고 고집한다. 이를 좀 더 일반화시켜서 말하자면, 수임자fiduciaries는 본인principals에 대하여 한결같은 충실의무를 진다는 것이다.[5] 이를 강하게 표현하자면, 수임자는 그 충실의무로 인하여 자신의 이익보다 본인의 이익을 더 앞에 두어야 한다는 것이다. 결국 수임자는 이타적으로altruistically 행동해야 한다는 이야기가 된다.[6] 이

5) *Bristol & West Building Society v Mothew* [1998] Ch 1 (CA).

6) 이는 동기가 아니라 (또는 반드시 꼭 동기를 의미하는 것이 아니라) 결과를 묘사하고 있다. 법은 수임자를 자기 부정에 충실한 이타주의자로 변화시키는 것이 아니지만, 실제로 자기 부정에 충실한 이타주의자들이라면 그렇게 행동하도록 유도한다. 다른 모든 법원칙들에서와 마찬가지로 법은 이런 일을 수임자의 사익에 호소함으로써 해낸다. 금지항목 나열의 원칙과 억지 전략을 설명하는 제1절을 보시오.

에 따라 수임자는 특히 사전에 본인에게 보고하여 그 동의를 받지 못하는 한 자신의 관리의무와 개인적 이익이 충돌하는 거래를 해서는 안 된다. 실제로 그는 자기의 지위를 이용해서 수익자 모르게 이익을 얻는 행위를 해서는 안 된다.[7] 결국 이런 의무는 자기의 이익을 전반적으로 부정하라고 요구하는 것이다. 수임자는 그 충실의무로 인하여 결국 본인이 특히 그런 행위를 승인하지 않는 한 완벽하게 합법적인 행위라도 해서는 안 되는 경우가 있는 것이다. 여기서 수임자의 개인적 자치가 그만큼 제약을 받게 된다.

만약 수임자가 이런 기준을 지키지 못하면—수임자가 권한의 범위 내에서 조심스럽게, 또 완전한 선의로 일했더라도 실수할 수는 있다—형평법은 그런 의무 위반으로 인하여 거둔 이익을 본인에게 돌려주거나, 또는 "토해내라고 disgorged" 요구한다. 영국법상 이렇게 토해내도록 하는 구제수단disgorgement remedy은 그에 부수하는 다른 이점들과 함께 물권적인 것이라고 이해되고 있다.[8] 결국 본인이 실제로 손해를 보았는지의 여부, 또 본인이 자신을 위하여 이익을 거둘 것을 기대했는지의 여부를 일절 따지지 않은 채로 이런 구제수단이 강구될 수 있는 것이다. 여기서 이런 구제수단은 본인이 입은 피해를 보전해주기 위해서가 아니라, 수임자가 임무에 위배하는 것을 예방하기 위해서라는 점에 주목할 필요가 있다. 이것 때문에 이런 구제수단이 때로는 본인에게 뜻하지 않은 예상 외의 대박을 터트려주기도 한다.

이런 의무의 부과로 인한 부수적 효과에 관하여 생각해보자. 분명한 것은 본인에게 미리 보고하고 그 동의를 받지 못하는 한 본인과의 사이에서 매매거래를 할 수 없다는 점이다.[9] 또 만약 이런 거래가 본인의 동의 없이는 결코 행해

---

7) *Bray v Ford* [1896] AC 44, 51-2 (Lord Herschell); *Chan v Zacharia* (1984) 154 CLR 178 (Aust HCt).

8) *AG for Hong Kong v Reid* [1994] I AC 324 (PC); *Boardman v Phipps* [1967] 2 CA 46 (HL) (이런 엄격한 입장이 과연 적절했는지는 의문이지만). 또한 *Hospital Products Ltd v United States Surgical Corporation* (1984) 1 56 CLR 41 (Aust HCt)를 보시오.

9) *Wright v Morgan* [1926] AC 788 (PC); *Holder v Holder* [1968] Ch 353 (CA)

질 수 없을 것 같아 보인다면, 수익자의 재산을 관리하는 수탁자는 수익자 모르게 쉽사리 사고팔 수 있다는 점을 상기해보라. 수탁재산에 대하여 법적으로 소유권을 지니고 관리권한을 가지는 자는 수익자가 아니라 수탁자인 것이다. 이런 상황하에서 수탁자는 한편으로는 관리자로서 거래에 관여하면서, 또 다른 한편으로는 쉽사리 거래당사자로 될 수도 있는 것이다. 그리하여 예컨대 수탁자는 신탁재산인 농장에서 생산되는 농산품을 자신에게는 이익을 불러오고 신탁관계에는 손해를 초래하는 싼 값에 살 수도 있다. 이는 회사의 임원들에 대해서도 마찬가지이다. 임원들 또한 한편으로는 회사를 대리하면서, 다른 한편으로는 자기 자신을 위하여 나서는 것이 어려운 일이 아님을 알 수 있다. 이런 거래를 명시적으로 금지하는 이유는 수임자가 자기에게 가장 유리한 가격으로 거래하느라고 본인에게 가장 유리한 가격을 위하여 분투할 수임자의 충실의무를 저버릴 염려가 크기 때문이다. 결국 수임자의 이익과 의무 간에는 충돌이 생기게 되는데, 이는 곧 개인적 이해관계와 수임자의 충실의무 간의 갈등을 의미하는 것이다.

이렇게 의무와 이익이 충돌하는 경우에 적용되는 원칙에 내재하는 수임자에 대한 제약은 단순히 수임자와 본인 간의 거래를 제한하는 데 그치지 않고, 거기서 한 걸음 더 나아간다. 그리하여 수임자가 본인을 위하여 분투해야 할 계제에 수임자 자신의 이익을 위한 추구에 나서지 못하도록 금지한다. 예컨대 회사의 임원은 어떤 사업의 기회가 나타났을 때 그것을 회사를 위하여 추구해야지 자신을 위하여 추구할 수 없는 것이다.[10] 이 원칙은 실로 매우 엄격하게 적용되므로 설사 수임자가 처음부터 본인이 추구할 수 있는 범위 밖에 그런 사업기회가 있다거나, 또는 본인이 추구하기를 원치 않았다거나, 본인의 희망이 무엇이든 간에 결코 성공할 수 없었을 것이라는 사정을 입증할 수 있는 경우에서조차도 수임자에게 불리한 구제수단이 강구되는 것이다.[11] 수임자가 이런 데서 풀려날

10) *Cook v Deeks* [1916] 1 AC 554 (PC).

11) *Keech v Sandford* (1726) 25 ER 223, (1726) Sel Cas Ch 61; *Industrial Development Consultants Ltd v Cooley* [1972] 1 WLR 443.

수 있는 유일한 가능성이 있는데, 그것은 본인이 수임자의 개인적 기회의 추구를 사전에 보고 받고 동의해준 경우에 한한다. 이런 동의 없이는 수임자가 자기의 계산으로 스스로 결정할 수 있는 자유는 본인에 대한 의무로 인하여 그만큼 제약받게 되는 것이다.

이 모든 것이 전반적으로 탁상공론에 그친다고 보인다면, 회사 임원의 지위를 생각해보자. 현대의 회사는 매우 광범위한 사업목적을 가지고 있는 것이 보통이다. 그리하여 거의 무제한의 사업기회를 얼마든지 추구할 수 있는 법적인 자격을 부여받고 있다. 그렇다면 이것은 회사 임원이 마주치게 되는 어떠한 사업기회이든 간에 오로지 회사를 위해서만 추구해야 함을 의미하는 것일까? 그렇지 않음이 분명하다. 회사의 임원으로서 도저히 받아들일 수 없을 정도로 자신의 개인적 자치가 제약당하는 것이 바로 이런 경우라고 생각하게 될 것이다. 여기서 법원들은 "회사의 사업기회"가 합법적으로 미치는 범위를 정의하는 데 상당히 신경을 써왔다. 그리하여 회사 임원의 개인적 자치에 대한 제약이 회사의 현 사업영역 밖에까지도 미치도록 할 필요가 있다는 점은 수긍할 수 있지만, 그 월경이 너무 멀리까지 미쳐서는 곤란하다는 것이다.[12] 그런 제약은 임원이 회사의 업무를 충실히 수행하면서 한눈팔지 않도록 확보하는 데 필요한 한도에서 그쳐야 하는 것이다.

또한 만약 이런 모든 것으로도 충실의무를 확보하기에 부족하다면, 수임자의 주의의무는 그보다 더 확장되기도 한다. 수임자는 수임자로서의 지위로 인하여 수임자의 직책을 담당하는 과정에서 조우하게 되는 사업기회—가령 어떤 사업기회를 알게 된다든지, 또는 장래성이 있다고 여겨지는 투자에 참여해달라는 요청을 받는다든지 하는 경우—를 이용하는 것을 금지당하게 된다. 즉, 수임자가 그런 사업기회를 반드시 본인을 위하여 추구해야만 할 의무를 지는 것은 아

12) *Regal (Hastings) Ltd v Gulliver* [1942] 1 All ER 378, [1967] 2 AC 134n (HL); *Peso-Silver Mines Ltd v Cropper* [1966] SCR 673, 58 DLR (2d) 1 (Can SCt); *Canadian Aero Services Ltd v O'Malley* [1974] SCR 592, (1973) 40 DLR (3d) 371 (Can SCt); *Industrial Development Consultants : Ltd v Cooley* [1972] 1 WLR 443.

니겠지만, 임원이 그런 지위에 있지 않았더라면 그런 사업기회가 오지 않았을 것이라고 판단되는 경우에는 본인에게 사전에 보고하여 그 동의를 받지 못하는 한 자기의 계산으로 이를 추구하는 것이 금지된다. 수임자는 자신의 지위를 이용하여 은밀한 이익을 얻는 것 또한 금지된다. 은밀한 이익금지의 원칙이 뇌물이나 부정한 비밀커미션을 토해내도록 하는 데 이용되는 경우에는 매우 유용하게 쓰일 수 있다고 보인다. 그러나 다른 한편으로는 그것이 매우 가혹한 결과를 초래할 수도 있다. 은밀한 이익금지의 원칙은 뇌물이나 부정한 비밀커미션에 적용되는 것은 물론이고, 수임자의 충실의무 위반이나 관리권 일탈이 없는 거래에도 적용된다는 부작용을 초래할 잠재적 가능성이 있다.[13] 이런 일이 일어나면 이 원칙은 애초의 존립기반을 상실하게 된다. 어느 회사의 입찰과정에서 특정한 응찰자를 잘 봐달라고 설득하기 위하여 그 회사 임원에게 돈을 준 경우 이 원칙을 적용하면 그 임원은 이를 토해내야 하는 좋은 일면도 있다. 그러나 다른 한편으로는 예컨대 어느 화랑art gallery의 이사회에서 어느 이사가 괄목할 만한 기량을 선보이자 이에 주목한 출판사가 그에게 책의 출간을 제의하고 그 결과 수익이 생겼을 때 그것마저도 토해내도록 강요하는 결과가 된다면 이는 부당하다.

이런 모든 사례들이 보여주듯이 충실의무는 때로 가혹한 결과를 빚을 수도 있다. 수임자 주변의 다른 사람들은 아무나 사업기회를 추구해도 문제가 되지 않음에 반하여, 수임자만은 자기의 이익을 추구할 수 없게 하는 것은 바람직하지 않다. 이런 사정이야말로 수임자의 충실의무는 원래 법이 일반적으로 타당치 못하다고 보는 행위를 수임자로 하여금 하지 못하도록 고안된 것이 아니라, 법이 수임자에게 수임자로서의 역할을 충실히 이행하는 데 방해가 되는 행위를 하지 못하도록 억지하는 데 있다는 견해를 더욱 뒷받침해 준다. 결국 이런 원칙

13) *Boardman v Phipps* 〔1967〕 2 AC 46 (HL); *Regal (Hastings) Ltd v Gulliver* 〔1942〕 1 All ER 378, 〔1967〕 2 AC 134n (HL). 뇌물에 관하여는 *AG for Hong Kong v Reid* 〔1994〕 1 AC 324 (PC)를 보시오.

의 근저에는 인간의 본성을 어느 정도 냉소적으로 보는 관점이 반영되어 있다. 즉, 이런 금지사항을 나열하지 않으면 수임자는 의무의 준수보다는 자기 사익 추구에 더 나설 것이라는 전제가 깔려 있는 것이다.[14] 여기서의 구제수단은 결국 이런 사익 추구의 유인誘因을 아예 없애버리기 위하여 특별하게 고안된 것이라고 하겠다.

이렇게 수익자에 관하여 적용되는 원칙들에는 또 하나의 이점이 있다. 즉, 이런 원칙들은 전후 사정에 비추어 요청되는 한 법에 의하여 자동적으로 부과되는 당연한 원칙default rules으로 작용하는 것이다. 수임자를 기속하기 위하여 돈 들여가면서 협상을 하거나 요식행위로서의 계약을 체결할 필요조차 없다. 법학자나 경제학자들이 묘사하는 대로 따르자면, 결국 이는 신임관계의 법리를 "효율적efficient"으로 만드는 것이다. 일반적으로는 아무도 자기가 원하지 않는데 수임자로 될 이유가 없다고 하나, 여기서 유일하게 도망갈 수 있는 방법은 그런 신임관계 자체relationship itself를 피하는 일이다. 법이 신임관계로 보는 관계의 당사자로 될 것에 동의한 자는 자기에게 부과되는 수임자의 주의의무를 모면할 길이 없는 것이다.[15]

여기서 마지막으로 한 가지 더 살펴볼 필요가 있다. 이런 수임자의 주의의무라는 것이 충실을 요구하지만, 충실 이상의 것은 더 요구하지 않는다는 점에 주목하는 일 또한 중요하다. 수임자의 충실의무 위반은 불충실할 때만 생겨날 뿐이지, 본인의 이익이 추구되지 않는다고 해서 당연히 그런 것은 아니다. 만약

14) 이를 강조라도 하듯, *Item Software (UK) Ltd v Fassibi* 〔2004〕 EWCA Civ 1244, 〔2004〕 BCC 994 (CA)는 이런 불충실한 위반행위를 수임자가 본인에게 알리지 않는 행위가 또 한 번 충실의무에 위반하는 것임을 시사한다. 그러나 여기 들어 있는 논리에 반드시 타당성이 있는 것은 아니다.

15) *Hospital Products Ltd v United States Surgical Corporation* (1984) 156 CLR 41 (Aust HCt). 그리고 만약 어떤 사람이 수임자라면 계약상의 예외 조항은 결코 이 감면될 수 없는 수탁자의 충실의무라는 핵심적 의무를 제거해줄 만큼 효과적이지 못한 것이다. *Armitage v Nurse* 〔1998〕 Ch 241 (CA). 물론 이런 계약조항은 어느 개인이 사실에 입각한fact-based 수임자였다는 주장을 쉽사리 배척할 수 있게 될 것이지만 지위에 입각한status-based 수임자의 사안에서는 실질적일 것이다.

수임자가 그 자신의 태만이나, 상호 간에 정한 조건을 위반하였거나, 또는 권한을 남용하여 본인에게 손해를 끼쳤다면 본인은 구제받을 수 있겠지만, 수임자의 충실의무를 이유로 하여 이를 토해내라고까지 요구할 수는 없는 것이다. 이 경우 본인이 가지는 청구권은 바로 이런 다른 사유들을 근거로 하는 것으로서 그에 대한 구제수단은 별도로 있는 것이다.[16)]

제2관 토해내기라는 구제수단
—원칙과 정책상의 난점

충실의무에 위배하였을 경우 거기서 얻은 이익을 토해내라고 하는 것은 매우 간단한 일처럼 보이지만 실제로는 놀라울 정도로 성가신 일이다. 그 논리는 분명하다. 즉, 수임자에게 스스로의 임무를 저버리도록 하는 유인을 제거함으로써 그가 불충실해질 가능성을 방지하려는 것이지만, 실제로 이를 실천에 옮기는 일은 매우 어렵다.

어떤 경우는 비교적 간단한 편이다. 가령 토해낼 금액을 계량하는 문제를 생각해보자. 받은 이익을 모두 토해내라고 하는 식의 구제수단을 택하게 된 동기는 수임자의 불충실로부터 생기는 이익만을 빼앗겠다는 뜻을 의미한다. 만약 수임자가 돈이든 시간이든 노력이든 재주든 간에 자신의 것을 투자함으로써 이익이 더 늘어났다면 그런 면에서는 수임자를 위하여 일부 감액해줄 필요가 있다.[17)] 그러나 시간, 노력, 재주를 투자했더라도 그런 시간, 노력, 재주의 투자가 어느 경우에나 수익자의 이익을 위하여 바쳐졌어야만 하는 경우라면 물론 감액의 여지가 없을 것이다.[18)]

---

16) 그리고 이제 징벌적 배상exemplary damages의 명령 또한 가능할지에 대하여 논의가 진행중이다: *Re Brogden* (1886) 38 ChD 546 (North J: 부정); *Harris v Digital Pulse Pty Ltd* (2003) 56 NSWLR 298 (Heydon JA: 부정; Mason P: 긍정; Spigelman CJ: 미결).

17) *Boardman v Phipps* 〔1967〕 2 AC 46 (HL); *Warman International Ltd v Dwyer* (1995) 182 CLR 544 (Aust HCt).

18) *Guinness Plc v Saunders* 〔1990〕 2 AC 633 (HL)

이렇게 토해내라고 할 때 두 가지의 주된 어려움이 다른 데서 발견된다. 첫째, 토해내라고 하는 구제수단은 일반적으로 채권적이라기보다는 물권적인 것으로 생각되므로 이런 지위에서 우러나오는 모든 특별한 부수적 효과들과 연관성을 살펴볼 필요가 있다. 둘째, 수임자와 본인 간의 계약관계를 둘러싸고 수임자가 충실의무에 위반하는 경우 형평법이 대응하는 방법은 수임자의 주의의무에 관한 분석에 근거한 논리와 일치하지 않는 감이 있다.

먼저 토해내도록 하는 구제수단의 물권적 성질에 관하여 생각해보자. 수임자가 충실의무에 위배하여 이익을 얻게 되면, 그 순간부터 본인을 위하여 수탁관계에서 이를 보관하는 지위에 서게 된다.[19] 이렇게 되면 본인은 수임자의 파산 시 우선적 지위에 서게 되며, 이는 불가피하게 논란을 불러일으킨다. 그럼에도 이런 물권적 지위를 지지하는 논리는 단순하면서도 역사적인 당위성을 지니고 있다.[20] 토해내라는 요구는 수임자에게 자신의 충실의무 위반으로 얻은 이익을 본인에게 넘겨주도록 한다는 뜻이다. 앞의 장들의 논의에서 보았다시피,[21] 이런 상황에서 물권적으로 대응하는 것은 원고에게 그 얻은 이익을 넘겨주라고 요구하는 형평법상의 다른 권리들을 형평법이 대우하는 방법과 일치한다. 만약 피고가 문제의 재산을 아직 수중에 가지고 있으면 형평법은 그 의무가 특정된 것으로 보므로 원고는 그 재산이 이미 형평법상 자기의 소유인 것처럼 취급할 자격을 얻게 된다. 형평법은 이런 경우에 그 의무를 단순한 대인적 채무로서의 금전채무로 보지 않는다.[22] 여기서 "형평법은 그렇게 되어야 할 일은 이미 그렇게 된 것으로 간주한다Equity treats as done that which ought to be done"라는 법언은 이런 과정을 설명하는 데 자주 사용되고 있다. 이 법언은 원고가 수임자에게

19) *AG for Hong Kong v Reid* [1994] 1 AC 324 (PC).

20) 그러나 이와는 다른 견해들이 지배적이었다. *Lister v Stubbs* (1890) 45 ChD 1 (CA).

21) 특히 제3장 제6절을 보시오.

22) 이런 주장을 둘러싸고 벌어지고 있는 현대적 정책논의에 대하여는 제9장 제3절, 제4절 제2관을 보시오. 만약 토해내기식의 대응책이 물권적이라면(비록 그에 대한 비판이 있지만), 원고는 자기의 수임자로부터 문제의 재산을 특정 회복할 자격을 얻게 된다. 제6장 제3절 제1관을 보시오.

그 이익을 넘겨달라고 요구할 수 있는 권리에 형평법이 부여하는 중요성과 가치가 얼마나 큰지에 대해 의미전달을 잘해주면서도 이를 납득시킬 만한 충분한 설명을 해주지는 못한다. 궁극적으로 물권적 지위를 인정해주게 된 것은 바로 이런 법언이 아니라 이런 권리의 중요성과 가치에 있다.

그러나 토해내야 할 의무와 형평법상의 다른 모든 지급의무 간에는 치명적인 차이점이 있으며, 그 차이점은 토해내라고 요구하는 권리에 물권적 지위를 인정해주려는 이론의 근저를 뒤흔들게 된다. 토해낼 의무를 지우는 목적은 피고의 부정을 방지하기 위한 것이다. 이에 반하여 형평법상의 다른 모든 지급의무는 원고에게 어떤 식으로라도 다시 "원래" 모습을 되찾도록 해주는 데 있다. 달리 말하자면, 토해내라는 원칙은 원고가 그 재산을 가져야 한다는 데 논거가 있는 것이 아니라 피고가 그 재산을 가지면 안 된다는 데 논거가 있다. 그러나 형평상의 다른 모든 지급의무의 경우에서의 논거는 이와 꽤 다르다. 이런 억지deterrence의 목적을 달성하기 위해서는 토해내라는 원칙이 반드시 원고에게 우선적 물권적 지위를 부여해주어야만 하는 것은 아니다. 채권적 구제수단만으로도 정확하게 똑같은 예방효과를 거둘 수 있는 것이다. 이 방법만으로도 불충실한 피고는 그 이익을 빼앗기게 될 것이다. 만약 피고가 지급능력을 가지고 있다면, 원고는 제2차적 대박이익조차도 회수할 수 있다. 만약 피고가 파산한다면, 피고는 어느 경우에나 자신의 의무 위배로 인하여 얻은 이익을 빼앗기게 될 것이며, 이 경우 그 토해내라는 논리적 근거는 특별히 배당에 있어서 원고에게만 더 호의를 베풀어야 한다고 요구하지 않는다.

실제로 토해내라는 청구권에 물권적 지위를 인정해주는 논리에 대한 이런 비판적 분석은 한 걸음 더 나아갈 수 있다. 만약 수임자가 파산하면 그때에는 수임자가 의무 위배로 인하여 얻은 이익을 수임자의 본인이 거둘 것이냐, 또는 수임자의 모든 채권자들이 평등하게 거둘 것이냐를 놓고 진짜 논쟁이 붙게 된다. 전통적인 물권적 견해에 의하면 본인을 다른 채권자들에 우선시킴으로써 설사 본인이 한 푼의 손실도 입지 않았더라도 그 전액을 본인이 가져갈 수 있도록 배려하는 쪽을 선호한다. 이렇게 되면 남은 채권자들은 그만큼 줄어든 파산재단에서만 배당을 받게 됨으로써 손실은 더 늘어나게 될 것이다. 그러나 만약 이런 토해내기의 구제수단이 물권적이 아니라면 본인 또한 파산절차에서의 평등 배당에 따라 손해를 균등하게 부담하게 될 것이다. 그러나 여기서 한 걸음 더 나아가는 것이 합리적으로 보인다. 토해내기의 구제수단이 특별히 목적하는 바를 고려한다면 원고의 이런 청구권을 다른 채권자들의 청구권보다 후순위로 deferred 하더라도 합당할 수 있다.[23] 이로써 토해내기의 구제수단이 목적하는 바는 본인에 대한 배상에 있는 것이 아니라 충실의무의 위반을 억지하는 데 있음이 분명해진다. 토해내기의 구제수단에 열후적deferred 지위를 인정해주면 수임자의 일반채권자들은 파산재단으로부터 좀 더 많은 배당을 받을 수 있게 되지만, 여하튼 수임자가 그 배임행위에서 얻은 이익을 챙기지 못하도록 하는 점에서는 결과적으로 마찬가지이기 때문이다.

가령 충실의무에 위배한 수임자가 본인에게는 5,000파운드를, 자기의 일반채권자들에게는 1만 5,000파운드의 채무를 지는데, 수임자의 전 재산은 1만 파운드에 불과하다고 가정해보자. 만약 파산재단에 들어간 그 재산에 대하여 본인이 물권적 청구권을 갖는다면,[24] 본인은 자기의 5,000파운드를 전액 회수할 수 있게 될 것이고, 다른 일반채권자들은 남은 5,000파운드에서 나누어 가질 수 있게 될 뿐이니, 결국 1인당 자기 채권의 3분의 1씩밖에는 회수하지 못하게 될 것이다. 그러나 만약 수임자로 하여금 토해내도록 하는 청구권이 물권적이 아니라면, 모든 채권자들이 (본인을 포함하여) 파산재단에서 자기들 채권의 50%씩을 건질 수 있게 될 것이다. 여기서 한 걸음 더 나아가서, 만약 그 토해내라는 청구

---

23) 비록 파산법리에 대한 분석가들은 이런 식으로 파산시의 우선권을 바꾸어버리면 결국 원고들에게 이런 원칙들의 혜택을 입기 위하여 피고들을 강요하다시피 일찌감치, 그리고 아무런 대책도 없이 법인과 개인의 파산으로 몰고 가도록 촉진할 가능성이 생긴다고 우려한다. 그러나 만약 피고에게 변제자력이 있다면, 그때에는 모든 당사자는 완전한 변제를 받을 수 있게 된다. 만약 피고가 그렇지 못하다면 이런 분석방법에 의할 경우 본인에게 보전해줄 이유가 없게 된다. 왜냐하면 본인은 아무런 손해도 주장하지 않기 때문이다.

24) 이것은 특정재산이 추급이 가능할 정도로 "원고"에게 취득될 이익의 대체물에 해당함을 원고가 주장 입증할 수 있느냐의 여부에 달려 있다. 제4장 제5절을 보시오.

가 후순위로 된다면 파산재단의 재산은 일반채권자들에게 우선배당된다. 그렇게 되면 이들은 자기들 채권의 3분의 2를 회수하게 될 것이다. 그리하여 배당 후 파산재단이 말라버리면 본인은 한 푼도 받지 못하게 되지만, 적어도 수임자가 임무에 위배하여 거둔 이익을 한 푼도 보유하면 안 된다는 애초의 목적은 달성되는 것이다. 결국 수임자의 이득을 저지하겠다는 목표는 이렇게 해서도 여전히 달성될 수 있는 것이다.[25)]

이렇게 재분석해보았지만 이것은 현재의 형평법적 접근방법으로부터는 상당히 거리가 있는 것이며, 이런 사고방식을 바꾸는 것은 상당한 파급효를 불러일으킬 수도 있다. 충실의무 위반의 경우 본인으로 하여금 이를 추급하도록 하는 유인제는 토해내도록 하는 구제수단이 물권적 접근방법이라는 데 있다. 만약 물권적 지위가 부정된다면, 그리고 만약 채권적 권리가 특히 후순위로 된다면, 원고로서는 부득이 좀 더 신중히 대안을 고려하지 않을 수 없게 될 것이다. 간단한 예를 보자. 수탁자가 그 맡은 신탁기금으로부터 100파운드를 몰래 빼내어 경마장에 가서 마권을 샀는데 600파운드를 땄다고 치자. 이런 각본에 의할 경우 그것은 수탁자가 수임자의 충실의무에 명백히 위반했음을 의미한다. 즉, 수탁자의 의무와 자기의 개인적 이익 간의 저촉을 일으켰을 뿐만 아니라, 수익자 몰래 은밀한 이익을 올렸다는 점 또한 문제가 된다. 이 책에서 저자가 선호하는 채권적 안목에서의 분석에 의하면 수익자는 수탁자에 대해서 600파운드의 이익을 토해내라는 채권적 청구권을 가질 뿐 물권적 권리는 결코 가지지 못한다. 실로 정책방향에 관하여 논의가 계속된다면 결국 이런 채권적 권리는 파산절차에서 후순위의 권리가 될 것이다. 그러나 신탁자가 설정행위에 의하여 수탁자에게 수탁자금을 수익자를 위하여 투자하도록 요구하고 있다면, 그 경우

25) 그러나 만약 어떤 자금이 파산재단에 남아 있다면 본인은 그에 대하여 권리를 행사할 수 있게 될 것이다. 그중 어느 길을 택하든 수임자가 충실의무 위반으로 얻게 된 이익은 모두 박탈당하게 될 것이다. 파산에서의 문제는 그 얻은 이익이 본인에게 지급되어야 하느냐의 문제가 아니라, 이익을 돌려달라는 본인의 청구가 다른 채권자들과 대등한 지위에서 우선적 대우를 받을 자격이 있겠느냐의 여부에 관한 것이다.

에는 원고가 수탁자의 불충실한 행위를 짐짓 눈감은 채로 그가 권한 없이(실제로도 권한이 없었을 것이다) 행한 투자를 승인하면 간단히 끝날 것이다. 그렇게 되면 600파운드는 그 전액이 신탁기금으로 들어오게 된다. 그러면 원고는 그 신탁기금에 대하여 물권적 청구권을 가지게 될 것이다. 이런 방안이 아직 활짝 열려 있지 않다 하더라도 원고로서는 적어도 수탁자가 신탁조건에 위반했음을 이유로 제소하여 수탁자가 빼내 간 100파운드를 신탁재산에 돌려내라고 요구할 수도 있다. 현재의 정통적 견해는 이 권리 또한 물권적이라는 것이다. 이는 수탁자가 마권의 당첨으로 얻은 600파운드에 대한 우선변제권에 의하여 담보될 수 있다.[26] 만약 수탁자인 피고가 파산하면 이런 차이점은 아주 극명하게 드러나게 된다. 여기서 저자가 지지하고 있는 대안적 방법은 수탁자의 충실의무 위반에 터잡은 토해내기 청구권의 물권적 지위에 영향을 미칠 뿐이다. 원고는 다른 통로를 통해서 여전히 물권적 접근을 할 수 있지만, 다만 그 이론적 기초가 달라질 뿐이다. 좀 더 이론체계화한 분석은 이런 이론적 기초를 제대로 구분해 줄 수 있으리라.

한 마디로 말하자면, 토해내기식 구제수단의 물권적 지위에 관하여는 논란이 있는 것이다. 이제는 물권적 지위라는 것이 불가피하게 논란의 대상이 된다는 점이 분명해져야 한다. 채권적 권리와 물권적 권리 간의 경계선이야말로 이론적으로 또는 실무적으로 현재 법이 직면하고 있는 가장 골치 아픈 문제로서 신임관계fiduciary의 영역에서 일어나는 이런 문제들은 결코 이색적인 것이 아니다.

이런 토해내기식 구제수단이 마주치게 되는 두 번째 어려움은 위에서 말한 대로 좀 더 간명하게 설명될 수 있다. 이는 수임자와 본인 간에 체결된 계약에의 접근방법에 관한 것이다. 이런 계약은 불가피하게 수임자를 충실의무와 자기이익 간에서의 갈등으로 몰아넣기 마련이다. 그렇게 되면 형평법은 본인을 위한 구제수단을 제공하게 된다. 그러나 이런 상황에서 형평법이 해주는 일은 토해내기식의 접근방법과는 질적으로 상당히 다른 방식이다. 이 경우 형평법은

26) 이런 두 개의 대안에 대하여는 제4장 제7절 본문과 제1관을 보시오.

수임자가 배임행위로 얻은 이익이 얼마인지를 계산하려 하지 않는다. 형평법은 그 경우 단순히 본인이 그 계약 자체를 취소rescind[역주3](또는 백지화unwind)할 수 있도록 허용해줄 뿐이다.[27] 어느 회사의 임원이 자기의 땅을 회사에게 팔면서 자기가 그 땅에 개인적으로 이해관계를 가지고 있음을 고지하지 않는다고 가정해보자. 그 거래의 가격 따위가 아무리 공정하게 책정되었다 하더라도, 또는 임원이 (자신의 개인적 이해관계가 그 거래에 걸려 있다는 사실만을 빼놓고는) 다른 모든 필요한 정보를 회사에 제공하였더라도, 또는 회사가 충분히 고려한 끝에 그 거래를 승인했다고 하더라도, 이 모든 일에도 불구하고 회사는 당해 임원이 수임자로서의 충실의무에 위배했음을 이유로 그 계약을 취소할 수 있는 것이다. 그렇게 되면 각 당사자는 그 거래로 인하여 받았던 것을 상대방에게 돌려주어야 된다. 이런 해결방안은 그 수임자가 얻은 이익을 빼앗을 수 있으나 이 경우 법원이 그 이익이 얼마나 되었을 것인지까지도 구태여 계산해볼 필요는 없다. 즉, 법원은 그 경우 당사자 간에 합리적인 거래가 이루어졌더라면 어떠했을까 하는 사실상 불가능한 재구성 작업에 몰두할 필요가 없게 되는 것이다.[28] 이런 해결방안은 지금 꽤 깊숙이 자리 잡고 있어서 본인이 이런 상황에 처했을 때는 취소가 유일하게 쓸 만한 구제수단으로 간주될 정도이다.[29] 이렇게 제한적으로만 대응하는 것은 때로 본인에게든 수임자에게든 무척 불공정해 보일 수도 있다.

---

27) 취소는 또한 계약상의 약정(제7장 제2절)에서 일방 당사자의 의사에 흠이 있는 경우에도 좋은 구제수단이 된다. 그때에는 그 구제수단은 원상회복으로서 어떠한 부당이득이라도 이를 박탈하는 데 목적이 있다(제9장 제4절 제1관과 제2관). 이렇게 서로 다른 동기와 이에 따라 서로 다른 분석이론들은 그 구제수단들에서, 특히 그 물권적 성격과 그 적절한 방어방법이 무엇인지 평가함에 따라 차이가 있어야 함을 의미한다.

28) *Aberdeen Railway Co v Blaikie Bros* (1854) 1 Macq 661 (HL).

29) *Re Cape Breton Co* (1885) 29 ChD 795 (CA); *Ladywell Mining Co v Brookes* (1887) 35 ChD 400 (CA). 그러나 이런 제한적인 자세는 형평법상의 의무에 위반한 경우에 형평법원이 형평법상의 보상을 명령할 수 있다는 주장의 면전에서는 사라져버린다. 그래서 이런 상황에서 법은 이사들로부터 권한을 빼앗는 데 그치는 것이 아니라 이사들에게 의무를 부과하고 있는 것으로 보인다.(그러나 *Movitex Ltd v Bulfield* 〔1988〕 BCLC 104 (Vinelott J와 대조하시오)).

때로는 이런 불공정성이 본인에게 피해를 줄 수도 있다. 임원이 자기의 땅을 회사에 팔고 그 매매에서 4만 파운드의 이익을 얻는다고 가정해보자. 만약 그 회사가 임원의 배임행위를 알아채기 전에 그 땅을 타에 전매한다면 회사는 그 후에 알아차리게 되더라도 계약을 취소할 수 없게 된다. 땅을 임원에게 돌려줄 수 없는 상황이므로 매매대금도 돌려달라고 요구할 수 없기 때문이다.[30] 이것이 취소의 경우에 적용되는 원칙이다.[31] 그리하여 이제는 회사가 설사 임원의 배임행위를 입증할 수 있어도 신뢰에 배반한 임원에 대하여 아무런 구제수단도 갖추지 못하게 된다. 그러나 이는 수임자의 의무와 배임시의 구제수단의 근저에 흐르는 정신과 일치하지 못한다. 이 경우에는 좀 더 원칙을 갖춘 대응, 즉 수임자가 배임적 거래를 통하여 얻은 이익을 산출하여 그로부터 그것을 빼앗아야 한다는 것이 일관성에 기초한 원칙적 접근방법이 된다. 이렇게 하지 않으면 수임자에게 적용되는 충실의무는 결국 실무적으로 아무런 강제효과가 없을 것이다.

그러나 또 다른 경우에는 수임자에게 불공정해지는 경우가 있다. 임원이 자기 땅을 회사에 팔지만 이번에는 시가로 제값에 판다고 가정해보자. 돈으로 따질 경우 수임자는 배임행위를 했더라도 이익을 거둔 것은 없게 된다. 그럼에도 회사는 여전히 계약을 취소할 자격을 얻는다. 물론 그 이후로 부동산가격이 오

30) *Alati v Kruger* (1955) 94 CLR 216 (Aust HCt) 및 이를 지지하는 *O' Sullivan v Management Agency & Music Ltd* [1985] QB 428 (CA)참조. 그러나 *Smith New Court Securities v Scrimgeour Vickers (Asset Management) Ltd* [1977] AC 254, 262 (Lord Browne-Wilkinson)을 보시오. 더욱이 취소는 계약이 전체로서 취소되거나, 또는 완전한 효력을 인정받아 유효하게 존속할 것이냐의 여부를 결정한다는 점에서 전부가 아니면 0을 도모하는 과정이라고 보인다. *TSB Bank plc v Camfield* [1995] 1 WLR 430 (CA); *Maguire v Makaronis* (1998) 188 CLR 449; *Vadasz v Pioneer Concrete (SA) Pty Ltd* (1995) 184 CLR 102 (Aust HCt)은 회사의 이사가 채무자인 회사를 위하여 연대보증한 채무 중에서 보증 전 기발생채무에 한하여 (장래의 채무분에 대한 보증 취소는 불허) 일부의 소가 허용된 사안이다.

31) 제9장 4절을 보시오. 그러나 또한 *McKenzie v McDonald* [1927] VLR 134를 보시오. (그러나 이 판례는 손해loss에 대하여 형평법상의 배상Equitable compensation을 허용해주는 것으로 해석하는 것이 더 나을 듯하다.)

르면 굳이 취소하려 하지 않는 대신에 그 거래를 추인하고 배임행위를 용서해 줄 것이다. 그러나 만약 부동산시장의 거품이 꺼지게 되면 회사는 임원에게 그 땅을 도로 가져가고 매매대금을 돌려달라고 요구할 수 있게 될 것이다. 이런 상황에서 형평법적 구제수단은 수임자에게 그 배임행위로 인하여 얻은 이익을 토해내라고 강요하는 대신 수임자의 충실의무와는 아무런 관계가 없는 시장위험 market risk을 부담하라고 요구하게 된다.[32)]

수임자의 배임행위에 대한 대응책으로서 취소의 방법이 채택될 당시에는 이런 식으로 위험을 덜 수 있는 잠재적 능력에 대하여는 예상도 하지 못했으며, 처음부터 그것은 안중에도 없었다. 그 당시에는 취소야말로 의문의 여지없이 가장 공정한 구제수단이었을 뿐이다. 즉, 이 방법은 불충실한 수임자가 거둔 이익이 합리적으로 얼마나 되는지의 여부를 굳이 계산해야 하는 번거로움을 면해주었으며, 또 당시 대부분의 자산은 가격이 무척 안정되어 있었기 때문에 어느 당사자도 외적 요소에 의하여 예상하지 못했던 이익을 얻는 경우는 없었던 것이다. 그러나 이제 시장은 더 이상 안정되어 있지 않다. 이제는 수임자를 외부적 요소들로부터 차단시킬 필요가 절실한 때이다. 만약 불충실이 문제라면 수임자는 배임행위로 인하여 얻은 이익을 토해내야 하는 것이지만 그 이상까지도 요구당해서는 아니 된다.[33)] 임무위배와 이에 대한 구제수단 간에 짝을 맞추는 일을 달성할 수 있는 유일한 길은 금전적 구제수단을 통해서일 뿐이지 결코 물권적 취소행위를 통해서는 아닌 것이다. 만약 본인이 배임적 매매행위에 대하

32) *Re Duckwari Plc* 〔1999〕 Ch 253(CA)의 사실관계를 보시오. 그 회사가 더 이상 매매부동산을 소유하고 있지 않기 때문에 형평법상의 취소권을 발동할 수는 없었으므로 거기서의 구제수단은 필연적으로 성문법상의 구제수단밖에 없었다. 형평법상 태만laches의 항변이라는 구제수단이 이런 가능성에 유의하여 적어도 본인으로 하여금 전략적으로 일부러 꾸물거리면서 자신의 사익을 도모할 호기가 올 때까지 기다리다가 그때서야 나서는 이기적 행동을 하지 못하도록 하는 방지책이 된다는 점에 유의하시오. 제2장 제2절 제1관을 보시오.

33) 한편 만약 그 토지의 매매가 현명치 못한 투자행위였다면, 그 이사는 회사에게 자기의 태만한 경영 잘못으로 인하여 회사가 입은 손해를 배상해주어야 할 것이다. 제6장 제2절 제3관을 보시오.

여 불만을 토로한다면, 법원은 오로지 당해 배임적 행위에서 얻은 "이익"만을 산출하여 수임자로부터 그것을 돈으로 빼앗아야 하는 것이다.

이런 방안은 본인과 수임자 모두를 위해서 어려움을 해결해줄 수 있을 듯하다. 더욱이 이렇게 금전적 구제수단이 매매목적물에 대한 우선변제권에 의하여 담보받지 못하는 채권적 권리에 그치는 것으로 한다면, 그때에는 이런 해결방안은 토해내기라는 구제수단이 가지는 물권으로서의 우선적 지위와 관련된 어려움 또한 해결해주게 될 것이다. 그러나 이 모든 것은 형평법의 현재 실무관행에 있어서 근본적인 변화를 요구한다. 그럼에도 이렇게 성가신 토해내기 사건들과 수탁자가 유용misappropriate한 수탁재산을 개인적으로 되돌려놓아야 하는 의무를 지는 사건들 간에도 마찬가지로 유용有用한 유추가 얻어질 수 있을 것이다.[34)]

제3관 수임자에 대한 규제가 미치는 범위

수임자에 대하여 적용되는 이런 원칙은 그 원칙이 적용되는 범위 내에 있는 사람들에게는 매우 강력한 혜택을 주게 된다. 수임자는 신임관계에 주변적으로만peripherally 관계가 있을 듯해 보이는 거래에서조차도 충실하게 행동해야 한다. 그렇지 못할 경우 이에 실망한 본인은 (적어도 현재로서는) 제2차적 대박이익을 자기 앞으로 회수하기 위하여 물권적 효력을 가지는 토해내기 구제수단에 의존할 수도 있다. 본인에 대한 이런 혜택에 상응하여 이렇게 성가실 정도로 부담이 따르는 수임자의 의무기준을 지켜야 하는 사람은 도대체 누구인가를 아는 일이 급선무이다.

신임관계의 법리fiduciary law는 형평법이 수탁자와 수익자 간의 관계를 규율하는 데서부터 진화한 것임을 상기해보자. 세월을 두고 이런 원칙들은 계속 확

34) 제6장 제3절 제3관을 보시오.

장되어, 비록 사소한 수정의 과정은 거쳤다고 하나, 유사한 사례라고 생각되는 다른 상황들에까지도 모두 적용되기에 이르렀다. 현재는 회사와 임원, 본인과 대리인, 변호사와 의뢰인, 그리고 동업자들 간의 상호 관계가 모두 신임관계에 있다고 받아들여지고 있다. 이런 모든 것들은 "지위에 입각하여status-based" 발생하는 신임관계가 된다. 즉, 지위 그 자체가 불가피하게 수임자로서의 의무를 부과하게 되는 것이다. 예컨대 회사의 임원이라면 예외 없이 자동적으로 수임자가 됨으로써 그 지위에 따르는 제약을 받게 된다.

그러나 신임관계의 법리는 여기서 그치지 않았다. 원고들은 한쪽 당사자가 자기의 이익보다도 다른 쪽 당사자의 이익을 더 우선시키도록 법에 의하여 요구받는 상황에서는 언제든지 신임관계의 원칙이 적용되어야 한다고 주장해왔다. 그리하여 원고들은 "사실에 입각하여fact-based" 수임자의 지위가 인정되어야 한다고 주장해왔다. 이것이야말로 현대의 전장battleground으로서 원고에게 유리한 구제수단들로 인하여 그 적용 영역이 확장되어야 한다는 주장이 힘을 얻고 있다. 이렇게 확장된 범주를 정의하는 것은 매우 까다로운 것임이 밝혀졌다. 이를 정의해보려는 대부분의 시도는 신임관계의 본질적 성격에서 징표를 얻는 데 집중되었다. 즉, 한쪽 당사자가 다른 쪽 당사자에게 재산을 맡기거나, 또는 다른 사람의 이익을 위하여 행동할 책임을 떠맡거나, 또는 다른 사람에게 의지하거나, 또는 다른 사람의 권한남용에 의하여 피해를 당하기 쉬운 처지에 있거나, 또는 다른 사람에게 영향을 미칠 수 있는 재량권을 행사할 지위에 있거나 하는 경우이다.[35] 그러나 이런 방법만으로는 충분하지 않다. 이런 기술어記述語, descriptor들은 신임관계가 아닌 때에도 자주 적용되고 있기 때문이다. 가령 자동차수리공과 자동차 소유자의 관계, 주택소유자와 페인트공의 관계, 운전자와 도로상의 다른 사용자와의 관계 등을 생각해보라. 이런 기술어들은 그런 대로 그럴듯해 보이지만, 그런 관계들은 이미 모두가 계약법과 불법행위법

35) *Hospital Products v United States Surgical Corporation* (1984) 156 CLR 41 (Aust HCt) 96-7 (Mason J).

에 의하여 적절히 보호받고 있다고 인정되고 있는 것들이다.

문제는 앞에서 본 공통적 기술어가 신임관계에서 요청되는 본질적 요소를 결하고 있다는 점이다. 이런 기술어들은 그런 본질적 요소 대신에 "상대편 당사자의 이익을 위하여 행동할 의무"만으로도 충분한 양 격하시키고 있다. 그러나 다른 일반계약들조차도 이 정도는 모두 요구하고 있다. 또 대부분의 불법행위법도 마찬가지이다. 실제로 신임관계의 법리는 이보다 한 걸음 더 나아간다. 즉, 신임관계의 법리는 수임자에게 상대방 당사자의 이익을 위하여 자신의 개인적 자치를 그보다 하위에 편입subjugate시키라고 요구한다. 그가 맡은 직분으로 인하여 그는 좀 더 자기 이익의 전반적 부정general denial of self-interest을 요구받는 것이다. 그러나 이런 통찰로 그쳐서는 안 되며, 더 나아가 개인적 자유는 바로 다른 사람의 피해가 시작되는 곳에서 정지해야 한다는 철학(이는 바로 계약법 및 불법행위법의 원칙들이 적용되는 바와 똑같은 것인데)을 언급해야 한다. 그러고 나서야 우리는 비로소 수임자의 의무를 정의하는 데 한 걸음 더 가깝게 다가갈 수 있게 된다. 수임자의 주의의무는 오직 한쪽 당사자가 맡은 역할의 목적상 그런 자기 부정을 요구받을 경우에만, 또 그것 없이는 그런 관계가 보호받지 못한다고 할 경우에만 기약할 수 있다. 이렇게 목적에 입각한 판단기준purpose-based test은 지위에 입각status-based한 수임자들에 의하여 분명히 잘 충족된다. 그것은 또한 다른 수임자들에 의해서도 충족될 수 있다. 그러나 그것이 충족될 수 있는 이유는 단지 당사자가 상대방이 사사로움 없이 자기를 위하여 행동해주리라는 기대에서 그를 발탁했기 때문도 아니며, 또는 이것이 그런 경우가 되리라고 받아들였기 때문도 아니다. 그렇다고 해서 이기적 행동이 있더라도 원고의 이익을 위해서 일할 수 있기 때문이라는 단순한 이유만으로는 그것이 부정되는 것도 아니다. 수임자로서의 책무는 더욱 좁게, 그러나 더욱 조심스럽게 정의되는 것이다.

신임의 법리가 확대 적용되어야 한다는 요청은 다른 방면에서도 들려오고 있다. 신임의 법리는 관리상의 재량권을 규제한다. 오랫동안 이것은 수임자가 본인의 재산을 관리함에 있어 본인의 경제적 이익을 보호하기 위하여 재량권을 행사할 수 있음을 의미한다고 받아들여져왔다.[36] 이에도 불구하고 최근 캐나다에서는 신체의 건전성, 개인의 사생활, 정보의 자유 및 가정과 지역사회의 가치 등과 같은 비경제적 이익을 보호하는 데에도 신임의 법리를 적용하려는 시도가 보인다.[37] 이런 사건들에서 당사자들이 토로하는 진짜 불만은 일반법만 가지고는 충분하고 적절한 구제수단이 되지 못한다는 데 있다. 환자와의 관계를 악용하여 여성 환자에게 약을 처방해주는 대가로 성을 요구하는 의사가 토해내야 할 "이익"을 얻는 것은 아니며, 또 원래 신임관계에서 요구되는 의미에서의 충실의무를 지는 것도 아니다. 그러나 그런 의사는 환자의 이익을 위하여 행동할 의무를 지며, 만약 이런 의무가 특정한 사실관계와 제대로 조화하지 않으면 그 때는 신임관계를 들먹이는 것보다는 곧장 법률을 개혁하는 것이 좀 더 바람직하다.

누가 수임자이며, 어떤 이익을 보호해야 할 것인지에 관하여 좀 더 원칙에 입각한 접근방법을 취한다면 신임관계의 법리가 현대적 성장 분야라고 하는 그릇된 사고에 종막을 고할 수 있을 것이다. 일반적인 자기 부정의 논리는 어떤 당사자 간의 관계에서 경제적 목적을 달성하기 위해서는 별로 필요한 것이 아니다. 당사자들의 이익은 통상 법률의 규정, 또는 계약이나 불법행위, 부당이득, 그리고 이 장의 뒷부분에서 논하게 될, 비非신임관계에서의 형평법상의 의무 등에 의해서도 이미 제법 보호되고 있다. "지위에 입각한", 그리고 "사실에 입각한" 수임관계는 매우 중요하긴 하나 예외에 해당하는 것이다.

설사 수임자의 범위를 좁혀서 정의하더라도, 일반적으로 신임관계에 적용되는 원칙이 사회적, 경제적으로 끼치는 혜택은 자명한 것으로 여겨진다. 이런 전제하에서 보면, 대륙법에서는 이런 신임관계의 법리가 없이도 충분히 잘해 나가고 있음을 인식하게 되는 순간 외경을 느끼게 된다. 대륙법체계는 판례법체

---

36) *White v Jones* [1995] 2 AC 106, 271 (Lord Browne-Wilkinson).

37) *Norberg v Wynrib* [1992] 2 SCR 226, 92 DLR (4th) 229, 268-9 and 275 (McLachlin J); *Frame v Smith* [1987] 2 SCR 99, 143, 42 DLR (4th) 81 (Wilson J); *M (K) v M (H)* (1992) 96 DLR (4th) 289.

계에 비하여 훨씬 더 많은 것을 요구하는 신의성실good faith의 개념에서 연원하는 혜택들을 많이 얻고 있다고 알려지고 있으며, 또한 계약에서 정한 특정의무의 이행을 명하는 데서도 불편을 느끼지 않고 있다. 그리하여 대륙법은 영국 판례법에서 수임자에게 요구하는 것과 똑같은 강도의 자기 부정을 요구하지 않으면서도, 또 토해내기식의 구제수단에 물권적 혜택을 인정하지 않으면서도 잘 꾸려나가고 있는 것이다.

제3절 의사결정권자에게 부과되는 의무 —권한남용을 규제하는 원칙들

금지항목을 나열하는 형평법 원칙의 두 번째 범주는 의사결정권자들에 의한 권한남용을 규제하기 위하여 고안된 것이다. 이런 원칙들은 형평법의 신임관계에 관한 원칙들보다 훨씬 더 광범위하게 적용된다. 그의 목적은 단지 수임자의 사익추구나 불충실을 규율하는 데 그치지 않으며, 원고의 이익에 영향을 끼칠 수 있는 피고의 의사결정권 행사 일체를 규제하는 데 있다. 여기서도 이런 원칙들은 전과 마찬가지로 정책결정의 전략을 일일이 하나하나 지시prescribe하지 않으며, 금지항목을 나열할 뿐이다. 이와 같이 네거티브 시스템은 정책결정이 본질과 무관한 고려에 근거한다든지, 또는 용납할 수 없는 목적을 달성하는 데 뜻을 두지 하지 못하도록 확실히 하기 위하여 고안된 것이다.

하나의 예만 들어보더라도 시사하는 바가 있을 것이다. 회사의 임원들은 보통 회사의 신주를 발행할 권한을 지니고 있다. 이런 권한은 다양한 합법적 이유와 목적을 위하여 행사할 수 있는데, 예컨대 그중에서도 가장 뚜렷한 것이 사업의 확장을 위한 증자의 경우이다. 그러나 임원들은, 회사에서 어느 주주와 경쟁관계에 있는 다른 주주에게 매수청구권을 행사할 수 있는 좀 더 유리한 고지에 올라설 수 있도록 도와주기 위하여 총회에서 다수를 점할 수 있게 하는 데 의도적으로 이 권한을 악용할 수는 없다.[38] 이렇게 부적절한 목적에 권한을 발동한다면 이는 임원이 신주발행권을 남용하는 결과가 된다.

신임관계와 관련된 원칙들에서와 마찬가지로 이런 권한남용에 관한 원칙들은 처음에는 신탁관계의 맥락에서 만들어졌으나, 이제는 그런 범주를 훨씬 뛰어넘어 그 적용과 파급이 확산되고 있다. 이런 일을 이해하는 가장 쉬운 첩경은, 이런 이론들이 어떻게 초기의 다소 불만스럽던 해결방안으로부터 진화해 왔는지를 살펴보는 일이다.

제1관 권한의 제한

권한남용을 규제하는 가장 원시적인 메커니즘은 그 권한 자체를 제한하는 방법이다. 신탁자는 수탁자에게 무한정한 투자권한을 수여하는 대신, 예컨대 몇 가지 사항에 한정하여 선택의 권한을 줄 수 있을 것이다. 이렇게 하면 권한이 남용될 위험을 대폭 줄일 수 있게 된다. 마찬가지로 회사 임원의 권한도 회사의 정관과 부속정관(이것들은 회사의 경영에 관한 기본원칙을 정하는 두 가지 문서이다)의 규정에 의하여 빡빡하게 제약할 수 있으며, 대리인의 권한 또한 계약에 의하여 제한을 가할 수 있다.

이렇게 명시된 제약이 있으면 이를 벗어나는 수임자의 어떠한 행위도 권한 없이 행한 것이므로 (통상적으로는) 아무런 법적 효력이 없다. 즉, 무효void인 것이다. 이것이 바로 권한유월ultra vires의 행위에 관한 원칙으로 알려져 있다. 행위자는 자기에게 주어진 권한의 한계를 넘어 행위할 능력이 없으며, 그런 능력 없이 행한 권리는 권한유월 행위인 것이다. 이 원칙은 권한의 남용abuse이 아니라 권한이 아예 존재하지 아니함absence을 뜻하고 있다. 그리하여 이에 따르는 법적 효과는 대단한 차이를 나타낸다. 권한유월의 행위에 의하여 이루어진 거래는 원상대로 회복되어야 하므로 특히 이런 무효인 계약에 따라 이전된 재산

38) *Howard Smith Ltd v Ampol Petroleum Ltd* [1974] AC 821 (PC).

권은 회복할 수 있다.[39)]

이런 기본적 전략은 쓸모가 있으나, 상당한 약점도 지니고 있다. 즉, 이런 접근방법은 일반적으로 신탁의 수익자나 신임관계에서의 본인들이 쉽게 수긍하기 어려운 일이다. 그 이유는 간단하다. 재량권을 박탈하는 것은 그 금지가 도를 지나치게 된다. 원래 수탁자(또는 회사의 임원 또는 대리인)에게 맡기는 이유는 그 사람이 그때그때의 상황에 따라서 그 맡겨진 권한에 기하여 효과적으로 사태에 즉응하는 결정을 내릴 수 있도록 해주기 위해서이다. 참으로 이런 식의 접근방법은 또한 제3자에게도 매우 불리한 영향을 끼치는 경우가 자주 있다. 어떤 계약이 무효로 될 수 있다는 위험을 감지할 경우 제3자는 그 처분권한을 가진 자와의 거래를 꺼리게 될 염려가 있다. 그러므로 이런 전략은 상거래의 차원에서 볼 경우 비생산적이다. 이렇게 제3자에게의 위험을 감소시키기 위하여 법은 마침내 "외관ostensible authority"이론을 개발해내었다. 그리하여 어떤 경우에는 권한 없이 행한 거래도 이를 유효화시켜주는데, 이는 특히 본인이 수임자에게 실제보다도 더 큰 권한을 준 양 외관을 형성해주었을 경우에 그러하다.[40)]

제2관 형평법상의 신의성실원칙과 보통법상의 "웬즈베리" 비합리성

첫 번째 방법에서 느껴지는 결점에 대한 반발로서 개발된 두 번째 방안은 행위자에게 재량권을 부여해줄 필요를 시인하면서도, 또 다른 한편으로 이런 재량권은 어느 정도 규제를 받아야 할 필요가 있음을 인정한다. 그럼에도 그 규제

39) 이런 방법론에 대하여는 갈수록 논란이 제기되고 있다. 제9장 제3절 및 제4절 제1관을 보시오.

40) *Freeman & Lockyer v Buckhurt Park Properties (Mangal) Ltd* [1964] 2 QB 480 (CA). 회사들에 대하여는 보통법의 이런 원칙들이 성문법으로 화체되기에 이르렀다. 1985년의 회사법 제35조, 제35A조.

의 메커니즘은 상대적으로 초라한 편이다. 어떤 권한의 행사가 신의성실의 원칙에 위반하여 행해지지 않는 한 그 권한의 행사는 유효한 것으로 추정된다. 이 경우 악의bad faith를 직접적으로 입증할 수도 있으나, 만약 합리적으로 생각하는 여느 사람이라도 비슷한 상황에서 똑같은 결정에 이르지 않았을 것이라고 보이는 사정하에서는 악의가 추정되기도 한다. 이것이 바로 형평법상의 "신의성실bona fides(good faith)[41]"의 기준이다. 그러나 보통법에서 행정행위를 사법적으로 심사judicial review할 수 있는 근거를 고전적으로 설시해준 사건의 이름을 따서 붙여진 "웬즈베리Wednesbury" 비합리성의 기준 또한 정확히 마찬가지이다.[42]

이 방안과 앞에서 본 "권한의 제한"이라는 방안 간에는 미묘하면서도 중요한 차이가 있다. 형평법에 의하면 이런 행위들은 행위자의 능력 범위 내에 있다. 그런 행위는 권한유월 행위가 아니며, 기껏해야 권한의 남용abuse에 불과한 것이다. 그러므로 그런 행위는 불만을 품은 원고가 제소할 때까지는 일단 합법적이고 유효한 행위로 추정되며, 원고의 제소가 있은 후에야 비로소 법원에 의하여 취소set aside될 수 있고, 그 부적절한 결정이 백지화될 수 있다. 형평법은 이런 행위들을 무효void가 아니라 취소voidable할 수 있다고 묘사하고 있다.[43] 나중에 살펴보겠지만, 형평법이 이렇게 다소 덜 공격적으로 개입하는 것은 원고들과 제3자들 모두에게 훨씬 관대하다는 뜻이다.

---

41) *Vatcher v Paul* [1915] AC 372 (PC); *Howard Sith Ltd v Ampol Petroleum Ltd* [1974] AC 821 (PC); *Bamford v Bamford* [1970] 1 Ch 212 (CA). 이 판례들 또한 모두 "합목적성proper purposes"을 고려한다: 아래 제3절 제3관을 보시오.

42) *Associated Provincial Picture Houses v Wednesbury Corpn* [1948] 1 KB 223 (CA). See *Edge v Pensions Ombudsman* [1998] Ch 512, 534, 536 ; [2000] Ch 602, 628-30은 이런 분석논리를 인정하면서 원판결을 유지했다.

43) *Abacus Trust Co (Isle of Man) v Barr* [2003] Ch 409 (Lightman J)와 또한 제7장 제2절 본문과 제9장 제4절 제2관을 보시오. 보통법은 이와 다른, 그러나 매우 문젯거리를 일으키는 접근방법을 취한다. 보통법은 전통적으로 이런 사안들을 권한유월ultra vires의 행위로 분석하고 있다. 법률의 차원에서 보면 의회가 행위자에게 악의로 또는 전적으로 불합리하게 행위할 권한을 주지는 않았으리라는 전제 위에서 그런 자세를 취하는 것이다. 그런 권한이 의회로부터 나오지 않는 경우이거나, 또는 그런 권한이 무제한이라고 명시되지 않는 한 이런 식의 설명은 설득력이 떨어지게 된다. 보통법은 또한 권한의 행사가 무효인

이런 전략은 상당한 의미가 있으나, 실무상으로는 형평법이 개입할 여지를 별로 제공하지 않는다. 의사결정을 행함에 있어 악의bad faith가 있었는지의 여부를 입증하는 일은 매우 어렵다. 의사결정권자의 의사와 동기는 그 자신만이 알 뿐이다. 합리적으로 생각하는 다른 여느 사람이라면 아무도 똑같은 의사결정을 내리지 않았을 것이리라는 데 대한 입증 또한 일반적으로 마찬가지로 어려운 것이다.

제3관 합목적성

수임자의 재량에 따르는 의사결정을 규제할 수 있는 방안으로서 가장 최후의 것이면서도 가장 정교한 전략은 한참 후에야 강구될 수 있었다. 이 전략에 의하면, 어떤 권한의 행사가 합법적이냐의 여부는 그 권한이 전후 사정을 고려하여on relevant considerations 합목적적으로for proper purposes 행사되었느냐의 여부에 달려 있다고 주장한다(형평법은 합목적성을 강조하는 경향이 있고, 보통법은 전후 사정의 고려에 더 치중하는 경향이 있다).[44] 여기서 관심의 초점은 수임자가 의사결정을 하게 되기까지의 과정에 있는 것이지, 그 결정한 내용의 옳고 그름에 있지 않음에 주목하라. 어느 의사결정이 이루어질 때까지 어떤 과정을 거쳤느냐에 관한 것이 문제지, 그 결정의 내용이 무엇이냐는 문제가 되지 않는다는 것이다. 이에 따르면 설사 법원이 수임자의 권한이 부적절한 목적을 위하여 행사되었음을 밝혀낸다 하더라도 법원은 이를 법원 자신이 합당한 의사결정이라고 생각되는 내용으로 대체하지 않겠다는 뜻이다. 이는 법원이 개입할 만한 관

실제의 사안들과 그런 것이 제3자에게 미치는 바람직하지 못한 영향을 다룸에 있어서 혼란을 느끼게 된다. 비논리적이지만 실용적이라고 할 수 있는 이런 자세는 때로 권한의 부적절한 행사를 이론적으로는 무효이지만 기능적으로는 취소할 수 있는 것으로 보는 듯하다. 이를 형평법의 경우와 비교해보는 것은 도움이 될 듯하다.

44) *Vatcher v Paul* [1915] AC 372 (PC); *Howard Smith Ltd v Ampol Petroleum Ltd* [1974] AC 821 (PC); *Bamford v Bamford* [1970] 1 Ch 212 (CA).

심의 대상이 아닌 것이다.[45] 법원은 단지 권한의 부적절한 행사는 이를 취소할 수 있음을 선언하면서, 그 권한의 보유자가 자신의 권한을 다시 한 번 적절하게 행사해야 한다고 요구할 뿐이라는 것이다.[46]

이렇게 "합목적성"을 택할 경우 그 잠재적인 장점은 분명한 것이지만, 이 전략이 성공하려면 목적과 전후 사정을 고려함에 있어 어느 것이 합당하고 어느 것이 부당한지를 분명히 정의해둘 필요가 생긴다. 이 작업은 결코 쉽지 않다. 일반적으로 권한은 상당히 광범위한 목적을 위하여 부여된다. 그러므로 법원은 개개의 구체적인 사건마다 그 타당성 여부를 따져야 한다. 결국 법원은 권한을 행사하는 개인 또는 법인, 단체가 누구이며, 그런 권한에 복종해야 하는 개인이 누구이며, 그런 권한의 형태가 어떤 것이며, 그리고 그런 권한행사에 의하여 영향을 받을 수 있는 모든 사람들이 합법적으로 기대할 수 있는 내용이 어떤 것인지 등을 일일이 고려해야 한다는 것이다. 여기에서 일률적으로 적용될 수 있는 원칙을 찾아내는 것은 불가능하며, 그럼에도 이런 방안은 놀라울 정도로 잘 작용하고 있다.

이렇게 합목적성 여부를 평가함에 있어서의 어려움은 결코 이론에 그칠 문제가 아니다. 일례로 현대의 회사지배구조와 관련한 논란들 중 "투자자" 관련 논란을 생각해보자. 회사 임원이 그 재량권을 합목적적으로 행사해야 하는 것은 물론이지만, 그 경우 그 임원은 단지 주주의 이익만을 극대화하는 방향으로 권한을 행사해야 할 것인가, 또는 그보다는 훨씬 넓은 의미에서의 투자자들, 즉 회사의 근로자, 회사제품의 소비자, 회사 소재지의 지역사회, 그리고 심지어 환경까지도 포함하는 좀 더 넓은 의미에서의 투자자그룹에 이익이 되도록 해야 할 것인가? 정통적 견해는 주주가 당연히 으뜸가는 존재라고 본다. 만약 합목적성을 너무 넓은 의미로 해석하게 되면 회사 임원들은 조금도 제약 없는 무제한

45) 법원은 수탁자를 해임할 재판권을 가지고 있다. 그 경우 법원은 후임자를 지명하거나 또는 단순히 신탁상 의무 그 자체의 이행을 명할 수도 있다. 그러므로 이런 특별한 상황에서는 법원이 재량권을 행사할 가능성이 충분히 제기되는 것이다.

46) *Re Hastings-Bass* [1975] Ch 25 (CA).

한 재량권을 효과적으로 누리게 될 것임을 인식하게 되면서 이런 정통적 견해는 더욱 지지받고 있다. 임원이 내리는 어떤 의사결정이든 간에 그것은 그런 계층들 중 누군가에게는 이익이 될 것이므로 이런 논리하에서는 어느 의사결정이라도 어떠한 형태로든 조금씩이라도 "합" 목적성을 지니게 되리라는 논리이다. 이런 간단한 예만 하더라도 합목적성 원칙의 힘과 한계, 두 가지 모두를 다 보여주고 있다.

합목적성의 원칙은 수탁자의 재량권 행사를 규제하고 회사의 이사회와 주주총회의 권한에 제약을 가하기 위하여 활용되어왔다.[47] 그러나 이런 원칙에는 한계가 있음을 강조할 필요가 있다. 법이 개입하는 것은 단지 어떤 주어진 권한이 부적절한 목적을 위하여 사용되었느냐의 여부를 따지기 위한 것에 불과하다. 아주 간단하면서도 실무상 중요한 사례를 들어보자. 회사의 주주들은 주주총회에서 단순과반수의 투표만으로도 임원을 해임할 수 있는 성문법상의 권리를 가지고 있다.[48] 임원들은 자기들이 완벽할 정도로 일을 잘 수행했는데도 이런 해임권이 남용되어 해고당하는 마당이 되면 매우 분개할 것이다. 그럼에도 그런 경우에 주주들의 행위가 부적절하다고(아마도 악의의 입증이 있는 경우 이외에는) 판단될 가능성은 전혀 없다. 상당한 이유 없이도 임원을 해임할 수 있는 권한이야말로 바로 이런 해임권을 성문법으로 규정하는 목적들 중 한 가지에 해당한다. 물론 이런 경우 해당 임원은 법적인 피해회복의 청구 등의 방법에 호소할 수 있을 것이다. 그러나 여기서 중요한 것은 "부적절한 목적"이란 것이 그런 것들 중 하나가 될 가능성은 없다는 점이다. 여기서 구체적 맥락이 매우 중요해진다. 또 다른 예를 들어보자. 재량권을 부여받은 신탁의 수탁자는 자기의 수익자에게 어떻게 이익을 안겨줄 것인지의 여부에 관한 재량권을 가진다. 만약 수탁자가 갑자기, 그리고 기대에 어긋나게, 그동안 꾸준히 부양을 받아오던 수익자에 대한 지원을 중단한다면 그때는 법원이 개입할 여지가 있을 것이다.

47) 이 마지막 사례가 형평법 소송인지 또는 보통법 소송인지의 여부는 확실하지 않다.
48) 1985년 회사법 제303조를 보시오.

왜냐하면 수탁자들의 그 어떤 권한보다도 더 위에 자리잡은 목적은 다름 아니라 수익자의 이익을 위하여 행동해야 한다는 의무이기 때문이다. 그동안 제공해오던 이익의 제공을 중단하는 것은—물론 그것이 주어진 권한의 범위 내의 일로서—가능하기는 하겠으나, 이를 중단하려면 적어도 수익자에게 합당한 통지절차를 거쳐야만 하는 것이다.[49)]

의사결정에 합목적성이 결여되어 있다는 주장은 피고의 결정에 의하여 잠재적으로 영향을 받을 수 있는 누구에 의해서도 제기될 수 있다. 신임관계의 법리에서와 마찬가지로 원고는 자기가 수임자의 부적절한 의사결정으로 인하여 손해를 입었음을 입증할 필요가 없다. 예컨대 수탁자에게 재량권이 부여된 신탁에서 그 수익자는 오직 수탁자가 수익자에게 이익을 공여하기로 결정하는 때에만(바로 이런 이유로 하여 이런 신탁을 "재량discretionary" 신탁이라 한다) 그 신탁관계에서의 배분을 받을 자격이 생긴다. 만약 수탁자가 수익자를 무시하였을 경우 수익자가 수탁자의 재량권 행사에 합목적성이 결여되어 있음을 입증할 수 있다면, 수익자는 수탁자의 그런 결정이 취소되어야 한다고 청구할 자격을 얻게 된다. 그러나 수탁자가 이에 따라 새로이 재량권을 합목적적으로 발휘한다 하더라도 여전히 수익자를 무시해버릴 수가 있다. 여기서는 그런 부적절한 권한행사에도 불구하고 수익자에게 아무런 손해는 생기지 않을 수도 있지만, 다른 한편으로 수익자는 불만을 호소할 자격이 생기는 것임이 드러나는 것이다. 수익자가 가지는 "기회이익chance" 내지는 기대이익expectancy은 수익자로 하여금 수탁자의 권한이 제대로 행사되리라고 기대할 만한 적법한 이익이 있음을 보여주는 것이다.

49) *Scott v National Trust* [1998] 2 All ER 705, 718. (이 판례는 전통적인 신탁기금배분—자연보존을 위한 신탁기금이 자연보존지구 내에서 전통적인 사냥개에 의한 사슴사냥을 금지—의 실무를 변경할지의 여부에 관한 사안인데, 대체로 웬즈베리 합리성의 기준에 따르고 있다.)

제4관 두 법체계의 비교
—보통법과 형평법

개인이 재량권을 행사하는 경우는 얼마든지 있다. 수임자fiduciary도 그러하며 정부기관, 노동조합의 대표자, 클럽의 관리자, 심지어 계약당사자 간, 그리고 특히 거대한 프로젝트가 진행되는 경우에서도 마찬가지이다. 이렇게 권한의 남용을 방지하기 위하여 사용되는 전략들은 어느 분야에서든 대체로 대동소이하지만, 흥미롭게도 신임관계의 경우에서만큼은 법원의 개입이 형평법에 따라 이루진다는 점에서 매우 특징적이다. 그 이외의 경우에는 보통법이 개입하는데, 거기서 채택되는 전략은 보통법 법원들이 자칭 개발해냈다는 것이지만 형평법이 대등하게 이룩한 개발 업적에 관하여 이를 흔쾌히 인정해주려는 자세가 거의 보이지 않는다. 이 보통법의 원칙들은 무제한한 재량권과 같은 것은 없다고 하는 형평법의 개념을 되풀이하고 있다. 설사 주어진 재량권이 특별히 광범위한 경우라도, 또 설사 권한을 수여하는 주체가 그럴 가능성을 배제하는 경우라도 언제나 사법부가 개입할 여지가 있다는 것이다.[50] 마찬가지로 구제수단의 측면에서도 형평법 수준에 맞먹는 보통법의 원칙들이 존재하고 있다. 즉, 보통법은 적어도 구제수단을 통상적으로 금전적 배상방법에 한정시키던 관행에서 벗어나서 이런 경우에는 형평법이나 마찬가지로 특정이행을 강제하기도 하는 것이다. 최근에야 법원들은 이런 보통법과 형평법의 원칙들이 거의 똑같은 방식으로 똑같은 기능을 수행하고 있음을 인정하게 되었다.[51] 두 법체계 간의 통합은 적어도 이 분야에서는 이름만 빼놓고는 모두 이루어진 것이다.

---

50) *Padfield v Minister of Agriculture, Fisheries and Food* 〔1968〕 AC 997 (HL); *Anisminic Ltd v Foreign Compensation Commission* 〔1969〕 2 AC 147 (HL); 또 *Associated Provincial Picture Houses v Wednesbury Corpn* 〔1948〕 1 KB 223 (CA)에서도 그렇게 예상하고 있다.

51) *Medforth v Blake* 〔2000〕 Ch 86 (CA).

제4절 정보의 보유자에게 부과되는 의무
—비밀유지의무 위반에 대한 규제

형평법이 내거는 금지항목의 열거주의에서의 마지막 범주는 정보의 사용에 관한 것이다. 현대적 관점에 의하면 정보가 곧 권력이므로, 형평법이 정보의 사용을 규제하는 어떤 측면은 특히 수임자가 원고의 재산을 관리하기 위하여 그 권한을 행사하는 데 대한 규제와 쌍벽을 이룬다. 이 경우에 규제가 미치는 범위는 매우 넓다. 예컨대 피고가 허락 없이 개인의 사생활이나 개인적 비밀에 관한 정보를 신문사에 팔았거나,[52)] 회사의 산업비밀을 자신이 이익을 얻는 데 이용했거나, 정부의 정보를 시장예측에 이용했거나 하는 경우에는 이런 형평법의 원칙들이 구제수단을 제공하게 된다. 이런 원칙들을 적용하는 데에는 계약이라는 근거가 필요 없으며, 또 원고와 피고 간의 지속적인 관계 또한 전혀 필요 없다. 이런 거대한 잠재적 가능성에도 불구하고 이 분야는 이 장에서 검토되는 여러 방안들 중에서 가장 개발이 늦은 분야로 남아 있다. 이 분야에 관한 이론과 판례는 19세기 초반이 되어서야 나타나기 시작했으며, 그동안 검토된 다른 분야들에 비하여 그 원칙이나 동기가 훨씬 애매모호한 편이다.

제1관 정보보호의 전략

보통법상 원고가 입은 손해를 구제하는 통상적인 방법은 불법행위자가 원고에게 손해를 배상하도록 하는 것이다. 그리하여 불법행위자는 자기의 행위로 원고의 신체, 재산, 또는 계약상의 권리 중 어느 것에 해를 끼쳤든 원고에게 이익의 감소를 초래하였을 경우 그것을 물어내야 한다. 그러나 정보를 가진 원고

52) 이것이 "사생활보호"의 법리로 발전하고 있는지의 여부에 대하여는 격렬한 논쟁이 있다. 판례들은 여전히 정통적인 비밀유지의무원칙에 주로 의존하고 있다. *Douglas v Hello! Ltd (No 1)* 〔2001〕 QB 967 (CA); *Douglas v Hello! Ltd (No 3)* 〔2005〕 EWCA Civ 595. 〔2005〕 3 WLR 881 (CA).

를 보호해야 하는 문제가 되면 이런 방안은 자주 효용이 떨어진다. 여기서의 문제는 정보라는 것이 가지는 독특한 성격에서 나온다. 피고가 원고의 정보를 훔친다고 하더라도 그 정보를 원고로부터 가져가는 것은 아니다. 원고는 여전히 정보를 가지고 있으며, 다만 피고가 이를 공유하게 되었을 뿐이다.[53] 이 경우 원고의 손실의 정도를 어떻게 계산할 것인가? 피고가 그 정보를 이용할 때까지는 원고는 아직 아무것도(아마도 정보의 비밀성이라는 것 이외에는) 상실하지 않은 듯해 보인다. 심지어 피고가 그 정보를 실제로 사용하더라도 원고는 아직 경제적 피해를 입지 않을 수도 있다. 피고는 그런 정보를 원고의 사업과는 전혀 무관한 다른 기회를 추구하는 데 사용할 수도 있으며, 그리하여 피고 자신의 모험적 사업을 개시하려고 시도함에 있어 디딤돌로 사용하거나, 시장의 경향을 거슬러보려고 하거나, 또는 이야깃거리를 출판사에 팔려고 하는 등의 방법으로 어떤 기회의 추구에 그 정보를 이용해보려 할 수도 있다. 이 경우 피고는 수임자fiduciary가 아니다. 따라서 피고는 원고의 이익을 더 앞세우지 않은 채로도 피고 자신의 이익을 추구할 권리가 있는 것이다. 그러므로 이런 경우에는 원고를 위한 구제수단이 없는 것처럼 보이지만, 그럼에도 피고의 행동은 분명히 용납하기 어려워 보인다. 왜냐하면 비록 원고가 입은 피해를 원고의 재정적 또는 물권적 지위에서의 변화에 의하여 측정하기는 어려울지라도 원고는 분명 무언가 피해를 입었기 때문이다. 현대 사회에서는 정보의 사용을 규제하는 것이 매우 중요한 이상 법은 분명히 어떤 적절한 규제 메커니즘을 필요로 하게 된다.

여기서 쓸 만한 후보감으로 보이는 것은 우리가 형평법에서 본, 그래서 이제는 우리에게 친근해진 형평법상의 억지deterrent 수단으로서의 토해내기식 구제수단이다. 이 구제수단은 구태여 원고의 피해를 따지지 않은 채로 피고가 입은 이익에 초점을 맞춘다. 그 목표는 피고의 불법행위가 없었더라면 피고가 원래 처해 있었을 위치에 피고를 되돌려놓는 데 있다. 그리하여 피고가 불법으로 얻

53) 이 흔하지 않은 성격으로 인하여 법은 부분적으로 정보가 분명히 재화에 속한다고 인정하면서도 정보를 재산으로 성격 짓기를 거부하는 경향을 보인다.

은 이익 전체를 그에게서 빼앗아버리는 것이다. 물론 형평법은 그 경우 정보의 악용 또는 비밀유지의무의 위반이 무엇인지를 제대로 정의해야만 이런 구제수단을 활용하기에 충분한 자격을 얻을 수 있을 것이다. 이런 원칙들에 관하여는 다음 절에서 설명한다. 이런 억지책으로서의 대책이 물론 정보의 악용과 관련된 모든 문제를 해결할 수는 없으나, 경제적 이익을 얻으려는 동기에서 정보를 악용한 많은 경우에서 그런 욕구를 효과적으로 떨어뜨려주는 작용을 할 것이다.

그러나 여기에는 여전히 구제수단의 공백이 있다. 이런 문제들의 대부분은 현재 성문법에 의하여, 또 어떤 것은 사적인 계약에 의하여 규제되고 있다. 형평법의 접근방법이 지니는 결점과 대안의 이점에 관하여는 하나의 사례를 보면 쉽게 이해할 수 있을 것이다. 제약회사의 연구실에서 일하는 근로자는 그 근로계약에서 비밀유지의무와 함께 연구결과를 개인적으로 이용하지 않기로 약속하고 있는 경우가 대부분일 것이다. 그러나 이것은 결코 "허리띠와 멜빵belt and braces"[역주4] 전략에 해당하지 못한다. 형평법의 원칙들이 모든 정보에 대하여 비밀유지의무를 부과하지는 아니하며, 토해내기의 초점은 원고가 입은 피해가 아니라 피고가 얻은 이익에 맞추어지고 있다. 이렇게 할 경우 회사는 용납할 수 없을 정도로 노출될 수도 있다. 이에 반하여 계약은 계약당사자 간에 어느 정보가 보호되어야 할지를 특정하며, 그렇게 되면 비밀유지의무 위반에 대한 구제수단은 피고가 얻은 이익이 아니라 원고가 상실한 이익이나 기대이익을 참고하여 평가하게 된다. 이런 차이점들은 때로 매우 치명적인 결과를 자아내기도 한다.

제2관 비밀유지의무 위반
—경합하는 이익 간에서 균형잡기

형평법의 원칙들은 정보의 악용으로 인하여 비밀유지의무 위반breach of confidence에 이르게 되는 경우에 집중되고 있다. 여기서 용어[역주5]가 의미하듯, 형평법은 단지 신뢰를 지켜야 하거나 또는 비밀이 유지되어야 하는 정보만을 보호한다. 형평법은 그 정보의 물리적 형상이나 금전적 가치 여하 간에 이를 보호하지만, 그 보호는 그 비밀성이 유지되는 한도 내에서만 행해진다. 어떤 정보는 다른 사람이 그 내용을 아는 경우라도 그 정보가 상대적으로 사적인 영역에 머물거나 또는 아직 공지public domain되지 않은 경우에는 여전히 비밀일 수 있다. 그러나 어떤 정보가 일단 비밀성을 상실하게 되면, 설사 그 비밀을 상실하게 된 이유가 다른 사람이 비밀유지의무에 위반하여 이를 공개했기 때문이라 할지라도 더 이상 보호받지 못하게 된다. 이는 곧 예컨대 신문사는 공인의 사생활을 지면에 게재한 데 대하여 책임을 질 수 있음을 의미하지만, 일단 이렇게 공개된 이후에는 다른 피고들이 그런 정보를 더 퍼뜨리고자 할 경우 더 이상 보호를 요구할 수 없게 된다는 점이다.[54)]

만약 어떤 정보가 비밀이라면, 형평법은 그 정보의 비밀을 지키겠다는 양해하에 그 정보를 취득한 사람이 이를 공개하거나 이용하는 것을 금지한다. 이는 피고가 자기가 취득하게 되는 정보가 비밀임에 동의하거나, 또는 비밀임을 알았기 때문에 그럴 수 있으며, 또는 전후 사정으로 볼 때 피고가 그 정보는 비밀임을 충분히 알 수 있는 상황일 때도 그러하다. 그 어느 경우에 있어서나 형평법은 피고가 그런 정보를 허락받지 않은 방법으로 사용하거나, 또는 특정인에게 공개하지 못하도록 금지하는 것이 공평한 일이라고 생각한다. 형평법의 이런 원칙들은 정보를 상업적으로 교환하거나, 또는 우연히 정보를 얻게 되거나, 또는 호기심 많은 언론 또는 산업스파이로부터 그런 정보를 얻게 된 경우, 그런 정보들은 더 이상 공개되거나 악용되어서는 안 되도록 확실히 해두려는 데 그 목적이 있다.

그런데 조금 오래된 판례들은 또 하나의 조건을 달고 있다. 이러한 판례들에 의하면 취득한 정보의 사용이나 공개가 금지되는 것은 그것이 원고에게 "피해detriment"를 입힐 염려가 있을 경우에만 그러하다는 것이다. 그러나 원고가 사인private individual인 경우에는 이 요건은 이제 워낙 희석이 되어서 이제는 거의 무시될 정도가 되었다. 그리하여 이제는 원고가 다른 사람이 자기 정보를 가져가거나 이용하는 것을 원치 않는다고 간단히 한 마디만 해도 금지가 가능하

54) *AG v Guardian Newspapers (No 2)* [1990] 1 AC 109 (HL).

다.[55] 그러나 국왕Crown이 관련된 경우에 이 원칙은 엄중한 조항을 포함한다. 즉, 정부의 비밀은 그것을 공개할 경우 공익에 해를 끼칠 것임이 확실시된다는 우려가 없는 한 그 공개가 허용되어야 한다는 것이 일반원칙인 것이다.[56]

요컨대, 비밀유지의무 위반에 관한 이러한 원칙들은 사인 간에 은밀하게 전달된 정보 또는 신뢰관계를 전제로 전달된 정보,[57] 또는 사업상의 협상과정에서 공개된 정보,[58] 또는 비밀스러운 조사과정에서 발견된 정보[59]들은 모두가 보호를 필요로 하는 대상이라고 추정되므로 비밀유지의무에 위반한 피고는 일응 그 허락받지 않고 행함으로써 얻은 이익을 토해낼 책임이 있다고 추정받게 된다. 그러나 이 경우의 보호는 결코 자동적으로 이루어지는 것이 아니다. 형평법은 먼저 이런 보호 전략이 다양하게 경합하는 이해관계들을 최선으로 보호해주는지의 여부를 따진다. 이렇게 균형을 잡는 작업은 보통법상 불법행위의 한계를 정의하는 일에서 그 묵시적 또는 명시적 일부가 된다.

비밀이 유지되어야 한다는 원고의 이익은 이와 저촉하는 관계에 있는 언론자유라고 하는 공익과 사익,[60] 열린 정부, 사익의 추구 및 사회경제적 생산성의 극대화라고 하는 여러 가지 공익 및 사익과 비교, 대조되어야 한다. 그리하여 이 균형잡기는 방어방법의 수준에서 가장 두드러지게 드러난다. 공익을 위해서라

55) *AG v Guardian Newspapers (NO 2)* [1990] 1 AC 109 (HL), 256 (Lord Keith), 282 (Lord Goff).

56) *AG v Jonathan Cape Ltd* [1976) QB 752, 770-1 (Lord Widgery CJ); *commonwealth v John Fairfax & Sons Ltd* (1980) 147 CLR 39 (Aust HCt), 51 (Mason J).

57) *Prince Albert v Strange* (1849) 18 LJ Ch 120.

58) *Coco v A N Clark (Engineers) Ltd* [1969] RPC 41; *Saltman Engineering Co Ltd v Campbell Engineering Co Ltd* (1948) 65 RPC 203; *Lac Minerals Ltd v International Corona Resources Ltd* [1989] 2 SCR 574; [1989] 61 DLR (4th) 14; [1990] FSR 441 (Can SCt).

59) *AG v Guardian Newspapers (No 2)* [1990] 1 AC 109 (HL).

60) 표현자유의 원칙은 이에 대항하는 강력한 반대 이익이기 때문에 이것과 비밀유지의무 간의 긴장은 많은 판례들에서 분명히 드러난다. *A v B* [2003] QB 195 (CA). 마찬가지의 긴장관계가 미국 수정헌법 제1조와 인권 및 기본적 자유의 보호를 위한 유럽협약 제10조, 그리고 현재는 1998년의 인권법에 대하여 가해지는 제한에서 되풀이되고 있다.

면 피고의 비밀정보 공개가 허용되어야 한다는 것이 일반적인 원칙인 것이다.[61)]

영국에서는 이렇게 서로 저촉하는 이익들 간에 균형잡는 일이 공공연하게 드러나고 있다.[62)] 그리하여 사회적, 정치적 여론의 압력을 명시적으로 인정하고 있는 것이다. 이런 기초 위에서 피고는 다른 사람의 범죄에 관한 "비밀스러운" 정보나 자동자운전자를 기소할 때 사용되는 음주측정기와 같은 기구의 정확성에 관한 비밀정보를 공개할 자유가 있다고 판시되어왔다.[63)] 그러나 적어도 공공의 보건위생보다는 언론자유라는 공익이 앞선다고 주장한 사안에서는 어떤 의사가 에이즈에 걸렸는지의 여부에 관한 정보를 공개할 자유가 없다고 판시되었다.[64)]

때로 공익논쟁은 앞뒤가 바뀌어 정보의 비밀을 유지하고자 하는 피고가 오히려 이를 공개하라는 압력을 받기도 한다. 예컨대 기자는 그 게재한 기사의 출처를 대라는 요구를, 의사는 자기의 진료기록을 내놓으라는 요구를 받을 수도 있는 것이다. 이런 경우들은 주로 비밀유지라는 이익에 대하여 정의의 실현이라는 이해관계를 균형잡는 일과 관련된 것이다. 분명 불법행위가 저질러졌다고 보이는 어떤 사건에서 정보에 터잡은 판결을 내리고자 하나 달리 방법이 없을 경우 정의의 구현administration of justice이라는 이익이 더 앞서게 되는 것이다. 이런 경우에는 비밀유지에 관하여 그 어떤 확약을 한 사람이라도 감히 그 공개를 거부할 수 없게 되는 것이다.[65)]

61) *AG v Guardian Newspapers (No 2)* [1990] I AC 109 (HL), 268-9 (Lord Griffiths), 282-3 (Lord Goff).

62) 이와는 대조적으로 호주에서는 피고에 대하여 어떤 양심적 행동을 요구하는지와 관련하여 방어방법이 강구되고 있는 것으로 보인다(이는 역사적으로 형평법의 일반적 접근방법이었다).

63) *Lion Laboratories Ltd v Evans* [1985] QB 526 (CA); 그러나 *Schering Chemicals Ltd* v *Falkman Ltd* [1982] QB 1는 이와 대조적이다.

64) *X Health Authority v Y* [1988] RPC 379.

65) *British Steel Corp v Granada Television Ltd* [1981] AC 1096 (HL).

제3관 비밀유지의무 위반에 대한 구제수단

정통적인 견해에 의하면 형평법은 불법으로 이익을 얻은 경우에 이를 토해내도록 명함으로써 비밀유지의무의 위반에 대한 구제수단으로 삼는다.[66] 그러나 실무는 이와 전혀 딴판이다. 오히려 가장 흔한 구제수단은 금전적 손해배상이지, 결코 토해내기가 아니다. 형평법상 이런 구제수단의 실무는 형평법의 이색적인 금지사항 열거주의가 아니라, 정통적인 보통법상의 불법행위tort의 색채를 띠기 시작한다. 비밀유지의무에 위반한 경우 원고는 그동안의 손해에 대하여 금전배상을 받음과 함께 장래에 가능한 피해를 예방하기 위한 금지명령을 얻는 것이 전형적이다. 형평법의 이런 대응책은 몇 가지 중요한 불법행위에 대한 보통법의 대응책과 아주 유사해 보인다. 예컨대 생활방해nuisance의 경우, 원고는 이미 생긴 피해에 대한 손해배상 및 그 피해가 장래에도 계속되지 못하도록 하는 금지명령을 함께 받아낼 수 있다. 때로는 전후 사정으로 보아 이런 비밀유지의무 위반사건에서 금지명령을 내리더라도 이제는 무의미한 시점이 되는 경우도 있는데, 그럴 때에 원고는 단순히 금전적 손해배상만을 얻게 된다.[67] 즉, 이것은 원고의 발명 아이디어가 이미 피고에 의하여 상업적 생산단계에 들어가 있거나, 또는 원고가 고안해낸 텔레비전 프로그램에 관한 아이디어가 이미 구체적으로 실천에 옮겨져서 방영된 경우에 그러하다. 비록 보통법상으로는 이미 발생한 손해와 피고가 그 정보를 계속 사용함으로써 생길 수 있는 장래의 손해에 관하여 그 손해액의 산출이 가능하도록 하기 위해서는 성문법의 도움을 필요로 한다는 차이가 있지만, 형평법상 손해배상에 대한 이런 구제수단은 보통법의 대응방법과 대등함을 다시 한 번 보여주는 것이다.[68]

이런 금전적 손해배상의 방법을 취하려면 그 정보가 악용됨으로써 초래된

66) *AG v Guardian Newspapers (No 2)* [1990] 1 AC 109 (HL).
67) *Seager v Copydex Ltd (No 2)* [1969] 1 WLR 809 (CA).
68) 제6장 제1절을 보시오.

피해를 평가해야 한다는 필요에 접하게 된다. 비록 법은 정보를 재산권으로 보지 않지만,[69] 이런 평가에서는 적어도 재산이 악용된 경우에 채택되는 방식을 그대로 반영하고 있다. 원고가 입은 손해는 원고가 재산을 상실함으로 인하여 직접 입은 손해 또는 정보가 아니고, 원고가 그 "사용가치use value"를 상실함으로 인하여 입은 손해이다. "사용가치"는 피고가 사용한 가치가 아니다. 피고가 사용한 가치라면 그것은 단순히 토해내기를 의미한다. 따라서 여기서 사용가치라 함은 원고가 이를 사용했을 경우에 가능한 잠재가치를 말한다. 결국 이는 원고가 피고에게 자기의 재산(또는 정보)을 사용할 수 있도록 허용하는 조건으로 서로 흥정했거나, 이런 흥정을 했을 수 있을 만큼 그 자체가 상업적 가치를 지니고 있음을 인정하는 것이다. 원고의 "사용가치"를 산출하려면 피고의 이익을 고려해야 할지도 모르겠으나, 그것은 궁극적으로는 원고가 흥정할 수 있는 지위의 상업적 가치를 평가하기 위한 것에 불과하다. 그리하여 최후의 구제수단은 금전적 배상이지 피고가 불법하게 얻은 이익 전부를 토해내게 하는 일이 아닌 것이다.

이 모든 경우에도 만약 형평법의 원칙들이 원고가 손해를 입지 않도록 해주기 위하여 고안된 것이라면 충분히 의미가 있다. 그럼에도 논자들은 형평법이 이렇게 할 재판권을 가지고 있는지에 대하여 의문을 제기해왔다. 여기서 문제가 증폭되는 이유는 법원들이 이런 이론적 문제를 무시한 채로 손해배상("damages" 또는 "compensation")을 명하면서도 그런 용어가 특별한 의미를 지니고 있는지를 명시하지 않는다는 데 있다. 그리하여 어떤 학자들은 금지명령에 추가하여, 또는 이에 갈음하여 손해배상을 허용하는 케언스 경의 법률Lord Cairns' Act에 판사들이 의존하려 했을 가능성이 있다고 주장해왔다. 한편 이념적 순수성에 집착하는 사람들은 이 법률이 오로지 보통법상의 불법행위에만 적용되도록 입법된 것이므로 형평법상의 비밀유지의무 위반에까지 미칠 수는 없다면서, 따라서 판사들은 형평법상의 금전적 손해배상을 허용해주는 형평법의 고

69) *Boardman v Phipps* [1967] 2 AC 46 (HL).

유한 재판권에 터잡아 판결해왔다고 주장하는 것이다. 만약 논리에만 치중한다면 실제로 형평법상의 금전적 손해배상 명령은 재산에 대한 손해의 구제를 위한 것일 뿐이고, 정보는 (아직) 재산으로 간주되지 못하므로 이것만으로는 정당화할 근거가 되지 못한다.[70)]

이런 다양한 손해배상의 방법에 의한 간섭방법들과 비교해볼 때 형평법에서도 직접 토해내라고 하는 명령은 매우 드물다. 피고가 단순히 비밀유지의무에 위반하는 데 그치지 않고 수임자로서 그 정보를 악용했을 경우에는 토해내라는 명령을 내리는 경우가 확실히 좀 더 자주 있다. 그때에는 이런 구제수단은 전통적인 신임관계에 터잡아볼 때 당장 정당성을 확인받는 것이다. 실로 이런 사건들에서 토해내기는 그 정보가 비밀인지의 여부에 달려 있지 않다. 여기서의 유일한 조건은 피고가 그런 정보를 수임자라는 지위에서 지득했느냐의 여부에 달려 있을 뿐이다.[71)] 그러나 이런 신임관계의 사건들 밖에서는 토해내기식의 구제방법은 결코 최후의 수단이라고 하기 어렵다. 토해내기의 명령은 원고가 입은 손실을 진지하게 평가해본즉 결과적으로 원고가 진짜로 입은 손해를 완전히 과소평가underestimate했다고 여겨지는 경우에 발령된다. 가장 주목할 만한 현대의 사례로서 신문이 악명 높은 정부기관소속의 이중첩자의 이야기를 시리즈물로 게재하여 얻은 이익을 정부에게 전부 토해내는 경우이다.[72)] 이런 상황에서는 토해내기를 정당화할 만한 특별하고도 독특한 사유가 있다고 보인다. 즉, 이런 구제수단은 좀 더 넓은 의미에서의 정부조직을 운용함에 있어서 "공익"이 더 앞선다는 점을 반영하는 감이 있는바, 이런 공익은 정부가 이렇게 이례적인 특권적 구제수단을 허용받는 경우에만 진작시킬 수 있는 것이다.[73)]

---

70) 제6장 제3절 제3관을 보시오.

71) *Boardman v Phipps* 〔1967〕 2 AC 46 (HL).

72) *AG v Guardian Newspapers (No 2)* 〔1990〕 1 AC 109 (HL).

73) 또한 흥미롭게도 *AG v Blake* 〔2001〕 1 AC 268 (HL) 사건에서는 정부와 전직 비밀요원 간의 비밀유지계약의 위반 사안에서 이와 유사하게 특권적인(그리고 그때까지는 선례가 없는) 토해내기식의 구제수단을 정부에 허용했는데, 여기에는 이와 매우 긴밀히 연관되어 있는 사실관계가 그 기저에 깔려 있었다. 또 아래 제5절을 보시오.

억지수단(토해내기)과 금전적 손해배상 간의 경계선의 애매모호성은 양적으로 정의하기가 매우 어렵다. 정통적인 견해는 비밀유지의무 위반에 대한 구제수단은 보통법상 본인이 수임자에 대하여 수임계정의 결산을 공개하라고 청구할 수 있는 채권적 구제에 불과하므로 의제신탁관계로 보는 것은 적절하지 않다는 것이다.[74] 그러나 이것은 허가받지 않은 이익을 토해내도록 하는 구제수단이 적용되는 경우에는 이론적으로 일관성이 떨어진다. 반면 구제수단이 토해내기가 아니라 재산상의 상실로 인한 손해에 대한 형평법상의 배상이라면 이론적으로 모순이 없을 것이다. 이런 구제수단에 대하여는 제6장에서 자세히 살펴볼 것이다. 이런 손해배상의 논리는 형평법상의 재산권의 범주를 훨씬 더 확장해줄 (또는 이에 갈음하여 형평법상의 손해배상 범주를 더욱 확장하여 비물권적 불법행위까지도 포함시켜줄) 것이다. 그러나 그것은 또한 구제수단을 명시적으로 불법행위에 대한 피해에 근거하게 할 것이다. 그 경우 비밀유지의무 위반은 단순히 또 하나의 민사불법행위에 불과하므로 이에 대하여는 그런 모든 불법행위에 적용될 수 있는 통상적인 손해배상 또한 가능해지는 것이다.

제5절 일반적인 구제전략으로서의 토해내기

이때쯤 되면 한 가지쯤 더 생각해보기에 알맞은 시점으로 보인다. 비밀유지의무 위반에 관하여 앞에서 언급된 것들로부터 유추해보면, 불법행위 그 자체와 이에 대한 적절한 법적 대응책 간에 해결되지 못한 긴장관계가 뚜렷이 드러난다. 그리하여 결과적으로 구제수단이라는 틀이 불확실해진다. 법적 안정성은

---

74) 그러므로 *Lac Minerals Ltd v International Corona Resources Ltd* 〔1989〕 2 SCR 574; 〔1989〕 61 DLR (4th) 14; 〔1990〕 FSR 441 (Can SCt) 판례는 상당한 비판의 대상으로 되고 있다. 다수 의견은 의제신탁으로 구성하는 데 구제수단이 있다고 판시했다. 동조의견은 비밀유지의무 위반이 있었다고 판시했다. 소수의견만이 당사자들은 신임관계에 있다고 보았는데, 이런 신임관계는 정통적인 학설에 의할 경우 그런 신탁관계에 꼭 필요한 것이다.

법이 개입해야만 할 합당한 동기를 내세울 수 있느냐의 여부에 달려 있다. 이런 동기가 있어야 적절한 법적 대응책을 불가피하게 끌어내게 될 것이다.

이렇게 비밀유지의무 위반에 대한 구제수단의 불확실성은 현대의 보통법을 둘러싼 논쟁에도 그대로 반영되고 있다. 여기서도 토해내기식 구제수단이 차지하는 위치에 관하여 법적 논쟁이 계속되고 있다. 보통법상의 불법행위에 대한 통상적인 구제수단이 금전에 의한 손해배상임에 대하여는 대체로 다툼이 없다. 그러나 여기에서도 토해내기라는 구제수단을 메뉴에 추가하려는 강력한 움직임이 있다. 그 논리는 단순하다. 어떤 피고도 자기의 잘못을 통하여 이익을 얻어서는 안 되는데, 보통법의 정상적인 구제수단만으로는 이를 보장하지 못하기 때문이라는 것이다. 대법원House of Lords은 이런 논조를 지지하여 계약 위반의 경우에도 매우 특별하고도 제한된 범위 내에서는 토해내기라는 구제수단이 허용된다고 판시했다.[75] 또한 대법원은 몇 가지 재산상의 불법행위에 대하여도 마찬가지임을 묵시적으로 인정해주었다.

토해내기라는 구제수단의 예방적 효과는 분명하다. 그러나 이런 구제수단을 수임자fiduciary에 대하여 발동하는 것은 좋지만, 이를 통상의 불법행위자wrongdoer에게도 적용하는 데는 문제가 있다. 수임자는 처음부터 다른 사람을 위하여 행위하겠다고 약속했던 자이다. 즉, 본인을 위하여 이익을 창출해낼 의무를 지고 있는 것이다. 그러나 다른 일반의 불법행위자들은 자기들이 야기한 손해를 배상할 의무가 있을 뿐이다. 물론 법은 이를 합리적으로 다르게 규제할 수도 있겠으나, 이런 차이점은 현대의 판례법이 무엇을 선택하고 있는지를 반영해준다. 앞에서 보았듯이 구제수단에서의 변화는 자동적으로 보통법상의 권리에 있어서도 이에 상응하여 변화를 초래했다.[76] 진실로 토해내기를 둘러싸고 이루어지는 이런 논쟁이 보여주는 것은 판례법체계 내에서의 지속적인 정교화 및 차별화의 과정이라는 또 다른 국면이다. 비슷하던 권리들이 점차 차별화되며, 서로 다른

75) *AG v Blake* 〔2001〕 1 AC 268 (HL).

76) 제2장 본문과 제1절 본문을 보시오.

가치를 부여받고, 그리하여 그 가치마다 서로 차이가 나는 법적 구제수단을 요청하게 된다. 이것이 하나의 과정이라는 전제하에서, 만약 토해내기가 다양한 형태의 계약이나 다양한 형태의 불법행위들을 서로 구분해내는 도구로 사용되어야 한다면, 그때에는 그 차별화의 합리적 근거가 백일하에 노출되어야 하며 법의 발전은 합리적으로, 또 일관성 있게 이루어져야 할 것이다.

제6절 정리

법의 기능은 개인적 자치를 규제하는 데 있다고 말할 수 있을 것이다. 그러나 이 장에서는 법적 규제를 위한 전략이 평소보다 훨씬 공격적으로 작용한다. 여기서 피고의 자치는 설사 그의 행위가 남에게 손해를 야기하지 않더라도 제약을 받게 된다. 그러나 사법private law의 다른 분야 대부분에서는 피고의 자치는 피고의 행위로 인하여 다른 사람에게 실제로 피해를 입히는 범위 내에서만 제약을 받게 된다.

이렇게 좀 더 공격적인 접근방법—참으로 이것이 유일하게 가능한 접근방법인데—은 정답이 없는 상황에 대하여 법이 규제하기를 원한다면 그때에는 매우 유효적절한 수단이 된다. 이런 상황에서 법은 단 하나의 수긍할 만한 종착점을 특정할 수 없게 된다. 만약 시민사회가 어떠한 형태로든 법적 규제를 요구한다면, 그 경우 가능한 유일한 전략은 피고의 개인적 자치를 제한하는 일뿐이다. 그리하여 어떤 행위는 금지항목으로서 나열된다. 이런 영역 밖에서 피고는 자유롭게 행동할 수 있는 여지를 허용받는다. 피고로 하여금 이런 금지항목을 준수하도록 하기 위하여 색다른 형태의 제휴수단으로서의 구제수단이 필요하다. 즉, 이런 구제수단은 원고에게의 손해배상을 허용하는 대신 피고에게 초점을 맞추는 것이다. 그리하여 피고가 행한 용납할 수 없는 행위를 무효로 만들고, 그리함으로써 법이 용납하지 않는 행위를 추구하도록 피고를 유혹한 유인제를 제거하는 데 목표가 있는 것이다. 그리하여 피고는 불법행위로 얻은 이익을 박탈당하며, 그의 의사결정은 모두 취소되고, 만약 계획이 사전에 적발된다면 금지명령에 의하여 저지를 받게 된다. 이런 금지항목 열거주의의 전략은 원고에게 피해를 입히지 않도록 하기 위하여 필요한 범위를 넘어서서 피고의 행동의 자유를 제한할 수 있다는 점에서 예외적으로만 허용되어야 한다. 따라서 이런 전략은, 어떤 형태로든 법원의 개입이 불가피하다고 여겨질 때, 또 개입이 유일한 방법인 경우에 한해서만 조심스럽게 적용되어야 한다. 이런 제한적 적용의 기준은 일반적으로 수임자와 다른 권한 보유자들의 경우에는 쉽게 충족될 수 있으나 정보를 악용하는 사람들에게는 쉽게 적용될 수 없는 것이다.

【 역주 】

1 = 포지티브 시스템.

2 = 네거티브 시스템.

3 영미법상 "rescind"는 "취소", "해제", "무효화"를 포괄하는 넓은 개념이다.

4 (바지가 흘러내리지 않도록 허리띠에 멜빵까지 걸치듯) 이중, 삼중의 안전장치를 한다는 뜻.

5 "confidence".

제5장 참고문헌

Conaglen, M., "The Nature and Function of Fiduciary Loyalty" (2005) 121 LQR 452.

Cooter, R. and Freedman, B., "The Fiduciary Relationship: its Economic Character and Legal Consequences" (1991) 66 NYULR 1045.

Davidson, I. E., "The Equitable Remedy of Compensation" (1982) 13 Melbourne University Law Review 349.

Duggan, A., "Is Equity Efficient?" (1997) 113 LQR 601.

Easterbrook, F. H. and Fischel, D. R., "Contract and Fiduciary Duty" (1993) 36 Journal of Law and Economics 425.

Finn, P. D., "The Fiduciary Principle" in T.G. Youdan (ed.), *Equity, Fiduciaries and Trusts* (Toronto: Carswell, 1989), Ch. 1.

Goode, R., "Ownership and Obligation in Commercial Transactions" (1987) 103 LQR 433.

Hayton, D., "Developing the Obligation Characteristic of the Trust" (2001) 117 LQR 96.

Lowry, J. and Edmonds, R., "The Corporate Opportunity Doctrine: The Shifting Boundary of the Duties and its Remedies" (1998) 61 MLR 515.

Millett, Sir P., "Equity' s Place in the Law of Commerce" (1998) 114 LQR 214.

Millett, P. J., "Bribes and Secret Commissions" (1993) 1 RLR 7.

Nolan, R. C., "The Proper Purpose Doctrine and Company Directors" in B.A.K. Rider (ed.), *The Realm of Company Law* (London: Kluwer, 1998), Ch. 1.

Phillipson, G., "Transforming Breach of Confidence? Towards a Common Law Right of Privacy under the Human Right Act" (2003) 66 MLR 726.

Sealy, L.S., "Fiduciary Relationships" [1962] CLJ 69.

Smith, L., "The Motive, Not the Deed" in J. Getzler (ed.), *Rationalizing Property, Equity and Trusts* (London: Lexis Nexis: Butterworths, 2003), Ch. 4.

Warren, S. and Brandeis, L. D., "The Right to Privacy" (1890) 3 Harvard Law Review 289.

Worthington, S., "Fiduciaries: When is Self-Denial Obligatory?" [1999] CLJ 500.

참고판례

AG v Guardian Newspapers (No 2) [1990] 1 AC 109 (HL)

AG for Hong Kong v Reid [1994] 1 AC 324 (PC)

Alati v Kruger (1955) 94 CLR 216 (Aust HCt)

Boardman v Phipps [1967] 2 AC 46 (HL)

Canadian Aero Services Ltd v O'Malley [1974] SCR 592, (1973) 40 DLR (3d) 371 (Can SCt)

Chan v Zacharia (1984) 154 CLR 178 (Aust HCt)

Cook v Deeks [1916] 1 AC 554 (PC)

Douglas v Hello! Ltd (No 3) [2005] EWCA Civ 595, [2005] 3 WLR 881 (CA)

Hospital Products Ltd v United States Surgical Corporation (1984) 156 CLR 41 (Aust HCt)

Howard Smith Ltd v Ampol Petroleum Ltd [1974] AC 821 (PC)

Industrial Development Consultants Ltd v Cooley [1972] 1 WLR 443

Lac Minerals Ltd v International Corona Resources Ltd [1989] 2 SCR 574; [1989] 61 DLR (4th) 14; [1990] FSR 441 (Can SCt)

O'Sullivan v Management Agency & Music Ltd [1985] QB 428 (CA)

Regal (Hastings) Ltd v Gulliver [1942] 1 All ER 378, [1967] 2 AC 134n (HL)

Warman International Ltd v Dwyer (1995) 182 CLR 544 (Aust HCt)

제6장 불법행위에 대한 구제수단의 보충

앞의 3개 장에서는 형평법이 판례법에 두드러지게 기여한 세 가지 측면을 살펴보았다. 형평법은 새로운 형태의 재산을 창설해냈고, 재산에 관한 새로운 모습의 권리를 창설했으며, 또한 새로운 형태의 민사책임을 창설해냈다. 그러나 이렇게 새롭게 창설된 것들이 형평법과 보통법 간에 조금도 심각한 갈등을 야기하지 않았다는 점은 매우 놀라운 일이다. 그 결과로서 본질적으로 상호 모순되지 않는 법체계 안에서 좀 더 다양화되고 좀 더 차별화되는 모습이 나타났을 뿐이다. 그러나 이 장에서 살펴볼 원칙들의 경우에는 좀 다르다. 이 장에서는 형평법과 보통법이 나란히 각자의 길을 가면서도 눈에 띄게 유사한 상황에서 명백하게 서로 다르게 대응하는 모습을 보게 될 것이다. 여기서 잠재적 위험성이 분명히 드러난다. 비슷한 사건들이 두 법체계를 가르는 경계선상의 어느 쪽으로 떨어지느냐에 따라 경우에 따라서는 비슷하게 취급되지 않을 수도 있다는 점이다. 이것이 바로 우리가 염려하지 않을 수 없게 만드는 이유이다. 비슷한 권리는 비슷한 구제수단을 불러와야 한다. 더 나아가서 권리와 구제수단 간에는 체계적인 연관이 있어야 한다. 가장 높은 가치를 매겨 받는 권리는 가장 높게 평가되는 구제수단을 요구할 수 있어야 한다. 한 마디로 구제수단 간의 논리적 위계질서는 권리들 간에 인정되는 위계질서를 보호하는 데 도움이 되어야 하는 것이다.

이 장에서 다루는 문제들은 형평법과 보통법 간의 묵과하기 어려운 괴리로 인한 위험에 관하여 점증하는 우려를 보여주고 있다. 그래서 제1절에서는 현존하는 보통법상의 구제수단을 보완해주는 형평법의 비교적 단순한 측면에 관하여 고찰한다. 그 다음 절들에서는 형평법과 보통법이 똑같은 과실에 기한 불법행위를 다룸에 있어 서로 제각기 다른 길을 가게 됨으로써 좀 더 논란의 대상이 되는 문제에 관하여 고찰한다. 마지막 절들에서는—그것은 이 장에서 가장 길고도 또한 가장 논쟁이 심한 곳인데—형평법이 형평법상의 재산권을 수탁자의 권한남용으로부터, 또 제3자의 간섭으로부터 어떻게 보호해주는지에 관한 처치 곤란한 문제를 다루어보기로 한다. 이 장의 각 절은 형평법상의 원칙들과 이에 대응하는 보통법상의 원칙들 간의 차이점을 고루 찾아내는 데 주력한다. 어느 쪽의 원칙이든 판례법의 일부로서 존속하고자 한다면 이런 차이점에 관하여 충분한 정당성을 인정받는 일이 무엇보다 긴절한 것이다.

제1절 보통법상의 구제전략을 보충해주기

보통법은 불법행위에 대한 구제수단으로서 피고에게 불법행위가 저질러지지 않았더라면 원고가 원래 있었어야 할 위치에 원고를 되돌려놓는 데 충분할 만큼의 금전적(금전으로 할 수 있는 한) 손해배상을 해주도록 명령하고 있다. 보통법상의 불법행위는 그 전부가 이런 방식으로 구제된다.[1] 여기에는 이런 모든

1) 현재는 인정션을 발동시킬 수 있는 성문법 규정도 있음을 기억하시오. 제2장 제2절 본문

불법행위에 의하여 침해되는 권리들은 서로 우열의 차이도 없고, 그 중요성에서도 대등하다는 전제가 깔려 있다.

좀 더 정교한 법체계가 되려면 불가피하게 이보다는 좀 더 차별화되어야 할 것이다. 앞에서 우리는 형평법이 불법행위들을 종류별로 차별화하여 어떤 경우에는 보충적인 인정선을 내리고, 어떤 경우에는 그러지 않는 경우를 보았다.[2) 구제수단에 차이가 있다는 것은 결국 그 구제수단을 발동시킨 권리들의 가치에도 차이가 있음을 인정하는 것이다. 이것이야말로 권리들 간에 우열의 계층구조가 어떻게 생겨나게 되는지를 보여준다. 형평법은 또한 서로 다른 권리들 간의 더 진척된 차별화를 허용하는 또 다른 전략을 내놓았는데, 그것은 바로 어떤 불법행위에 대하여는 금전적 손해배상이라는 구제수단을 허용하여 구제수단을 확대해주었다는 점이다.

제1관 손해배상 청구권의 확장
—"형평법상 법정 손해배상": 케언스 경의 법률

보통법상 대부분의 불법행위들은 대개의 경우 금전으로 쉽사리 보상할 수 있는 단편적 사건들이다. 운전을 태만히 하여 다른 사람의 재산을 손괴한 운전자에 대하여는 손해배상을 명하는 것으로 충분하다. 그러나 불법행위가 지속될 경우에는 문제가 무척 복잡해진다. 공장의 소유자가 공장시설을 가동하면서 지속적으로 소음을 발생시키는 경우를 생각해보자. 보통법상의 손해배상은 불법행위가 행해진 이후에만 가능하다. 그러면 이렇게 지속되는 생활방해의 희생자는 피해를 입은 후에야 그때마다 새롭게 소송을 되풀이해야 한다. 이는 명백히 불편한 일이 아닐 수 없다. 이런 문제는 만약 법원이 공장의 소유자에게 소음을 중지하도록 금지명령을 발동할 수 있을 경우에는 해결될 수 있을 것이다. 그러

을 보시오.

2) 제2장 제1절 제2관을 보시오.

나 법원이 원고와 피고 간의 서로 대립하는 이해관계 중에서 피고의 사업운영이 계속되어야 한다는 쪽을 편들게 되면 원고는 금지명령을 거부당하는 사태에 직면하게 될 수도 있다. 보통법 법원과 형평법원의 사법행정이 19세기 후반에 통합되기 이전에는 이렇게 형평법원이 금지명령을 거부함에 따르는 위험은 대단했다. 그 경우 원고는 만부득이 보통법 법원으로 다시 찾아가서 절차를 새로이 되풀이해야 했으며, 그리하여 그곳에서라도 이미 발생한 생활 방해에 대한 금전적 구제를 얻으면 그나마 다행이었다.

이렇게 형평법원에서 퇴짜를 맞을 경우 다시 보통법 법원으로 가서 전혀 새로이 절차를 시작해야 한다는 불편을 피하기 위하여 법률이 제정되었는데, 그것이 1858년의 개정 형평법원법Chancery Amendment Act(케언스 경의 법률Lord Cairns' Act[3])으로 불린다. 이 법은 법원이 인정션에 "추가하거나 그에 갈음하여", (또한 특정이행명령에 추가하거나 그에 갈음하여) 손해배상도 허용해줄 수 있도록 권한을 허용했다. 그러나 이 법률은 출발 당시부터 단순히 사법행정상의 문제를 시정하는 데 그치지 않았음이 분명해졌다. 즉, 형평법원은 보통법상 소송을 제기할 수 없는 경우에도 인정션이라는 구제수단을 허용할 수 있게 됨으로써 결국 이 법률은 금전적 손해배상이 허용되는 범위를 확장해주는 결과가 되었다. 더욱이 인정션에 갈음하는 손해배상은 불가피하게 장래에 관한 것이지 과거에 관한 것이 아니다. 그리하여 이 법률은 장래 예상되는 불법행위에 대한 손해배상까지도 허용하는 역할을 하게 되었다.[4] 이런 차이점들에도 불구하고 법원들은 손해의 계량화quantification 작업만큼은—즉, 어떤 손해에 대하여는 금전적 손해배상으로 배상해줄 수 있고, 어떤 것은 해줄 수 없는가에 관하여—보통법이 하는 식으로 평가해야 한다고 고집했다.[5] 이 구제수단이 성문법의 성격을 지닌다는 점 및 분명히 보통법적인 개념임이 분명하다는 점에도 불구하고, 이런 손

3) 이제는 1981년의 대법원조직법 제50조에 편입되어 있다.

4) *Leeds Industrial Co-operative Society Ltd v Slack* [1924] AC 851 (HL); *Wroth v Tyler* [1974] Ch 30.

5) *Johnson v Agnew* [1980] AC 367 (HL).

해배상 방식은 흔히 형평법상의 법정法定 손해배상Equitable damages이라고 알려지게 되었는데, 이 용어는 원래 이 법률의 입법정신에 역행하여 두 법체계 간의 분열된 양상을 좀 더 부각시키려고 고안된 것이었다.

이 법률은 분명히 판례법상의 구제수단에 대한 선택의 여지를 넓혀주었기 때문에 법원들은 항상 그랬듯이 차별화하는 합리적 근거를 마련하는 데서 대단한 어려움을 느끼게 되었다. 종전 같으면 인정션이라는 구제수단을 발동해도 좋을 만큼 중요해 보이던 불법행위들 중에서도 이제 단순히 성문법상의 손해배상만을 허용받아야 할 대상으로 재분류될 수 있는 불법행위는 도대체 어떤 것일까? 애초에 채택된 원칙은, 인정션에 갈음하여 금전적 손해배상을 허용할 수 있는 경우는 오직 ① 원고의 권리가 입은 손해가 적으며, ② 금전으로 환산할 수 있고, ③ 적은 금액으로도 적절히 배상할 수 있으며, ④ 피고에게 인정션을 발동하는 것이 과다한 제재라고 여겨지는 경우에 한해서였다.[6] 이런 접근방법은 두 가지 날선 비판에 직면할 수밖에 없었다. 첫째, 인정션에 관하여 그동안 배운 바에 의하면 앞의 세 가지(①, ②, ③) 조건이 충족된다면 법원은 인정션을 발동할 권한이 없으므로 결국 이 법률은 적용될 수 없다는 것이다. 둘째, 마지막(④) 조건은 침해trespass사건이나 생활방해nuisance사건에서 충족되는데, 이런 경우 그 불법행위를 시정하기 위하여 피고가 지게 될 부담은 경우에 따라서는 원고가 입게 될 손해보다 훨씬 무거워질 수도 있다는 점이다. 그럼에도 법원이 피고에게 자기의 위반행위에 대한 면책을 돈 주고 "살buy" 수 있도록 허용해주는 일을 그다지 내켜하지 않았다는 점 또한 거론할 만하다.[7] 분명히 진퇴양난의 상황인 것이다.

비록 이 법률이 현재 정규적으로 적용되고 있기는 하지만, 재분류 방법론에 관한 이런 비판들에 대하여는 아직까지도 적절한 해답을 주지 못하고 있으며, 또한 이 법률이 어떤 경우에 적용되어야 할지를 명쾌하게 설명해줄 수 있는 현대

6) *Shelfer v City of London Electric Lighting Co* [1895] 1 Ch 287, 322-3 (A L Smith LJ).
7) *Jaggard v Sawyer* [1995] 1 WLR 269 (CA), 283-9, 291-2 *per* Millett LJ.

적인 기준 또한 아직 정립되어 있지 않다. 그러나 한 가지 분명한 것은 이 법률이 겉으로 비슷해 보이는 불법행위들을 차별화할 수 있는 추가적인 메커니즘을 제공한다는 점이다. 법원은 이제 좀 더 높이 평가되는 권리에 대하여 좀 더 낮게 평가되는 권리보다 그 침해에 대한 좀 더 나은 구제수단을 허용함으로써 권리들 간의 합리적 서열구조를 정립할 수 있는 좀 더 큰 권한을 얻게 된 것이다.

제2절 새 불법행위 영역의 개척
—과실에 의한 불법행위

형평법은 현존하는 보통법상의 권리들 간에 어떤 권리를 단순히 다른 권리에 우선시키는 식으로 차별대우하지 않는다. 형평법은 또한 새로운 개념의 법적 권리를(또한 불법행위를) 창설해냈다. 여기서 형평법이 과실negligence과 관련하여 개발해낸 권리와 구제수단에 관심을 돌려보자. 앞에서 본 대로 형평법이 신탁관계를 규율함에 있어 관심을 기울여야 할 대상으로서 네 가지 문제들이 있었는데, 그중 하나는 수탁자가 부당하게, 또 부주의하게, 자신의 관리임무를 수행함에 따라 생길 수 있는 위험이었다.[8] 그리하여 이에 대한 대응책으로서 형평법이 개발해낸 방안이 주의의무duty of care였다. 이런 주의의무는 이제 모든 수임자fiduciary에게 확대 적용되며, 이에 따라 수임자는 그 관리권한을 행사함에 있어 본인에게 피해를 끼치지 않도록 합리적인 주의를 기울일 의무를 지게 된다. 만약 이런 의무에 위반하면 수임자는 자신의 과실로 인하여 본인이 입게 된 손해를 배상할 의무를 지게 된다.

이런 의무는 쉽게 납득할 수 있다. 어느 가족의 주택을 관리하는 수탁자는 그 신탁의 수익자들을 위하여 그 주택을 조심스럽게 돌볼 의무를 진다. 즉, 그는 일상적인 유지, 관리와 정기적인 수리, 적절한 보험가입 및 피할 수 있는 손해

8) 제5장 제2절 본문을 보시오.

의 위험을 줄이기 위한 조처 등을 취할 의무가 있다. 그는 "보통의 조심성 있는 사람이 자기 자신의 일을 돌봄에 있어" 기울이게 될 정도의 주의[역주1]를 다해야 하는 것이다.[9] 이와 유사하게 고객의 투자계정을 관리해주는 수임자는 그 투자의 현재와 장래의 시장 상황을 고려한 연후에만 기존의 투자를 변경하거나 또는 새로운 투자를 결정해야 한다. 이때 필요할 경우 다른 사람의 조언을 요청해야 할 의무도 있다.[10] 실로 새로이 투자 여부를 결정함에 있어 수임자는 "보통의 조심성 있는 사람이 다른 사람을 위하여 도의적으로 투자를 대신해주어야 할 경우에 취해야 할" 주의의 정도와 똑같은 주의를 기울여야 한다는 점에서 약간 더 부담스러운 의무를 지게 되는 것이다.[11] 심지어 담보로 잡고 있는 재산을 매각하는 담보권자처럼 수임자가 아닌 경우라도 이에 유사한 주의의무를 지게 된다.[12]

만약 그때 보통법 또한 자체적으로도 정확히 똑같은 형태의 불법행위 유형을 "창설invent"하여 그 개념을 정치하게 발전시키는 길로 나아가지 않았다면, 이 모든 과정은 결코 이례적이라고 볼 수 없었을 것이다. 영국대법원House of Lords은 1930년에 내린 이정표가 되는 판결에서 형평법에 유사하면서도 극적으로 훨씬 더 광범위한 영향을 미치는 보통법상의 주의의무 개념을 형성해내었다.[13] 이런 의무는 단지 수임자가 본인에 대하여서만 지는 것이 아니라, 모든 개인이

---

9) *Speight v Gaunt* (1883) 9 App Cas 1 (HL).

10) 그러나 투자금을 적극적으로 관리해야 할 이런 의무가 존재하지 않는다면 수탁자는 통상적인 주의의무가 결여되었음이 분명히 드러나지 않는 한 허가받은 투자금을 투자하지 않은 채로 그대로 가지고 있음으로써 결과하는 손실에 대하여 책임이 없다: *Re Chapman* [1896] 2 Ch 763 (CA). 이와는 대조적인 *Fry v Fry* (1859) 27 Beav 144도 참조하시오.

11) *Re Whiteley* (1886) 33 ChD 347; *Learoyd v Whiteley* (1887) 12 App Cas 727; *Cowan v Scargill* [1985] Ch 270; *Bartlett v Barclays Bank Trust Co Ltd (No 1)* [1980] Ch 515.

12) *Cuckmere Brick Co v Mutual Finance Ltd* [1971] Ch 949 (CA); *Medforth v Blake* [2000] Ch 86 (CA).

13) *Donoghue v Stevenson* [1932] AC 562 (HL). 양조업자가 만든 맥주 속에 달팽이 시체가 들어 있었는데, 그것이 소매상을 거쳐 고객에게 팔린 끝에 그 고객의 친구가 이를 마시고 병에 걸렸다 하여 직접 양조업자를 제소한 사건.

그 "이웃neighbors"에 대하여 진다는 것이었다. 여기서 "이웃"이라 함은 피고의 행위로 인하여 자신의 복지에 위험이 가해질 수 있으리라고 합리적으로 판단되는 범위 내에 들어가는 사람이라면 누구라도 이에 해당하는 것이다. 이로 인한 결과로서 제조업자는 소비자에 대하여, 의사는 환자에 대하여, 도로의 이용자는 다른 이용자에 대하여 주의의무를 지게 되는 것이다. 어느 경우에나 그 의무는 한쪽 당사자가 다른 쪽 당사자에게 일어날 수도 있는 피해를 예방하기 위하여 합리적인 주의를 취함이 없이 행동하는 것을 방지하기 위하여 고안된 것이었다. 이런 개념이 생기기 전에는 당사자들 간에 주의를 기울여 행위할 책임을 지우려면 당사자 간의 계약에 의존할 수밖에 없었다. 계약의 경우에조차도 보호의 범위는 극히 제한되었다. 왜냐하면 도로의 이용자는 다른 도로 이용자와 계약을 맺는 것이 아니며, 소비자는 제조업자와 계약을 맺는 것이 아니라 소매업자와 계약을 맺기 때문이었다. 그런데 바로 이 획기적인 판례가 보통법상의 주의의무를 이렇게 확 바꾸어버린 것이었다.

보통법과 형평법 간에 지속되는 지적intellectual 균열이 아니었다면 이런 발전은 단지 주의의무가 적용되는 피고의 범위를 좀 더 넓히려고 하는 지속적 경향으로 간주되었을 수도 있다. 그러나 보통법이 일단 자체적으로 주의의무를 개발해내게 되자 그때부터는 보통법과 형평법상의 주의의무의 차이를 식별해보고자 하는 사법부와 학자들의 노력이 지속되었다. 그리하여 두 법체계에 존재하는 각 주의의무와 구제수단 및 이에 대한 방어방법 간에는 극복할 수 없는 균열이 존재함을 확인할 수 있었다. 만약 그것이 사실이라면 그로 인한 반동은 매우 심각해질 것이었다. 좀 더 강하게 표현해보자면, 수탁자에 의한 농장의 관리에 실망한 수익자가 가지는 형평법상의 청구권과 비슷한 농장의 보통법상 소유자가 자기의 재산을 관리하는 일꾼에게 실망한 경우의(계약 이외의 다른 근거에 터잡은) 청구권 간에는 도대체 어떤 차이가 존재하는가(또 존재해야 하는가)?

제1관 주의의무의 기준

일반적으로 형평법상 주의의무의 기준은 보통법상 주의의무의 기준에 비하여 피고에게 좀 더 많은 것을 요구한다는 통념이 존재한다. 그러나 이것은 타당치 않은 말이다. 형평법에서 피고는 도의상 자기가 나서서 보호해주어야 할 사람의 일, 또는 자기 자신의 일을 조심성 있는 사람prudent people이 행하는 정도의 수준을 요구받는다. 보통법에서 피고는 어느 특정한 상황에서 합리적인 사람이reasonable people 행동하는 수준으로 행동할 것을 요구받는다. 이런 질적 조건은 매우 결정적인 역할을 한다. 귀고리를 달려는 사람에게 귀를 뚫어주는 사람은 의사가 자기의 환자에 대하여 지는 주의의무와 똑같은 수준의 주의의무를 지지 않는다. 외과의사의 경우에 요구되는 주의의무도 실로 그 시술이 응급치료냐의 여부, 수술 장소가 의료장비가 완비된 병원 안이냐 또는 사고가 발생한 길섶이냐, 환자가 외과의사에게 명시적으로 요구한 사항(예컨대 수혈을 원하지 않는다고 명시한 경우)이 있었느냐 등과 같은 사정에 따라서 달라진다. 만약 보통법이 어떤 "특정한 상황"에서 "합리적으로 생각하는" 수임자라면 어떻게 행동했어야 할까를 결정해야 했다면, 그 기준은 형평법이 규정하는 바에서 그다지 다르지 않았을 것임이 거의 분명해 보인다. 참으로 현대의 형평법 판례들은 이제 회사의 임원이나 수탁자와 같은 수임자에게 요청되는 적절한 주의의무의 수준을 결정함에 있어 전체적인 맥락context 내지 "특별한 사정particular circumstances"의 중요성을 강조하고 있다. 이런 실무상의 관행을 보면 두 법체계 간에 기준이 서로 다르다는 주장은 쉽게 부정될 수 있는 것이다.

제2관 보호하는 이익

형평법상의 주의의무는 보통법상의 주의의무에 비하여 그 보호하는 이익—특히 경제적 이익—의 범위가 좀 더 넓다고 하는 것이 대체적인 관념이다. 그러나 이런 관념들은 매우 의문스럽다. 먼저 실제를 보자. 만약 주의의무가 너무 일반적이면 피고는 무한정한 수의 원고들에 대하여 무한정한 금액의 책임을 지게 될 가능성이 있다. 지구의 저쪽에서 나비 한 마리의 날갯짓이 이쪽에서 해일을 불러일으킬 수도 있다는 격언을 돌이켜보자. 이와 마찬가지로 부주의한 운전자가 사고를 일으켜서 상품이 가득 들어 있는 컨테이너를 파손하면, 그로 인하여 상품 소유자가 입는 손해는 물론 그 상품의 공급을 기다리던 공장이 당분간 문을 닫게 됨으로 인한 손해, 더 나아가서 공장의 휴업기간 중 근로자들이 받지 못하게 될 임금의 손해, 또 더 나아가서 그 상품을 취급하던 가게들의 매출 감소로 인한 손해 등 꼬리에 꼬리를 무는 손해를 모두 책임져야 한다는 이야기가 될 수도 있다. 그러나 이런 식의 책임론은 너무 심하다. 피고에게 주의의무가 있다 하여 그 잘못으로 저질러진 손해를 누구에게나 무슨 손해든 상상 가능한 손해 일체를 배상해야 하는 것은 아니다. 왜냐하면 피고는 결코 어떤 손해라도 보상해주겠다며 모든 위험을 인수하는 보험업자general insurer가 아니기 때문이다.

이런 위험을 회피하기 위하여 형평법과 보통법은 원고가 될 수 있는 자의 범위와 배상해야 할 손해의 유형을 제한하는 원칙을 발전시켜왔다. 형평법에서는 이런 원칙이 직설적이다. 수임자는 자기가 관리하는 본인의 재산상에 피해를 끼치지 않도록, 또 관리 잘못으로 인하여 경제적인 손해가 끼치지 않도록 본인을 보호할 의무를 진다. 이는 원고가 될 수 있는 자의 범위 및 그가 입을 수 있는 손해의 범위에 관하여 이미 그 원칙 자체로서 제한을 가하고 있는 셈이다. 보통법상의 규제는 이보다 훨씬 더 어렵다. 출발 당시에는 어떤 물리적인 연결점이 요구되었다. 원고는 자기 소유의 재산이나 자신의 생명, 신체에 대한 손해의 배상만을 청구할 수 있었다. 또 이와 연관하여 "직접적으로, 그리고 예상가능한" 경제적 손해에 대하여만 배상을 요구할 수 있었다. 예컨대 어느 공장이 전력공급자의 부주의에 기인한 정전으로 인하여 가동을 중단했을 경우, 공장 그 자체 또는 생산 중이던 제품에 물리적 손해를 입었거나 또는 그런 제품이 생산되었더라면 제품과 생산라인에서 얻을 수 있었을 기대이익을 상실하였기 때문에 그 배상을 받을 수 있다. 그러나 만약 그 정전이 아무런 물리적 손해를 야기하지 않았을 경우, 공장은 제품 생산의 차질이나 기대이익의 상실로 인한 손해를 배상받을 수 없게 된다. 이런 손해는 유형적으로 순수 경제적 손해pure economic loss(물리적 피해로 말미암지 않은 경제적 손해)로 분류되며, 그래서 보통법은 이런 손해의 배상은 제외하기로 선을 그은 것이었다.[14] 이렇게 제한적 원칙에 터잡아 볼 때, 앞에서 본 부주의한 운전자는 컨테이너에 실린 상품의 소유자에게는 손해배상책임을 질망정 공장이나 그 근로자, 또는 그 상품을 취급하는 점포들에 대하여는 손해배상책임을 지지 않는 것이다.

그러나 30년쯤 지난 후 보통법은 이렇게 제한적인 원칙이 반드시 항상 옳은 것만은 아니라는 설득을 받아들였다. 그리하여 보통법은 부주의한 조언에 의하여 예상 가능한 경제적 손해를 야기하였으나 물리적 피해는 입히지 않은 사건에서 그 조언자에게 주의의무가 있다는 쪽으로 주의의무의 범위를 확장하였다.[15] 이런 진전으로 인하여 초기 보통법 판례들이 피고에게는 하자 없는 매매물건이나 용역을 제공해야 할 계약상의 의무가 있다고 입증해야 할 필요로부터 원고를 해방시켜주었던 것이나 마찬가지로, 현대의 원고는 이제는 피고가 원고에게 신중한 조언을 해줄 계약상의 의무가 있다는 입증을 할 필요로부터도 해방된 것이다.

만약 보통법상 이렇게 확장된 과실 개념에 따라 수임자를 판단한다면 수임자는 결국 형평법이 이미 오래전부터 그렇게 요구해왔던 것과 마찬가지로 똑같

14) 피고의 피용자들이 땅 파는 작업을 하다가 공장으로 인입되는 전력선을 끊어 용광로가 가동을 정지함으로써 입게 된 원고가 손해의 배상을 청구한 사건인 *Spartan Steel and Alloys Ltd v Martin & Co* [1972] 3 All ER 557 (CA) 사건에서는 정전으로 인하여 4차례의 작업을 하지 못함으로 인하여 생긴 기대이익의 손해를 인정하지 않았다. 그러나 논란을 불러일으킨 *Junior Books Ltd v The Veitchi Co* [1983] 1 AC 520 (HL) 판결에서는 원고의 수급인의 하수급인이 원고공장의 바닥재를 잘못 시공하여 무수한 균열이 생기자 원고가 그 교체를 청구하면서 교체작업 기간 중의 예상손해로서 재고와 기계를 옮기는 데 드는 비용, 영업중단에 따르는 기대이익의 상실, 인건비와 경상비 등을 청구할 수 있다고 판시했음을 또한 참조하시오.

15) *Hedley Byrne & Co Ltd v Heller & Partners Ltd* [1964] AC 465 (HL).

은 물리적 및 경제적 이익을 보호하기 위하여 똑같은 의무를 진다는 사실이 밝혀질 것이다. 보통법상 이렇게도 중요한 적용 영역의 확대가 결코 있어서는 안 될 일이었다고 주장하는 몇몇 저명한 분리주의 형평법 학자들의 불만이 제기되어왔다. 이런 불만은, 유사한 효시가 되는 형평법의 초기 판례[16]의 견해가 잘못된 것이며, 형평법과 보통법의 융합을 도저히 묵과할 수 없는 일(용서할 수 없는 융합오류fusion fallacy[17])이라고 보는 논거에 기초하고 있다. 이런 주장이 옳든 그르든, 최종적인 결과는 두 체계가 이름만 다를 뿐 이론에서 이미 통합을 보았다는 점이다.

제3관 구제수단

이 분야에서 좀 더 중요한 의미를 가지는 주장들 중에는 형평법이 갈수록 원고 쪽에 좀 더 관대해지면서 두 법체계 간에 구제수단과 방어방법을 둘러싸고 서로 큰 차이를 보이고 있다는 취지의 주장이 있다. 그러나 내용을 자세히 들여다보면 이런 주장은 유지되기 어렵다. 만약 정말로 그런 차이점이 있다면 참으로 우려할 만한 일이 될 것이다. 도대체 왜 원고가 단순히 형평법에서 연유하는 역사적 연계를 내세울 수 있다는 이유만으로도 상대방의 과실에 기인한 행위에 대하여 더 나은 보호를 받을 수 있어야 하는지를 설명하기 어려울 것이다.

이런 주장들이 목소리를 높이게 된 것은 용어를 방만하게 사용한 데서 기인하는 감이 있다. 형평법상의 주의의무 위반에 대한 금전적 구제수단은 형평법

16) *Nocton v Lord Ashburton* [1914] AC 32 사건은 보통법상 사기fraud를 청구원인으로 하여 제소한 사건에서 형평법상의 과실negligence 내지 주의의무duty of care 위반을 이유로 원고 승소를 명한 사안이다.

17) "융합의 오류"란 형평법에 터잡은 소송에 대하여 보통법상의 방어방법으로 대항하는 것(예컨대 실무자의 주의의무 위반을 이유로 하는 청구에 대하여 원고의 기여과실을 주장하는 경우), 또는 형평법상의 불법행위에 대하여 보통법상의 구제수단을 허용하는 것(예컨대 비밀유지의무 위반에 대하여 보통법상의 손해배상을 인정하는 경우)이 이론적으로 건전치 못하다는 주장이다.

상의 일반손해배상Equitable compensation이라고 불린다. 이 용어는 계약의 취소rescission와 관련한 금전적 구제수단을 묘사할 때[18]나, 또는 신탁재산의 특정회복이 불가능할 경우[19]의 금전적 구제수단을 묘사할 때에도 사용된다. 형평법상의 일반손해배상은 때로 이 세 가지 경우 모두에 적용될 수 있다고 별 생각 없이 받아들여지고 있다. 특히 형평법상의 손해배상은 예상가능성foreseeability, 상당성remoteness,[역주2] 그리고 인과관계causation의 개념에 의하여 제한받지 않는 때도 있다. 이런 원칙이 소송에서 어떻게 적용되는지에 대하여는 이 장의 후반에서 다루게 되겠지만, 만약 그것이 형평법상의 주의의무라는 맥락에서 볼 때 진실한 것이라면, 형평법상의 구제수단은 진정 보통법상의 구제수단과 구별해 내는 일이 가능해질 것이다. 보통법상의 과실에 기인한 손해에 대한 배상은 매우 제한되어 있다. 원고가 되려면 합리적으로 생각할 때 피고의 부주의한 행위에 의하여 영향을 받을 수 있다고 생각되는 사람이어야 한다. 또 그 손해는 피고의 행위의 결과로 입게 될 손해로서 합리적으로 예상 가능해야 하며, 또한 그것은 다른 새로운 사유의 개입으로 인해서가 아니라 피고의 행위로부터 초래되어야 한다.[20]

그렇다면 형평법상의 구제수단은 이와 다른가? 종전의 견해는 예상가능성, 상당성 및 인과관계[21]는 형평법상의 책임을 제한하지 않는다는 견해가 주류였다.[22] 그러나 이런 낡은 견해는 수임자의 부주의가 동시에 신임계약의 엄격한

18) 제9장 제4절 제2관을 보시오.

19) 아래 제3절 제3관을 보시오.

20) *Banque Bruxelles Lambert SA v Eagle Star Insurance Co Ltd* 〔1997〕 AC 191 (HL).

21) 물론 수임자의 주의의무 위반과 원고의 손해 간에는 어떤 인과관계가 있어야 하지만, 그 경우 원고의 손해의 확대를 초래하는 다른 개입 요소들은 무시된다. 이는 일단 수임자가 연루되어 있다면 그가 원고의 일체의 손해에 대하여 책임을 져야 함을 시사하는 것이다. *Re Dawson (dec'd)* 〔1966〕 2 NSWR 211, 214-16 (Street J) 판례는 *Bartlett v Barclays Banks Trust Co Ltd (No 2)* 〔1980〕 Ch 515 (CA), 543 사건에서 브라이트맨 대법관에 의하여 지지되었다. 본문의 사례 및 아래 제2절 제3관을 보시오.

22) 최근 판례로 *Target Holdings v Redfern* 〔1996〕 AC 421, 434(Lord Browne Wilkinson); *Canson Enterprises Ltd v Boughton & Co* 〔1991〕 3 SCR 534, (1991) 85 DLR (4th) 129 (Can

조건을 준수하지 않은 경우에 해당하는 사건들에서 유래한 것이다. 이런 불법행위는 무과실책임strict liability이 뒤따르는 불법행위이다.[23] 그런데 유일한 잘못이라는 것이 과실이라면 이제는 형평법상의 구제수단을 평가함에 있어 보통법상의 제약이 마찬가지로 작용하리라는 견해가 점증하고 있다.[24] 그리하여 수임자는 자신의 과실로 인하여 충분히 예상할 수 있는 직접의proximate 손해에 대하여서만 책임이 있다는 결론이 된다. 이런 접근방법은 주의의무와 보호를 요구할 만한 이익에 대한 앞에서의 논의와 합치한다. 변호사가 차용인에 대한 신용조사보고서를 작성, 보고함에 있어 과실이 있더라도 그런 부실한 보고서가 없었더라면 대여자가 전혀 빌려주지 않았을 것이라고 하는 경우가 아닌 한 차용인의 재산의 시장가격이 급격하게 추락한 것과 관련한 손해를 포함하여, 거기서 초래되는 모든 손해에 대하여 반드시 책임을 져야 하는 것은 아니다.[25] 일부 판사들은 거기서 한 걸음 더 나아가서 이렇게 보통법과 형평법의 실무가 서로 다른 양상을 보이게 됨에 따라 판례법상 과실을 차별화하지 않는 결과를 불러왔다고 하는 점을 인정하기조차 한다.[26] 이렇게 좀 지나칠 정도의 통합주의적인 자세는 제법 그럴듯한 이유도 지니고 있다. 그것은 대등한 권리에 대하여는 대등한 보호가 보장되어야 한다는 가장 효율적인 전략임에 틀림없는 것이다.[27]

SCt), 154 (McLachlin J in the Minority)를 보시오.

23) 제5장 제2절 본문 및 아래 제3절 제3관을 보시오.

24) *Henderson v Merrett Syndicates Ltd* [1995] 2 AC 145 (HL), 204-6 (Lord Browne Wilkdson); *Bristol & West Building Society v Mothew* [1998] Ch 1 (CA), 16-18 (Millett LJ); *Permanent Building Society (in liq) v Wheeler* (1994) 14 ACSR 109, 155-8 (Ipp J).

25) *Bristol & West Building Society v Mothew* [1998] Ch 1 (CA), 그러나 만약 변호사가 대여자인 부동산회사로부터 제시받은 조건을 지키지 않은 채로 그 수령한 대여금을 차용인(매수자)에게 전달해버린 것이 신탁의 명시적 조건에 위반한 것으로 간주될 수 있었다면 판결의 결론은 달라질 수 있었을 것이다. 아래를 보시오.

26) *Canson Enterprises Ltd v Boughton & Co* [1991] 3 SCR 534, (1991) 85 DLR (4th) 129 (Can SCt), 154 (La Forest J for the majority); *Froese v Montreal Trust Co* [1996] 137 DLR (4th) 725 (BCCA), 730-1; *Day v Mead* [1987] 2 NZLR 443 (NZCA); *Bank of New Zealand v New Zealand Guardian Trust Ltd* [1999] I NZLR 664 (NZCA).

27) 제10장을 보시오.

그러나 이런 융합이 도매금으로 일어난다면 수임자나 수탁자의 과실에 대한 구제수단에서 몇 가지 두드러지는 실무적인 차이점을 제거하지 못하게 될 것이다. 즉, 세 가지 차이점이 분명히 있는 것이다. 첫째, 신탁은 수탁자에게 재산을 관리하게 하는 것이다. 이는 수임자의 흔해빠진 기금화된 재산pooled assets 관리의 경우에도 그렇다. 이는 곧 손해를 평가함에 있어서는 신탁기금을 구성하는 특정한 개개의 재산을 고려하는 것이 아니라, 적정하게 관리되는 신탁기금이 있다고 가정하여 손해를 평가하는 것이다. 가령 다소 공상적인 이야기이지만 한 가지 사례를 보자. 주택을 청소하던 사람이 과실로 불을 낸다고 가정해보자. 보통법상의 소유자는 보통법상의 손해배상원칙에 따라 자기가 그 수리를 하는 데 충분할 만큼의 손해배상을 받을 자격을 확보하게 된다. 일단 그 돈을 받은 다음에는 피해자가 그 돈을 수리에 쓸지의 여부는 중요하지 않다. 즉, 피해자가 그 불난 모습 그대로 그 집에 살면서 배상조로 받은 돈을 해외여행에 쓸 수도 있다.[28)] 이제 수탁자가 수탁재산인 주택에 비슷한 피해를 입힌다고 가정해보자. 수탁자의 행위는 마찬가지로 부주의하다고 할 수 있을지언정 그 수리비용에 대한 책임을 반드시 져야 하는 것은 아니다. 즉, 문제는 수탁자가 그 주택에 끼치는 손해가 아니라 수탁기금에 끼치는 손해 여부에 달려 있다. 신탁증서에 의할 경우 그 집을 철거하여 그 부지를 다른 용도에 쓰도록 규정하고 있다고 가정해보자. 그 경우 이 운 좋은 수탁자는 책임을 모면할 것이다. 부주의로 잘못을 저질렀어도 신탁기금에 대한 피해는 끼치지 않았기 때문이다. 물론 그런 사실관계가 수탁자에게 이로움보다는 해로움으로 작용할 가능성이 더 높은 것은 사실이다. 단, 핵심은 그 기금의 색깔이 유별나게 형평법적인 개념이라는 점에 있지 않다. 보통법상의 손해를 계량화하는 것은 전후 사정이 똑같을 경우 정확히 마찬가지의 발상에 기초하고 있다. 여기서의 핵심은 수임자와 수탁자의

---

28) "보수에 소요되는 비용"이 실제로 입은 손해에 비례하지 않는 경우도 있다. 그리고 원고가 그 돈을 보수에 사용하든 안 하든 간에 법원은 피고에게 그런 비용을 부담시키기를 거부할 수도 있다. *Ruxley Electronics and Construction Ltd v Forsyth* 〔1996〕 AC 344 (HL).

의무 위반이 불가피하게 이런 식으로 평가될 수밖에 없다는 점이다.

둘째, 일반적으로 받아들여지고 있는 원칙상 형평법상의 일반손해배상 Equitable compensation은 변론기일의 시점을 기준으로 하여 평가한다는 점이다. 보통법상의 손해배상은 과실에 기인한 불법행위의 날짜를 기준으로 평가한다. 시장가격의 변동 여하에 따라서 이런 차이는 매우 중대한 결과적 차이로 나타날 수도 있다. 손해를 산정하는 기준시점은 갈수록 신축성을 부여받고 있으나,[29] 수임자의 과실과 다른 과실 간의 표면적 차이점은 이를 합리적으로 설명할 수 있다. 즉, 수임자의 주의의무는 지속적인 의무로서, 수임자는 본인의 재산을 계속하여 주의 깊게 관리할 책임을 지속적으로 진다. 이에 반하여 보통법상의 피고는 자기가 제3자에게 야기하는 피해에 대하여 책임을 지지만, 일단 그런 가해가 된 이후에는 원고는 거기서부터 파생하여 생겨날 수 있는 손해를 최소한으로 하기 위하여 스스로도 노력을 기울일 의무를 진다. 이렇게 수임자와 비수임자의 과실에 기인한 구제수단들은 각각의 상황을 반영해야 하며, 바로 이런 점에서 앞에서 본 기준시점은 그 각자의 목표를 달성하는 데 도움을 줄 수 있게 된다.

마지막으로 형평법상의 일반손해배상과 보통법상의 손해배상을 명하는 데 사용되는 메커니즘 또한 서로 다르다. 그 이유는 간단한데, 다수의 신탁이나 신임관계에서는 그 대상이 되는 기금fund은 2인 이상의 수익자가 소유하는 것이 보통이다. 이는 금전적 구제수단의 경우 그 돈이 (수익자가 단독으로 수령할 자격이 있는 경우가 아닌 한) 한 사람에게 지급되어서는 안 되며, 신탁이나 신임관계 설정의 조건에 따라 입금되어야 하는 것이다. 이것이 수임자의 주의의무 위반에 대하여 수익자 한 사람 한 사람이 적정하게 배상을 받을 수 있도록 보장해주는 유일한 방법이다. 형평법상의 용어로 말하자면 수임자는 자신의 주의의무 위반으로 인하여 야기된 본인의 손해에 대한 책임을 져야 한다는 것이다. 즉, 수임자는

29) 여기서 일반적인 원칙은 보통법상의 손해배상이 목표하는 바는 원고에게 적절한 배상을 해주어야 한다는 더 절실한 원칙에 양보해야 한다.

자기가 관리하는 기금의 계정에 부족한 수치의 금액을 채워넣어야 한다.

이런 모든 자세한 내역은 형평법과 보통법 간의 이 분야에서의 차이점들이 서로 다른 실무관행이나 특별한 사정에 기인하는 차이점에 터잡은 것일 뿐, 원칙이 달라서 그런 것은 아니지 않은가 하는 의문을 좀 더 강화시켜준다. 따라서 이런 점에서 보면 두 법체계가 각자 달고 있는 꼬리표는 이런 실무상의 특성을 상실하지 않으면서도 떼어버릴 수 있는 것이다.

제4관 방어방법

위에서 본 관점은 과실을 이유로 하는 소송에서의 방어방법에 관하여서도 마찬가지이다. 보통법상의 소송은 상대방의 기여과실contributory negligence을 내세우는 특별한 항변을 허용한다. 즉, 피고는 원고 자신의 과실도 결과 발생에 기여하였으므로 피고가 손해의 전체에 대한 책임을 질 수 없다고 다툴 수 있는 것이다. 만약 원고가 부분적으로 (또는 전부) 자신의 피해에 대하여 책임이 있다거나, 또는 자신을 피해로부터 지키기 위하여 필요한 조치를 합리적으로 취했어야 하는 상황이라면, 피고의 책임은 그만큼 줄어들게 될 것이다. 형평법은 이런 항변을 결코 받아들이려 하지 않는다고 생각되어왔다. 그러나 진실은 그렇게 꼭 일도양단적인 것이 아니다. 원고도 스스로 주의할 의무가 있다는 이런 항변은 수임자가 자신의 역할을 다해야 할 의무에 비추어 모순되는 감이 있다. 그러나 이런 자세를 취하는 것이 타당하지 않다고 여겨지는 상황에서는—합리적으로 생각하는 원고라면 자신의 이익을 보호하기 위하여 스스로도 주의하는 일을 결코 소홀히 하지 않았을 것이라고 여겨지는 상황에서는—영국 외의 다른 영미법 국가에서는 수임자라도 이런 항변을 제기할 수 있도록 허용해왔던 것이다.[30)]

---

30) *Duke Corporation Ltd (in liq) v Pilmer* (1999) 73 SASR 64, 〔850〕-〔888〕을 보시오. 그러나 항소심인 *Pilmer v Duke Group Ltd (in liq)* (2001) 207 CLR 165, 〔86〕 and 〔170〕-〔173〕에서는 방론obiter으로 의문이 제기되었다. 그러나 이런 논지는 수임자가 그 의무를 엄격히 지켜야 한다는 것만을 말하는 것이리라(물론 그 경우 기여과실은 중요하지 않다). *Day v*

이런 모든 측면에 비추어볼 때, 형평법과 보통법의 두 법체계 모두는 똑같은 이유에서(좀 더 약한 처지에 있는 자를 보호하기 위하여), 똑같은 일(주의의무를 부과하는 일)을 이미 행하고 있거나 또는 행하려는 경향을 보이고 있는 것으로 생각된다. 세부 내역에 들어가 보아도 두 법체계의 발전 과정이 서로 눈에 띄게 비슷한 길을 가고 있음을 조명할 수 있게 된다. 따라서 이 두 법체계를 통합하더라도 별로 원칙에 흠이 되는 일은 없을 것이다. 그것은 오히려 합리적이고도 일관성 있는 판례법의 발전이라는 큰 뜻을 한 단계 진전시켜줄 것임에 틀림없다.

제3절 형평법상 재산권을 수탁자의 권한남용으로부터 보호하기

이제는 형평법과 불법행위라는 좀 더 논란의 대상이 되는 국면으로 진입해 볼 때가 되었다. 현대 판례법의 지평을 의미 있게 만들어보고 싶어 하는 사람들이 직면하게 되는 가장 도전적 문제들은 형평법상의 재산권과 그 보호에 있다는 것이 중론이다. 제3장과 제4장에서는 형평법상의 재산권과 그 물권적 보호에 관하여 다루어보았다. 이 장에서의 초점은 그 채권적 보호personal protection의 측면에 모이고 있다. 즉, 형평법상의 재산소유자는 타인으로부터의 권리침해에 대하여 어떻게 보호받는가? 우리는 이제 그런 사람의 권리는 대체물substitute property에 존속할 수도 있음을 알고 있다.[31] 또 우리는 그런 사람이 과실에 기인한 불법행위로부터도 보호받을 수 있음을 살펴보았다. 그러나 또 다

Mead [1987] 2 NZLR 443 (NZ CA), 451; *Canson Enterprises Ltd v Boughton & Co* [1991] 3 SCR 534, (1991) 85 DLR (4th) 129 (Can SCt), 1162-3은 *Corporçion Nacional del Cobre de Chile v Sogemin Metals Ltd* [1997] 1 WLR 1396, 1403-4에 의하여서도 지지되었다. 영국에서도 같은 방향으로의 기미를 보이는 점에 대하여는 *Lipkin Gorman (a firm) v Karpnale Ltd* [1992] 4 All ER 331 (QBD), 361 and *Swindle v Harrison* [1997] 4 All ER 705 (CA)를 보시오.

31) 제4장 제5절을 보시오.

른 무슨 보호수단은 없는가? 이 문제는 매우 복잡하다. 여기서는 우선 명시적신탁하에서 수익자가 가지는 권리에 관한 가장 간단한 경우에 초점을 맞추어보기로 하자. 결과적신탁이나 의제신탁하에서 수익자의 권리는 좀 더 성가신 문제가 될 잠재성이 높다. 이와는 대조적으로 형평법상의 담보권(또는 우선변제권)을 가진 사람의 권리는 담보설정문서 그 자체(또는 그 사건의 전후 사정) 및 소유권 분쟁과 우선권 다툼에 관한 원칙들에 의하여 적정하게 보호되는 것이 통상적이다. 불법행위법은 여기서 거의 아무런 역할을 하지 못한다.

제1관 특정회복

여기서 가장 단순한 문제부터 보자면 점유의 대상이 될 수 있는 재산assets that can be possessed에 관한 것이다. 원고가 피고의 수중에 있는 재산을 지목하면서 "그건 내것이야"라고 말할 수 있는 위치에 있다면 그 점유를 자기 앞으로 이전하라고 요구할 수 있을까? 상식에 비추어보면, 그 대답은 "예"가 되어야 함을 암시한다. 그러나 사안이 그렇게 간단하지만은 않다.

다소 수긍하기 어려운 일이지만 보통법의 대답은 "아니오"가 된다. 왜냐하면 보통법상의 소유자는 점유의 이전을 요구할 수 없기 때문이다. 즉, 보통법상의 소유자가 점유권자보다 좀 더 나은 권리를 가지고 있을지는 모르지만 결코 점유를 넘겨달라고 주장할 권리는 없는 것이다. 원고가 자기 차를 가리키면서 그것이 법적으로 자기의 것이라고 주장할 수는 있겠지만, 원고의 유일한 권리는 피고가 점유의 이전을 거부함에 따라 입는 손해에 대한 배상청구권뿐이다. 피고가 점유이전을 거부하면 그것은 불법영득conversion이라는 불법행위가 된다. 이렇게 다소 이상해 보이는 결과는 소유권보다도 거래의 안전certainty of transactions을 더 선호하는 데 기인하는 것으로 보인다. 즉, 소유권의 안전보다는 취득의 안전security of receipt이 더 중요하다는 것이다.[32] 이 원칙에는 몇 가지 예외가 있

32) 그러나 "점유취득의 안전"을 보호받는다고 해서 꼭 부러워할 만한 위치에 있기만 한 것

다. 역사적으로 보면, 형평법은 보통법상의 손해배상이 부적절하다고 여겨지는 경우 특정한 방법에 의한 원상회복을 명할 수도 있다. 이런 명령은, 대체로 그 재판권이 미치는 영역은 좀 더 광범위했지만, 주로 대대로 물려받은 가보 heirlooms, 또는 희귀하거나 독특한 의미를 지니는 동산과 관련하여[33] 발령되어 왔다. 예컨대 흔해빠진 것이지만 사업에 꼭 필요한 장비가 상대방에 의하여 불법영득되고 있을 때 행사될 수 있을 것이다.[34] 보통법상 이런 장비에 대한 손해배상은 사업기회를 잃은 데 대한 배상으로서는 전적으로 부적절하다고 여겨질 가능성이 있다. 이렇게 형평법체계에 고유한 구제수단은 19세기 중반에 성문법에서 되풀이되었다.[35] 이는 곧 보통법상의 소유자는 여전히 자기 재산의 특정회복을 요구할 수는 없으며, 그렇게 하려면 법원의 재량에 매달려야 함을 의미하는 것이다.[36]

자, 이제는 형평법이 어떻게 대응하는지를 보자. 만약 원고가 피고의 수중에 있는 재산을 지목하면서 "그건(형평법상) 내것이야"라고 말할 수 있다면, 원고는 그 재산의 점유를 자기 앞으로 이전하라고 요구할 수 있는 것일까? 이에 대한 간단한 대답은 자주 "그렇다"이다. 신탁재산이 어떤 그림이라고 가정해보자. 만약 원고가 그림에 관하여 형평법상의 이해관계를 가지고 있는 유일한 사람이라면 원고는 그 신탁관계를 해지하고 수탁자에게 그 재산을 자기에게 돌려달라고 요구할 수 있을 것이다.[37] 이는 매우 중요한 형평법상의 원칙으로서 수

은 아니다. 즉, 그는 사기꾼에 속아 자동차대금을 지급했을 수 있는데다가, 더 나아가서 원고에게도 불법영득에 대한 손해배상책임을 져야 할 수도 있는 것이다.

33) *E. g., Pusey v Pusey* (1684) 1 Vern 273; 23 ER 465 (푸시Pusey 집안의 뿔나팔); *Fells v Read* (1796) 3 Ves 70; 30 ER 230 (어느 클럽의 여송연상자).

34) *North v Great Northern Railway Co* (1860) 2 Giff 64, 69; 66 ER 28, 30 (Sir John Stuart V-C) (54대의 석탄운반차량).

35) 1854년에는 보통법 절차법 제78조로서 현재에는 1977년의 불법행위(동산에 대한 간섭)법 제3조에서 되풀이되고 있다.

36) 그러나 원고는 파산시에 우선권의 보호를 받지 못한다. 제4장 제7절 본문을 보시오.

37) *Saunders v Vautier* (1841) 4 Beav 115; aff'd (1841) Cr & Ph 240. 만약 이해관계를 가진 사람들 모두가 신탁관계를 종료시키는 데 동의한다면 마찬가지의 원칙이 적용될 것이다.

익자는 이에 터잡아 수탁자에 대한 어느 정도의 통제권을 얻게 된다. 그러나 이에 대응하는 보호는 아직 미약하다. 만약 수익자가 아직 절대적인 권리행사자격을 가진 경우가 아니라면 수익자는 점유의 이전을 요구할 수 없다. 예컨대 만약 수익자가 생존기간에 한해서 수익에 대한 청구권만을 가지고 있다거나, 또는 수익에 대한 지분적 청구권만을 가지고 있을 뿐이라면, 수익자 자신은 물론 신탁재산에 대하여 이해관계를 가지고 있는 다른 모든 수익자들이 연합하여 수탁자에게 공동의 전선을 펴지 않는 한 그 신탁재산에 대한 점유의 이전을 요구할 수 없다.

형평법은 이런 보호를 좀 더 진전시킨다. 명시적신탁관계보다는 신임관계 fiduciary relationship를 생각해보자. 예컨대 소유자가 자기의 대리인에게 재산권을 이전해주면서 대리인에게 그 재산을 소유자를 위하여 매각하도록 의뢰한다고 가정해보자. 통상적으로 그 경우 소유자는 점유를 이전하지만 소유권까지도 이전하는 것은 아니다. 만약 대리인이 매매에서 손을 떼면 소유자는 그 점유를 되찾아올 수 있을까? 물론 소유자는 그 재산을 지목하여 자기가 보통법상의 소유자라고 주장할 수 있겠지만, 결코 형평법상의 소유자라고는 주장할 수 없다.[38] 그렇게 되면 소유자는 보통법상의 구제수단밖에는 얻을 수 없으며, 금전에 의한 손해배상만으로는 부적절한 경우가 아닌 한 그 재산 자체는 회수할 길이 없게 된다. 이에 반하여 형평법은 다르게 말한다. 형평법은 피고의 성격에 초점을 맞춘다. 피고는 오로지 수임자로서의 지위 때문에, 또 오로지 그런 관계상의 목적을 위하여 그 재산을 점유하게 된 것이다. 이런 상황에서 형평법은 그 재산이 희소한 것이든 특별한 가치를 가졌든, 또 금전으로 적절한 손해배상이 될 수 있는지의 여부를 떠나 원고가 특정회복을 청구할 권리를 가진다고 인정하는 것이다.[39]

여기서 도대체 무슨 일이 일어나고 있는 것일까? 이런 다양한 형태의 원칙들

---

38) 제3장 제6절을 보시오.

39) *Wood v Rowcliffe* (1847) 2 Ph 3, 45 ER 990 (대리인에게 가재도구의 인도를 청구한 경우).

이야말로 보통법과 형평법 간 서로 도저히 용납할 수 없는 괴리inconsistency 를 드러내고 있다는 것이 일반적인 견해이다. 그러나 꼭 그런 것만은 아니다. 두 법체계 간에 차이가 있는 것은 사실이지만, 그 차이는 서로 조화하면서도 합리적이다. 일반적으로 보통법상의 원칙은 점유를 상실한 소유자가 활용할 수 있는 유일한 구제수단이 금전적 손해배상이라고 규정함으로써 소유권의 안전보다는 거래의 안전을 더 보호하려 한다. 이보다 좀 더 정교하게 대응하려면 사실관계상 거래의 안전이 더 중요한 가치를 가지지 않는다고 여겨질 때에는 이런 일반원칙에 어느 정도 조정을 가하는 것이 필요해진다. 이는 그 재산이 특별(희소가치, 이색적, 예외적)하거나, 또는 피고라는 존재 자체가 특별(신임관계는 수임자에게 자기 부정을 요구하며, 취득의 보호라는 특권을 요구하는 것이 아니다)하다고 할 경우에 해당한다. 한 마디로 말하자면, 형평법의 역할은 재산의 보호와 관련하여 보호받을 재산권에도 상하우열관계인 계층구조를 형성하게 되는 것이지만, 이런 차별화는 즉각적으로 그리고 합리적으로 정당화될 만한 것이다.

이런 형평법상의 원칙들이 이보다도 훨씬 더 적용영역을 확대한다는 것이 널리 공인되고 있다. 만약 그렇게 된다면 그때에는 두 법체계가 괴리disjunction 될 수도 있다는 좀 더 심각한 위험을 내포하게 된다. 아주 간단한 예를 들어보자. 수탁자가 수익자를 위하여 자전거를 한 대 맡아 가지고서는 그 신탁관계에 위배하여 그 자전거를 그런 사정을 모르는 제3자에게 대가 없이 준다고 가정해 보자. 이 경우 수익자가 그 제3자에 대하여 형평법상의 소유권을 주장할 수 있음은 이미 살펴본 바와 같다. 왜냐하면 그 제3자는 제값을 지불한 선의취득자가 아니며, 따라서 소유권 분쟁과 우선권다툼에 관한 원칙들에 의할 경우 권리의 이전에도 불구하고 신탁재산에 대한 수익자의 이해관계는 여전히 존속하기 때문이다.[40] 이는 수익자가 그 자전거를 가리키면서 "이건(형평법상) 내것이야" 하고 말할 수 있음을 의미한다. 이 경우 수익자는 그 자전거를 돌려달라고 요구할 수 있다는 것이 일반적 견해이다. 앞에서 살펴본 논의에 따르면 피고가 수

40) 제4장 제4절 제3관을 보시오.

임자일 경우에는 타당한 논리이지만, 문제의 사안에서 피고가 수임자가 아닐 경우에는 문제가 된다. 비록 피고는 수익자의 권리가 좀 더 우선함을 시인해야 하지만, 그렇다고 하여 수익자의 이익을 수탁자의 이익보다 우선할 하등의 신임관계상의 수임자로서의 의무를 지지 않는 것이다. 그 자전거 또한 특별한 재산이 아니다. 이에도 불구하고 원고의 형평법상의 재산을 임무에 위배한 수탁자로부터 정을 모른 채로 취득하는 사람은 그 재산을(그 재산에 대한 권리이전을 받아 법적인 소유권을 갖추게 되었더라도) 돌려주어야 한다는 것이 통상적인 견해이다. 그러나 원고의 보통법상의 소유 재산을 훔친 도둑으로부터 그 정을 모른 채로 이를 수령한 사람은(비록 점유이전을 받더라도 아무런 소유권을 얻지 못하지만) 이를 원고에게 돌려주어야 할 이유가 없다. 피고가 취득의 안전을 보호받아야 할 이익은 앞의 사례에서는 평가절하되었으나, 나중 사례에서는 그렇지 않은 것이다.

이렇게 설명이 제대로 되지 않는 (그리고 설명될 리도 없어 보이는) 두 체계 간의 괴리는 판례법의 신뢰를 쌓아올리는 데 아무런 도움이 되지 못한다. 앞에서 보았던 "빨간색 규칙"들과 "녹색 규칙"들은 비슷한 상황에서 서로 다른 대응방법을 보여주고 있다. 그러나 이런 진퇴양난으로부터 벗어날 수 있는 합리적인 방법이 있을 듯하다. 이를 위해서는 분석결과에 한 걸음만 더 보태면 된다. 만약 절대적인 권리를 가지는 형평법상의 소유자가 (그 재산을 넘겨달라고 하는 대신) 그 재산에 대한 법적 소유권legal title을 넘겨달라고 요구할 수 있다는 것이 원칙이라면[41] 서로 용납되지 않는 양상이 제거될 수 있다. 원고는 법적 소유자로 추정되는 사람으로서 수임자인 피고에게 그 재산의 형태 여하 간에 그 특정재산in specie을 이전해달라고 요구할 수 있지만, 수임자가 아닌 피고에게는 그런 요구를 할 수 없는 것이다. 결국 그런 경우에 원고는, 그 재산이 희소가치를 가지고 있거나 이례적인 유형에 속하지 않는 한 금전적 손해배상을 받을 수 있을 뿐이다. 이런 해결책은 타당해 보인다.[42]

41) 이것이야말로 초기의 획기적인 판례들이 의미하는 바이다.

42) 그 원칙이 자주 들먹거려짐에도 불구하고, 좀 더 넓은 의미의 원칙이 적용될 수 있다고 하는 권위 있는 이론은 거의 없다.

이렇게 추가적으로 분석적 단계를 밟는 이점은, 이것이 소유권 분쟁 내지 우선권다툼의 원칙들을 적용하거나 또는 다른 구제수단들을 가지고 개입하는 과정에서 발견되는 명시적신탁과 권리의 단순한 분점mere title split 간의 차이점을 더욱 두드러지게 해준다는 점이다. 만약 "신탁"이라는 용어가 오직 보통법상의 재산권과 형평법상의 재산권 간의 분열을 지적하기 위해서만 사용되었다면 명시적신탁의 경우는 이보다 훨씬 더할 것임이 분명해진다. 그 본질적인 속성은 "신탁trust"(물권적 의미에서 사용되는)이고, 수임자의 주의의무fiduciary obligations(수탁자가 신탁재산을 특정한 방법으로 관리할 채권적 의무를 규정하는)인 것이다. 신탁이라는 속성에서 자동적으로 몇 가지 구제수단이 흘러나온다. 다른 구제수단들은 수임자의 주의의무에서 흘러나온다. 명시적신탁하에서의 수익자와 다른 형평법상의 이해관계자들의 지위 간에는 간단하거나 필수적인 유춧거리analogy가 없다는 점이 명백해진다.[43] 이렇게 통찰할 경우 여기서는 물론, 또한 이 장의 뒷부분에서 논의될 문제들의 처리가 손쉬워진다. 단순명료한 문장은 명확한 분석에 도움을 주는 것이다.

제2관 형평법, 특정회복, 그리고 도둑

이런 분석을 좀 더 진행시켜보기 위하여 법학교수들이 좋아하는 현실성 없는 시나리오를 한 번 생각해보자. (더할 나위 없이 평범한) 자전거의 소유자가 이를 훔친 도둑을 직접 잡았다고 가정해보자. 그때 소유자는 점유의 반환을 주장할 수 있을까? 여기서 전형적인 답은 "아니다"이다.[44] 원래 성문법상 특정회복

43) 특히 결과적신탁이나 의제신탁하의 재산의 특정회복을 청구하는 원고들은 보통법상의 소유권을 주장하기 위하여 "신탁"의 결과물에 의존할 수 있었다. 그렇게 되면 특정회복은 문제의 재산이 "특별"한지의 여부나 또는 피고가 수임자인지의 여부에 달려 있게 될 것이다. 이 둘 중에 어느 하나도 이런 맥락에서는 필연적으로 바로 거기에 해당하는 것이 아니다.

44) 만약 원고가 단순히 그 자전거를 도로 가져온다면(단, 피고에 대하여 침해trespass나 폭행assault 등과 같은 불법행위를 저지름이 없이 할 수 있다면) 그때에는 도둑은 아무런 다

(형평법의 오래된 원칙을 되풀이한 것이지만) 명령을 내릴 수 있는 재량권은 그 도둑맞은 재산이 희소가치를 가지고 있거나 독특한 성격을 가진 경우에 한하여 발동될 수 있다. 그런데 이 자전거는 이에 해당하지 않는 것이다. 그 이외에는 형평법상의 재산권은 오직 수탁자나 수임자인 피고에게만 적용되는데, 그 도둑은 수탁자(도둑은 자기가 훔친 "신탁" 재산에 대하여 아무런 법적 소유권을 가지지 못하므로 수탁자가 될 수 없다)도 될 수 없고, 수임자(도둑은 자전거 소유자의 권리를 자기의 권리보다 우선시키겠다고 약속한 적이 결코 없기 때문에 수임자가 될 수 없다고 생각하는 것이 일반적이다)도 아니기 때문이다.[45] 소유자는 돈에 의한 해결을 기대할 수밖에 없다. 결국 그 자전거 자체의 회수를 청구할 수는 없는 것이다. 이런 양상은 바로 법의 바람직하지 못한 맹점이라고 여겨진다.[46]

이럴 때 제시되는 통상적인 반응은, 그 도둑이 원래 의도한 바는 그 정반대였겠지만, 원고의 이익을 도둑의 이익보다 앞세울 의무를 도둑에게 지워야 하므로 도둑은 수임자로 분류되어야 한다고 주장하는 방안이다.[47] 그러나 이것은 원칙에 근거하는 것이라기보다는 구제에 급급한 모습일 뿐이다. 수임자로 의제하는 방안에 의할 경우 특정회복 및 토해내기의 구제수단이 가능해짐으로써 도둑으로 하여금 남의 재산을 훔치거나 거기에서 이익을 얻고자 하는 입맛을 잃도록 만들 것임에 틀림없다. 그러나 이런 방안이 단지 사람들에게 행동거지를 조신케 하도록 유도하고 피해자에게 좀 더 나은 구제수단을 제공한다는 이유만

툴 길이 없어지게 된다: 소유자의 점유권은 도둑의 권리보다 우선하는 것이다.

45) 그러나 *Westdeutsche Landesbank Girozentrale v Islington LBC* [1996] AC 669 (HL) (by Lord Browne-Wilkinson); *Black v Freedman* (1910) 12 CLR 105에서는 반대의 논조를 띠고 있다.

46) 그러나 원고가 적어도 파산법상의 보호, 즉 아마도 대체물로서 추급 가능한 매매대금으로 남아 있는 것에 대하여 파산법상의 보호를 얻을 수 있음을 기억하시오. 제4장 제6절을 보시오.

47) 주44를 보시오. 참으로 모두는 아니지만 일부의 판례들에서 의제신탁관계가 인정되어 의제수탁자들이 원고의 재산을 취급함에 있어 수임자로서의 의무를 진다고 간주되는 사안들에서 특히 이런 접근방법이 보이고 있다. 제5장 제2절 제1관 및 아래 제4절 제1관을 보시오.

으로는 지지를 받지 못한다. 만약 이것으로 정당화의 논리를 삼는다면, 사법private law의 대부분은 신임관계법에 예속되어버리고 말 것이다. 신임의 법리는 재산권을 보호하는 데 있는 것이 아니라 재산의 충실한 관리를 보장하는 데 있다. 이를 목표로 하여 원고의 정당한 이익을 적정하게 보호받을 수 있는 유일한 길은, 임무에 위배하여 얻은 이익을 수익자에게 돌려주도록 하는 억지력에 의한 것이다.[48] 이에 반하여 불법영득에 관한 법리는 상당히 다르다. 즉, 그것은 재산권 그 자체를 보호하는 데 직접의 목표를 두고 있으며, 따라서 구제수단도 이를 반영하여 강구될 뿐이다. 만약 절도행위에 대하여 억지deterrence 수단을 추가할 수 있다면, 그것은 형법에 규정해야지[49] 신임의 법리에 추가할 것은 아닌 것이다.

그러나 도둑을 수임자에 빗대어보는 방안만이 유일한 개선책은 아니다. 특히 특정회복과 관련하여 신임의 법리를 돌이켜보자. 수임자는 원고로부터 재산을 넘겨받음에 있어 원고의 이익을 자신의 이익보다 우선시켜야 한다는 충실loyalty의 의무를 지는 전제하에서 취득한 것이므로 취득의 안전이 보호되어야 한다고 주장할 수 없다. 그러나 취득의 안전을 거부당해야 하는 당사자가 수임자에 그치는 것은 아니다. 법은 도둑의 경우 남의 재산을 수중에 넣게 되는 과정에서의 문제 때문에 취득의 안전을 보호받을 수 없다고 당당하게 말하는 것이다. 그렇게 되면 불법영득conversion을 이유로 제소된 도둑은 훔친 물건의 점유를 원래의 주인에게 돌려주어야 한다. 이런 접근방법의 이점은, 도둑이 격에 맞지 않는 토해내기의 전략을 포함하여 일체의 신임 법리의 적용을 받지 않을 수 있게 된다는 점이다. 즉, 불법영득에 대한 구제수단을 확장하더라도 그것은 원고의 재산을 보호해주는 것이지, 충실한 관리를 보장해주는 것이 아니기 때

48) 제5장 본문 및 제1절을 보시오.

49) 이미 어떤 성문법은 범죄자들에게 그 범죄행위로 인하여 얻은 이득을 토해내도록 하는 규정을 두고 있다. 비록 이런 범죄로 인한 수익이 보호법익에 맞추어 피해자가 아니라 국가에 회수되는 것이지만, 이는 곧 수임관계의 법리가 억지抑止 전략을 채용하고 있음을 반영하는 것이다.

문이다. 더욱이 정을 모르는 피고(예컨대 도둑으로부터 정을 모르고 구매한 사람)는 불법영득의 법리상 이에 해당하더라도 이런 식으로 취급되지는 않을 것이다. 즉, 그들은 취득의 안전을 허용받을 것이나, 단 원고의 소유권익을 방해한 데 대하여 보상해줄 의무를 져야 할 것이다. 오늘날까지 이런 중간적 위치에 자리 잡는 보호 전략의 가능성은 무시되어 왔으나, 이는 비슷한 권리들 간에 좀 더 차별화할 수 있는 합리적 근거를 마련해줄 것이다. 이는 취득의 안전 보호원칙에 대한 신임관계 법리상의 예외를 보정하는 근저에 깔려 있는 것과 똑같은 원칙에 기초하여 진화한 것이다.

제3관 신탁설정조항 중에서 명시된 의무조항에 위반한 경우

형평법상의 소유자가 직면하게 될 다음의 문제는 좀 더 복잡하다. 명시적신탁관계 중에서도 가장 간단한 예를 보자. 가령 수탁자가 어떤 재산—예컨대 주식—을 수익자를 위하여 수탁하여 관리하고 있다고 가정해보자. 신탁증서에서는 수탁자가 그 주식을 어떻게 처리해야 할지를 자세히 규정해두고 있을 것이다. 가령 신탁증서에서 수익자의 이익을 위하여 단순히 그 재산을 보관하라고만 명하고 있다고 가정해보자. 만약 수탁자가 이런 지시에 위반하여 주식을 처분하면 수익자는 수탁자에 대하여 그 잘못을 시정하기 위한 구제수단으로서 어떤 방법을 사용할 수 있을까. 수익자는 자기의 허락 없이 수탁자가 행한 처분행위를 추인해주거나, 또는 그에 갈음하여 그 주식을 취득한 제3자에 대하여 물권적 청구권을 행사할 수 있음을 우리는 이미 알고 있다.[50)]그러나 형평법은 더 나아가서 또 한 가지의 대안을 제공해주고 있는데, 이 방법은 앞의 구제방법이 효과적인 해결책이 되지 못할 때 특히 유용하다. 형평법은 수탁자의 잘못이 없었더라면 신탁재산trust fund이 원래 있었을 자리에 이를 되돌려놓아야 한다는

50) 제4장 제4절 제3관, 제5절을 보시오. 또한 제3자에게 채권적 책임을 지울 수 있는 가능성에 대하여는 아래 제4절 제1관을 보시오.

엄격한 개인적 의무를 부과하고 있다.[51] 그리하여 수탁자는 이런 목표를 달성하기 위하여 자기의 자금으로 그 수탁기금에 충분한 돈을 집어넣든지, 또는 수탁재산을 애초의 신탁설정조건과 똑같은 조건으로 그대로 보유하고 있든지 해야 할 것이다. 여기서 순효과net effect라고 할 만한 것은 적정한 금액의 돈이라면 신탁기금으로서의 주식을 대체할 수 있으리라는 점이다.

수탁자가 신탁에 설정된 엄격한 조건을 지키지 않은 경우 이에 대한 책임을 져야 한다는 근거를 분석적으로 적절하게 제시해보고자 하는 노력에도 불구하고 이는 어려운 문제에 봉착해왔다. 만약 계량화quantification의 과정이 합리적이라면 그것은 보호받아야 할 이익과 그런 보호책을 강구하게 된 동기를 적절히 반영하고 있을 것이다. 여기서 본능적으로 출발점으로 삼게 된 것은 보통법상의 재산에 대한 불법행위property torts 개념에 유사한 것을 찾아내는 데 있었다. 즉, 수탁자는 수익자의 재산을 "잃어버렸으므로lost" 아마도 형평법의 대응책은 보통법이 불법영득에 대하여 대응하는 방법을 그대로 반영한 것이 아니라면, 다른 사람의 재산을 간수custody(보통법상 이런 사람은 "보관의무자bailee"라고 불렸으며, 다양한 형태의 여러 가지 가능한 보관 유형에 따라 이를 모두 "보관bailment"이라고 불렀다)하는 사람에게 요청되는 주의의무에 위반하는 경우에 보통법이 대응하는 방식을 그대로 반영하고 있다. 진정 수탁자의 잘못이 없었다면 신탁재산이 애초에 위치하고 있었을 바로 그곳에 되돌려놓아야 한다는 개념은 보통법에서 손해에 대하여 금전적 배상을 명하는 조치를 그대로 반복하는 것에 다름 아닌 것으로 보인다.

그러나 불행히도 사실관계상 유사한 유형이 보인다 하여 반드시 비슷한 구제수단이 따라야만 하는 것은 아니다. 예컨대 보관bailment의 경우 그에 따르는

51) *Re Dawson (dec'd)* 〔1966〕 2 NSWR 211, 214-16 (Street J)를 참조하시오. 이 판례는 *Battlett v Barclays Bank Trust Co Ltd (No 2)* 〔1980〕 Ch 515 (CA), 543에서 브라이트맨 대법관에 의하여 지지되고 있다. *Target Holdings v Redferns (a firm)* 〔1996〕 AC 421 (HL), 433. 1925년의 신탁법Trustee Act 제61조에 따라 법원이 면제해주든지 또는 수익자가 면제해주지 않는 한 이것이 구제수단으로 된다(*Boardman v Phipps* 〔1967〕 2 AC 46 (HL)).

책임 여부는 보관의무자의 과실 여부에 달리려 있으며,[52] 또 예견가능성, 상당성 및 인과관계의 원칙들에 의하여 좀 더 제약을 받게 된다. 이와는 대조적으로 수탁자는 그의 정직성이나 주의를 기울인 정도 여하 간에 책임을 져야 하며,[53] 그의 책임은 예견가능성, 상당성 또는 인과관계(적어도 형평법은 수탁자와 손해 간의 인과관계의 연결고리를 깨뜨리는 돌발 사태를 인정해주지 않는다는 의미에서) 등에 의하여 제약받지 않는다. 보통법상의 불법영득tort of conversion에 대한 책임은 이에 비하면 좀 더 나은 유추를 허용해준다. 그 책임은 과실이나 예견가능성, 상당성 또는 인과관계 등에 의존하지 않는다. 그러나 책임의 계량성quantification은 이와 무척 다르다. 보통법에서는 만약 피고가 원고에게 속하는 2,000파운드 상당의 재산을 빼앗으면 그는 원고에게 2,000파운드를 손해로 배상해줄 엄격한 책임을 진다. 여기서 가치의 평가기준일은 피고의 의무 위반 날짜이다. 이와는 대조적으로 수탁자는 자기가 잃어버린 재산의 가치를 단순히 원상회복해줄 책임을 지는 것이 아니다. 그의 의무는 자기의 잘못이 없었더라면 그 수탁재산이 원래 위치하고 있었을 자리에 이를 되돌려놓는 것이다. 더욱이 그 평가는 그의 의무 위반시점을 기준으로 하지 않고 법원의 변론기일을 기준으로 하여 평가된다.

예를 들어서 그 차이점을 이해해보자. 만약 수탁자가 2,000파운드 상당의 주식을 처분했지만 증거에 의할 경우 피고가 "처분"한 시점과 법원의 변론기일 간의 사이에 그 가치가 2,000파운드에서 1,000파운드로 떨어졌다는 사정이 입증된다면, 수탁자는 수탁재산에 1,000파운드만 더 보탤 책임을 질 뿐이다. 이것만으로도 수탁재산은 수탁자가 제대로 투자했을 경우에 유지될 수 있었을 상태

52) 비록 입증책임이 전도되는 것은 사실이지만 보관의무자가 자기의 과실이 없었다고 입증하지 못하는 한 그의 과실에 기인하는 것으로 추정된다: *Sanderson v Collins* [1904] 1 KB 628 (CA), 630-2 (Collins MR); *Morris v C W Martin & Sons Ltd* [1966] 1 QB 716 (CA), 726, 728-9 (Lord Denning MR). 좀 더 일반적인 경우로는 The *Pioneer Container* [1994] 2 AC 324 (PC)를 보시오.

53) *Re Dawson* [1966] 2 NSWR 211, 214-16 (*Bartlett v Barclays Bank Trust Co Ltd (No 2)* [1980] Ch 515, 543에서도 지지되고 있다.)

로 회복되는 것이다.[54] 반면에 또 같은 이유에서 만약 증거에 의할 경우 그 주식의 가치가 4,000파운드로 올랐을 것임이 입증된다면 수탁자는 그 수탁재산에 4,000파운드를 보태야 하는 것이다. 이는 보통법상의 불법영득Common Law conversion에 대한 구제, 즉 피고가 단지 그 처분한 날 현재의 주식가치인 2,000파운드만 배상하면 되는 경우와는 다른 것이다.

심지어 보통법에 근접한 유추close analogies가 불가능한 경우에도 가장 흔한 대응책은, 형평법은 재산에 대한 불법행위property wrong를 구제해준다는 관념을 고집하면서, 그러나 그 "손해"를 평가하는 메커니즘은 보통법과 상당히 다르다는 점을 인정해주는 일일 것이다. 단순히 형평법의 구제수단은 보통법상의 일반적인 불법행위에 대한 일반손해배상damages이 아니라 단순히 형평법상의 주의의무 위반에 대한 금전적 구제수단인 "형평법상의 일반손해배상Equitable compensation에 다름 아닌 것이다. 이는 타당할 수도 있으나, 형평법의 개입을 원칙에 입각하여 설명해주기를 회피하는 일에 다름 아니다.

이렇게 재산에 대한 불법행위로부터 유추하는 매혹적 방법에 직면해서는 개입의 진짜 근거가 간과되었을 수도 있다. 그 진짜 근거는, 재산법이 아니라 계약으로부터 유추함에 따르는 것으로 보인다. 형평법은 수탁자가 엄격하게 신탁조건을 준수해야 한다고 강조하면서, 이런 의무에 위반하는 경우 신탁조건 그대로 특정이행하는 경우에 못지않은 금전적 손해배상의 방법으로 구제하겠다고 고집하는 것이다. 형평법의 초점은 신탁재산 그 자체나 그 신탁재산이 입게 되는 손해에 맞추어지는 것이 아니라, 수탁자에게 부과되는 채권적 의무와 그가 이런 의무로부터 수익자의 허락 없이 이탈한 경우의 파급효에 맞추어진다. 계약상 의무의 특정이행이란 것으로부터 유추해보면 이 구제수단이 결국은 예상되는 신탁재산의 최종적 상태에 초점을 맞추는 이유를 설명해준다. 그리하여

54) *Target Holdings Ltd v Redferns* [1996] 1 AC 421(HL), 434. 물론 만약 수탁자가 그 거래로부터 이익을 얻었다면 그때에는 수익자가 수탁자를 상대로 수임자로서의 충실의무에 위반했음을 이유로 제소하여 이를 빼앗을 수 있다: 제5장 제2절 제1관을 보시오.

이것은 어느 날을 그 손해가 계량되는 기준일로 해야 할지를 설명해주면서, 또한 수탁자의 신의성실과 주의의무는 여기서 그다지 중요한 판단 요소가 되지 못함을 설명해준다. 즉, 구제수단은 신탁설정조건에 위반함으로써 즉시 발동하며, 책임의 범위는 수탁자에게 주어진 관리의무에 관한 구체적 조건들에 의하여 결정되는 것이다.

이렇게 다르게 분석함으로써 세 가지 중요한 결과를 초래한다. 첫째, 수탁자는 수탁재산이 수탁기금으로부터 "없어졌다lost"는 단순한 이유만으로 반드시 책임을 지는 것은 아니다. 수탁자는 고의로intentionally(비록 정직하다고는 하더라도) 신탁에서 설정된 엄격한 조건으로부터 이탈함으로써 책임을 지게 되는 것이다. 예를 들어보자. 수탁재산이 그림이라면 수탁자는 이 그림을 받아 신탁증서에서 지명한 사람이 아닌 다른 사람에게 주거나 팔았을 경우 책임을 지게 된다. 여기서 그 처분행위가 순수genuine했거나 합리적인reasonable 실수에 의하여 야기되었는지의 여부는 중요하지 않다. 그러나 수탁자는 만약 그 그림이 우연히 화재로 소실되었을 경우에는 이런 신탁조건에 의해서도 책임을 지지 않게 될 것이다(물론 그는 과실에 대한 책임을 져야 할 수 있겠으나, 그것은 다른 근거에서 구제수단이 제공되는 또 다른 형태의 불법행위일 뿐이다).

두 번째의 결과는 이와 연관된 것이지만, 그 바닥에 깔려 있는 발상은 좀 더 진전된다. 수탁자가 정당한 수권을 받음이 없이 행동한 때에는 신탁설정에 의하여 명시된 조건에 위반된다. 더욱이 수탁자에게 그럴 권한이 없거나 또는 주어진 권한을 남용할 때에는 이는 정당한 권한 없이 행하는 것이 된다(그러나 수탁자와 제3자 간에서 권한의 부존재와 권한의 남용 간에는 분명 차이가 있었음을 돌이켜보자.[55] 수탁자와 수익자 간에서는 이 두 가지 범주 모두가 단지 정당한 권한 없는 행위로 간주될 뿐이다). 신탁증서상에서 신탁기금을 런던증권거래소에 상장된 일련의 주식에만 투자하도록 규정하고 있다고 가정해보자. 그 경우 만약 수탁자가 그 기금을 프랑스에 소재하는 어떤 주택에 투자한다면 물론 그는 신탁설정

55) 제5장 제3절 제1관, 제2관, 제3관을 보시오.

의 엄격한 조건에 위반하는 셈이 될 터이지만, 여기서 중요한 것은 설사 그가 런던증권거래소의 상장주식에 투자했더라도 신의성실의 원칙에 위배하거나, 앞에서 본 "웬즈베리Wednesbury" 불합리성의 원칙에 해당하거나, 또는 타당하지 못한 목적을 위하여 그렇게 했을 경우에는 역시 신탁설정의 엄격한 조건에 위반하는 것이 된다는 점이다.[56] 어느 경우에나 수탁자는 수탁재산을 제 모습으로 돌려놓을 엄격한 책임을 지게 된다. 즉, 그는 자기가 출발시점부터 제대로 투자했더라면 신탁재산이 위치하고 있었을 장소에 신탁재산을 되돌려놓아야 한다는 것이다.

이런 분석의 세 번째의 결과는 가장 중요한 것이다. 의무에 입각하여obligations-based 분석할 경우 명시적신탁의 수탁자는 수탁재산을 제자리에 돌려놓을 의무를 지는 것이 분명하지만, 결과적신탁이나 의제신탁, 그리고 일반적 수임자의 경우 이런 분석방법은 뭐라고 답할 것인가? 꽤 할 말이 많을 듯하다. 먼저 수임자의 경우를 보자. 수임자는 자기가 맡은 재산을 신탁관계에서 수탁자로서 보유하는 것이 아니다. 그럼에도 의무에 입각한 분석방법에 의할 경우, 만약 수임자가 약정상의 신임조건에 위반하여 본인의 재산을 관리하면 마치 수임자가 명시적신탁에 따라 재산을 맡은 경우처럼 정확히 똑같은 구제수단이 허용될 것이다. 이렇게 대등한 수준의 구제수단이 허용되는 한 이는 매우 쉬워 보인다. 두 경우 모두에서 수임자나 명시적신탁의 수탁자는 당해 재산을 취급함에 있어 자신의 개인적 약속대로(수임자로서) 특정이행할 책임을 지게 된다. 재산에 관한 불법행위로부터 유추하는 방안은 이런 상황에서 우리에게 확신을 심어줄 만큼 제대로 작동하지 못한다. 본인은 보통법상의 소유권을 가지고 있지만, 법원이 허용하는 구제수단은 보통법의 모델을 따르지 않는 것이다.

똑같은 논리를 채택할 경우, 결과적신탁(이 용어는 통상적으로 사용되는 것이 아니지만 그 의미는 분명하다)과 의제신탁의 각 수탁자는 자기들이 수탁재산을 감소시킨 것이 그 재산의 관리에 관한 엄격한 조건에 위반했을 때에 이를 제자리

56) 제5장 제3절 제2관, 제3관을 보시오.

로 원상회복해놓을 개인적인 책임만을 질 뿐이다. 이는 "결과적신탁"이나 "의제신탁"이라는 용어가 단순히 원고와 피고 간의 재산소유관계의 분점만을 의미하는 것이 아니라, 또한 "수탁자"가 원고의 이익을 위하여 부담하는 특정한 방식으로 수탁재산을 관리할 채권적 책임을 반영할 때만 그럴 것이다. 결과적신탁과 의제신탁은 그 인정되는 범위가 엄청나게 넓어서, 그중 어떤 것은 이렇게 추가된 신임적 요소(재산을 관리할 채권적 책임)를 포함하기도 하고 포함하지 않기도 한다. 우리는 이 두 가지 경우의 사례들을 이 장의 뒷부분에서 살펴보게 될 것이다. 이 책에서 저자가 지지하는 의무에 입각한 분석방법은 이런 다양한 부류들 간의 차이점을 보여줄 것이다. 수탁자는 수탁재산과 관련하여 그의 개인적 관리의무에 위반하는 처분행위가 있을 때에만 수탁재산을 제자리에 가져다놓을 책임을 지게 된다. 재산에 대한 불법행위로부터의 유추방안은 결과적신탁이나 의제신탁 간의 여러 가지 차이점을 부각시켜주지 못하므로 이 방법에 의할 경우 결국 모든 결과적신탁이나 의제신탁의 수탁자들은 그 수탁재산을 제자리로 돌려놓을 개인적 책임을 지게 될 것이다. 일부 논자들이 이러한 입장을 편들기는 하지만, 아직 법으로서 정립되었다고는 볼 수 없다.[57)]

요약하자면, 수탁자는 수탁재산을 특정한 방법으로 취급해야 할 개인적 의무를 부과하는 신탁설정의 엄격한 조건에 위배하지 않았다면 수탁재산이 위치하고 있었을 곳에 이를 되돌려놓을 채권적 책임을 진다. 계약에서 유추하는 것이나, 또는 신탁기금fund이라는 개념은 의무에 관한 평가와 구제수단에 관한 계량화에 있어 중심적 역할을 한다. 만약 이것이 제대로 된 접근방법이라면 이 점에 관하여 이 책 뒷부분의 계약에 관한 장에서 이런 형태의 책임에 관하여 좀 더 논의해보는 것이 의미 있을 것이다. 그러나 의무 및 이와 연계되는 구제수단은 이런 책임이 재산에 대한 불법행위의 차원에서 구성된 것이라는 지배적 견해로 인하여 여기서 좀 더 논의를 계속해볼 만한 가치가 있다.

---

57) 현재의 정통적 견해로는 *Westdeutsche Landesbank Girozentrale v Islington LBC* 〔1996〕 AC 669 (HL)을 보시오. 또한 정을 알면서 취득하는 경우에 관하여는 아래 제2절 제3관, 제4관 및 제3절 제1관, 제2관, 제3관을 보시오.

제4절 제3자의 간섭으로부터 형평법상의 재산권 보호하기

수익자의 형평법상의 재산을 제3자의 간섭으로부터 보호해주는 전략은 수탁자가 그 관리권을 남용한 경우에 그에 대하여 행사할 수 있는 청구권의 범위를 한참 뛰어넘는다. 수탁자가 신탁재산을 신탁조건에 위배하여 제3자에게 넘겨준다면 이는 그 의무에 위배하는 것이다. 예컨대 신탁에 따라 수익자를 위하여 그림을 맡아 가지고 있는 수탁자가 신탁증서상의 조건에 위배하여 이를 제3자에게 넘겨주는 경우를 생각해보자. 그 경우 수익자는 그 제3취득자를 상대로 청구권을 행사할 수도 있는데, 이는 특히 수익자가 수탁자에 대하여 소송을 제기할 실익이 없을 경우에 쓸모가 있다.[58] 또 다른 경우로서 수탁자는 자신의 불충실한 계획을 추진하려면 제3자의 협력을 필요로 할 수도 있다. 이때 제3자는 수탁자가 신탁자의 이익을 침해하여 그림을 처분하는 일을 도와줄 수도 있다. 이럴 경우 수익자는 이런 제3자에 대하여 청구권을 행사하고 싶을 수도 있다. 이 절에서는 이런 유형의 제3취득자와 그 방조자들의 잠재적 책임가능성에 대하여 논의하기로 한다. 이에 관한 법리는 어렵지만 매우 중요하다.

제1관 제3취득자의 책임
—수탁자로 간주하기: "정을 알면서 취득" 한 것으로 간주되는 경우

제3취득자의 책임을 분석해보는 가장 쉬운 사례로는 단순한 신탁관계에서 수탁자가 그 맡은 그림을 신탁조건에 위배하여 제3자에게 이전하는 경우이다. 그러나 실생활에서 이런 문제들은 대부분 복잡한 사기적 거래의 과정에서 돈이 여러 손을 거쳐 세탁되고, 그 사기의 피해자는 최초의 사기꾼이 파산했거나 잡

58) 만약 추급이 가능한 대체물이 없고 수탁자가 개인적으로 책임을 질 자력이 없다면 특히 그럴 것이다. 제4장 제9절 전부와 위 제3절 제3관을 보시오.

히지 않기 때문에 돈의 중간 기착자들을 상대로 하여 청구할 수밖에 없는 경우가 대부분이다.

제3취득자의 책임을 상세하게 다루기 전에 우선 두 가지 점을 점검해볼 필요가 있다. 이 두 가지 문제는 자주 상당한 혼란을 초래하기도 한다. 첫째는 제3취득자가 도대체 책임을 져야 할 것이냐의 여부에 관한 것이고, 둘째는 그 책임의 이론적 근거에 관해서이다. 만약 잘못을 저지른 수탁자가 신탁재산을 허락 없이 제3자에게 넘겨주면 제3자는 그 재산에 대하여 완전한 소유권을 취득할 수도 있다. 만약 그렇게 되면 수익자는 제3취득자에 대하여 청구권을 행사할 수 없고, 따라서 더 이상 분석해볼 여지가 없게 된다. 앞에서 본 바에 의하면 우선권다툼의 원칙은 제값을 치르고 매수한 선의의 매수인인 보통법상의 소유자들을 보호해준다는 점을 상기하라.[59] 그 이외의 경우에는 수익자의 형평법상의 권리가 존속한다. 즉, 제3의 무상취득자volunteers(그 재산의 대가를 지급하지 않은 사람), 또는 수익자의 권리를 실제로 알면서, 또는 안다고 의제되는 상황에서 매수한 제3매수인은 수익자의 권리를 안고subject to her interest 재산을 취득하게 된다. 그리하여 이런 사람들은 언제든지 수익자로부터 청구의 상대방이 될 수 있다.

이렇게 제3취득자는 두 가지 출처에서 연원하는 책임에 노출된다. 첫째는 이 장의 앞에서 이미 살펴본 재산법상의 청구권property claim이다. 만약 제3자가 아직도 그 그림을 보유하고 있다면 수익자는 간단히 자기의 형평법상의 재산권에 터잡아 청구할 수 있다. 이 경우 수익자는 그 점유의 회복을 청구할 수 있다는 것이 일반적인 관념이다. 이에 대하여는 비판이 일었고, 그 대안으로 좀 더 좁은 분석방법이 제시되었다. 즉, 좀 더 좁게 분석해본 결과 수익자는 보통법상의 소유권의 회복을 주장할 수 있도록 허용되지만, 수익자에게 그 그림이 "특별"한 경우에 해당하거나 또는 제3자가 신임관계에서 수임자로서 그것을 수령한 경우가 아닌 한 금전적 손해배상만을 허용한다는 것이었다.

59) 제4장 제4절 제4관을 보시오.

두 번째 청구의 유형은 채권적 청구이다. 이 절에서의 초점은 이 부분에 맞춰진다. 이것은 특히 복잡한 돈세탁의 경우에서 좀 더 큰 관심거리가 되며, 이를 바로 "제3취득자의 책임recipient responsibility"이라고 부른다. 수익자는 제3취득자가 더 이상 그 재산을 보유하고 있지 않더라도 그에 대하여 채권적 청구를 행할 수 있는가? 제3취득자는 그가 한때 원고의 재산을 보유하고 있었다는 이유만으로도 자동적으로 원고에 대하여 책임을 져야 하는가? 이 분야에서의 법리는 지극히 혼란스럽다. 그 혼란상의 일부는 형평법체계가 이 분야에 관하여 자체적인 원칙을 제대로 정립하지 못하였다는 점에서 우러난다. 그러나 일부 논자들이, 형평법이 대응하는 방법은 형평법과 보통법 간의 서로 용납될 수 없는 괴리를 그대로 반영하는 것으로서 이를 정리하기 위한 노력이 필요하다고 주장함으로써 더욱 그 혼란상이 가열되었다.

먼저 "정을 알고 취득한 경우의 책임liability in knowing receipt"에 관한 현재의 형평법 원칙을 그 용어 그대로 생각해보자.[60] 이 경우 형평법의 견해는, 제3취득자는 결코 자동적으로 원고에 대하여 책임을 지지 않는다는 것이다. 채권적 책임은 오로지 제3자가 원고의 재산임을 알면서 취득했을 경우에만 발생한다는 것이다.[61] 여기서 형평법은 그 제3취득자가 "정을 알면서 취득함으로써 의제신탁에서의 수탁자로서의 책임"을 져야 한다고 보고 있다. 우리는 앞에서 "의제된constructive"이라는 형용사를 본 바 있다.[62] 이 단어는 "비록 피고가 수탁자는 아니지만 수탁자인 양", 또는 좀 더 정확하게 말하자면, "명시적신탁의 수탁자가 아니지만 명시적신탁의 수탁자인 양" 책임을 져야 함을 의미한다. 이렇게 "가상imagined"의 명시적신탁은 최소한도 제3취득자에게 그 취득재산을 원고를 위하여 보유할 것을 요구하게 되는 것이지만, 실제로는 매우 더 복잡해

60) *Barnes v Addy* (1874) LR 9 Ch App 244.

61) 더 정확하게 말하자면 그 제3자는 자기가 원고의 재산을 취득할 당시 정을 몰랐더라도 늦어도 원고의 재산을 처분할 때에는(그것이 무엇이든 간에) 그 정을 알았어야 한다는 원칙이다.

62) 제3장 제7절을 보시오.

질 수도 있다. 그것은 원고의 재산을 보유하던 애초의 신탁관계를 정확하게 그대로 반영하는 것일 수도 있는 것이다. 그렇게 될 경우 제3취득자가 원고에 대하여 지는 채권적 책임은 이런 의무에 비례하여 계량화되며, 그 제3취득자는 자기가 그 재산을 가져 가지 않았더라면 그 신탁재산이 원래 위치하고 있었을 자리에 그것을 되돌려놓을 의무를 지게 된다. 제3취득자는 이런 자신의 의무를 신임관계상의 수임자에 준하여 이행해야 한다. 그는 충실의무 위반으로 인한 청구와 또한 가상신탁imagined trust의 조건을 준수하지 않음에 따라 발생하는 청구에 모조리 노출되는 것이다. 이런 모든 결과들은 제3취득자가 비록 명시적 신탁의 수탁자는 아니지만 그를 명시적신탁의 수탁자를 취급하는 경우와 마찬가지로 취급해야 한다는 생각으로부터 연원하는 것이다.

왜 제3취득자가 이런 식으로 "의제"신탁의 수탁자로 취급되어야 하는지에 관하여는 충분한 논구가 되어 있지 않다. 근본에서 따지자면, 이는 그가 그 재산상에 원고의 형평법상 권리가 있음을 알면서 취득—그러므로 그 재산을 보유하는 자에게 부과되는 특별한 책임이 무엇인지를 잘 알면서 취득—했다는 데 그 이유가 있다. 이런 상황에서 그는 보호적 기능을 추구하는 신탁의 체계 안에서 자신의 역할을 부정하는 것이 허용되지 않는다. 특히 오래된 판례들에 의하면 제3자의 불법행위가 개입되었을 경우 사건을 복잡하게 만든다는 생각을 더욱 강화시켜준다. 이 오래된 판례들은 정을 알면서 취득하는 경우에 부과될 책임을 "정을 알면서 도와주는 경우knowing assistance"(이 장의 뒷부분에서 논의할 터로서 현재는 "부정직한 방조dishonest assistance"라고 불린다)와 강력한 연계를 지니고 있는 것으로 다루고 있다. 제3자의 책임은 결국 수탁자로서의 책임인 것이다. 그 책임의 범위는 제3자가 그 재산에 적용될 신탁의 약정조건에 관하여 무엇을 알았느냐에 의하여 결정된다. 이것들은 그가 책임을 지게 될 채권적 재산보유의 책임personal property-holding obligations인 것이다. 이런 책임은 의제신탁 및 의제신탁의 수탁자로서의 제3자의 책임을 정의해줄 것이다. 명시적신탁관계를 만들어내는 일과 신임관계를 만들어내는 일 사이의 유사성은 여기서 명백히 드러난다.

이 모든 것으로부터 분명한 점은 만약 제3자가 전혀 정을 몰랐고ignorant, 무고한innocent 경우에는 채권적 책임을 지지 않으리라는 점이다.[63] 그의 채권적 책임은 그가 그 재산을 취득하던 시점이나 또는 적어도 그가 그것을 처분하기 전의 어느 시점에서 원고의 권리를 얼마나 알았느냐의 여부에 달려 있다. 그러나 어느 정도의 정을 알면 될 것인가의 문제는 가장 불확실한 대목이다. 이 점이야말로 형평법의 원칙이 완전히 혼란에 빠져 있는 구석이다. 판례들을 보면 상상 가능한 어떤 입장이라도 지지하는 판례가 골고루 다 있다. 어떤 판례는 제3자가 원고의 권리를 실제로 알지 못하는 한 책임이 없다고 판시한다. 어떤 판례는 제3자가 정직하게 행동했더라면 그런 사실을 알아낼 수 있었으리라고 생각되는 경우 책임을 부과한다. 또 다른 판례들은 제3자가 합리적 조사를 했더라면 사실관계를 알아차릴 수 있었을 경우 책임을 부과한다.[64] 심지어 제3자가 정을 알았든 몰랐

63) 이런 결론이야말로 대체물추급이 실제로 어떻게 작용하는가를 알아야만 한다는 점을 잘 보여준다. 만약 어떤 재산권이 단순히 그 대체물에 대한 추급을 통하여 그 대체된 형태의 재산에 보존된다면 그 경우 수익자는 설사 피고가 더 이상 당초의 원물을 가지고 있지 않을지라도, 또 피고가 원고에 대하여 개인적으로 책임을 질 사유가 없더라도 원고는 지속적으로 재산상의 청구권을 보유하게 될 것이다. 반면 그 추급을 한다 하더라도 일단 원물이 없어졌을 경우 단순히 관련된 채권적 청구권의 파산법상의 우선권을 확보해줌에 그칠 경우에는 수익자는 여기서 아무런 청구권을 가지지 못할 것이다. 제4장 제7절은 후자의 접근방법을 선호하고 있다.

64) 이제는 다소 지지가 떨어지는 판례인데, 정을 아는 정도와 유형에 따라 위계서열관계를 인정하는 것으로서 *Baden, Delvaux v Société Générale pour Favouiser le Développement du Commerce et de l'Indusrtie en France SA* 〔1993〕 1 WLR 509을 보시오. 책임을 지우기 위하여 무엇이 필요한가에 관하여 취해진 다양한 자세에 관하여는 다음의 판례들을 보시오. *Re Montagu's ST* 〔1987〕 Ch 264 and *Polly Peck International plc v Nadir (No 2)* 〔1992〕 4 All ER 769 (CA), 777; 이와 대조적인 판례로 *Selangor United Rubber Estates Ltd v Cradock (No 3)* 〔1968〕 1 WLR 1555 and *Belmont Finance Corp v Williams Furniture Ltd (No 2)* 〔1980〕 1 All ER 399 (CA), 405를 보시오. 이 문제는 정을 아는 정도의 위계구조는 중요한 것이 아니며, 그 제3자가 원고의 형평법상의 재산으로부터 얻은 이익을 그대로 보유하는 것이 부당하다고 여겨질 경우에만 개인적으로 책임이 있다고 하는 항소법원의 판시에 의하여 해결된 것으로 보이지 아니한다. *BCCI (Overseas) Ltd v Akindele* 〔2001〕 Ch 437 (CA), 455 (Nourse LJ).

든 간에 무조건 엄격한 책임을 지우는 판례조차 한 개가 있을 정도다.[65)]

이런 만족스럽지 못한 상태를 합리적으로 해결해보기 위하여 보통법에서 유추해올 만한 적절한 해결책이 있는지 찾아보려는 노력이 시도된 바 있었다. 그리하여 두 개의 가능한 모델이 제안되었다. 첫째의 모델은 수익자가 제3취득자에 대하여 가지는 형평법상의 채권적 권리의 행사는 보통법상의 불법영득 Common Law of conversion의 법리에 유사하다는 것이다. 그리하여 이는 곧 재산권의 회복을 형평법 나름으로 인정해주는 셈이라는 것이다. 이런 유추방법에 따라 볼 때 만약 3당사자 간의 신탁의 사실관계가 보통법에서 그대로 되풀이 된다면, 그리하여 제3취득자가 원고의 그림을 도둑으로부터(수익자의 허락을 받지 않은 수탁자로부터라기보다는) 취득하였을 경우, 그 제3취득자는 원고에 대하여 불법영득conversion에 관한 무과실책임을 지게 되리라는 것이다. 즉, 제3취득자는 불법영득한 재산의 가치에 상응하는 손해를 배상해주어야 한다는 것이다. 이 경우 제3취득자가 그 재산을 아직도 보유하고 있는지의 여부나, 또는 제3취득자가 그 재산상에 원고의 소유권이 존재하고 있음을 알았는지의 여부나, 더 나아가서 무상취득자volunteer 또는 선의bona fide의 매수인이었는지의 여부는 상관없다는 것이다. 여기서 피할 수 없는 시사점은, 전체의 이야기 구조에서 강력한 평행선을 그린다고 가정할 경우 형평법은 제3취득자에 대하여 이런 무과실책임의 원칙을 그대로 답습해야 한다는(제값을 치른 선의의 매수인이 원고의 형평법상의 권리에 의한 제약을 받지 않는 상태에서 신탁재산을 취득하는 경우 채권적 책임을 면할 수 있다는 정도로 사소한 조정을 할 필요는 있지만) 점이다. 더욱이 그 경우의 책임은 피고가 그 재산의 가치상당액을 원고에게 물어주어야 하는 것이지, 신탁이라고 의제하여 의제된 신탁의 조건에 따라 신탁기금의 가치상당액을 제 위치에 되돌려놓으라는 뜻은 아니다.

또 다른 모델은 부당이득의 모델이다. 형평법상 "정을 알면서 취득"했음을

65) *Diplock, Re* [1948] Ch 465 (CA); aff'd sub nom *Ministry of Health v Simpson* [1951] AC 251 (HL), 이 판례는 그 사실관계상 유언집행자의 특별한 지위에 관한 것이지 수임자 일반에 대한 것이 아니라는 점에서 차별성이 있다.

전제로 하는 청구는 보통법상 부당이득의 원상회복청구에 유사한 것으로 간주되고 있다. 여기서의 논리는 또 한 번 신탁의 사실관계가 보통법상으로도 되풀이된다면 보통법상의 원고는 제3취득자에 대하여 제3취득자가 얻은 부당이익의 가치만큼을 원고에게 회복시켜달라는 채권적 청구권을 가지게 되리라는 점이다.[66] 이런 청구와 관련하여서는 그 부당이득액의 평가문제 등과 같은 상당히 미묘한 문제들이 많이 있으나, 이런 문제들은 여기서 우선적 고려의 대상이 되지 못한다.[67] 여기서 중요한 것은 피고가 무과실strict의 책임을 져야 한다는 점이다. 즉, 피고가 원고의 권리에 대하여 알고 있었느냐의 여부 따위는 그다지 중요하지 않은 것이다. 그러나 만약 피고가 제대로 취득했다는 확신하에 그 입장에 변화change of position를 초래하였으므로 이제 와서 원고에게 그 가치(또는 총 가치)를 되돌려달라고 요구하는 것은 부당하다고 여겨질 정도임을 입증할 수 있다면 그의 책임은 경감될 수 있을 것이다.[68] 예컨대 피고가 1,000파운드의 부당이득을 얻자마자 이렇게 재물이 늘어난 데 고무되어 그중 500파운드를 공익법인에 즉각 기부한다고 가정해보자. 이런 경우 그는 500파운드에 대하여만 원고에게 돌려줄 책임이 있고 1,000파운드 전체에 대한 책임은 없다는 것이 원칙이다. 이렇게 입장의 변화change of position를 이유로 하는 항변은 부당이득과 관련된 청구에 독특한 것이다. 형평법도 이런 보통법상의 부당이득적 관점에서의 분석을 모방해보자는 제안이 있다. 형평법상의 재산을 취득한 제3자는 원고에게 이를 원상회복해줄 무과실책임을 지지만, 단, 입장의 변화라는 항변만큼은 제기할 수 있도록 하자는 것이다.

이렇게 보통법에서 나타나는 비슷한 사례들 중 하나만 유추하여 받아들이더라도 현존하는 형평법의 원칙을 급격하게 변화시킬 수 있게 될 것이다. 실제에

66) 밀렛 경은 *Dubai Aluminium Co Ltd v Salaam* 〔2003〕 2 AC 366 (HL), 〔87〕 사건에서 방론으로 형평법상의 의무와 보통법상의 부당이득 차원에서의 의무가 동시에 성립할 수 있다고 시사하였다.

67) 제9장을 보시오.

68) *Lipkin Gorman (a firm) v Karpnale Ltd* 〔1991〕 2 AC 548 (HL).

비추어보면, 형평법은 정을 안 정도가 불확실하더라도 책임은 피고가 정을 알았느냐의 여부에 달려 있다고 고집한다. 그 경우의 책임이라는 것은 수탁자의 책임으로서, 제3자는 그 수탁기금을 원상으로 복귀시켜야 하는 것은 물론 불충실하게 얻은 이익을 모두 토해내야 한다. 이와는 대조적으로 보통법의 두 가지 접근방법은 어느 것이나 무과실책임을 부과한다. 보통법상의 불법영득의 법리는 항변의 여지를 허용함이 없이 무과실책임을 부과한다. 부당이득의 법리 또한 마찬가지지만, 좀 더 관대한 입장을 취하여 받은 이익을 계량하는 데 관한 특별한 원칙과 입장의 변화change of position라는 특별한 항변을 허용한다. 판례법 전체의 지평에 걸쳐서 일관성을 확보하기 위해서는 형평법은 이제 이런 무과실책임의 모델을 따라야 할 것인가? 또는 형평법은 부당이득의 전략을 자신의 무기창고에 추가하여야 할 것인가? 이것 또한 일관성을 유지하기 위한 차선책으로서 제시되었는데, 이 방법은 형평법의 분명한 대응책을 수탁자의 역할을 맡은 제3자에 의한 불법행위에 기초하는 것으로 설명할 여지를 허용한다. 비슷한 권리가 비슷한 구제수단을 확보해야 할 필요성에 관하여 절실한 관심이 표명된 이상, 여기서 형평법이 그 독특한 자세를 견지하는 데 상당한 이유가 있다고 보이는 것은 아마도 매우 놀라운 일일 것이다.

불법영득conversion의 모델은 추천할 만한 가치가 없다. 보통법조차도 이 전략은 점유 가능한 재산에 국한하여 채용하고 있다. 무형의 재산은 불법영득을 이유로 하는 청구권을 전혀 불러일으키지 못한다. 그러므로 만약 일관성에 목표가 있다면, 무형의 재산으로 분류되는 형평법상의 권리에 이런 불법영득의 모델을 채용하는 것은 피할 여지없이 비생산적으로 보일 것이다.

그러나 부당이득의 모델은 또 다른 문제이다. 이는 그동안 학자들과 사법부로부터 강력한 지지를 이끌어내왔다.[69] 이 경우 머지않은 장래에 제3취득자를

---

69) 특히 Lord Nicholls, 'Knowing Receipt: The Need for a New Landmark,' in W. R Cornish, R. Nolan, J O' Sullivan, and G Virgo (eds), *Restitution: Past, Present and Future* (Oxford: Hart Publishing 1998), Ch 15를 보시오. 그러나 L D Smith, 'Unjust Enrichment, Property, and the Structure of Trusts' (2000) 116 LQR 412와 대조하시오.

상대로 하여 취득이라는 사실에 입각한receipt-based 청구권을 인정하는 새로운 형평법상의 원칙으로 정립될 것이라고 보는 것이 식자층의 견해일 수도 있다. 그러나 이를 확신하지 못한 채로 있는 사람들은 자기들의 회의적 시각을 다양한 이유에 돌리고 있다. 때로는 보통법을 유추하는 그 자체에 회의를 제기하고 있다. 즉, 원고가 부당이득을 성립시킨 재산에 대한 보통법상의 소유자로 남아 있는 한 부당이득을 이유로 하는 청구가 항상 허용될 것인가에 관하여 격렬한 현대적 논쟁이 진행되고 있다. 피고가 그 재산의 소유권을 취득하지 못했는데도 어찌하여 그 취득으로써 부당이득을 한다는 말인가? 또 부당이득이 없다면 부당이득을 이유로 하는 청구도 성립할 수 없을 것이다. 원고는 단지 재산법이 허용하는 청구만을 행할 수 있을 것이다. 또 이런 유추방법에 대한 추가적인 공격논리로서 부당이득의 법리는 제3자의 문제를 다룰 준비가 되어 있지 않다고 생각하는 사람들이 있다. 즉, 부당이득은 두 당사자 간의 경우만을 다루는 것이며, 여기서 동떨어진 제3자는 다른 법리적 수단에 의하여 처리할 수밖에 없다는 것이다. 이런 생각은 앞에서 지적한 제약, 즉 제3자에 대한 청구는 피고가 원고의 재산을 취득received(그리하여 재산권법이나 불법행위에 터잡은 청구에 노출된다)했음을 입증하지 않는 한 허용될 수 없다고 하는 제약에 의하여 더욱 강화된다. 두 당사자 간의 부당이득 사건에서는 그런 제약이 없다. 참으로 이런 청구의 본질은 피고가 한때 원고의 것이었던 재산에 대한 소유권을 취득obtained했다는 데 있다. 또 다른 비판자들은 이런 새로운 보통법상의 원칙의 실제 측면에 초점을 맞추어 제3취득자에게 불가피하게 늘어나는 책임은 사업에 심각한 지장을 초래할 것이라고 지적한다. 이런 제3자를 상대로 하는 청구에서 당장 피고로 떠오를 수 있는 당사자들은 은행, 사무변호사solicitors, 공인회계사 등이다. 무과실책임의 체계하에서 이들은 자기들이 선의로 매수했음을 입증하거나, 입장에 변화change of position가 생겼다는 항변으로 대항해야만 한다. 여기서 입증의 부담은 원고에게 돌아가지 않는다. 결국 피고들은 이런 문제에서 자기들의 입증을 보장해줄 수 있는 사업전략을 채택하는 것이 불가능해진다. 그러나 이런 것들은 아직도 본질의 열쇠를 쥐고 있는 것이 아니다. 부당이득으로부터의 유추방법을 채택하는 데 대한 가장 설득력 있는 논거는 그 보호받아야 할 형평법상의 권리의 성질에 관한 것이다.

보통법상의 재산과 형평법상의 재산의 제3취득자를 취급하는 데 있어서의 차이점을 인정하려면 보호되는 권리 간의 차이점에 기초해야 한다. 이것이야말로 일관성 있는 차별을 할 수 있는 유일한 근거가 된다. 주의 깊게 분석해보면, 3당사자 간의 신탁이라는 시나리오는 원고와 피고 두 사람 모두에게 보통법상의 3당사자 간 시나리오와는 현저하게 다른 권리를 부여한다. 만약 이것이 진실이라면 구제수단에서도 현저하게 급진적으로 다른 방법을 쓰더라도 정당성을 인정받을 것이다. 그림으로 돌아가보자. 형평법의 각본에서는 잘못을 저지르는 수탁자가 제3자인 피고에게 그림을 준다. 보통법의 각본에서는 도둑이 제3자에게 준다. 이 두 경우 모두에서 제3자는 정을 모르는 결백한 무상취득자 volunteer라고 추정된다. 여기서 원고의 위치는 분명해진다. 원고는 앞의 사안에서는 형평법상의 소유자로 남으며, 나중 사안에서는 보통법상의 소유자로 남는다. 원고가 자신의 권리를 되찾기 위하여 부당이득을 이유로 하는 청구권을 행사하려 한다고 가정해보자(논쟁을 위한 편의상 당분간 부당이득의 분석기법이 이런 보통법상의 사실관계에 적용되는 데 대한 당초의 이론적 비판을 무시해보자).

먼저 "부당unjust"이라는 요소, 또는 피고가 받은 이익을 보유하는 것이 부당unjust해지도록 만드는 특정한 양상을 생각해보자. 보통법의 각본에 따르면, 원고가 권리이전transfer을 몰랐다거나 동의하지 않았을 경우 제3취득자를 상대로 하여 원상회복청구권을 행사하는 것이 정당화된다(그리고 아마도 도둑에 대해서는 훨씬 더 그럴 것이다). 그러나 신탁의 수익자는 똑같은 주장을 할 수 없다. 신탁의 수탁자는 그 재산에 관하여 보통법상의 소유권과 함께 그 재산에 결부하여 얹혀질 수 있는 위험 또한 부담한다. 수탁자는 설사 그럴 권한을 부여받은 바 없더라도 제3자에게 그림을 이전할 능력을 가지고 있다. 이와는 대조적으로 도둑은 훔친 재산에 대하여 아무런 권원을 가지고 있지 아니하므로 권리를 이전시킬 아무런 자격capacity이 없다. 수탁자로부터 취득하는 제3취득자는 그림에 대하여 보통법상의 소유권을 얻게 된다. 이는 임무에 위배한 수탁자가 그 그림을 증여한 경우에도 마찬가지이다. 수익자는 설사 자기가 수탁자의 지위남용에는 동의하지 않았더라도 수탁자에게 이런 능력을 허용했기 때문이다. 그렇다고 하여 수익자가 임무에 위배한 수탁자와 거래한 제3자에 대하여 아무런 권리도 가지지 못함을 의미하는 것은 아니지만, 수익자와 수탁자 간에 합의된 신탁조건을 반영하기 위하여 수익자의 권리가 삭감되어야 한다는 주장에 대하여는 논쟁의 여지가 있다. 이는 바로 위험의 안배risk allocation에 관한 논쟁이지만, 이야말로 모든 부당이득 청구의 바탕에 깔려 있는 근본 문제이다. 당장 걸려 있는 문제는 원고의 재화의 안배를 원고에게 맡겨 그가 알아서 결정하는 대로 이를 존중하고 보호해 줄 것인지, 또는 피고의 취득의 안전을 보호해줄 것인지에 관한 것이다. 원고가 수탁자라는 관리인을 이용하는 것은 위험의 안배에 영향을 준다. "외관상의 권한ostensible authority"에 관한 원칙이 똑같은 정책기조policy basis 위에서 작용한다는 사실을 돌이켜보자.[70)]

다음으로는 원고의 권리에 대하여 생각해보자. 어떤 수준에서는 어떠한 "권리rights"에 관한 논쟁이라도 잠재적으로 순환논법의 성격을 띠고 있다. 원고의 재산권은 법이 부여해주는 보호의 정도에 의하여 그 강도가 측정된다. 그러나 이것이야말로 여기서 바로 논쟁의 대상이 되고 있는 것이다. 이에도 불구하고 기본구조의 수준에서는 보통법상의 소유권과 형평법상의 소유권 간에 본질적 차이가 존재한다. 그림에 대한 보통법상의 소유자는 그림에 대한 모든 권리(피고로부터 특정 회수할 수 있는 능력을 제외하고)를 보유하고 있다. 그러나 형평법상의 소유자는 그렇지 못하다. 형평법상의 소유권은 파생적derivative이다. 형평법상의 소유자는 그림에 대한 이익interest을 보유하지만, 그 이익이란 것은 수탁자가 그를 위하여 떠맡은 관리책임에 의하여 측정될 수 있는 이익일 뿐이다. 도둑과 수탁자의 서로 다른 역할에 견주어 이것이 무엇을 의미하는지 생각해보자. 만약 도둑이거나 수탁자이거나 간에, 또 고의든 부주의든 간에 그가 그림을 파손한다면 그에 대한 소유자의 권리는 서로 다른 근거에서 발생한다. 즉, 도둑

---

70) 제5장 제3절 제1관을 보시오.

은 자기의 행위가 보통법상 소유자의 완전한 소유권에 거슬리는 한 모든 책임을 진다. 이에 반하여 수탁자는 자기가 떠맡은 관리책임에 어긋나는 행위의 범위 내에서 책임을 진다. 그림을 제3자에게 주었을 때 원고들의 서로 다른 권리는 마찬가지로 차이점을 보여준다. 보통법상의 소유자는 도둑에 대하여 가지고 있는 것과 똑같은 권리를 제3취득자에 대하여 주장할 수 있다—즉, 보통법상 소유자의 "권리들의 다발"에는 변동이 없는 것이다. 반면 형평법상의 소유자는 상당히 다른 위치에 서게 된다. 첫째, 그는 단지 수탁자에 대하여 자기의 재산을 약정된 조건에 따라 관리하도록 요구할 수 있는 자기의 권리가 침해되었음을 이유로 하여서만 제3취득자에게 권리를 주장할 수 있을 뿐이다.[71] 둘째, 제3취득자가 관리권한을 떠맡기로 동의하고서도 이를 유월하는 경우이다. 형평법상의 소유자의 재산권이 제3자의 수중에 있는 물건에도 여전히 존속한다고 말하는 경우, 그런 말이 의미하는 바는 제3자가 수탁자에 의하여 관리되는 재산상에 형평법상의 소유자가 가지는 권리를 인정해줄 의무를 지는 것을 의미한다. 그리하여 제3취득자는 자기 스스로의 권리와 형평법상 소유자의 권리 간에 불일치가 있는 경우에는 후자에 양보해야 한다. 제3취득자가 그 재산을 반드시 어떤 특정한 방법으로 관리해야 할 책임을 지는 것은 아니다. 만약 제3취득자가 그 재산을 자기의 점유하에 두고 있다면 원고의 청구에 따라 그 재산(또는 그 상당가치[72])이 수탁자의 관리하로 되돌려져야 한다는 원고의 권리를 인정하도록 요구받을 것이다. 그러나 제3취득자가 그 재산을 더 이상 점유하고 있지 않다면 이런 청구는 더 이상 그에게 아무런 영향을 미치지 못할 것이다. 제3취득자는 자기 또한 마찬가지로 관리책임을 맡기로 약속한 경우에만 책임을 질 것이다. 이것이 바로 정을 알면서 취득한 제3자에게 적용되는 형평법상의 원칙이 확인하고자 집중하는 바에 다름 아니다. 즉, 제3자가 어떠한 형태로든 수탁자의 관리책임을 떠맡았는지의 여부인 것이다.

---

71) 그리고 이것은 오로지 무상취득자에 대하여 재산권을 주장할 수 있다는 이유만으로 그렇다. 제4장 제4절 제3관을 보시오.

72) 위 제3절을 보시오.

이렇게 장황한 설명을 통하여 보여주고자 하는 것은, 보통법상의 재산소유자와 형평법상의 재산소유자를 서로 비슷하게 대접해주어야 한다는 주장에 근본적인 흠이 있다는 점이다. 광범위한 계층에서—그러나 그릇되게—받아들여지고 있는 편견은 보통법상의 재산과 형평법상의 재산이 짐승으로 치면 같은 종에 속하면서 같은 식으로 행동한다는 짐작이다. 그러고 나서 이런 생각은 만약 Y로부터 Z로의 이전에도 불구하고 X가 여전히 형평법상의 재산소유자로 남아있게 된다면, X가 Y에 대하여 주장할 수 있는 "권리들의 다발"은 X가 Z에 대하여 내세울 수 있는 "권리들의 다발"과 일치된다는 결론을 유도하게 된다. 이는 보통법상의 재산에 대하여는 맞는 이야기이지만, 형평법상의 재산에 대하여는 틀린 이야기가 된다. 형평법상의 재산권은 보통법상의 소유자가 형평법상의 소유자에 대하여 부담하는 채무에 의하여 정의되고 또한 한계지워진다. 어느 재산이 Y로부터 Z에게로 이전한다고 하여 자동적으로 그 재산에 관한 Y의 채무도 Z에게 이전하여 이제 그 의무가 Z에게 부과된다고 하는 것은 아니다. 형평법상의 소유자가 Y에 대하여 내세울 수 있는 "권리들의 다발"은 그가 Z에 대하여 내세울 수 있는 권리들의 다발과 똑같은 것이 아니다.

이런 양상은 신탁관계가 아닌 사안에서 쉽게 확인될 수 있다. 금전대여자인 원고의 형평법상 권리가 소유권이 아니라 차용인이 보통법상 소유하는 재산에 대한 담보권이라고 가정해보자. 만약 차용인이 담보설정계약에 위반하여 그 재산을 정을 모르는 선의의 제3자에게 무상으로 준다면 형평법상의 담보권자의 권리는 그 경우 어떻게 될까? 만약 제3자가 아직도 그 재산을 수중에 가지고 있다면 형평법상의 담보권자는 그 재산에 대한 자기의 담보권을 주장할 수 있을 것이다(이것은 형평법상의 우선권다툼의 원칙에 기인하는 것이다[73]). 즉, 형평법상의 담보권자는 자기의 대여금채권을 담보받기 위하여 그 재산상에 가지고 있는 권리가 보호되어야 한다고 주장할 수 있을 것이다. 그러나 만약 제3자가 그 재산을 더 이상 보유하고 있지 않다면—아마도 다른 데 팔든지 했다면—그때에는

73) 제4장 제4절 제2관을 보시오.

형평법상의 담보권자는 그 제3자에 대하여 더 이상 아무런 채권적 권리를 가지지 못하게 된다.[74] 즉, 그 제3자가 자기의 형평법상의 재산을 "불법영득convert" 했다거나 또는 이를 통하여 부당이득(만약 제3자가 그 재산을 담보가 없는 재산인 양 가장하여 매각했다면 그는 확실히 부당이득을 하는 셈이지만)했다고 주장할 수 없게 된다. 그 이유는 간단하다. 그 제3의 무상취득자는 원고의 재산에 관하여 개인적으로 아무런 관리책임을 떠맡지 않은 것이므로 그런 전제 위에서 취급받아야 하는 것이기 때문이다. 반면 만약 그가 그런 채무를 떠맡았다면—그가 명시적으로 담보를 떠안는 조건으로 그 재산을 받았다면—그는 원고에 대하여 개인적으로 책임을 지게 될 것인데, 이는 그 담보에 의하여 확보되는 원고의 우선변제권을 위해서가 아니라, 재산 그 자체상에 원고가 가지는 물권적 담보권에 대하여 그 제3자가 간섭하거나 또는 피해를 야기한 데 대한 책임인 것이다.[75]

이 모든 것은, 형평법상의 재산권(그것이 소유권이든 담보권이든 간에)은 보통법상의 재산권과 상당히 다르며, 따라서 상당히 다른 결과를 불러온다는 점을 강조하는 것이다. 형평법상의 재산권을 구성하는 "권리들의 다발"은 보통법상의 소유자가 그 수익자에 대하여 부담하는 채무의 형태에 의하여 측정된다. 정을 알면서 취득했다고 하는 형평법상의 주장은 제3취득자가 이런 형태의 의무를 떠맡았는가의 여부를 확인하는 데 집중되고 있다. 원고가 자기의 채권적 청구를 통하여 형평법상의 재산권을 확인받고자 한다면, 그 청구는 수탁자를 상대로 하여 그가 신탁상의 관리의무에 위반했음을 이유로 하는 청구, 또는 제3자를 상대

74) 여기서 더 어려운 문제는 원고가 담보제공된 재산의 추급가능한 대체물에 대하여 물권적 권리를 가지고 있느냐의 여부에 관하여 생긴다. 원고는 담보제공자의 수중에 있는 추급가능한 대체물에 대하여 권리를 가진다. 그러나 제3취득자의 수중에 있는 추급가능한 대체물에 대하여는 논쟁의 여지가 있지만, 원고는 만약 제3자가 그런 물권적 권리에 의하여 확보될 수 있는 인적 책임을 지는 경우에는 이를 가진다는 것이다. 이 문제는 매우 어렵고도 논란이 심한 사안이다. 일반적으로는 *Latec Investments Ltd v Holtel Terrigal Pty Ltd* (1965) 113 CLR 265 (Aust HCT) 및 제4장 제7절 본문을 보시오.

75) 이는 담보권에 대하여뿐만이 아니다. *De Mattos v Gibson* (1858) 4 De G & J 276, 45 ER 108. 판결을 추종하는 일련의 판례들을 보시오.

로 하여 그가 떠맡았을 수도 있는 관리의무 위반을 이유로 하는 청구에 국한된다.[76] 더욱이 수탁자와 제3자는 각자의 관리기능을 신임관계에 준하여 행사해야 한다—그리하여 이들은 특정한 관리조건에 위배하였음을 이유로 하는 청구만이 아니라, 일반적인 충실의무에 위반하였음을 이유로 하는 청구에도 노출된다. 반면 원고가 물권적 청구방법을 추구할 경우에는, 원고는 보통법상의 소유자에 대하여 원고의 이익을 위하여 그 재산을 특정한 방법으로, 또 특정한 사람이 관리하도록 요구하는 우선권다툼의 주장만을 내세울 수 있게 된다.

요약하자면, 형평법은 형평법상 소유자의 재산권을 제3자에 의한 간섭으로부터 보호해주는 똑 떨어지는 재판권을 가지고 있다. 이런 청구권은 부당이득을 이유로 하는 청구에 유추될 수 없다. 이런 청구권은 불법행위wrong에 기초한 청구로서, 불법행위라 함은 제3자가 그 재산을 취득할 당시에(또는 그 후에, 그러나 문제의 거래에 뛰어들기 전에) 떠맡았다고 간주되는 채무의 엄격한 제조건에 위반하여 행위했다는 데서 성립할 것이다. 이런 제3자들은 그들이 일단 자발적으로, 그리고 정을 알면서 똑같은 부류의 역할을 떠맡았음이 입증될 경우에는 명시적 수탁자와 똑같은 형태의 책임을 지게 된다. 이에 관하여는 비록 상당한 비판도 있지만 전통적이기도 한 표현이 정곡을 찌르는 감이 있다. 즉, 이런 제3자들은 "의제" 수탁자로서 "의제" 신탁의 조건에 위반하여 권한 없이 행위하지 않았더라면, 그 신탁기금이 원래 자리하고 있었어야 할 위치에 이를 되돌려놓아야 할 채무를 진다는 것이다. 만약 여기서 "의제"라는 용어를 받아

---

76) 정을 알고 취득한 자의 책임은 또한 제3자가 그 재산을 자신의 이익을 위하여 취득하는지의 여부에 달려 있다고 또한 말해지고 있다. 즉, 이런 요건은 다른 사람의 이익을 위하여 그 재산을 단지 집사의 자격ministerially으로 취득하는 제3자(은행, 변호사, 그리고 공인계회사 등)를 책임으로부터 모면시켜준다. 그럼에도 이런 당사자들은 정을 알면서 방조한 경우 수익자에 대하여 개인적으로 책임을 질 수도 있다. 아래를 보시오. 이런 조건은 여기서 전개되는 분석방법보다는 정을 알면서 취득한 경우에 관한 부당이득의 법리상의 분석방법을 채택하는 감이 짙다. 그러나 일단 정을 알면서 취득하는 경우와 정을 알면서 방조하는 경우의 책임에 관하여 따지기로 한다면 그 실무적인 결론은 마찬가지가 된다.

들이기 곤혹스럽다면, 이 제3자들을 신탁으로 "간주deemed" 되는 경우의 조건에 위반한 데에 대하여 개인적으로 책임을 져야 하는 "간주" 수탁자deemed trustees로 생각해보는 것도 도움이 될 것이다. 이는 제3자가 전후 사정context을 알고 있었더라면 합리적으로 볼 때 동의했으리라고 여겨지는 바에 근거한 추정인 것이다.

이와 비슷한 분석방법은 결과적신탁이나 의제신탁에 기하여 재산을 보유하고 있다고 여겨지는 수탁자의 인적 책임을 평가하는 경우에도 또한 적용된다. 비록 "결과적resulting"과 "의제constructive"라는 용어가 언제 그런 상황이 일어났는지를 결정함에 있어 반드시 참고가 되는 것은 아니지만, 재산을 보유하는 요소는 다양한 상황에서 법률의 규정에 의하여 결정된다. 이와 관련하여 이런 수탁자들이 지게 되는 채무—그런 수탁자가 결과적신탁이나 의제신탁의 조건에 어긋나게 재산을 처분하였을 경우 그 수탁재산을 제자리에 돌려놓아야 할 책임—는 수탁자가 정을 알았느냐의 여부에 달려 있다. 이런 수탁자들이 전후 사정을 알았다고 가정할 경우 그들은 도대체 수탁자로서 어떤 관리책임을 떠맡았다고 간주해야 할 것인가? 이는 비록 모든 결과적신탁 및 의제신탁이 물권적 결과를 초래하기는 하지만, 그 모두가 재산을 보유하는 수탁자에게 부과되는 "수탁자형trustee-type" 책임과 연관된 것은 아님을 분명히 해주고 있다.

이 문제야말로 오랜 시간을 끌어온 매우 복잡한 양상을 띤 논의의 대상이 되고 있다. 이 문제에 관한 논란은 매우 크며, 그리하여 납득이 가는 해결책이 절실히 요청되고 있다. 이 책에서 제시되고 있는 분석방법에 의하면, "정을 알면서 취득"한 제3자가 이제는 더 이상 보유하고 있지 않은 수탁재산의 가치상당액을 원고에게 되돌려놓아야 할 채무를 진다고 간주되려면 그는 바로 그 정을 알아야 한다. 대안적 청구에 있어서조차도 부당이득에 관한 무과실책임을 지지 않는 것이다. 그는 "간주수탁자deemed trustee"로서의 책임을 질 뿐이다. 그가 수탁자로서 인적 책임을 진다고 하기 위해서 그는 원고의 이해관계 있음을 알아야 하며, 그런 기초 위에서 그 재산의 보유에 동의했다고 간주될 수 있어야 한다. 여기서 필요한 정을 안 정도가 얼마나 되어야 하는가의 문제는 답하기 어렵지만, 원고의 형평법상의 이익이 존재하고 있음을 실제로 알았거나, 또는 알았다고 의제될 만한 정도라면 그로써 충분히 그 제3자가 타에 처분해버린 재산의 가치상당액을 원고에게 물어주도록 요구하는 가장 단순한 형태의 재산관리 신탁property-holding trust 관계를 인정하기에 충분한 것이다. 그러나 만약 제3자가 원고의 재산을 좀 더 복잡한 신탁의 형태, 예컨대 원래의 신탁을 그대로 반영하는 신탁의 형태로 보유하고 있다고 간주되려면 현실적으로 정을 알았어야(또한 그럴 가능성을 의도적으로 무시한 경우도 포함하여) 한다고 보인다. 일단 한 번 정을 안다고 하는 데 필요한 정도의 기준이 확립되고 나면, 제3자는 그 재산을 취급하는 데 대하여 "수탁자"로서 책임을 지게 된다. 이에 따라 그는 자기의 권한 없는 처분행위가 없었더라면 그 수탁재산이 원래 있었어야 할 위치에 수탁기금을 되돌려놓아야 하며, 자기의 관리의무에 위반하여 얻어진 이익이 있으면 이를 모두 토해내야 하는 것이다.

제2관 방조책임
—"정을 알면서 방조"한 경우 : "부정직한 방조"

형평법상의 이익을 보호해주는 메커니즘으로서 마지막으로 거론할 만한 것은 제3자에 대한 또 다른 방법의 구제수단이다. 그 목표는 수탁자와 공모하거나, 또는 수탁자의 의무 위반행위를 도와주는 제3자로부터 수익자를 보호하는 데 있다.[77] 수익자들에 대하여 벌어지는 본격적인 규모의 사기행위는 대부분 누차에 걸치는 자금의 세탁 과정에서 은행, 변호사 또는 공인회계사 등의 도움을 필요로 하는 것이 일반적이다. 그러나 그런 도움은 또한 별로 귀찮게 따지지 않은 채로 쉽사리 그림을 맡아 팔아주는 경매회사나 의문의 여지가 있는 부동산을 중개해주는 중개업소들처럼 다소 색깔 없는 통로들을 통해서도 얻을 수 있다. 만약 이런 형태의 도움이 민사상의 불법행위civil wrong로 간주될 수 있다

77) *Barnes v Addy* (1874) LR 9 Ch App 244.

면, 수익자가 받게 될 위험은 눈에 띄게 감소하게 된다. 보통법은 비슷한 형태의 불법행위를 인정하여 계약당사자 중 한쪽 당사자로 하여금 계약을 위반하도록 유도해낸 제3자에게 책임을 부과하고 있다. 두 법체계에서 불법행위를 인정하는 논거는 똑같으며, 또한 이에 대한 대응책 또한 똑같은 요청에 동기를 부여받고 있다.[78] 제3자가 방조자로서의 역할하는 것을 억지하기 위하여 그와 같은 방조행위로 인하여 신탁의 수익자(또는 보통법상 계약상대방)가 입게 될 피해에 대한 채권적 책임을 지우는 것이다.

최근까지만 해도 이런 불법행위는 "정을 알면서 취득"했느냐의 여부를 둘러싼 여러 가지의 불확실성으로 인하여 골치를 앓아왔다. 어떤 사람이 "정을 알면서knowing" 신탁에 위반하는 행위를 도와주었다고 인정될 수 있기 위해서는 얼마만큼 정을 알아야 하는 것일까? 이런 혼란의 대부분은 여기서의 불법행위는 방조책임accessory liability에 관한 것이라는 설득력 있는 설명에 의하여 대부분 해소된다. 여기서 진짜로 필요한 것은 제3자가 수탁자의 신탁의무 위반행위나 수임자의 신임관계상의 의무의 위반을 부정직하게dishonestly 도와주었거나, 또는 그에 참여participate했어야 한다는 점이다.[79] 이를 반영하기 위하여 이제 불법행위는 자주 "부정직한 방조행위dishonest assistance" 또는 "방조책임accessory liability"으로 규정되기도 한다. 부정직한 행위의 여부를 평가함에 있어서는 전후 사정이 근본적으로 중요해진다. 제3자는 증거를 무시해서도 안 되며, 또 원고의 가능한 권리를 경솔하게 무시하는 행위를 해서도 안 되지만, 의심스러울 경우 자신이 충분히 납득할 수 있을 만큼 어느 정도로 필요한 조사를 해야 하느냐의 여부는 그가 그 거래에서 차지하는 역할 및 그 거래의 성격에 달려 있다. 예컨대 변호사에게는 좀 더 많은 것이 요구될 수도 있으며, 또한 어떤 거래가 겉보기만으로도 이례적인 경우에는 좀 더 많은 주의의무가 요구될 수 있다. 이에도 불구하고 부정직이라는 개념은 우리를 매우 곤혹스럽게 한다. 최근의 권

78) *Royal Brunei Airlines Sdn Bhd v Tan* [1995] 2 AC 358 (PC).

79) *Royal Brunei Airlines Sdn Bhd v Tan* [1995] 2 AC 358 (PC).

위 있는 학설에 의하면, 제3의 방조자는 그의 행위가 객관적으로는 물론 주관적으로도 부정직할 경우에만 책임을 진다는 점을 강조하고 있다.[80] 다수가 보기에 주관적 판단만으로는 부주의한 자에게 과다한 보호를 해주게 된다는 단점이 있다는 것이다.

만약 이런 전제조건들이 충족된다면, 제3자는 원고에 대하여 마치 명시적 수탁자가 똑같은 내용의 위반행위를 한 것과 마찬가지의 책임을 지게 된다. 이 경우 오래된 판례들은 다시 한 번 제3자는 "정을 알면서 방조한 의제수탁자로서의 책임"을 져야 한다고 설시하고 있다. 여기서 사용되는 언어가 적절하지 못한 것은 사실이지만, 앞의 절에서 본 "간주수탁자deemed trustee"의 분석 사례에서와 마찬가지의 양상이 뚜렷이 드러나는 것이다. 그러나 신탁재산을 제3자가 취득하는 것이 곧장 불법행위를 구성하는 것은 아님에 주의하라. 그러므로 여기서의 책임은 "의제수탁자constructive trustee"의 책임이라기보다는 "의제수임자constructive fiduciary"의 책임이라고 묘사하는 것이 좀 더 나을 듯하다.

형평법상의 방조책임론에 "형평법적Equitable"이라는 꼬리표를 그대로 붙여 두어야 할 필요는 없음이 분명해 보인다. 보통법과 형평법상의 방조책임은 똑같은 기초 위에 근거하고 있다. 구제수단에 있어서의 차이가 있다 하여 그것이 곧 서로 철학이 다름을 의미하지는 않는다. 그리하여 상황에 따라서 제3자는 단순히 신탁상의 의무 위반, 또는 계약상의 의무 위반에서 연유하는 피해에 대한 배상책임을 질 뿐이다.

제5절 정보의 보호

형평법이 마련하고 있는 정보information의 보호 전략에 관하여는 앞의 장에

80) *Twinsectra Ltd v Yardley* [2002] UKHL 12, [2002] 2 AC 164 (HL)을 보시오. 그러나 밀렛 경은 강력한 반대의견을 개진하고 있다.

서 논의한 바 있다. 그곳에서는 법이 개입하려는 동기가 원고에게 피해를 입지 않도록 보호해주려는 데서 비롯된 것이지, 피고에게 원고의 이익을 위하여 노력하도록 의무를 지우는 데 있는 것이 아님을 알 수 있었다. 그러므로 다소 혼란(비록 드물기는 하겠지만)을 초래하는 형평법의 억지deterrence책으로서의 토해내기 전략의 활용에 관한 것이 아니었다면, 이에 관한 논의는 이 장에서 취급하는 것이 훨씬 좋을 듯하다.

비밀유지의무의 위반이 불법행위[역주3]를 구성한다는 발상은, 성문법이 판례법에 앞서서 개입하지는 않는다는 전제하에서 볼 때에는 판례법에 사생활보호law of privacy의 법 영역을 추가하여 준다는 의미가 있을 듯하다.[81)] 그러나 현재의 원칙들만으로는 이런 필요를 충족시켜주지 못한다. 예컨대 비밀유지의무에 위반했다고 하더라도 그 정보가 "내밀confidential"하거나 "비밀secret" 사항이 아닌 한 그 공개는 금지되지 않는다. 그러나 그 경우에도 본인이 자신에 관한 정보가 일정한 대상에게 일정한 방법으로 공개되기를 원치 아니할 때에는 결국 그 사생활은 침해되는 것이다. 어떤 정보가 내밀한 것이라도 모든 이해관계자를 보호해줄 수는 없다. 비밀유지의무의 원칙이 보호해줄 수 있는 것은 문제의 정보를 "소유own"하거나 또는 "제공provide"하는 사람에 국한된다. 어느 환자가 의사에게 자기가 어떤 제3자로부터 감염되었다고 알려주면서 의사에게 더 이상의 정보공개는 하지 못하도록 요구할 수 있을 것이다(물론 공중보건을 위하여 공개가 강제되는 경우는 있을 것이다). 그러나 그 경우 바로 그런 정보의 연원이 되는 제3자가 또한 마찬가지의 권리를 가지는지는 분명하지 않다.

사생활보호의 법리—사생활의 법익에 관련된 불법행위—가 바로 이런 문제들을 다룰 수 있을 것이다. 다른 모든 불법행위의 경우와 마찬가지로 법이 개입하는 것은 곧 경합하는 공익의 균형을 잡는 데 목적이 있지만, 그 보호가 현재보다 좀 더 확대될 것임에 관하여는 의문의 여지가 없다.

---

81) *See Douglas v Hello! Ltd (No 3)* [2005] EWCA Civ 595, [2005] 3 WLR 881 (CA).

제6절 새로운 형태의 불법행위

현대법의 진전 과정을 보면 좀 더 높은 윤리기준을 포용하고자 하는 지칠 줄 모르는 의욕을 엿볼 수 있다. 타자와의 관계에서 "신의성실과 공정한 거래good faith and fair dealing"야말로 다양한 하위규범들sub-rules에 의하여 그 요구가 더욱 증대되고 있다.[82] 법의 언어 또한 변화하고 있다. 그리하여 "합리적 기대reasonable expectations", "합리적 신뢰reasonable reliances", "합당한 기대legitimate expectations", "공정하고 합리적인 사람the fair and reasonable man", "정의롭지 못한 요소들unjust factors", "비양심적인 행위unconscionable conducts" 등과 같은 용어들의 사용이 증대하고 있다.

다른 사람의 합당한 이익이나 합리적인 기대를 존중해줄 의무는 제5장에서 보았듯이 갈수록 중요한 현상으로 나타나고 있다. 또 이후의 장들에서는 당사자가 거두절미하고 자신의 법적 권리만을 주장할 자격 또한 갈수록 제약을 받고 있음이 분명해진다.[83] 도대체 사생활보호의 법 영역 이외에도 불법행위의 지평에 무엇이 나타나고 있는 것일까? 대체로 두 가지 후보군이 날개를 펼 준비를 하고 있는 것으로 보인다.

공개의무duties of disclosure는 자기만이 유리한 지위를 확보하고자 하는 한쪽 당사자의 납득하기 곤란한 이기적 주장을 예방하기 위한 으뜸 가는 교정책으로 떠오르고 있다. 미국이야말로 그 선도적 역할을 하고 있는데, 기업윤리가 지속적으로 발전함에 따라 타인의 무지ignorance를 활용할 수 있는 특권은 갈수록 제약받고 있다. 그 정당화의 근거가 때로 상업적인 데 있다면 놀라운 일이겠지만, 가혹한 실무관행의 묵인을 정당화해주는 근거 또한 상업적인 데 있었다는 점에서 놀랍기도 하다. 마찬가지의 맥락에서 독립한 자문independent advice[역주4]을 받도록 권고할 의무나 적절한 설명adequate explanation을 해줄 의무 또한 새

82) 그러나 *White and Carter (Councils) Ltd v McGregor* [1962] AC 413, 430을 보시오.
83) 제7장 전체 및 제8장 제1절 제1관, 제2관, 제3관을 보시오.

삼 그 의미가 각광받고 있다.[84] 계약관계를 규율하는 종전의 낡은 원칙들은 각 당사자에게 자신의 이익은 자신이 챙겨야 한다고 요구해왔을 것이다. 이 두 가지 영역 모두에서 좀 더 확장된 형태의 불법행위의 법리가 매우 중요한 일이지만, 이 전략은 손해의 평가를 준계약적pseudo-contractual 기초 위에 두지 않고 원고가 상실한 이익에 근거하도록 요구할 것이다. 이것이 양쪽 당사자에게는 좀 더 공평한 일이 될 것이며, 걸려 있는 이해관계와 그런 이해관계들이 받을 수 있는 보호를 그대로 정확히 반영할 수 있을 것이다. 흥미롭게도 이들이 띠고 있는 짙은 형평법적인 색조에도 불구하고 이런 현대적 발전 양상은 두 법체계 중 어느 법체계에 그 연원이 있는지를 보여줄 필요가 보이지 않는다. 이들은 단순히 영국 판례법의 불가피한 진화의 일부분으로 판단될 뿐인 것이다.

제7절 정리

이 장에서는 제5장에서와 마찬가지로 형평법이 불법행위의 법리를 보완하는 데 있어서 떠맡은 역할에 관하여 살펴보았다. 여기에서의 초점은 형평법이 독특하게 기여한 것이 무엇이냐에 있는 것이 아니라, 형평법과 보통법이 유사한 상황에 서로 다른 방법으로 대응하는 사례에 맞추어지고 있다. 그러나 이런 차이점에 관하여 주의 깊게 분석해보면, 판례법은 보통법과 형평법으로부터 물려받은 균열된 양상에도 불구하고 불법행위에 관한 한 비교적 일관성을 갖추고 있다는 다소 놀라운 결론에 이르게 된다.

두 법체계 간의 차이를 강조하는 집요한 주장들은 때로는 그 실질적 근거를 결여하기도 한다. 예컨대 과실negligence의 원칙이라든지 방조책임accessory liability의 원칙, 그 어느 것도 두 법체계 중 어느 하나의 꼬리표를 꼭 붙여야만 할 필요를 제기하지 않는다. 어느 경우에나 형평법과 보통법의 전략은 똑같은

84) *Royal Bank of Scotland v Etridge (No 2)* 〔2002〕 2 AC 773 (HL).

이유에서 똑같은 목적을 향하고 있으며, 또한 판례법은 불만을 품은 원고들에게 똑같은 결론을 내려주기 위하여 공개적으로 접근하는 경우에만 최선의 효과를 얻을 수 있다.

마찬가지로 때로 의식적인 차별화는 특히 원칙을 일반화시키고자 하는 성문법의 면전에서 볼 때 비생산적으로 느껴지기도 한다. 이것이 바로 인정션injunctions과 "형평법상의 법정손해배상Equitable damages"의 경우이다. 이것들은 보통법상의 손해배상에 추가하여 구제수단에서의 다양성을 제공해준다. 그리하여 이들은 다양한 권리들 간에서 우열구조를 형성하도록 허용해주며, 그리하여 좀 더 가치 있는 권리는 좀 더 가치 있는 구제수단에 의하여 보호받게 된다.

반면 다른 원칙들은 그 적용에 원칙이 있는 제한을 가하기 위해서는 좀 더 공격적인 분석을 필요로 하게 된다. 이는 특히 형평법이 재산의 특정회복을 고집할 권한에 관련하여 통념이라고 할 만하다. 여기서는 절대적absolute, 형평법상의 소유자라면 보통법상의 소유권의 이전을 요구할 자격은 있지만, 그 재산에 관한 점유이전을 요구할 자격은 없다고 운을 떼는 정도로 그치고자 한다. 그렇게 되면 보통법상의 소유자는 그 재산이 특별한 경우이거나(이색적인peculiar 경우이거나 독특한unique 경우), 또는 피고가 특별한 경우(수탁자나 수임자이기 때문에 원고의 이익을 자신의 이익보다 더 위에 두기로 약속한 경우)에만 특정회복을 요구할 자격이 생기게 된다. 이렇게 함으로써 재산권의 보호에 관한 보통법과 형평법 간의 골치아픈 괴리 현상을 효과적으로 제거할 수 있게 될 것이다.

여전히 더 많은 다른 원칙들이 그 근저에 깔려 있는 사유에 관하여 좀 더 명확하고도 좀 더 합리적인 근거를 제시할 것을 긴절하게 요구받고 있다. 그렇게 할 수 있을 경우에만 그들의 적절한 한계가 평가될 수 있을 것이다. "정을 알면서 취득"하는 형평법상 불법행위의 경우가 바로 그렇다. 이에 관하여는 보통법상의 불법영득conversion을 이유로 하는 불법행위와 보통법상의 부당이익의 반환청구에서 유추해낸 설명들을 포함하여 다양한 형태의 설명이 현재 공통적으로 시도되고 있다. 그러나 이 책에서 선호되는 설명방법은 명시적신탁에서 유추하는 방법이다. 이런 추론에 터잡아보면 제3취득자는 전후 사정에 의할 경우 그가 그 재산을 특정한 형태로 취급해야 한다는 연관된 신임관계상의 의무의 부담을 전제로 하여 취득하였다고 인정될 경우에만 책임을 진다는 것이다. 그렇게 되면 그 경우의 책임은 비슷한 상황에서의 명시적 수탁자의 책임을 그대로 반영하는 셈이 되며, 또한 "간주수탁자"의 책임으로 묘사할 경우 좀 더 그 설명이 설득력을 얻게 될 듯하다.

이런 문제들은 결코 사소한 것이 아니다. 그럼에도 보통법상의 불법행위에 관하여 통합되고 합리적이며, 또한 논리적으로 일관된 법리를 개발해내는 것이 가능하다고 보인다. 대부분의 경우에 권리와 구제수단의 우열관계는, 두 법체계가 서로 분리된 채로 각각 발전해왔다는 사실에도 불구하고 상당히 논리적이며 또한 방어가 가능한 것으로 보인다.

【 역주 】

1 우리의 "자기재산에 대한 주의의무"에 해당하는 감이 있으나, "선량한 관리자의 주의의무"에 가깝다고 보아야 될 듯하다.

2 원격성=우리의 "상당인과관계"에 해당하는 개념이다. 즉, 끝없는 인과관계의 사슬 중에서 상당성 있는 부분에 한하여서만 책임을 져야 한다는 뜻.

3 civil wrong=민사법 분야에서의 불법행위만을 의미한다.

4 예컨대 은행이 거래상대방으로 하여금 은행으로부터 독립한 지위에서 거래상대방을 위하여 자문해 줄 수 있는 변호사의 자문을 받도록 권고하는 일.

제6장 참고문헌

Birks, P., "Receipt" in P. Birks and A. Pretto (eds), *Breach of Trust* (Oxford: Hart Publishing, 2002), p. 213.

Elliott, S. B. and Mitchell, C., "Remedies for Dishonest Assitance" (2004) 67 MLR 16.

Grantham, R. B. and Rickett, C. F., "Liability for Interfering in a Breach of Trust" (1998) 114 LQR 357.

Harpum, C., "The Stranger as Constructive Trustee" (1986) 102 LQR 114, continued at 267.

Hayton, D., "English Fiduciary Standards and Trust Law" [1999] 32 Vanderbilt Journal of Transnational Law 555.

Langbein, J., "The Contractarain Basis of the Law of Trusts" (1995) 105 Yale LJ 626.

Mitchell, C., "Assistance" in P. Birks and A. Pretto (eds), *Breach of Trust* (Oxford: Hart Publishing, 2002), p. 139.

Nicholls, Lord, "Knowing Receipt: The Need for a New Landmark" in W. R. Cornish, R. Nolan, J. O'Sullivan, and G. Virgo (eds), *Restitution: Past, Present and Future* (Oxford: Hart Publishing, 1998), Ch. 15.

Smith, L., "W(h)ither Knowing Receipt?" (1998) 114 LQR 394.

____, "Contructive Trusts and Constructive Trustees" [1999] CLJ 294.

____, "Unjust Enrichment, Property and the Structure of Trusrs" (2000) 116 LQR 412.

참고판례

Bartlett v Barclays Bank Trust Co Ltd (No 2) [1980] Ch 515 (CA)

BCCI (Overseas) Ltd v Akindele [2001] Ch 437 (CA)

Bristol & West Building Society v Mothew [1998] Ch 1 (CA)

Canson Enterprises Ltd v Boughton & Co [1991] 3 SCR 534, (1991) 85 DLR (4th) 129 (Can SCt)

Re Dawson [1966] 2 NSWR 211 (NSW SCt)

Dubai Aluminium Co Ltd v Salaam [2003] 2 AC 366 (HL)

Henderson v Merrett Syndicates Ltd [1995] 2 AC 145 (HL)

Jaggard v Sawyer [1995] 1 WLR 269 (CA)

Johnson v Agnew [1980] AC 367 (HL)

Medforth v Blake [2000] Ch 86 (CA)

Nocton v Lord Ashburton [1914] AC 32 (HL)

Royal Brunei Airlines Sdn Bhd v Tan [1995] 2 AC 358 (PC)

Shelfer v City of London Electric Lighting Co [1895] 1 Ch 287

Target Holdings v Redferns (a firm) [1996] AC 421 (HL)

Twinsectra Ltd v Yardley [2002] UKHL 12, [2002] 2 AC 164 (HL)

제4부
계약

제7장 약속에 대한 심사

이제까지 형평법이 개입하여 새로운 형태의 법적 권리와 구제수단을 창설해내는 모습을 관찰해보았다. 이 장에서는 조망할 대상이 달라진다. 이 장에서의 초점은 형평법이 약속promise[역주1]을 심사하는 전략에 집중된다. 형평법은 때로 원고가 스스로 떠맡은 의무obligations나 약속을 이행하지 않아도 된다고 허용해준다. 이런 의미에서 형평법은 부정적인 측면에서 작용하기도 한다. 약속만 되고 아직 이행되지 않은 상태에서는 그 이행이 강제되지 않기도 한다. 이행이 완료된 다음에는 형평법이 개입하여 이미 이전된 재산권을 되돌려놓기도 한다. 형평법이 재산권을 어떻게 되돌려놓는가에 관한 문제는 나중의 장[1]에서 살펴보기로 한다. 이 장에서의 관심은 도대체 왜 형평법이 그런 일을 하느냐에 집중되어야 한다. 비록 형평법이 이렇게 계약을 심사하는 전략은 결과적으로 새로

1) 제9장을 보시오.

운 형태의 권리나 구제수단을 창설하는 것이 아니지만, 그로 인하여 기존의 권리들에 미치는 영향은 심대한 것이다. 피고는 원고에 대하여 이행을 청구할 권리를 상실하게 되며, 또 이미 이행받은 데서 얻은 이익을 보유할 권리를 상실하기도 한다. 이에 따라 원고의 권리는 그만큼 더 강화되는 것이다.

이렇게 형평법이 계약을 심사하는 전략은 다양한 상황에서 작동한다. 구두로 약정된 매매가액을 계약서에 부정확하게 기재했을 수도 있다. 매도인이 매매계약을 협상하는 과정에서 매매대상 물건의 속성을 잘못 고지했을 수도 있다. 가맹사업주가 가맹자의 가맹점계약 위반에 대비하여 가혹한 위약금조항을 고집했을 수도 있다. 부유한 환자가 자기의 주치의에게 생각지도 않은 막대한 유산을 남기면서 정작 친족에게는 한 푼도 남겨주지 않는 경우도 있을 수 있다. 이런 사례는 얼마든지 생길 수 있는데, 이런 경우에 형평법은 그런 의사표시를 한 당사자에게 자신의 경솔한 약속으로부터 도피할 수 있도록 허용해줄 수도 있는 것이다. 이는 매우 심각한 간섭이 된다. 표면적으로 볼 때 이런 간섭은 엄연히 기속력 있는 계약상의 약정contractual agreement에 어긋날 뿐만 아니라 원래 의도했던 증여의 의사에 반할 수도 있는 것이다. 그러므로 이는 거래의 안전을 해치며 상대방의 거래의 자유를 침해하는 셈이 된다. 이에도 불구하고 형평법은 때때로 피고가 자기의 법적 권리만을 엄격하게 내세울 경우에 그것은 불공정unfair하거나 부당한unconscionable 결과를 초래할 수도 있다고 보는 것이다.

그러나 불공정하거나 부당하다는 구실은 좀 더 자세한 설명 없이는 별로 설득력이 없다. 실제로 형평법의 개입을 부추기는 숨은 동기는 무엇일까. 그런 사안들은 일반적으로 세 가지 유형으로 분류된다. 그중 처음의 두 가지는 세 번째 것보다는 좀 더 쉽게 정당화될 수 있다. 첫 번째 범주에 드는 것으로는 서면화된 계약이나 또는 당사자 간의 합의를 도출하는 과정에서의 요식행위가 양 당사자 간에 합의된 내용을 충분히 반영하지 못하고 있는 경우이다. 그럴 경우 형평법은, 반드시 항상 그런 것은 아니지만, 때로 시정조치에 나선다. 객관적으로 계약의 요식을 갖추어야 필연적으로 그에 합당한 존중을 받을 수 있는 것이다.

두 번째 범주는 원고가 당사자 간에서 합의되었다고 하는 사항에 분명히 동의했느냐의 여부에 집중된다. 계약이나 증여의 의사표시는 당사자 간에 실제로 그런 약속에 따르기로 작정하지 않는 한 법적인 기속력이 없다.[2] 그러므로 만약 전후 사정에 의하여 원고가 진심으로는 그런 거래에 동의하지 않았다는 사정이 드러날 경우에 형평법이 개입할 건전한 이론적 근거를 제공하게 된다. 아마도 원고는 중요한 세부내역에 관하여 착오를 일으켰을 수도 있고, 또는 상대방으로부터 강한 압력을 받았을 수도 있다. 그러나 이런 경우 보통법은 당사자가 그 당시 동의했느냐의 여부를 객관적인 관점에서 검토한다. 즉, 외관상 원고가 동의한 것으로 나타날 경우에는 원고가 진심으로 그렇게 동의한 것으로 받아들이는 것이다. 이런 경우에서의 진정한 난점이라면, 그것은 외관상으로는 원고가 그런 거래에 대하여 진정 동의한 것으로 보이지만—실제로 착오나 강박이 있었더라도 그것이 제3자에게 뚜렷이 드러나지는 않기 때문이다—실제로는 원고가 그런 동의를 하지 않았다고 보이는 경우이다. 따라서 형평법은 만약 피고가 부적절하게improperly 원고의 외관상 동의를 이끌어내었다고 인정되는 경우에는, 보통법의 객관적 관점에도 불구하고 이를 무시하고 개입한다. 이런 상황에서 피고가 자신의 법적 권리가 엄격한 존중을 받아야 한다고 고집할 수 있도록 허용하면, 오히려 불공평한 결과를 초래한다. 피고가 원고로부터 동의를 받아내는 과정에서 어떤 형태로든 절차적 불공정성procedural unfairness이 있었다면, 피고는 원고로부터 어렵사리 받아낸 동의에서 얻을 수 있는 이익을 부정당할 수 있는 것이다.

세 번째이자 마지막 범주는 실체적 불공정성substantive unfairness의 문제와 연관되어 있다. 여기서 형평법상의 개입은 한층 더 가부장적paternalistic인 관점에서 이루어진다. 형평법은 때로 그 거래의 조건terms이 불공정할 경우 개입하기도 한다. 이는 가장 공격적인 모습의 개입이라고 부를 만하다. 이는 당사자들

2) 그래서 단순한 증여의 약속만으로는 (계약의 지위를 부여받지 못하므로—역주) 어떠한 경우에도 기속력이 없게 된다. 보통법은 계약의 지위에 도달한 것만을 이행시켜줄 뿐이다. 이는 곧 어떤 급부의 약속은 대가관계(즉 약인)의 약속에 의하여 짝을 맞추든지, 또는 그런 약정이 증서에 화체되어 있어야 함을 의미한다.

간에 그런 합의에 진실로 동의하지 않았다는 아무런 반증이 없는 경우에조차도 형평법이 개입함을 의미한다. 이제는 역사의 뒤안길로 사라져버린 사유들로 인하여 이런 형태의 개입은 특정한 형태의 합의사안에 엄격히 국한되고 있다. 법이라 하여 모든 계약을 다 검열하여 실질적 불공정성이 있음을 간파할 때마다 모조리 개입하는 것은 아니기 때문이다.

이런 형태의 심사방안들이라 하여 그것이 형평법에 고유한 것이라고는 할 수 없다. 보통법 또한 계약을 심사하며, 비록 일반적으로 좀 더 제한되기는 하나, 대체로 유사한 근거에서 같은 명령을 내리기도 하는 것이다. 다음에 벌어지는 논의에서 이와 비슷한 모습들이 드러나게 될 것이다. 더욱이 많은 사례들이 계약상의 합의사안들contractual arrangements에 관한 것이지만, 그 미치는 재판권의 범위가 그에 한정된 것은 아니다. 유추가 가능한 경우에는 증여의 의사표시도 심사의 대상[역주2]이 되어 정확히 같은 근거에서 취소될 수도 있는 것이다.

어떤 약속을 심사하여 적절한 구제방안을 강구해내는 일이라면 이 책에서 한 장[3]을 할애하여 따져볼 만한 가치가 있다. 그럼에도 이 장에서는 미리 한 가지 양상에 관하여 언급할 만한 가치가 있다고 느낀다. 이 장에서 설명하는 어떤 사유에 기해서든 약속이 법원의 심사의 대상으로 된다고 가정할 경우, 거기서의 관심사는 원고가 그 목적한 약속사항에 의하여 기속되느냐의 문제이다. 즉, 피고가 어떤 잘못wrong을 저질렀느냐의 여부는 관심사항이 아닌 것이다. 이에 대한 구제방안을 보더라도 즉각 이를 짐작할 수 있다. 만약 아직 약정arrangement대로 이행되지 않았다면 이행하지 않아도 된다. 만약 약정대로 이미 이행되었다면 그 이행된 것은 원상으로 돌아가야 한다. 그렇다고 하여 그것이 반드시 원고가 그런 합의에 도달하기 전에 위치하고 있었던 경제적 상태로 원고를 돌려놓아주어야 함을 의미하는 것은 아니다. 그런 것은 피고가 불법행위를 저질렀을 경우 불법행위의 법리가 명하는 바이다. 일단 거래에 따라 이행완료된 것을 제자리에 돌려놓는 경우에는 그보다 덜 야심적ambitious이다. 즉, 원

3) 제9장, 특히 제4절을 보시오.

고가 피고에게 어떤 이익을 주기로 동의하거나 약속한 것이 진심에서 이루어진 일이 아님이 분명히 드러날 경우, 피고가 당사자 간의 그런 합의로부터 얻었을 수 있는 이득enrichment을 되돌려놓도록 고안된 것이다. 여기서 두 경우의 이론적doctrinal 차이가 매우 사소해 보일 수는 있으나, 각각의 경우에 상응하는 구제수단을 계량화quantifying함에 있어서 드러나는 파급효는 매우 심대할 수도 있다.[4)]

제1절 불공정성을 야기하는 요식행위들

앞에서 본 첫 번째 범주는 문제들 중에서도 가장 간단한 축에 든다. 즉, 당사자 간에 서면화된 약정이 그들이 실제로 기도했던 내심의 의사를 충분히 반영하지 못하는 경우이다. 아마도 약정된 그대로 서면화하는 것이 충실치 못했거나, 또는 매우 중요한 조건을 빠뜨렸을 수도 있다. 어느 경우에나 그로 인하여 불리한 위치에 놓이게 되는 당사자는 자기가 원래 뜻했던 바를 부정확하게 또는 불완전하게 반영할 뿐인 서면에 의하여 기속되기를 원치 않을 것이다. 이 경우 형평법은 이런 문제를 다루는 두 가지의 전략을 가지고 있다.

제1관 정정하기

원래 보통법은 서면화된 문서에 대하여 큰 비중을 부여해왔다. 그리하여 아주 심각한 절차상의 불공정성이 드러나지 않는 한 일단 어떤 의무가 서면화되면 당사자가 이로부터 도피하는 것을 허용하지 않았다.[5)] 실로 보통법상의 구두

4) 제9장 본문 및 제7절을 보시오. 그리고 제6장 제1절 제1관과 대조하시오.

5) 이에 대한 하나의 예외는 보통법상 "그것은 나의 행위가 아니다non est factum"라고 다투는 방법이다. 이 방어방법은 원래 문맹자들을 보호하기 위하여 강구되었던 것이다. 원고가 문서상에 서명했음에도 불구하고 나중에 이런 항변을 제출하기 위해서는 서명 당시의

증거배제parole evidence의 법칙은 구두진술에 의한 증거만으로 서면화된 내용에 추가하거나, 이를 변경시키거나, 또는 제거하는 것을 결코 허용하지 않았다. 그러나 이렇게 할 경우 당사자 간에의 진정한 합의내용을 계약서에 잘못 기재한 경우 당사자에게는 심각한 문제를 야기하게 된다. 이에 반하여 형평법은 비교적 덜 엄격한 증거법칙에 의하여 당사자들 간의 진정한 합의내용을 그대로 반영시킴으로써 서면화된 계약조건도 쉽게 정정할 수 있도록 허용했다. 형평법은 처음에는 당사자 간에서 합의된 내용을 서면화하는 과정에서의 착오로 인하여 당사자의 진정한 의도를 제대로 반영하지 못한 경우에만 정정을 허용했다. 그 후 쌍방 당사자가 어떤 사안에 관하여 공통common의 착오를 저지른 경우(쌍방의 mutual 착오)에도 이를 허용하는 쪽으로 점차 확장되었다.[6] 이제는 한쪽 당사자가 착오를 일으켰고, 상대방 당사자가 이를 알았을 경우, 그리하여 상대방 당사자에게 그로 인한 득을 보도록 허용하는 것이 불공평하다고 판단될 경우에도 적용된다.[7] 형평법은 또한 증여의 의사표시가 권리이전증서deed에 서면화됨으로써[8] 보통법에 의할 경우 상대방의 반대급부 약속이 없더라도 기속력이 있다고 판단되는 경우에 조차도 이를 정정하는 것을 허용한다. 물론 어느 경우에나 원고는 그 서면화된 내용이 계약의 합의 당시에 의도한 바를 제대로 반영하지 못한다는 사실을 입증해야 한다. 이 분야에서 형평법의 재판권은 서면계약상의 착오를 정정하는 데만 미치며, 구두계약의 정정에까지는 미치지 않는다.

상황에서 그 문서가 가지는 의미를 충분히 이해할 능력이 없었어야 한다. 그러면 그 경우 계약은 단순히 취소할 수 있는 것이 아니라 무효로 된다. 이런 결과는 쌍방 당사자로부터 한참 떨어져 있는 제3자에게도 무척 큰 영향을 미칠 수 있게 된다. 이와는 대조적으로 계약의 정정은 단지 그 계약의 당사자들에게만 영향을 미치게 된다.

6) *Joscelyne v Nissen* 〔1970〕 2 QB 86. 그 경우의 착오는 당사자 간의 약정이 문서에 정확하게 기재되지 않았어야 한다. 당사자들이 거래의 효과에 대하여 착오를 일으켰다는 것만으로는 부족하다. *Frederick Rose (London) Ltd v William Pimm Jr Co Ltd* 〔1953〕 2 QB 450 (CA), 461-2 (Denning LJ).

7) *Thomas Bates & Son Ltd v Wyndham's (Lingerie) Ltd* 〔1981〕 1 WLR 505 (CA); 그러나 *George Wimpey UK Ltd V I Construction Ltd* 〔2005〕 EWCA Civ 77 (CA)도 참조하시오.

8) *Re Butlin's Settlement Trust* 〔1976〕 Ch 251. 또 제2장 제1절 제1관을 보시오.

제2관 요식행위

원고들은 또한 자기들이 애초 뜻한 것이 적절한 요식을 갖추지 못한 상태로 서면화되었을 경우에도 불편을 느낄 수 있을 것이다. 보통법은 당사자 간의 약정이라도 그것이 어떤 특정한 요식행위에 의하지 않는 경우에는 그 약정대로의 이행을 거부하는 경우가 있다. 예컨대 토지상의 권리를 이전하는 계약은 서면으로 행해지지 않으면 무효이다.[9] 이런 요식성은 당사자들에게 좀 더 주의하도록 촉구해주는 기능을 하게 된다. 즉, 당사자들은 서명하기 전에 새삼 좀 더 조심스럽게 생각해보게 된다. 또 이런 요식행위를 거치는 경우에는 사기를 당할 가능성이 그만큼 감소된다. 17세기 초만 하더라도 사기방지법Statute of Frauds은 재산권의 이전에 관한 구두약정이 있었다는 거짓 주장을 방지하기 위하여 서면화를 요구했던 것이다. 이런 전략은 대체로 좋은 효과를 나타내지만 항상 그런 것은 아니다. 때로 당사자들 간의 합의가 제대로 서면화되지 않았음을 구실로 하여 원고의 정당한 권리를 부정하는 데에도 이런 성문법의 규정을 악용하기도 하는 것이다. 형평법은 성문법이 이런 데 악용되는 것을 허용치 않는다. 이를 시적으로 표현해보자면, "형평법은 사기범이 성문법을 빙자하도록 허용치 않는 것Equity will not allow a statute to cloak a fraud"이다.

이런 형태의 형평법의 개입은 불가피하게 제약을 받는다. 형평법이 성문법의 규정을 일언지하에 무시하고 의회에 도전하여 스스로에게 입법권이 있다고 자처할 수는 없는 일이다. 그리하여 형평법은 피고가 요식을 갖추지 못한 합의라는 구실로 계약의 이행을 거부하는데도 이를 방치하는 것이 결과적으로 사기나 부정직을 조장하는fraudulent or dishonest 경우에만 개입한다. 따라서 피고가 단지 자기는 땅떼기를 약정된 대금에 팔기로 하는 구두약정에 의하여 기속되지 않는다고 주장할 뿐인 경우에는 형평법이 개입할 여지가 없게 된다. 그 경우에는 매수인이 당사자 간의 합의가 기속력이 있다고 믿어 약정대금을 지급했다고

9) 1989년의 재산(잡칙)법 제2조를 보시오.

하는 사정은 별로 중요한 역할을 하지 못하는 것이다. 그런 경우 원고를 위한 적절한 구제수단은 그 매매계약대로 이행되도록 강제하는 데 있는 것이 아니라 지급한 대금을 회수토록 해주는 데 있다.

형평법이 개입하는 것은 일반적으로 좀 더 복잡한 사실관계일 때이다. 전형적인 경우로서 원고가 수익자를 지명하면서 피고에게 토지를 신탁, 이전하는 경우를 들 수 있다. 이 경우 소유권의 이전이 제대로 요식행위를 거쳤을 수 있으나, 신탁의 차원에서는 그러지 못했을(신탁 또한 요식행위를 필요로 하는 경우[10]) 수도 있다. 피고가 이를 기화로 그 재산이 자기의 소유라고 주장할 가능성이 생기는데, (서면화되지 않은) 사실관계에 의하면 원고가 신탁약정이 없었더라면 결코 피고에게 재산권을 넘기지 않았을 것이라는 사정이 드러나는 경우조차도 피고는 그 재산이 자기에게 속한다고 주장할 수 있게 되는 것이다. 이런 상황에서 형평법은 피고가 자기 이외의 다른 사람이 그 재산상에 이해관계를 가지고 있다는 사실을 부정하기 위하여 성문법의 규정을 들먹이는 것을 허용치 않는 것이다.[11] 또 어떤 판례들은 원고는 또한(구두에 의한) 약속을 지키겠다는 피고의 말을 신뢰하고 자신에게 손실을 초래하는 출연행위를 하였음을 입증할 의무를 진다고 시사하는 경우도 있다. 만약 이것이 추가적으로 요구되는 조건이라면, 그런 입증은 비교적 쉽게 될 수 있다. 예컨대 바로 이런 데에서 원고가 피고의 말을 믿고 자기에게 손실이 되는 출연행위를 하였다는 사실이 명백해지는 것이다.

이런 문제들에 대하여 형평법이 어떤 구제수단을 강구할 것인가에 대한 전략은 명백하지 않다. 이 경우 형평법은 서면화를 요구하는 성문법의 명시적인 규정에도 불구하고 이에 도전하여 구두로 이루어진 명시적신탁의 약정대로 이행하라고 강제해줄 수도 있을 것이다.[12] 또 형평법은 대안으로서 원고가 지명

---

10) 이것은 토지의 신탁의 경우에 그러하지만, 동산의 신탁의 경우에는 그러하지 않다. 1925년의 재산법 제53조(1), (b)를 참조하시오. 또 1989년 재산(잡칙)법 제2조를 참조하시오.

11) *Rochefoucauld v Bousted* [1897] 1 Ch 196 (CA); *Hodgson v Marks* [1971] Ch 892 (CA).

12) *Rochefoucauld v Bousted* [1897] 1 Ch 196 (CA), 205-6, 208.

한 수익자에게 이익을 주려 했지 피고에게 이익을 주려고 재산권을 넘긴 것이 아니라는 근거 위에서 거래 전체를 백지화시킬 수도 있을 것이다. 이 두 가지 전략 중 첫 번째 메커니즘은 구두약정의 특정이행을 명하는 것에 유사한 형태이다. 두 번째 메커니즘은 피고로 하여금 자기가 얻은 부당이득을 원고에게 원상회복시켜주도록 효과적으로 강제하게 되는 것이다. 이 두 가지 접근방법이 때로는 꽤나 다른 결과를 초래할 수도 있다는 점에 유의하라. 가령 원고가 자기의 재산을 피고에게 주면서 X를 위한 (구두의) 신탁관계를 설정한다고 가정해보자. 만약 형평법이 그 약정이 구두로 이루어졌음에도 불구하고 그 신탁약정의 이행을 강제해준다면 이로 인하여 X는 득을 보게 될 것이다. 그러나 그 대신에 애초에 재산이 피고에게 넘어간 것을 백지화하고자 한다면 그 재산권은 원고에게 되돌려질 것이다. 법원들이 다루었던 많은 옛 사건들은 원고가 자기의 재산을 피고에게 넘겨주면서 그 재산을 피고가 원고 자신을 위한 수탁자로서 보유하도록 했던 경우들이다. 그 경우에는 위의 두 가지 전략이 어쩔 수 없이 똑같은 결과를 초래하게 되는데, 그럼에도 법원들은 자기들이 어떤 논리로 원고가 그 재산을 회복할 수 있다는 결론을 내리게 되었는지에 관하여 결코 정확한 설명을 해주지 못했다.

원칙적으로 원상회복이라는 해결책이 좀 더 나아 보이기도 한다. 형평법은 구두약정이 무효라거나, 강제할 수 없다거나, 또는 효력을 발생하지 못한다는 성문법의 명문규정을 구태여 짓밟으려 하지 않는 대신에, 전후 사정에 의할 경우 피고가 얻은 이익을 그대로 보유하는 것이 정의에 합치되지 않는다고 판시할 뿐이다.[13] 이렇게 설명할 경우, 형평법은 원고가 피고에게 서면으로 해준 약속을 심사한 끝에 그 서면 증거들만으로는 그 약속의 내용을 충분히 담고 있지

13) 그러나 성문법은 특별히 결과적신탁, 내포된implied 신탁 및 의제신탁의 역할을 유지시켜주고 있다. 1989년의 재산(잡칙)법 제2조(5) 참조. 그것이 어떤 목적을 가지고 있는지는 분명하지 않다. 그럼에도 성문법이 아무 효력도 없다고 규정하는 계약을 형평법이 "특정이행"시켜주기 때문에 의제신탁이 성립하는 것은 아니라고 보는 것이 훨씬 논리적일 것이다. 제8장 제5절 제1관을 보시오.

못하다는 결론을 내릴 수도 있다. 설사 원고가 자기의 재산권을 명백히 넘겨준 것으로 보인다 하더라도, 원고가 의도한 바는 피고가 그 재산을 수탁자로서 보유하라는 뜻이었지 그것을 대가 없이 먹으라는 뜻은 아니었다는 것이다. 형평법이 이런 계약관계를 백지화시키는 메커니즘은 이 책의 뒷부분에서 좀 더 자세하게 논의하기로 한다.[14] 비록 이런 방안이 좀 더 원칙에 입각한 대응방안이라고는 하겠으나, 형평법은 때로 이런 약속을 그대로 특정이행하도록 강제하기도 한다. 그러나 이런 형태의 개입을 정당화하기는 좀 더 어려운 일이다.[15]

제2절 절차적 불공정성
—당사자의 의사에 대한 심사

위에서 본 두 번째의 범주는 형평법이 가장 큰 규모로 약속을 심사하는 경우에 해당한다. 형평법은 (그리고 보통법 또한) 만약 원고가 합의에 이르게 된 과정이 적절치 않다고 여겨질 경우에는 계약이나 단독행위unilateral promise를 백지화시키려 한다. 만약 원고가 거래에 적절히 동의하지 않았음이 객관적 증거에 의하여 드러나게 되면 어떤 계약이라도 그 유효성을 인정받지 못하게 된다. 애초에 뜻했던 당사자 간의 합의는 무효void가 되는 것이다. 이런 경우는 비교적 드물지만 다루기는 비교적 용이한 편이다. 문제는 일반적으로 더 미묘한 데 있다. 당사자들이 어떤 형태의 합의에 도달한 것처럼 보이기는 하지만, 피고가 그 과정에서 원고의 판단력을 부적절하게 손상시킨 경우가 자주 있다. 가령 피고가 원고에게 사실관계를 진실되게 고지하지 않는다든지, 또는 원고에게 부적절한 압력을 넣을 수도 있다. 이런 상황에서는 법은 원고에게 계약상의 의무로부터의 도피를 허용해준다.

---

14) 제9장 제4절 제2관을 보시오.
15) 제8장 제1절 제1, 2관을 보시오.

그러나 이런 개입은 심각한 문제가 된다. 외관상으로는 아무런 문제가 없어 보이는 경우에조차도 원고는 자신이 그런 거래에 동의한 과정이 적절하지 못하다는 이유로 계약을 무효화시킬 수 있는 권리를 부여받게 되기 때문이다. 형평법과 보통법은 이런 사안들을 다루는 매우 슬기로운 전략을 채택하고 있다. 피고가 원고에게 치명적으로 될 수도 있는 사실관계를 잘못 고지했다고 가정해보자. 만약 원고가 그 진실을 알았더라면 거래를 거부했을 수도 있다. 또 다른 한편으로 원고는 그럼에도 불구하고 계약을 그대로 추진했을 수도 있다. 객관적으로 볼 때 원고는 그 거래에 동의한 것이다. 그러나 주관적으로 볼 때 원고는 그 계약에 의하여 기속되기를 진심에서 바랐을 수도 있고 바라지 않았을 수도 있다. 이렇게 좀 더 모호한 상황에서 영국법은 일반적으로 객관적 관점을 견지하고 있지만, 그것은 어느 정도에 그칠 뿐이다. 즉, 영국법은 일단 당사자들이 기속력 있는 합의에 도달했다고 추정하면서도 피해를 입은 당사자가 하자 있는 거래를 백지화하기 위하여 적극적인 조치를 취하게 되면, 그때부터는 그런 추정을 번복해버리는 것이다. 이런 상황에서 피해를 입은 당사자는 그 취소할 수 있는voidable 계약을 취소rescind하거나 또는 백지화avoid시킬 수 있다. 이는 곧 당사자 간의 합의는, 피해를 입은 당사자가 그 거래를 백지화하기 위하여 효과적 조치를 취할 때까지는 당사자 간의 합의가 완벽하게 유효하고도 기속력 있는 약정으로서 작동함을 의미한다.

이런 합의가 어떻게 백지화되는가에 관한 자세한 내역은 나중에 다루기로 하지만[16] 무효void인 계약과 취소할 수 있는voidable 계약 간의 치명적 차이점에 주의할 필요가 있다. 가령 A가 B에게 자기의 자동차를 팔고, B는 이를 다시 C에게 판다고 가정해보자. 만약 A와 B 간의 계약이 무효이면 B는 그 차에 대한 소유권을 취득하지 못하므로 C 또한 권리를 취득하지 못한다(앞에서 본 네모 다트nemo dat 원칙을 돌이켜보라[17]). 이는 곧 A가 그 차를 회수하려 할 경우 C가 취

16) 제9장을 보시오.
17) 제4장 제4절 제2관을 보시오.

약한 위치에 놓이게 됨을 의미한다.[18] 반면 A와 B 간의 계약이 단지 취소할 수 있을 뿐인 경우에는 그 계약은 A가 그 거래를 취소할 때까지는 완벽하게 유효한 계약으로서 작동한다. 이는 곧 B가 그 차의 소유권을 취득하며, 따라서 C에게도 적법한 소유권을 이전할 수 있음을 의미한다. 만약 A가 제2차 매매가 완료된 이후에야 그런 사실을 알게 될 경우에는 A는 더 이상 C에게 어떠한 청구권도 행사할 수 없게 될 것이다.[19] 이런 차이점은 제3자에게 매우 중요한 양상으로 드러남이 분명해진다. 결국 제3자는 최초의 계약이 무효이기보다는 취소할 수 있을 때 좀 더 유리한 보호를 받게 된다. 이는 최초의 계약이 제3자에게 외관상 완벽하게 유효한 계약으로 보인다고 전제할 경우 실제로도 바람직한 결론이 된다. 이런 교묘한 전략은 일면에서 원고가 진정으로 원하지 않았던 거래로부터 도피할 수 있도록 원고를 보호해주는 일과, 다른 일면에서 거래의 안전을 위하여 제3자의 이익을 보호해주는 일 간의 균형을 잡는 데 집중되고 있는 것이다.

다음 절에서는 형평법이 원고로 하여금 외관상 기속력 있어 보이는 계약이나 단독행위로서의 증여의 의사표시를 백지화시킬 수 있도록 원고에게 허용해주는 다양한 사유들에 대해서 살펴볼 것이다. 이런 여러 가지 사유들을 개발해냄에 있어서 형평법은 불가피하게 보통법이 이미 인정한 사유들 위에 터잡아 보통법의 원칙들을 좀 더 확장함으로써 원고가 문제의 계약에 진정으로 동의하지 않았다고 주장할 수 있도록 좀 더 문호를 널찍이 개방해준 것이었다.

제1관 착오

원고가 내세울 수 있는 첫 번째 주장으로서 자기가 당사자 간의 합의 중 어떤

18) 제6장 제3절 제1, 2관을 보시오. 그리고 A가 그 경우 자동차의 점유의 반환을 청구할 권리를 가지지 못함을 기억하시오.

19) *Lewis v Averay* 〔1972〕 1 QB 198 (CA); *Car & Universal Finance Co Ltd v Caldwell* 〔1965〕 1 QB 525 (CA).

사항에 관하여 착오mistake를 일으켰으므로 그 계약에 의하여 진정으로 기속될 의사가 없었다는 주장이 제기될 수 있다. 보통법은 이런 착오들 중 몇 가지를 매우 심각한 문제로 보아 그런 착오가 있는 계약은 무효로 판단한다. 예컨대 만약 각 당사자가 자기들 간의 합의에 관하여 서로 완전히 다른 생각을 하고 있었다면(즉 각자 일방적 착오unilateral mistake에 빠져 있었다면), 그 경우에는 진정한 합의가 성립되었다고 볼 수 없다는 것이다. 전형적인 사례로 당사자들은 계약 당사자의 동일성에 관하여 서로 동상이몽을 하고 있었을 수도 있고, 계약의 목적물에 대하여도 서로 엇갈린 생각을 하고 있었을 수도[20] 있으며, 또 이와는 달리 당사자들이 계약에 관하여 서로 같은 내용의 착오에 빠져서 결국 그 계약이 공통의 착오common mistake를 이유로 무효로 선언되기에 충분한 경우도 있다. 예컨대 당사자 간에서 운송 중의 옥수수를 사고팔기로 계약을 체결했으나, 그 당시 옥수수는 이미 모두 멸실된 경우가 이에 해당한다.[21] 이런 경우 보통법은 예상하지 못한 사건으로 인한 위험을 안배해야 한다. 물론 일방 당사자가 상대방에게 예컨대 계약의 목적물이 현존한다고 확약해주는 경우에는 그 결과는 확실히 다르게 된다. 그런 경우에는 계약은 유효하되 피해를 입은 당사자가 상대방에게 손해배상을 청구할 수 있다.[22] 이렇게 보통법이 계약체결단계에서의 착오를 이유로 하여 개입할 수 있는 경우는 극히 협소하다.[23]

형평법은 계약당사자 쌍방에 공통된 착오의 경우 그 계약이 무효라기보다는 취소할 수 있다고 보지만, 여하튼 이런 공통의 착오의 경우에도 형평법의 재판권을 확장해왔다는 것이 중론이다.[24] 그리하여 형평법은 매매목적물의 가액[25]

20) *Cundy v Lindsay* (1878) 3 App Cas 459 (HL), 463-6 (Lord Cairns LC); *Ingram v Little* 〔1961〕 1 QB 31 (CA).

21) *Couturier v Hastie* (1856) 5 HLC 673 (HL).

22) *McRae v Commonwealth Disposals Commission* (1951〕 84 CLR 377 (Aust HCt).

23) *Bell v Lever Bros Ltd* 〔1932〕 AC 161 (HL) 사건이 지도적 판례에 해당하지만, 마치 그 재판권이 워낙 협소한 범위에 그침을 확인해주기라도 하는 양 그 논리는 그다지 설득력이 없다.

24) *Solle v Butcher* 〔1950〕 1 KB 671 (CA); *Cooper v Phibbs* (1867) LR 2 HL 149 (HL).

25) *Grist v Bailey* 〔1967〕 Ch 532 (Goff J).

이나 또는 화해금액[26]에 관한 공통된 착오가 있음을 이유로 하여 계약을 취소set aside시켜왔다. 그러나 이런 판결들은 착오에 관한 어떤 원칙에 기하여서도 정당화하기 어렵다. 결국 형평법은 조악한 거래를 수정해주는 역할을 함에 그치는 것으로 보인다. 이는 법이 일반적으로 혐오하는 일이며(이 장의 뒷부분에서 다시 언급하는 대로 특이한 예외의 경우가 있기는 하지만), 특히 당사자 간에 거래에 관하여 합당한 합의가 있었을 때에는 더욱 그러하다. 애초 기대했던 것보다 더 낫거나, 또는 더 못한 거래의 위험을 왜 원고가 아니라 피고가 부담해야 하는가에 관하여 설득력 있는 설명이 제공되지 못하고 있다. 다른 분야들에서 형평법은 피고가 아무리 결백했더라도 원고를 곤경에 빠지도록 유도하는 어떤 역할을 담당했을 경우에는 원고에게 그 의무로부터 벗어날 수 있도록 허락해주는 것이 일반적이다. 그러나 당면한 사안은 그런 경우가 아니다. 그리하여 이런 형태의 형평법의 개입은 격렬한 비판을 받아왔다. 이와는 대조적으로 보통법의 철학은, 전후 사정에 의할 경우 거래가 있었다고 볼 수 없는 경우가 아닌 한 거래의 유효성을 인정해주겠다는 것이다. 이렇게 형평법이 보통법의 원칙을 비정상적으로 확장함으로써 두 법체계 간의 합리적 통합을 사실상 불가능하게 만들고 있다. 그리하여 현대의 법원들은 형평법이 이상성장outgrowth하는 것을 저지하는 쪽으로 타당한 노력을 기울이고 있다고 보인다.[27]

제2관 허위표시

원고가 내세울 수 있는 두 번째 주장으로는 피고가 원고에게 양자 간의 합의 당시 어떤 구체적 사정에 관하여 허위표시misrepresentation를 하였기 때문에 원

26) *Magee v Pennine Insurance Co* 〔1969〕 2 QB 507 (CA).

27) 이 책의 초판에서 언급된 바 있는 이런 자세는 이제 확인되고 있다. *Great Peace Shipping Ltd v Tsavliris (International) Ltd* 〔2003〕 QB 679 (CA)는 계약이 보통법상 유효할 경우 공통의 착오를 이유로 계약의 취소를 허용해줄 수 있는 형평법상의 재판권은 없다고 판시함으로써 *Solle v Butcher* 〔1950〕 1 KB 671 (CA)의 판지에 반대하고 있다.

고는 진정으로 계약에 동의한 것이 아니라는 주장이 제기될 수 있다. 피고의 이런 허위표시가 없었더라면 원고가 그런 약속으로까지는 나아가지 않았으리라는 것이다. 허위표시는 단순히 사실에 관한 거짓된 고지로써 상대방에게 계약의 체결에 이르게 하거나 또는 손실detriment이 되는 행위를 하도록 유도하는 것을 의미한다. 예컨대 매도인은 자기가 매각하고자 하는 기업이 얻고 있는 이익을 과대포장할 수 있다. 그 경우 매수인은 매도인의 그런 부풀림이 없었더라면 자기가 매매계약을 체결하지 않았을 것이라고 불평할 수 있다. 매수인은 자기가 그런 계약에 진정으로 동의하지 않았다고 주장하면서, 자기는 매도인이 좀 더 많은 이익을 창출해줄 것이라고 부풀려 보이면서 청약한 거래에 동의했을 뿐이라고 주장할 수 있는 것이다.

만약 법이 이런 형태의 약정을 심사해주기를 거부한다면 그때에는 매수인에게 어떤 다른 구제방안이 있는지를 생각해보아야 한다. 만약 매도인의 이익보장성 예측이 계약 내용에 들어가 있다면 매도인은 자기가 장담한 대로 이익을 남겨줄 수 있는 기업을 넘겨주어야 한다. 만약 매도인이 그러지 못하면 그는 계약에서 명시한 의무에 위반하게 되므로 매수인이 입은 기대이익을 배상해주어야 한다. 그런데 계약에 실망한 매수인에게 닥치는 어려움은 협상 당시에 주고받은 대화가 모두 다 계약의 조건에 편입되는 것은 아니라는 점에 있다. 또 설사 그렇게 편입되더라도 매수인은 손해배상을 받을 수 있음에 그친다. 매수인이 피고의 애초 약정대로 이행의 수령을 거부할 수 있는 경우는 매우 드문 것이다.

만약 계약의 법리로 해결하지 못하게 될 경우에는 불법행위의 법리가 대안을 제공해줄 수도 있을 것이다. 만약 매도인의 허위표시가 불법행위로 분류될 수 있다면, 그때에 매도인은 자기가 야기한 피해에 대하여 손해를 배상할 책임을 지게 될 것이다. 보통법은 매도인의 허위표시에 기만적fraudulent인 점이 있다든지, 또는 태만negligent한 점이 있는 경우에는 이를 불법행위로 간주하고 있다. 만약 매도인이 매수인을 계약으로 끌어들이기 위하여 의도적으로 획책한 경우라면, 매도인은 사기의 불법행위책임tort of deceit을 져야 하는 것이다. 그 경우 매도인은 의도적으로 표리부동한 짓을 하였기 때문에 손해를 산정함에 있어서는 예견가능성foreseeability이나 상당성[역주3] 개념을 무시해도 된다. 설사 매도인의 허위표시가 단순히 부주의함careless에서 비롯된 것에 그치더라도 매도인이 원고에게 피해를 입히지 않도록 주의할 의무를 지고 있는 상황에서 그렇게 된 것이라면, 매도인은 과실에 의한 허위표시라는 불법행위책임tort of negligent misrepresentation을 져야 한다.[28] 이 경우에도 매도인은 여전히 그로 인하여 야기된 피해에 대하여 매수인에게 손해를 배상할 의무를 지지만, 그 경우 배상할 금액은 예견가능성 및 상당성 개념에 의하여 제한을 받게 된다. 여기서 다시 한 번 이 문제의 어려움이 백일하에 드러난다. 불법행위의 법리에 의하여 매수인에게 금전적 구제수단을 제공해줄 수는 있겠으나, 매수인이 궁극적으로 계약 그 자체를 백지화unwind할 수 있게까지는 허용해주지 않는 것이다.

보통법조차도 당사자 간의 이런 합의들 중 어떤 것은 객관적으로 하자 없어 보임에도 불구하고 당사자 간의 진정한 합의를 제대로 반영하지 못하고 있음을 시인하고 있다. 여기서의 사법적인 난제는, 외관상 유효해 보이는 거래의 안전이라는 공익과 원고가 실제로 진정 그런 의사를 가졌을 경우에만 계약에 의하여 기속되어야 한다는 사익 간의 서로 대립하는 이해관계를 조정하는 일이라 하겠다. 이럴 경우 보통법의 해결방안은 단호하다. 보통법은 피고가 사기deceit를 저지르지 않은 한 원고의 이익보다는 거래의 안전을 선호한다. 즉, 피고가 사기를 저지른 경우에만 원고는 자기가 그런 거래에 제대로 동의한 일이 없다고 주장할 수 있는 것이다. 그 경우 당사자 간의 약정은 보통법상 피고의 사기를 이유로 취소할 수 있게 되며, 원고는(몇 가지 꽤 중요한 현실적 제약을 받는 것을 전제로 하여) 그 거래를 백지화할 수 있는 선택권을 가지게 된다.[29]

이에 비하면 형평법은 훨씬 더 융통성이 있다. 형평법은 허위표시라면 그것이 사기적이든 태만한 경우든 결백한 경우든 간에 그 모두의 경우가 거래에 관하여 당사자 간에서 진정한 동의가 없었다고 인정해줄 근거로 된다고 보고 있

28) 제6장 제2절 본문을 보시오.

29) 제9장 제4절 제2관을 보시오.

다.[30] 어느 경우에서나 원고는 거래를 백지화할지 말지에 관하여 (물론 어떤 상당한 현실적 제약에 따르는 것이기는 하지만) 선택할 권리를 얻게 되는 것이다.[31] 여기서 형평법의 개입은 피고가(피고가 아무리 결백했다 하더라도) 원고의 온전한 의사unimpaired intention 형성을 불가능하게 만들었다는 이유로 하여 정당화된다. 그러므로 원고의 선택 여하에 따라서는 원고의 의사에 대한 객관적인 평가는 뒷전으로 밀리게 되며, 피고는 그 약정이 무효화될 위험을 감수해야 한다. 그렇게 되면 그 경우의 구제수단은 원고가 피고에게 주겠다는 진정한 의사가 없었는데도 피고가 억지로 얻어낸 이득을 되돌려놓자는 데 그 뜻이 있음을 알 수 있게 한다.[32] 제1절에서 논의된 형평법상의 착오를 이유로 하는 사건들과는 달리, 형평법에 의한 이런 개입은 보통법이 계약당사자를 보호하는 구제방안을 확장해준 것으로서 당장에라도 정당화될 수 있는 것이다.

제3관 강박과 부당한 영향력의 행사

원고가 법원을 설득하기 위하여 내세울 수 있는 세 번째 주장으로는, 원고가 피고로부터 묵과할 수 없는 압력unacceptably pressurized 내지는 영향력의 행사를 받아influenced 자기의 자유의지가 독립적, 자발적으로 행사되었다기보다는 억지로 끌려갔기overborne 때문에 결국 당사자 간의 합의는 원고의 진정한 의사를 반영하지 못한다는 주장으로 나타날 수 있다.

---

30) *Redgrave v Hurd* (1881) 20 Ch D 1; *Senanayake v Cheng* 〔1966〕 AC 63 (HL).

31) 적절한 상황에서는 법원이 취소 대신에 손해배상을 명할 수 있도록 허용해주는 성문법상의 규정도 있다: 1967년의 허위표시에 관한 법Misrepresentation Act 제2조가 그것이다. 괄목할 만하게도 이런 성문법상의 손해배상은 그런 허위표시가 선의에서 비롯된 경우에도 사기적인 목적으로 행해진 허위표시에 적용되는 보통법의 원칙들을 유추하여 산정된다. *Royscot Trust Ltd v Rogerson* 〔1991〕 2 QB 297. 또 제9장 제4절 제1관을 보시오.

32) 제9장 제4절 제1, 2관을 보시오.

1. 보통법상의 강박 : 물리적 및 경제적 강박

보통법은 이미 그 역사의 초기 당시부터 피고로부터 물리적 강박행위physical duress가 있으면, 원고의 동의consent에 하자impairment가 있다고 인정해왔다. 만약 원고가 총부리 앞에서 계약에 서명했다거나 남에게 증여를 하게 된 경우에는 일단 그런 위험이 제거된 연후에 법은 효과적 원상회복 수단을 제공해주어야 한다는 것이다. 보통법은 원고의 동의가 물리적 폭력이나 폭력의 위협,[33] 재산에 대한 손괴의 위협,[34] 또는 경제적 압박(즉 원고의 경제적 이익에 대한 부당한 위협)[35] 등에 의하여 하자를 띠게 될 수 있다고 인정해왔다. 그렇게 하여 도달된 합의는 어느 경우에나 취소할 수 있다는 것이다. 원고는 그 계약을 취소할 수 있으며, 그에 따른 재산권의 이전을 백지화할 수 있는 것이다.

그런 행위에 기하여 거래를 성립시키더라도 그것이 원고의 진정한 의사를 반영하지 못한다는 발상은 자명하다. 그럼에도 이런 개입을 정당화해줄 수 있는 이론적 근거가 치밀한 검증의 대상으로 되어왔다. 원고의 "동의를 무효로 만들 정도로vitiate" 그 의사가 "강요"되었다고coerced 하는 전통적 견해는 이제는 일반적으로 사실관계를 오도하는 것으로 받아들여지고 있다. 즉, 진실은 원고가 그런 계약에 동의했다는 점이 핵심이라는 것이다. 그런 압력이 현실적일수록 원고의 동의 또한 현실적이 되며, 달갑지 않은 대안을 피하기 위해서라도 원고의 동의는 더욱 진정한 것이 된다는 것이다. 그리하여 이 주장에 의하면 진짜 문제는 동의가 부존재한다는 데 있는 것이 아니라, 그런 동의를 이끌어내기 위하여 행해진 위협의 위법적 성격에 있다는 것이다.[36] 이런 차별화는 매우 의미가 있다. 원고가 애당초 원하지 않았는데도 재산권이 이전된 경우에는 부당이득의 법리에 따라 평가되는 원상회복에 의하여 구제받을 수 있다.[37] 이와 달리

---

33) *Barton v Armstrong* 〔1976〕 AC 104 (PC).

34) *The Evia Luck* 〔1992〕 2 AC 152 (HL).

35) *Universe Tankships of Monrovia v International Transport Workers Federation ('The Universe Sentinel')* 〔1983〕 1 AC 366 (HL)

36) *The Evia Luck* 〔1992〕 2 AC 152 (HL)에서 고프 경Lord Goff의 분석을 보시오.

37) 제9장 제4절 제1관을 보시오.

불법행위는 손해배상이나, 때로는 불법행위의 법리가 정하는 바에 따라 토해내기의 수단으로도 구제받을 수 있다. 그리하여 계량화의 작업도 다르지만 방어방법도 다르게 된다. 이렇게 강박의 사안에 대한 현대적인 재평가는 원고가 불법행위에 대하여 손해배상을 받는 것보다는 토해내기를 요구할 권리도 가지고 있음을 암시해준다. 그런 논리가 가능한지에 대하여는 아직 충분한 설명이 되고 있지 않으며, 또한 결코 쉽지 않은 일이다.[38] 그러나 일단 신임관계의 법리에서 유추하여 설명해본다면 부당이득의 법리에 따르는 구제수단으로는 건드리지 못한 채로 남겨둘 이득까지도 이 구제수단이 나서서 되찾게 해줄 수 있음을 의미한다. 더욱이 피고는 부당이득의 법리상 가능한 입장변화change of position[역주4]의 항변을 제출할 수 없게 된다.[39]

그러나 이런 현대적 재분석은 결과적으로 형평법이 개입하는 이런 모든 영역에서 추구되는 동의에 필요한 질적 요건에 관하여 오해하고 있는 것으로 보인다. 만약 원고의 동의가 자유롭고도 충분한 고지를 받지 못한 상태에서 이루어진 것이라면(그리고 이에 덧붙여서, 피고가 이런 하자 있는 동의를 이끌어내는 과정에서 결코 묵과할 수 없는 역할을 했다면), 설사 표면적으로는 동의에 흠이 없어 보이더라도 그 목적한 계약이나 증여행위는 백지화시킬 수 있다. 만약 원고의 머리에 총이 겨누어진 상태에서라면 원고가 무슨 말을 하든 간에 그것이 "나는 이것을 진심으로 원하네"라는 말이 아닐 것이다. 오히려 그것은 틀림없이 "나는 이것을 원치 않지만 어쩔 수 없네"라는 말이 될 것이다. 일단 그런 강박상태가 없어지고 나면 아무런 손상을 받지 않는 자유의지가 다시 살아날 수 있다. 여기서의 초점은 원고가 동의한 것이 과연 얼마나 진심이었느냐에 집중된다. 이와는 대조적으로 현대적 재분석방법에 따를 경우에는 물리적 강박을 받은 경우라도 원고가 자기의 자유의지가 손상됨을 의식하고 있었을 경우에는 그 동의는 유효하며, 반대로 그 강박행위가 좀 더 교묘하여 원고가 그 강박성, 영향력

38) 제5장 제5절을 보시오.
39) 제9장 제9절 및 제7절을 보시오.

의 행사, 또는 거짓 정보임을 전혀 의식하지 못한 채로 동의한 경우 이는 하자 있는 동의가 된다는 매우 모순되는 결론에 이르게 된다.[40] 그러므로 이런 일체의 경우 동의에는 하자가 있으며, 그런 모든 경우가 부당이득의 법리에 의하여 구제될 수 있다고 보는 견해가 좀 더 논리적으로 일관성이 있다. 물론 만약 그런 강박행위가 불법행위에 해당될 정도로 되면 그때에는 불법행위의 법리에 따르는 추가적이고도 대안적인 구제수단 또한 이끌어낼 수 있을 것이다.[41]

그러나 동의에 하자impaired consent가 있다는 논리는 겨우 첫발을 떼는 데 불과하다. 원고가 진정으로 동의하지 않았으며, 또 피고가 그런 상황에서 결코 묵과될 수 없는 역할을 맡았을 경우에만 그 거래는 백지화될 수 있다. 보통법과 형평법 모두가 이런 제약을 가한다. 객관적으로 보아 원고가 거래에 제대로 동의했다고 여겨질 경우에는 그 거래는 유효하다는 것이 일반적인 원칙이다. 또 피고가 맡은 역할이 불법행위에 도달할 정도가 아닌 경우에 있어서조차도 피고의 역할이 "묵과할 수 없는" 경우가 있을 수 있다. 보통법과 형평법은 결국 이런 구분의 선을 서로 다르게 긋는 셈이다.

두 법체계 모두의 어려움은 어떤 강박행위가 그런 대로 묵과할 만한지, 또는 묵과할 수 없는지를 구분하는 데 있다. 보통법상의 경제적 강박행위의 경우를 보자. 상업적 일상생활에서는 최선의 거래를 획득하기 위하여 매우 어려운 협상과정을 거쳐야 한다. 따라서 협상당사자는 누구라도 경제적인 압력을 포함하는 여러 가지 형태의 압력을 받게 된다. 이런 경우 어떤 사람은 꼿꼿하게 독립성을 지키기도 하지만, 어떤 사람은 압력에 쉽사리 굴복하기도 한다. 그 경우 가혹한 협상과정에서 피해를 입었다고 느끼는 당사자가 자동적으로 자기는 경제적 압력으로 인하여 부당하게 착취를 받았다고 불만을 토로할 수는 없는 일이다. 따라서 경제적 압력이 묵과할 수 없느냐의 여부를 정의해 주는 경계선 긋기 작업은 아직도 진행중에 있는 것이다.

---

40) 아래 제3관 및 제4관을 보시오.

41) 그 경우 통상적인 구제수단은 토해내기가 아니라 손해배상이다. 제5장 제5절을 보시오.

2. 형평법상의 부적절한 영향력 행사

똑같이 미묘한 차별성이 형평법에서도 문제가 된다. 형평법이 관심을 가지는 대상은 물리적이거나 경제적인 압박이 아니라 사회적 압력social pressure으로서, 이런 경우 묵과할 수 없는 사회적 압력은 부적절한 영향력의 행사undue influence라는 용어로 대변된다. 형평법이 개입하는 동기는 어떤 개인이 다른 사람에 의하여 희생자가 되지 않도록 보호하려는 가부장적인 욕구에서 출발되었다고 할 수 있다.[42] 예컨대 형평법은 은행이 아들을 문서위조혐의로 기소토록 조치하겠다고 위협함에 따라 아버지가 겁을 먹고 자기 재산상에 은행을 위한 근저당권을 설정해주었을 경우 그 취소를 허용할 것이다.[43] 이런 거래가 사실상의 부당한 영향력의 행사actual undue influence라는 이유로 그 취소를 허용함에 있어 형평법은 보통법이 인정하던 강박의 경우보다도 좀 더 미묘한 형태의 강박에 의하여서도 원고의 동의가 초래될 수 있다는 점을 인정한다.

형평법은 여기서 한 걸음 더 나아갔다 그리하여 형평법은 부당한 영향력의 행사라고 추정presumed undue influence되는 경우조차도 인정하고 있다. 100년 전의 사회환경은 오늘날과 무척 달랐다. 종교지도자, 의사, 변호사, 수임자fiduciaries, 그리고 심지어 부모조차도 현재보다는 훨씬 더 영향력을 행사하고 있었다. 보통시민들은 이런 존경받는 위치에 있는 사람들이 어떤 것이 쓸 만하다고 암시해주기만 하더라도 그 말대로 하면 자기에게 도움이 되리라고 쉽게 설득되곤 했다. 그리하여 이들은 자기 나름의 판단을 유보하거나 그분들의 "더 나아 보이는 의견을 존중" 했던 것이다. 물론 이것이 모든 경우에 그랬다는 것은 아니다. 하지만 이런 위치에 있는 사람들이 그 신도나 고객들에게 "영향력을 행사" 한다는 일반적인 추정presumption을 하지 않을 수 없도록 거듭하여 형평법이 설득되어왔음은 부정할 수 없는 사실이다. 더욱이 그들이 끼치는 영향력은, 만약 그런 거래가 그 자체로서 원고에게 불리함을 드러낼 경우(오로지 그것

42) *Allcard v Skinner* (1887) 36 Ch D 145 (CA), 172 (Cotton LJ), 185 (Lindley LJ)

43) *Williams v Bayley* (1866) LR 1 HL 200 (HL)

만으로도) 더 이상의 증거가 없어도 "부당"한 것으로 추정된다.[44] 예컨대 어느 고객이 자기가 보유하던 가치 있는 골동품을 자기의 변호사에게 팔면 그 매매 가액이 시장가격을 반영하는 경우가 아닌 한, 즉 시장가격 이하인 경우에는 변호사로부터 부당한 영향력의 행사가 있었다고 추정되는 것이다.[45] 이와 마찬가지로 자녀가 부모에게 과다한 선물을 한다든지 또는 성직지망자가 자기가 가입할 수도원의 원장에게 과다한 선물을 하는 경우,[46] 그것은 부모나 수도원장 측으로부터의 부당한 영향력의 행사에 의하여 야기되었다고 추정하는 것이다. 이런 영향력 있는 관계에서는 그렇게 과다한 선물을 주고받는 것이 자연스러운 현상이 아니기 때문에 결국 부당한 영향력을 행사했다는 법적인 추정은 정당화된다. 그러나 이런 형평법의 전략이 얼마나 공격적인지 주목해볼 필요가 있다. 형평법은 일단 피고의 사회적 또는 직업상의 지위를 기화로 하여 영향력의 행사가 있었다고 추정하면 그 거래 자체에 있어서 명백히 드러나는 원고의 불이익을 이유로 하여 그 영향력의 행사가 부당했다고 추정하게 된다. 이런 추정으로 인하여 원고는 자기의 주장 사실을 입증하는 부담을 덜게 되는 반면, 피고는 그 반대 입증이 그만큼 매우 어려워진다.[47]

이와는 대조적으로 부부관계(그리고 미혼 동거자들)는 이런 부당한 영향력의 행사가 있었다고 간주되는 관계의 범주에 포함된 적이 없었다. 실로 형평법이 이런 견해를 취한 것은 이런 관계가 영향력을 행사하는 관계에 있지 않기 때문이 아니라, 일반적으로 부인은 남편의 말을 존중한다는 견해가 널리 채택되고

---

44) *National Westminster Bank plc v Morgan* [1985] AC 686 (HL), 704. 물론 부당한 영향력의 행사가 실제로 있는 경우에는 그로 인한 불이익을 입증할 필요가 없다. 이는 필연적으로 원고의 동의에 하자가 있으므로 추정의 방법을 동원할 필요가 없음을 의미한다. *CIBC Mortgages plc v Pitt* [1994] 1 AC 200 (HL).

45) 물론 시장가격에 따르는 거래였다 하더라도 그것이 변호사의 부당한 영향력의 행사에 의하여 유도된 경우도 포함한다. 그러나 이런 상황에서 원고는 만약 그 거래를 백지화시키고 싶을 때에는 부당한 영향력의 행사가 실제로 있었음을 입증할 책임을 지게 된다. 즉, 이런 경우에는 부당한 영향력의 행사가 있었다는 추정에 의지할 수 없는 것이다.

46) *Allcard v Skinner* (1887) 36 ChD 145.

47) *Yerkey v Jones* (1939) 63 CLR 649 (Aust HCt), 675.

있었기 때문일 것이다. 그러나 형평법이 겨누는 과녁은 단순히 영향력의 행사에 있지 않다. 그것은 영향력을 부당하게 행사하는 데 있는 것이다. 이런 가정에서 선물을 주고받는 것은 자연스러운 일이다. 이는 가정 내에서 인정받고 있는 영향력이 부당히 행사되었다고 볼 만한 아무런 간단한 기준이 없음을 의미한다.

형평법이 부당한 영향력의 행사가 있었다고 추정하는 경우에서조차도 그런 추정은 번복rebuttable될 수 있다. 여하튼 원고가 자기 나름의 독립된 판단에 따라 행동했음을 피고가 입증할 수 있으면 그 거래는 합당한 것으로 지지될 수 있다. 이를 입증하는 가장 쉬운 방법으로서는 원고가 문제의 사안에 관하여 독립한 자문independent advice[역주5]을 받고서도 여전히 그런 거래를 추구했다는 사실을 입증하는 방안이 있다. 이는 물론 매우 어려운 문제들을 야기할 수 있다. 만약 그런 자문이 무시되었거나(왜냐하면 아마도 부당한 영향력의 행사가 너무나도 강력하게 작용했기 때문에), 또는 그 자문내용이 명백히 부적절하거나, 또는 잘못 이해된 경우에는 어떻게 할 것인가? 이런 딜레마에 관한 합리적인 대응방법은 형평법이 개입하는 데 대하여 서로 이론의 여지가 없는 논리가 제시될 수 있느냐의 여부에 달려 있다고 하겠다. 만약 형평법이 피고의 강박행위에 위법성wrongfulness이 있음을 강조하는 현대 보통법적인 접근방법을 채용한다면, 피고가 원고에게 독립한 자문을 받도록 요청했을 경우에는 그런 자문의 영향력 여하 간에 피고에게 변명거리를 제공해줄 수 있을 것이다. 반면 이 책에서 선호되는 분석방법으로는 피고의 귀책사유로 인하여(그 영향력 행사가 얼마나 순수했든 간에) 원고의 진정한 동의가 결여되었다는 전제 위에 형평법의 간섭이 터잡고 있다는 점이다. 이런 분석에 터잡아보면 진정한 문제는 원고가 독립한 자문을 받아 독립한 결단을 내리게 되었는지의 여부, 또는 적어도 원고가 결단을 내리게 된 과정에서 피고에게 어떠한 귀책사유도 없었는지의 여부에 관한 것이다. 여기서 백지수표식의 정답을 주는 일은 불가능하다. 때로 그런 자문행위(심지어 부적절한 자문이라도)가 이런 결과를 이끌어낼 수도 있겠지만 반드시 그런 것은 아니다. 이런 경우 법원은 사실관계를 꼼꼼히 따져보는 수밖에 없을 것이다.

이렇게 부당한 영향력의 행사가 있었다는 추정은, 앞에서 열거해본 관계들—종교지도자와 그 신도들, 의사와 환자들, 변호사와 의뢰인들, 수임자와 그 본인들, 부모와 그 자녀들—의 범주에 드는 한 이제는 현대의 사회적 조건들이 너무나 달라져서 그런 원칙을 지탱하는 기초가 사라졌다고 생각되는 경우에서조차도 여전히 작용을 계속하고 있다. 더욱이 이런 목록에는 새로운 범주의 "영향력 있는" 관계가 더 이상 추가되지 않고 있다. 이는 제법 예상할 만한 일이다. 어떤 특정한 관계의 현실을 고려함이 없이 자동적으로 그러한 영향력의 행사가 있었다고 추정하는 것은 이제는 더 이상 사회적 일반화의 정당성을 인정받지 못한다. 그 대신에 형평법의 재판권이 미치는 영역은 다른 방향에서 확장되어 왔다.

여기서 형평법의 적용이 가장 논리적으로 확장된 영역이라고 할 만한 것이 있다면, 그것은 비록 원고가 피고로부터 영향을 받는 관계에 있다고 공인될 만한 상태에 있지는 않더라도, 적어도 원고와 피고와의 특별한 관계상 여전히 똑같은 특징들을 보여주고 있음을 입증할 수 있는 한 마찬가지의 분석방법이 적용되어야 함을 받아들였다는 점이다. 만약 사정이 이러하다면, 그리고 또 문제의 거래가 원고에게 명백히 불리한 경우라면, 그런 경우의 원고 또한 피고가 원고에게 부당한 영향력을 행사했다는 추정에 의존할 수 있도록 허용받아야 한다는 것이다. 이렇게 형평법의 적용 영역이 확장됨으로써, 그 스스로의 용어에 의하더라도 형평법은 완전히 개방적이라고open-ended 할 만하게 되었다. 그러나 실무에서는 그 적용되는 범위가 다소 예측가능하다고 할 수 있다. 예컨대 부부관계를 보자. 남편과의 관계를 정리하고자 하는 아내는 그동안의 일상생활에서 자기는 단지 남편이 결정하는 대로 따르고 남편의 지배에 순종해왔을 뿐이라는 사실을 입증하는 증거를 내놓으려 할 것이다. 일단 이런 영향력의 행사관계가 받아들여지면 법원으로서는 두 사람 간에 어느 한쪽에 두드러지게 불리한 거래는 곧 남편의 부당한 영향력 행사에 의하여 초래된 것이라고 추정하게 될 것이다. 이 경우 남편으로서는 당해 구체적인 사건에서만큼은 아내가 자기의 독립한 의사결정에 따라 행사하였음을 입증하는 경우에만 이런 추정을 번복시킬 수 있을 것이다.[48] 이런 추론의 과정은 사실혼관계나 다른 가족관계(좀 더 넓은 범위에서 아저씨와 조카 관계로서 이 경우는 쌍방향에서 영향력의 행사가 가능하다), 또 사용자와 피용자 간의 관계 등에도 쉽사리 똑같이 적용될 수 있을 것이다.

이런 진화의 과정은 신임관계의 맥락에서 설명한 내용들을 그대로 반영해주는 감이 있다.[49] 본래 애초에는 수탁자만이 수임자로서의 의무fiduciary obligations를 부담했음을 상기해보자. 그 후 서서히 이런 재판권이 변호사, 대리인agents, 동업자partners, 회사의 이사 등의 사회적 역할을 맡은 한정된 계층들에도 확대 적용되기 시작했던 것이다. 마침내 이 적용 영역은 좀 더 확장되어, 이렇게 정의된 범주의 바깥에서도 그런 구체적 관계에 있어서 유사한 신임관계가 두드러지는 경우에는 마찬가지로 신임관계가 존재할 수 있다고 법원이 인정해주는 단계에 이르게 되었다.

수임자로서의 역할과 부당한 영향력을 행사하는 자로서의 역할 간에는 겹치는 부분이 다분히 있음을 부정할 수 없다. 예컨대 변호사는 양자의 입장을 동시에 취할 수 있는 것이다. 즉, 변호사가 자기의 고객과 계약을 체결하게 되면 고객은 변호사가 신임관계상의 의무에 위반했다거나 또는 부당한 영향력을 행사했음을 이유로 하여 계약을 무효화시킬 수도 있는 것이다. 그러나 두 개의 원리는 서로 꽤 다른 목적을 추구하고 있다. 신임받는 자의 충실의무는 위법성wrongdoing과 관계 있는 터로서 문제의 거래가 불충실하고 또 본인에게 보고되지 않은 경우에만 이에 위반한 것으로 간주된다. 즉, 신임을 받는 자는 자기의 지위를 이용하여 비밀스러운 이득을 거두어서는 안 되는 것이다. 이런 일이 문제가 되는 경우에는 그 불충실하게 얻은 이득을 뱉어내도록 하기 위하여 계약의 취소가 강구된다. 반면 부당한 영향력의 행사가 있었다고 추정되는 경우에는 거래 내용이 보고되지 않았더라도 그 거래가 고객에게 명백히 불리한 경우에 작동을 개시한다. 그런 경우에는 변호사가 그 거래를 통하여 얻은 부당이득

48) *Barclays Bank plc v O' Brien* [1994] 1 AC 180 (HL); *Royal Bank of Scotland v Etridge (No 2)* [2002] 2 AC 773 (HL).

49) 제5장 제2절 제3관을 보시오.

을 원상회복시키기 위하여 계약의 취소가 인정되는 것이다. 이렇게 서로 다른 두 개의 목표를 염두에 둔 취소가 가능하다는 사실로 인하여 구제수단의 내역을 확정함에 있어 몇 가지 실무상의 어려움이 초래되었다. 여기서 가장 두드러지는 실무적인 차이점들 중 하나는 위법행위를 하는 수임자가 입장변화의 항변change of position을 원용할 지위에 있지 않은 데 반하여, 부당한 영향력을 행사하는 자는 이런 항변을 할 수 있다는 점이다. 또한 구제수단을 계량화하는 데 있어서도 몇 가지 중요한 연관된 어려움이 있다.[50)]

3. 3당사자 간의 관계

마지막으로 이 분야에서는 한 가지 점이 매우 중요하다. 부당한 영향력의 행사에 관한 다수의 현대 판례들은 변호사와 의뢰인, 의사와 환자 같은 두 당사자 간의 경우가 아니며, 상당수가 은행bank을 포함하는 3당사자 간의 사안으로 되어 있다. 남편이 자기의 사업에서 자꾸 늘어나는 빚을 담보하기 위하여 자택에 대한 부인의 지분권을 은행에 저당설정하는 경우에 생기는 문제들이 그 가장 전형적인 경우이다. 만약 채무가 연체됨에 따라 나중에 은행이 그 집에 대한 권리를 행사하게 된다면 그 부인으로서는 은행과의 저당권설정계약에도 불구하고 주택에 대한 자기 몫을 보전할 수 있을까? 문제는 남편이 부인에게 부당한 영향력을 행사했을 수는 있어도 은행은 결코 그런 일이 없다는 점(또는 그녀에게 거래의 내용에 관하여 허위표시를 하지 않았다는 점)에 있다. 부부간의 문제가 은행과 부인 간의 계약에 영향을 미칠 수 있을까? 이 경우 일반적인 원칙은 은행이 부인의 지분권이 있음을 알고 있는 한 이를 떠안는 조건으로 그 재산(그 주택에 대한 담보권)을 취득한다는 점이다.[51)] 이는 곧 거래 당시 은행이 부인의 동의가 부적절하게 받아진 것임을 실제로 알았거나, 또는 알았다고 의제되는 경우에는 부인이 은행과의 근저당권설정계약을 취소할 수 있음을 의미한다.

은행의 입장에서는 부인의 동의가 남편에 의한 부적절한 영향력의 행사하에

50) 제5장 제2절 제2관과 제9장 제4절 제2관을 보시오.
51) 제4장 제4절 제3관을 보시오.

이루어진 것임을 알았다고 볼 만한 증거는 아주 사소한 것만으로도 충분하다는 점이 문제가 된다. 즉, 실무상으로는 그런 거래가 부인에게 명백히 불리한 거래로 드러나는 경우(그리고 또한 부인이 그런 대차관계에서 상당한 이득을 얻었다고 보이는 경우가 아닌 한 그런 담보설정계약이나 보증계약은 자동적으로 이 범주에 해당된다)만으로도 충분하다. 결국 부인에게 불리함이 명백한 사안이라면 은행은 그것만으로도 부인의 동의가 부당한 영향력의 행사하에 이루어진 것이거나 (남편과 부인 간의 관계가 그런 영향력이 행사된다고 추정되는 관계가 아니더라도), 또는 허위표시에 의하여 영향을 받은 경우일 수 있음을 짐작해야 한다는 점이다. 물론 이쯤 되면 참으로 심한 이야기가 된다. 실로 이렇게 짐작하는 일이 부부간의 관계에 국한되는 것은 아니다. 현대적 원칙에 의하면, 원고가 어떤 거래를 위하여 담보를 제공하는 경우에 그것이 원고 자신이 아닌 다른 사람의 이익을 위한 것인 경우에는 그런 합의에 대하여 합당한 설명을 하지 못하는 이상 은행은 원고의 동의에 어떤 하자가 있음(그리고 여기서는 부당한 영향력의 행사나 허위표시를 굳이 구분하지도 않는다)을 자동적으로 안 것으로 간주됨을 시사하고 있다.[52] 당사자 간의 관계가 실제로 어떤 성격이냐, 또는 은행이 그런 관계를 어느 정도 알았느냐의 여부는 별로 중요한 역할을 하지 않는 것이다.

이런 원칙으로 인하여 은행들은 부득이 자기들이 그런 사정을 알지 못했음을 확실히 해두는 자구책을 강구할 수밖에 없었다. 즉, 은행의 대응책은 그런 거래에서 손실을 보는 쪽의 당사자가 독립한 자문independent advice을 받도록 하는 것이다. 실로 대법원House of Lords은 이 분야에서 은행들을 위한 효과적인 사실상의 입법을 하기에 이르렀다. 즉, 그런 경우 당사자에게 언제, 누가, 어떻게 자문을 해주어야 할지에 관하여 구체적인 원칙을 정해준 것이다.[53] 이런 원칙들은 나중에 그 부인이 자기의 동의에 하자가 있었음을 은행이 알고 있었다거나, 또는 알았어야 한다고 주장하지 못하도록 만들기 위하여 강구된 것이었다. 이런

52) *Crédit Lyonnais Bank Nederland NV v Burch* 〔1997〕 1 All ER 144 (CA).
53) *Royal Bank of Scotland v Etridge* (No 2) 〔2002〕 AC 773 (HL).

사안에서 독립한 자문이 떠맡는 역할은 "영향력을 행사하는" 당사자가 이에 의존하는 경우의 역할과 똑같지는 않다는 점에 주목할 필요가 있다. 즉, 영향력을 행사하는 당사자(예컨대 부부 두 사람 모두가 관련된 거래의 경우에 남편)는 그런 독립적 자문의 결과, 실제로도 그 부인의 동의에 아무런 하자가 없었다거나, 또는 적어도 남편의 간섭에 의하여서도 그 동의에 더 이상 하자를 띠게 되지 않았다고 할 정도임을 입증해야 한다. 이에 반하여 은행은 이제 그런 입증의 필요가 없게 된 것이다. 이제 그런 자문이 다소 불충분하거나 무시된 경우라도 은행으로서는 충분하게 되었지만, 남편으로서는 처에 대한 정당성을 인정받기에 충분치 못한 것이다.

이렇게 원칙이나 실무에서의 다양한 차이점들은 이런 사안들을 다루는 데 있어서 좀 더 나은 대응방안이 강구되어야 함을 의미한다. 아마도 이런 경우에는 부인과 은행 간의 관계에 있는 것이지, 부인과 남편 간의 관계 및 이에 대해 은행이 이를 알았다고 의제되는 데 있지 않음을 솔직하게 인정하는 것이 더 나을지도 모른다. 이렇게 단도직입적으로 접근하는 방안의 이점이라고 할 만한 것은 3당사자 간의 관계가 사실혼de facto couples관계를 포함하는 부부관계나 사용자와 근로자의 관계처럼 단순히 직업적인 관계에 비하여 (은행과 같은) 외부인에게 훨씬 덜 투명하게 보이는 관계를 포용해야 하는 경우에 좀 더 명백히 드러난다. 영국 이외의 다른 나라에서 채택되기도 하는 다른 전략에 관하여는 다음 절에서 살펴보기로 한다. 이와 또 다른 하나의 전략은 지금까지보다도 좀 더 단도직입적이다. 즉, 명백히 위험성을 띤 거래일 경우 은행은 그 고객에 대하여 알려줄 주의의무를 부담한다는 점을 간단히 인정하자는 것이다.[54] 결과적으로 이는, 비록 이 원칙이 정당화되기 위해서는 3당사자 간에서의 부당한 영향력의 행사와 허위표시 등의 논리에 부적절하게 연결되어 있기는 하지만, 영국의 대법원이 취해온 방안이다.

54) 제6장 제2절을 보시오. 은행 자신의 사익과 법이 은행에게 고객을 위하여 부담하도록 요구하는 가부장적 주의의무 간에서 두드러지는 이런 갈등은 이 분야의 법에서는 흔한 일이다.

제4관 불공정한 거래

끝으로 형평법은 거래내용이 터무니없이 불공정한unconscionable bargains[역주6] 경우 개입하여 이를 백지화시킬 수 있는 제한적인 범위 내에서의 재판권을 가지고 있다. 이런 형태의 개입을 위한 진정한 근거는 전혀 분명치 않다. 또 이를 절차적 불공정성의 범주에 편입시키는 것도 단지 잠정적일 뿐이다.

애초에 이런 재판권은 "상속을 기대하는 사람들expectant heirs"과 그들에게 돈을 빌려주는 사람들 간에서의 계약에 주로 관련되어 있었다. 젊은이들은 (보통) 자기들이 장차 상당한 재산을 상속하리라는 기대에 터잡아 당장 필요한 돈을 차용하곤 했던 것이다. 이런 경우 심지어 연리 60%에 달하는 고리조차도 흔했다.[55] 아마도 형평법이 고리대금업자보다는 돈을 빌리는 신사계급을 좀 더 동정했기 때문이었겠지만, 결국 형평법은 이런 거래에서 장래의 상속인들을 살려주기 위하여 나선 것이었다. 19세기 중반이 되면 상속인은 거래가격이 적정하지 않다는 이유만으로도 거래를 무효화시킬 수 있었다. 결국 이 원칙은 이런 형태로 계약자치와 거래안전에 대한 근거 없는 장애물이 되기에 이르렀다. 이에 따라 현행의 성문법은 재산상속을 전제로 하는 거래는 사기나 불공정한 거래가 아닌 한 가격의 미달을 이유로 하여 무효화될 수 없음을 분명히 하고 있다.[56] 그러나 이런 성문법의 규정들은 또한 거래내용이 터무니없이 불공정한unconscionable 경우 그 계약을 무효화시킬 수 있는 법원의 재판권을 명시적으로 인정하고 있다.

이런 형평법의 재판권은 이제는 특히 영국에서, 매우 제한적인 경우에만 인정되는 것으로 보인다. 즉, 증여의 의사표시에는 적용되지 않으며, 계약에서는 강자가 약자로부터 터무니없는 이익을 얻어낼 경우에만 취소될 수 있는 것이다. 즉, 약자가 빈곤이나 무지로 인하여 특별히 불리한 지위에 있고, 독립한 자문을 받지도 못했으며, 상당히 낮은 가액으로 계약에 동의한 경우에만 가능한

55) *Earl of Aylesford v Morris* (1873) Ch App 484.
56) 1925년의 재산법 제174조.

것으로 보인다.[57] 만약 원고가 이런 사실을 모두 입증할 수 있다면 그때에는 피고가 달리 그 계약조건들이 공정하고 정의로웠으며 합리적이었음을 입증하지 못하는 한 그 거래는 취소되는 것이다. 이와는 대조적으로 영국 이외의 다른 판례법 국가들에서는 독립한 자문의 결여나 상당히 낮은 가액이 절대적인 요건으로서 요구되지 않는 편이다.

이런 형평법 개입의 진짜 근거논리는 아직 분명하지 않다. 음주만취한 매도인, 서로 지겨워진 연인들, 이혼하려는 부인이 현명치 못한 계약을 체결하고는 나중에 결국은 후회하는 사안들이 이런 것들이다. 형평법은 그 개입의 동기가 불공정한 계약조건, 특히 계약대금이 실질적 가치에 미달한다는 점에 의하여 촉발됨을 집요하게 부인한다. 즉, 형평법은 거래를 새로 짜도록 하는 데는 관심이 없다는 것이다. 마찬가지로 형평법은 또한 당사자 간의 협상력bargaining power이 대등하지 못하다는 이유만으로 개입하는 것도 아니라고 애써 부정한다. 협상력이 대등하지 못하다 하여 그것만으로 곧 절차적 불공정성을 입증하는 것은 아니라는 것이다.[58] 그럼에도 의문은 여전히 존속하며, 이런 의문은 재량권 행사의 기준을 엉성하게 해놓는 것은 불확실성과 논리적 모순을 초래할 가능성이 있다는 견해에 의하여 더욱 가중된다.

이런 전제하에서 보면 이런 사안들에 대한 최선의 합리적 설명방법으로는, 비록 유기적인 체계는 갖추지 못하였다고 하더라도, 결국 절차적 불공정성과 원고의 동의가 이루어지는 현실을 직시하는 일일 것이다. 형평법은 원고가 자기 스스로의 이익을 돌볼 만할 지위에 있지 못할 만한 무수한 사유가 있음을 인정한다. 초기의 불공정거래 사안들에서 판례가 인정하였듯이, 원고는 재정적으

---

57) *Fry v Lane* (1888) 40 ChD 312.

58) 그러나 다음의 판례들을 보시오. *A Schroeder Music Publishing Co Ltd v Macaulay* (1974) 1 WLR 1308, 1314-15, 1316; *Lloyds Bank v Bundy* 〔1975〕 OB 326. (그러나 *National Westminster Bank plc v Morgan* 〔1985〕 AC 686 (HL)에서는 "협상력의 불균형"만으로는 부족하다고 판시되었다.); *Creswell v Potter* 〔1978〕 1 WLR 255, 257 (Megarry J) 그러나 *Commercial Bank of Australia Ltd v Amadio* (1983) 151 CLR 447 (Aust HCt), 461 (Gibbs CJ))에서는 방론으로 의문이 표시되었다.

로 궁핍하거나 무지하거나 경험이 부족할 수 있다. 더 나아가서 원고는 질환을 앓고 있거나 정상적인 판단능력을 손상당하였을 수도 있다. 그러나 피고가 이런 것들을 일일이 주의해볼 책임을 지는 것은 아니며, 따라서 원고와 피고 간의 계약은, 만약 객관적으로 볼 때 쌍방 당사자가 거래에 동의하였다고 인정된다면, 쌍방 간에 지속하는 유효한 계약이 될 것이다. 그러나 만약 사실관계상 피고가 원고의 동의에 하자가 있음을(비록 그에 대한 책임은 없더라도) 알면서도 그런 거래를 따내었음을 뒷받침하는 사실이 드러날 경우에 원고는 그 거래를 취소할 자격을 얻게 된다는 것이다.[59)]

이런 합리적 설명방법에 따르게 될 경우 이런 사안들에서 통상 중요하다고 생각되는 요건들은 좀 더 조심스럽게 다룰 것이 요구된다. 피고는 원고의 동의에 하자가 있는지의 여부를 알고 있어야만 한다.[60)] 이는 심지어 번복을 허용하는 전제하에서도 추정될 수 없으며, 또 정을 안 것으로 의제되지도 않는다. 이렇게 되면 형평법의 개입 사유는 완전히 무시되는 셈이다. 원고의 동의에 하자가 있더라도 피고는 선의인 한 책임이 없는 것이다. 그럼에도 피고가 어떤 몇 가지의 사실을 알았다면, 피고가 원고의 동의에 하자가 있음을 실제로도 알았다고 추론infer해내는 것이 때로 합리적일 수도 있을 것이다.[61)] 개개의 구체적인 사실관계와 그것이 개별적으로 지니는 의미는 모두 중요하다. 때로 알려져 있는 개인적 불이익과 거래에서의 실질적 가격 미달이라는 사실 간의 우연한 일치가 이런 류의 추론을 하기에 충분한 근거가 될지도 모른다. 그러나 실제로 정을 알았음을 입증하는 방편으로서 이런 통로를 택하는 경우의 취약성은 분명히 드러난다. 거래의 조건이 공정하고 합리적이라면, 또는 만약 원고가 독립한 자

59) *Hart v O'Conner* [1985] AC 1000 (PC).

60) 설사 착취exploitation를 방지하기 위해서라는 구실이 붙는 경우에라도 이 요건은 필요할 것이다. *Hart v O'Conner* [1985] AC 100 PC.

61) 합리적으로 생각하는 사람이라면 아무도 주어진 사실관계상 원고의 동의가 진정 있었다고 생각할 수 없는 경우라고 할 때에만 가능한 이야기이다. 이런 평가기준을 유추해서 사용할 수 있는 경우로서 제5장 제3절 제2관을 보시오

문을 받았을 경우라면, 이런 추론이 반드시 타당하다는 보장은 없는 것이다. 합리적으로 생각하는 피고라면 그럴 경우 설사 원고에게 개인적으로 어떤 불이익한 정황이 있다는 사정을 알았더라도 원고의 동의에 하자가 없다고 생각했을 것이라는 점이다. 여기서 그런 정을 알았는지의 여부에 대하여는 현실적인 증거가 필요할 것이다. 이런 사안들에서의 분석적 접근방법은 그다지 주의 깊지 못한 것이 보통이다.[62] 그것이 주의 깊지 못할 경우에는 얼핏 불공정해 보이는 거래를 형평법이 재구성해보겠다는 가부장적인 욕망에 말미암아 그 개입의 동기유발이 될 수도 있다는 명백한 위험이 제기될 수도 있다. 이는 결국 계약자유의 원칙에 대한 형평법의 간섭을 수긍할 수 있을지 없을지를 구분하는 경계선을 허물게 된다.

이렇게 설명할 경우, 절차적 불공정성이라는 큰 제목하에서 논의된 모든 접근방법들 간에는 제법 분명한 공통점이 있다고 감히 말할 수 있게 된다. 이런 모든 접근방법들은 원고가 어떤 거래 그 자체 및 또한 그 거래가 결과적으로 가져다줄 위험과 대가에 관하여 동의하거나, 또는 현실적으로 동의할 의사를 가지고 있었더라도 그것이 다양한 정보의 부족이나 물리적, 경제적, 또는 사회적 정황들에 의하여 하자를 띠게 된다고 하는 점과 긴밀히 연관되어 있다. 허위표시, 강박, 그리고 부당한 영향력의 행사 등의 사안들에서 대체로 피고는 원고의 동의에 하자가 있음을 알거나 그에 관하여 부지불식 간에 원인을 제공한 책임을 져야 하는 경우가 있다. 이와는 대조적으로 불공정한 거래의 사안들에서는 피고가 원고의 동의에 하자가 있음을 현실적으로 알고 있는 경우가 아니면 피고가 원고로부터 그런 거래를 "낚아채는snatch" 방법상의 문제로 인하여 결국은 그런 정을 알았다고 추론되는 것이다. 이는 또한 좀 만족스럽지 못한 몇몇 형평법상의 착오에 관한 판례들에 관하여서도 마찬가지라고 할 수 있다. 이 경

62) 이것은 이런 재판권을 이용하여 은행과 보증인 또는 물상보증인간의 계약을 무효화시키고자 추구하는 현대의 판례들에서 특히 그렇다. 예컨대 *Garcia v Australia Bank Ltd* (1998) 194 CLR 395 (Aust HCT); *Commercial Bank of Australia Ltd v Amadio* (1983) 151 CLR 447 (Aust HCT).

우들 또한 피고가 원고의 착오를 알고서 이를 악용하여 거래를 낚아채는 사례라고 할 수 있다. 보통법과 형평법에서의 점진적인 법적 진화의 덕분에 거래를 객관적 기준에 맞추어 판단해야 한다는 근본적 원칙에 수정이 가해짐으로써 피고가 원고의 동의에 하자 있음을 알았거나 그를 유발한 책임이 있는 경우에는 주관적 접근방법이 타당한 것으로 결론이 내려졌다. 일반적으로 이런 진화는 초기 보통법이 허용하던 보호의 정도를 더욱 강화시켜 합리적 근거를 설명할 수 있을 뿐 아니라 사회적 필요에도 부응하게 되는 것이다.

제3절 실체적 불공정성
—계약조건에 대한 심사

형평법이 개입하는 세 번째이자 마지막 주요 범주는 앞의 두 개 범주와 상당히 다른 내용이다. 즉, 이 경우 형평법은 거래에 있어서의 실체적 불공정성 substantive unfairness에 관심을 가진다고 이야기된다. 여기서 내포하는 의미는 결국 형평법의 개입이 원리doctrine가 아니라 정책policy에 터잡고 있음을 암시한다. 당사자 간의 약정에 대하여는 통상적으로 개인적 자치, 특히 거래의 조건을 결정하는 개인적 자치에 우선적 배려가 주어져야 하지만, 이보다도 앞서는 중요한 사회적 이익societal interest을 해칠 경우에는 의사표시가 부정되는 것이다. 그러나 그런 사회적 이익이라는 것이 도대체 무엇인지는 전혀 분명하지 않다.

여기서 분명한 것은 형평법의 관심이 단지 거래의 공정성 여부에 향해 있지는 않다는 점이다. 5만 파운드짜리의 주택이 15만 파운드에 팔렸다고 하여 형평법이 개입하는 것은 아니다. 만약 당사자 간에의 약정이 제대로 이루어진 것이라면 그 거래는 유효하다. 매수인이 알아서 주의해야 한다는 보통법의 법언, 즉 카베아트 엠프토르caveat emptor—매수인이여 조심하라!—는 형평법에게도 마찬가지로 매력적으로 작용하는 것이다. 실체적 불공정성substantive unfairness

이라는 개념은 심지어 명백히 불리한manifestly disadvantageous 거래를 시정해주는 경우에 비해서도 훨씬 더 그 운신의 폭이 좁다.

이에 관한 판례들을 보면, 형평법의 관심은 오로지 명시적으로 합의된 구제수단들expressly agreed remedies이 지나치게 부담스러울 경우에 있을 뿐이다. 형평법은 계약 위반이 있을 경우 어떻게 처리할 것인가에 관한 계약조항이 있더라도, 그 조항을 적용하면 상대방이 입은 손해에 비하여 결과적으로 균형을 잃게 될 경우에는 그 조항의 규정대로 이행을 명하지 않겠다는 것이다. 이렇게 실체적인 불공정성으로 초점을 제한하는 이유는 결코 정교한 논리의 뒷받침을 얻고 있지 못하다. 형평법이 계약대금의 액수에서 명백히 드러나는 불공정성에는 관심을 보이지 않는다는 점을 전제하고 보더라도 구제수단에서 확연히 드러나는 불공정성에 이유가 있는 것도 아니다. 구제수단은 가격이나 마찬가지로 거래에서 쌍방 당사자가 자유롭게 흥정할 수 있는 것이다.

형평법은 단순히 사적 거래에 있어서의 경제적 강박economic compulsion에 반대하는 것에 그칠 가능성이 있다. 즉, 형평법은 어떤 계약에서 정한 특정한 약정을 그대로 이행해야 한다고 고집할 수 있겠지만,[63] 그 계약당사자들 스스로가 그런 지위를 위하여 흥정하는 것을 허용하지 않으려 한다. 사적 거래는 그 거래로부터 빠져 나갈 수 있는 진정한 자유가 존재하는 경우에만 지지될 수 있다. 물론 거래에서 빠져 나갈 때에는 그 대가도 있다. 빠져 나가는 당사자는 그 거래로 인한 손해를 배상할 의무를 져야 한다. 그러나 형평법은 그 계약에서 빠져 나갈 경우 그로 인한 경제적 타격이 막대하므로 계약대로 이행하는 것만이 유일한 현실적 해결책이라는 것을 이유로 하여 일방 당사자를 그 의사에 반하여 계약에 붙들어 매어두려고 하지는 않는다. 바로 이것이 형평법으로 하여금 나서게 한 동기가 된다면 이야말로 주제넘게 가부장적paternalistic인 것이다. 거래의 자유는 또한 자기의 권리를 팔아버리는 거래의 자유를 의미하기도 한다. 사회적, 경제적인 분석방법에 의할 경우 만약 당사자 간에 어떤 특정한 계약조

63) 제2장 제1절 제1관과 제8장 제5절 제1관을 보시오.

건에 제대로 합의했다면, 이는 그로 인하여 떠맡아야 할 부담스러운 결과들이 모두 계약대금에 반영되어 있음을 암시해줄 수도 있을 것이다.

형평법이 간섭하게 된 다양한 상황들을 일일이 들춰보더라도 그것은 결국 이런 분석에 있어서의 어려움을 재확인해줄 뿐이다. 실로 이런 모든 사례들은 절차적 불공정성의 사례로 보는 것이 더 바람직할 듯하다. 이에 대한 이유는 이 절의 끝에서 다시 논의된다.

제1관 기한으로부터의 구제

19세기까지는 보통법은 계약에서 정한 기한time stipulations은 이를 모두 조건conditions으로 보았다. 이는 곧 만약 원고가 계약조항에 위배하면 피고가 계약을 해제하고 그 거래에서 입은 손해의 배상을 청구할 수 있음을 의미했다. 더욱이 피고는 손해배상을 받는 데 그치지 않았다. 예컨대 주택의 매매계약에서 매수인이 계약금을 지급했으나 잔금일까지 잔금을 지급할 수 없음을 알게 되었다고 상정해보자. 이런 경우 보통법상 매도인은 계약을 해지하고, 계약금을 몰취(이것이야말로 계약금의 본질이다)하며, 매수인에게 그 계약에서 자기가 입은 손해를 더 청구할 수도 있었다.

그런데 형평법이 개입하여 당사자가 계약상의 기한을 조건으로 취급할 수 있는 능력을 무시해버렸다. 형평법은 매수인이 계약에 위반하였음과 매도인이 손해배상을 받을 자격이 있음을 인정하면서도, 그런 전제하에서 여전히 매수인은 뒤늦은 이행을 해도 좋다고 허용한 것이다. 그리하여 형평법은 매수인이 자신의 계약 위반에도 불구하고 매도인에 대하여 계약 내용대로 이행하라는 청구를 할 수 있도록 허용해주었다. 사법법Judicature Act이 시행된 이래 보통법도 이제는 기한에 관한 한 똑같은 원칙을 적용하고 있다.

그러나 형평법은 또한 이렇게 좀 더 느긋한 자세(이제는 보통법도 마찬가지지만)에 항상 예외를 인정해왔다. 형평법은 만약 당사자 간의 계약에서 명시적 또는 묵시적으로 언급한 경우에는 기한을 조건으로 보게 되었다. 즉, 계약서에서

"기한을 지키는 일이 매우 요긴time is of the essence"하다는 표현을 하고 있거나, 또는 (보통 최초의 기한이 지난 다음) 상당한 기한을 주는 최고에 의하여 다시 잔금 지급날짜를 정하고 이 기한을 지키는 일이 이제는 매우 긴절함을 명백히 함으로써 이렇게 할 수 있었던 것이었다. 다수의 상사계약에서는 이렇게 기한이 계약의 중요한 요소로 표시되며, 그럴 경우에는 설사 일방 당사자가 그로 인하여 불균형하다고 여겨질 정도의 손실을 입게 되는 경우에라도 이런 계약조항은 유효하다고 지지되고 있다. 때로 이런 접근방법에는 합리적 근거가 제시되기도 한다. 예컨대 운송계약이나 증권거래에 있어서는 계약조항으로 인하여 개인적으로 입게 되는 어려움보다는 확실성certainty과 예측가능성predictability이라는 이익이 좀 더 가치를 부여받는 것이다. 그러나 똑같은 원칙들은 이런 정당화의 근거가 없는 경우에서조차도 적용된다. 만약 기한을 지키는 것이 매우 요긴하다면, 그 계약조항은 엄격하게 준수되어야 하는 것이다.

이에 따라 단지 10분 늦은 이행이라 하더라도 너무 늦은 이행으로 간주될 수도 있으며,[64] 그 경우 상대방이 그 이행지체에도 불구하고 아무런 손해를 입지 않았다는 사실은 무시될 수도 있다. 이는 결국 보통법이든 형평법이든 간에 계약상 명시된 "조건condition"에서 우러나오는 결과인 것이다.

제2관 "형평법상의 환매권"을 창설해낸 구제방법

형평법이 기한과 관련하여 너그러운 자세를 취하였다는 사실은 그로 인하여 매우 심대한 영향을 끼쳤음이 분명하다. 그럼에도 이런 관대함이 결과적으로 새로운 형평법상의 재산권으로서 "형평법상의 환매권Equity of redemption"을 창설해내기에 이르렀다는 점을 알게 되면 상당히 놀랍기도 하다. 이런 모습은 형

64) *Union Eagle Ltd v Golden Achievement Ltd* 〔1997〕 2 WLR 341 (PC). 또 *Steedman v Drinkle* 〔1916〕 1 AC 275 (PC); *Stern v McArthur* (1988) 165 CLR 489 (Aust HCt); *Tanwar Enterprises Pty Ltd v Cauchi* 〔2003〕 HCA 57 (Aust HCt)을 보시오.

평법이 나서는 근거가 실체적 불공정성을 이유로 하는 것이든, 또는 다른 어떤 것이든 간에 형평법이 계약상의 권리에 끈질기게 간섭[65]해왔음을 적시에 알려주는 역할을 한다.

중세 보통법상의 저당권mortgage설정 관행에 의하면 차용인은 대여자에게 그 차용금에 대한 담보조로 자기의 토지에 대한 소유권fee simple[역주7]을 이전해 주곤 했다. 이런 거래를 통하여 대여자는 그 토지의 법적 소유자가 되지만, 그 담보설정계약에서는 차용금을 어느 기한까지 갚으면 토지를 되찾을 수 있다는 규정을 두곤 했던 것이다. 보통법에서는 이런 기한을 조건으로 보았다. 이는 곧 차용인이 차용금의 변제기에 하루라도 늦는다면 그 토지를 대여자에게 영원히 빼앗기게 됨을 의미했다. 조금만 더 시간적 여유를 얻으면 차용인이 빚을 갚을 수 있다거나, 또는 그가 기한을 도과한 것이 사고나 착각에 의한 것이라거나, 또는 그 토지가 잔존채무보다 훨씬 더 값어치 있는 것이라거나 하는 따위 등은 변명이 되지 않았다.

15세기부터 형평법은 이에 개입하기 시작했다. 그리하여 형평법은 토지소유권의 이전은 외관일 뿐 그 실질은 빚을 갚을 때까지의 담보에 있음을 간파했던 것이다. 그 토지는 단순한 담보에 불과하므로 변제기를 도과한다는 이유만으로 영원히 소유권을 상실하도록 하는 것은 옳지 않다는 것이었다. 처음에 형평법은 아주 악질적인 사안에만 개입하였으나, 17세기가 되면서부터 형평법은 그 변제가 아무리 지연되었더라도 차용인이 원금의 지연에 의하여 발생한 이자와 비용을 합쳐서 갚기만 하면 자기의 땅을 되찾을 수 있음을 보장해주기 위하여 예외 없이 어느 사안에나 개입하게 된다. 그리하여 형평법이 담보제공자에게 자신의 재산을 되찾을 수 있도록(비록 피고의 경제적 손실을 보상하는 조건이 붙지만) 담보제공자의 계약상의 권리를 특정이행해주는 것을 고집한 나머지 이는 마침내 재산권으로 인정되기에 이르는데, 이것이 곧 담보제공자의 형평법상 환매권Equity of redemption이었다. 이에 대응하여 담보권자는 담보제공자가 채무를

---

65) 제3장 제6절을 보시오.

변제할 가능성이 전혀 보이지 않을 경우에는 담보부동산의 경매foreclosure[역주8]나 매각을 신청할 수 있는 권리를 허용받았다. 그리하여 법원이 담보권자에게 경매를 허가하면 담보권자는 담보제공자의 권리에 의한 부담을 받음이 없이 그 토지의 완전한 소유자로 되는 것이다. 또 법원의 매각명령은 담보권자가 그 토지를 팔아 자기의 채권변제에 충당(물론 남는 돈은 담보제공자에게 돌려주는 조건으로)할 수 있도록 허용해준 것이다.

제3관 물권적 권리의 몰취에 대한 구제수단

이렇게 형평법상의 환매권은 채무의 담보로 제공한 토지상의 권리를 몰취당하지 않도록 담보제공자를 보호해줌으로써 일보 진화하게 되었다. 이런 류의 간섭은 점차로 좀 더 일반화되기 시작했다. 그리하여 현재의 입장은 만약 소유자가 기한 내에 이행하지 않을 경우에는 재산권을 몰수할 수 있다는 계약조건이 있으면 형평법이 개입하여 좀 더 시간의 여유를 허용해주겠다는 것이다. 피고를 해치지 않으면서도 가능하다면 원고가 그 재산을 상실하지 않도록 보호해주겠다는 것이다. 이런 입장은 원고가 이행할 능력이 있을 것과, 또 원고가 이행하더라도 (지체에 대한 금전적 보상과 함께) 피고가 아무런 손해도 입지 않는다는 것을 보장해주기에 충분할 것을 조건으로 하여 그 구제수단이 제공될 수 있음을 의미한다.[66] 예컨대 만약 원고가 매월 정기적으로 요금을 내는 조건으로 피고의 특허권을 사용할 권리가 있을 경우 계약조항에 원고가 변제기에 요금을 지급하지 않으면 피고가 원고의 권리를 몰취해도 좋다고 허용하는 규정이 있더라도 형평법은 원고를 보호해주겠다는 것이다. 이렇게 당사자 간에서 몰취의 명시적인 약정이 있음에도 불구하고 원고는 매월분 요금에 지연손해금을 붙여 지급하기만 하면 되는 것이다.

이렇게 형평법이 재판권을 확장함에 따라 그 선조격이 되는 형평법상의 환

66) *Shiloh Spinners Ltd v Harding* 〔1973〕 AC 691 (HL).

매권에서는 볼 수 없었던 다소 골치 아픈 문제가 제기된다. 표면적인 유사성에도 불구하고 이런 일반화로의 움직임은 결국 형평법의 개입에 깔려 있는 원래의 논리적 근거를 무시해버린 셈이 되었다. 그 몰취당한 재산이 단지 담보로만 제공된 것임을 더 이상 입증할 필요가 없게 된 것이다. 더욱이 애초의 형평법상 재판권은, 문제의 재산이 토지이므로 담보설정계약에 들어 있는 재산권의 환수조항을 특정이행하도록 명할 수 있는 형평법의 권한에 또한 의지했을 수 있지만, 이것 또한 현대의 사안들에서는 더 이상 문제가 되지 아니한다. 반면 현대의 판례들은 점유권이나 소유권의 몰취에 한하여 구제수단을 국한시키고 있다.[67] 이렇게 형평법상의 환매권사건 판례들이 보여주는 양상은 확실히 우연의 일치일 뿐이다. 즉, 설사 다른 형태의 재산권상의 담보가 제공되었더라도 논리적 근거에는 변동이 없었을 것이다. 이 모든 것은 결국 전후 모순되지 않는 논리를 확인하는 작업을 어렵게 만든다. 형평법이 스스로 확장한 재판권은 역사와의 사실적인 연계는 유지시켰을지 모르겠으나 이를 설명해줄 수 있는 연계는 폐기한 셈이 되어버린 것이다.

이렇게 물권적인 측면에서 제약을 가함으로써 사안에 따라서는 불편한 차이점을 드러내게 된다. 예컨대 선박을 정기용선한 사람은 선박소유자가 회수조항에 따라 선박을 회수하여 갈 경우 이를 다툴 수 없게 된다.[68] 즉, 용선계약은 결국 용선자에게 물권적 권리를 부여하지 않는 것이다. 그 대신에 선박의 용선은 택시를 전세 낸 경우에 매우 유사해질 뿐이다. 이와 비슷하게 계약에 의하여 체육복 위에 상표를 사용하도록 허용받더라도 형평법의 몰취에 관한 구제원칙에 따라 보호받지 못한다.[69] 이 또한 물권적 권리가 아니기 때문이다. 그러나 특

67) 계약상의 납부대금몰취에 대한 구제수단은, 만약 그런 것이 도대체 있다면, 위약금에 관한 원칙(아래 제4관을 보시오.) 또는 부당이득에 관한 원칙(제9장 제5절 증여의사의 흠결)과 관련하여 가능한 구제수단이다.

68) *Scandinavian Trading Tanker Co AB v Flota Petrolera Ecuatoriana (The Scaptrade)* [1983] 2 AC 694 (HL).

69) *Sport International Bussum v Inter-Footwear Ltd* [1984] 1 WLR 776 (HL).

허권에 대한 부분적 이해관계는 물권적 권리이므로 보호받을 것이다.[70] 결국 대부분의 법적 맥락에서는 물권적인 권리와 그렇지 못한 권리 간의 구분이 매우 중요한 역할을 하지만, 이것이 그것들 중의 하나라고는 보이지 않는다. 형평법이 어떤 사건에는 개입하여 보호해주면서 다른 사안에서는 그러지 않는 데에는 합리적 정당성이 부족해 보인다.

또한 이런 판례들은 또 다른 모순을 드러낸다. 특허권에 대한 실시권은 형평법의 몰취원칙에 의하여 보호받는다. 만약 특허권에 대한 실시권을 부여하는 계약에서 원고가 실시료의 변제기를 도과할 경우에는 원고의 권리를 몰취한다고 규정할 경우에는 원고가 뒤늦게라도 원금에 지연손해금을 합쳐서 갚을 수 있고, 또한 그로 인하여 피고를 해치지 않는다고 인정되는 한 형평법이 개입하여 몰취로부터 원고를 보호해줄 수 있을 것이다. 그러나 당사자 간에는 서로 협의하여 변제기를 도과한 이후의 변제에 대하여 꽤 다른 내용으로 합의할 수도 있을 것이다. 즉, 당사자 간에는 계약중의 몰취선택권 조항을 폐기하고 그 자리에 실시료를 제때 지급하는 것이 계약상 매우 긴절한 일임을 확인하는 내용의 조항을 삽입할 수도 있을 것이다. 이렇게 되면 형평법은 이를 "조건"으로 보게 된다. 이는 원고가 그 조항을 위반하였음을 이유로 곧장 계약을 해지할 수 있음을 의미한다. 그리하여 계약의 해지는 불가피하게 특허의 혜택을 받을 원고의 권리를 제거해버릴 것이며, 결국 이로 인하여 원고의 이익은 몰취될 것이다. 결과적으로 나타나는 이런 모순적 관계가 그렇다고 하여 형평법으로 하여금 시간적 요소가 계약상 긴절한 것임을 확인하는 조항에 대한 형평법의 대응방법을 바꾸도록 설득하지는 못한다. 이 조항은 여전히 원고에게 자기의 지급의무를 해태하지 않도록 확실히 담보토록 하기 위한 조건으로 취급받고 있다.[71] 이로 인한 순정한 결과로서 설사 몰취조항이 없더라도 결국 변제기도과

70) *BICC plc v Burndy Corpn* [1985] Ch 232 (CA).

71) *Scandinavian Trading Tanker Co AB v Flota Petrolera Ecuatoriana (The Scaptrade)* [1983] 2 AC 694 (HL); *Sport International Bussum BV v Inter-Footwear Ltd* [1984] 1 WLR 776 (HL).

를 이유로 하는 몰취가 가능해진다는 결론에 이르게 된다. 이런 모든 것이 결국 형평법이 개입하는 데 대하여 전후 모순되지 않는 정당화의 논리를 만들어내기는 불가능한 것으로 보이게 만든다.

제4관 위약금에 대한 구제

위약금penalties에 관한 원칙 또한 매우 엄격한 제약을 받는 형평법의 재판권에 속한다고 할 수 있으나 위에서 본 여러 양상과 대체로 어깨를 나란히 하고 있다. 가령 어느 고용계약에서 근로자가 근무일에 지각할 경우 급료에서 100파운드를 공제한다는 조항을 둔다고 가정해보자. 물론 사용자에게는 근로자가 제때 출근함으로 인한 분명한 이득이 있으며, 지각할 경우에는 그만큼 손해를 보게 될 것임은 분명하다. 만약 사용자가 이런 조항을 고용계약에 넣을 수 있게 된다면 근로자의 지각 사태를 예방할 수도 있을 것이고, 또 지각했을 때 사용자의 정확한 피해액을 입증할 부담도 면하게 될 것이다. 그렇다고 하여 여기서 약정된 위약금의 액수가 사용자가 입게 될 손실을 미리 정확하게 예측한 것도 아니다. 결국 근로자가 30초를 늦었든 또는 3시간을 늦었든 간에 일률적으로 100파운드가 봉급에서 공제된다. 이런 조항들이 위약금penalties으로 분류되는데, 이런 조항들은 피고의 실손해를 그대로 반영하는 경우를 제외하고는 법원이 그 이행을 명할 수 없는 것이다.[72] 이렇게 위약금조항을 무효화시키려는 초기의 형평법상 재판권이 나중에 보통법에 의하여서도 채택되었으나, 현재로서는 두 법체계상에서 이것이 각자 대등한 발전을 이룬 것인지, 또는 보통법이 형평법상의 재판권을 완전히 그대로 계수하였는지의 여부는 분명하지 않다.[73]

위약금이라 함은 일방 당사자가 계약에 위반하였을 경우 생각해낼 수 있는 최대한의 입증 가능한 손해와 비교해볼 때, 과장되고 또한 터무니없는 금액을

72) *Jobson v Johnson* [1989] 1 WLR 1026 (CA).
73) E V Lanyon, 'Equity and the Doctrine of Penalties'(1996) 9 JCL 234.

물어내야 한다는 약정이다.[74] 그렇다고 하여 당해 조항에서 원고가 상실한 것보다도 더 큰 배상을 하도록 규정한다는 이유만으로는 설사 그 금액이 징벌적 penal인 경우라 하더라도 결코 위약금이라 할 수 없다. 당사자들은 상호 간 손해액 조항(또는 손해배상액의 예정 조항)에 관하여 협상하여 합의를 볼 수 있다. 그러나 이렇게 합의되는 금액은 계약을 체결할 당시에 순수하게 산출해볼 수 있는 예상가능한 손해를 평가한 금액이어야 한다. 예컨대 앞의 사례에서 사용자는 근로자의 지각시 그가 받을 급료에서 일정한 비율에 의한 공제 방법을 제안할 수 있을 것이다.[75] 이와 마찬가지로 제조업자는 자기의 생산제품을 구매하는 도매업자에게 일정한 가격 이하로의 판매를 금지하면서 그런 방침에 위반할 경우 상품 1개당 얼마씩의 손해액을 합의에 의하여 예정할 수 있을 것이다. 이와 비슷하게 주택의 발주자는 지정된 기일까지 주택을 완성시키지 못하는 수급자가 배상할 손해배상액을 미리 정하면서 그 완성이 지연되는 하루마다 그 금액이 계속 불어나도록 하는 규정을 둘 수도 있을 것이다.

위약금에 관한 이런 형평법의 재판권 행사는 불합리하게 과중한 "예정손해액liquidated damage"을 지급할 책임을 지는 계약당사자로서는 너무나도 환영할 만한 구제수단이 되지 않을 수 없는 것으로 보인다. 그러나 이런 원칙들 또한 쉽게 피할 수 있는 방법이 있다. 즉, 계약조항상 기존의 채무를 단순히 가중시키기만 하는 계약조항은 위약금조항이 아니므로 계약서 작성시에는 이런 방법으로 회피될 수 있는 것이다.[76] 임대차계약이 그 아주 흔한 예로 꼽힌다. 또 계약대로 이행하는 경우가 아니라 계약에 위반한 경우에 예정금액을 지급하도록 규정하고 있지 않는 한 이 또한 위약금이라고 할 수 없다.[77] 앞에서 본 고용계

74) *Dunlop Pneumatic Tyre Co Ltd v New Garage and Motor Co Ltd* [1915] AC 79 (HL).

75) *Ibid*

76) *O'Dea v Allstates Leasing System (WA) Pty Ltd* (1983) 152 CLR 359 (Aust HCt), 단, 딘 Deane 대법관의 논평을 참조하시오..

77) *Export Credits Guarantee Department v Universal Oil Products Co* [1983] 1 WLR 399 (HL)은 피고회사들이 계약에 위반하자 관련회사가 그 발행한 약속어음의 지급을 거절함

약에서 사용자는 근로자가 작업을 시작하는 시각별로 급격한 차이를 보이는 봉급요율을 서로 다르게 적용하더라도 결국 그 목적을 달성할 수 있으므로, 이런 경우에는 위약금의 문제가 제기되지 않는다. 또 계약대로 이행하는 것이 좌절되었을 때 계약금을 회수하는 것은, 그 계약금은 손해의 순수한 사전예상액이 아니라는 점에 근거해볼 때 결국 위약금의 원칙이 그런 계약금의 회수를 위한 틈새를 제공해주는 것도 아니다. 만약 실무상으로 계약대금에 대한 일정한 비율에 의한 계약금을 요구하는 것이 실정이라면—관행적인 계약금률은 물론 계약의 유형에 따라 다르지만—그 경우에 법이 나서서 그런 계약조건마저 무효화하려 하지는 않을 것이다.[78] 그러나 또한 법은 진정한 의미에서의 위약금을 계약금 명목으로 가장하는 것 또한 허용하지 않을 것이다. 이렇게 가장된 형태의 위약금은 즉각 가장된 것으로 해석됨으로써 그로 인하여 피해를 입은 당사자는 보통법에 따라 그 실손해를 회수할 수 있게 될 것이다.[79] 이런 모든 양상은 형평법이 개입하는 데 대한 변명거리를 찾아내는 데 어려움을 배가시킨다. 결국 현재의 이론상의 구분법은 동일한 대우를 보장해줄 만큼 충분히 유사해 보이는 사안들을 차별하는 듯이 보인다.

제5관 실체적 정의인가, 또는 절차적 정의인가

형평법이 실체적 불공정성을 이유로 하여 개입하는 이런 모든 사례들은 상당한 문제를 내포하고 있다. 형평법이 개입하는 근거가 논리적으로 충분치 못한 것이다. 그리하여 거래의 안전성, 확실성, 예측가능성(오히려 이런 것들은 계약 조

에 따라 보증회사인 원고가 보증인으로서 대출은행들에게 지급하면 피고들이 원고에게 이를 갚아주기로 하는 약정조항은 계약상의 의무 위반이 아니라 특정한 사태가 발생하면 돈을 지급하겠다는 약정에 불과하며 위약금의 약정이 아니라고 판시했다.

78) 토지의 매매의 경우를 제외하고 1925년의 재산법 제49조(2)를 보시오.

79) *Workers Trust and Merchant Bank Ltd v Dojap Investments Ltd* 〔1993〕 AC 573 (PC) (토지를 매매하면서 25퍼센트의 "보증금deposit"을 거치한 사례).

항을 글자 그대로 집행함에 의해서만 촉진될 수 있다) 및 상황에 따르는 구체적 정의(오히려 계약의 맥락에 따르는 판결을 함으로써만 촉진될 수 있다) 사이에 균형을 잡은 일이 매우 어려운 문제로 대두한다. 그리하여 설사 형평법이 개입하는 경우에서조차도 개입하지 않는 편이 더 낫겠다는 주장에 더 설득력이 있을 수도 있다. 마침내는 이 분야에 관한 초기의 형평법 판례들이 채택한 분석방법으로 돌아가는 것이 더 나아질 수도 있다. 그 당시에는 실체적 불공정성이 아니라 절차적 불공정성에 초점이 맞추어졌던 것이다. 지나치게 까다로운 구제방법들은 피해를 입은 당사자가 단순히 특정한 계약조건에 제대로 동의한 적이 없다는 추론을 불러일으켜주었을 뿐이다. 즉, 동의에 하자가 있다는 추정이었던 것이다. 이런 접근방법은 형평법이 불공정한 거래unconscionable bargain[역주9]에 개입하는 경우에서와 쌍벽을 이루는 것이다. 실로 오늘날 보통법이 성가신 예외조항의 문제를 다룸에 있어서 일상적으로 채택하고 있는 전략과 똑같은 것이다. 실체적 불공정성보다 절차적 불공정성에 의존하는 접근방법은 실천도 더 쉬울 뿐 아니라 그 정당화의 근거를 얻기도 더 쉽다.

제4절 정리

이 장에서는 형평법이 일방 당사자에게 일견 명백히 기속력 있어 보이는 약속의 엄격함으로부터 도피할 수 있도록 허용해주는 사례들을 다루어보았다. 외견상 명백히 기속력 있는 계약에 의한 약속이 되었다든지, 또는 완벽하게 제대로 증여의 의사가 표시되었음에도 불구하고 그 효력의 부정을 정당화해주는 근거는, 때로 상황에 따라서는 피고에게 계약상의 법적 권리를 엄격히 주장하도록 허용할 경우 그것이 불공정unfair하거나 터무니없는unconscionable 결과를 초래할 수 있다는 단순한 생각에 터잡고 있다. 그리하여 이에 위반한다고 생각되는 거래는 무효화되며, 피고는 자기가 얻어서는 안 되는 부당이득금을 포기하도록 요구받는다. 형평법이 개입하는 몇 가지 형태는 대체로 세 가지 범주로 분류될 수 있다.

첫 번째 범주는 서면에 의한 계약이지만, 그것이 당사자 간의 진실한 합의를 제대로 반영하지 못하는 경우에 국한된다. 그 경우 서면화된 내용은 거래의 중요한 요점들을 잘못 표현하거나 거래의 중요한 요점들을 누락했을 수 있다. 형평법은 그런 경우 개입하여 그로 인하여 정의롭지 못한 결과가 야기되는 것을 방지하려고 한다.

두 번째 범주로서는 절차적 불공정성에 초점을 맞추어 원고가 거래에 동의하였음에도 그 동의에 하자가 있다는 데 초점을 맞춘다. 여기서 그 동의의 하자 여부를 판단하는 기준은 단순히 객관적인 데 있지 않다. 보통법도, 형평법도, 서로 다른 다양한 형태의 정보상의, 물리적, 경제적, 사회적 압력이 행해질 수 있음을 인정한다. 그리하여 두 법체계는 만약 피고가 그런 사실을 알았거나 원고의 진정한 동의에 하자가 있도록 만드는 이런 요소들에 대하여 어떠한 형태로든 책임이 있다고 판단될 경우 개입하게 되는 것이다. 두 법체계는 그 개입을 위한 근거를 서로 각자 다르게 개발해냈으나, 결국 그로 인하여 판례법이 얻은 결과는 요컨대 원고의 동의가 착오, 허위표시, 물리적 또는 경제적 강박, 부당한 영향력의 행사, 개인적 불이익 등으로 인하여 묵과할 수 없을 정도로 하자를 띠고 있을 경우 원고들을 이로부터 해방시켜준다는 데 있다. 이렇게 전제할 경우 이제 현대의 법이 계약의 체결과정이나 증여의 의사표시과정에서 어떤 잠재적 하자가 있을 수 있음을 단정하더라도 그다지 큰 논리의 비약이 되지 못한다. 이런 수준에서는 굳이 보통법인지 형평법인지의 꼬리표를 붙일 필요도 생기지 않는다. 결국 특별히 무엇을 더 붙일 것도 없다.

세 번째 범주로서는 실질적 불공정성을 문제 삼는데, 이는 더욱 어려운 경지에 해당한다. 형평법이 개입하는 다양한 경우마다 합리적으로 근거를 대는 일은 불가능해 보이며, 이에 따라 피고가 계약안을 만들 때 머리를 잘 굴리기만 하면 이런 법의 적용을 피할 수 있다는 가능성이 불가피하게 대두한다. 이런 전제하에서 보면 이런 예외의 인정을 아예 거부하고 사인私人 간의 약정에 있어서는 그 계약조건에 합의함에 있어 절차적 불공정성이 없는 한 엄격하게 계약

자치를 인정해주는 것이 더 나을 수도 있다고—논리적으로 일관되고 더 합리적일 수도 있다고—생각된다. 물론 불공정성에 관한 이런 여러 형태의 사안들에 대하여는 이런 대안으로서의 절차적 관점하에서 심사하는 것이 마찬가지로 가능할 것이다.

【 역주 】

1 promise=어떤 행위를 하겠다거나 또는 하지 않겠다는 의사표시로서 상대방은 이를 언질 commitment로 받아들일 수 있게 된다. 이런 약속의 위반에 대하여 구제수단이 제공되거나 법이 그 이행의무를 인정해주는 경우에는 계약contract의 경지에 도달한다. 이 책에서는 상황에 따라 "의사표시" 또는 "약속"으로 번역한다.

2 증여는 형평법상 계약이 아니지만 심사의 대상이 여기에까지도 확장된다는 뜻.

3 remoteness=원격성, 즉 원인과 결과 간에 너무 먼 거리(예컨대 피고의 자동차에 다리를 다친 사람이 몇 달 후 길을 느리게 건너다 차에 치인 경우)가 있으면 불법행위가 인정될 수 없다는 뜻.

4 가령 피고가 횡재한 돈이 완전히 자기의 것이 되었다고 믿은 나머지 공익법인에 기부하는 경우처럼 어떤 계기로 인하여 피고의 지위가 변경되었다든지, 사정이 변경되었다는 취지의 항변.

5 가령 은행대출금을 보증하는 경우 보증인이 은행의 영향력이 닿지 않는 변호사의 자문을 받는 것.

6 우리 민법 제103조, 제104조의 불공정한 거래 등에 해당하지만 외연이 일치하지는 않는다.

7 영국에서는 토지가 국왕crown에게 속했기 때문에 국왕으로부터 토지의 사용권을 부여받는 형식으로 개인의 토지소유가 시작되었다. "fee simple"은 무제한한 상속이 허용됨으로써 결국 실질적인 토지소유권에 해당하게 된 것이다.

8 영국의 재산법상 법원을 통한 경매foreclosure는 경락대금에서의 배당으로 피담보채권의 만족이 되지 않았더라도 채권자가 채무자에게 부족분을 더 청구할 수 없기 때문에 채권자들에 의하여 선호되지 않으며, 심지어 이 제도를 폐지하자는 논의가 있을 정도이다. 그리하여 영국에서는 채무자의 연체시 채권자 또는 관리인이 저당부동산의 점유를 취득하고 이에 기하여 이를 직접 매각(단, 시가 이상으로 매각할 의무가 있다)하는 방법이 애용되고 있다.

9 "불공정한unconscionable 거래"는 절차적 불공정성을 문제삼는 구제수단이다.

제7장 참고문헌

Bigwood, R., "Undue Influence: 'Impaired Consent' or 'Wicked Exploitation'?" (1996) 16 OJLS 503.

Birks, P. and Chin N.Y., "On the Nature of Undue Influence" in J. Beatson and D. Friedmann (eds), *Good Faith and Fault on Contract Law* (Oxford: Clarendon Press, 1995), Ch. 3.

Capper, D., "Undue Influence and Unconscionability: A Rationalization" (1998) 114 LQR 479.

Cartwright, J., "An Unconscionable Bargain" (1993) 109 LQR 530.

Duggan, A., "Till Debt Us Do Part: A Note on *National Australia Bank Ltd v Garcia*" (1997) 19 Sydney Law Review 220.

Lanyon, E. V., "Equity and the Doctrine of Penalties" (1996) 9 Journal of Contract Law 234.

Smith, S. A., "Substantive Fairness" (1996) 112 LQR 138. 56 CLJ 343.

______, "Contracting Under Pressure: A Theory of Duress" (1997)

Youdan, T., "Formalities for Trusts of Land, and the Doctrine in *Rochefoucauld v Bousted*" [1984] CLJ 306.

참고판례

Barclays Bank plc v O'Brien [1994] 1 AC 180 (HL)

Blomley v Ryan (1956) 99 CLR 362 (Aust HCt)

Commercial Bank of Australia Ltd v Amadio (1983) 151 CLR 447 (Aust HCt)

Dunlop Pneumatic Tyre Co Ltd v New Garage and Motor Co Ltd [1915] AC 79 (HL)

Garcia v National Australia Bank Ltd (1998) 194 CLR 395 (Aust Hct)

Great Peace Shipping Ltd v Tsavliris (International) Ltd [2003] QB 679 (CA)

Hart v O'Connor [1985] AC 1000 (PC)

Lloyds Bank v Bundy [1975] QB 326

National Westminster Bank plc v Morgan [1985] AC 686 (HL)

Rochefoucauld v Bousted [1897] 1 Ch 196 (CA)

Royal Bank of Scotland v Etridge (No 2) [2002] 2 AC 773 (HL)

Scandinavian Trading Tanker Co AB v Flota Petrolera Ecuatoriana (The Scaptrade) [1983] 2 AC 694 (HL)

Shiloh Spinners Ltd v Harding [1973] AC 691 (HL)

Tanwar Enterprises Pty Ltd v Cauchi [2003] HCA 57 (Aust HCt)

Union Eagle Ltd v Golden Achievement Ltd [1997] 2 WLR 341 (PC)

제8장 약속의 이행강제

제7장에서는 형평법이 약속의 효력을 삭감하고, 약속을 심사하고, 또 심사결과 기속력을 발휘해서는 안 된다고 생각되는 약속에 대하여는 그 무효화를 허용하는 등 부정적 측면에서 작용하는 경우를 살펴보았다. 그러나 이 장에서는 보통법이 거부하는 상황에서도 형평법은 약속을 지지하고, 이행시켜주며, 또 보통법이 정해주는 것보다도 더 큰 범위에서의 효력을 부여해주는 따위와 같이 적극적 측면에서의 작용에 대하여 살펴보기로 한다. 형평법의 이런 개입방식에 의하여 계약법의 지평은 그러지 못했을 경우에 비하여 훨씬 더 넓어지고 다양해졌다.

약속이 있다고 하여 그대로 이행하도록 허용해주는 법체계는 어디에도 없다. 친구와 극장에 함께 가기로 하는 약속을 했더라도 그것이 법률관계를 형성해내지는 못한다. 당신이 변심했거나 또는 약속대로 나타나지 않았을 경우에 친구가 당신을 상대로 제소할 수는 없다. 대부분의 대륙법체계에서는 당사자 간에 법률관계를 형성하거나 영향을 끼치고자 진지하게 시도하는 약속에 대조되는 양상으로서 이런 사례들이 거론되기도 한다. 이렇게 좀 더 진지한 후자의 약속 형태들은 법적으로 기속력을 얻으며, 국가적인 법체계에 의하여 그 이행이 보장된다.

보통법의 원칙들은 대륙법 국가들의 경우에 비하여 그런 경향이 좀 더 강하다. 물론 당사자들은 법률관계를 형성하려는 의사를 가져야 한다. 또 그들 간의 합의는 규정된 요식행위에 따라야 한다. 그러나 좀 더 중요한 것으로는 약속은 그 약속의 당사자이자 계약의 원인consideration을 제공한 사람(즉 대가관계 약속의 형태로 상호성이 있는 경우)에 의해서만 이행이 요구될 수 있다는 점이다. 이는 곧 증여의 의사표시promised gift는 이행을 강제할 수 없음을 의미한다. 아무리 진지하게 그런 약속을 했더라도 그 증여의 상대방은 필요한 반대급부를 제공하지 않기 때문이다. 이는 또한 다수의 3당사자 간 거래가 극히 최근까지도 인정받지 못하고 위축되어왔음을 의미한다.[1] 만약 X가, Y가 제3자에게 100파운드를 지급하는 것을 조건으로 하여 Y에게 용역을 제공하기로 약속한다면, 이 경우 보통법은 (성문법의 도움 없이는) 그 제3자인 T가 약속의 이행을 청구하는 것을 허용하지 않는다. T는 계약의 당사자도 아니며 반대급부를 제공하지도 않기 때문이다. 실로 보통법은 X가 만족스러운 구제수단을 추구하는 일조차도 어렵게 만들어버린다. 보통법은 계약 위반에 대한 구제수단을 오로지 일방 당사자가 상실한 기대이익에 맞추어 측정할 뿐이기 때문이며, 따라서 이런 사안에서 X 자신은 아무것도 잃은 것이 없기 때문이다. X 자신은 어떤 면에서도 스스로 이득을 얻으려 하지 않았기 때문이다. 마지막으로 당사자 간의 약속이 계약으로 간주되는 경우에도 거래 그 자체가 성립되고 한참 시간이 지날 때까지는 당초에 의도된 재산권의 이전 효과가 생기지 않을 수도 있다. 이는 그 재산이 그 어간에 손괴되거나 또는 양도인이 파산하여 계약대로 이행할 수 없게 되는 경우에 일방 당사자를 예상하지 못한 위험에 노출시킬 수 있다.

1) 1999년 계약(제3자의 권리)법을 보시오.

이 모든 것은 계약당사자들이 각자 상대방에 대하여 어떤 권리를 취득한다고 생각하면서 합의에 도달하지만 결과적으로는 그 기대가 실망으로 바뀌게 됨을 의미한다. 형평법은 이런 보통법의 엄격성을 시정해보려는 몇 가지 전략을 채택한 것이다. 그리하여 형평법이 개입하여 건드리지 않은 계약법의 분야는 전혀 없다고 할 정도가 되어버렸다. 아래에서는 형평법이 개입하는 다양한 형태에 관한 맛보기로 다섯 가지의 전략에 관하여 하나씩 살펴보고자 한다.

제1절 요식행위에 따라야 한다는 요구를 무시하기

제7장에서 우리는 당사자 간의 합의가 요식을 갖추지 못할 경우에는 무효로 되는 것을 눈여겨보았다. 보통법은 이에 관하여 매우 엄격한 노선을 택하고 있다. 요식을 갖추지 못한 계약은 아무 효력을 발생하지 못하거나 무효이거나 이행을 강제할 수 없는 것이다(이는 그런 요식행위를 요구하는 특정한 성문법 조항이 결정하는 바에 따른다). 예컨대 토지를 매매하거나 또는 토지에 대한 권리를 처분하는 계약은 서면으로 하지 않으면 무효[2]이며, 증여의 의사표시는 증서(이런 문서에는 "증서deed"라는 제목이 붙어야 하고, 서명이 있어야 하며, 제3자가 증인으로 입회하여야 하고, 또한 상대방에게 교부되어야delivered 한다)에 의하지 않으면 이행을 강제할 수 없다. 또 보증계약도 서면에 의하여 입증되지 않으면 무효이다. 이런 사안에서 형평법은, 비록 경우에 따라 조건을 달기는 하지만, 좀 더 관대한 접근방법을 택하고 있다. 그러나 제7장에서 이미 주목하였듯이, 계약이 성문법상의 요구조건에 부응하지 못함에도 불구하고 그것이 이행되어야 함을 정당화하는 것보다는 그런 거래(피고가 그런 사정을 알았다거나 또는 원고의 동의가 비록 서면으로는 이루어지지 않았지만 매우 중요한 점에 관하여 조건부였음을 피고가 알았어야 한다는 전제 위에서)의 무효화를 정당화해주는 것이 차라리 더 쉬운 일이다.

---

2) 1986년 재산(잡칙)법 제2조를 보시오.

제1관 "원래"의 특정이행과 "특정이행에 준하는 구제"

한 가지 역사적으로 두드러지는 사실에 대하여 언급해볼 만한 가치가 있다. 형평법은 특정이행에 관하여 두 가지 서로 다른 형태를 구분해왔다. 첫째, 법원이 당사자에게 (당사자 간에 합의에는 도달하였으나 어느 쪽 당사자도 아직 이행에 착수하지 않은 경우) 단순히 이행계약executory contract에 서명하도록 명령하는 경우로서 이는 "원래의proper" 특정이행이라고 불린다.[3] 예컨대 법원은 일방 당사자에게 토지에 대한 소유권이전증서에 서명하라고 명할 수 있다. 그러고 나면 당사자들은 자기들이 서명한 계약이 허용하는 어떠한 형태의 법적 구제수단이라도 추구할 수 있게 된다. 이에 갈음하여 법원은 또한 "특정이행에 준하는 구제relief analogous to specific performance"를 명할 수 있는데, 이는 당사자 간에 서명한 계약executed contract에서 정한 대로 특정이행하라고 당사자에게 명하는 것이다. 이 두 가지 구제수단 중 어느 것이든 간에 보통법상의 손해배상만으로는 무언가 그 구제수단으로서 부적절하다고 여겨질 때에 국한하여 그 발동이 허용되었다.[4]

현대의 권위 있는 학자들은 이런 구분법에 별로 동의하지 않는다. 참으로 "특정이행specific performance"이라는 표현은 이제 "서명signing"이 아니라 여지없이 "이행performance" 그 자체를 의미하는 것으로 간주되고 있다. 그러나 이런 구분법은 그것이 계약당사자의 재산권에 관하여 판단을 내리게 될 즈음이면 엄청나게 중요한 역할을 하게 된다. 가령 매매계약을 생각해보자. (특정한 재산의 소유권을 다른 사람에게 이전함으로써) 이행하라는 명령은 서명하라는 명령(다른 사람에게 특정한 재산의 소유권을 이전해주겠다고 약속하는 문서에 서명하라는 명령)과 그 결과가 꽤 달라질 수 있다. 형평법은 "이행되어야 할 것은 이행된 것으

---

3) *Wolverhampton and Walsall Railway Co v London and North-Western Railway Co* (1873) LR 16 Eq 433, 439 (Lord Selbourne LC); *J C Williamson Ltd v Lukey* (1931) 45 CLR 282 (Aust HCt), 297 (Dixon J).

4) 제2장 제1절 제1관을 보시오.

로 간주treats as done that which ought to be done"하기 때문에 이행하라는 명령은 마치 소유권이전이 형평법상 이미 유효하게 이루어진 것인 양 취급된다.[5] 이렇게 되면 매수인은 그 약속받은 재산에 대한 형평법상의 소유권을 가진다고 간주된다. 매수인이 한참 후 거래가 완성되는 시점에 이르기까지는 법적 소유권을 취득하지 못한다는 사정은 별로 중요하지 않다. 더욱이 형평법상의 소유권은 매수인이 법원에 달려가서 그런 명령을 받아내야만 생기는 것이 아니다. 즉, 매수인은 당사자들이 그런 문제를 들고 법원으로 찾아갈 경우 형평법이 재산권의 이전을 명해줄 것이라는 바로 그 기대만으로도 계쟁물건에 대한 형평법상의 권리를 가지게 되는 것이다. 그리하여 법적 구제수단의 잠재성만으로도 곧 매수인의 법적 권리를 정의define해주게 된다.[6] 그러나 계약에 서명하라는 명령은 이런 물권적 효과를 빚지 못한다. 이는 곧 특정이행 명령이 형평법이 개입하는 형태치고는 좀 더 공격적이고도 좀 더 가치 있는 것임을 의미한다.

다음의 몇 개의 절에서 하나씩 살펴보게 될, 그리하여 분명히 드러나게 될 이론적인 어려움들 중의 일부는 만약 이런 역사적 구분법이 되살려지고, 좀 덜 공격적인 형태의 개입에 좀 더 자주 의존하게 된다면 충분히 회피될 수도 있다.

제2관 성문법상 요구되는 요식행위

일반적으로 어떤 성문법에서 계약이 서면화되어 있지 않으면 보통법상 이행할 수 없다고(또는 무효void라거나, 또는 효력을 발생하지 못한다고of no effect[7]) 규정하고 있을 경우에는 그런 계약은 형평법상으로도 이행을 강제할 수 없다(또는 무효이거나, 또는 아무 효력을 발생하지 못한다). 그러나 역사적으로는 서면화되어 있지 않은 경우에도 형평법이 계약의 특정이행을 명할 수 있는 두 개의 범주가 있었다.

---

5) 제3장 제6, 7절 그중에서도 특히 6절 마지막 부분과 제7절 앞부분을 보시오.

6) 제2장 제1절 본문 및 제1관을 보시오.

7) 이런 용어들이 반드시 모두 똑같은 의미를 가지는 것은 아니다.

하나는 이미 앞에서 보았다. 형평법은 사기의 경우에 성문법이 이를 감싸주는 것을 허용하지 않았던 것이다. 즉, 피고 쪽의 사기나 부정직으로 인하여 서면화되지 못한 경우, 그리고 원고가 피고의 말을 그대로 믿고 그에 따름으로써 자기에게 손실이 되는 행위를 한 경우, 형평법은 그것이 서면화되어 있지 않음에도 불구하고 계약의 특정이행을 명할 수 있었던 것이다.[8] 이런 재판권의 행사는, 원고의 기대를 저버릴 경우 공평의 관념에 반inequitable하게 된다는 다소 모호한 주장에 터잡고 있다.[9] 보통 피고는 이렇게 서면화되지 않은 계약에 의해서는 자기가 기속될 이유가 없다고 주장할 자유가 있다. 그러나 피고가 약속을 지키겠다고he will be bound하는 말을 원고가 믿고 스스로에게 손실이 되는 행위를 하게 된 경우, 피고는 그런 주장을 금지당한다(법률가들에 의하면 이것이 바로 금반언estoppel이다).[10] 오직 그런 경우에만 피고의 행위는 용납할 수 없는 것으로 간주되는 것이다.

형평법이 개입하는 두 번째 방식 또한 유사하다. 형평법은 때로 서면화되지 않는 토지매매계약이라도 일부의 이행part-performance이 있었다고 볼 만한 충분한 증좌가 있을 경우에는 특정이행을 명한다. 이에 있어 매매대금의 지급 사실만으로는 결코 그런 부분적 이행으로서 충분하다고 간주되지 않았다. 그러나 형평법은 원고가 다른 행위를 했을 경우에는 서면화되지 않은 계약이라도 이행을 허용해주었다. 이런 일부의 이행행위는 당사자 간에 체결되었다고 주장되는 형태의 계약이행을 참조함으로써만 설명될 수 있는 행위여야 했으며, 더욱이 피고가 계약이 서면화되지 않았음을 계약불이행의 구실로 내세우도록 방치할 경우 원고에게 불공평한 피해를 야기할 행위여야 했다.[11] 예컨대 원고가 점유를 개시하여 그 점유재산에 대한 개량행위를 하고 임차인에게 임대한 경우를

8) 제7장 제1절 제2관을 보시오.
9) 그러나 *Yaxley v Gotts* [2000] Ch 162 (CA)를 참조하시오. 여기서는 구두약정이 성문법상 무효이지만 의제신탁에 터잡아 이행강제할 수 있다고 보았다.
10) *Hodgson v Marks* [1971] Ch 892 (CA).
11) *Maddison v Alderson* (1883) 8 App Cas 467 (HL), 475-6 (Lord Selbourne LC).

들 수 있다. 이런 상황에서 이미 이루어진 일을 백지화시키는 것은 가능하지도 않고 정의롭지도 못할 것이므로, 법원은 이런 경우 서면화되지 않은 계약의 특정이행을 명하게 되는 것이다. 그러나 이런 부분적 이행의 원칙은 현재 영국에서는 폐기되었다.[12)]

이 두 가지의 원칙들은 형평법이 보통법과는 달리 서면화되지 않은 계약도 이행시켜줌으로써 좀 더 넓은 범위에서의 재판권을 행사하고 있다는 해석의 근거가 될 수 있다. 그러나 이를 좀 더 좁게 해석하는 방법도 가능하며 오히려 그것이 바람직해 보인다. 이런 경우에 대부분의 사안은 토지거래에 관한 것이다. 1989년 이전에 영국에서 토지에 대한 권리의 매매계약은 서면으로 되지 않는 한 이행을 강제할 수 없었다.[13)] 여기서 서면이 요구되는 이유는 단지 이행을 명할 (그 자체로서도 유효한) 계약이 존재한다는 입증을 하기 위한 필요에서였다.

이제는 이런 서면화되지 않은 계약은 아무런 효력을 발휘하지 못하며,[14)] 서면화는 계약의 존재 그 자체의 증명을 위하여 필요하다. 이는 곧 이렇게 예전의 판례들에서는 진정 성립한 (그러나 보통법상 이행을 강제할 수 없는) 계약에 관하여 형평법은 피고가 그 계약이 서면에 의한 것이 아니라는 문제를 제기함으로써 항변할 권리를 간단히 배척해버림으로써 그 이행을 강제할 수 있었음을 의미한다. 형평법은 피고가 계약의 요식성에 관하여 절차적인 쟁점을 거론하지 못하도록 효과적으로 봉쇄해버린 것이다.[15)] 물론 이런 금반언은 그런 서면화되

12) 1989년 재산(잡칙)법 제2조(8)을 보시오.

13) 1925년 재산법 제40조(1) 이 법은 1677년의 사기방지법 제4조의 일부를 되살린 것이다.

14) 1989년 재산(잡칙)법 제2조 참조. 1925년 재산법 제53조(1) (c)는 처분당시 존속중인 형평법상의 권리의 처분에 관하여 비슷한 원칙을 규정하고 있다. *Grey v IRC* [1960] AC 1 (HL); *Corin v Patton* (1990) 169 CLR 540 (Aust HCt)을 보시오. 그러나 *Neville v Wilson* [1997] Ch 144 (CA)는 이와 대조적인데 이 책에서의 분석에 비추어서는 정당화되기 어려운 논리를 취하고 있다.

15) 이것은 "칼"의 역할을 하는 형평법상의 금반언의 형태에 매우 유사해 보인다. 아래 제3절 제1관, 제2관을 보시오.

지 않은 거래가 원고 자신에게 손해를 야기할 것임에도 불구하고 피고가 어떤 형태로든 원고에게 그런 서면화되지 않은 거래에 의존하도록 유도하거나 조장했을 경우에만 허용되었을 뿐이다. 이는 피고가 정직하지 못한 방법으로 원고에게 자기를 신뢰하도록 만들거나, 또는 피고가 원고에게 문제의 재산을 점유하여 이를 개량하고 다른 임차인에게 임대하도록 허용한 경우에는 타당한 일이었다.[16)]

토지에 관한 현대의 계약들은 이제 더 이상은 이 두 가지 방식 중 어느 것으로도 접근될 수가 없다. 즉, 일부 이행의 원칙은 성문법에 의하여 명시적으로 폐기되었다. 또 사기범을 옹호하는 데 사용되어온 성문법을 배척하는 형평법상의 재판권은 여전히 살아 있지만 그럼에도 토지에 관하여 서면화되지 않은 계약은 이제 더 이상 아무런 효력이 없으며, 이에 따라 단순한 절차적 금반언만으로는 원고의 입장을 더 이상 강화시켜줄 수 없게 되었다. 이제는 형평법이 이행을 강제해줄 만한 거리가 되는 계약이 더 이상 존재하지 않는 것이다. 이런 상황에서는 제7장에서 거론된 전략을 채택하여 차라리 거래의 백지화unwinding를 허용하는 것이 좀 더 타당해 보인다.[17)] 계약의 이행이 아니라 원상회복을 명하는 것이 보호되어야 할 이익을 좀 더 정확히 반영한다. 피고는 아무 근거 없이 원고로부터 이득을 억지로 짜낸 것이기 때문이다. 이로 인하여 원고는 원상회복을 청구할 권리를 얻게 된다. 이제 의회가 입법을 통하여 계약의 존재 자체를 인정하지 않는 상황에서는 원고는 계약의 이행을 요구할 권리를 더 이상 자동적으로 부여받지 못한다.[18)]

현대의 판례들 중에는 당사자들이 법에서 요구하는 서면화에 부응하지 못해도 이를 눈감아줄 수 있는 형평법상의 위 두 가지 근거에서 일탈한 것도 있다.

16) 이 성문법은 일부이행의 원칙에 의존해도 됨을 명문으로 허용한 것이다. 1925년의 재산법 제40조(2).

17) 제7장 제1절 제2관을 보시오.

18) 세 번째 대안은 손해배상의 방법이다. 그러나 피고가 불법행위(즉, 제6장 제2절 본문에서 본 바와 같은 허위표시)를 저지르지 않은 한 문서화되지 않은 거래의 유효성을 신뢰함으로 인하여 원고가 입게 된 손해를 배상해주라고 피고에게 요구할 아무런 이유가 없다고 본다.

즉, 이 판례들에 의하면 피고의 행위 여하 간에 형평법은 문제의 재산이 특별히 희소가치rare가 있거나 값비싼valuable 것이라는 이유만으로도 서면화되지 않은 계약의 특정이행을 명해야 한다는 분위기다. 그러나 이런 입장은 너무 근거가 박약하다. 실로 그것은 이 분야에서 얼마나 혼란에 빠지기가 쉬운지를 보여준다. 물론 형평법은 계쟁물건이 특별히 희소가치를 지니고 있거나 값비싼 것일 경우 기속력 있는 계약의 특정이행을 명할 것이며, 보통법상의 구제수단이나 강구해보라면서 원고를 방치하지는 않을 것이다.[19] 그리하여 형평법은 토지에 관한 권리의 이전을 약속하는 서면계약과 서면화가 요구되지는 않지만 희소가치가 있거나 독특한unique 품목의 동산매매계약의 경우에 이렇게 하고 있다. 더욱이 만약 형평법이 특정이행을 명하기 위하여 개입한다면 매도인은 매수인을 위하여 그 매매목적물을 보관하는 의제수탁자로 되므로 매수인은 법적 소유권을 이전받기 이전에도 이미 형평법상의 소유자로 된다.[20] 서면화를 요구하는 성문법들은 이런 형평법상의 권리(특정이행을 명할 잠재적 권한의 결과로서 법률의 규정에 의하여 생기는 권리)의 이전에는 형평법상의 권리를 계약 또는 증여에 의하여 이전하거나 신탁을 설정하기 위하여 요구되는 서면화의 요청(법령상 그런 요청이 있다 하더라도)을 준수할 필요가 없음을 명백히 하고 있다.[21] 그러나 매수인에게 의제신탁을 발동시키려면 우선 특정이행이 가능한 계약이 존재해야 한다. 이렇게 위에서 본 대로 성문법상 인정되는 예외가 있다 하더라도, 특정이행을 명하는 재판에서 요구되는 통상적인 전제조건마저 무시해도 좋다고 허용해줄 능력까지는 없다. 따라서 만약 이런 전제조건들을 충족하지 못하게 되면 그때에는 아무런 특정이행도 명할 수 없게 되며, 법률의 규정에 의한 형평법상의 권리이전 또한 불가능해진다. 특정이행에 관하여는 이 장의 뒷부분에서 좀 더 자세하게 논하겠지만, 형평법이 특정이행을 명함으로써 어떤 계약에 특권을 부여

19) 제2장 제1절 제1관과 아래 제5절 제1관을 보시오.

20) 아래 제5절 제1관에서 추가적으로 요구되는 전제조건을 보시오.

21) 1989년 재산(잡칙)법 제2조(5); 또 1925년의 재산법 제53조(2)를 보시오. 이 규정들은 의제신탁, 결과적신탁 및 내포된 신탁의 경우에는 예외임을 선언하고 있다.

하려면, 그에 필요한 가장 본질적인 전제조건들 중 하나는 실제로 이행해야 할 계약이 존재해야 한다는 점이다.[22]

예를 들어, 어떤 수탁자가 X를 위하여 일정한 주식을 수탁하고 있다고 가정해보자. 만약 X가 그 주식에 대한 자신의 형평법상의 권리를 매각하기를 원한다면, 의회가 제정한 법률에 의할 경우 그런 매매계약은 서면에 의해야 한다.[23] 이에도 불구하고 법원들은 별로 진지한 논의도 없이 서면화되지 않은 매매계약도 특정이행을 명할 수 있다고 판시해왔다. 그렇게 되면 매도인 X는 자기가 주식 위에 가지는 형평법상의 권리를 그때부터는 매수인을 위한 의제수탁자로서(주신탁main trust의 하위구조로서 재신탁sub-trust을 설정하여) 보유하게 된다.[24] 이런 메커니즘(법률의 규정에 의하여 생성되는 신탁관계)에 의하여 매수인에게 물권적 권리를 이전해주는 데에는 서면화의 요구를 받지 않는다.[25] 그러나 난점은 최초의 단계에서부터 발생한다. 그다음 단계에서는 차례로 완전히 논리적으로 전개된다. 최초의 단계—서면화되지 않은 계약도 특정이행이 가능하다는 주장—는 특정이행에 관한 본질적인 전제조건을 완전히 우회해버린다.[26] 그리하여 이는 결과적으로 이런 계약들은 무효라고 하는 의회의 지침을 완전히 무시해버리게 된다. 더욱이 이제는 매도인이 주식에 대한 자기의 형평법상의 권리를 아무런 요식행위에 의하지 않고서도 간단히 양도할 수 있다고 가르쳐줌으로써 굳이 똑같은 결과를 얻으려고 합법적인 절차를 거쳐야 할 필요가 없게 된다.[27] 이런 일이 실제로 흔히 가능했음은 엄연한 현실이다. 형평법상의 권리는 양도인

22) 제22장 제1절 제1관과 아래 제5절 제1관을 보시오.

23) 1925년 재산법 제53조 (1) (c).

24) *Oughtred v IRC* 〔1960〕 AC 206 (HL), 227-8 (Lord Radcliffe); *Neville v Wilson* 〔1997〕 Ch 144 (CA).

25) 1925년 재산법 제53조(2).

26) 아래 제5절 제1관을 보시오.

27) *Oughtred v IRC* 〔1960〕 AC 206 (HL), 230 (Lord Cohen); *Chinn v Collins* 〔1981〕 AC 533 (HL), 548 (Lord Wilberforce) (이 두 판례는 모두 매매대금을 지급 완료해야 한다는 전제조건을 내세웠다).

이 즉각적인 이전의 효과를 발생시키기를 원하는 한 요식행위가 없어도 양도될 수 있었던 것이다. 그러나 이제 의회의 입법에 의한 견제에도 불구하고 이런 가능성이 더 이상 살아남을 수는 없다. 이제는 성문법이 그런 일을 완전히 불가능하게 만들어버리고 있다.

요약해보자면, 이런 것들이 모두 받아들여진다면 원고들은 성문법에서 서면화를 요구할 경우 그에서 벗어날 길이 거의 막막해지게 된다. 이것은 본래 그래야 하는 것이다. 의회는 이런 요식행위를 요구할 상당한 이유가 있으며, 그럼에도 이런 요구를 무시하는 일은 아주 예외적인 상황하에서만 허용되어야 한다. 피고가 부당한 이득을 보유하도록 허용되어서는 안 되지만, 그런 문제는 원상회복을 명하는 방법에 의하여 해결하는 것이 최선이지,[28] 서면화되지 않은 계약을 특정이행하라고 명하는 방법에 의하는 것은 결코 바람직하지 못한 일이다.

제3관 증여를 위하여 요구되는 서면화의 요청 —불완전한 증여

계약에 관하여 성문법이 서면에 의할 것을 요구하는 경우 만약 이를 무시해버리는 데 형평법이 별로 도움을 주지 못한다면, 우리는 증여gift에 관하여서는 형평법이 더더욱 별 도움을 주지 못하리라는 예측을 할 수 있게 될 것이다. 실로 얼핏 보기에 형평법이 이 분야에 개입할 필요는 없어 보인다. 만약 증여하려고 했으나 서면에 의하지 않았기 때문에 일단 효력이 없다고 가정하면, 그때는 증여하고자 하는 자가 증여를 유효하게 만들기 위하여 다시 한 번 시도하면 될 것이다. 대부분의 증여의 경우 이것이 진실이다. 즉, 증여에 따르는 소유권의 이전 및 그 이전의 시점timing은 증여자와 수증자 사이에서만 서로 영향을 끼치는 일에 불과하다. 그러나 제3자가 잠재적인 이해관계를 가지는 사안에서는 법적으로 중요한 문제가 제기될 수 있다. 예컨대 과세, 상속, 또는 파산에 관한 원칙

28) 아래 제9장을 보시오.

들을 적용함에 있어서는 어떤 특정한 재산을 어떤 특정한 시점에 소유하는 사람이 누구인지를 아는 일이 매우 중요해진다. 그 시점의 소유자는 증여자였는가, 또는 수증자였는가?

이런 문제들은 전형적으로 무체재산권과 관련하여 발생한다. 재산권의 이전이 법적 효력을 발생하기 위해서는 어떤 형태로든 불가피하게 서면에 의한 요식행위를 요구받는다.[29] 예컨대 주식에 대한 소유권의 이전은 그 사실이 회사의 주주명부상에 공식적으로 등재되지 않는 한 법적 효력이 없다.[30] 가령 증여자가 X에게 주식을 증여하고자 한다고 상정해보자. 그는 주식이전에 필요한 서식을 완성시켜서 서명하여 주권과 함께 X에게 교부할 것이다. 이 단계에서 X는 아직 주식의 법적 소유자가 아니다. X는 자기의 이름이 회사의 주주명부에 기입될 때까지는 법적으로 소유자로 간주[역주1]될 수 없다. 그런데 증여자가 그 전에 죽는다고 가정해보자. 더욱이 그의 유언장에서는 자기의 주식을 Y에게 상속시키겠다고 유언해놓았다고 가정해보자. 이 경우 X와 Y 중 누가 그 주식의 정당한 권리자로 인정받을 수 있을까? 보통법은 그 경우 주식이 Y에게 귀속한다고 판단한다. 왜냐하면 증여자의 사망 당시 주식의 법적 소유자는 여전히 증여자이기 때문에 그가 결정하는 대로 따라야 한다는 것이다. 이에 반하여 형평법은 입장이 다른데, 실제로는 형평법의 견해가 우세한 편이다. 형평법에 의하면 증여의 의사가 표시되는 경우, 만약 증여자가 해야 할 일을 다한 경우에는 설사

29) 보통법상의 무체재산에 관한 일반원칙은 1925년의 재산법 제136조에 들어 있다. 이 경우 무체재산권의 양도는 서면으로 조건 없이 해야 하며, 그 사실을 채무자에게 통지해야 한다. *Norman v Federal Commissioner of Taxation* (1963) 109 CLR 9 (Aust HCt) 판결에서 윈다이어Windeyer 대법관은 이 규정을 설득력 있게 분석해주고 있다. 특정한 형태의 재산(주식과 같은)은 그 자체의 특별한 규칙들을 가지고 있다. 형평법상의 권리의 이전 또한 서면에 의해야 한다. 1925년 재산법 제53조(1) (c).

30) 이것은 특정한 주권을 서면으로 이전하는 경우에 비하여 "CREST"로 불리는 전자시스템에 의하여 결제가 행해지고 있는 증권거래소에 상장되어 가시적인 주권에 의하여 증명되지 않는 "무체의" 주식의 이전에 관한 한 여전히 진실이다. 그러나 위 두 가지 어느 경우에 있어서도 소유권을 법적으로 효과적으로 이전하기 위한 최후의 단계로서는 회사의 주주명부에 등록하는 일이다.

보통법상 소유권이전의 법적 효력을 발생하기 위해서는 아직도 다른 절차가 남아 있는 경우라도 그런 절차를 수증자가 밟기만 하면 된다고 하는 한 보통법과는 달리 이를 형평법에서는 유효하다고 보는 것이다.[31] 이에 따르면, 결국 앞에서 본 정도의 단계만으로도 주식의 소유권은 이전될 수 있는 것이다. 이미 증여자가 완성시켜놓은 주식양도증서와 주권을 보유하고 있는 수증자는 아무 때나 이들을 회사에 제출하여 자기 명의로 등재시킬 수 있는 지위에 있다. 결국 Y가 아닌 X가 주식의 소유자로 되어야 한다는 것이다.

여기서 형평법이 실제로 어떤 일을 하는지에 주목할 필요가 있다. 증여자로서는 불완전한 증여라도 이를 완성시킬 의무를 지지 않는 것이다. 형평법은 증여의 의사표시를 강제로 이행시키려고는 하지 않는다. 형평법은 단지 증여자가 나설 수 없는 경우에만 개입하는 것이다. 증여자가 증여하고자 하여 재산권의 이전에 필요한 모든 행위를 했다고 가정하면, 형평법은 그 이외의 다른 필요한 모든 절차가 이미 완성되었다고 간주하기로 하는 것이다. 즉, 그렇게 되어야 할 것들이 이미 그렇게 된 것으로 취급함으로써 당사자들이 당초 기대한 종착역에 이미 도달하여 있다고 간주하는 것이다. 물론 형평법은 수증자가 법적legal 소유자(법적 소유자가 되려면 아직도 남아 있는 절차를 밟아야만 한다)라고 주장할 수 없지만, 수증자가 형평법상 증여목적물의 소유자라고 간주하는 것이다. 이런 상황하에서 증여자는 그 재산을 자기를 위해서가 아니라 수증자를 위하여 보관하게 된다.

이렇게 형평법이 취하는 논리에 의하면, 증여자가 증여목적물을 (증여한다는 내용의 주식양도증서 및 주권과 함께) 수증자의 수중에 두지 않고 증여자 자신의 대리인에게 맡기게 될 경우에는 증여의 효력이 발생하지 않음을 명백히 보여주게 된다. 그런 상황에서 증여자는 종전에 자신이 대리인에게 행한 지시를 철회함으로써 간단히 증여를 취소할 자유를 누린다.[32] 왜냐하면 증여자는 아직 필

---

31) *Re Rose* 〔1952〕 Ch 499 (CA); *Corin v Patton* (1990) 169 CLR 540 (Aust HCt). 또 *Milroy v Lord* (1862) 4 De GF & J 264 (CA)를 보시오.

32) 물론 이런 자유는 만약 그 권리의 이전이 증여보다는 계약이나 신탁에 의해서 이루어질 경우라면 존재하지 않는다.

요한 조치를 모두 다 취하지는 못했으며, 수증자는 자기가 원한다고 하더라도 아직 주식의 이전을 완성시킬 수 있는 위치에 있지 못하기 때문이다. 형평법의 재판권은 증여자가 수증자의 기대감을 고조시켰다는 이유만으로, 또는 증여자가 이제 와서 슬쩍 철회하는 것은 불공평하다는 이유만으로, 증여자에게 애초에 의도했던 대로 증여를 이행하라고 강제하는 데까지 확장되지는 않는다.[33] 앞에서 본 사례에서 만약 증여자가 소요 서류를 자기의 대리인에게 교부했을 뿐이라면 X가 아닌 Y가 유언장의 기재에 따라 주식의 소유자로 될 자격을 얻게 될 것이다. 이와 똑같은 분석방법에 의할 경우 X와 Y 중 누가 주식에 대한 세금 납부의무를 져야 할 것인지, 또는 벌떼처럼 달려드는 채권자들에게 그 주식을 변제용으로 꼭 내놓아야 할지, 또는 그 주식에 대한 이익배당금을 받을 자격을 가지는지 등에 관하여도 또한 판단할 수 있을 것이다. 이와 똑같은 문제들은 토지에 관한 불완전한 증여의 경우에도 또한 생겨난다(이 경우에도 비슷한 형태로 서면작성과 등기가 요구된다).

이런 모든 문제는 증여자가 당장의 증여가 아니라 신탁관계를 설정코자 마음먹기만 한다면 모두 회피될 수 있음에 주목할 필요가 있다. 신탁은 증여자 겸 수탁자에게 성가신 관리책임을 지우는 것이 사실이지만,[34] 신탁재산이 토지가 아닌 한 토지 이외의 다른 종류의 재산에 대한 신탁은 그 어떠한 서면에 의한 요식행위가 없이도 설정될 수 있다. 심지어 토지의 신탁조차도 나중에라도 서면으로 이를 증명만 할 수 있으면 된다. 반드시 신탁설정 당시에 미리 서면화되어 있어야 할 필요는 없다.[35] 그러나 요식행위에 관한 이러한 급진적 차이점만

33) 그러나 *Pennington v Waine (No 1)* [2002] 1 WLR 2075, [2002] ECWA Civ 227 (CA)에서 아든Arden 판사의 판결과 대조하시오. 물론 만약 그 거래가 증여보다는 계약에 의하여 행해진다면 관련 사안의 분석결과는 꽤 달라질 것이다(다툼의 여지는 충분히 있지만 이 사안도 그런 경우이다). 위 제1절 제1, 2관(요식행위)을 보시오. 또 금반언에 관하여는 아래 제3절을 보시오.

34) 제5장 제2절 본문과 제1관 및 제6장 제2절, 제3절 제3관을 보시오.

35) 일단 증여자가 자기는 그 재산을 어떤 수증자를 위하여 수탁자로서 보유한다고 선언declare하면 그때부터 증여자는 그 신탁에 의하여 기속되며 수증자는 설사 그 약정의 당

으로는 무효인 증여를 유효화하는 데 활용될 수 없다. 당사자 간에 어떤 약정을 하더라도 그것이 신탁관계로 해석될 수 있으려면 증여자가 신탁관계를 설정하고자 하는 의사를 가지고 있어야만 한다. 수증자에게 어떤 이익을 주려는 단순한 의사만으로는 충분치 못한 것이다.[36)]

이런 문제들은 동산의 증여에서는 전혀 발생하지 아니한다. 동산은 인도에 의하여 소유권이 이전된다. 책을 증여하는 경우 증여자가 선물의 목적으로 그 점유를 수증자에게 이전하면 효력을 발생하는 것이다. 즉, 증여자가 수증자에게 소유권을 법적으로 이전하기 위해서는 이런 절차만 밟으면 된다. 여기에 서면의 작성이나, 구두의 발언이나, 증인은 전혀 필요가 없다. 때로 인도조차도 현실인도가 아니더라도 의제constructive (또는 상징적symbolic) 인도로도 충분하다. 예컨대 새 차를 선물할 목적으로 그 열쇠를 넘겨주면 그것으로 충분히 유효한 증여가 된다. 무체재산권의 증여에서처럼 형평법이 이런 상황에서도 똑같은 역할을 할 수 없음은 분명하다. 증여가 효력을 발생하도록 하기 위하여 근본적으로 요구되는 필요한 행위가 있다면 그것은 증여자 자신이 직접 행해야 하는 것들일 뿐이다. 만약 증여자가 증여하고자 하면서도 수증자에게 인도하지 않으면 형평법은 그에게 인도를 강요하지 않으며, 이에 따라 수증자는 아무것도 얻지 못하게 된다.

이런 모든 사례들에 비추어볼 때, 성문법이 요구하는 요식행위를 형평법이 무시하더라도 그것은 극히 제한된 역할에 그칠 뿐임이 분명히 드러난다. 즉, 형평법은 피고가 자신의 권리를 실현하기 위하여 성문법의 규정에 의존하는 것이 기만적이거나 부정직한 경우에 해당한다고 판단될 때, 또는 성문법상 불완전한 거래가 증여자의 도움 없이도 원고 겸 수증자의 행위만으로도 충분히 완성될 수 있을 때에 한해서만 개입하는 것이다.

사자가 아니고 아무런 반대급부를 제공할 의무도 없으며 아무런 증빙서류를 수취한 적이 없더라도 그 증여자에게 그 약정대로 이행하라고 청구할 수 있게 된다. *Hunter v Moss* 〔1994〕 1 WLR 452 (CA)를 보시오.

36) *Paul v Constance* 〔1977〕 1 WLR 527 (CA) 및 제3장 제7절을 보시오.

제2절 직접의 계약관계를 요구하는 관행의 폐기

약속의 이행을 허용할 것인지의 여부에 관하여 보통법이 두 번째로 가하는 제약은 "직접성privity"의 원칙이다. 이 원칙은 두 가지 측면에서 관찰해야 한다. 첫 번째 측면은 완벽한 이해가 가능하다. 계약의 직접 당사자가 아닌 사람은 다른 사람들끼리 체결한 계약에 의하여 부담(또는 의무)을 져야 할 이유가 없다는 것이다. 예컨대 A와 B 두 사람 간에서의 계약으로 C가 그들에게 100파운드를 지급할 법적 의무를 지도록 만들 수는 없는 일이다. 이런 제한은 개인의 자치를 보호하는 데 본질적으로 필요한 것이며, 형평법은 이런 보호를 무너뜨리기 위하여 결코 어떤 조치도 취하지 않는다.

그러나 두 번째 측면은 상당히 어려운 편이다. 즉, 계약의 당사자가 아닌 사람은 설사 그 계약이 자기의 이익을 위한 것이더라도 계약대로 이행해달라는 청구를 할 수 없다는 것이다. 이 원칙을 그대로 적용하면 정의롭지 못하고, 불편한 결과를 초래하게 된다. 이 장의 초엽에서 보았던 사례를 돌이켜보자. 만약 Y가 T에게 100파운드를 지급한다는 전제하에서 X가 Y에게 어떤 용역을 제공한다고 가정해보면, 보통법은 T가 Y에게 그 약정대로의 이행을 청구하도록 허용하지 않는데, 이는 T가 계약의 당사자가 아니기(또 T가 반대급부를 제공하지도 않았기) 때문이라는 것이다.[37] 실로 앞에서 지적한 대로 보통법은 X가 만족할 만한 구제수단을 얻는 일조차도 어렵게 만들어버린다. 그런 약정 위반의 결과로 X는 아무런 손해를 입은 것이 없다는 이유에서다. X는 그 거래에서 아무런 이익도 얻을 생각이 없었으므로 그가 피해를 입었더라도 그것은 명목에 불과하다는 것이다.[38]

---

37) *Dunlop Pneumatic Tyre Company Ltd v Selfridge* 〔1915〕 AC 847 (HL) (Viscount Haldane).

38) 그런데 최근의 보통법 판례들에서는 X가 T로 인하여 입은 손해를 회복할 수 있도록 허용해주려는 점증하는 경향을 보여주고 있다. *Linden Gardens Trust Ltd v Lenesta Sludge Disposals Ltd* 〔1994〕 1 AC 85 (CA); *Darlington Borough Council v Wiltshier Northern Ltd* 〔1995〕 1 WLR 68 (CA) (이 사안에서는 계약당사자가 그 손해배상청구권을 제3자를 위한 의제신탁관계에서 보유하고 있다고 간주하기조차 했다). 그러나 *Woodar Investment*

그런데 만약 T가 이 약정에 의하여 어떤 막연한 채권적 권리를 얻는 데 그치는 것이 아니라, 어떤 재산권property을 얻게 되었다면 상황은 상당히 달라진다는 점에 주의할 필요가 있다.[39] 그때는 T가 자기의 재산을 점유하는 자들을 상대로 하여 자기의 권리를 행사할 수 있게 된다. 실로 T는 자기 앞에 끼어드는 대부분의 제3자들에 대하여 자기의 권리를 주장할 수 있게 된다. 이런 관찰에 의할 경우 3당사자 간 계약과 신탁 간의 극히 대조적인 모습에 주목하게 된다. 신탁을 설정하면 수탁자에게 독특한 형태의 재산권을 부여하게 된다. 만약 Y가 X에게 100파운드를 주면서 그것을 제3자인 T를 위하여 수탁자로서 보관하라고 하면 T는 그 수탁재산에 대한 형평법상의 소유자가 된다.[40] T는 수탁자인 X를 상대로 제소하여 신탁설정의 조건대로 이행하라고 청구할 수 있는 것이다. 여기서 수익자가 당초의 거래당사자가 아니라거나 대가를 지급한 일이 없다는 점은 중요한 역할을 하지 못한다. 물론 이런 식의 고찰은 단지 신탁의 특별한 성격을 좀 더 조명해줄 뿐이다.

형평법은 직접의 계약관계privity를 요구하는 보통법의 제약을 피하기 위하여 3당사자 간의 계약관계를 신탁 모델에 억지로 끼워 넣기도 한다. 물론 계약당사자들은 명시적으로 신탁관계를 만들어낼 수도 있다. Y가 X에게 100파운드를 지급하여 그 돈을 X가 T를 위한 수탁자로서 보관하도록 하는 전제하에 X가 Y에게 용역을 제공키로 약정할 수도 있다. 이렇게 되면 그들은 수령하는 시점에서 신탁재산은 100파운드가 되지만, 그때까지는 X는 Y로부터 100파운드를 받아낼 계약상의 권리만을 가지게 된다. 즉, 계약당사자들은 "약속의 신탁관계trust of a promise"를 만들어낸 것이다. T는 이 신탁의 수익자로서 신탁재산에 대한 형평법상의 권리Equitable interest를 가지며, 비록 스스로는 당초 계약의 당사자가 아니지만 이제는 자기의 이름으로 신탁관계의 이행을 구할 권리를 부여받

Development Ltd v Wimpey Construction UK Ltd 〔1980〕 1 WLR 227 (HL)을 대조하시오.

39) 만약 T에게 Y를 상대로 불법행위를 이유로 제소할 자격을 준다면 또한 상당히 유용할 것이다. *White v Jones* 〔1995〕 2 AC 207 (HL).

40) 위 제1절 제3관 뒷부분과 제3장 제6절을 보시오.

는다. 분명히 이것은 상당히 인위적인 조작이 아닐 수 없다. 그럼에도 이런 분석방법은 때때로 당사자들이 자기들 간에 명시적으로 신탁관계를 형성하는 약정을 체결하지 않은 경우에서조차도 채용되곤 했다. 당사자들 간에서 이런 계약상의 약정이 있으면 그것은 X가 T를 위한 수탁자로서 Y를 상대로 제소할 수 있는 권리를 유보하도록 묵시적으로impliedly 요구받는 것이라고 해석되었다. 그렇게 되면 T는 자기의 이름으로 제소할 수 있게 되는 것이다.[41] 이런 해석론은 불가피하게 과연 당사자들이 진짜로 신탁관계를 형성해내기로 의도했는지의 여부에 관하여 제기되는 의문을 피해 가도록 만들었다. 어떤 형태로든 T에게 이익을 가져다주려는 단순한 욕망만으로는 유효한 신탁관계를 형성하기에 불충분한 것이다.[42] 이런 장치는 법원으로 하여금 제3자를 위한 계약에서 생겨나는 최악의 정의롭지 못한 결과를 회피하기 위한 단지 허구에 불과하다는 주장이 참으로 그럴듯해 보일 정도이다. 그러나 이제 법원들은 종래의 정통적 견해의 위치로 물러나 있으므로 이제는 "약속의 신탁"이라는 방법론은 실무상 더 이상 거론되지 않는다.[43] 그렇더라도 그것이 잠깐만 노출되더라도 신탁과 계약 간의 깊은 균열을 강조해주기에 충분하다. 즉, 신탁은 직접성privity의 원칙과 대가관계consideration의 원칙이 계약의 목적달성을 방해하는 경우 이를 해결해내는 수단으로서 효과적으로 작용하는 것이다.

형평법은 때로 이 분야에 효과가 별로 없는 구제수단을 가지고 개입을 시도한 적도 있다. 첫째, 형평법은 X와 Y 간의 약정에 특정이행을 명하려고 하기도 한다.[44] 이에 의하면 당초에 뜻한 대로 T에게 혜택을 주게 되지만, 특정이행을 명하기 위한 전제조건으로서 X가 입은 계약상의 손해에 대한 배상액이 부적정해야 한다. 그러나 이런 시도는 정통적인 이론적 근거에 비추어서는 정당화하

41) *Fletcher v Fletcher* (1844) 4 Hare 67; *Les Affréteurs Réunis v Walford* [1919] AC 801 (HL); *Trident General Insurance Co Ltd v McNeice Bros Pty Ltd* (1988) 165 CLR 107 (Aust HCt).
42) 제3장 제7절 앞부분을 보시오.
43) *Vandepitte v Preferred Accident Corp of New York* [1933] AC 70.
44) *Beswick v Beswick* [1968] AC 58.

기 어렵다는 난점이 있다. 정통적인 분석방법은 X가 입은 손해에 대한 배상액이 부적정한 것이 아니라, 그 손해액은 Y의 계약 위반으로 X가 입은 손해를 반영할 뿐임을 암시한다. 만약 형평법이 X의 구제수단이 부적절한 이유로서 그것이 원래 의도한 대로 T에게 혜택을 가져다주지 못했음을 꼽는다면, 그때에는 3당사자 간의 모든 거래의 특정이행이 가능해지고 오히려 두 당사자 간의 거래는 그렇지 못하게 될 수도 있다. 계약이 다루는 주제는 비슷한 데도 불구하고 어떤 부류의 원고들은 계약의 특정이행을 원하고, 어떤 부류의 원고들은 금전에 의한 손해배상을 원하는 결과가 될 수도 있다. 이는 결코 받아들이기 어려운 일이 된다.

둘째, 형평법은 계약당사자들이 자기들의 똑같은 목적을 달성하기 위하여 자기들의 거래를 서로 다르게 구성하는 일을 가능하게 해준다. 즉, 계약당사자들은 한 걸음으로도 될 수 있는 약정을 두 걸음으로 해야 하는 약정으로 대체할 수도 있다. 첫째, X는 Y가 X에게 100파운드를 지급하는 것을 전제로 하여 Y에게 용역을 제공할 수 있다. 그러고 나서 X는 자기의 Y에 대한 계약상의 권리를 T에게 양도할 수 있다. 이런 양도에 의하여 X의 무형의 계약상 권리가 T에게 유효하게 이전(물론 X와 Y 간의 약정에서 이것이 금지되지 않는 것을 조건으로 하여)된다.[45] 그러면 T는 Y를 상대로 100파운드의 지급을 청구하는 소송을 걸 수 있을 것이다. 이런 경우에 법이 한 걸음이 아닌 두 걸음을 떼어야 하는 메커니즘을 통해서만 목적을 달성하도록 허용해주는 것은 매우 비정상적으로 보인다. 법은 기존의 권리를 양도할 수 있도록 허용하지만, T가 처음부터 이를 자기의 권리로서 실현할 수 있도록 형성하는 것은 허용치 않는 것이다. 그러나 이렇게 두 걸음의 절차를 거치더라도 그것이 Y를 위해서는 매우 소중한 보호장치가 된다고도 생각되는데, 그 경우 T는 형평법에 따라 권리를 취득하기 때문에 Y는 자기가 X를 상대로 하여 제출할 수 있는 항변을 T에 대하여도 제출할 수 있다.

---

45) 그 양도는 1925년의 재산법 제136조의 규정에 따라 보통법상 행해질 수도 있고(이것은 서면에 의한 무조건적인 양도로서 채무자 Y에 대한 통지를 거쳐야 한다), 또는 이런 모든 요식성을 따르지 않은 채로 형평법상 양도될 수도 있다.

이렇게 형평법에 의한 변형은 계약당사자들 간에 요구되는 합리적 요구를 충족시키는 데는 충분히 닿지 못한다. 여기서 압도적인 정서는 3당사자 간의 계약은 그들이 의도한 조건에 따라 이를 지지해주어야 한다는 것이다. Y가 자기의 의무 이행을 거절할 경우 X와 T가 적절한 구제수단 없이 방치되어서는 아니되는 것이다. 영국에서는 이런 문제가 부분적으로나마 입법에 의하여 해결되었다.[46] 몇 가지 중요한 조건에 따르는 전제하에서 T는 자기가 약속받은 이 혜택을 얻기 위하여 Y를 상대로 직접 제소할 수 있는 성문법상의 권리를 얻게 된 것이다. 보통법 또한 자체적으로 이런 방향으로 움직였다. 손해배상의 원칙들이 이렇게 수정됨에 따라 Y가 T에게 혜택을 제공하지 못함을 이유로 하여 X(T가 아니라)가 실질적인 손해를 배상받을 수 있는 경우가 점진적으로 확장되고 있다. 그 경우 T가 겪게 되는 문제점은 이런 손해배상이 어떤 방법으로든 자기의 수중에 들어오도록 확보하는 일이라 하겠다.

제3절 대가관계에 대한 재검토

어떤 약속이 그 약속한 대로 이행될지의 여부에 관하여 보통법이 가하는 세 번째의 제약은 대가관계의 원칙doctrine of consideration[역주2]이다. 이것은 영국법이 이행을 강제할 수 있는 계약인지의 여부를 확인하기 위하여 사용하는 일반적으로 가장 중요한 메커니즘으로 간주되고 있다. 어떤 약정이 있더라도 그 약정은 반대급부에 의하여 지탱되지 않는 한 이행강제될 수 없으므로 그것은 계약이 아니다. 이는 곧 계약의 쌍방 당사자가 서로 어떤 거래를 이루어내기 위해서는 무언가 가치 있는 것을 주고받아야 함을 의미한다. 이에 관한 가장 단순한 형태의 사례로서는 매도인과 매수인 간의 계약을 들 수 있다. 매도인은 제품을 공급하고 매수인은 그 대금을 지급함으로써 자기의 반대채무를 이행한다. 이런

46) 1999년의 계약(제3자의 권리)법.

단순한 원칙은 즉각 그 계약의 이행강제성을 의미하는 것이기도 하지만, 반대로 진지하게 체결된 약정조차도 이행강제할 수 없는 것으로 판단되는 경우가 자주 있다. 이미 앞에서 본 바와 같이 이런 반대급부의 필요가 대륙법으로부터 보통법을 차별화시키는 중요한 요소이다.

보통법이 증여의 약속을 이행강제할 수 없다고 하는 경우를 돌이켜보자. 이는 수증자가 반대급부를 약속하지 않았기 때문이다. 마찬가지로 제3자를 위한 계약도 제3자가 그 이행을 청구할 수는 없다. 왜냐하면 그 제3자가 반대급부를 약속하지 않았기 때문이다.[47] 그런데 실무상으로는 다른 사례들이 오히려 더 중요하게 대두한다. 계약을 위한 협상은 급부와 반대급부에 관한 결론을 내지 못하는 한 이행을 강제할 수 있는 계약으로 진화하지 못한다. 그럼에도 당사자들은 때로 그들이 의도하고 있는 약정이 성립하기도 전에 그 일부를 이행하기도 한다. 집안의 장남은 자기가 장차 아버지의 재산을 상속하리라는 기대하에 가업에 힘을 보탤 수도 있다. 토지소유자는 그 지상에 새로 건물을 신축하리라는 기대하에 기존의 건물을 철거할 수도 있다. 그러나 만약 이런 기대가 깨지게 되면 어떤 일이 생기게 될까? 마찬가지로 심각한 문제이지만, 이미 성립한 계약에 상투적인 변경을 가하는 것만으로도 정통 계약법상으로는 그 계약이 이행불가능한 것으로 판단되는 수도 있다. 건축업자들은 이미 합의된 공정을 변경하기 위하여 다시 협상할 수도 있으며, 대금의 변경을 초래하지 않고서도 자재의 규격을 바꿀 수도 있다. 정통적인 계약법의 견해는 이런 경우 건축업자가 이런 변경부분에 대하여 대가를 지급하지 않았으므로—즉 반대급부가 없으므로—어느 쪽 당사자도 변경된 계약조건대로 이행하라고 청구할 수 없다는 것이다.[48]

---

47) 1999년의 계약(제3자의 권리)법을 보시오.

48) *Williams v Roffey Bros & Nicholls (Contractors) Ltd* 〔1991〕 1 QB 1 (CA)를 보시오. 이 사건에서 하수급자인 목수는 하수급공사대금이 너무 박하여 도저히 공사를 계속할 수 없다는 이유로 하도급자와 협상한 끝에 하수급대금을 인상받을 수 있었으나, 하도급자는 나중에 그 인상합의가 반대급부 없이 일방적인 약속에 그쳤으므로 인상분을 지급할 수 없다고 다투었다. 법원은 하수급자가 비록 돈으로 환산할 수는 없지만 기한 내에 공사를 완공할 수 있게 된다든지 하는 의미에서 상당한 "상업적 혜택" 내지 "실제적 이익"을 제공

이런 사례들은 곧 대가관계의 원칙이 왜 지속적으로 비난받아왔는지 확연히 알게 해준다. 법원들 나름으로는 이행강제할 수 있는 계약에서의 대가관계의 필요성을 무시하기를 거부해왔다지만, 형식적인 대가관계가 흠결되어 있는 계약에서 계약대로 이행을 강제하기 위하여 (또는 좀 더 제한된 범위 내에서의 구제수단을 제공하기 위하여) 다소 생소한 개념인 금반언estoppel의 원칙을 활용하기도 했다. 금반언과 대가관계 간의 관계는 매우 골치 아픈 문제임에 틀림없다. 여기서는 한 가지 분석방법만 보겠지만, 무엇보다도 가장 흔한 금반언의 몇가지 주요한 양상을 살펴볼 필요가 있다.[49)]

제1관 자기가 고지한 내용에 반하는 것을 금지하는 금반언

대부분의 금반언은 사례를 들어보아야 이해가 쉽다. 가령 사용자가 근로자에게 실제의 급료보다 500파운드를 더 지급한다고 가정해보자. 근로자가 이게 웬 돈이냐고 묻자 그건 네 돈이니 받으라고 말한다 치자. 이 말을 믿고 근로자가 그 돈을 모두 써버렸다 하자. 두 달 후 사용자는 자기가 실수한 것을 깨닫고 착오로 지급한 돈이라며 이를 되찾으려 시도한다. 보통법이나 형평법이나 간에 이런 경우 사용자는 애초 그가 말한 것representation[역주3]에 어긋나는 짓을 할 수 없다는 협의의 금반언의 원칙에 따라 근로자에게 사용자의 반환청구를 거부할 수 있도록 허용해줄 것이다.[50)] 여기서의 기본적인 원칙은 어떤 사람이 상대방의 그런 말을 믿고 자기에게 손실이 되는 행위를 했을 경우에는 상대방은 자기가 기왕에 한 말을 번복할 수 없다는 것이다.

했으므로 다른 경우 같으면 그것이 무상으로 이행해야하는 일이고, 그래서 이행을 강제할 수 없기는 하지만, 이 사안에서는 계약이 변경되었다고 인정해주어도 될 만한 적절한 반대급부가 된다고 판시했다.

49) 보통법과 형평법의 어느 경우에나 이것은 같은 속성을 지니고 있다. *West v Jones* (1851) 1 Sim (NS) 205, 207-8, 61 ER 79, 81. 또 절차적 금반언에 관하여는 위 제1절 제2관 앞부분을 보시오.

50) *Avon CC v Howlett* 〔1983〕 1 WLR 603 (CA).

여기서 이 원칙의 한계에 관하여 보자. 그런 말은 사실에 관한 것이어야 하며,[51] 의사intention나 법에 관한 진술이어서는 안 된다. 더욱 중요한 것은, 이 경우 금반언의 원칙은 방어방법으로서만(여기서는 근로자가 돈을 되돌려줄 의무를 부정하기 위한 방어방법으로서만) 작용한다는 점이다. 즉 (월급을 더 올려달라는) 자기의 새로운 권리를 주장하기 위한 방편으로는 사용될 수 없다는 것이다. 이런 절차적인 제약은 법원이 대가관계consideration보다는 신뢰reliance에 터잡은 제2의 계약유형을 창설해내고 있다는 주장을 부정할 수 있도록 허용해준다. 달리 말하자면, 금반언은 "방패shield"로서만 사용될 수 있을 뿐, "칼sword"로는 사용될 수 없는 것이다. 마지막으로 이런 형태의 금반언은 피고가 자신의 법적 권리(여기서는 착오로 초과 지급한 돈을 회수할 권리)를 주장하지 못하도록 완벽하게 방어해준다는 점이다.[52]

이런 다양한 형태의 제약에서 오는 파급효가 어떠한지를 알기 위하여 앞에서 본 사례의 사실관계를 약간 변형시켜보자. 가령 사용자가 착오로 근로자에게 당신에게 곧 500파운드의 성과급을 지급하겠다고 통지해준다고 가정해보자. 근로자는 새로이 생길 돈을 곧 손에 쥐게 된다는 기쁨에 겨워 실컷 돈을 쓰고 다니게 된다. 사용자가 그 후 실수를 발견하여 근로자에게 그 돈을 줄 수 없게 되었다고 통지한다 하자. 이런 상황에서 근로자는 500파운드를 성과급으로 달라고 요구할 수 없게 된다. 왜냐하면 여기서 사용자가 근로자에게 전해준 말은 사실fact이 아니라 의사intention였을 뿐(비록 법원들이 이 경계선을 좀 더 확장시키

51) 형평법의 원칙에 관하여는 *Jorden v Money* (1854) 5 HL Cas 185 (HL)을 보시오. 그러나 *Foran v Wright* (1989) 168 CLR 385 (Aust HCt), 435 (Deane J)도 참조하시오. 이와는 대조적으로 양해에 의한 금반언estoppel by convention(이것은 당사자들이 자기들 상호 간에서 기속을 받기로 약속한 근거에 관하여 공통된 인식을 했을 때 작용한다)은 사실에 관해서 뿐만이 아니라 법에 관한 인식에도 또한 적용된다: *Republic of India v India Steamship Co Ltd (The Indian Endurance) (No 2)* 〔1998〕 AC 878, 913.

52) 그러나 *Scottish Equitable plc & Derby* 〔2001〕 EWCA Civ 369, 〔2001〕 3 All ER 818 (CA); *National Westminster Bank plc v Somer International (UK) Ltd* 〔2001〕 EWCA Civ 970, 〔2002〕 3 WLR 64 (CA)를 보시오.

려고 한다는 점이 알려지고 있기는 하지만)이었던 것이다. 더욱 중요한 것은 이 금반언은 새로운 권리를 창설하기 위한 칼로는 사용될 수 없다는 점이다.

이렇게 금반언을 매우 좁게 해석하는 것은 보통법상 이 원칙의 발전이 정지했음을 의미한다. 실로 보통법의 현대 실무상으로는 이것조차도 폐기될 수 있음을 시사하기도 한다. 앞에서 본 대로 사용자가 실수를 저질렀던 경우를 돌이켜보자. 그는 초과지급한 임금분을 회수할 법적 권리를 가지고 있다. 이 경우 부당이득unjust enrichment이라고 하는 뚜렷한 책임의 근거가 영국 법원에서는 겨우 15년 전에야 공식적으로 인정되었다고는 하나,[53] 이런 구제수단은 결코 색다른 것이 아니다. 이를 법원이 공식적으로 인정함에 따라 입장변화change of position라는 새로운 항변이 생겨나게 되었다. 근로자는 자기가 이 눈먼 돈을 신뢰하고 자기의 입장에 변화를 초래하였으므로 받은 돈 전액을 되돌려주는 것은 오히려 형평에 맞지 않는다고 주장하는 것이 허용되었다. 이 항변은 금반언보다도 훨씬 더 차별성이 있다. 이 항변은 근로자가 선의로 행위하는 경우에만 적용되기 때문에 사용자가 그 돈이 적법하게 자기에게 속한다고 하는 주장은 중요한 의미를 띨 수 있다. 그리하여 새로 생긴 재물이 틀림없이 자기의 것으로 남게 되리라는 믿음이 없었더라면 근로자가 지출하지 않았으리라는 전제하에서 이와 같은 예외적인 신뢰지출reliance expenditure만을 인정한다. 이는 곧 근로자가 그 돈을 전혀 계획하지 않았던 호주여행에 사용하는 경우에는 입장의 변화가 있는 것이지만, 일상적인 월세나 식료품비에 사용하는 경우에는 입장의 변화가 없음을 의미한다. 호주여행의 경우에 전액을 돌려달라고 하는 것은 불공정하겠지만, 생활비에 쓴 돈을 돌려달라고 하는 것은 그런 문제를 야기하지 않는다. 마지막으로 이런 항변은 사용자의 권리를 완전히 박탈해야만 하는 것은 아니다. 만약 근로자가 그 지출한 돈 중 200파운드에 한하여 입장변화를 주장하여 이를 인정받는 경우에 사용자는 여전히 남은 300파운드를 회수할 수 있다. 이 경우를, 사실의 고지를 필요로 하지만 선의에 의한 제약만을 인정하는

53) *Lipkin Gorman (a firm) v Karpnale Ltd* [1991] 2 AC 548 (HL).

금반언의 경우와 대조해보라. 현대적 딜레마가 분명히 드러나게 된다. 최근에야 대두하기 시작한 입장변화의 이론이 이에 대응하는 초기의 금반언이론을 능가할 정도로 고차원으로 진화한 항변이라고 할 수 있겠는가. 또는 이 두 개의 접근방법이 서로 분명히 다르고 구별되는 것인가? 이 문제에 대한 대답은 아직 확실치 않다. 두 가지 기법이 모두 똑같은 목적을 향하는 것이기는 하지만, 입장변화의 이론이 금반언의 이론을 흡수해야 한다는 주장은 그럴듯해 보인다.[54)] 좀 더 고차원으로 진화한 법의 형태가 그보다 사실상의 선조ancestor를 대체해야 하는 것이다. 이 두 가지 기법이 서로 차별성 있게 진화했다고 하여 두 가지 모두의 지지를 계속하는 법 시스템이라면 그것은 비생산적일 것이다.

제2관 약속에 터잡은 금반언

비록 보통법은 방금 앞에서 살펴본 원시적 형태에서 더 이상 나아가는 금반언의 원칙을 발전시키지는 못했지만, 형평법은 이를 해내고야 말았다. 괄목할 만한 일로서 형평법은 단순한 사실의 진술에 따르는 금반언을 넘어 장래의 의사표시에 대한 약속을 수용할 정도로 확장되었다. 이것이 곧 "약속에 터잡은 promissory" (또는 형평법상의) 금반언이다. 만약 약속하는 사람이 어떤 의사를 표시하면서 상대방에게 그것을 신뢰하게 만들면 그 사람은 나중에 이와 어긋나는 행위를 함으로써 약속받은 사람에게 손실이 되는 행위를 하는 것이 금지된다.

이렇게 약속에 터잡은 금반언이라는 현대적 원칙을 만들어낸 사건은 20세기

54) 이 점은 만약 제9장 제1절 제2관에서 제안되는 부당이득에 기한 청구의 재분류가 채택될 경우에는 더욱 분명해진다. 이것은 착오에 의한 지급을 "중대한 하자 있는 의사vitiated intention"에 따르는 지급이 아니라 "증여의사의 흠결unintended gifts"로서 취급한다. 이렇게 되면 어떤 의사표시는 증여가 의도되었다는 객관적 증거로 될 수 있으며, 그런 상황에서는 피고는 과다 지급받은 금액 전액을 그대로 보유해도 좋게 된다. 그렇지 않을 경우에는 과다 지급분은 회복할 수 있겠지만 입장변화의 항변에 따르는 감액이 가능한 것이다.

에 들어서며 있었던 계약의 변경contract re-negotiation사건이었다.[55] 임차인들이 런던에 소재하는 임대용 다세대flat 건물을 다수의 실수요자들에게 전대하기 위하여 건물주로부터 장기간 임차하는 계약을 체결한 적이 있었다. 그런데 제2차 세계대전이 터져 시민들은 런던의 대부분 지역에서 대피해야 했다. 임차인들은 이제 그 임차한 건물을 전대하기 어려운 상황이 되었으므로 임대인과 협상하여 약정한 월세를 상당 부분 인하받게 되었다. 그 후 전쟁이 끝나서 임차건물 전부가 임차인들로 다시 꽉 채워지자 임대인은 이미 경과한 월세를 청구하면서 임대료의 인하에 대응하는 대가관계가 없었으므로 이행강제할 수 없다고 주장했다. 즉, 임차인들이 임대인의 임대료 인하 약속에 대하여 아무런 반대급부를 제공하지 않았다는 것이다. 법원은 이에 대하여 그런 상황에서는 임차인들이 임대인의 말을 믿고 행동하리라는 전제하에서 임대인의 의사가 명시적으로 표시된 이상 임대인의 그와 같은 분명한 약속을 철회하는 것은 형평에 맞지 않는 일이 된다는 대담한 판단을 내리게 되었다. 결국 임대인이 임대료 인하의 약속을 받은 임차인에게 경직된 계약이론을 빙자하여 손실이 되는 행위를 하는 일은 금지estopped된다는 것이었다.[56]

이렇게 설명할 경우 약속에 터잡은 금반언은 여전히 방패로서만 작용할 뿐이다.[57] 더욱이 금반언은 약속한 사람의 권리를 정지시킬 뿐이다. 임차인은 미지급한 기발생 임대료에 대한 원고의 청구를 다툴 수는 있지만 장래를 향하여 기속력 있는 월세 인하의 약정이 있었다고 주장할 수는 없다. 만약 임대인이 종

---

55) *Central London Property Ltd v High Trees House Ltd* 〔1947〕 KB 130. 또한 *Ajayi v R T Briscoe (Nigeria) Ltd* 〔1964〕 1 WLR 1326 (PC)를 보시오. 이 판례들은 더 오래된 판례인 *Jorden v Money* (1854) 5 HL Cas 185 (HL)의 판지判旨를 더 이상 정당화(정당화가 아주 불가능한 일은 아니지만)할 수 없도록 만들고야 말았다.

56) 이런 형태의 약속에 기한 금반언은 포기waiver라는 단어와 구분할 수 없는 것으로 보이는데, 후자의 단어는 원고가 다른 경우라면 이행을 구할 수 있는 계약상의 청구권을 피고로 하여금 다툴 수 있도록 허용해주기에 충분하다고 생각될 정도로 원고가 자기의 계약상 권리를 스스로 부정하는 것을 의미한다.

57) *Combe v Combe* 〔1951〕 2 KB 215 (CA), 224 (Birkett LJ).

전의 약정을 소급 철회한다면 임차인은 피해를 입게 되므로 허용될 수 없지만, 임대인은 일단 임차인에게 상당성 있는 통지절차를 거치기만 하면 그 후로는 원래의 임대료 약정으로 되돌아갈 수 있는 것이다.

이런 제약은 영국 내에서는 여전히 약속에 터잡은 금반언에 대한 장애로 작용한다. 이와는 대조적으로 호주에서는 대법원High Court이 금반언 또한 칼sword로도 작용하여 새로운 법적 권리를 창설해낼 수도 있다고 판시함으로써 이 원칙의 적용범위를 극적으로 확장시켰다.[58] 법원으로 하여금 이렇게 진보적 견해를 취하도록 만들어내고야만 사실관계를 보면 그 결론을 수긍할 만한 사안이다. 그 사건에서 당사자들은 대규모 토지임대차 및 건설계획을 협상중에 있었다. 그 계획에 의하면 토지소유자는 기존의 건물을 철거하고 그 자리에 나중에 피고가 될 임차인의 계획안대로 새로운 건물을 신축하는 내용이었다. 이 계획은 지극히 서둘러 실시되어야 하는 상황이었고, 쌍방 간의 협상은 상당히 진전된 단계에 도달해 있었다. 임차인들은 자기들이 곧 서명할 수 있는 처지임을 시사하였으므로 토지소유자는 건물의 철거를 개시했다. 그러나 그 직후에 임차인들은 재고하기에 이른다. 그리하여 그들은 토지소유자가 이미 프로젝트대로 이행하는 단계에 나아가고 있음을 알면서도, 자기들의 변호사에게는 계약의 체결을 "가능한 한 늦추라고" 지시했다. 한 달 남짓 지나서 토지소유자가 신축건물의 공정 40%에 도달했을 때 임차인은 토지소유자에게 계획을 철회하게 되었다고 통보하였다. 이에 대하여 법원은 토지소유자에게 약속에 터잡은 금반언을 청구원인cause of action으로 삼을 수 있도록 허용해주었다. 더욱이 법원은 이런 경우 적절한 구제수단은 임차인에게 계약을 체결하겠다는 묵시적 약속을 지키도록 붙들어 매는 방법이라고 선언했다.

이런 공격적인 접근방법에도 불구하고 호주의 대법원은 금반언을 확장하여 적용하더라도 그것이 보통법상의 대가관계consideration의 원칙에 도전하여 "신뢰계약reliance contract"이라고 하는 새로운 유형의 계약을 창설해내는 것은 아니

58) *Waltons Stores (Interstate) Ltd v Maher* (1988) 164 CLR 387 (Aust HCt).

라고 판시했다. 즉, 이 경우 금반언에 의한 구제수단은 약속받은 자에게 기대이익(계약상의 손해)에 대한 청구를 할 권리를 부여하는 것이 아니라, 그 약속을 받은 사람이 입게 될 피해를 회피하기 위하여 형평법상 필요한 최소한도에 그쳐야 한다는 이유에서였다. 비록 이와 같은 최소한도라 함은 곧 약속대로 이행하는 것이겠지만(바로 그것이 호주대법원에 계류된 사건의 경우였다), 여기서의 이론적 차이점은 금반언사건들이 계약사건들과는 전혀 다른 범주를 형성해냄을 의미했다. 일반적으로 금반언의 구제수단과 계약에 대한 구제수단은 서로 상당히 다른 것이다. 이런 차이점은 단순한 사례로도 설명될 수 있다. 가령 A가 B에게 1,000파운드를 주겠다고 제안하고 B가 그 약속을 믿은 나머지 평소 같으면 사용하지도 않았을 200파운드의 돈을 소비했다고 가정해보자. 이 경우 두 사람 간에 오고간 이야기를 계약으로 파악하여 이를 이행강제할 경우 B는 기대이익 1,000파운드의 손해를 배상받을 수 있게 된다. 그러나 B에게 약속에 대한 금반언을 허용하면, 그는 자기의 신뢰이익의 상실에 대한 보호로서 200파운드만을 얻게 된다.

이렇게 호주에서 확장된 약속에 기한 금반언의 원칙은 한 가지 매우 어려운 문제를 남기게 된다. 만약 법적 관계가 미리부터 존재하지 않는다면 약속한 사람이 그 약속을 철회하는 것은 언제부터 부당한unconscionable 일로서 금지될 것인가? 계약의 단계에 도달하지 않는 약속을 이행하지 못함에 불과한 경우는 결코 부당하다고 할 수 없다. 약속받은 사람이 약속을 믿고 자기에게 손실이 될 행위를 하는 것은 언제부터일까? 호주의 대법원은 약속하는 사람의 상대방에게 그 약속대로 이행되리라고 믿고 의존하도록 유도하거나 조장하는 것만으로도 충분하다고 판단했다.[59] 그렇게 되면 금반언에 대한 구제수단은 그로 인하여 결과를 얻게 되는 신뢰이익의 손해reliance loss까지도 보호해주게 된다. 법원의 이의제기에도 불구하고 이것은 쉽게 (이미 존재하는 "대가관계"라기보다는) 계

59) *Waltons Stores (Interstate) Ltd v Maher* (1988) 164 CLR 387 (Aust HCt) (특히 메이슨Mason 판사와 윌슨Wilson 판사의 논지를 보시오).

약의 "신뢰reliance" 모델을 채용한 것이라고 읽혀질 수도 있다. 이런 논리는 금반언이 독특한 것인지, 또는 계약법의 일부인지의 문제와 어떤 형태의 "신뢰reliance"가 효과적으로 법적 범주를 정의해주는지의 의문에 집중된다. 그러나 나중에 설명하겠지만, 어느 쪽 결론도 법원이 허용하는 다양한 구제수단에서의 미묘한 차별성을 만족스럽게 설명해주지는 못한다. 이런 것들까지도 수용할 수 있기 위해서는 좀 더 나은 분석방법이 요청된다.

제3관 물권적 금반언

여기서 금반언에 관하여 살펴볼 마지막 사례가 될 물권적 금반언proprietary estoppel은 재산의 소유자가 다른 사람에게 소유자의 재산상에 일정한 권리를 부여받게 되리라는 신뢰를 불러일으켜 그가 자신에게 손실이 되는 행동을 하도록 조장한 경우에 작동한다. 가령 가족경영의 농장을 소유하는 자가 맏아들에게 농장에서 열심히 일하면 농장은 맏아들의 것이 될 듯이 시사하면서 농장을 위하여 일하도록 유도하는 경우를 들 수 있다.[60] 만약 나중에 분란이 발생하지만 그런 약속이 이행을 강제할 수 있는 정도에는 도달하지 못하면, 아들은 결국 금반언의 원칙에 터잡아 구제를 받을 수 있게 된다. 영국에서조차도 물권적 금반언이 평소 자주 청구원인으로 사용되고 있다는 점은 장남에게도 매우 다행한 일이다. 이는 물권적 금반언과 약속에 터잡은 금반언 간의 매우 놀랄 만한 분열상이라고 할 수 있다. 정당화하기는 어려워 보이는 이유로 하여 재산상의 권리를 떼어주겠다는 약속을 신뢰하고 자기에게 손실이 되는 행위를 한 경우에는 다른 유형의 약속을 신뢰하고 스스로에게 손실이 되는 행위를 한 경우에 비하여 훨씬 더 잘 보호받고 있다. 비록 법원들이 명시적으로 드러내고 있지는 않지만, 아마도 이는 다양한 계층을 이루는 권리들 간에서 우열을 두는 또 다른 사

60) *Dillwyn v Llewelyn* (1862) 4 De GF & J 517, 〔1861-73〕 All ER Rep 384.

례에 해당할 것이다.

다른 금반언들이나 마찬가지로 여기서의 구제수단은 전후 사정을 고려하여 발동된다. 때로는 약속대로 이행이 강제되기도 하며, 때로는 약속받은 사람이 그 약속을 신뢰하고 스스로에게 손실이 되는 행위를 했을 때 그 신뢰이익이 구제된다.[61] 만약 법원이 약속을 이행토록 강제해줄 경우에는 장남은 설사 아버지의 약속이 서면에 의한 것이 아니었고, 반대급부에 의하여 지지되는 것도 아니며, 증여로서 유효해질 수 있는 조건을 충족시키기에 충분한 것이 아님에도 불구하고(보통법상으로든 또는 형평법상으로든 간에) 그 농장을 취득하게 될 것임에 주목하라. 그리하여 형평법이 이에 개입함으로써 장남을 위하여 그 농장을 의제신탁관계에서 보관할 의무를 아버지에게 지우게 된다. 이 모든 것을 이론적으로 정당화하는 작업을 하려면 약간의 설명이 필요하다.

물권적 금반언의 사건들이 모두 토지소유권의 이전에 관련된 것은 아니다. 소유권보다 못한 권리도 또한 약속의 대상이 될 수 있다. 토지소유자가 자기 소유의 토지로부터 공로road에 이르는 접근로를 허용받기 위하여 지방자치단체와 협상하는 경우가 있다. 만약 토지소유자가 지방자치단체로부터 통행권을 부여받을 수 있으리라는 언질을 받고 나서 이에 따라 자기의 토지를 분할하여 그 중 일부를 처분했는데, 지방자치단체가 나중에 접근로의 제공을 거부한다면 그 사람은 자기의 지위가 심각하게 훼손되었음을 발견하게 될 것이다. 그리하여 토지소유자의 재산은 공로로부터의 접근이 불가능해져서 맹지가 됨으로써 쓸모없게 될 것이다. 토지소유자가 여기서 지방자치단체로부터 접근권을 허용받는 계약에 도달한 것은 아니지만, 물권적 금반언은 기능적으로 이에 대등한 정도의 효과를 가져다줄 것이다.[62]

물권적 금반언의 원칙이 동산에도 적용되는지의 여부는 아직 분명치 않다. 실

---

61) *Pascoe v Turner* 〔1979〕 1 WLR 431 (CA) and *Gillett v Holt* 〔2001〕 1 Ch 210 (CA)와 대조하시오.

62) *Crabb v Arun District Council* 〔1976〕 Ch 179 (CA); *Plimmer v Mayor of Wellington* (1884) 9 App Cas 699 (PC).

무상으로 이런 일이 일어날 가능성은 매우 적어 보이지만 이론도 판례[63]도 이 원칙을 좀 더 넓혀 적용하는 데 찬성하고 있다. 그러나 그 경우에는 물권적 금반언과 약속에 터잡은 금반언 간의 칼이냐 방패냐의 균열은 변명의 여지를 훨씬 더 축소해버린다. 금반언에 관한 호주식의 모델은 이 두 가지 형태가 모두 칼로 사용되어 청구원인이 될 수 있도록 허용함으로써 이런 문제를 제거해주고 있다.

제4관 금반언사건들의 재분류

이렇게 금반언의 모습은 매우 복잡하며, 여기서 일일이 생각해보지 못한 다른 형태의 금반언들도 여전히 남아 있다. 호주 대법원의 분석에 의하면 이런 다양한 형태의 금반언 원칙들은 똑같이 좀 더 광의로 적용되는 원칙의 발현에 불과하다는 것이다.[64] 매 사안마다 공통되는 요소는 신뢰에 터잡아 손실detrimental reliance이 유도되거나 조장되었다는 사실이다. 만약 이런 사실관계가 존재하면 그때에는 금반언의 원칙이 나서서 약속한 사람promisor의 법적 권리를 경직되게 옹호해 주지 못하도록 저지할 것이다. 여기서 유도된 내용은 사실에 관한 것이거나 의사에 관한 것일 수도 있다. 이 경우 금반언은 방패로서만이 아니라 칼로도 사용될 수 있는 것이다. 영국의 법원들은 아직은 호주의 이와 같이 통합된 경지에 도달하지 못했으나, 이런 형태로의 진전은 거의 불가피해 보인다.[65] 여기서의 난점은 구제수단에 관한 것이다. 이는 "정의를 구현하기 위한 최소의 형

63) *Crabb v Arun District Council* [1976] Ch 179 (CA), 187; *Olsson v Dyson* (1969) 120 CLR 365 (Aust HCt); 그러나 *Western Fish Products v Penwith District Council* [1981] 2 All ER 204, 218과 대조하시오.

64) *Waltons Stores (Interstate) Ltd v Maher* (1988) 164 CLR 387 (Aust HCt), 그중에서도 특히 보통법과 형평법상의 금반언의 융합을 생각하고 있는 딘Deane 판사의 판시부분을 보시오.

65) 그러나 *Baird Textile Holdings Ltd v Marks and Spencer plc* [2001] EWCA Civ 274, [2002] 1 All ER Comm 737 (CA)을 보시오.

평the minimum Equity to do justice"으로 보인다. 즉, 이는 약속으로 받아들여진 것을 이행하도록 강제하거나, 또는 그에 갈음하여 신뢰로 인하여 입은 손실을 회복시켜주는 일이라고 인정되고 있다. 그럼에도 "금반언"과 "계약"은 각자 상당히 다른 구제수단이라는 목표를 가지고 있기 때문에 서로 충분히 구분할 수 있다고 이야기되고 있다. 금반언의 목표는 신뢰를 유도해냄으로써 야기된 손해를 보전해주기 위한 것이다. 이에 반하여, 계약의 목표는 약속된 혜택을 실현시켜주는 일이다. 이런 접근방법은 "금반언"의 원칙을 "계약"과 대조될 수 있는 법적 간섭의 뚜렷한 한 범주로 보고 있는 것이다. 이런 접근방법이 가지는 이점은 공통된 개입의 근거를 가지고 (신뢰로 인하여 손실을 감수하도록 유도된 경우), 또한 일련의 공통된 구제수단이라는 대응책(이 경우 모든 것은 신뢰에 기인하는 손실을 보전하는 데 집중되어 있다)을 가지는 법적 간섭의 다양한 하위범주를 서로 따로따로 모으는 데 있다.

그러나 이로 인하여 불리한 점은 이런 구분법이 합리적 차별화의 메커니즘을 제공해주는 데 여전히 실패하고 있다는 점이다. 유일한 개입의 근거(신뢰로 인하여 야기된 손실)는 둘, 셋, 또는 심지어 네 가지의 구제수단(현재의 목록에 근거 없이 얻은 이익의 반환[66]과 절차적 금반언[67]을 추가하는 것) 중 어느 쪽으로라도 이끌어갈 수 있다. 여기서 어떤 구제수단이 적절하다고 판단될 수 있을까? 그로 인하여 입은 "손실을 보전해주는 일repairing harm"은 명백히 다양한 상황에서 다양한 방법이 있음을 의미한다. 이는 곧 "금반언"이 의무에 관하여 명백한 하위범주를 정의해주지는 않음을 시사한다. 이는 각자 자기들 나름의 독특한 구제전략을 가지고 있는 "계약", "불법행위", 그리고 "부당이득"과는 대조될 수 없는 것이다. 그 대신에 그것은 계약, 불법행위, 그리고 부당이득의 특정한 요소들을 짜맞추는 수평적 무리짓기가 될 것으로 보인다. 이는 그 구제수단들을 볼 때 꽤 분명해 보인다. 앞에서 보았던 대로 권리와 구제수단은 서로 긴밀히 연계

66) 제9장을 보시오.
67) 위 제1절 제2관 앞부분을 보시오.

되어 있음을 상기하라. 권리들은 그들이 이끌어내는 보호수단에 따라 분류되는 것이다.[68] 만약 금반언이 계약, 불법행위, 그리고 부당이득을 모두 망라하는 "수평적" 범주로 작용한다면 그때에는 유용한 분석도구를 제공하는 일은 불가능해 보인다. 그 대신에 그 다양한 특장特長들이 계약, 불법행위 및 부당이득에서 차지할 적절한 위치로, 제대로 또 명시적으로 재배치될 필요가 있는 것이다.

1. 금반언과 계약

먼저 어떤 유형의 금반언사건들은 계약사항으로 재분류될 수 있다는can(또되어야should 한다는) 시사점에 관하여 생각해보자. 이는 매우 논쟁의 대상이 된다. 그럼에도 일부 금반언사건들과 특별히 일방적 계약unilateral contract[역주4] 사건들 간의 유사점은 매우 압도적이다. 일방적 계약 또는 "만약의 계약if contract"은 만약 B가 요청받은 행위를 먼저 이행하면, 그때에는 A가 B에게 이행해주기로 약속하는 계약이다. 예컨대 A는 B가 어떤 정보를 자기에게 제공해주거나 또는 어떤 일을 해주기만 하면 B에게 보수를 주겠다고 약속할 수 있다.[69] 여기서 유추되는 금반언의 각본은 매우 평이하다. 즉, A는 B에게 어떤 혜택이 주어질 것이라고 알려주는represent 것이다. 그렇게 되면 B는 이런 A의 말을 믿고 자기에게 손실이 되는 행위를 하게 된다. 그러나 이것만으로는 금반언의 사안을 일방적 계약으로 만들기에는 충분하지 않다. 여기서의 어려움은 이행을 강제할 수 있는 일방적 계약과 이행을 강제할 수 없는 (그러나 조건부) 증여의 약속 간의 차이를 구분하는 일이다. 만약 A가 B에게 B가 결혼하면 1,000파운드를 주겠다고 약속할 경우 이는 이행을 강제할 수 없는 조건부conditional 증여로 해석될 가능성이 높다.

이 두 가지 간의 개념적 차이점은 단순하면서도 매우 심각하다. 계약의 사안에서 주어진 "조건condition"은 B에게 A의 약속에 대응하여 일정한 행위를 하

68) 제2장 본문과 제1절 제1관을 보시오.

69) *Carlill v Carbolic Smoke Ball Co* [1893] 1 QB 256 (CA).

라는 요구request로 해석될 수 있다. 그런 경우에는 B가 그 요구에 따라 이행하는 것은 B가 계약을 위한 A의 청약을 승낙한 것이자 또 계약을 기속력 있도록 만들기 위하여 B가 반대급부를 제공하기로 하는 것으로도 간주될 수 있다. 이와는 대조적으로 증여의 사안에서 B는 아무런 반대급부를 제공하지 않는데, 이는 수긍할 만한 급부와 반대급부에 관하여 서로 교환된 합의 내용이 없기 때문이다. 그러므로 이 거래는 이행이 강제될 수 없다. 비록 개념적 차이점은 간명해 보이지만, 이를 실무에서 적용하는 것은 결코 쉽지 않다. 이는 특히 전후 사정에 비추어 사안이 상사商事관계라기보다는 가사家事관계인 경우에 특히 그러하다. 부모가 자녀에게 어떤 혜택을 약속할 경우 그런 약속에는 어떤 분석방법이 더 잘 사안을 반영해줄까? 이렇게 어려운 사안들은 거의 예외 없이 금반언 쪽으로 배정되고 있으나, 실제로 이는 그 밑에 깔려 있는 진짜 어려운 문제를 호도하는 것에 불과하다.

그러나 금반언으로 변명의 여지를 찾는다는 이런 비난에 대해서는 너무 과민하게 대응할 필요가 없다. 일방적 계약에 대한 현대적 분석방법은 이제 매우 직설적으로 보이기는 하나, 이를 명시적으로 수용함으로써 쌍방 당사자가 애초부터 합의에 기속되며, 직접적으로 약속을 주고받는 쌍무계약exchange contract의 모델로부터 후발적으로 발전시킨 것임을 보여주고 있다. 일방적 계약은 쌍무계약과 무척 다르다. 즉, 일방 당사자만이 약속을 하는데, 그 약속은 다른 쪽 당사자가 이행할 때까지는 법적으로 기속력이 없다. 더욱 중요한 것은 이행한 당사자는 상대방에서 약속한 대로 "사례reward"를 달라고 요구할 수 있지만, 상대방의 이행이 결코 의무는 아니라는 점이다. 형평법상의 금반언사건들은 물론 그렇게 쉽게 식별할 수 있을 만큼 꼬리표가 붙은 것은 아니었지만,[70] 아마도 보

70) 또한 그 경우 정통적인 계약법리를 취하는 학자들은 계약의 특정이행(제한된 상황에서만), 기대이익의 손해(기본적으로), 그리고 신뢰이익의 손해(이것은 기대이익의 손해보다 적은 편이지만 어떤 이유로 인하여 기대이익의 손해를 입증하는 것이 불가능하거나 보장이 없는 경우에 소용에 닿을 수 있다)의 배상을 지지하곤 한다. *Giumelli v Giumelli* (1999) 196 CLR 101, 〔1999〕 HCA (Aust HCt) 사건은 농장주의 아들이 그 노동의 대가로

통법에 의하여 인정되기 훨씬 전부터 이와 같이 다른 형태의 (일방적인) 쌍무계약을 인정했다고 보인다.

이런 초기의 인정 사례는 물권적proprietary 금반언사건들에 대한 전통적 접근방법에서 가장 잘 나타나고 있다. 이런 사건들은 일방 당사자가 돈을 지출하거나 용역을 제공하기만 하면 그에 대한 반대급부 혜택으로서 재산상의 이익을 얻게 되리라는 기대를 했던 사안들이다. (그리고 오로지) 소유자가 그렇게 이행한 사람에게 그가 기대하던 혜택을 주기를 거부하는 것이 부당하다고 여겨질 때에만 물권적 금반언의 원칙이 나서서 그 사람에게 구제수단을 제공하게 된다. 그러나 그 경우에 제공될 구제수단은 상황에 따라 달라진다. 어떤 부류의 사안에서는 그가 받을 혜택에 대한 기대는 소유자가 명시적으로 고지한 내용에 의하여 생겨난다. 다른 부류의 사안에서 소유자는 그렇게 한 사람이 사실은 그 재산상의 법적 권리에 대하여 착각하고 있음을 알면서도 단지 방관할 뿐이다. 초기의 문헌들에 의하면 첫째 부류의 사건들에서 원고가 형평법상 보호받는 내용은 그 소유자에게 그 고지한 내용대로 이행토록 하는 것으로서 특정이행에 매우 유사했다. 두 번째 부류의 사건들에서는 소유자에게서 부당이득unjust enrichment(비록 그 당시에는 이런 용어가 사용되지 않았지만)을 벗겨내는 데 있었다.[71] 첫째 부류의 사건들은 현대의 일방적 계약이나 "보수의 약속reward" 사건들과 구분하기 어렵다는 소리를 자주 듣는다. 실로 현대의 금반언사건들은 이제 전보다 훨씬 더 현대의 계약사건들을 잘 반영해주고 있다. 그리하여 금반언사건들은 가장 명시적으로 행해진 진술이라도 그것이 항상 "보수의 약속" 사건으로 판독될 수는 없으며, 때로 그것은 단순히 "조건부증여conditional gift"에 불

부모로부터 부동산을 이전받기로 약속받았으나, 법원은 부동산상의 우선변제권으로 담보되는 부동산의 평가액value만을 인용한 경우로서 제3자의 이익을 보호하기 위하여 특정이행이 거부된 두 번째의 대안에 해당하는 것으로 볼 수 있다.

71) 이 두 개의 부류는 서로 다른 것으로 여겨졌으므로 그 첫 번째 부류에 속하는 *Dillwyn v Llewelyn* (1862) 4 De GF & J 517, [1861-73] All ER Rep 384는 두 번째 부류에 속하는 *Ramsden v Dyson* (1865) LR 1 HL 129에서 인용되지 않았다. 그렇지만 웨스트버리Westbury 경은 두 사건 모두에 관여했다.

과하다고 이들도 인정하고 있다.[72] 형평법에서의 어려움은 보통법에서나 마찬가지로 이 두 가지를 서로 구분하는 일이다. 이런 형평법 사안들을 "계약"으로 분류하여 얻는 것이 있다면, 그것은 정확하게 똑같은 작업이 형평법과 보통법에서 행해지고 있음을 흔쾌히 인정하는 일이며, 또한 두 체계로부터 배운 것들이 이제는 통합될 수 있음을 인정하는 일이다.

이런 재분류는 상당히 중요한 일이 된다. 가령 토지에 관한 계약을 보자. 금반언의 분류방법에 따라서는 적정한 금반언의 조건들이 충족되면 구두에 의한 토지계약의 특정아행도 가능함을 시사하고 있다. 반면 계약에 대한 분석으로는 이런 결론이 이제 더 이상은 허용될 수 없음을 보여준다. "만약의if" 토지계약을 포함하는 토지계약은 이제 서면에 의하지 않으면 무효인 것이다.[73] 그리하여 이런 재분류에 의할 경우 결국은 금반언사건들이 이런 새로운 성문법의 규정들 밖에서 독립하여 존속할 수 있도록 허용되는 예외적 범주가 아님을 명백히 해준다.[74] 다음에서 보는 대로 약속을 받은 사람들이 이제 더 이상 아무런 구제수단도 없이 방치되지는 않겠지만, 계약상의 구제수단contract remedy에 의지할 자격은 얻지 못할 것이다.

2. 금반언과 부당이득

금반언사건들을 재배치하는 방법으로서의 다른 대안들은 좀 더 간단히 다룰

72) *Combe v Combe* 〔1951〕 2 KB 215 (CA)를 보시오. 이 사건에서 법원은 남편이 그 이혼한 처에게 법원에 부양료 청구를 하지 말아달라는 명시적이거나 묵시적 요청을 한 적이 없었다고 인정했다. 그리하여 남편이 자발적으로 연금을 지급하겠다는 약속에 대한 아무런 반대급부가 없으므로 그 원래 의도했던 합의는 이행될 수 없다는 것이었다. 이야말로 이 두 가지를 구분하는 선긋기가 얼마나 어려운지를 보여준다. 그리하여 금반언사건들을 재분류해보았자 이를 변경시키지 못할 것이며, 기껏해야 그 결정을 좀 더 투명하게 만들어 줌에 그칠 것이다.

73) 위 제1절 제2관을 보시오.

74) 당초에 성문법상의 규정들은 이와 달랐다. 그래서 다수의 오래된 금반언 판례들은 이를 명시적으로 언급했다. 그 판례들은 계약이 문서화되지 않았더라도 거래가 일부 이행되었기 때문에 계약이 문서화되지 않았다는 점은 충분히 이를 극복할 수 있다는 이유로 구두에 의한 토지 관련 계약의 특정이행이 정당화된다고 보았다. 위 제1절 제2관을 보시오.

수 있다. 가령 부당이득의 범주를 생각해보자. 당사자 간에 오고간 말이 기속력 있는 계약의 수준에 이르지는 못했더라도, 사실관계에 의할 경우 약속한 사람이 약속받은 사람에게 자기의 재산이나 용역을 증여할 의사는 아니었음이 드러날 수 있다. 그 경우 농장주의 장남은 이제 아버지에게 그 농장을 달라고 요구할 수 없겠지만, 또 다른 한편으로 장남이 농장을 위해 일한 것이 공짜로 하겠다는 뜻이 아니었음 또한 명백해질 것이다.[75] 이런 상황에서 약속해준 사람이 그로 인한 혜택을 그대로 가지고 있도록 허용하는 것은 정의롭지 못하다고 판단된다. 약속해준 사람은 그렇게 해서 부당하게 얻은 이익을 돌려줄 의무를 지는 것이다. 이렇게 하는 것이 정의로움은 너무나도 당연한 이야기지만, 이런 형태의 의무는 1990년대가 될 때까지도 영국 법원에서는 공식적으로 인정받지 못했다.[76] 그렇다면 금반언을 포함하여 다른 구제수단들이 불가피한 대응책으로서 개발되었다고 해도 놀랄 일은 아닌 것이다. 여기서의 난점은 상대방에게 귀속된 혜택으로부터 부당한unjust 이득을 구별해냄에 있다.[77] 농장주의 장남, 또는 충실한 회계원, 또는 부지런한 정원사는 단지 자기들이 어떤 보수를 받으리라는 기대하에서expecting to be rewarded 용역을 제공했다는 이유만으로 구제를 요구할 수는 없다. 금반언 판례들은 적절한 구분방법의 개발을 위하여 현대의 부당이득이론을 그대로 반영하고 있다. 즉, 이들에 의하면 만약 어떤 이득을 얻은 자가 (그 처한 입장을 잘못 전달했기 때문에) 원고에게 착오에 빠지도록 한 데 대하여 책임을 져야 한다든지, 또는 전후 사정으로 보아 증여할 생각이 없었음이 분명히 드러난다든지 하는 경우에는 그런 혜택을 입은 자가 그 혜택을 그대로 보유하는 것은 정의롭지 못하다는 점을 시사하는 것이다.[78] 이런 분석방법을 묵시적으로나마 채용하는 금반언 판례들은 원상회복이라는 구제수단을 허용함

75) *Ramsden v Dyson* (1865) LR 1 HL 129(그러나 이 사건에서는 사실관계가 달라 패소했다).
76) *Lipkin Gorman (a firm) v Karpnale Ltd* [1991] 2 AC 548 (HL).
77) *Falcke v Scottish Imperial Insurance Co Ltd* (1886) 34 Ch D 234 (CA), 248 (Bowen LJ)
78) 제9장 제1절 제2관에서는 이런 대안들은 "재산권이전의사의 흠결"과 "증여의사의 흠결"로 분류하고 있다.

으로써 부당이득의 범주에 유용하게 소속하게 되었고, 이로써 그 분석방법이 좀 더 명백한 것으로 드러나도록 만들 수 있었다. 이는 곧 이런 사안들에서의 구제수단에 대한 평가를 즉각적으로 분명히 해주는 셈이다. 즉, 여기서의 목표는 약속했던 사람이 얻은 이득을 돌려주는 데 있는 것이지, 약속받은 사람이 그 신뢰로 인하여 보게 된 손실을 메워주거나 신뢰이익reliance interest을 보호해주는 데 있지 않음을 의미하는 것이다.

3. 금반언과 불법행위

금반언의 사안들이 재배치될 수 있는 마지막 범주는 불법행위이다. 본능적으로 볼 때 이런 사안들 중 일부에 대하여는 매우 적정한 범주라고 볼 수 있다. 가령 정부기관이나 지방자치단체, 또는 계약을 협상하는 사람이 잘못된 고지를 하거나 표시를 하여 상대방에게 이를 신뢰한 나머지 합리적이기는 하지만 자기에게 손실이 되는 행위를 하도록 유도할 경우, 법은 구제수단을 제공해줄 의무를 지게 된다. 이런 경우 계약법이나 부당이득법은 이런 일에 적합하지 않음이 분명하다. 여기서 분명히 드러나는 비슷한 사례로서는 과실에 의한 착오진술negligent misstatement의 경우다. 여기서 또 한 번 금반언의 사안들은 바로 이런 항목의 책임론을 인정해준 초기적 모습에 해당할 것이다. 보통법상의 과실이론과, 특히 과실에 의한 착오진술의 법리는 그것이 영국에서 공식적으로 인정되기 시작한 지 50년이 채 못 된다.[79] 이에도 불구하고 금반언과 관련된 오래된 선례들 중에는 현대의 불법행위법이 부과하는 책임론과 그에 대한 구제전략을 그대로 드러내는 경우가 꽤 있다. 이런 사안들에서의 구제수단은 일반적으로 신뢰에 따라 입게 된 손실에 대한 금전적 손해배상monetary compensation일 뿐이지만, 경우에 따라서는 약속받은 사람을 피해로부터 구제하기 위하여 약속해준 사람에게 무슨 일인지(가령 자기가 표시한 그대로, 또는 그보다 덜한 것을 이행하

79) *Hedley Byrne & Co Ltd v Heller & Partners Ltd* [1964] AC 465 (HL). 또 제6장 제2절 본문을 보시오.

라든지 하는 것)를 이행하도록 요구하는 이행명령mandatory injunction일 수도 있다.[80] 만약 이런 금반언의 사안들이 진짜로 불법행위의 사안들이라면 두 법체계가 각기 따로따로 과실책임이론을 발전시켜야 할 아무런 필요성도, 그로 인한 이점도 없다. 두 법체계는 이런 분야의 책임론에 관하여 합리적이고도 일관되는 논리의 확보를 위해서라도 통합되어야 하는 것이다.[81]

앞에서 보았던 사례들 중에서 몇 가지가 이 과실책임negligence liability이라는 분야에 배정될 가능성이 있다. 자기 땅으로부터 공로에의 통로를 얻기 위하여 지방자치단체와 협상했으나 실패한 토지소유자의 경우는 고전적인 계약의 사안으로 분류될 수도 없고(왜냐하면 토지소유자가 반대급부를 제공하지 않았기 때문이다), 또 부당이득의 사안으로 분류될 수도 없다(왜냐하면 지방자치단체가 그로부터 어떠한 이득도 얻은 것이 없기 때문이다). 오히려 이런 사안은 약속해준 사람이 굳이 법을 위반하지 않고서도 자기가 고지한 내용의 신뢰성이나 정확성을 보장해줄 의무를 지는 것으로 볼 수 있는 상황에서 약속받은 사람이 약속해준 사람의 진술을 신뢰한 데 합리성이 있는 사안으로 보이기 때문이다. 더욱이 이런 특별한 상황에서는 금전적 배상이 아닌 이행명령이 실제로 가장 적절한 구제수단이 된다.[82] 마찬가지로 부동산개발업자와 임차인 간에서의 분쟁에서 호주 대법원이 내린 판결은 과실에 기인한 불법행위(더 나쁜 경우가 아니라면)의 범주에 넣는 것이 최선이라 할 터로서, 그 고지에 따라 기대했던 계약의 내용대로 진행시

80) 이런 사안들에서 인정션은 법의 적용을 확장하는 것이지만 그렇다고 무원칙한 것은 아니다. 제2장 제1절 제2관을 보시오.

81) 제6장 제2절을 보시오.

82) *Crabb v Arun District Council* [1976] Ch 179 (CA)과 제2장 제1절 제2관을 보시오. 무엇이 적절한 구제수단인지에 관한 판단은 결코 쉽지 않다. *Commonwealth v Verwayen* (1990) 170 CLR 394 (Aust HCt) 해군에서 복무하던 사병이 해군함정 간의 충돌로 부상을 입었거나 전역하고 나서 20여 년 후에야 국가(호주)를 상대로 손해배상을 청구한 사건인데, 다수의견은 정부가 당초에 언질을 주었듯이 불법행위를 이유로 하는 손해배상 청구의 출소기한이 도과되었다는 절차상의 항변을 하여서는 아니 된다는 금지명령을 선호했다. 그러나 이에 반하여 소수의견(메이슨Mason 판사)은 원고가 그런 언질을 신뢰함으로 인하여 허비한 법률 비용을 금전적으로 배상하는 쪽을 선호했다.

킴으로써 입은 피해를 보전해주기 위한 방법으로는 필연적으로 계약대로 이행하라는 명령이 최선의 구제수단이 되는 것이다.[83)]

이런 사안들은 과실에 기인한 착오진술에 대하여 책임을 지우고, 또한 위반행위에 대하여 금전적 손해배상보다는 금지명령에 의한 구제수단을 선호함으로써 결국 과실에 기인한 불법행위의 법리를 현재의 경계선 너머까지로 확장하는 셈이 된다. 만약 이것이 진실이라면 그런 상태 그대로 인정을 받고 또한 그 책임이 속할 분야가 그에 맞추어 재구성되는 일이 무척 긴요해진다. 이런 재구성에 있어서는 과실에 기인한 착오진술로 인한 책임이 거기서 유도된 기대감에 터잡은 신뢰성을 보장해줄 의무까지도 포용할 정도로 발전되었음을 인정해주는 데까지 나아가게 될 것이다.

한 마디로 이런 금반언 판례들에 접근하는 가장 훌륭한 전략적 방법은, 보통법이 좀 더 차별성 있는 책임의 분야들을 명시적으로 인정해준 것보다도 이 판례들이 훨씬 앞서는 경우가 자주 있다는 점을 인정해주는 데 있을 것이다. 일방적 계약, 부당이득, 그리고 과실에 기인하는 불법행위책임은 바로 눈에 띄는 후보 분야가 된다. 그러므로 논리적으로는 이런 금반언의 사안들이 이제는 좀 더 자기에게 알맞은 자리를 찾아 배치될 필요가 있다. 이것이야말로 일관성 있는 법체계의 발전을 확보할 수 있는 유일한 길이다.

제4절 묵시적 조건들

이 장에서 고려되어야 할 네 번째 영역에서는 관심의 초점이 달라진다. 여기서의 관심은 약속이 이행강제될 만한 것인지를 판별하는 선결조건들에 있지 않다. 그 대신에 이행강제될 조건이 정확히 무엇인지가 관심거리가 된다. 보통법은 일반적으로 이런 조건들이 당사자들 자신에 의하여 정의되도록 방관한다.

---

83) *Waltons Stores (Interstate) Ltd v Maher* (1988) 164 CLR 387 (Aust HCt).

물론 어떤 조건은 성문법이 그런 조건을 의무화하기 때문에, 또는 일반법이 그 정의된 관계(예컨대 사용자와 근로자) 내에서 그 준수를 강요하기 때문에, 또는 당사자들이 이미 정착된 관행에 따라 거래하는 것으로 추정되기 때문에, 계약에 반드시 편입되어야 하는 경우가 있다. 이런 것들 이외에는 여간해서는 보통법이 당사자 간의 사적인 약속에 추가적인 조건이 내포된 것으로 해석하는 일이 드물다. 보통법은 당사자들이 그 약정에 의하여 의도했을 것임에 틀림없는 사업적 효율성을 보장해주기 위하여 절대적으로 필요한 경우에만 그렇게 하는데, 그래서 합리적으로 생각하는 방관자가 보기에도 그 조항이 너무나도 당연해서 굳이 언급할 필요조차 없다고 생각될 경우에만 그렇게 해석하는 것이다.[84)]

형평법의 접근방법은, 비록 그 전략들이 통상 똑같은 식으로 설명되는 것은 아니지만, 보통법의 이런 자세에 상당히 유사하게 나타난다. 우리는 당사자들이 신탁이나 신임관계와 같은 정의된defined 관계 내에 존재하고 있을 때에는 이런 조건들이 함축될implied 수 있음을 이미 보아왔다.[85)] 이런 조건들terms은 또한 당사자 간의 합의나 거래에 당사자들이 틀림없이 의도했을 특정한 내용이나 성격을 부여하기 위해서도 내포될 수 있다. 이런 두 번째의 간섭 모드가 여기서 초점의 대상이 된다. 그 특별한 의미는 그것이 비록 당사자들 간에는 이런 결과를 위하여 명시적으로 논의된 바가 없었던 경우라도 형평법으로 하여금 당사자 간의 약속에서 물권적 의미를 가지는 결론을 읽어낼 수 있도록 허용한다는 점에 있다. 이것이야말로 애당초 명시적신탁의 개념이 개발된 과정임을 상기해보라. 즉, 당사자 간의 합의에 특별한 (다소 부담스러운) 채권적 의무들이 내포되어 있다고 해석하는 것이다. 이런 의무들은 특정한 방식으로 보호되거나 이행강제되었다. 그리하여 결과적으로 그 보호가 철저해지고 또한 일관성 있게

84) *The Moorcock* (1889) LR 14 PD 64, 68; 〔1886-90〕 All ER Rep 530 (CA) (Bowen LJ) and *Shirlaw v Southern Foundries* (1926) 2 KB 206 (CA), 227 (MacKinnon LJ), 또 *BP Refinery (Westernport) Pty Ltd v Shire of Hastings* 〔1977〕 HCA 40, (1994) 180 CLR 266, (1978) ALJR 20 (PC)를 보시오.

85) 제5장 제2절 제2관 앞머리를 보시오.

됨으로써 그로 인한 권리는 물권으로 분류되기에 이르렀다.[86] 아래에서 몇몇의 사례를 보면, 이렇게 형평법이 "내포된 조건implied term"으로 해석함으로써 개입함에 따라 초래되는 잠재적 파급효를 엿볼 수 있다.

제1관 퀴스트클로스 신탁

여기서 첫 번째로 상업적인 대차관계의 약정에 조명이 집중된다. 상인 간에 대차한 돈은 차용인의 재산을 구성한다는 것이 통상적인 생각이다. 따라서 차용인이 빚을 갚아야 할 의무는 순수하게 채권적으로 파악된다. 이는 곧 차용인이 파산할 경우 대여자를 위험에 노출시키며, 따라서 대여시 담보를 받아두는 이유를 설명해준다. 만약 차용인이 담보로 제공할 만한 깨끗한 재산을 가지고 있지 못할 경우에는 퀴스트클로스 신탁Quistclose trust(이런 약정을 인정해준 가장 초기 사건들 중 하나의 사건명에 따라 명명된 것임)이 제한적인 범위에서나마 대안으로 떠오르게 된다.[87]

여기서의 발상은 단순하다. 만약 금전의 대차시에 차용인이 그 돈을 함부로 사용해서는 안 되며 오로지 특정한 목적에만 사용해야 한다는 상호 간의 양해하에 돈을 빌려준다면, 그 후 실제로 그런 특정한 목적을 달성하는 것이 불가능해질 경우에는 그 돈은 대여자에게 되갚아야 한다는 뜻이 내포implied되어 있다는 이야기가 된다. 차용인은 그 경우 그 돈을 다른 목적에 사용할 수 없다는 것이다. 이런 의무가 특정의무로서 이행강제되어야 한다는 점이 중요하다. 그러므로 이 돈은 그것이 특정한 목적에 사용될 때까지는 대여자를 위하여 대여금의 신탁계정을 형성하게 된다.[88] 이런 신탁은 빌려준 돈이 결코 차용인의 재산의 일부를 구성할 수 없으며, 차용인이 마음대로 처분할 수 없다는 점을 인정하

86) 제3장 제6절을 보시오.

87) *Barclays Bank Ltd v Quistclose Investments Ltd* 〔1970〕 AC 567 (HL). 또 *Twinsectra Ltd v Yardley* 〔2002〕 UKHL 12, 〔2002〕 2 AC 164 (HL)을 보시오.

88) 또 다른 분석방법에 관하여는 아래 본문을 보시오.

는 것이다. 차용인은 그 돈에 대한 법적인 소유권을 얻게 되는 것이 사실이지만, 그 돈이 지정된 목적에 사용될 때까지는 대여자가 신탁의 수익자로서의 권리를 유지한다는 것이다.

이런 형태의 약정들은 회사의 위기 탈출을 위한 용도에 자주 이용되고 있다. 이런 경우의 대여는 채무자에게 그 돈을 특정한 채권자에게만 변제[89]하거나 또는 필요한 특정한 장비를 구입[90]하는 데에만 사용하도록 하는 조건하에서 행해진다. 이 경우 대여자의 지위는, 비록 차용인이 그 돈을 받아 지정한 목적에 사용할 때까지의 단기간에 불과하지만, 그 기간 중 신탁에 의하여 확보되는 것이다. 만약 차용인이 그 돈을 쓰기 전에 파산하면 대여자는 그 돈을 회수할 수 있으므로 그의 지위는 확보된다. 그러나 그 돈이 지정한 목적에 제대로 사용되고 나면 더 이상 아무런 신탁재산이 남아 있지 않게 된다(따라서 아무런 신탁 위반이 되지 않으므로 대체물추급권tracing도 생기지 아니한다[91]). 그렇게 되면 대여자는 단순한 무담보채권자가 됨으로써 이제 남은 희망은 회사가 회생하여 자기의 (무담보 채권자로서의) 지위가 더 이상 흔들리지 않게 되기를 바라는 일뿐이다.

여기서 퀴스트클로스 신탁의 두 가지 양상에 관하여 논평해볼 만하다. 첫째, 현존의 사건들은 모두 돈의 신탁에 관련된 것이라는 점이다. 물품의 공급자들은 매수인에게 공급된 돈이 아닌 물품에 관하여 신탁관계를 설정하는 데 똑같은 전략을 이용하는 것이 불가능해 보인다.[92] 그러나 그 어떤 이론적 분석방법에 의하더라도 이런 전략은 완전히 일반적으로 적용되어야 함을 시사하고 있다

89) *Carreras Rothmans Ltd v Freeman Matthews Treasure Ltd* [1985] 1 Ch 207 (Peter Gibson J). 파산채무자가 자기 마음대로 채권자들 중 일부를 우대할 수는 없는 것이지만(그렇게 하면 채권자평등의 원칙에 위반하게 된다), 제3자가 그렇게 하는 것을 방지할 방법은 없다. 제3자는 스스로를(그리고 그의 대출금 채권을) 당초의 채권자에 대위시켜서 채권 전액을 효과적으로 만족시킬 수 있게 된다. 이렇게 채권자에 변경이 오게 되더라도 파산채무자에 대한 다른 파산채권자들에게는 아무런 실제적 영향을 미치지 아니한다.

90) *Re EVTR Ltd* [1987] BCLC 647, (1987) 3 BCC 382 (CA).

91) 제4장 제7절 본문과 제1관을 보시오.

92) 그러나 공급자는 간단한 소유권유보retention of title조항 하나만으로도 법적 소유권을 유지할 수 있다. 1979년의 동산매매법 제19조를 보시오.

는 점에 비추어볼 때, 이런 현상은 매우 이해하기 어려운 일이다. 그러나 적절한 이론적 분석방법은 매우 문제가 많기 때문에 이것이야말로 우리가 살펴볼 두 번째 쟁점이 된다. 아마도 놀랍겠지만, 퀴스트클로스 신탁이라는 것이 도대체 어떤 부류의 신탁에 속하는지의 여부부터가 전혀 분명치 않다. 명시적신탁일 수도 있다. 당사자들은 "신탁"이라는 용어를 사용할 필요조차 없다. 신탁설정자(대여자)는 단순히 신탁을 설정할 의사만 가지면 되며, 그 이외에는 별도의 합의arrangement를 필요로 하지 않는다. 수탁자(차용인)는 그런 조건하에서 신탁재산을 수령해야 한다. 이런 처방들은 빌려주는 돈을 차용인 마음대로 사용해서는 안 되며, 지정된 목적에만 사용해야 한다는 상호 간의 양해가 있어야 한다는 퀴스트클로스 요건 속에 효과적으로 잘 들어 있다.[93] 이런 분석은 아마도 선호되는 접근방법을 그대로 보여주고 있을 것이다. 그러나 그로 인한 신탁은, 대여자가 자기의 법적 권리를 차용인에게 이전시켜주었지만, 그 돈에 대하여 누가 수익자로서의 이해관계를 가져야 할지에 관하여는 차용인만큼은 아니라는 점을 지적하는 이상으로는 나가지 못한 채 이를 명시적으로 특정하는 데 실패했다는 점에서 결과적신탁resulting trust이 될지도 모른다. 마지막으로 이런 신탁은 법원이 당사자 간에 담보에 관하여 이루어진 합의라는 계약상의 조건들을 특정이행하기에 적합하다고 보고 있다는 점에 비추어 의제신탁constructive trust이 될 수도 있다. 이런 각각의 분석방법에 대하여는 각각 그 나름의 그럴듯한 지지논리들이 있으며, 또 서로 모순이 되지도 않는 것으로 보인다. 회사의 회생을 위하여 빌려준 돈의 신탁에 관하여 어떤 이론적 접근방법들을 취하더라도 똑같은 대응방안을 불러온다. 신탁관계가 좀 더 넓은 적용범위를 얻게 된다면 이는 꼭 그렇게 되지 않을 수도 있다. 특히 명시적신탁[94]을 형성하는 데 필요한 형식적 요건들에서의 차이점들, 그리고 결과적신탁[95]에 깔려 있는 이념적 요건

93) 명시적신탁의 형성에 필요한 사실관계에 대하여는 제3장 제7절 앞부분을 보시오.
94) 제3장 제7절 앞부분을 보시오.
95) 제3장 제7절 후반과 제9장 제5절을 보시오.

들에서의 차이점들, 또한 그리고 특정이행[96]에 필요한 사실적 요건들에서의 차이점들은 모두 실질적인 장애요인이 될 수 있는 것이다.

제2관 결과적신탁의 추정과 매수대금의 결과적신탁

형평법이 당사자 간의 합의에 어떤 추가적인 조건이 내포되어 있다고 해석하는 두 번째 사례는 어떤 재산을 다른 사람에게 단순히 증여하거나 다른 데서 유래하는 자금으로 어떤 재산을 구매한 경우에 생긴다. B가 자기의 재산을 A에게 대가 없이 줄 경우 형평법은 그 재산권의 이전이 증여를 위한 것이 아니라고 추정presume하였던 일을 상기해보자.[97] 이보다 더한 것은, 형평법은 이런 목적을 위하여 당사자 간의 이런 합의에 어떤 조건이 내포되어 있는 것으로 보고 그 조건을 특정이행하도록 강제한다는 점이다. 그 결과로서 A는 법적 권리를 얻게 되지만, 그 재산으로부터 향유할 수익자로서의 권리는 취득하지 못한다. A는 결국 그 재산을 B를 위하여 결과적신탁관계에서 보유할 뿐(결과적신탁의 추정)인 것이다. A는 형평법상의 이런 추정을 번복시킬 수 있을 때에만 그 재산상의 완전한 수익자로서의 권리를 주장할 수 있게 된다.

형평법은 다른 재원으로부터 유래하는 자금으로 재산을 매수하는 경우에도 당사자 간의 합의에 비슷한 조건들이 내포되어 있는 것으로 본다. 예컨대 어떤 주택을 사기 위하여 A와 B 두 사람이 공동으로 계약금도 납부하고 저당권설정계약서에 서명하며, 또한 대출금의 변제를 위하여 매달 똑같이 원리금을 분할변제하면서도 매매계약상으로는 A만이 매수인으로 된다고 가정해보자. 이런 경우 형평법은 평소에도 그렇듯이 B의 지분이 A에게 증여되었다고 추정하기를 거부한다. 만약 B가 그 매수대금의 절반을 부담했다면 형평법은 그 돈이 A가 아닌 B에게 그 주택에 대한 권리를 취득하도록 하기 위하여 지출된 것이라고 (반증으로

96) 아래 제5절 제1관을 보시오.

97) 제3장 7절 후반을 보시오. 그러나 또한 제9장 제7절을 보시오.

번복할 수 있는) 추정을 할 것이다. 형평법은 당사자 간의 약정에 이런 효과를 초래할 수 있는 조건이 내포되어 있는 것으로 보아 A가 그 주택에 대한 절대적인 권리를 가지는 것이 아니라 B의 권리 또한 인정되어야 한다고 요구할 것이다. 이렇게 내포된 조건이 특정이행의 대상으로서 강제되며, 그리하여 신탁관계를 형성하게 된다. 그 결과로서 A는 매수대금 중 각자 출연한 금액에 비례하여 A와 B를 위한 신탁관계(매수대금의 결과적신탁a purchase money resulting trust)에서 그 주택을 보유하게 될 것이다.[98] 이런 신탁관계는 성문법상으로도 토지에 대한 소유권 이외의 권리의 이전은 서면화하지 않아도 된다는 예외규정에서 시사하듯이, 그 권리를 보호함에 있어 특별히 중요한 의미를 가지게 된다.[99]

분명히 결과적신탁의 추정은 증여에 대하여 두드러지는 적대감을 보여준다. 그리하여 형평법은 증여가 자연스러워 보이는 상황에서도 반대의 추정을 개발해내는 것이 필요함을 느꼈다고 말해도 될 듯하다. 생전증여의 추정presumption of advancement은 B가 A에게 증여할 의사가 있었다고 추정하되 반증을 허용하는 경우이다. 영국에서 이런 추정은 남편에게서 부인에게[100](그러나 그 반대의 경우이거나 사실혼관계에는 적용되지 않는다), 후견인이 피후견인에게[101](그런 관계에서 여성이 주는 경우는 포함하지 않는다[102]) 재산권을 이전한 경우에 적용된다. 즉, 아버지가 아들에게 3,000파운드를 주면 생전증여의 추정이 반증에 의하여 번복되지 않는 한 아들은 그 돈을 증여받은 것이라고 주장할 수 있게 된다. 그러나 그 아버지가 똑같은 돈을 자기의 동생에게 주면, 그 동생은 결과적신탁의 추정을 반증으로써 번복하지 못하는 한 형을 위하여 이를 결과적신탁 관계에서 보

98) *The Venture* 〔1908〕 P 218 (Farwell J); *Vandervell v IRC* 〔1967〕 2 AC 291 (HL), 312; *Foskett v McKeown* 〔1998〕 2 WLR 298 (CA), 312-3 (Sir Richard Scott V-C).

99) 위 제1절 제2관을 보시오.

100) *Jones v Maynard* 〔1951〕 Ch 572.

101) *Shephard v Cartwright* 〔1955〕 AC 431 (HL) (아버지가 준 경우); *Bennet v Bennet* (1879) 10 Ch D 474, 476-7 (Jessel MR) (어머니가 준 경우).

102) 이와는 대조적으로 호주에서는 증여의 추정은 남성에 대해서든 여성에 대해서든 똑같이 적용된다. *Nelson v Nelson* (1995) 184 CLR 538 (Aust HCt) 547-9.

유하게 된다.[103)]

이런 생전증여의 추정은 매수대금의 결과적신탁에 극적인 차이를 초래할 수 있다. 주택을 구입할 때 남편이 매입자금에 보태면 그것은 생전증여의 추정 대상이 된다. 이에 반하여 부인이 보태면 그것은 결과적신탁의 추정대상이 된다. 만약 A와 B가 부부간으로서 주택을 남편의 이름으로 매수한다면, 그 경우에는 남편이 그 주택을 부부 두 사람을 위한 결과적신탁의 수탁자로서 보유하게 된다. 부인의 출연금은 부인 자신의 이익을 위하여 지출한 것으로 추정되는 것이다. 그러나 만약 그 주택을 부인의 이름으로 매수하면 그때에는 남편의 출연금은 부인의 이익을 위한 것으로 추정되므로 부인이 전부를 가지게 된다.[104)] 이렇게 생전증여의 추정이 특별하게 작용하는 것은 이제는 시대착오라고 여겨지므로 아주 가벼운 반증만 있더라도 쉽게 번복을 받을 수 있다.

매수자금의 결과적신탁의 존재와 그에 따르는 각 당사자의 수탁자로서의 권리가 매매목적물인 재산을 취득하는 순간부터 확고히 확립된다는 점에 주목할 필요가 있다.[105)] 이 시점이야말로 형평법이 그 재산은 법적 소유자의 자유처분에 맡겨진 것이 아니라고 인정(추정)하고, 이렇게 추정되는 조건대로 이행을 명령하려고 나서는 때이기도 하다. 그 주택에 대하여 A와 B가 가지는 각자의 권리가 주택매수시점을 기준으로 평가된다는 사실은 때로 불공정해 보일 수 있다. 가령 A와 B가 계약금조로 각자 1만 파운드씩을 내어 20만 파운드짜리 주택을 매수하면서 나머지 금액에 대하여는 저당채무를 똑같이 분담한다고 가정해 보자. 이런 사실관계에서 A는 매수자금의 결과적신탁관계에서 두 사람을 위하여 똑같은 지분으로 그 주택을 소유하게 될 것이다. 그런데 만약 A가 저당채무 일체를 변제하게 되면 그 경우 A가 받을 수 있는 유일한 구제방법은 두 사람들

---

103) 추정을 효과적으로 번복할 수 있는 사례로서 다음을 보시오. *Fowkes v Pascoe* (1875) LR 10 Ch App 343 (CA), 352-3 (Mellish LJ); *Re Vinogradoff* 〔1935〕 WN 68, 68 (Farwell J).

104) *Jones v Maynard* 〔1951〕 Ch 572, 575 (Vaisey J).

105) *Pettitt v Pettitt* 〔1970〕 AC 777 (HL), 814; *Huntingford v Hobbs* 〔1993〕 1 FLR 736 (CA) (Slade LJ의 설시부분을 보시오).

간에 그 주택을 좀 더 적절하게 공유하기 위하여 다른 내용의 합의에 도달했다고 주장하든지,[106] 또는 B가 부당이득이 되지 않으려면 A가 납부한 돈의 절반을 A에게 물어주어야 한다고 주장하든지 하는 일뿐일 것[역주5]이다.[107]

이렇게 추정되는 관계에서의 결점이 무엇이든지 간에 이것들은 형평법에는 당사자 간의 계약관계에 어떤 조건이 내포되어 있다고 보아 관련당사자를 보호해주는 또 다른 메커니즘이 있음을 과시하는 것이다. 이는 실로 법적으로 다른 사람이 소유하는 재산상의 물권적 권리를 인정해줌으로써 가장 강력한 방법으로 이들을 보호해주는 것이다.

제3관 결과적신탁의 추정에 의존하는 일 금지하기

결과적신탁의 추정과 매수자금의 결과적신탁, 이 두 가지는 원고에게 자기의 재산(또는 그것으로 매수한 대체물)이 일견 증여된 것으로 보이는 경우에도 이를 계속 자기의 것으로 보유할 수 있도록 도와주기 위하여 고안되었음에 틀림없다. 만약 재산권의 이전이 어떤 불법적인 계획하에 이루어진 것이라면 그때에는 이런 형태의 법에 의한 보호장치는 보장될 수 없을 것이다. 가령 예를 들면, 원고가 어떤 재산을 자기의 신뢰를 받는 제3자에게 이전하여 종전보다 재산이 줄어든 것으로 보이도록 만듦으로써 과세를 회피한다든지, 또는 채권자들을 피한다든지, 또는 국가에 대하여 일정 재산액 미달의 약자임을 이유로 보조금을 청구한다든지 할 수 있을 것이다. 그런데 나중에 그 신뢰받던 친구가 그 재산을 돌려주기를 거부한다면 원고는 형평법이 결과적신탁의 추정에 근거하여 자기가 재산을 되찾도록 도와줄 것을 기대해도 될 것인가? 비교적 최근까지만 해도 법원의 반응은 과도하게 도덕적인 입장을 취하는 정책에 의하여 이끌어져왔음

106) 물권적 금반언에 대하여는 위 제3절 제3관을 보시고, 의제신탁에 대하여는 아래 제4절 제4관을 보시오.

107) 제9장 제5절을 보시오.

이 명백해 보인다. 즉, 원고가 뜻하던 대로 되지 않았고(예컨대 아직 채무자를 속이지 못했고), 또 자기의 거짓된 행위를 뉘우치는 경우에만 원고는 그 재산을 회복할 수 있다는 것이었다. 그런데 여기서 "뉘우침repentance"이란 실제로 그 판단이 매우 어려운 일이었다. 애초 획책했던 대로 제대로 되지 않았거나 또는 그 일이 결국 필요 없게 되었다는 정도만으로는 충분치 않았던 것이다. 진정한 의미에서의 후회genuine remorse가 필요했던 것이다. 이를 입증하는 데 있어서의 어려움으로 인하여 현대의 영국법은 마침내 이런 요구조건을 철회하고 있다. 새로운 원칙은 아직 유동적이지만, 이제 뉘우침은 별로 중요한 요소가 되지 않는다.

그리하여 만약 그런 탈법행위가 계획대로 되지 않았을 경우에는 재산의 회수가 허용되는 것이다. 예컨대 채무자인 아버지가 채권자들을 사해하기 위하여 아들에게 재산을 이전한 경우, 만약 그가 자기의 탈법적인 목적(그러나 실제로 실천에 옮겨지지는 못하였음)을 법원에 입증할 수 있으면, 그 생전증여의 추정은 번복될 수 있다. 이런 추정이 번복됨으로써 아들은 그 재산을 아버지를 위한 결과적신탁관계에서 보유하는 것으로 추정되며, 그렇게 되면 아버지는 그 재산의 특정회복을 청구할 수 있게 되는 것이다.[108)]

더욱 놀라운 것은 심지어 그런 탈법적인 목적대로 실천에 옮겨진 경우에서조차도 원고가 그 탈법성에 의존하지 않고도 자기의 경우를 정당화할 수 있는 한 재산의 회복이 허용된다는 점이다. 그러나 이런 원칙은 때로 매우 모순되는 결과를 초래할 수 있다. 가령 사실혼관계에 있는 A와 B가 주택을 매수하려고 하지만 A의 이름으로만 매수하여 B는 가난한 양 보이도록 함으로써 사회보장혜택을 얻을 수 있도록 하고, 그로써 경제적 이득을 획책하는 경우이다. 만약 A와 B가 갈라서게 되면 현대의 법원칙에 의할 경우 B는 자기가 주택구입자금에 얼마를 보탰는지를 입증함으로써 매수자금에서 유래하는 결과적신탁관계를 인정받을 수 있게 될 것이다. 그 경우 B는 자기가 탈법 목적의 사기행각에 공모자의 한 사람으로 참여하였음에도 불구하고 이를 시치미 뗀 채로 그 주택에 대한

108) *Tribe v Tribe* 〔1996〕 Ch 107 (CA). 그러나 제6장 제3절 제1관, 제2관을 보시오.

권리를 주장할 수 있게 될 것이다.[109)]

이런 식의 접근방법은 그것이 보통법상의 재산을 취급하는 방식과 똑같은 방식으로 형평법상의 재산을 취급한다는 이유 때문에 변명의 여지를 얻게 된다. 만약 원고가 다른 사람의 수중에 가 있는 어떤 재산의 법적 소유자임을 입증할 수 있으면, 그 경우 법은 그 재산이 어찌하여 다른 사람의 점유하에 들어가게 되었는지를 묻지도 않고 간단히 구제수단을 제공해준다. 그러나 이런 식의 정당화 논리는 원고가 형평법상의 소유권을 주장하는 것은 형평법이 당사자 간의 합의에 어떤 조건이 내포되어 있음을 인정하고, 그 조건대로 이행될 것을 고집할 때에만 가능하다는 점을 무시하고 있다. 이에 반하여 보통법은 유사한 상황에서 언제나 추정 없이 곧장 소유권을 인정해주는 것으로 정평이 나 있다.

이런 차이점에 관하여 좀 더 따져보자. 이런 결과적신탁의 사안들에서 원고의 외관상의 객관적인 의사는 피고에게 곧장 권리를 이전해주겠다는 것이다. 그러면서 원고가 사적으로 속에 숨긴, 그리고 탈법적으로 가지고 있는 의사는 그 재산에 대한 권리를 여전히 자신이 보유하는 일이다. 이런 경우 증여를 부인하는 형평법의 추정을 효과적으로 번복시켜주는 것은 객관적 관찰법이지, 주관적 입장에서 본다 해서 그것이 강화되는 것은 아니라는 주장이 그럴듯해 보이기도 한다. 실로 이를 무시하면 현대적 원칙은 좀 이상한 (또 아마도 불공정한 결과로) 이끌 수도 있다. 가령 앞의 예에서 본 두 당사자가 부부간이고, 남편이 사회보장 혜택을 사취하려 한다고 가정해보자. 그 경우 남편은 결과적신탁의 추정이라는 혜택을 얻을 수 없게 될 것이며, 그 대신에 처를 위한 생전증여의 추정에 사로잡히게 될 것이다. 그러므로 남편으로서는 자기의 진짜 의사는 부인에게 혜택을 주려는 것이 아니라 사회보장의 혜택을 사취하려는 데 있었다고 하면서 자기의 탈법적 목적을 거론하지 않고서는 자기의 애초 입장을 입증할 수 없기 때문에 결국 재산을 회수할 수 없게 될 것이다. 반면 아내가 사회보장

109) *Tinsley v Milligan* [1994] 1 AC 340 (HL).

의 혜택을 사취하려 했던 경우에 아내는 재산을 회수할 수 있게 된다. 다툼의 여지는 있지만 최근 호주의 판례들이 취한 접근방법이 좀 더 그럴듯하다. 거기서 호주의 법원들은 무엇보다도 사실관계를 살펴보고 나서 원고에게 재산을 돌려주어야 할지의 여부, 그리고 그 경우에는 어떤 조건으로 해야 할지를 판단하는 것이다. 예를 들면, 법원은 원고가 사취한 사회보장 혜택을 사회보장기관에게 돌려주는 것을 조건으로 그 집에 대한 권리를 되찾을 수 있도록 허용하는 것이다.[110] 이런 전략은 탈법적 목적을 가진 사건들에 관한 초기의 원칙들처럼 지나치게 도덕을 추구하는 것은 아니지만, 적어도 성문법의 간섭을 초래하고야 마는 특정한 정책적 관심사항과 관련하여 상당한 의식적인 노력을 기울이고 있음에 틀림없다.

제4관 주거용 주택과 "공통의사 의제신탁"

형평법이 어떤 계약에 묵시적 조건이 내포되어 있다고 인정해주는 마지막 사례는 의문의 여지없이 가장 설명이 어렵고 정당화시키기 어려운 경우이다. 여기서 형평법의 개입은 현대에서 매우 흔해빠진 현상에 관련된 것이다. 동거하는 남녀 커플이 두 사람 중 어느 한 사람의 법적 소유에 속하는 집에서 같이 사는 경우가 있다. 두 사람은 자기들의 공동생활을 위하여 다양한 경제적, 사회적 기여를 하고 있을 것이다. 그런데 두 사람의 관계가 깨지게 되면 그때 소유자가 아닌 쪽은 그 주택에 자기가 일정한 지분을 가지고 있다고 느끼게 되거나, 또는 적어도 지금까지의 반려였던 소유자로부터 상당한 경제적 보상을 받을 자격이 있다고 생각할 수도 있을 것이다.[111] 이와 관련하여 두 사람 간에 서면으로 어떤 약정을 미리 체결해놓았을 가능성은 거의 없지만, 보통법상 토지에 대한 권리의 이전을 받으려면 필요하다고 요구되는 것이 바로 이런 경우에 해당

110) *Nelson v Nelson* (1995) 184 CLR 538 (Aust HCt).

111) 만약 관계가 파탄되어 이혼에 이르러 재산을 분할함에 이르면 영국의 법원은 극도로 개방적인 재량권을 행사하므로 이런 형평법상의 재판권에 의지할 필요가 없어진다.

한다.[112] 이 경우 무슨 일이 일어날 것인가?

이런 경우에 사기를 예방하려는 금반언의 원칙이 도움으로 나설 수 있을 것이다. 그리하여 매수자금의 결과적신탁의 경우도 그러할 수 있으며, 또는 물권적 금반언의 경우도 그러할 수 있다. 그러나 이런 근거에 터잡은 개입은 제한되어 있으며, 영국의 법원들은 이것 이외에도 공통의사 의제신탁common intention constructive trust이라고 하는 대안이 더 있음을 시사해왔다. 오늘날까지 그 논거는 주거용 주택에 대한 가족 간의 분쟁이라는 맥락에서만 적용되어왔지만, 그렇다고 해서 그 논리상 반드시 이런 제한된 범위 내에 한하여서만 적용되어야 한다고 해석되는 것은 아니다.[113]

이런 영국적 접근방법[114]은 재산을 공유하겠다는 논의와 합의가 있었는지에 관하여 직접적인 증거를 찾아보는 일이다. 그 경우 그런 증거의 기억이 불완전하다든지, 또는 계약의 조건치고는 부정확하다든지 하는 것은 별로 문제가 되지 않는다. 대안으로서 법원은 당사자들의 행위들만 가지고도 어떤 약정이 있었다고 추론해낼 수도 있다. 그러나 이는 매우 논란거리가 된다. 실로 저당권을 직접 설정해주는 행위는 주택에 대한 수익자로서의 이익을 나누어 가지겠다는 공통의 의사가 있었음을 추론해내는 데 충분하다고 생각되는 유일한 증거로 보인다. 이와 다른 형태의 기여행위는 자의적으로 해석될 수 있어서, 경우에 따라서는 두 사람이 사이좋게 살겠다는 의욕을 표시한 것에 불과하다는 시사를 던짐에 그칠 뿐인 경우도 있을 수 있다. 여하튼 일단 법원이 이런 공통의 의사가 있었음을 확인한다면, 그때 법원은 두 사람 간에 어떠한 형태로든 그 주택을 공유하도록 강요하게 되는 의제신탁을 인정하게 된다. 여기서의 논거는 법적 소유자가 그런 상황에서 다른 한쪽의 권리를 부정하는 것은 매우 정의롭지 못한

112) 1989년의 재산(잡칙)법 제2조 및 1925년의 재산법 제53조를 보시오.

113) 또한 *Banner Homes Holdings Ltd v Luff Developments Ltd* 〔2000〕 Ch 372 (CA)의 접근방법을 보시오.

114) *Lloyds Bank v Rosset* 〔1991〕 1 AC 107 (HL), 특히 브리지Bridge경의 의견을 보시오. 또한 *Gissing v Gissing* 〔1971〕 AC 887 (HL)을 참조하시오.

결과가 된다는 단순논리에 있다. 영국의 법원들이 의제신탁은 부정의를 시정하기 위한 일반적 구제수단이 되지 못한다고 고집하는 상황에서는 이런 공통의사의 의제신탁은 약간의 해명을 필요로 한다.

영국의 초기 판례들은 의제신탁이 두 사람 간의 공통의사 약정을 이행강제하기 위하여 고안되었음을 시사한다. 이렇게 억지로 발견해낸 합의의 현실성에 관하여 제기되는 회의론을 무시하면서 요식을 갖추지 못한 토지에 관한 계약의 특정이행을 명하는 것이 1989년 전까지는 틀림없이 가능했다. 즉, 앞에서 본 일부이행part-performance의 원칙이 여기서 활용될 수 있었으며,[115] 일부 물권적 금반언의 사안에서도 같은 류의 분석방법을 채용했다.[116] 그러나 이런 통로는 이제는 성문법에 의해서 봉쇄되어 있다. 토지상의 권리를 처분하기 위한 계약은 서면으로 되어야 하며, 그렇지 못하면 무효가 되기 때문이다. 토지에 관한 구두계약은 더 이상의 다른 자료가 없으면 특정이행이 허용될 수 없다. 구두계약임에도 불구하고 계약이 유효하다는 가정을 채택할 수 있는 유일한 길은 소유자가 그런 성문법에 의지하여 원고의 권리 인정을 거부할 때에는 그것이 곧 사기를 저지르는 결과가 됨을 입증하는 길뿐이다.[117] 그러나 소유자가 동거녀에게 주거용으로 함께 사용하자며 끌어들인 재산상에[118] 그녀가 이런 권리를 가짐을 부인하는 것이 아니라, 단순히 자기의 재산상에 권리를 가짐을 부인함에 그치는 경우에 이는 불가능한 일이 된다. 참으로 어떤 판례도 이렇게 사기를 이유로 하는 예외가 현실성 있다고는 시사하지 않는다.

그러나 요식을 갖추지 못한 계약에 관하여 어떤 증거면 충분하겠느냐의 문제는 소유권이 없는 쪽이 자기의 다양한 기여를 무상으로 제공한 것은 아님을

115) 위 제1절 제2관을 보시오.

116) 위 제3절 제3관을 보시오.

117) 제7장 제1절 제2관을 및 위 제1절 제2관을 보시오.

118) 이 책 전체를 일관하여 원고는 여성she으로, 그리고 피고는 남성he으로 표시해왔다. 그러나 다른 판례들에서와 마찬가지로 실제로는 어느 쪽 당사자든지 남성일 수도 있고 여성일 수도 있다(비록 통계적으로는 이런 주거용 주택사건들에서는 원고가 여성인 빈도가 높은 것이 사실이지만).

의미한다. 즉, 그녀는 (무효인) 계약의 조건에 따라 대가를 받으리라고 기대했던 것이다. 이런 상황에서 그녀는 보상을 요구할 수 있어야 한다.[119] 이런 경우 그것이 반드시 그녀에게 토지에 대한 권리를 인정해준다는 뜻은 아니며, 단지 그녀가 소유자에게 준 혜택에 대한 구제수단을 허용한다는 뜻이다. 한 마디로 뻔히 요식을 갖추지 못한 계약의 특정이행과 그 무효화선언 중에서 선택해야 한다면, 현대 성문법의 입장은 후자에 기운다는 점이다. 이에도 불구하고 최근의 판례들은 아직도 이런 성문법의 변화에 부응하기 위하여 기존의 분석방법을 수정하려는 노력을 전혀 보이지 않고 있는 듯하다. 이는 곧 법원들의 관심이 요식을 갖추지 못한 계약의 특정이행에 있는 것이 아니라 다른 데 있었음을 시사한다.

실로 더 많은 현대의 판례들이 좀 더 물권적 금반언 쪽으로 명백히 기울어져 왔다.[120] 이들 판례는 공통의사 의제신탁과 물권적 금반언 간을 구별하는 징표가 거의 없음을 시사한다. 그러나 앞에서 지적한 대로 물권적 금반언 판례들이 재분류되어 계약, 불법행위, 그리고 부당이득의 분야 중 좀 더 적절한 곳에 재배치되어야 한다는 점을 돌이켜보자. 그중 계약은 이미 논의해본 결과 성문법상의 장애로 인하여 써먹을 수 없음이 확인됨으로써 폐기되었다. 그러므로 결국 남는 것은 부당이득과 불법행위(신뢰하도록 유인한 데에 대한 책임)뿐이다. 문제는 이런 비계약적non-contractual 책임 발생의 분야가 주거용 주택의 사안에서 법원들이 명하는 구제수단과 잘 조화하지 못한다는 점이다. 법원들은 부당이득이나 신뢰에 기인하는 손해를 평가해주지 않는다(또는 평가해주지 않는 경우가 자주 있다). 법원들은 그저 당사자 간의 형평을 위하여 약정에서 추론하고 그 약정대로의 이행을 명할 뿐이다. 이론적으로 볼 때 이는 매우 의문의 대상이 된다.

그렇다고 해서 다른 판례법 국가들의 법원들이 나은 모습을 보여주는 것도

119) 제9장 제5절을 보시오.

120) *Lloyds Bank v Rosset* [1991] 1 AC 107 (HL) (Lord Bridge); *Grant v Edwards* [1986] Ch 638 (Browne-Wilkinson V-C); *Oxley v Hiscock* [2004] EWCA Civ 546, [2004] 3 WLR 715 (CA).

아니다. 실용주의자라면 그로 인한 실제적인 결과가 어쩔 수 없이 비교해볼 만함에 주목하게 될 것이다. 캐나다에서는 소유자가 부당이득했다고 평가하는 것이 비소유자에게는 과분하게 관대한 결과로 자주 보이기도 하지만, 이러한 결과는 부당이득이라는 안전한 이론적 근거 위에서 정당화된다.[121] 뉴질랜드에서는, 비록 이런 보호책이 원고의 기대이익이나 또는 신뢰이익을 보호해주는지 명백하지는 않지만, 원고의 "합리적 기대reasonable expectations"에 터잡아 판결을 내리고 있다.[122] 호주에서는 판결의 근저에 "터무니없이 불공정함unconsionability"의 발상이 깔려 있으며,[123] 그것이 주어진 상황에 대하여 계약적인, 불법행위적인 또는 부당이득적인 반응으로서 나타나는 것인지는 여전히 분명하지 않다. 어떠한 접근방법도 결국 법에 그다지 신뢰를 얻어주지 못하는 것이다.

현실에서 현대의 법원들은 결혼한 배우자 간에서와 또 사실혼 커플 간에서의 재산을 둘러싼 분쟁을 적절히 다룰 수 있도록 의회가 법원에 이미 오래전에 허여한 재량권의 행사를 위하여 이론적 정당화의 방안을 강구해내야 할 위치에 놓여 있지만, 그것은 실제로 가능하지 못하다. 고맙게도 이제 입법이 점차 보편화함으로써 이런 간극을 메워주고 있는 것이다.

제5절 사전에 보통법의 결과를 예상하고 확보하기

이 장에서 살펴볼 형평법의 다섯 번째이자 마지막 전략은 보통법의 결과를 예상하고 확보할 수 있는 형평법의 능력이다. 가령 주택매매계약의 경우를 보자. 그런 계약에는 소유권이 언제 이전될 것인가에 관한 규정이 있을 것이다. 의문의 여지없이 그것은 당사자들이 계약을 체결한 이후의 어느 시점이 될 것

121) *Pettkus v Becker* [1980] 2 SCR 834, (1980) 117 DLR (3d) 257 (Can SCt)를 보시오.

122) *Gillies v Keogh* [1989] 2 NZLR 327 (NZCA).

123) *Muschinski v Dodds* (1985) 160 CLR 583 (Aust HCt).

이다. 그런데 매도인과 매수인은 그 어간에 끼어들 수도 있는 돌발사고의 위험에 예민해지지 않을 수 없다. 형평법은 그들의 이런 염려를 약간 누그러뜨려줄 수 있다. 즉, 형평법은 토지매매계약의 특정이행이 가능하다고 보는 것이다.[124] 그러므로 형평법은 쌍방 당사자에게 계약조건에 따라 약속대로 이행하도록 강제한다. 이는 당사자들에게 매우 중요한 결과를 초래한다. 형평법은 "그렇게 되어야 할 것은 이미 그렇게 된 것으로 간주"[125]하기 때문에 계약과 동시에 그 재산권은 이미 매수인에게 이전한 것으로 간주한다. 매도인은 여전히 법적 소유권을 가지고 있지만, 다른 한편으로는 그 재산의 매수인을 위하여 신탁(의제신탁)관계에서 수탁자로서 보유하는 것이다.[126] 이런 식으로 형평법은 보통법에서 도출될 결과를 미리 내다본다.

이렇게 매매목적물상에 형평법상의 권리를 일찌감치 인정해주는 것은 매수인에게 엄청난 혜택을 주게 된다. 가장 눈에 띄는 것으로는 매수인이 매도인의 약속 위반시 매매의 특정이행을 요구할 수 있다는 점이다.[127] 그래서 설사 매도인이 중간에 파산하더라도 매수인은 파산재단으로부터 매매목적물을 환취할 수 있다. 즉, 매수인은 아직 완료되지 않은 계약의 불이행을 이유로 단순히 일반채권자로서 손해배상만을 청구하는 데 그치지 않을 수 있는 위치에 서게 된다. 이런 파산으로부터의 보호야말로 형평법상의 물권적 이익과 관련된 최대의 혜택들 중 하나라 할 수 있다.[128] 이런 혜택들을 제쳐놓더라도 형평법상의 소유권은 또한 납세의무, 상속인자격, 그리고 배당금에 대한 권리나 기타의 부수적

---

124) 제2장 제1절 제1관을 보시오.

125) 이런 법언은 수백 년에 걸친 법의 발전과정을 한 마디로 설명해주는 것치고는 부적절함을 상기하시오. 또 이런 법언이 형평법이 구제수단을 개발해냄에 있어 꾸준히 특정이행을 고집해왔으며, 구제수단에 어떤 특권적 지위를 인정함으로써 그것이 물권적으로 성격 지워질 수 있도록 해주었다는 점을 상기하시오. 이런 전략에 대하여 언급할 필요가 있을 때마다 이런 역사를 일일이 되풀이해서 설명할 수는 없는 일이므로 이 법언은 그 때마다 꽤 상세한 내역을 일일이 전달해줄 부담을 지게 된다.

126) 제3장 제6절을 보시오.

127) 제6장 제3절 제1관, 제2관을 보시오.

128) 제3장 제2절을 보시오.

혜택이 누구에게 귀속할 것인지의 여부를 결정하는 데서 결정적 역할을 할 수 있는 것이다.

제1관 소유권에 대한 기대 —특정이행 및 의제신탁

계약에서 약정된 소유권의 이전이 되기 전이라도 이미 형평법상의 소유권을 취득할 수 있는 가능성이야말로 매우 소중한 가치를 지닌다. 이 경우 누가 그런 자격을 가지는가? 이에 대하여 형평법은 매우 단순한 원칙을 제시한다. 즉, 소유권을 이전해주어야 할 원고의 의무가 특정이행가능specifically enforceable하고, 또 무조건적unconditional이며(즉 피고가 의무이행의 명을 받기 전에 미리 원고가 이행해야 할 선이행의무가 없을 것), 또 특정가능한 재산identifiable property에 관한 것이면, 원고는 매매목적물에 대하여 형평법상의 권리를 가지게 된다는 것이다. 이 세 가지 조건이 결정적이다. 앞에서 본 주택매매계약의 경우 이 세 가지 조건은 모두 충족된다. 즉, 주택매매계약은 특정이행이 가능하며, 특정물에 관한 것이고, 소유권을 이전해주어야 할 매도인의 의무는 그 계약이 서면화되어 있으며,[129] 또 매수인이 매매대금을 지급 완료한 이상은 무조건적인 것이다. 일단 이렇게 세 가지 조건이 모두 충족되면 형평법은 매매목적물의 소유권은 이전되어야 한다고 명한다. 즉, 그 소유권이 이전되어야 한다면, 형평법은 "그렇게 되어야 할 것은 이미 그렇게 된 것으로 취급"하므로 이미 소유권이 이전된 것으로 간주할 수 있다는 것이다.

여기서 첫 번째와 세 번째 조건은 항상 결정적이므로[130] 더 말할 나위가 없지만, 두 번째 조건, 즉 매도인의 의무가 무조건적이어야 한다는 요건에 관하여는

129) 1989년의 재산(잡칙)법 제2조를 보시오.

130) 제2장 제1절 제1관 및 아래의 제5절 제1관을 보시오. "유별난unique" 재산의 매매계약만이 특정이행할 수 있는 계약은 아님을 상기하시오: 제2장 제1절 제1관 및 *Adderley v Dixon* (1824) 1 Sim & St 607을 보시오.

좀 더 언급해볼 필요가 있다. 여기서 계약의 요식성이나 매매대금의 지급 여부는 반드시 본질적인 요소는 아니다. 가령 당사자 간의 약속이 있더라도 특정한 제3자, 예컨대 주식이전을 승인하는 이사회의 결의, 또는 특정 토지를 이전하는 것을 허가하는 관할관청의 처분 등과 같은 제3자의 동의가 없이는 소유권이전의 법적 효력이 발생하지 않는 경우가 있다. 이런 경우에 형평법의 물권적 보호기능이 발동할 기회를 제공할 수 있다. 좀 이례적인 경우를 들어보자. 유언자가 자기 소유의 땅을 A에게, 그리고 자기 소유의 동산을 B에게 유증한다고 가정해 보자. 그런데 죽기 전 유언자는 다시 자기 땅의 일부를 제3자에게 팔기로 하는 계약을 체결한다. 이 계약은 관할관청의 허가를 필요로 하는 것인데 유언자는 허가를 받지 못한 채로 사망한다. 그러면 유언장의 혜택을 받을 자는 누구인가? 만약 그 토지가 유언자의 사망시 여전히 유언자를 수익자로 하여 유언자에게 속한다면 A가 그 수혜자로 될 것이다. 그렇지 않다면 B가(매매대금을 수령함으로써) 수혜자로 될 것이다. 여기서는 A가 수혜자로 된다. 그 매매계약은 특정이행이 가능하며 그 토지는 정확히 특정물이지만 계약은 조건의 성취에 매여 있다. 이런 상황에서 형평법은 소유권이 이전되리라고 예상하지 않으므로 매도인은 여전히 수익자 겸 소유자로 남아 있는 것이다.[131)]

다른 조건들이라고 하여 모두 이런 식으로 극적으로 작용하는 것은 아니다. 만약 매도인이 조건을 성취시키기 위하여 행위해야 할 의무를 진다면 형평법은 매도인이 해야 할 일이 무엇이든 간에 그것이 성취된 양 간주할 것이며, 그렇게 되면 매수인은 매매목적물인 부동산상에 형평법상의 권리를 가지게 될 것이다. 예컨대 회사의 주주명부상의 등재는 주식이 매각될 경우 그저 단순한 요식행위에 불과하다. 매도인은 그저 주식양도증서의 서식을 채워 회사에 제출만 하면 되는 것이다. 그런데 매수인이 그 주식에 형평법상 권리를 가지는지의 여부를 판단함에 있어 형평법은 그것이 매도인과 회사에 의해서 모두 이루어진 것으로

131) *Brown v Heffer* (1967) 116 CLR 344 (Aust HCt). Also see *Re Fry* [1946] Ch 312 (ChD).

간주할 것이다.[132] 조금 사실관계를 바꾸어보면 문제의 조건이 순전히 매수인의 이익을 위해서만 삽입되었을 수도 있다. 그 경우 매수인은 그것을 포기할 자유를 가진다. 만약 매수인이 이를 포기하면 매도인의 의무는 무조건적이 되며, 그렇게 되면 매수인은 매매목적물인 부동산상에 형평법상의 권리를 취득하게 될 것이다. 그러나 매수인이 그 권리를 포기할 때까지는 아직 매도인의 의무가 무조건적인 것이 아니므로 매수인은 아직 형평법상의 소유자가 되지 못하는 것이다.

제2관 매매대금 청구권의 확보 —매도인의 우선변제권

특정이행이 가능한 계약에 관한 이런 원칙들은 매도인보다는 매수인을 과분하게 보호해준다는 의혹을 받을 수 있다. 설사 매매계약이 특정이행가능하고 무조건적이라 하더라도 매도인이 매매대금을 적법하게 수령하기 이전에 형평법상 "매매자금"을 특정하여 확보할 수 있는 방법은 거의 없다. 그러나 형평법은 이런 경우에도 매도인을 구제수단 없이 방치하지 않는다. 만약 매도인이 그 대금전액을 지급받기 전에 자기 땅의 소유권을 매수인에게 이전하면, 매도인은 매수인에 대한 잔금채권을 확보하기 위하여 그 토지상에 우선변제권lien을 가지게 된다. 재산권의 이전으로 매수인에게 그 토지에 대한 법적 소유권이 넘어가는 것은 사실이지만, 매도인은 자기의 지위를 확보하기 위하여 그 토지상에 형평법상의 담보권을 확보하는 것이다. 이런 권리는 법률의 규정operation of law에 의하여 발생하며 당사자 간의 명시적 합의에 의하여 생기는 것이 아니다.

이렇게 매도인의 우선변제권에 관하여 보호기능적으로 작용하는 원칙은 문

132) *Re Rose* 〔1952〕 Ch 499 (CA). 이런 접근방법을 옹호하는 주장들이 모두 서로 일치하는 것은 아니지만, 1985년의 회사법 제183조(5)와 *Re Swaledale Cleaners Ltd* 〔1968〕 1 WLR 1710 (CA)에서 약간의 지지를 얻고 있다.

제의 계약이 특정이행 가능할 때에만(매수인이 계약을 특정이행할 수 있으면 매도인 또한 상호주의의 원칙에 터잡아 마찬가지로 특정이행할 수 있음을 돌이켜보라[133]) 적용될 수 있는 것으로 보인다. 이렇게 제약을 두는 데에는 그럴 만한 의미가 있다. 일반적으로 매수인은 매도인에게 매매대금을 지급할 채무를 지며, 이에 위반할 경우 손해배상책임을 질 뿐이다. 그 계약의 특정이행이 가능하여 매수인이 매매대금을 지급해야 하는 경우에만 매수인이 취득한 재산상의 권리를 제한하여 문제의 거래에서 매수인이 부담하는 의무가 이행완료될 때까지는 그 재산을 마음대로 처분할 자유가 없음을 보여줄 필요가 있는 것이다.[134]

제3관 이론과 실무

의제신탁과 매도인의 우선변제권의 근저에 깔려 있는 이론은 매우 보편적으로 보이므로 그것이 미치는 영향 또한 매우 광범할 것으로 기대되고 있다. 그러나 실제로는 그렇지 못하다. 1980년대의 사건들이 이를 잘 설명해준다. 투자회사들이 무수히 생겨났다. 예컨대 포도주에 투자하는 회사, 주식에 투자하는 회사, 그리고 금에 투자하는 회사 등은 흔하게 볼 수 있었다. 투자자들은 상품(포도주, 주식, 금 등)을 사서 이를 투자회사에 안전히 맡겨두라는 권유를 받았다. 그렇게 맡기면 회사는 "소유권증명서"를 발급해주고 투자자의 안전을 위하여 회사의 재산상태에 항상 외부감사를 받을 것이라는 보장을 해주었다. 그러나 실상은 만약 그 투자회사가 도산하면 그 투자회사의 재산을 선점해둔 은행의 우선변제권으로 인하여 일반채권자에게는 아무런 재산도 남지 않음을 의미했다.

---

133) 제2장 제1절 제1관을 보시오.

134) *Hewitt v Court* (1983) 149 CLR 639 (Aust HCt); *Capital Finance Co Ltd v Stokes* [1969] 1 Ch 261 (CA). 매수인의 우선변제권은 좀 더 널리 확산된 것으로 보인다. 매도인의 수중에 있는 매매목적물에 대한 매수인의 우선변제권은 매도인이 채무를 불이행하여 매수인이 계약상의 손해배상보다는 원상회복을 원할 경우 매수인에게 그 매매대금의 반환을 받을 수 있도록 확보해준다. 제9장 제5절 앞부분을 보시오. 좀 더 일반적으로는 *Lord Napier and Ettrick v Hunter* [1993] AC 713 (HL)을 보시오.

투자자들은 "자기들의" 투자분에 대한 물권적 청구권을 주장, 입증하지 못하는 한 손실분을 회수할 길이 없었다. 투자자들은 결코 이런 물권적 권리를 입증할 길이 없었다. 결국 이들이 가진 "소유권증명서"는 휴지조각일 뿐이었다. 그 증서의 교부 기타 어떠한 메커니즘을 통해서도 그 법적 소유권은 투자자에게 넘어오지 않았던 것이다. 사태를 더 악화시킨 것은 형평법상의 소유권을 인정받을 수 있는 조건이 충족되지 못했다는 점이었다.

여기서의 계약들은 통상의 흔해빠진 물품의 매매에 그칠 뿐, 결코 희귀하거나 이색적인 물품의 매매가 아니었으므로 특정이행이 불가능했던 것이다. 더욱이 매매목적물은 매수인이 "이 포도주병은 내 것이야" 하고 주장할 수 있을 만큼 충분히 목적물을 특정할 수 없었다. 실로 회사는 그 포도주의 공급자가 누구인지조차도 특정하지 않았던 것이다. 그 결과로서 대부분의 투자자는 모두 잃게 되었다.[135] 이는 특히 회사의 주식이 그런 요구를 충족시키기에 적절했다거나, 또는 은행의 경합하는 물권적 권리 앞에서 그들 투자자들이 자신들의 물권적 권리를 성공적으로 주장, 입증할 수 있었을 경우에는 더욱 분통이 터지는 일이었다.

이런 사정은 매도인이 어떤 특정된 물량 중에서 일부 물량을 공급하기로 약정한 경우에도 매수인에게 별로 도움이 되지 않는 상황이었다. 예를 들어 밀가루, 기름, 그리고 포도주와 같은 상품들은 이런 식으로 팔리고 있다. 매수인은 배에 실린 10만 톤의 밀가루 화물 중에서 5만 톤을 매수할 수 있다. 최근 성문법에 의하여 수정이 가해지기까지는 이런 경우에 매수인은 그 전체 물량 중에서 매수분을 분리해내어 특정할 때까지는 법적 소유권을 인정받을 수 없었으며, 또 그런 계약은 특정이행이 허용되지 않는고로 형평법상의 소유권을 미리 취득

135) *Re London Wine (Shippers) Ltd* [1986] PCC 121 (Oliver J); *Re Goldcorp Exchange Ltd (in rec)* [1995] 1 AC 74 (PC). 이와 대조되는 *Re Harvard Securities Ltd (in liq)* [1997] 2 BCLC 369, [1998] BCC 567 (Neuberger J) 사건은 호주법이 아니라 영국법이 적용됨으로써 투자자들이 승소한 사안이다.

할 수도 없었다.[136] 이런 상황은 특히 매도인이 파산하는 경우에 사정을 가장 어렵게 만들었다. 매수인은 이미 상품대금을 전액 변제한데다가 화물을 운송하는 배가 어느 배인지를 확인한 상태에 있었을 수 있다. 그럼에도 매수인은 이런 경우에 단지 일반채권자로서 물권적 권리를 결여하므로 매도인의 동결된 재산상에 물권적 권리를 가지는 사실을 입증할 의무를 강요받았을 수 있는 것이다. 이런 결과는 업계에 종사하는 사람들의 합당한 기대에 어긋난다고 이해되었다. 그리하여 이제 영국의 성문법은 매매대금을 전부 또는 일부 지급하면 매수인은 전체 물량 중에서 매수부분이 아직 분리, 특정되지 않았더라도 지분소유권을 취득함으로써 전체 물량에 대한 공동소유자가 된다고 규정하고 있다.[137] 만약 이런 개정법률이 적용되면 매수인은 법적 소유권을 취득하게 됨으로써 형평법의 도움을 필요로 하지 않게 된다.

반면 이런 벌크물량이 아닌 재산의 매매와 관련하여 생기는 잠재적인 문제들은 성문법에 의해서도 구제될 방법이 없으며, 실제로도 주식, 사채 및 기타 금융증권들의 거래는 여전히 일반적으로 이런 식으로 행해지고 있다. 그리하여 이는 곧 설사 매수인이 그 법적 권리를 이전받기 전에 이미 형평법상의 소유권을 취득한다 치더라도 언제 취득하느냐의 문제를 제기하게 된다. 이에 대하여 간단히 대답하기는 매우 어려운 일이다. 가령 매도인이 자기가 보유하는 5,000주 중에서 1,000주를 매도하기로 약정한다고 가정해보자. 그 경우 법적 소유권은 매수인의 이름이 회사의 주주명부상에 기재될 때까지는 아직 이전되지 않는다. 그러나 형평법상의 소유권은 이보다 먼저 이전될 것인데, 그것은 당해 계약이 특정이행이 가능하고 무조건적이며, 또 특정물에 관한 것일 때에만 가능한 이야기가 된다.

상장법인의 주식일 경우에는 특정이행이 불가능해진다. 그런 경우에는 손해

136) *Re Wait* 〔1927〕 1 Ch 606 (CA). 이는 문제의 동산들이 희귀, 독특하지 않아서가 아니라 1979년의 동산매매법 제52조가 계약당시 특정된 동산, 또는 계약 후 쌍방의 합의에 의하여 특정된ascertained 동산에 한해서만 계약의 특정이행을 허용하고 있기 때문이다.

137) 1995년의 동산매매법(개정)법에서는 1979년의 동산매매법에 20조 A를 추가하고 있다.

배상만이 적절한 구제방법으로 됨으로써 실망한 매수인은 그 손해배상금으로 다른 주식을 살 수 있게 된다.[138] 반면 비상장회사의 주식매매계약은 특정이행이 가능할 듯하다. 그러나 그런 경우에도 전체 물량 중 일정 물량을 지목하는 것만으로도 충분히 특정되는 것일까? 이에 관하여 현존하는 영국의 권위 있는 학자들 중 아무도 명확한 답을 내리지 못하고 있으며, 그리하여 이는 누구에게나 논의의 대상으로 남아 있다. 법원이 특정이행을 명할 경우 매도인은 전체 물량에서 매매분만큼을 분리해내어 이를 매수인에게 인도하도록 강제된다. 이렇게 전제할 경우 형평법은 "그렇게 되어야 할 것은 이미 그렇게 되었다고 간주"하여 매도인이 전체 물량에서 이미 매매분을 분리해내었으며, 또한 소유권도 이전해주었다고 간주할 것인가? 이런 방법만이 매수인에게 벌크물량에 대한 형평법상의 권리를 부여해줄 수 있을 것이다. 형평법은 신탁과 대체물추급의 맥락에서 상시 이런 일을 행하고 있으므로—이 두 가지의 경우 주된 차이점은 형평법상 분리해내어 소유권을 이전해줄 의무는 특정이행이 가능한 매매계약이 아닌 다른 연원으로부터 유래한다는 점이다—매매에 관하여 똑같은 접근방법을 채택하는 데 있어서 아무런 실무적 또는 이론적 장애가 없다고 보일 것이다. 사실은 논리적 일관성이라는 관점에서도 이것이 요청된다고도 할 수 있다. 만약 이것이 진실이라면 가장 흔한 현대적 투자관행들 중 일부는 그 투자의 고리를 따라 더 내려가서 당사자들을 위하여 문제의 재산상에 물권적 권리를 창설해주게 될 것이다. 그렇지 않다면 그들의 청구권은 단순히 채권적인 것에 불과해지는 것이다.

한 마디로 형평법이 이런 형태로 개입하기 위한 전제조건은 특히 당해 계약의 특정이행이 가능하고, 또한 그 목적물이 특정물이어야 한다는 요건에 비추어 매우 제한적이어서 매수인치고 이렇게 부러운 지위에 놓여 있는 사람은 별로 없을 듯하다.

138) *Duncuft v Albrecht* (1841) 12 Sim 189, 59 ER 1104.

제4관 “구제수단으로서의” 의제신탁

제5절에서 언급한 소유권적 이해관계는 의제신탁관계이다. 영국법상 의제신탁은 “구제수단으로서remedial”가 아니라 “제도로서institutional”라고 말해지고 있다. 넓은 의미에서 말하자면, 이는 곧 신탁은 어떤 유형의 사실관계가 발생함에 따라 당연히 생겨남을 의미한다. 만약 어떤 사실관계가 관련 부류의 범주에 해당되면 그때 법원의 역할은 단지 신탁관계가 존재함을 선언하면서 그런 사실관계가 발생한 때로부터 신탁관계가 존재해왔다고 선언하는 데 그친다. 법원에는 이런 신탁의 발생을 긍정하거나 부정할 재량권이 없는 것이다.

반면 “구제수단으로서의” 의제신탁은 법원이 부여해주는 구제수단으로서 법원의 재량에 달려 있다. 법원은 일정한 사실관계가 구제를 필요로 하며, 더욱이 거기서 가장 적합한 구제수단은 물권적 구제라고 결정해주는 것이다. 그리하여 법원의 명령은 구제수단으로서의 의제신탁을 “창설create”해낸다. 이런 부류의 신탁은 법원이 명령을 내리는 시점, 또는 그보다 조금 이른 시점에 성립한다. 이 모든 것은 법원이 재량권을 발휘하느냐의 여부에 달려 있다. 이런 부류의 신탁은 파산이라는 바람직하지 않은 결과를 회피함에 있어 엄청난 융통성을 법원에 부여해준다. 즉, 법원은 원고가 일반채권자의 희생하에 특권적 우선변제를 받는 것을 허용하지 않을 수 있는 것이다. 구제수단으로서의 의제신탁은 미국과 캐나다에서 매우 잘 채택되고 있으나, 영국에서는 뿌리를 내리기가 쉽지 않아 보인다. 영국에서는 이런 발상이 정의의 재분배에 해당하는 것으로서 이를 지지하는 정치적 수권이 결여되어 있다고 판단하고 있기 때문이다.[139)]

---

139) *Re Polly Peck International Plc (in admin); Marangos Hoter Ltd v Stone (Re Polly Peck International Plc (No 2)* 〔1998〕 3 All ER 812 (CA) (Mummery LJ); 또 *Fortex Group Ltd v MacIntosh* 〔1998〕 3 NZLR 171 (NZCA)를 보시오.

제6절 정리

이 장에서는 보통법상의 계약에 형평법이 간섭해 들어가는 일련의 양상을 검토해보았다. 여기에는 의문의 여지없이 또한 형평법상의 다른 실무관행들도 포함되었을 수 있다. 여기서 계약에 관한 보통법치고 건드려지지 않은 것은 거의 없다. 그럼에도 가족의 주거용 주택에 관한 의제신탁의 경우를 제외하고는, 판례법이라는 지평 위에서 논리적으로 전후 모순 없는 통합이 불가능해 보이는 것은 아무것도 없다. 그렇더라도 이 장에서는 이런 면에서 형평법의 가장 어렵고도 부조화적인 면을 노출시켜보았다. 문제는 형평법이 자신의 전략을 과소평가한다는 점이다. 이는 형평법 내부에서의 균열을 야기하므로 보통법과의 통합을 진전시키기 전에 시급하게 해결해야 할 문제로 대두하게 된다.

법원이 가족의 주거용 주택에 대하여 의제신탁으로 분석하는 방법은 사인 간의 약정이 존재하더라도 단지 우연히 그런 정의로운 결과를 반영할 뿐이라는 상황에서 사회적 정책목표에 집중되고 있는 것으로 보인다. 이는 불법행위나 부당이득의 법리에 터잡은 구제수단에 대하여도 마찬가지이다. 정교한 이론적 분석방법에 아무리 노력을 기울이더라도 별로 진전이 없을 것임이 명백해진다. 이런 모든 사건들에서 판사는 가족관계가 파탄되는 그 어떤 상황에서도 공정하고도 정의롭다고 보이는 방법으로 재산을 분할해줌에 있어 입법 수준의 재량권을 발휘할 필요가 있다. 계약이나 불법행위나 또는 부당이득의 논리만으로는 충분하지 못한 것이다.

형평법이 계약법에 개입하는 다른 사례들은 이를 훨씬 수용하기 쉽다. 형평법이 어떤 약정에 추가적인 조건이 내포되어 있다고 보아 그 약정이 이행가능토록 만들어준다든지, 특히 물권적 결과를 초래하는 방법으로 거래가 이행가능하게 만들어준다든지 하는 데 있어서의 역할을 보라. 어느 경우에서나 물권적 개입을 지지해주는 것은 특정한 재산이 그 법적 소유자의 임의처분에 맡겨져 있지 않다는 발상에 터잡고 있다. 이런 발상은 A의 재산이 B에게 이전하는 것을 규율하는 특정하고도 제약된 조건(명시적신탁, 묵시적신탁 또는 신탁의 추정)으로 인하여 형성될 수 있다. 이들은 또한 A가 자기의 재산을 B에게 이전하기로 하는 약정에 부여되는 중요성, 주로 매매목적물인 재산의 성격(희소성 또는 이색성), 또는 거래의 목적(안전성)에 의하여 좌우되는 중요성 등에 의하여 형성된다. 어느 경우에서나 B는 그 재산을 A를 위한 신탁관계에서 보유하는 것이다. A가 처한 곤경에 대한 반응으로서 나타나는 그런 물권적 대응책은 앞에서 살펴본 "권리들의 다발"이라는 미묘한 개념을 반영하는 것이자 이를 보충해주는 것에 다름 아니다.

계약상의 요식행위를 정하는 보통법의 원칙들에 형평법이 간섭하는 경우는 더욱 성가시다. 이런 경우에는 그 간섭의 다양한 근거들이 좀 더 잘 정교하게 이론화되어야 하며, 구제수단 또한 적절히 재배치되어야 한다. 이런 근거들이 적절하게 노출되고 잘 설명된 경우에만 이런 분석방법을 가지고 새로운 사실관계와 입법에 의한 법률규정을 다루도록 적응할 수 있게 될 것이다.[140)]

마지막으로 형평법상의 "금반언" 책임이라는 분야는 분석적으로 볼 경우 혼돈에 빠져 있다. 그 현재의 상태는 서로 다른 양상에 똑같은 이름을 붙임으로써 형평법의 작용에 논리적으로 일관된 유형이 있는 양 꾸며대는 위험에 빠질 수 있음을 완벽하게 보여준다. 다툼의 여지는 있으나, 금반언의 원칙은 완벽하게 이를 노출시켜서 재포장하고 재분류하여 좀 더 적절한 책임의 영역에 재배치할 필요가 있는 것이다.

【 역주 】

1 우리의 경우에는 대항요건이다.
2 consideration은 "약인約因"으로 번역되기도 한다.
3 어떤 사실에 관한 표시, 진술, 고지, 발언, 언동.
4 unilateral contract는 두 가지로 이해된다. ① 일방적 계약=현상광고처럼 상대방이 어떤(의사표시가 아닌) 행위를 하는 것을 조건으로 급부를 약속하는 경우 ② 편무계약=대가관계가 없이 일방채무를 부담하는 경우(예: 증여).
5 우리의 경우에는 변제자의 법정대위가 가능할 것이다.

---

140) 제3장 제4절을 보시오.

제8장 참고문헌

Bright, S. and McFarlane, B., "Proprietary Estoppel and Property Rights" [2005] CLJ 449.

Fung, E. and Ho, L., "Change of Position and Estoppel" (2001) 117 LQR 14.

Gardner, S., "Rethinking Family Property" (1993) 109 LQR 263.

_____, "The Remedial Discretion in Property Estoppel" (1999) 115 LQR 438.

Glister, J., "The Nature of Quistclose Trusts: Classification and Reconciliation" [2004] CLJ 632.

Garton, J., "The Role of the Trust Mechanism in the Rule in *Re Rose*" [2003] Conveyancer 364.

Green, B., "*Grey, Oughtred and Vandervell*-A Contextual Reappraisal" (1984) 47 MLR 385.

Ho, L. and Smart, P. S. J., "Reinterpreting the *Quistclose* Trust: A Critique of Chamber' Analysis" (2001) 21 OJLS 267.

Millett, P. J., "The *Quistclose* Trust: Who Can Enforce It?" (1985) 101 LQR 269.

Phillips, J., "Equitable Liens-A Search for a Unifying Principle" in N. Palmer and E. McKendrick (eds), *Internet in Goods* (2nd edn, London: Lloyd's of London Press, 1998) Ch. 39.

Worthington, S., "Sorting Out Ownership Interests in a Bulk: Gifts, Sales and Trusts" [1999] Journal of Business Law 1.

참고판례

Banner Homes Holdings Ltd v Luff Developments Ltd [2000] Ch 372 (CA)

Barclays Bank Ltd v Quistclose Investments Ltd [1970] AC 567 (HL)

Central London Property Ltd v High Trees House Ltd [1947] KB 130

Corin v Patton (1990) 169 CLR 540 (Aust HCt)

Crabb v Arun District Council [1976] Ch 179 (CA)

Giumelli v Giumelli (1999) 196 CLR 101, [1999] HCA 10 (Aust Hct)

Re Goldcorp Exchange Ltd (in rec) [1995] 1 AC 74 (PC)

Hewitt v Court [1983] 149 CLR 639 (Aust HCt)

Lloyds Bank v Rosset [1991] 1 AC 107 (HL)

Re London Wine (Shippers) Ltd [1986] PCC 121 (Oliver J)

Muschinski v Dodds (1985) 160 CLR 583 (Aust HCt)

Norman v Federal Commissioner of Taxation (1963) 109 CLR 9 (Aust HCt)

Pascoe v Turner [1979] 1 WLR 431 (CA)

Tinsley v Milligan [1994] 1 AC 340 (HL)

Twinsectra Ltd v Yardley [2002] UKHL 12, [2002] 2 AC 164 (HL)

Re Wait [1927] 1 Ch 606 (CA)

Waltons Stores (Interstate) Ltd v Maher (1988) 164 CLR 387 (Aust Hct)

제5부
부당이득

제9장 잘못된 재산권이전의 시정

이 장에서는 어떤 재산이 엉뚱한 사람의 수중에 들어간 경우에 이를 회복시켜주기 위하여 형평법이 개발해낸 전략을 다루어보기로 한다. 예컨대, 도시가스 고객이 착오로 요금을 연거푸 2번 내었다면, 이런 경우 형평법은 나중의 납부금을 되돌려 받도록 도와줌에 있어 도대체 어떤 역할을 할 것인가? 어떤 사회라도 그 사회 내에서의 사회적, 상업적 거래관계에서 불가피하게 생겨나는 오류를 시정할 수 있는 메커니즘을 필요로 한다. 이중으로 요금을 낸 고객은 당연히 과오납분을 되돌려받고 싶어 하겠지만, 계약법이나 불법행위법으로부터는 도움을 받을 수 없다. 이중납부의 경우를 규율하는 계약도 없으며, 또 도시가스회사가 불법을 저지른 일도 없기 때문이다.

여기서의 해결책은 부당이득unjust enrichment의 법리에 의하여 강구된다. 채권법상 이 세 번째 영역은 피고가 원고의 지출로 인하여 얻게 된 이득을 계속 보유하는 것이 정의롭지 못하다고 판단되는 상황일 때 구제수단을 제공하게 된다.[1] 이것이 곧 고객과 가스회사 간의 관계를 설명해주는 것이다. 부당이득의 법리는 가스회사로 하여금 그 부당이득분을 원고에게 되돌려주도록restitution 요구한다. 이것이 곧 판례법이 잘못 넘어간[역주1] 재산권을 회복시켜주는 방법이다. 이를 위해서는 당사자 간에 계약이 있을 필요도 없으며, 피고에 의한 불법행위가 있을 필요도 없다.[2]

더욱이 부당이득의 법리는 원고가 입은 손실 전부all her loss를 보상해주라고 피고에게 요구하지도 않는다. 단지 피고가 그 이득을 계속 보유하는 것이 정의롭지 못하다고 여겨질 때 그 이득분을 원상회복restore하거나 물어주라pay back 고 요구할 뿐이다. 이런 특성은 매우 중요한 역할을 한다. 즉, 이는 피고에게 다양한 방어방법을 선택할 수 있게 해주는데, 그중에서도 특히 입장변화change of position의 항변은 피고의 원상회복의무를 축소시켜주거나 심지어 면제시켜주기도 한다.[3] 예컨대 A가 실수로 B에게 1,000파운드를 주었는데, B는 이 뜻밖의 돈에서 200파운드를 공익법인에 즉각 기부한다고 치자. 이 경우 B가 정을 몰랐다면 그에게 1,000파운드 전부를 물어내도록 하는 것은 오히려 공평치 못할 것이다. 이런 상황에서 입장변화의 항변을 제출하면 1,000파운드를 돌려주어야 할 B의 의무는 800파운드로 줄어들게 된다.

부당이득의 법리와 관련하여 형평법이 맡은 역할은 매우 큰 논란의 대상이 되어왔다. 실로 이는 심오하고도 어려운 현대적 개편작업revision의 대상이 되어왔다. 이런 논의를 이해하기 위해서는 언제 그리고 왜 부당이득에 대한 구제수단이라는 것이 정당화되는지를 우선 이해할 필요가 있다. 이에는 약간의 설명을 필요로 하지만, 이는 아래에서 전개되는 다양한 방면에서의 이야기들 중 가장 중요한 부분에 해당한다. 거시적 차원에서 볼 때, 이 모델이 어떻게 구성되는지에 따라 이 문제에 관하여 보통법과 형평법의 각 영역에서 축적된 교훈들

1) *Banque Financière de la Cité v Parc (Battersea) Ltd* 〔1999〕 AC 221 (HL), 227 (Lord Steyn).
2) 만약 사실관계상 계약의 위반이나 불법행위가 또한 있었음이 드러나면, 원고는 자기가 입은 손해를 이중으로 회수하지 않는 한 이런 대안적 구제수단도 추구할 수 있게 된다.
3) *Lipkin Gorman (a firm) v Karpnale Ltd* 〔1991〕 2 AC 548 (HL).

이 얼마나 쉽게 통합될 수 있을지를 결정해줄 것이다.

제1절 원상회복을 제한하는 모델들

재산권이 잘못 이전되었을 경우 이를 시정해줄 수 있는 재판권이 필요한 것은 사실이지만, 이는 매우 복잡한 문젯거리가 될 잠재성 또한 내포하고 있다. 그런 재판권이 광범위하게 인정되면 너무나도 많은 거래들이 뒤집혀 사회생활이나 상업활동에 지장을 주게 될 수 있다. 당사자들은 어떤 약정은 계속 신뢰해도 될지, 또 어떤 약정은 무효선언을 받을지를 잘 몰라 당황하게 될 것이다. 반면 재판권이 너무 협소해지면 일반 정서에 역행하여 당사자가 억울하게 재산을 상실하게 되는 경우도 꽤 생길 수 있을 것이다. 앞서의 사례에서 보듯이 고객의 이중지급에도 불구하고 가스회사가 자기들은 선의였다는 이유만으로도 이를 계속 보유할 수 있다면 대부분의 사람들은 이를 불공평하다고 여길 것이다.

이에 관하여 판례법은 비교적 제한적인 정책을 취한다. 즉, 당사자에게 그런 재산권이전의 의사가 결여되었을 경우에만 잘못 이전된 재산권의 회복을 허용하는 것이다. 이를 위해서 원고는 "나는 그런 상황에서 당신이 그 재산을 가지라는 뜻은 아니었소"라고 말할 수 있어야 한다는 것이다. 이는 곧 고객이 가스회사에게 두 번째 납부분에 대하여 말할 수 있는 내용이다. 그러나 이런 기준은 매우 조심성스럽게 취급되어야 한다. 재산권의 이전이 그 의도한 목적을 달성하지 못한다는 이유만으로 그 회복이 허용되어서는 아니 된다. 원고가 가령 자기 집의 인테리어를 담당한 업자에게 "당신이 이렇게 형편없는 시공을 할 줄 알았더라면 대가를 지급하지 않았을 것이요"라고 말할 수 있도록 허용되어서는 안 된다는 것이다. 이 두 가지 사례들의 중간 어디쯤인가에 회복을 허용하는 경우와, 경제적 모험을 감수한 끝에 손해를 보았다는 이유로 회복을 허용하지 않는 경우를 구분해주는 경계선이 존재하고 있다.

제1관 정통적인 모델

현대 판례법은 대체로 두 가지 메커니즘을 활용하여 상대방에 이전된 재산권을 회복할 수 있는 경우와 그렇지 못한 경우 사이에 선을 그어주고 있다. 첫 번째 메커니즘은 "중대한 하자 있는 의사vitiated intention"라는 이론에 의해 원고에게 "나는 당신이 그 재산을 가지라는 뜻이 아니었소. 그것을 당신에게 주겠다는 나의 명시된 의사에는 중대한 하자가 있었소vitiated(또는 흠flawed이 있었소)"라고 말할 수 있도록 허용해준다. 여기서 의미하는 바는, 재산권을 이전하겠다는 원고의 의사에 워낙 중대한 하자가 있기 때문에 법으로서는 이런 거래를 지지해주기에 부족하다고 여긴다는 것이다. 이런 의사형성에서의 하자는 원고에게 "나는 그런 상황에서도 귀하가 그 재산을 갖게 될 수 있다고는 생각하지 않았소"라고 말할 수 있도록 허용해준다. 그렇게 되면 부당이득의 법리는 이제 원고가 무엇을 회수할 수 있는지에 관하여 자체적인 원칙을 가지고 접근하게 된다. 앞에서 지적했듯이 그 경우 원고가 상실한 것을 하나도 빠짐없이 꼭 회수할 수 있어야만 하는 것은 아니다. 피고 나름으로도 원고의 청구에 대하여 상당한 항변거리가 있을 터이기 때문이다.

아마도 놀라운 일이겠지만, 정통적인 부당이득의 분석방법은 도시가스의 고객에게 닥친 문제를 이런 첫 번째 메커니즘으로 취급해준다. 즉, 돈을 주고자 하는 의사에 착오mistake로 인한 하자가 있었기 때문에 고객은 이를 되찾을 수 있다는 것이다. 이런 범주화categorization는 필연적으로 부당이득법리상의 "하자 있는 의사"가 계약법이나 증여약속의 법리에서와 똑같은 것을 의미하지는 않음을 시사한다. 계약법이나 증여약속의 법리상 원고의 의사에 객관적으로 하자가 있거나 피고의 책임 있는 사유로 인하여 착오나 허위표시나 강박이나 또는 부당한 영향력의 행사 등 원고의 주관적 하자가 생긴 경우에 그 의사는 무효임을 상기하라.[4] 한 마디로 법은 피고가 원고의 의사에 하자를 불러일으키는

---

4) 제7장 제2절을 보시오.

역할을 했을 때에만 객관적 접근방식에서 물러나게 된다. 이와는 대조적으로 부당이득의 법리에서는 원고 스스로의 착오로 인하여 의도하지 않은 재산권의 이전이 이루어졌을 경우에도 원고의 의사에는 명백히 중대한 하자가 있는 것이다. 이는 곧 완벽할 정도로 주의깊은 개인이라도 일방적으로 사실의 착오mistakes of fact[5](고객이 가스요금을 두 번씩이나 내는 경우) 또는 법률의 착오mistakes of law[6](어떤 사람이 자기가 법적으로 납부의무가 있다고 생각하여 납부하지만 나중에 그렇지 않음을 깨닫게 되는 경우)를 저지를 수 있으며, 그런 착오로 인하여 잘못된 재산권의 이전을 초래한 경우에는 그 원상회복이 허용됨을 의미하는 것이다.

계약법 등에 비하여 이렇게 부당이득에서 "중대한 하자 있는 의사"의 개념을 확장함으로써 일껏 이룩한 거래가 무효화되는 더 큰 위험에 피고를 노출시키게 된다. 이렇게 원상회복의 의무가 과다해지는 위험을 축소시켜주기 위하여 보통법에서는 어렵더라도 "인과관계의 착오causal mistakes"(원고의 의사에 하자가 있는 경우)와 "인과관계에 관한 예측의 착오causal mispredictions"(원고가 단순히 손익차원에서의 위험을 오산한 경우) 간을 구분하는 선을 그어야 한다고 요구하고 있다. 이 두 가지 중 전자는 원상회복청구의 근거가 될 수 있음에 반하여, 후자는 그렇지 못한 것이다.[7] 부당이득의 법리에서 이런 중대한 하자 있는 의사에의 이례적 접근방법에 대하여는 이 장의 후반에서 좀 더 살펴볼 만하다.

이 경우 위에서 본 첫 번째 메커니즘이 부당이득반환청구의 외연outer limit을 규정한다고 보아 그 바깥에 위치하는 재산권의 이전은 모두 유효하다고 주장하더라도 정당성을 인정받을 수 있을 듯도 하다. 그런데도 법은 이를 저버리고 두 번째 메커니즘을 채택하고 있다. 즉, 원고의 당초 소유권을 좀 더 보호해주고자 하는 관점에서 법은 원고가 피고에게 "나는 당신이 특정한 상황에서만 그 재산을 소유할 수 있도록 하겠다는 생각이었소. 권리를 이전해주려는 나의 의사에

5) *Lady Hood of Avalon v Mackinnon* [1909] 1 Ch 476 (Chd); *Barclays Bank Ltd v W J Simms Son & Cooke (Southern) Ltd* [1980] QB 677.
6) *Kleinwort Benson Ltd v Lincoln City Council* [1998] 2 AC 349 (HL).
7) *Dextra Bank & Trust Co Ltd v Bank of Jamaica* [2002] 1 All ER (Comm) 193 (PC).

는 단서가 붙어 있었는데qualified 그것이 충족되지 않았소. 그리하여 이제 거래의 기초가 탈락해버렸소. 즉, 당신이 약속했던 반대급부가 이행되지 않은 것이오"라고 말할 수 있도록 허락해주는 것이다. 예를 들어, 주택의 소유자가 인테리어를 담당한 업자에게 선금을 지급했는데, 그 업자가 일을 하러 나타나지 않는 경우를 생각할 수 있다. 이런 상황에서 원고는 업자에게 그 지급한 선금의 반환을 요구할 수 있을 것이다.[8] 여기서의 문제는 하자 있는flawed 의사의 문제가 아니다. 여기서의 문제는 "계약기초의 흠결failure of basis" 또는 "반대급부의 흠결failure of consideration"인 것이다. 부당이득이라는 맥락에서 "반대급부의 흠결"은 실제로 반대급부의 이행이 없음을 의미함에 주목하라. 즉, 이행하겠다는 계약상의 약속promise 자체에 어떤 흠이 있음을 의미하는 것이 아니다. 이렇게 "반대급부의 흠결"이라는 특별한 의미는 부당이득 법리에서 독특한 것이다.[9]

이런 두 번째 메커니즘은 추가적인 제약을 받아야 할 필요가 있다. 그렇지 않으면 그것은 피고가 자기 몫의 반대급부를 이행하지 않는 경우를 모두 포괄할 수 있게 되며, 그렇게 되면 원고는 어느 경우에나 계약기초의 흠결 또는 반대급부의 흠결이 있었다고 주장할 수 있게 될 터이기 때문이다. 법은 현재 두 가지의 제약을 가하고 있다. 첫째, 법은 당사자 간의 계약이 살아 있어 아직도 두 당사자 간의 관계를 규율하고 있는 한 부당이득을 이유로 회복하는 것을 허용치 않는다. 예를 들어, 인테리어업자가 벽에 칠을 하는 둥 마는 둥 공사를 불성실하게 이행하면 주택소유자는 그를 계약 위반으로 제소해야 한다. 이 경우 주택소유자가 자기는 인테리어 공사가 만족스럽게 되지 않으면 돈을 지급할 의사가

8) 원고는 먼저 인테리어업자와의 계약을 해지해야 한다: 본문의 아래에서 나타나는 논의를 보시오. 원고는 또 대안으로서(그리고 원고가 계약을 해지했든 안 했든 간에) 인테리어업자가 계약에 위반했음을 이유로 제소할 수도 있다. 참으로 이런 상황에서는 원고는 기대이익의 손해보다는 신뢰이익의 손해(즉 자기가 기지급한 금액)을 배상하라고 청구할 수 있는 것이다.

9) *Fibrosa Spolka Akcyina v Fairbairn Lawson Combe Barbour Ltd* 〔1943〕 AC 32 (HL). 계약법에서 반대급부의 흠결이라 함은 아무런 반대급부의 약속이 없어 유효한 계약이 존재하지 아니함을 의미한다: 제8장 제3절 본문을 보시오.

없었다고 주장하면서 계약기초의 흠결이나 반대급부의 흠결이 있었다는 전제 하에서 자기가 지급한 선금을 부당이득으로 반환받을 수는 없는 일이다. 바꾸어 말하자면, 여기서 법은 주택소유자가 원인 없이 돈이라는 재산권을 이전해준 것이 아니라, 이해타산적 거래에서 손해 본 쪽에 해당할 뿐이라고 보는 것이다. 이런 제약에 관하여는 논란이 없다. 계약은 부당이득에 우선하는trump 것이다.

"반대급부의 흠결"이라는 주장에 대한 두 번째 제약은 좀 더 어려운 편이다. 계약이 (그 계약이 해제, 해지되어terminated) 당사자 간의 관계를 더 이상 규율하지 못하는 경우에도 반대급부가 완벽하게total 결여되어 있는 경우가 아니라면 부당이득의 청구가 허용되지 않는 수가 있다.[10] 주택소유자가 선금을 지급했는데 인테리어 업자가 아예 나타나지도 않는 경우에는 반대급부의 완벽한 흠결이 있다고 할 수 있다. 즉, 주택소유자는 자기의 선금지급에 대응하는 아무런 반대급부도 받지 못한 것이다. 더 나아가서 그 주택소유자는 계약을 해제할 수 있다. 업자의 계약 위반은 매우 중대한 정도에 달하였으므로 법은 주택소유자에게 두 사람 간의 이해타산적 거래관계를 끝낼 권리를 허용한다.[11] 이런 상황에서 계약은 더 이상 두 당사자 간의 관계를 규율하지 못하게 되며, 그때 원고는 자기가 지급한 선금을 부당이득으로서 회수할 수 있게 된다. 그러나 만약 업자가 두 면面 정도의 벽만 칠해놓고 가버렸다면 그 결과는 꽤 달라진다. 주택소유자는 여전히 업자의 중대한 계약 위반을 이유로 하여 계약을 해제, 해지할 수 있지만, 그렇다고 하더라도 완전한 반대급부의 흠결이 있는 것은 아니므로, 자기가 지급한 선금을 부당이득으로 회수할 수 없게 된다.[12] 이는 주택소유자가 그로부터 아무런 가시적인 혜택을 받지 못한 경우에서조차도 마찬가지의 결론이 될

10) *Goss v Chilcott* [1996] AC 788 (PC).

11) 계약의 해제는 법률상 특별한 의미를 지니고 있다. 즉 계약은 그 종료시까지는 완전히 유효한 상태로 존속하는 것이나 그 종료 후에는 모든 의무가 소멸한다. 이는 곧 그 주택의 소유자가 계약의 위반을 이유로 제소할 수 있으나, 인테리어업자는 자기가 수급한 공사를 계속하겠다고 주장할 수 없으며, 원고는 그 해제 후 인테리어업자가 행한 공사에 대하여 대가를 지급할 의무를 지지하지 않음을 의미한다.

12) *Baltic Shipping Co v Dillon*(1993) 176 CLR 344 (Aust HCt).

수 있다. 만약 주택소유자가 자기 집을 리모델링하기 위하여 건축가를 고용하고 건축가가 설계작업을 시작한다면 설사 건축가가 계약이 해지되기 전에 아무런 성과물도 제출하지 못한다 하더라도 그 경우 반대급부(또는 이행)의 흠결은 완전한 것이 아니다. 한 마디로 만약 원고가 약속받았던 반대급부 중 일부라도 수령하게 되면, 그때에는 "반대급부의 흠결"이라는 논리는 더 이상 관철될 수 없다.[13] 부당이득을 연구하는 현대의 학자들은 이런 제한이 무원칙한 것이라며 그 폐기를 제의한다. 그렇게 하면 반대급부의 흠결이 단지 부분적인 경우에서조차도, 물론 그 계약이 해제, 해지되는 것을 전제로 하는 한, 부당이득으로 회수하는 것을 허용해줄 수 있게 될 것이다.[14]

이런 개혁방안은 원고가 이해타산적 거래에서 손해 본 쪽인 경우와 재산권이 잘못 이전된 경우 간의 경계선을 바꾸어주게 될 것이다. 개혁론자들은 계약이 일방 당사자에 의하여 해제, 해지되는 경우보다는 이행에 장애가 있거나frustrated 또는 무효void인 경우에 법이 현재 보여주는 대응책에서 자기들의 주장에 대한 지지가 엿보인다고 생각한다. 계약은 어떤 예상하지 못한 상황으로 인하여 그 합리적인 이행이 불가능해질 때에는 목적달성불능frustrated이 되며, 그럴 경우 법은 어느 쪽 당사자이든 더 이상의 이행을 하지 않아도 되도록 허용해준다. 결과적으로 계약은 법률의 규정에 의하여by operation of law 해제, 해지되는 셈이다. 예컨대 원고가 인테리어업자에게 선금을 지급하지만 집에 불이 나서 전소한 경우를 들 수 있다. 이 경우 계약을 이행할 수 없는 상황이 되므로 쌍방 당사자는 장래의 이행의무로부터 해방된다. 이런 상황에서 각 당사자가

---

13) *Hyundai Heavy Industries Ltd v Papadopoulos* 〔1980〕 1 WLR 1129 (HL); *Stocznia Gdanska SA v Latvian Shipping Co* 〔1998〕 1 WLR 574 (HL).

14) 물론 만약 주택소유자가 자기의 선급금을 부당이득을 이유로 회수할 수 있도록 허용받는다면, 주택소유자는 인테리어업자가 이미 행한 기성부분에 대하여 약간의 고려를 해줄 필요가 있을 것이다. 즉, 인테리어업자로서는 자기가 받은 선급금을 전액 반환하게 되면 그것은 부당한 결과를 초래하게 된다는 입장변화change of position의 항변을 제기하거나, 또는 자기가 이미 제공한 기성 부분에 대하여 주택소유자를 상대로 반소를 제기할 수도 있을 것이다.

상대방으로부터 회수할 수 있는 범위를 평가함에 있어서 이제는 성문법률[15]이 나서서 반대급부의 완전한 흠결이 있어야 한다는 제약은 더 이상 적용되지 않음을 분명히 규정해주고 있다. 이와 유사하게 당사자 사이에서 목적한 계약이 (일반적으로 성문법률이 어떤 거래를 공서양속public policy의 측면에서 무효라고 하기 때문에) 무효이기 때문에 계약법이 더 이상 두 당사자 간의 관계를 규율할 수 없게 되면, 그때에는 각 당사자가 상대방으로부터 부당이득을 회복하는 일을 평가함에 있어 완전한 반대급부의 흠결이라는 제한은 더 이상 적용되지 않는다.[16] 한 마디로 "반대급부의 완전한 흠결"이 있어야 한다는 제약은, 그것이(이행불능인 계약과 무효인 계약에서 그런 것과 마찬가지로) 법률의 규정에 의하여 배척되기 때문이 아니라, 계약이 일방 당사자에 의하여 해제, 해지되는 경우에만 적용되기 때문에 비판을 받는 것이다.

그러나 이렇게 부당이득의 법리를 확장시켜서 반대급부의 부분적 흠결의 경우에까지도 적용해보자는 제안은 정책적 고려에 기인하는 것이며, 이에 대한 찬반론은 모두 설득력이 있다. 까다로운 문제는, 회복이 허용되는 경우와 허용되지 않는 경우 간에 경계선을 긋는 일이다. 이 경계선은 원고의 원래 소유권의 안전이라는 법익과 피고의 취득의 안전이라는 법익 간의 균형을 맞추어야 한다. 이미 지적한 바와 같이 원고의 의사에 중대한 하자가 있을 경우에만 원상회복을 허용해주는 것도 센스가 있을 듯하다. 그러나 법은 한 걸음 더 나아간다. 법은 때로 원고에게 소유권이전의 의사가 있었으나 조건을 붙이거나conditional 단서를 붙인qualified 경우, 또 거래기초의 흠결이나 반대급부의 흠결이 있었던 경우에 그 회수를 허용하기도 하는 것이다. 그러나 거래기초의 흠결이나 반대급부의 흠결이 있다 하여 아무 때나 다 그러한 것은 아니다. 그렇게 하면 피고는 아무런 소유권 취득의 안전을 보장받지 못하게 될 터이기 때문이다. 이에 대하여 논리적으로 일관성 있는 법적 대응책으로서는 당사자들이 해제, 해지한

15) 1943년의 법개혁(계약의 목적달성불능)법을 보시오. 또 *BP Exploration Co (Lybia) Ltd v Hunt (No 2)* [1979] 1 WLR 783 (QB)을 보시오.

16) *Westdeutsche Landesbank Girozentrale v Islington LBC* [1996] AC 669 (HL).

계약과 법률의 규정에 의하여 해제, 해지된 계약을 구분하고 싶어 할지도 모른다. 즉, 법이 당사자 간의 계약상 합의 자체를 부정하기 때문에 계약이 존재하지 않는다면 그 권리의 이전은 잘못된misconceived 것이라고 간주될 수 있음에 반하여, 만약 당사자들이 그런 합의를 부정하는 경우에는 그렇지 않으리라는 점이다. 이와 마찬가지로 경계선은 다른 곳에 그어질 수도 있다. 그러나 그런 경계선은 결국 비슷한 사건들이 비슷하게 취급되고, 서로 다른 사건들이 서로 다른 방법으로 방어될 수 있도록 그어져야 한다.

이는 말하기는 쉽지만 실제로는 그렇게 만만한 일이 아니다. 이를 둘러싼 현대의 논쟁들이 곧 이를 입증한다. 이런 논쟁들은 "반대급부의 흠결" 논리만으로는 부당이득법리의 두 번째 제한 개념의 본질을 파악하기가 쉽지 않으리라는 점을 시사한다. 아주 간단한 예를 보자. 가령 주택소유자와 인테리어업자 간에의 계약이 무효(가령 어떤 법률의 규정상 그것이 서면으로 체결되어야 되는데 그렇게 하지 않은 경우)라고 가정해보자. 이에도 불구하고 그 업자가 맡은 공사를 완벽하게 완성하고 주택소유자가 대금 전액을 지급한다고 가정해보자. 쌍방 당사자 모두가 원래 목적하던 급부를 정확하게 다 수령하였을 때 "거래기초의 흠결"이나 "반대급부의 흠결"(특별한 부당이득이라는 의미에서)이 있었다고 주장하기에는 매우 어색해 보인다. 그런데도 법은 피고가 시공의 대가를 수령함으로써 부당이득을 취했고, 마찬가지로 원고도 업자로부터 시공을 받음으로써 부당이득을 취했다고 주장하면서 그 계약을 원점으로 돌리려고unwind 한다. 두 당사자는 각자 상대방에게 원상회복을 해주어야 한다. 이는 "반대급부의 흠결"이라는 논리에 역행하는 것으로 보이는데도 법원은 반대급부가 완전히 흠결되어 있었기 때문에 원상회복이 되어야 한다고 고집하는 것이다.[17]

---

17) *Guinness Mahon & Co Ltd v Kensington and Chelsea Royal London Borough Council* [1999] QB 215 (CA). 좀 더 정력적인 학자들의 분석에 의하면 이런 결과는 쌍방당사자 모두가 자기들 간의 거래에 기속력이 있다고 잘못 생각함으로써 (법률의) 착오를 일으켰다는 전제 위에서 가장 잘 설명될 수 있다고 한다. 그 경우 반대급부의 흠결을 이유로 하여서가 아니라 "중대한 하자 있는 의사vitiated intention"를 이유로 하여 원상회복을 명

이런 모든 점으로부터 볼 때 재산권의 유효한 이전과 재산권의 잘못된 이전을 구분해내는 정통적인 메커니즘만으로는 분석상의 난점에 도달하게 됨이 분명하다. "중대한 하자 있는 의사"의 경우에는 착오mistake의 효력이 넓게 미치는 범위를 정의하고 방어하는 것이 문제가 된다. "반대급부의 흠결"의 경우에는 해제, 해지된 계약에서 반대급부를 부분적으로 이행한 경우와 무효인 계약에서 완전한 이행이 된 사안에 대한 법의 대응책이 직관에 반counter-intuitive함을 잘 보여주고 있다. 이런 어려움들은 위 두 가지 기초적인 메커니즘 그 자체에 약간 다른 접근방안을 채택함으로써 해결될 수 있을지도 모른다.

제2관 새로운 모델의 제안

잘못된 재산권의 이전에 해당하기 때문에 원상회복을 허용받을 수 있는 경우와 기속력 있는 유효한 재산권의 이전에 해당하기 때문에 원상회복을 허용받을 수 없는 경우를 구분해내기 위한 수단으로서 위에서 본 메커니즘들이 필요하다는 점을 상기할 필요가 있다. 이 메커니즘들이 가하는 제약이 너무 크다면 원소유자의 소유권의 안전은 과소평가될 위험이 있다. 그것이 너무 개방적이라면 피고의 취득의 안전이 과소평가될 염려가 있다. 원고가 피고에게 재산권을 이전해줄 의사가 전혀 없었더라면 피고가 그 이득한 것을 원고에게 원상회복시켜주어야 한다는 생각은 당연히 옳은 것으로 보인다. 그러나 또한 어떤 약속commitment이 법적으로 인정받을 수 있겠는지의 여부를 판단하기 위하여 계약법과 증여의 약속promises의 법리에서 사용되는 것과 똑같은 의사판별의 기준을 채용하는 것은 타당하고도 또한 매우 바람직한 일이라고 보인다. 이와 달리 할 경우에는 원고를 조울증환자schizophrenic의 위치에 몰아넣게 됨으로써 계약을 체결하거나 증여하려는 의사는 법적으로 유효한 반면, 계약이나 증여의 약

할 수 있다는 것이다. 이런 분석은 현재 받아들여질 만하지만 법원들이 법률의 착오가 원상회복의 근거로 된다고 인정해오기 훨씬 전부터 이미 이런 사안들에서 원상회복은 흔히 허용되어왔다.

속을 이행하기 위하여 행해진 재산권의 이전은 무효가 된다는 모순적인 상황을 초래할 수도 있다.[18] 그러므로 새로 구성해본 모델은 채권법의 다른 영역에서 사용하는 기준과 마찬가지의 의사판별기준을 사용할 것을 제안하고 있다. 그것은 넓은 의미의 "착오" 개념과 인과관계의 착오 및 인과관계에 대한 예측의 착오 간의 괴리라는 어려운 문제의 가능성을 일거에 해소시켜준다. 한 마디로 그것은 "중대한 하자 있는 의사"라는 개방적 개념을 좀 더 협의의 "재산권이전의사의 흠결unintended transfer"이라는 개념으로 대치replace하며, 그리하여 익숙한 방법으로 의사를 가늠할 수 있게 해주는 것이다.

두 번째의 메커니즘을 재구성하는 일은 좀 더 까다롭다. 여기서의 난점은 정통적인 "거래기초의 흠결"이나 "반대급부의 흠결"이라는 개념만으로는, 잘못된 재산권의 이전과 유효한 재산권의 이전을 구분함에 있어 전자의 적용영역을 과도히 확장하지 않고서는 그럴듯한 구분을 해내기가 어렵게 된다는 점에 있다. 문제는 원고의 의사에 있는 것이 아니라, 그 의사의 질적 평가에 있다. 완벽하게 잘못된 재산권의 이전(원상회복이 허용되는 경우)과 이해타산적 거래에서 밑졌음에 불과한 경우(원상회복이 허용되지 않는 경우) 사이를 구분하는 분명한 방법은, 원고가 재산권의 이전을 의도하기는 했으나 객관적으로 볼 때 어떤 이해타산적 위험을 감수하는 뜻에서 그리한 것이지, 이제 와서야 드러나는 것처럼 증여의 의사로서 그리한 것은 아닐 경우에만 이를 허용하는 방법이다. 만약 증여할 의사가 없었다면 이는 질적으로 보나 극적 요소로 보나 이해타산의 관점에서의 밑진 거래와는 다른 것이다. 따라서 재구성해본 모델은 "반대급부의

18) 여기서의 초점은 법이 그 의사의 기속력을 인정해준다는 점에 있음을 주목하라. 즉, 여기서는 문제의 재산에 대한 법적 소유권이 이전되었느냐의 여부에 관한 전혀 다른 문제에 있는 것이 아니다. 법적 소유권은 원고가 법적으로 인정되는 이전의 의사를 가지고 있지 않은 경우에조차도 이전될 수 있다(제7장 제2절을 보시오. 그 경우 법은 원고에게 부당이득을 이유로 하는 구제수단을 제공해줄 것이다). 또 마찬가지로 법적 소유권은 설사 원고가 재산권을 이전하려는 완벽하고 타당한 의사를 가지고 있었던 경우에조차도 그대로 남아 있을 수 있다(예컨대 원고가 재산권의 유효한 이전을 위하여 필요한 다른 요건들을 충족시키지 못하는 경우로서 제7장 제1절 제2관을 보시오).

흠결”에 갈음하여 좀 더 빡빡한 기준으로서 “증여의사의 흠결unintended gift”이라는 기준으로 대체할 것을 제안하고 있다. 이런 모델이 채용되면 가스요금을 이중으로 낸 고객은 첫 번째 메커니즘이 아니라 두 번째 메커니즘으로 문제를 해결받을 수 있다. 즉, 두 번의 납부행위는 어느 것이나 완벽하게 제대로 그 의사대로 행해진 것이지만, 그것은 이해타산적인 관계에서 그렇게 의도된 것이지, 이제야 드러나는 증여의 의사에서 그렇게 했던 것은 아니라는 논리가 된다.

이렇게 “증여의사의 흠결”이라는 발상은 1990년대 초에 몇 달동안 인기—그때조차도 극소수의 지지를 받앗을 뿐이다—를 끌어다가 “반대급부의 흠결”이라는 분석방법에 맥없이 무너져버렸던 방법론에서 그 싹을 찾을 수 있다.[19] 1990년대 초에 이미 채용이 거부된 이 방법은 일단 재산권의 이전에 “반대급부의 흠결”(여기서 말하는 반대급부라 함은 정통적인 계약법상의 의미로 쓰이는 경우임)이 있기만 하면 언제든지 원상회복이 가능함을 시사했다. 달리 말하자면 증여의 방법으로 재산권이 이전되었을 때에는 언제나 원상회복이 가능하다는 것이었다. 이런 접근방법은 워낙 그 논리성이 부족했기 때문에 비판을 받을 수밖에 없었다. 즉, 잘못된 재산권의 이전과 기속력 있는 이해타산적인 거래 간의 차이를 구분해내야 한다는 목표가 결코 확인되지 않았던 것이다. 그리하여 비판자들은 한 걸음 더 나아가서 이런 접근방법에 의하면 원상회복을 허용해주어야 할 사안이 너무 과다하게 될 것이라는 점에서도 채용하기 어렵다고 시사했다. 이 점을 좀 더 강조해보자면, 결국 그 어떤 유효한 증여라도 모두 원상회복되어야 한다는 것이었다. 왜냐하면 그 어떤 유효한 증여라도 그것이 “반대급부의 흠결”이라는 기준을 충족하기 때문에 예외 없이 원상회복되어야 한다는 것이었다. 그러나 이 기준은 제대로 증여의 의사가 있는 경우까지는 건드리려 하지 않고 있었으므로 이런 비판은 이를 의도적으로 왜곡하는 것이었다. 원래 이 기준은

19) *Westdeutsche Landesbank Girozentrale v Islington LBC* [1994] 1 WLR 938. 사건에서 사실심판사 홉하우스의 설시와 상소심의 판시사항을 보시오. 그러나 *Westdeutsche Landesbank Girozentrale v Islington LBC* [1996] AC 699 (HL)상소심 사건에서 대법원의 판시사항과 대조해보시오.

법적으로 아무런 반대급부가 없을 뿐만 아니라 또 아무런 증여의 의사가 없는 경우에만 회복을 허용하려 했기 때문이다. 이렇게 볼 때 이 기준은 결국 대륙법에서의 부당이득의 법리와 공명하는 셈이다. 판례법이 법의 원칙이나 법의 논리라는 두 가지 모두에서 이미 대륙법에 유사한 점들을 많이 보여주고 있음에도 불구하고 그런 사정은 무시당한 채, 이 기준은 대륙법을 모방한다는 이유로도 비판받았던 것이다.

이렇게 "재산권이전의사가 흠결"된 경우와 "증여의사가 흠결"된 경우를 구별하는 메커니즘에 의존하여 단순히 재구성해볼 경우, 이것은 결국 그동안의 판례들과 일치하는 결과를 가져다준다. 의미심장하게도 이는 채권법의 다른 분야 전체를 일관하여 사용되고 있는 의사intention 및 반대급부consideration의 개념과 똑같은 개념을 사용함으로써 그리하는 것이다. 그러나 아마도 가장 중요하고도 놀라운 일은, 형평법이 부당이득에 대한 구제수단을 설명해주기 위하여 채용한 바로 그 논거를 판례법이 정확하게 그대로 반영하고 있다는 점이다. 그러므로 이는 형평법과 보통법 간의 의미 있고도 일관성 있는 통합이 가능하도록 해준다. 이런 보통법과 형평법의 문제들을 생각해보기 전에 여기서는 재구성된 원칙들과 정통적 원칙들 간의 작용기제상의 차이점을 비교해보는 것도 도움이 될 듯하다.

제3관 정통적 모델과 재구성된 모델 간의 비교

첫 번째 메커니즘들의 비교는 비교적 쉬운 편이다. "재산권이전의사의 흠결"은, 사실이나 법률에 관한 일방적 착오unilateral mistake가 원고로 하여금 피고에게 재산권을 이전하도록 유도하고 그 과정에서 아무리 결정적 역할을 했더라도 이를 포함하지 않는다는 점에서 정통적 개념인 "중대한 하자 있는 의사"로부터 구별된다. 부당이득이라는 차원에서 볼 때 원고의 의사에 하자가 있었는지, 또한 재산권을 이전할 의사가 없었는지의 여부는 계약을 체결하거나 증여하려는 의사를 제대로 가지고 있었느냐의 여부를 결정하는 데 채용되는 것과 똑같이 좁고 엄격한 기준에 터잡는다. 이보다 좀 더 넓은 착오의 개념은, 만약 그런 것이 있다면, 제2의 메커니즘에 따라 취급되어야 한다.

제2의 메커니즘, 즉 "증여의사가 흠결"된 경우와 "반대급부의 흠결"이 있는 경우에는 좀 더 자세한 해명을 필요로 한다. 첫 번째로 주목해야 할 점은, 재구성된 기준은 거래의 결과가 아니라 거래 그 자체에 착안한다는 점이다. 그리하여 이것은 원고가 "나는 당신에게 증여하려는 뜻이 아니었소. 이 재산권이전이 이루어진 상황을 보면 누가 보든지 그 뜻이 너무나도 명약관화하게 드러나고 있소"라고 말할 수 있도록 허용해준다. 그런데 원고가 도시가스회사에게는 이런 말을 할 수 있지만 인테리어업자에게는 이런 말을 할 수 없는 것이 보통이다.[20] 여기서의 법적 차이점은 미묘하다. 즉, 여기서는 피고가 실제로 원고에게 무엇을 주느냐(즉 실제의 결과)가 아니라, 피고가 원고로부터 재산권의 이전을 받는 대가로 원고에게 무엇을 줄 의무를 지느냐(즉 거래의 성질)에 달리는 것이다. 가스회사의 경우 원고의 이중지급은 가스회사가 원고를 위하여 무슨 채무를 이행할 것이 없다는 점에서 짝이 맞지 않는다. 즉, 여기에는 아무런 반대급부가 없는 것이다. 이는 곧 원고의 제2차 납부는 증여의 의사가 확실히 흠결된 경우임을 의미한다. 여기서의 이중지급은 원인 없이 잘못 이루어진 재산권의 이전일 뿐, 결코 특정한 이해타산적 위험을 감수하면서 뛰어든 경우가 아니다. 원고가 이중지급에 의한 재산권의 이전을 증여의 방법으로 행할 생각이 없었다는 이유만으로도 승소할 수 있다는 점에 주목하라. 원고는 자기가 재산권을 이전하려는 의사를 가지고 있지 않았음을 입증할 필요도 없는 것이다. 그렇게 해야 한다면 이야말로 실로 사실관계에 반하는 것이다. 그런데 인테리어업자의 경우는 다르다. 인테리어업자는 그 집에 칠을 해줄 의무를 진다. 그런 만큼 원고가 그에게 지급한 선금은 증여가 아니다. 그것은 인테리어업자가 칠을 해줄 의무를 지는 데 대한 대가로서 지급되는 것이다. 따라서 주택소유자의 불만은 (보통) 자기가 증여의 의사 없이 증여했다는 데 있는 것이 아니라, 인테리어업자

20) 그러나 본문에서 다음의 문단을 보시오.

가 계약상의 의무를 제대로 이행하지 않았다는 데 있다. 이것이야말로 바로 주택소유자에 대한 구제수단은 계약 위반을 이유로 하는 청구원인에 터잡음을 보여주는 것이다.

이렇게 실제의 결과가 아니라 거래의 성질에 초점을 맞춤으로써 "증여의사의 흠결"이라는 분석론이 재산권이 잘못 이전된 경우와 이해타산적 거래에서 손해 보는 경우를 확연히 구분할 수 있도록 도와주게 된다. 그리하여 이 방법은 "원상회복의 남용"의 위험을 줄여주며, 그와 결부하여 피고의 취득의 안전을 위협할 염려를 줄여주는 것이다. 그러나 "증여의사의 흠결"이라는 분석방법은 왜 반대급부의 완전한 흠결을 이유로 하여 당사자에 의해 계약이 해제된 경우에는 원상회복을 허용해주고, 그 이외의 경우에는 허용해주지 않는지를 또한 상큼하게 설명해준다. 인테리어업자를 돌이켜보자. 만약 원고가 그에게 선금을 주었는데도 그가 계약의 이행을 거부하면 원고는 계약을 해제할 수 있다. 그 경우 그 계약은 적어도 해제의 시점까지는 완전히 유효한 것이지만, 해제의 시점 이후에는 모든 의무가 소멸한다. 이는 곧 원고가 선금을 지급했는데도 인테리어업자가 어떤 반대급부도 이행할 채무를 지지 않음을(또는 그럴 자격이[21] 없음을) 의미한다. 결국 주택소유자는 증여의 의사 없이 증여한 셈이 되어버린 것이다. 그러므로 주택소유자는 원상회복을 요구할 수 있게 된다. 반면 인테리어업자가 계약의 일부라도 이행하면 (설사 그 계약이 그 이후에 해제, 해지되더라도) 그 때에 원고는 이전 주장을 내세울 수 없게 된다. 이때에는 원고가 선급을 지급했지만 그것이 증여의 차원에서 지급된 것은 아니기 때문이다. 중요한 것은 피고가 약속한 작업을 개시하는 순간 원고는 그 약속받은 반대급부의 일부라도 수령한 것으로 간주된다는 점이다. 여기서 원고가 현실적으로 어떤 최종적 결과물을 수령하느냐의 여부는 중요하지 않다.[22] 앞에서 보았던 대로 원고가 건축

21) 그러나 논란이 큰 *White & Carter (Councils) LTD v McGregor* [1962] AC 413 (HL) 판결을 보시오.

22) 이 경우 "반대급부의 흠결"이라는 정통적인 잣대는 이런 결과를 설명해줌에 있어 문제점을 안고 있다: 만약 원고 스스로가 아무것도 수취하지 않는다면 그 경우 정통적 잣대로

사에게 자기 집을 리모델링해달라고 용역을 주는 경우를 돌이켜보자. 그 경우 원고는 건축사가 일단 설계에 착수하면 설사 계약의 해제, 해지 이전에 그가 원고에게 아무런 결과물을 제출하지 못하더라도 원고가 지급한 선금이 증여라고 주장할 수는 없게 된다. 한 마디로 만약 원고가 약속받은 반대급부 중 일부라도 이행을 받는다면 그때에는 "증여의사의 흠결"이라는 분석은 적절한 방법이 되지 못한다. 결국 원고는 계약 위반을 이유로 하는 구제수단만을 허용받게 될 것이다.

이렇게 "증여의사의 흠결"이라는 분석론은 부당이득의 경우(잘못 넘어간 재산권)와 계약의 경우(이해타산적 위험의 감수) 간에 확연한 경계선을 그을 수 있도록 허용해준다. 여기서는 이렇게 더욱 제약된 범위 내에서만 원상회복을 허용해주는 대응책조차도 반드시 논리적 필연성의 결과는 아니라는 점을 인식하는 것이 중요하다. 이는 완벽하게 제대로 된 의사 위에서 재산권의 이전이 이루어졌다 하더라도, 그런 재산권의 이전을 원점으로 돌릴 수 있도록 허용해주기 위하여 부당이득의 청구가 미치는 범위를 확장시켜주겠다는 적극적 결단이 있었음을 반영한다. 이런 경우 어떤 사람들은, 비록 적용범위의 확장은 이미 오래된 일이지만, 과연 그렇게 적용범위를 넓혀도 좋은 일일지 회의를 표시할 것이다. 한편 다른 한쪽에서는 비록 취득의 안전을 더 우선시켜주면서도 소유권의 보호를 일층 강화해줄 수 있도록 쉽고도 객관적으로 확인할 수 있는 경계선을 그어준다는 점에서 장점도 있음을 인정하면서도 그 적용범위를 충분히 확장하지 않는다는 데 대하여는 불만을 표시할 수도 있을 것이다. 또한 이런 "증여의사의 흠결"이라는 분석론은 상이하면서도 더욱 복잡한 구조의 계약도 다룰 수 있도록 쉽사리 개조될 수도 있다는 점에 주목하라. 예컨대 그것은 분할가능한 계약 divisible contracts도 수용할 수 있으며(즉, 여러 개의 하위계약으로 계약이 효과적으로 분할되어 그 하나하나의 계약이 이런 분석의 대상으로 되는 경우[23]), 단일화된 총체적

는 원고가 재산권을 이전해준 근거가 결여되어 있다고 보는 것이 합리적이라고 판단하는 것이다.

23) 계속적 공급계약이 이런 경우를 잘 설명해준다: 매월 공급을 행하고 그에 상당하는 대금지급을 받는 경우 이런 성격을 띠는 계약으로 간주될 수 있다.

계약entire contracts(이행에 의하여 받을 수 있는 혜택이 전체로서 이행된 때에만 제대로 이행된 것으로 간주되는 경우[24])도 또한 수용할 수 있는 것이다. 이런 대안들이 지니는 구조들은 당사자들이 그들의 이해타산적 위험을 더욱 구체적으로 배치시키고자 하는 분명한 의사 위에 터잡고 있다. "증여의사의 흠결"이라는 분석론은, 근본적으로 재산권이 잘못 이전된 경우를 밝혀내는 데 있다는 의식적인 노력과 함께 결국 이런 사안들에 걸려 있는 문제점들을 좀 더 잘 부각시켜준다.

마지막으로 재구성된 분석론은 또한 당사자 간의 계약이 무효일 경우 법이 대응하는 방법을 설명해줄 수 있다. 객관적으로 볼 때 당사자의 일방 또는 쌍방이 계약을 체결하는 데 필요한 의사를 흠결하고 있을 경우 그 계약은 무효가 될 수 있음을 돌이켜보자.[25] 이런 사안들에서 법은 법적으로 기속력 있는 계약체결의 의사가 있었다고 확인해주기를 거부하거나, 또는 같은 이유에서 그에 따르는 재산권의 이전이 유효하다고 인정해주기를 거부한다. 그 경우 원고로서는 "재산권이전의사의 흠결"을 주장할 수 있을 것이다. 이런 똑같은 주장은 성문법이 당사자의 일방에게 당해 거래를 행할 수 있는 행위능력을 부정하는 경우

---

24) *Appleby v Myers* (1867) LR 2 CP 651; *Sumpter v Hedges* 〔1898〕 1 QB 673 (CA). 어떤 유형의 대규모 건설계약들은 일부러 이런 방법의 구조를 갖춤으로써 제작자가 자신의 채무불이행으로 인한 불이익을 스스로 떠안도록 유도하고 있다. 가령 선박이나 비행기 제작계약은 제작자의 이행이 완료될 때까지는 전혀 이행이 되지 않은 것으로 간주하는 식으로 규정할 수 있다. 이런 경우 "증여의사의 흠결"(그리고 "반대급부의 흠결")이라는 분석론은 설사 발주자가 계약을 해제, 해지해도 될 만큼의 심각성을 지니는 제작자의 계약 위반이 제작자의 의무이행 어간에 일어나더라도 적용될 수 있다. 엄격하게 말하자면 여기서의 문제는 "계약 전체"가 아니라 "의무 전체"를 결정하는 데 있다: 즉, "의무 전체"는 완공된 선박을 인도하라고 요구하는 것이다. 여기서 주의의무의 기준에 완벽하게 부응하라고 요구하는 것은 타당치 않다. 그렇게 되면 완공된 선박을 인도하지 못할 경우 그것은 기성금을 한 푼도 지급하지 않아도 됨을 의미하기 때문이다. 이와는 대조적으로 완공되었으나 하자가 있는 선박을 인도하는 것은 대금은 지급할 수 있으나 하자 있는 부분에 대한 손해배상액만큼은 이를 상계할 수 있음을 의미한다. {그러나 *Bolton v Mahadeva* 〔1972〕 1 WLR 1009 (CA)}를 보시오.

25) 제7장 제2절 본문을 보시오.

에도 또한 가능해져야 한다. 성문법은 전형적으로 미성년자나, 심신장애자나, 어떤 부류의 회사들에 대하여 그런 제약을 가하고 있다.[26] 이런 당사자들이 아무리 자기들에게 금지된 거래를 하고자 원하더라도 법은 그들에게 그런 행위능력을 부정한다. 이에 따라 그들이 설사 계약을 체결하더라도 그것은 무효가 된다.[역주2] 이런 사람들은 행위 후 자기들은 법적으로 계약을 체결하거나 재산권을 이전시키는 데 필요한 의사능력을 결여한다고 주장할 수 있다. 그럴 경우 그들에 의한 재산권의 이전은 "재산권이전의사가 흠결"된 경우에 해당하며 부당이득의 법리에 따라 그 회복이 허용된다. 여기서 무능력한 당사자만이 이런 주장을 할 수 있음에 주목하라. 그 상대방은 법적으로 제대로 된 의사를 가지고 계약체결에 임했을 가능성이 높은 것이다.[27]

그러나 무효인 계약이라 하여 모두 이런 것은 아니다. 성문법은 때로 당사자의 능력에 흠이 있음을 전혀 시사하지 않으면서도 계약이 무효라고 선언하는 경우가 있다. 예컨대 토지의 소유권을 이전하는 계약은 서면으로 하지 않으면 무효이다. 여기서 당사자의 동일성이나 법률 행위 능력은 무의미하다. 이런 무효인 계약들에서는 다른 무효인 계약에서나 마찬가지로 한쪽이 의무를 이행하더라도 상대방 당사자는 법적으로 반대급부를 이행할 의무를 지지 않을 수 있다. 각 당사자는 상대방에게 증여의 의사 없이 증여를 하고 있는 셈이다. 그러므로 각 당사자는 이를 부당이득으로 회복할 수 있어야 한다. 그러나 쌍방 당사자가 서로 각자의 채무를 완전히 이행한 경우에도 이런 대응책을 고집하는 것

26) 이것이 상업적 거래에는 장애요소임은 상사법에서 이미 잘 알려져 있다. 그리고 "능력의 결여"는 회사의 내부경영상의 문제에 주로 귀착됨을 의미한다. 회사로서는 권한 없이 행위한 이사에 대하여 구제수단을 추구할 수 있지만, 외부의 제3자는 보호받아야 하는 것이다. 따라서 그들이 회사와 체결한 계약은 기속력을 인정받는다: 1985년의 회사법 제35조. 이런 법의 개혁은 재산권의 유효한 이전과 잘못된 이전 간에 적절한 균형을 잡는 데 서로 경합하는 문제들이 있음을 보여준다.

27) *Westdeutsche Landesbank Girozentrale v Islington LBC* [1996] AC 669 (HL)와 같은 사건에서 재구성된 접근모델이 가지는 잠재적 파급효가 어떠했을지에 관하여는 아래 제5절, 제6절을 보시오. 이 사건에서 피고인 지방자치단체는 계약체결 능력을 결여하고 있었다.

은 부자연스러워 보인다. 법기술적으로 볼 때 쌍방향에서 "증여의 의사가 흠결"된 증여가 이루어질 수 있음은 사실이다. 그러나 현실에서는 그 감수하기로 했던 이해타산적 위험이 현실화된 것이다. 그리하여 쌍방 당사자는 자기들이 "계약"을 체결한 목적을 정확하게 달성한 것이다. 이런 상황에서 당사자에게 증여의 의사가 없었으며 오로지 이해타산적 위험을 감수하는 거래를 할 의사가 있었을 뿐이라고 주장하도록 허용하여 원상회복을 정당화시켜주는 것은 억지 논리라고 보인다. 여기서는 공서양속public policy의 개념이 해결의 열쇠를 제공해줄 듯하다. 법원이 당사자에게 그들이 이미 이행을 완료한 계약을 원점으로 되돌려놓도록 허용해주기를 거부하는 것은, 성문법에 의하여 금지되는 거래를 수동적인passive 방법으로 이행강제해줌에 다름 아니게 될 터이기 때문이다. 이 또한 부자연스러워 보인다. 이런 원상회복청구를 허용하는 것은 재산권의 이전을 당장 무효라고 선언하는 법의 정책을 가장 잘 지지해주는 셈이다. 유일한 예외는 법의 정책상 수수방관inaction하는 것이 상책임을 암시해줄 때이며, 그리고 그때에는, 또 오로지 그때에만(통상적으로 당사자들이 성문법상의 금지에 도전하여 어떤 위법한 계획을 실천에 옮겼을 때), 당사자들은 거래를 백지화하도록 허용받지 못하는 것이다.[28)]

이렇게 무효인 계약의 차원에서 분석하면 당사자들이 때로는 "재산권이전의사의 흠결" 또는 "증여의사의 흠결"이라는 기준 중 어느 하나를 선택하여 재산권의 회복을 청구할 수 있게 됨을 의미한다. 이 경우 구제수단이 똑같다면 그 선택은 무의미하겠지만, 구제수단이 서로 다르다면 그 선택은 의미를 가지게 될 것이다.[29)]

요약하자면, 그리고 그 차이점을 강력히 부각시켜보자면, 부당이득을 이유로 원상회복을 허용하는 현재의 정통적 접근방법은 원고가 "재산권을 이전하려는

---

28) *Pavey and Matthews Pty Ltd v Paul* (1987) 162 CLR 221 (Aust HCt) 사건에서의 논의를 보시오. 또, 제8장 제4절 제3관의 유사한 주장을 보시오.

29) 아래 제6절을 보시오.

의사"에 워낙 하자가 커서 무효이거나 "재산권이전의 기초"가 결여되어 있는 경우에 원상회복을 허용한다. 이 두 개의 기준은 모두 주관적으로 평가됨을 의미한다. 물론 일정한 제약은 있지만, 일반적으로 원고는 자기의 의사에 사실상 하자가 있었다든지, 또는 자기가 사실상 기대했던 반대급부 내지 대가consideration를 받지 못했다고 주장하는 것이 허용된다. 그러므로 의사intention와 반대급부consideration는 채권법의 다른 분야에서보다 좀 더 개방적liberally으로 정의된다. 이와는 대조적으로, 여기서 제안되는 재구성된 분석모델은 채권법의 다른 분야에서 비슷한 양상으로 드러나는 의사 및 반대급부에 대한 협의의 객관적인 정의와 똑같은 방법을 구사한다. 그리하여 원고에게 재산권의 이전 그 자체가 처음부터 의사 없이 이루어진 것이든지, 또는 그 재산권의 이전이 결과적으로 증여의 의사 없이 행해진 증여에 해당한다든지 하는 경우에만 원상회복을 청구할 수 있도록 허용해준다. 두 개의 논거 모두 객관적으로 평가된다. 재산권이전의 의사가 없었다고 하려면 오로지 원고가 재산권을 이전하려 할 때 법적으로 요구되는 어떤 의사도 결여하고 있었을 경우에만 가능하다. 또 객관적으로 보아, 그리고 재산권을 이전하려는 원고의 의사에 아무런 하자가 없음에도 불구하고 쌍방 당사자가 반대급부가 있을 것임에 관하여 양해했지만, 실제로는 전후 사정으로 보아 그 거래가 증여의 효과를 발생한다고 확인될 경우에는 그 재산권의 이전은 증여의 의사가 없이 행해진 증여가 된다.

어떤 분석방법을 택하더라도 결국 결과가 똑같아질 것이라는 점은 의문의 여지가 없다. 이는 도시가스 고객의 경우에도 마찬가지이다. 어떤 접근방법을 선택하느냐에 따라 그 방법들 간에 근본적인 차이를 보이겠지만, 여하튼 어느 경우를 택하더라도 그는 결국 이중지급분을 회수할 수 있게 될 것이다. 그러나 주변부에서는 답이 달라질 것이다. 적용범위를 넓게 잡은 정통적 접근방법은 원상회복을 허용함에 반하여, 재구성된 접근모델은 그렇지 않을 것이다. 더 중요한 것은, 넓게 적용되는 정통적 접근방법은 이 장의 뒷부분에서 다루게 될 형평법적인 설명과 잘 조화하지 못한다는 점이다.

제2절 잘못된 재산권이전의 시정에서 보통법과 형평법 간의 괴리

지금까지의 분석방법이 보통법과 형평법 간의 괴리를 보여주지는 않았지만, 지난 10년간[역주3] 가장 격론을 불러일으킨 것이 부당이득에 관한 대응방안에 있어서의 보통법과 형평법 간의 괴리에 관한 것이다. 보통법과 형평법은 부당이득의 문제에 관하여 서로 다른 해답을 주고 있다. 이는 어떤 분석방법을 선택하든지 간에 마찬가지의 현상으로 나타난다. 이런 차이점들 중의 일부는 앞의 장들에서 일부 이미 노출된 바 있다.

"재산권이전의사의 흠결"의 경우를 보자.[30] 보통법과 형평법은 재산권을 이전하려는 원고의 의사가 법적으로 유효한지의 여부를 판단함에 있어 서로 다른 원칙들을 진화시켜왔다. 이에도 불구하고 두 법체계가 함께 노력한 결과, 명백히 넓은 의미에서 논리적으로 일관성 있는 정책목표 위에 자리잡은 일반적으로 합리적이고도 논리정연한 모습을 보여준다.[31] 여기서 드리우고 있는 원칙은, 객관적으로 보아 의사가 흠결되어 있거나 주관적으로 보아 의사가 흠결되어 있는데다가 피고가 어떤 사유로든 그 의사의 흠결을 야기한 책임이 있다면, 원고로서는 재산권을 법적으로 유효하게 이전할 의사를 결하고 있음을 의미한다. 특히 주관적 차원에서는 보통법과 형평법 모두가 허위표시misrepresentation와 묵과할 수 없는 경제적 내지 사회적 압박unacceptable economic or social pressure에 관하여 서로 다른 기준을 채택하여, 서로 다른 상황에서 피고는 원고의 하자 있는 의사에 대하여 책임을 져야 한다고 판시한다. 형평법은 때로 이런 발상을 더 진전시켜 원고가 피고의 책임 있는 사유로 인하여 부당한 압력에 굴하게 되

30) 이와 마찬가지의 차이점은 정통적인 "중대한 하자 있는 의사vitiated intention"라는 잣대에도 정확히 적용되는데, 그때에는 순간적으로 착오를 확장해보려는 견해를 무시하게 된다. 거기서도 비록 현대적 발전 상황은 효과적으로 그런 차이점을 제거해주고 있지만 보통법과 형평법 간의 역사적인 차이점을 드러내 보여주고 있다: 제7장 제2절을 보시오.

31) 제7장 제2절 제3관 중간부를 보시오.

었다고 추정presume해주기도 한다. 그렇게 되면 비록 피고가 반증할 자유는 가지지만 원고는 입증책임을 면하게 된다. 이런 법적 발전의 양상은 모두가 재산권의 잘못된 이전 여부에 대한 판단기준에 편입되어 있다. 즉, 재산권의 이전이 이런 하자 있는 의사에 관한 판례법상의 기준들 중 어느 하나만 충족시키면, 그리고 또 오직 그럴 경우에만, 그 재산권의 이전은 원고의 의사에 기하지 않고 이루어진 것으로 평가되는 것이다.

또한 "증여의사의 흠결" 여부를 평가함에 있어서도 보통법과 형평법 간에는 상당한 괴리가 있다. 즉, 보통법은 원고가 증여의 방법으로 재산권을 이전하고자 했는지의 여부를 판단함에 있어 순전히 객관적인 접근방법을 취한다. 이와는 대조적으로, 형평법은 추정의 방법을 도입하고 있다. 대부분의 사안에서 형평법은 원고에게 증여의 의사가 없었다고 추정하면서, 예외적인 경우에만 증여의 의사가 있었다고 추정하는 것이다. 이렇게 추정하고 나서 형평법은 그 추정으로 인하여 불이익을 받게 되는 당사자에게 그 추정을 번복할 증거의 제출의무를 지도록 한다.[32] 이런 방법으로 형평법은 원고가 원상회복을 구하는 일을 더 쉽게(결과적신탁의 추정으로) 해주거나 더 어렵게(생전증여advancement의 추정으로) 해주기도 한다. 이 모든 것이 판례법이라는 통합된 지평 내에서 쉽게 수용될 수 있다. 즉, 원고가 증여의 의사 없이 증여한 경우에는 원상회복이 보장되며, 이 경우 사실관계는 형평법상의 추정이라는 방법에 의한 도움을 받아 (또는 다른 방법으로) 입증될 수 있는 것이다.

이런 보통법과 형평법 간의 괴리는 정작 원상회복을 구현하는 과정에서 존재하는 괴리와 비교해볼 때는 매우 사소하다고 할 수 있다. 이것들은 매우 중요하고도 논란의 대상이 되므로 이 장의 나머지 대부분을 점하게 될 것이다. 항상 그렇듯이 그 괴리는 구제방법이 채권적이냐 또는 물권적이냐 하는 데서 크게 나타난다. 단순화시켜서 (그러나 이 경우에는 약간 부정확해진다) 파악하는 방법은 원상회복이 보통법상으로는 채권적 구제수단이 되고, 형평법상으로는 물권적

32) 제8장 제4절 제2관 후반부를 보시오.

구제수단이 된다고 보는 시각이다. 가령 원고가 자기의 자동차의 소유권을 피고에게 이전하는 경우를 생각해보자. 보통법상으로는 설사 그 거래가 워낙 형편없이 잘못 이루어진 것이어서 보통법상의 소유권이 여전히 원고에게 그대로 남아 있다거나 나중에라도 원고에게 되돌아가야 하는 경우에서조차도 원고는 단지 금전적 손해배상청구권을 가질 뿐이며, 자기의 재산 그 자체를 원상회복할 수는 없게 된다.[33] 그럼에도 오늘날까지도 이런 결과를 설명해주거나 정당화시켜줄 만한 아무런 논거가 제대로 제공되지 못하고 있다. 이와는 대조적으로 형평법상으로 원고는 권리가 잘못 이전된 재산의 형평법상 소유자로 간주된다. 그리하여 원고는 자동적으로 특정원상회복specific recovery을 청구할 수 있다고 간주되며,[34] 물권적 지위와 통상적으로 연관된 모든 보호장치 및 특권의 혜택을 입게 된다.[35]

이런 구제수단에서의 차이점은 거래를 무효화시키고 원상회복을 명해야 할 중대한 사유(워낙 두드러지는 사유이기 때문에 보통법이 진작부터 인정해준 사유들)가 있을 때에는 그 구제수단은 채권적이 됨을 의미한다. 반면 거래를 무효화시켜야 할 사유(형평법이 전후 사정에 대하여 좀 더 희석시켜서 오랜 세월에 걸쳐 개발해온 사유들)가 덜 분명할 경우에는 구제수단은 물권적이 된다. 그런데 채권적 구제수단보다는 물권적 구제수단이 원고에게 더 유리한 것이므로 결국 지위가 더 낮거나 가치가 덜한 권리가 좀 더 강한 권리보다도 더 나은 보호를 받게 된다는 모순점을 드러내게 된다. 이야말로 불합리의 표본이다. 이는 곧 판례법체계가 가지는 이중적 법체계의 모델이 적정수준을 밑도는 결과물을 만들어냈음을 의미한다. 원칙들과 그 원칙들을 뒷받침하는 논거들은 이제 좀 더 일관성 있게 통합되어야 한다.

분석방법에서의 일관성에 대한 요청은 이미 상당히 급진적인 변화를 초래하

33) 제6장 제3절 제1관을 보시오.
34) 제6장 제3절 제2관을 보시오. 거기에서는 이런 일반적 추정에 대한 비판을 볼 수 있다.
35) 제4장 제1절을 보시오.

고 있다. 아주 최근의 판례들은 형평법이 최소한 이 몇 가지 부당이득의 사안에서는 물권적 구제수단을 허용하지도 않으며, 또 허용해서도 안 된다는 뜻을 시사함으로써 지금까지의 고정관념을 완전히 뒤엎고 있다. 변화를 요구하는 압력은 이제 분명히 드러나고 있으며, 그 내포하는 뜻은 두 법체계의 통합시 형평법상의 모델이 아니라 보통법상의 모델을 추구해야 함을 의미한다. 그러나 정반대의 전략 또한 적어도 이론상으로는 가능하다. 이런 것들을 어렵지만 매우 중요한 문제로 대두한다.

제3절 물권적 회복에서의 정책적 문제들

여기서 첫 번째의 관심사는 정책policy이다. 만약 부당이득을 청구원인으로 내세우는 원고에게 물권적 지위를 부여하는 방안이 선호되지 않는다면, 차라리 이런 지위를 제거하는 방안을 추구해야 할 것이다. 역사적으로 이에 반하는 선례들이 있다는 이유로 개선을 주저해서는 아니 될 것이다. 앞에서 보았던 사례로 돌아가보자. 원고가 자기 자동차의 소유권을 이전해준 것이 잘못된 것이라면 피고는 그 차를 원고를 위한 수탁자로서 보관해야 하는가, 또는 원고에게 단지 그 차의 가액만 돌려줄 의무를 질 뿐인가? 물권적 대응책에 대하여는 주로 3가지의 반대론이 제기되고 있다. 그러나 그중 어느 것도 완벽한 설득력을 갖춘 것은 없다. 오히려 특권과 우선권이 허용되는 물권적 대응책이야말로 실로 법이 소유자의 권익을 보호해주는 통상적인 자세와 완벽하게 일치한다고 보인다.[36)]

물권적 개입에 대한 첫 번째의 반론은 가장 인상적이지만 가장 쉽게 배척될 수 있다. 이 반대론은 형평법상의 물권적 구제수단을 허용할 경우 그것은 자동

36) 제4장 중 특히 제5절에서 제7절 제1관까지를 보시오.

적으로, 또 불공평하게 피고에게 수탁자에 유사한 책임을 지우게 되리라는 이유에서 이를 부당이득이라는 맥락에서는 받아들일 수 없다고 주장한다.[37] 이런 염려는 형평법상의 물권적 구제수단의 대상이 되는 재산이 필연적으로 수탁자의 채권적 책임과 연관되어 있을 경우에만 설득력이 있지만, 그 가능성은 거의 없다. 그 가능성에 관하여는 이미 앞의 장들에서 상세히 살펴본 바 있다.[38] 대부분의 사안에서 부당이득사건의 피고는 원고의 재산을 점유하고 있는 선의의 제3자와 마찬가지의 지위에 놓이게 될 것이다. 그가 정을 알지 못했다면 그는 수임자로 간주되지 않을 것이므로 그에 따르는 어떤 책임도 지지 않게 되며,[39] 피고가 파산했을 경우 원고가 가지게 될 물권적 보호장치는 그것이 피고 자신의 대등하게 가치 있는 물권적 권리와 일치하는 한도 내에서만 대체물위에 존속할 수 있게 된다.[40]

물권적 간섭에 대한 두 번째 반론은 약간 넓은 의미에서 이루어지고 있다. 즉, 물권적 구제수단은 불확실성을 초래하기 때문에 채용할 수 없다는 것이다. 피고가 그 재산권의 이전이 잘못된 것임을 알면서 원고의 재산을 취득하는 경우는 거의 없다는 것이다. 그때 그 재산이 피고의 것이 아니라 (적어도 형평법상) 원고의 것이라고 주장하는 것은 피고 및 피고와 거래하는 제3자 모두를 대책 없는 거래상의 위험에 노출시키게 될 것이라는 점이다. 이는 곧 거래 당사자가 공표되지 않았거나 "부외부채"off balance sheet와 같은 위험에 노출되어서는 안 된다는 통속적 견해를 그대로 반영한다. 즉, 재산의 소유권은 누구에게나 투명하게 드러나야 한다는 것이다. 그러나 이런 이상적인 자세를 취하는 것은 당사자 간의 합의에 의하여 창설되는 권리로도 불가능하다. 담보권에 관한 합의, 임대차의 합의, 소유권의 유보조항 등은 제3자에게 감추어진 채로 있는 경우가 잦다.

37) *Westdeutsche Landesbank Girozentrale v Islington LBC* [1996] AC 669 (HL). 또 제5장을 보시오.

38) 제6장 제4절 제1관을 보시오.

39) 제5장 제2절 본문과 제1관을 보시오.

40) 제4장 제8절을 보시오.

이는 등기, 등록의 의무를 강제할 필요가 있다는 주장을 강력히 뒷받침해주기도 한다. 그러나 부당이득에 대한 물권적 구제수단은, 만약 그런 것이 존재한다면, 법률의 규정에 의하여 생기게 될 것이다. 그런 구제수단이 공시notification의 여부에 매이게 될 가능성은 없다. 당사자들 자신은 한참 지난 후까지는 그런 사정을 야기해내는 사건들의 존재를 알지 못하는 것이 보통이다. 바로 이렇게 쉽사리 해결할 수 없는 투명성 보장의 문제 때문에 이런 권리는 처음부터 아예 존재하지 않아야 한다는 것이 그들의 주장이다.[41] 그러나 이는 과민반응이라 하겠다. 물권적 구제수단들은 권리를 평가하고 보호해주는 법의 장치이다. 부당이득에 대한 구제수단들이 오로지 채권적인 것으로만 한정된다면 그에 상응하여 그만큼 재산소유권의 존재가치가 떨어져버릴 것이다. 제3자에 관하여 보자면 부당이득을 이유로 하여 발생하는 물권적 권리는 무상취득자나 원고의 권리를 알면서 매수한 제3자에 대해서만 적용될 수 있다. 이는 곧 원고의 권리가 제3자의 권리와 경합하는 경우에는 원고의 권리는 그만큼 상대적으로 제한된 범위 내에서 보호를 얻음을 의미한다.

부당이득을 청구하는 원고들에게 물권적 구제수단을 부여함에 반대하는 세 번째이자 마지막 논거는 계쟁권리의 가치를 정면에서 공격한다. 즉, 부당이득을 이유로 하여 원고의 권리를 우선적으로 (물권적으로) 보호하는 것은 근거가 없으며, 실로 이해타산적인 관점에서 보더라도 용납할 수 없다는 주장이다. 이런 주장은 불가피하게 유추analogy에 의하여 제기된다. 부당이득을 주장하는 원고들은 계약에 터잡은 원고들, 특히 일반채권자들과 비교된다. 재산권을 이전해줄 의사가 전혀 없었던 물품공급자(부당이득에 터잡은 원고)는, 대금의 지급을 받지 못할 줄 알았으면 재산권을 이전해줄 의사가 전혀 없었을 물품공급자(계약에 터잡은 원고)보다 더 나은 지위에 있어야 할 이유가 없다는 것이다. 이 두 경우 모두 피고는 원고의 지출로 자신의 재화를 증가시켰으므로 부당이득을 주장

41) *Westdeutsche Landesbank Girozentrale v Islington LBG* [1996] AC 669 (HL).

하는 원고가 더 특권적 대우를 받아야 할 이유가 없다는 것이다. 파산에서는 결국 똑같이 손실을 부담해야 한다는 것이다. 이런 주장은 서로 경합하는 법적 권리는 모두 대등한 가치를 가지는 것으로 취급하여, 그들 모두에 대하여 채권적 구제수단을 제공하는 것만으로도 충분함을 시사하는 것이다.[42)]

이와는 대조적으로, 이에 대한 재반론은 필연적으로 부당이득반환청구에 우선권을 주게 된다. 이런 자세는 기초 경제적 분석basic economic analysis을 통하여 정당성을 가장 인정받고 있으나, 이는 현존하는 판례법의 지평에 일치시켜 지도를 작성하는 이점을 더해준다. 재산법 그 자체는 재산이 적절하게 보호될 때에는 사회의 부가 극대화된다는 발상에 기초하고 있다. 이런 전략은 원고가 자기의 재산 원천에 대한 통제권을 가질 수 있어야 하며, "원고가 그런 상황에서는 피고에게 그 재산을 넘겨줄 의사가 없었으리라고 여겨질 경우"(이는 부당이득의 용어에 의하는 것이다)에는 재산권이전이 더 이상 인정되어서는 안 됨을 시사한다. 재산권이 이전의 의사 없이 이전된 경우 그 재산은 되돌려져야 한다. 결국 모두를 위한 더 높은 생산성을 확보하기 위해서는 재산권을 보전할 이익 때문에라도 강력한 물권적 보호가 필요하다는 것이다. 이런 관점에서 평가하면 부당이득사건의 원고들은 계약사건의 원고들과는 전혀 다른 위치에 있다. 계약사건의 원고들은 두 당사자 간에서의 합의대로 이행함에 따르는 위험과 혜택에 관하여 경제적 차원에서 결단을 내린 사람들이다. 그러므로 법이 그들에게 절차적 불공정성이 없도록 보호해주어야 할 것임은 물론이며,[43)] 또 계약의 이행과 채무불이행시의 대체적 구제수단(즉 손해배상)을 확보해주어야 하는 것 또한 물론이지만, 그 상대방이 이행하지 못할 수도 있을 경우에 생기게 될 내재적 위험으로부터도 이런 원고들을 보호해줄 필요는 없다. 한 마디로 부당이득사건의

42) 이런 분석에 의할 경우 불법행위를 이유로 청구하는 원고는 방치되는 감이 있으나, 불법행위를 주장하는 원고의 권리가 아무리 높게 평가되더라도 그런 원고에게 특권적 보호를 베푸는 것은(성문법에 의하는 방법 이외에는) 불가능하다. 왜냐하면 손해배상청구에 대한 담보로서 의미 있게 존재할 만한 재산이 없기 때문이다.

43) 제7장 제2절 본문을 보시오.

원고들은 당초에 그들의 소유였던 재산을 회복할 우선권을 부여받음으로써 계약사건의 원고들보다 좀 더 특권적 대우를 받게 되는데, 이는 매우 합리적인 것이다. 이 장의 이후 절들에서는 실로 다수의 부당이득청구사건에 대하여 보통법이나 형평법의 주된 접근통로는(비록 보통법은 재산 그 자체의 특정회복을 명하지는 않지만) 이렇게 우선권을 인정해주는 데 있음을 보게 될 것이다.

비록 부당이득을 이유로 하는 청구권과 계약에 터잡은 청구권 간의 차별화가 쉽다고 인정되더라도, 이와 연관된 특권들이 미치는 범위에 관하여는 여전히 논란이 있다.[44] 비록 권리 간의 서열이란 그 어떤 성숙한 법체계에서도 자연스러운 현상이지만, 특권적 대우를 받는 권리 부류의 속성을 정확하게 파악하는 일은 격론의 대상이 된다. 가령 피고가 파산한다고 치자. 채권자평등의 원칙 pari passu에 따라 배당하자는 정책을 엄격하게 따른다면 모든 원고들이 각자의 권리가 차지하는 상대적인 지위 여하 간에 손실을 비례적으로 부담하지 않을 수 없도록 요구하는 쪽을 선호할 것이다. 그러나 판례법은 차별화의 방법을 선택하고 있다. 즉, 판례법은 채권적 권리를 가진 채권자들에게 부담을 가중시킴으로써 물권적 청구권자들을 우대하고 있다. 이런 정책적 선택의 문제는 항상 논란의 대상이 되어왔으며, 이는 물권적 권리와 채권적 권리 간의 차이가 더욱 좁혀지고 있는데다가, 우선권을 가진 자조차도 피고가 원물이나 추급할 수 있는 대체물을 더 이상 보유하고 있지 않을 때에는 그런 특권조차도 상실한다는 이유 때문에 더욱 논란의 대상이 되고 있다. 또 이런 논란은 도대체 이런 특권들이 대체물에까지도 추급할 수 있겠느냐의 문제와, 또 피고가 그런 대체물에 의하여 우연히 대박을 낸 경우에까지도 미칠 수 있겠느냐 하는 문제들로 인하여 더욱 증폭된다. 이런 문제들 중의 일부는 이미 검토해보았다. 또 일부는 이 장의 뒷부분에서 나타날 것이다.[45]

당장 문제가 되는 것은 부당이득사건의 원고들에게 물권적 보호장치라는 특

44) 제6장 제4절 제1관 및 제8장 제4절을 보시오.
45) 제4장 제5절 및 아래 제7절 내지 제9절을 보시오.

권을 주는 데 반대하는 정책적 논거들이 반드시 명료하게 일치하지 않는 점이다. 실로 이런 권리가 다른 권리에 우선하도록 하는 데는 어떤 상당한 경제적 이유economic reasons가 있을 듯하다.

제4절 "재산권이전의사의 흠결"
—물권적 회복의 이론적 문제들

이제는 정책의 차원으로부터 이론의 차원으로 옮겨서 가장 간단한 사건부터 시작하여 차례로 검토해볼 때가 되었다. 재구성해본 분석모델은 재산권의 잘못된misconceived 이전의 첫 번째 분류로서 "재산권이전의사의 흠결unintended transfers"이라는 범주를 제시한다. 이런 재산권의 이전에는 객관적으로 볼 때 의사가 없었을 수 있으며(그러므로 무효인 경우), 또는 피고가 원고의 실수에 대하여 어떤 형태로든지 책임이 있다고 여겨지는 상황이어서(그러므로 무효가 아니라 취소할 수 있는 경우) 주관적으로 볼 때 원고에게는 재산권이전의 의사가 없었다고 볼 수 있을 것이다. 여기서의 초점은 이렇게 재산권이전의 의사가 흠결된 경우 부당이득의 법리가 제공해주는 구제수단으로서의 대응책이다. 이런 대응책은 보통법에서든(비록 보통법상의 소유권의 회복이 원고에게 재산 그 자체를 회복하도록 허용해주는 것은 아니지만), 형평법에서든 의문의 여지없이 물권적임이 드러난다.

재산권이전의사가 흠결되는 것은 증여나 계약의 경우에 예상가능하다. "증여의사의 흠결"은 다루기가 훨씬 더 쉬운 편이다. 그 경우에 유일한 문제점이 있다면 원고가 실수로 재산권을 넘겨준 데 대하여 원고에게 어떤 구제수단을 제공할 것이냐의 문제일 뿐이다. 그러나 계약의 경우에는 문제가 훨씬 복잡해진다. 실로 원고는 실수로 넘겨준 재산권에 대하여 여전히 구제수단을 제공받기를 원하고 있겠지만, 원고는 계약에서 목적한 대로 이미 피고로부터 반대이행을 받아 재산을 취득했을 수도 있다. 이런 경우 법은, 원고가 피고로부터 이전받은 재산권과 관련하여 피고를 위한 구제조치를 배려해줄 수 있는 위치에 있지 않는 한 재산권이전의사의 흠결을 이유로 원고 혼자서만 구제받는 것을 허용하지 않는다. 이렇게 피고에게도 적절한 반대회복을 해주어야 한다는 요구는 원상회복으로서의 구제수단을 활용하는 데 있어 원고에게 실무적으로 매우 가혹한 제약으로서 작용하게 된다.

제1관 객관적 관점에서의 재산권이전의사의 흠결 —재산권이전이 무효인 경우

만약 원고가 자기로부터 재산을 취득하는 취득자의 동일성이나 또는 이전할 재산의 동일성에 관하여 착각했을 경우에는 그 재산권의 이전은 객관적으로 볼 때 이전의사가 흠결되었다고 할 수 있다. 이런 재산권의 이전은 그 의사의 하자가 너무 크므로 보통법조차도 이를 무효로 본다.[46] 부당이득이라는 차원에서의 이런 대응책은 여지없이 물권적이 된다. 여기서의 출발점이 되는 전제는 그 재산에 대한 소유권이 결코 원고로부터 피고에게로 이전하지 않는다는 점이다. 그러나 구체적인 세부사항은 이전되는 재산의 성질에 의하여 영향을 받게 되며, 이는 원고 및 제3자에게 예상하지 못한 변칙을 초래하는 경우가 있다.

동산goods에 관하여 보자. 만약 원고가 피고에게 동산을 넘겨주면 피고는 이를 점유possession하게 되지만, 재산권이전이 무효로 판명될 경우 결국 법적 소유권은 피고에게 넘어가지 않는다.[47] 동산에 대한 소유권은 현실인도physical delivery와 함께 재산권이전의 효과를 발생시키고자 하는 법적 의사가 이에 수반해야 하는데, 여기서는 그것이 결여되고 있는 것이다. 그러나 비록 원고가 법적 소유권을 여전히 보유한다 하더라도 원고가 반드시 동산 그 자체를 회수할 수

46) 제7장 제2절 제1관을 보시오.

47) *Ingram v Little* 〔1961〕 1 QB 31 (CA).

있는 것은 아니다. 만약 피고가 그 반환을 거부하면 원고는 통상 그 불법영득 conversion에 대한 손해배상청구의 길밖에 없게 된다.[48] 결국 원고가 소유권을 잘못 넘겨준 데 대하여 보통법이 허용해줄 수 있는 가장 강력한 물권적 보호라는 것조차도 원고에게는 자기 재산에 대한 하등의 현실적 통제권을 허용해주지 못한다는 결론이 된다. 그러나 그 재산이 토지이거나 주식일 경우에는 사정이 꽤 달라진다. 그때에는 아무리 이전해줄 의사가 없었더라도 이전의 사실이 공식적으로 등기, 등록되면 법적 소유권이 넘어가게 된다. 여기서 예상할 수 있는 것은, 형평법이라면 이런 식으로 재산권이 이전된 재산에 대하여 피고가 수익자로서의 소유권을 향유하지 못한다고 고집하리라는 점이다. 즉, 피고는 그 재산을 원고를 위한 수탁자로서 보유한다는 것이다. 여기서 차이가 생긴다. 보통법상의 소유권이 아니라 형평법상의 소유권을 가진 원고는 자기의 재산을 특정물로서in specie[49] 회복할 수 있다고 인정되는 것이다. 마지막으로 만약 이전의 의사가 흠결된 채로 이전된 재산이 돈money이라면 그 법적 소유권이 피고에게 넘어가지 않는다는 것이 엄밀한 추론의 결론이다. 그러나 만약 피고가 이 돈을 자기의 돈과 섞으면, 그때에는 보통법은 혼합물에까지는 추급할 수가 없으므로 그 소유권이 피고에게 넘어간 것으로 간주하지만, 형평법상으로는 원고는 그 혼합물에 대하여 우선변제권Equitable lien을 가지고 자기의 담보권을 실현시킬 수 있게 된다.[50]

이렇게 객관적으로 볼 때 이전의사가 흠결된 재산권의 이전에 대하여 강력한 보호장치를 제공하는 물권적 대응책은 법의 바탕에 깔려 있는 정책적 목표

---

48) 그러나 제6장 제3절 제1, 2관과 1977년의 불법행위(동산에 대한 침해)법 제3조를 보시오. 손해액이나 유익비, 필요비 등 손익상계할 비용 등의 평가의 문제에 관하여는 *Greenwood v Bennett* 〔1973〕 1 QB 195를 보시오. 그러나 *Kuwait Airways Corp v Iraqi Airways Co (No 6)* 〔2002〕 AC 883 (HL) 사건에서는 부당이득과 원상회복청구에 관하여 참조할 사례들을 명쾌히 보여주고 있다.

49) 제6장 제3절 본문과 제1관을 보시오.

50) 이런 상황에서는 우선변제권이 정확한 것으로 보이지만, 어떤 사람들은 형평법상의 소유권을 비례적으로 안배해주는 것이 옳다고 주장하기도 한다: 아래 제7절과 제8절을 보시오.

를 만족시켜주기에 충분하다고 널리 인정되고 있다. 즉, 이는 근본적으로 잘못 이루어진 거래에서 피고의 취득의 안전보다는 원고의 원래 소유권의 안전을 더 우선시하는 것이다. 그러나 이런 대응책에는 이론상 및 실무상 난점이 없지 않다. 즉, 이론적 차원에서는 법적 소유권이 피고에게 넘어가지 않으면(또 설사 법적 소유권이 넘어가더라도 아마도 형평법상의 소유권은 넘어가지 않을 수도 있다), 그 때에 피고는 그 재산권의 이전에 의하여 이득을 본 것이 없으므로 이 문제는 결국 부당이득의 법리로는 해결할 수 없게 된다는 것이다. 이는 그럴듯하다. 책임에 관한 원칙들과 방어방법들은 그 속하는 범주에 따라 결정된다. 그러나 재산권의 잘못된 이전을 시정함에 있어 강력하고도 선제공격적인 물권적 대응책(보통법과 형평법 모두에서 드러나는 것)은 단지 법의 무기고에 보관되어 있는 여러 가지의 무기들 중 하나에 불과할 뿐이다. 실로 당사자가 법원에 찾아와서 구제를 호소할 때까지는 법의 대응책이 보수반동적reactive이거나 미적거리기보다는 선제공격적proactive이고도 즉각적이라는 사실은 곧 계쟁권리가 얼마나 중요한지를 알려주는 척도가 될 수도 있다. 이 장에서 고려해보는 대응책들은 모두가 판례법이 재산권의 잘못된 이전을 다룸에 있어 좀 더 선호하는 접근방법으로서 이런 평가를 더욱 뒷받침해준다.

한편 실무적인 난점들은 당사자들의 다양성과 관련하여 생긴다. 원고들에게 매우 까다로운 문제는, 만약 이전의사가 흠결된 채로 이전된 재산을 피고가 더 이상 보유하고 있지 않을 경우 대안으로서의 금전적 구제수단(즉 대안으로서의 채권적 구제수단)이 얼마만큼 소용에 닿는가의 문제이다.[51] 문제의 재산이 자동차인데 피고가 이를 취득한 후 원고가 그 재산권이 잘못 이전되었음을 이유로 부당이득반환청구를 하기 전에 이미 차를 부서뜨렸거나 딸에게 주어버렸다고 가정해보자. 놀랍게도 초기의 법원들은 그런 재산 자체의 회복을 금전으로 갈음할 수 있는 가능성을 결코 인정하지 않았다. 즉, 피고가 그 차를 더 이상 가지

51) 아래 제7절, 제8절에서는 이에 대체하는 재산권property에 터잡은 구제수단이 논의된다.

고 있지 않은 경우에는 피고에게 간단히 가령 8,000파운드[52]의 원상회복을 하라고 명하기를 거부한 것이었다.[53] 마찬가지의 원칙이 동산, 토지, 주식 등에도 적용되었다. 보통법이 금전에 의한 손해배상을 명하는 것은 오로지 불법행위에 대한 대응책으로서뿐이었기 때문에 이런 류의 개입을 거부해왔다고 알려져 있는데, 결국 이는 부당이득 청구의 핵심이 아닌 것이다. 형평법은 형평법이 금전에 의한 구제를 명하는 것은 신탁기금에서 돈이 빠져나간 경우 이를 채워놓으라고 명하는 경우에 한한다는 이유로 간섭하려 하지 않았으며, 더욱이 그런 금전적 구제명령조차도 계쟁재산에 관계된 경우를 제외하고는 결코 발령되지 않았다.[54] 그로 인한 결과로서 원고는 부당이득을 이유로 하는 구제를 받을 수 없게 되며, 계약이나 불법행위에 터잡아 청구하지 않는 한 달리 구제수단이 전혀 없게 된다. 이렇게 전제할 경우 원고의 이전의사가 흠결된 재산권의 이전이 돈money일 때에는 법이 오랫동안 취해온 대응책이야말로 예외적이라 할 수 있다. 그때에는 당초의 돈이 피고의 수중에 동일성을 유지한 채로 그냥 남아 있느냐의 여부는 중요하지 않다. 즉, 원고는 예외 없이 부당이득 법리상의 대체적 구제수단으로서 채권적, 금전적 청구권을 행사할 자격을 얻게 되는 것이다.

부당이득 청구를 물권적으로 강력히 보호해주는 경우의 이점이 무엇이든 간에 대등한 대체수단으로서 금전에 의한 구제수단이 일반적으로 허용될 수 없다는 역사적인 추론은 상당히 의문스러워진다. 형평법이 이렇게 자제하는 모습을 보이는 것은 의문의 여지없이 초기에 두 법체계 간에 다툼이 있었음을 반영한

52) 피고가 내놓을 수 있는 방어방법을 반영하기 위하여 계량화된 것이다.

53) 여기서 고려되는 아주 제한적 범주의 사건들에서는 자동차에 대한 법적 소유권이 피고에게 이전되지 않는다. 그러므로 원고는 피고에 대하여 불법영득을 이유로 하는 소송을 걸 수 있는 매우 행복한 처지에 놓여 있다. 그리고 이런 권리는 피고가 그 차를 점유하고 있느냐의 여부에 상관없이 지속한다. 더욱이 이것은 무과실책임strict liability이기 때문에 부당이득 청구에 적용되는 일련의 방어방법들로 인하여 영향을 받지 않으며, 따라서 부당이득을 이유로 하는 채권적 구제수단을 동원해야 할 아무런 실제적 필요가 없다. 그러나 이론상의 균열은 여전히 존재한다.

54) 수임자와 관련된 똑같은 문제에 관하여는 제6장 제3절 제3관을 보시오.

다. 이에 대응하는 보통법상의 대응책은 이를 정당화하기가 더 어렵다. 그것은 철저한 분석이나 원칙에 기초한 것으로 보이지 않는다. 원고의 재산이 돈일 경우에 나타나는 대조적인 반응이야말로 이를 뒷받침해준다. 이제는 부당이득의 법리가 훨씬 더 잘 분석되고 있으며, 또 방어방법에 관하여도 새로 발견해낸 철저하고도 체계적인 접근방법을 갖추고 있기 때문에 부당이득 청구를 위한 통상적인 물권적 대응책을 보강해주기 위하여 원칙에 입각하여 금전에 의한 채권적 대응책을 개발해내는 데 아무런 방해도 있어서는 안 될 것이다. 이렇게 이 사안에서 보통법이 발전해야 할 필요성은 이 장의 뒷 절들에서 훨씬 더 잘 드러난다.

원고는 이런 형태의 잘못된 재산권이전에 대하여 판례법이 취하는 강력한 물권적 대응책에 의하여 영향을 받는 유일한 당사자가 아니다. 만약 피고가 계쟁재산을 다시 다른 사람에게 양도할 경우에는 그 이후에 이어지는 재산권이전의 고리에 해당하는 취득자들은 그로 인하여 영향을 받게 될 것이다. 이런 재산권의 연속적 이전이 반드시 잘못된 것일 이유는 없겠으므로 그 제3취득자들은 원고로부터 부당이득을 이유로 하는 청구를 받지 않는 것이 보통이다.[55] 그럼에도 이런 제3자들은 다양한 대체적 청구에 노출될 수 있다. 가령 피고가 당초의 소유자로부터 소유권을 제대로 취득하지 못했을 경우(재산권의 잘못된 이전에 적용되는 부당이득의 원칙들로 인하여)에는 제3자의 소유권 취득에도 흠이 생기게 될 것이다. 그렇게 되면 당초의 소유자와 제3취득자 간에서는 그 재산의 소유권을 둘러싸고 다툼이 벌어질 수 있다. 이는 재산권에 대한 다툼으로서 소유권분쟁 또는 우선권다툼의 문제를 불러일으킨다.[56] 즉, 이는 채권법 차원에서의

55) 그러나 어떤 부당이득의 이론가들은 제3자가 "원고의 지출에 힘입어 이득"했느냐의 문제에 집중하여 제3자의 이득은 사실상 원래의 원고의 지출에 힘입는 것이라고 확신하고 있다. 이것은 부당이득법리에 깔려 있는 원칙을 전제로 할 때 매우 특별한 사실관계(예컨대 피고의 대리 따위)상 원고로부터 제3자에게의 이전에 이전의사가 흠결되었다거나, 또는 증여의사가 흠결되었음을 시사해주지 않는 한 분석방법상 매우 의심스러운 것이다. 중대한 하자 있는 의사 또는 계약기초의 흠결에 의존하는 정통적 사고방식은 이 주장에 도움이 되지 않는다.

56) 제4장 제4절 제1관, 제2관, 제3관, 제4관을 보시오.

다툼이 아닌 것이다. 재산은 또한 다른 측면에서도 중요해질 수 있다. 보통법상의 불법영득conversion은 무과실책임strict liability을 지는 불법행위이므로 법적으로 원고에게 속하는 재산을 피고로부터 취득한 제3자는 불법영득을 이유로 제소될 수 있는 것이다.

만약 원고로부터 피고로의 당초의 재산권이전이 객관적으로 보아 의사 없이 이루어졌다면 재산에 관한 이런 원칙들은 이전된 재산의 성질에 따라 다양한 방법으로 제3자에게 영향을 주게 된다. 비슷한 사건을 비슷하게 다루어야 한다는 차원에서 보면, 이런 차이점들은 반드시 항상 방어할 수 있는 것이 아니다. 동산goods, 토지, 주식과 돈 간의 상이점들이 이를 또 한 번 잘 설명해준다. 동산의 경우 피고는 그 물건에 대하여 법적 소유권을 취득하는 것이 아니며, 그 이후의 전전취득자들 또한 마찬가지이다(앞에서 본 대로 가진 것보다 더 이상의 권리를 줄 수 없다는 네모 다트nemo dat[57] 원칙을 상기해보라). 그 결과로서 이런 제3취득자들은 그들이 그 물건을 여전히 점유하고 있는지의 여하 간에 불법영득이라는 불법행위를 이유로 당초의 원고에 대하여 무과실책임strictly liable을 지게 된다.[58] 그러나 만약 그 재산이 토지, 주식 또는 돈이라면, 제3취득자는 훨씬 더 잘 보호받을 수 있다. 만약 제3취득자가 원고의 형평법상의 권리를 알지 못한 채로 제값을 치르고for value 선의로bona fide 취득하였다면, 그는 원고의 당초의 권리추급으로부터 완전히 자유로워질 것이다.[59] 만약 그가 수증자donee라면, 그 재산을 아직 보유하고 있는 기간 중에는 소유권분쟁과 우선권다툼의 문제에 노출되지만, 이를 더 이상 점유하고 있지 않을 때에는, 그가 원고의 경합하는 권리를 안 경우가 아닌 한, "정을 알면서 취득한 자knowing recipient"로서의 채권적 책임을 질 가능성이 없게 된다.[60] 이 후자의 접근방법은 원고의 소유권의 안전이라는 법익과 피고 및 그 이후의 취득자들의 취득의 안전이라는 법익 간의 균형을 좀

57) 제4장 제4절 제2관을 보시오.
58) *Cundy v Lindsay* (1878) 3 App Cas 459 (HL).
59) 제4장 제4절 제4관을 보시오.
60) 제6장 제4절 제1관을 보시오.

잘 맞추어주는 것으로 보인다. 그러나 동산에 관한 한 이는 분명히 똑같지 않은 것이다. 보통법상 불법점유에 관한 무과실책임의 원칙은 적대적이지 않은 제3 취득자들에게까지도 파급효를 미쳐서 바람직하지 않아 보인다.

제2관 주관적 관점에서의 재산권이전의사의 흠결 —재산권이전을 취소할 수 있는 경우

주관적으로 볼 때 원고에게 재사권이전의 의사가 흠결되었는데도 재산권이 피고에게 이전되었으며, 피고가 그런 원고의 실수에 대하여 어떤 형태로든 책임이 있는 경우에는 제2유형의 "재산권이전의사의 흠결"에 해당하게 된다. 원고가 자기의 집이나 주식이나 상품을 피고에게 이전하게 된 것이 오로지 피고의 허위표시, 또는 강박, 또는 부당한 영향력의 행사에 의하여 그렇게 되었을 수 있다. 이런 경우 그 행위는 무효void가 아니라 취소할 수 있는voidable 것이다. 즉, 그 재산권의 이전은 일단 유효하고 피고는 그 재산에 대한 법적 권리 및 수익자로서의 권리를 취득하게 되지만, 원고가 그런 재산권의 이전을 백지화unwind(또는 "취소rescind" 또는 "무효화avoid")시키기로 결심하여 이를 실천에 옮기면 그때부터는 효력이 없어진다.[61] 그리하여 원고는 이런 취소를 한 연후에만 자기 재산에 대한 법적 소유권 또는 형평법상의 소유권을 회복할 기회를 얻게 된다. 이렇게 원고가 그 재산권이전을 취소하기로 결정하기 전과 후의 양상이 달라지는 두 단계의 과정이 있다는 것은, 곧 주관적 관점에서의 재산권이전의사의 흠결로 인한 물권적 결과가 객관적 관점에서의 재산권이전의사의 흠결로 인한 물권적 결과(이 경우 재산권의 이전은 단순히 무효이다)와 다름을 의미한다. 이런 양상은 주관적 관점에서 재산권이전의사가 흠결된 것인지의 여부 및 그 경우의 취소가 어떤 경우에도 제한 없이 허용되는 것인지의 여부에 관하여 보통법과 형평법이 서로 다른 원칙을 적용한다는 점에서 실로 더욱 복잡한 모

61) 제7장 제2절 본문을 보시오.

습을 보여주고 있다.

먼저 취소 전의 상황에서부터 시작해보자. 보통법은 원고가 거래를 취소하기 전에는 이전된 재산상에 어떠한 물적 권리도 가지고 있다고 보지 않는다. 보통법은 이 경우 오직 법적 권리만을 따지는데, 그 권리는 피고에게 속해 있기 때문이다. 이에 비하여 형평법은 좀 더 차별적이다. 즉, 형평법은 원고가 피고에게 완벽하게 제대로 소유권을 이전해준 사람의 위치와는 꽤 다른 위치에 있음을 인정해준다. 그리하여 원고는 그 거래를 취소할 권리가 있으며, 그렇게 취소할 경우 그 재산상에 형평법상의 소유권을 회복하고, 더 나아가서 궁극적으로는 법적 소유권 또한 회복할 수도 있다는 것이다. 이런 상황에서 원고는 단순형평권mere Equity[62]을 가지는 것으로 생각되고 있다. 이 권리는 형평법상의 물권적 권리들 중 가장 약한 것이지만, 그럼에도 이 권리는 다른 사람에게 이전될 수 있으며, 비록 제3취득자에게 대항할 수는 없지만 무상취득자volunteers나 원고의 권리의 존재를 알거나 알 수 있는 위치에 있었던 제3취득자에 대하여는 우선할 수 있는 것이다.[63] 그리하여 이 권리는 원고가 제대로 의도하지 않은 채로 잘못 넘겨준 재산에 대하여 피고를 상대로 하여 원고의 불완전한 권리inchoate rights를 보호받을 수 있는 혜택을 부여해준다.

일단 거래를 취소하고 나면 그림은 좀 더 복잡한 양상을 보여주게 된다. 먼저 보통법이 이 경우 취할 수 있는 조치부터 살펴보자. 만약 원고가 증여의사가 흠결된 증여unintended gift를 하고(이 경우 원고는 피고에게 원상회복해줄 반대의 채무에 의하여 구속받지 않게 된다), 또 원고가 보통법상 거래를 취소할 수 있는 지위에 있고(보통법조차도 주관적으로 볼 때 원고의 의사가 피고의 사기적인 허위표시, 또는 물리적 내지 경제적 강박에 의하여 하자를 띠고 있다고 보기 때문이다), 또 그 재산이 금전이거나 보통법상의 소유권을 자동적으로 되돌려주는 것이 가능한 재산

62) 제3장 제10절을 보시오.

63) *Re Goldcorp Exchange Ltd (in rec)* 〔1995〕 1 AC 74 (PC); *Daly v Sydney Stock Exchange Ltd* (1986) 160 CLR 371 (Aust HCt).

일 경우라면(동산의 경우에는 그러하지만, 보통법상의 소유권을 되돌려주는 데 등기, 등록이 필요한 토지나 주식에 관하여는 그렇지 않다), 그렇다면 일단 원고가 거래를 취소하기로 선택하는 한 그 재산에 대한 보통법상의 소유권은 자동적으로 원고에게 돌아가게 된다(또는 돈money에 관하여는 원고가 부당이득을 이유로 채권적 청구를 할 수 있게 된다).[64] 이런 모든 제한과 제약으로 인하여 보통법이 구제수단을 제공해줄 수 있는 것은 증여의사가 흠결된 돈이나 동산의 증여의 경우에 한하게 된다. 이 경우 돈에 관하여는 보통법이 그 넘어간 돈이 더 이상 피고의 수중에서 특정될 수 없는 경우에라도 원고에게 채권적 구제수단을 허용해준다는 점에서 예외적 취급을 받는다. 동산에 관하여 보자면 부당이득을 이유로 하는 유일한 구제수단은 곧장 금전적 청구를 하는 것이 아니라, 법적 권리 그 자체를 되돌려놓는 것이기 때문에 그 재산은 특정될 수 있어야 한다.[65] 그러나 동산에 관하여는 법적 권리를 되돌려준다 하여 원고에게 특정이행을 요구할 권리까지 부여하지는 않는다는 점을 상기하라. 원고의 법적 권리는, 만약 피고가 그 재산을 자발적으로 되돌려주기를 거부할 경우에는, 단순히 원고에게 그 횡령된 재산의 가액만을 회복할 자격을 부여할 뿐이다.[66] 다른 종류의 재산에 관한 증여의사가 흠결된 증여의 경우에는 원고의 의사가 피고의 사기fraud나 강박duress으로 인하여 하자를 띠게 된 경우에서조차도, 원고는 형평법상의 부당이득에 의한 구제를 추구하거나, 이런 청구를 무시하고 피고를 상대로 사기나 강박의 불법행위를 이유로 하는 청구를 추구해야 될 것이다.

이것만으로는 부족했는지, 보통법은 양상을 좀 더 복잡하게 만들고 있다. 만약 주관적 관점에서 의사의 흠결이 있는 원고의 재산권이전이 증여라기보다는 계약에 의하여 이루어졌을 때에는 원고가 계약에 따라 피고로부터 반대급부로서 이전받은 재산을 다시 피고에게 완벽하게 되돌려줄 수 있는 위치에 있지 못

64) *Re Eastgate ex p Ward* [1905] 1 KB 465 (KB) 이 사건은 증여가 아니라 계약의 경우였다.
65) 아래 제4절 제2관을 보시오.
66) 제6장 제3절 제1관을 보시오.

한 한 원고는 계약을 취소할 수 없다. 가령 원고가 자동차를 구매했다면, 원고가 그 차를 피고에게 구매 당시의 상태 그대로 반환할 수 있는 위치에 있지 못한 이상, 원고는 그 하자 있는 거래를 취소하여 매매대금을 회수할 수 없게 된다.[67] 이는 매우 심각한 장애로 대두할 수 있다. 원고는 자동차를 구매하고 나서 여러 달이 지나도록 그 계약상 의사에 하자가 있었음을 발견하지 못할 수도 있으며, 그렇게 되면 그 기간 중 차를 사용함에 따르는 그만큼의 노후화로 인하여 원고는 보통법상 그 거래를 취소할 수 없게 될 것이다.[68] 이렇게 원고가 보통법에 기하여 부당이득을 청구할 수 없게 되면, 그 경우 원고가 취할 수 있는 보통법상의 유일한 대안은 계약 또는 불법행위를 이유(단 그것이 가능할 경우에 한한다)로 하여 구제방법을 강구해보는 일뿐이다.

이런 제한적 원칙에 대하여는, 비록 현대적 관점에서는 불필요한 제약이라고 보이기는 하지만, 합리적 설명책이 있다. 부당이득 청구의 요건으로서 피고의 위법행위wrong가 아니라 원고가 잘못 생각으로misconceived 재산권을 이전해줄 것이 요구된다는 점을 상기해보자. 법적으로 불법행위가 존재하지 않을 경우 보통법은 이들을 물어내는 방법으로서든 또는 손실의 전보로서든 간에 금전적 구제를 명할 재판권이 없다고 보았다. 보통법이 할 수 있는 유일한 일은 법적 권리를 되돌려주는 것뿐이었다. 만약 청구가 부당이득을 청구원인으로 한다면, 보통법은 예컨대 그 차에 대한 소유권을 되돌려줄 수는 있겠지만, 원고에게 그 차의 감가상각분을 물어내라고 하지는 못하는 것이다. 그러므로 공평의 견지에서 보통법은 그런 조정의 필요가 전혀 없는 경우에만 거래의 취소를 허용했던

---

67) 그러나 그 재산이 당초의 가치를 그대로 유지하느냐의 여부는 중요하지 않다: *Armstrong v Jackson* 〔1917〕 2 KB 822, 828 (KB).

68) *Clarke v Dickson* (1858) EB & E 148, 154-5; 120 ER 463, 466 (Compton J); *Erlanger v New Sombrero Phosphate Co* (1878) 3 App Cas 1218 (HL), 1278 (Lord Blackburn)를 보시오; 그러나 *Alati v Kruger* (1955) 94 CLR 216 (Aust HCt), 225 (Dixon CJ, Webb, Kitto Taylor JJ)에서는 판례법상으로도 매수인인 원고는 그 재산에 내재하는 속성이나 또는 계약상 매수인이 부여받은 권리의 행사로 인하여 그 재산이 손상된 데 대한 책임을 지지 않음을 시사하고 있다. (citing *Head v Tattersall* (1871) LR 7 Exch 7, 12.)

것이다. 즉, 원고가 그 받은 것을 피고에게 빠짐없이 그대로 되돌려줄 수 있을 때에만 취소를 허용했던 것이다. 부당이득의 법리가 좀 더 견고한 기초 위에 서 있는 지금의 시점에서는, 이런 제한에 관하여 다시 한 번 검토해보는 것도 의미 있을 듯하다. 이제 보통법은 단순히 불법행위에 대한 구제수단을 제공함에 그치지 않고 부당이득에 대하여도 구제수단을 제공한다. 예컨대 앞에서 본 원고는 자동차의 거래가 이루어지던 당시 원고가 취득한 실제가치를 대변할 수 있는 금액으로 완벽한 원상회복을 해줄 수 있다. 원고가 이렇게 할 수 있게 되면, 하자 있는 거래를 원고가 취소할 수 있는 경우에 관하여 좀 더 원칙에 입각한 제약을 가하는 것이 가능해질 것이다. 즉, 원고가 잘못 지급한 자동차의 구매대금을 회수하고자 한다면, 원고는 그런 하자 있는 거래에 의하여 원고가 취득한 재산의 실제가치만큼을 돌려주어야 한다. 이렇게 부당이득을 회복할 수 있는 채권적 권리는 언제든지 잘못 지급한 돈을 회복하는 데 활용될 수 있었다. 이에 있어 지급한 바로 그 돈의 회복restitutio은 결코 실질적인 의미가 없었던 것이다.

"금전화된 취소monetized rescission[역주4]"를 허용하는 방향으로의 개혁이 없이는, 이런 모든 원칙들로 인하여 주관적 관점에서 잘못된 재산권이전의 경우 부당이득을 이유로 하는 보통법상의 구제수단을 추구하는 일이 거의 불가능하다. 즉, 그 의사에 심각한 하자가 있었다고 인정되지 못하는 경우이든지, 또는 그 재산의 법적 소유권이 자동적으로 되돌려질 수 있는 유형이 아니라든지, 또는 원고가 그 취득한 재산을 완벽하게 피고에게 반환해줄 수 없는 경우가 대부분이기 때문이다. 이에 비하면 형평법은 어떤 경우에도 좀 더 관대한 편이다. 원고의 하자 있는 의사에 관하여 피고가 어떤 형태로든 책임이 있다고 형평법이 비교적 넓게 인정해주는 허위표시나 부당한 영향력의 행사나 불공정한 거래 등의 경우를 되돌이켜보자.[69] 또한 피고가 소유하는 재산에 대한 형평법상의 소유권이 그 계쟁재산의 성격 여하 간에 원고에게 되돌아간다는 점을 상기해보

69) 제7장 제2절을 보시오.

자. 여기에서는 동산이냐, 토지냐, 주식이냐의 여부에 따라 차별하는 어떠한 특별한 원칙도 없는 것이다.[70] 마지막으로 재산권의 잘못된 이전이 계약에 의하여 이루어진 경우 원고가 그 받은 것을 피고에게 완벽하게 반환할 수 있어야 하는지의 여부에 관하여 형평법은 보통법보다 훨씬 더 관대한 입장이다. 즉, 형평법은 단지 "현실적인 정의practical justice"가 행해질 것을 요구할 뿐이다.[71] 이렇게 형평법의 개방적인 접근방법은 역사적으로 두 법체계 간의 경계선이 어떠했는지를 또 한 번 비추어준다. 즉, 형평법은 보통법처럼 불법행위에 대한 손해배상을 명할 수는 없었지만, 계쟁재산에 대한 거래와 관련하여 피고가 축낸 것을 채워넣으라고 명하는 방법으로 형평법상의 권리를 되살려줄 수 있다고 보았다.[72] 앞에서 본 예를 다시 떠올려보자. 형평법은 원고가 자동차를 이미 여러 달 사용한 시점에서도 계약을 취소하고 이를 반환할 수 있도록 허용한다. 단, 원고가 그 반환하는 재산상에 생긴 감가분을 피고에게 물어주라는 조건이 붙을 뿐이다.[73]

여기서 두 가지 문제를 검토해볼 가치가 있다. 첫째, 형평법이 개방적인 대응책을 취한다고 하여 완전히 "금전화된 취소"를 명하는 데까지로는 확장되지 않는다는 점이다. 적어도 원고와 피고 간 주고받은 것을 서로 물권적으로 주고받아 회복시켜주는 일이 필요하다. 그렇게 되면 형평법은 당사자가 계쟁재산에 끼친 손실을 그대로 반영하는 차액정산을 명할 수 있다. 앞에서 본 예에서, 원고가 그 차를 단지 수개월간 사용했을 뿐인 경우에는 형평법이 부당이득 청구를 받아들일 수 있게 된다. 그러나 원고가 그 차를 반환하는 일 자체가 불가능한 경우에는 그런 명령이 전혀 불가능하다. 그때에는 취소는 더 이상 허용되지

70) 제3장 제8절을 보시오.

71) *O' Sullivan v Management Agency and Music Ltd* [1985] QB 428 (CA).

72) *Erlanger v New Sombrero Phosphate Co* (1878) 3 App Cas 1218 (HL), 1278 (Lord Blackburn).

73) *Alati v Kruger* (1955) 94 CLR (Aust HCt), 223-4 (Dixon CJ); *O' Sullivan v Management Agency and Music Ltd* [1985] QB 428.

않는 것이다.[74] 이는 곧 비록 원고가 계약 또는 불법행위에 터잡아 대안적 청구를 할 수 있을 만큼 다행인 경우가 있을 수는 있어도, 적어도 부당이득의 반환청구는 더 이상 할 수 없게 됨을 의미한다. 그러나 형평법에서조차도 그 이전된 재산이 금전일 경우에는 이런 제한은 결코 적용되지 않는다. 그 경우에는 그 돈이 피고의 수중에서 더 이상 특정될 수 없는 상황이 되었을 때도 형평법상 취소가 허용되었다. 원고에게는 단순히 채권적 금전청구권이 인정되는 것이다.

이 모든 것은 결국 원고가 우연적 상황에 따라 부당이득 청구에서 승소할 수도 있고 패소할 수도 있음을 의미한다. 만약 법이 잘못 이전된 재산권에 대한 구제를 해주고 싶어 한다면 그 경우의 구제수단은 상황논리에 따를 것이 아니라, 원칙에 입각한 제한에 따라야 할 것이다. 실로 법은 이런 원칙을 인정하는 데서 이미 상당한 진전을 보이고 있다. 계약에 의한 재산권이전이 허위표시에 기인하여 이루어진 경우, 그 허위표시가 사기의 일환으로서 행해졌든, 또는 과실에 기인해서든, 또는 선의였든 간에 성문법은 이제 계쟁재산 자체를 더 이상 회복할 수 없는 경우에조차도 금전적 구제수단을 허용하고 있다.[75] 그렇다면 재산권이 잘못 이전된 다른 모든 유사한 사안에서도 완전히 "금전화된 취소"를 원칙으로서 허용하는 데까지 확장하는 것을 거부할 만한 아무런 두드러지는 이유가 없는 것이다.[76]

---

74) *Clarke v Dickson* (1858) EB & E 148, 145-5; 120 ER 463, 466 (Compton J).

75) 1967년의 허위표시법Misrepresentation Act 제2조 (1)을 참조하시오. 이 법으로 인한 혜택이 무엇이든 간에 이 법은 문제의 청구권을 잘못 분류한 것으로 보인다. 이 법은 완전한 원상회복restitutio in integrum을 저지하는 사유에 의하여 초래된 실제적 문제들로부터 원고를 구제해주기 위하여 고안된 것이다. 이런 기초 위에서 금전화된 취소는 다른 어떠한 부당이득 청구나 마찬가지로 평가되어야 할 것이다. 그리고 논쟁의 여지가 크지만 이 법은 불법행위에 기초하여 평가되는 금전적 구제수단을 제공하는 것으로 해석되어왔다. 그러나 다툼의 여지는 있지만, 이런 방법은 부당이득을 주장하는 원고에게 아무런 원칙 없이 과다한 배상을 허용해준다는 단점이 있다. *East v Maurer* 〔1991〕 1 WLR 461 (CA)을 보시오.

76) 몇 가지 판례가 이 방향으로의 움직임을 보여주고 있다: *Spence v Crawford* 〔1939〕 3 All ER 271 (HL); *O' Sullivan v Management Agency and Music Ltd* 〔1985〕 QB 428 (CA); *Mahoney v Purnell* 〔1996〕 3 All ER 61 (QB).

두 번째의 문제는 취소rescission에 관하여 형평법이 물권적으로 대응하는 그 구체적인 내용과 관련된 것이다. 형평법의 구제수단은 이전된 재산에 대한 형평법상의 권리를 원고에게 되돌려주는 데 있다. 예컨대 피고는 그 자동차에 대한 법적 소유권을 여전히 보유하지만 이는 원고를 위한 신탁관계에서만 그러한 것이다.[77] 현재의 법에 따르면 이런 결과는 보통법상의 소유권의 회복에 비하여 원고에게 좀 더 많은 혜택을 가져다주게 된다. 형평법상의 소유권이 원고에게 돌아가면 원고는 계쟁재산 그 자체의 특정회복을 청구할 수 있다고 해석되고 있다. 이에 비하여 보통법은 통상 불법영득conversion을 이유로 하는 금전적 배상청구권에 국한시킬 뿐이다. 이런 차이는 무원칙해 보인다. 이 형평법상의 원칙에 대한 초기의 비판론을 상기해보자.[78] 이제는 형평법의 접근방법을 수정해서 형평법상의 재산권 회복이 원고에게 단순히 재산 그 자체를 되돌려주는 것이 아니라, 그 재산에 대한 법적 소유권의 이전을 요구할 권리만을 부여하는 것으로 수정하는 것이 바람직해 보인다. 이런 중용적인 분석의 단계는 상당한 파급효를 불러일으킬 수 있을 것이다. 형평법상 원고는 그 경우 일반적으로는 불법영득을 이유로 하는 금전적 구제수단을 요구할 자격을 얻게 될 뿐임에 그친다. 원고는 그 재산이 독특한unique 가치를 가지거나, 또는 원고와 피고 간의 관계가 특별한 성격을 띠는 관계(신임관계fiduciary)로서 피고에게 원고의 권리를 특별히 인정해주지 않을 수 없도록 만드는 관계가 아닌 한 더 이상 그 재산 자체의 특정회복을 청구할 수 없게 될 것이다.

재산권이전의사의 흠결에 관한 이 절에서의 모든 서술을 요약하면, 형평법이든 보통법이든 이런 청구에 대하여는 단호하게 특권적 물권을 부여하는 형태로 대응한다는 점이다. 여기서의 난점은 이런 특권적 지위에서 생겨나는 것이 아

77) *Allcard v Skinner* (1887) 36 ChD 145 (증여의 경우); *Alati v Kruger* (1955) 94 CLR 216 (Aust HCt) (계약의 경우); *O' Sullivan v Management Agency and Music Ltd* 〔1985〕 QB 428 (CA) (계약의 경우); *Daly v Sydney Stock Exchange Ltd* (1986) 160 CLR 371 (Aust HCt) (계약의 경우)

78) 제6장 제3절 제1관, 제2관을 보시오.

니라, 두 가지 주변적 문제에서 생겨난다. 첫째는 두 법체계 중 어느 것도 아직은 계쟁재산이 피고의 수중에 더 이상 존재하지 않을 경우 금전화된 취소 monetized rescission를 허용하기에 적합하지 않다는 점이다. 두 번째의 문제는 형평법상의 소유권이라는 특권, 특히 물권적 구제수단과 연관된 특정회복을 청구할 자격이 있다고 인정해주는 것은, 보통법상의 원고들과 비교할 경우 형평법상의 부당이득을 주장하는 원고들에게 과도할 정도로 관대해 보인다는 점이다.

제5절 "증여의사의 흠결"
—물권적 회복에서의 이론적 문제들

재구성해본 모델하에서 재산권이 잘못 이전된 두 번째의 범주는 "증여의사가 흠결된 증여unintended gift"이다. 여기서 원고에게는 재산권을 이전하려는 의사가 완벽하게 갖추어져 있었지만, 증여를 의도하지 않았음이 명백한데도 그 재산권이전으로 인하여 증여의 효과를 나타내게 된다. 이 범주는 도시가스 고객이 착오로 요금을 이중납부하는 경우를 포함한다. 이 범주는 또한 계약에 따라 소유권을 이전했는데 성문법에 의하여 그 계약이 무효로 선언된 경우,[79] 또는 해제, 해지된terminated 계약, 또는 반대급부의 완전한 흠결에 의하여 계약의 목적달성이 불가능해진frustrated 계약하에서 재산권을 이전한 당사자들을 포함한다. 이 범주는 또한 국가가 법률상의 권한을 유월하는 납부고지를 하고, 당사자가 그에 응하여 납부[80]하든지 또는 완성되지 않은 계약이 완성되리라는 기

79) 여기서는 원고가 재산권을 이전하려는 합당한 의사를 형성할 능력을 훼손시키려는 법률을 제외한다. 이렇게 무효인 계약은 "재산권이전의사의 흠결"로 분석되어야 할 것이다. 성문법에 의하여 무효로 선언되는 계약의 물권적 효과는 당해 특정법률에 의하여 결정됨에 주목하라. 이것은 앞에서 설명한 판례법의 원칙에 따를 필요가 없다. 특히 다수의 법률들에서는 계약이 무효로 됨에도 불구하고 재산에 대한 법적 소유권은 이전된다고 인정해주기도 한다. *Stocks v Wilson* 〔1913〕 2 KB 235 (KB).

80) *Woolwich Equitable Building Society v IRC* 〔1993〕 1 AC 70 (HL).

대 속에 재산권을 이전한 경우[81]를 포함할 수도 있다. 마지막으로, 이 범주는 "재산권이전의사의 흠결"에 터잡아 제기되는 청구권에 대한 반발로서 생성되는 청구권을 또한 포함한다. 이 마지막 부류에 관하여는 설명을 필요로 한다. 즉, 원고가 이전의사가 흠결된 계약상의 소유권이전을 무효화하기로 결심하면 원고가 수령한 것을 피고에게 원상회복시켜주는 일은 원고가 원상회복을 받기 위한 선이행의무 내지 피고가 원상회복을 받을 수 있는 독립한 권리로 보일 수도 있는데, 이는 피고에 의한 원고 앞으로의 재산권이전은 그 목적했던 계약의 기초가 제거되면 증여의 의사가 흠결된 증여로 되기 때문이다(원래는 피고의 의사에는 하자가 없고 원고의 의사에만 하자가 있으므로, 피고에 의하여 재산권이전의사가 흠결된 재산권이전은 아닌 것이다).

이렇게 증여의사가 흠결된 증여의 사례들에서 바람직한 법적 구제수단은 이전의사가 흠결된 재산권이전의 범주에 비해보면 훨씬 덜 정착되어 있다. 이제 보통법은 이렇게 재산권이 잘못 이전된 경우 부당이득의 법리에 따르는 채권적 금전회수의 구제수단이 허용됨을 인정하고 있지만, 그것조차도 그나마 20세기 후반에 들어서서야 점진적으로 허용되었을 뿐이다. 이와는 대조적으로 훨씬 오랜 역사를 지니고 있는 형평법상의 대응책은 최근까지도 가차 없이 물권적 자세를 취하고 있다. 형평법은 전형적으로 계쟁재산의 회복을 명해 왔다. 형평법이 곧장 금전적 구제수단을 허용할 수 없었다는 역사적 경위에 비추어볼 때 이런 접근방법은 기대에 반하는 것이 아니며, 그래서 실로 괄목할 만큼 널리 활용되고 있다. 형평법은 원고가 입증하지 않더라도 재산권이전에 증여의사가 흠결되어 있다고 추정하면서 반증을 허용한다. 우리는 이를 이미 앞에서 결과적신탁의 추정 및 매수대금의 결과적신탁 항목에서 살펴본 바 있다.[82] 형평법은 또

---

81) *British Steel Corp v Cleveland Bridge & Engineering Co Ltd* [1984] 1 All ER 504 (QBD); *Regalian Properties plc v London Docklands Development Corp* [1995] 1 WLR 212 (ChD)을 참고하시오.

82) 제8장 제4절 제2관을 보시오.

한 일방적 착오unilateral mistake,[83] 또는 성문법상 무효인 계약에 터잡은 소유권의 이전,[84] 또는 반대급부의 완전한 흠결을 이유로 해제된 계약 등에 터잡아 행해진 재산권이전에 대하여 물권적 회복책을 허용하여, 원고가 그 지급한 매수대금을 회복할 수 있도록 확보해주기 위하여 의무를 이행하지 않는 매도인의 수중에 있는 매매목적물에 대하여 매수인의 우선변제권을 허용해줄 수도 있다.[85] 이런 모든 사례들은 분석적으로 증여의사의 흠결이라는 제목하에 한데 묶을 수 있다.

보통법과 형평법의 각 접근방법에서의 대조적인 차이점은, 두 법체계가 자주 똑같은 사실상의 문제들을 다룰 수 있다고 주장하고 있다는 점에서 특히 중요하다.[86] 가령 실수로 이중납부한 경우를 보자. 도시가스 고객이 실수로 이중납부한 경우의 문제는 어떤 기업이 실수로 수백만 파운드를 다른 기업에 초과지급할 경우에 생길 수 있는 잠재적 문제들과 비교하면 별것 아니다.[87] 만약 그렇게 초과수령한 기업이 파산하면 초과지급한 기업으로서는 자기들이 초과지급분을 회수할 수 있는 권리가 물권적이어야만 파산법상의 보호를 받을 수 있기 때문에 그 해당 여부가 매우 심각한 문제로 된다. 오래된 형평법 판례들은 이를 긍정적으로 대답하지만 지난 1990년대에는 그동안 증여의사가 흠결된 증여에 관하여 형평법이 취해오던 물권적 자세에 관하여 가지고 있던 고정관념이 깨지는 상황을 목도하게 됨으로써 이 분야에서의 법의 향방은 매우 혼란스러워지고 있다. 이런 논쟁들은 판례법의 접근방법에서의 변화를 의미한다. 두 법체계 간의 괴리에도 불구하고 이를 서로 비교하고 판례법상의 다양한 청구원인들 간을 비교한 결과 결국 결과적신탁의 추정과 관련한 형평법의 재판권이 자리잡고 있

---

83) *Chase Manhattan bank v Israel British Bank* 〔1981〕 1 Ch 105.

84) *Sinclair v Brougham* 〔1914〕 AC 398 (HL), 그러나 이 판례는 *Westdeutsche Landesbank Girozentrale v Islington LBC* 〔1996〕 AC 558 (HL)에 의하여 변경되었다.

85) *Levy v Stogdon* 〔1898〕 1 Ch 478; *Hewett v Court* (1983) 149 CLR 639 (Aust HCt).

86) 이는 법률에 의하여 무효로 선언되거나 가령 반대급부의 전면적 흠결로 인하여 해제된 계약의 경우에 그러하다.

87) *Chase Manhattan Bank v Israel British Bank* 〔1981〕 1 Ch 105.

는 바로 그 기초에 관하여 재평가하지 않을 수 없게 되고야 말았다. 비록 이 단계에서 도달한 결론이 좀 의문스럽기는 하지만, 그 전략은 경탄할 만하다.

만약 A가 자기의 재산을 B에게 그냥 준다면 형평법은 그 재산권이 단순한 증여의 의사에 따라 넘어간 것이 아니라고 추정하고, 그에 맞추어 거기에 내재된 묵시적 조건을 특정이행할 책임을 지움으로써 B가 그 재산을 A를 위하여 결과적 수탁자로서 보유한다고 추정(결과적신탁의 추정)한다는 점을 상기하라.[88] 이런 결론은 B에게 재산권을 이전하겠다는 A의 의사에 어떤 결함이 있어서가 아니라, 단지 형평법이 증여에 대하여 취하는 적대적 선입견에 기인할 뿐이다. 이런 부당이득의 사안들에 관한 현대적인 재해석은 결과적신탁의 추정에 있어서 결과적으로 무엇이 정확히 추정되느냐에 집중된다. 법원은 A가 신탁을 설정할 의사(그리하여 A에게 그런 신탁의 혜택을 받을 수 있도록 허용할 의사)를 가지고 있었다고 추정하는 것인가? 또는 법원은 A가 B에게 혜택을 줄 의사(따라서 그런 결과를 확보하기 위하여 설정한 신탁하에서 그 수익을 수령할 수 있도록 허용할 의사)가 없었다고 추정해야 할까? 또는 법원은 A가 B에게 증여에 의한 혜택을 줄 의사가 없었다고 추정하는가(그래서 A에게 그런 결과를 확보할 수 있도록 신탁관계의 형성을 허용하는 것인가)? 위 세 가지 중 어느 것을 택하더라도 결국 B가 결과적신탁의 추정을 번복하기 위해서는 그때마다 제출해야 할 증거가 달라지므로 여기서의 선택은 매우 치명적일 수 있다. 첫 번째의 선택이 B에게는 가장 쉬울 것이며, 세 번째의 선택이 가장 어려울 것이다. 결국 A의 재산상의 권리는 첫째를 선택할 때 보호받을 수 있는 가능성이 최악으로 되며, 세 번째 안을 선택할 때 최선의 보호를 받을 수 있게 된다.

1990년대에 들어서서 대법원House of Lords[역주5]은 결과적신탁을 재분석하여 이론문제에 관한 충분한 토론의 혜택조차도 베풂이 없이 불행하게도 첫째 방안을 선택해버렸다.[89] 이제 형평법은 원고에게 신탁을 설정할 의사가 있었다고

88) 제8장 제4절 제2관을 보시오.

89) *Westdeutsche Lankesbank Girozentrale v Islington London Borough Council* 〔1996〕 AC 669 (HL).

추정하는 것이다.[90] 그러나 이런 추정은 원고가 신탁이 아닌 다른 형태의 거래를 의도했다는 입증에 의하여 뒤집힐 수 있음이 분명하다. 원고가 예컨대 증여gift나 소비대차loan를 의도했다면 원고는 신탁을 의도한 것이 아니므로 피고는 그 이전받은 재산을 자기의 이익을 위하여beneficially 보유할 수 있게 된다. 즉, 피고는 이제 그 재산을 원고를 위한 결과적신탁의 추정하에 보유하는 것이 아니다. 이런 접근방법은 결과적신탁으로 추정될 가능성을 거의 남겨놓지 않는다. 실로 이런 분석하에서는 결과적신탁의 추정은 증여의사의 흠결이라는 사실의 입증에 의하여 간단히 번복될 수 있는 것으로 보일 것이다. 원고가 도시가스 수용가의 경우처럼 실수로 한 번 더 재산권을 이전하면 그 경우 원고가 그것을 신탁의 방법으로 이전할 의사를 가졌다고는 볼 수 없을 것이다. 마찬가지로 원고가 성문법률상 무효로 취급되는 계약의 방법으로 재산권을 이전하거나, 또는 나중에 해제되거나, 또는 목적달성이 불능으로 되는 계약하에서 재산권을 이전한다면 원고가 신탁의 방법으로 재산권을 이전할 의사를 가졌다고 볼 수 없음이 분명해질 것이다. 결과적신탁의 추정은 원고가 신탁을 의도하지 않았음을 입증할 수 없을 때에만 살아남을 수 있다. 이런 이중부정double negative의 방법은 결코 현실을 제대로 반영할 수 없을 것이다. 유일하게 가능한 상황이 있다면 원고가 신탁에 뜻을 두고 재산권을 이전하지만 그것이 성문법상의 요식행위를 갖추지 못하여 명시적신탁으로 발효하지 못하는 경우뿐일 것이다. 그 경우 결과적신탁의 추정은 수익자로서의 권리를 수탁자인 피고에게 남겨놓기보다는 원고에게 돌려줌으로써 원고를 곤경에서 구출하게 될 것이다.

이렇게 결과적신탁의 추정에 대하여 고도로 제한적인 입장을 취하는 방법이 매우 선호되었는바, 그 이유로는 이런 입장을 취할 경우 물권적 구제수단이 발동될 수 있는 경우가 현격히 줄어들게 되고, 그것이 바람직한 결과라고 생각했기 때문이었다. 이에 관한 정책적인 근거는 이 장의 앞부분에서 이미 살펴본 바

---

90) *Westdeutsche Landesbank Girozentrale v Islington London Borough Council* [1996] AC 669 (HL) (Lord Browne-Wilkinson).

있다. 이에도 불구하고 학자나 판사들치고 이런 새로운 접근방법에 기꺼이 동조하는 것으로 보이는 사람은 극히 적다. 오히려 그들은 두 번째 안을 선호함으로써 형평법은 원고가 피고에게 혜택을 줄 의사를 가지고 있지 않았다고 추정하는 것이다. 그러나 이것은 결과적신탁의 추정의 여지를 그다지 늘려주지 못한다. 앞에서와 마찬가지로 원고의 재산권이전이 당초부터 무효였거나, 또는 후에 해제되거나, 또는 계약의 목적달성이 불능으로 된 계약에 터잡아 이루어졌을 경우에는 그런 추정이 번복되는 것이다. 이런 사안들 중 어느 것에서나 원고의 의사는 의문의 여지없이 피고에게 혜택을 주겠다는 데 있다. 그리하여 여기서 원고에게 착오가 있었다면 그것은 원고가 피고 또한 원고에게 반대급부를 해줄 계약상의 의무를 진다고 착각했다는 점일 것이다. 반면 착오에 기인한 재산권이전은 더욱 많은 반대론을 불러일으킨다. 한쪽 극단에는 도시가스 고객이 가스요금을 일방적 착오에 의하여 이중으로 내는 것은 곧 원고가 피고에게 혜택을 줄 의사가 없었음을 입증한다고 생각하는 사람들이 있다. 이렇게 과도하게 주관적 시각에서 접근하는 것은, 법이 통상 객관적 기준에 터잡고 있다는 점에 비추어볼 때, 특별히 피고가 원고의 의사에 하자를 초래한 책임이 있는 경우가 아닌 한 유지하기 어렵다고 보인다. 또 다른 한쪽의 극단에서는 피고의 허위표시, 강박, 또는 부당한 영향력의 행사 등에 의하여 원고의 의사에 하자가 있는 경우에조차도 원고가 피고에게 혜택을 줄 의사가 있었다고 생각한다. 그러나 이 견해 또한 유지되기 어렵다고 보인다. 즉, 원고의 의사가 원고를 그 거래에 붙들어 맬 만큼 유효하지 못하다면, 피고에게 혜택을 주겠다는 의사를 발견해낼 수 있을 만큼은 유효하다고 보는 것 또한 비논리적으로 보이는 것이다.

어떤 경우에도 이렇게 비교적 현대적인 관점에서 피고에게 혜택을 주려는 의사에 초점을 맞추려는 경향은 이런 결과적신탁의 추정 사안들에서 핵심 쟁점을 놓치는 감이 있다. 역사적으로 보더라도 이런 사안들은 (그리고 매수대금의 결과적신탁의 유추의 경우에도) 피고에게 혜택을 주려는 원고의 주관적 또는 객관적 의사와는 아무런 관련이 없었다. 완벽하게 제대로 된 의사에 따라 재산권이 이전된 경우 형평법은 단지 피고가 그 재산을 원고를 위한 결과적수탁자로서 보유하고 있다고 추정했을 뿐이다. 이런 반응은, 형평법이 원고가 증여의 방법에 의한 재산권이전을 의도하지 않았다고 추정한다는 전제 위에서 가장 잘 설명될 수 있는 것으로 보인다. 형평법이 도대체 왜 이렇게 증여에 대하여 적대적인가 하는 것은 별개의 문제이지만, 이 추정이야말로 이 형평법이라는 법체계의 중심에 놓여 있는 것으로 보인다. 이것이야말로 앞에서 본 세 번째 방안이 된다. 이런 근거 위에서는 하자도 없고 착오 또는 강요된 의사의 기미가 전혀 보이지 않는, 완벽하게 제대로 된 의사에 기한, 명백히 증여로 인정되는 사안은 결과적 신탁의 추정을 이끌어낸다—그리하여 피고는 그것이 원고의 의사였음을 입증하지 못하는 한 그 재산을 증여받은 것으로서 취득할 수 없게 된다. 착오로 가스요금을 두 번 낸 고객은 이런 원칙의 덕을 볼 수 있는데, 그것은 재산권을 이전하겠다는 의사에 하자가 있기 때문도 아니고, 또 그 재산권의 이전으로 피고에게 혜택을 주겠다는 의사가 있었기 때문도 아니며, 단지 피고에게 혜택을 주겠다는 의사가 증여를 의미하는 것은 아니었기 때문일 뿐이다. 이는 전후 사정으로 보아 피고가 반대급부를 이행할 의무가 없는 사안에서 원고가 무효이거나 해제되었거나 계약의 목적달성이 불능으로 된 계약에 터잡아 재산권을 이전하는 경우에도 마찬가지가 된다. 여기서도 원고는 재산권이전을 의도하고 또 그로써 피고에게 혜택을 줄 의사를 가지는 것이 사실이지만, 증여의 방법에 의하지 않을 뿐이다. 형평법은 원고에게 잘못 이전된 재산을—증여의사가 흠결된—결과적신탁의 추정이라는 방법으로 회복할 수 있도록 허용해주는 것이다. 이런 결과는 원고가 피고에게 증여의 방법으로 혜택을 주려는 의사를 가지지 않았다는 추정에 터잡은 것으로서, 이는 다른 분석방안 중 어느 것이 허용하는 것보다도 물권적 분석방법을 채택하는 판례법에 일치하는 감이 있다.

이렇게 현대의 보통법이 채권적 대응책을 제시함에 반하여, 종래의 형평법은 증여의사가 흠결된 증여에 대한 물권적 대응책을 제시한다는 점에서 서로 어긋나는 역사를 가지고 있는데, 이는 어떤 형태로든 해결을 필요로 하며, 원칙론에 입각한 대응책을 세우려면 주의깊은 분석이 요청된다. 그래서 다음 절에서는 이로 인한 몇 가지 문제를 다루어보기로 한다.

제6절 "재산권이전의사의 흠결"과 "증여의사의 흠결" 간의 구별방법

앞 절들에서 본 내용들을 종합해보면, 평이하게 세 가지로 요약할 수 있다. 첫째, 잘못된 재산권이전을 시정하기 위한 원상회복으로서의 구제방법은 적어도 역사적으로는 압도적으로 물권적 대응책이라고 할 수 있다.[91] 이는 보통법이든 형평법이든 간에 재산권이전의사의 흠결을 다루는 데 있어서는 물론, 또 형평법이 "증여의사의 흠결"을 다룸에 있어서도 그러하다. 이렇게 부당이득에 기한 청구에 대하여 비교적 일관성 있게 특권을 부여하는 것은 보통법과 형평법이라는 두 법체계에 대한 역사적 이해를 전제로 할 때 법의 불가피한 선택으로서 합리화될 수 있지만, 이는 또한 현대의 경제적 관점에서의 분석economic analysis에 의하여서도 정당화될 수 있다. 둘째, 이런 현대의 경제적 관점에서의 분석에도 불구하고, 특히 증여의사의 흠결이라는 맥락에서 물권적 구제수단의 파급효에 대하여 근거 없으면서도 점증하는 두려움이 있으며, 또한 이에 따라 그런 사례를 제한하려는 움직임이 있다. 세 번째이자 마지막으로, 비록 재산권이전의사의 흠결과 유사한 움직임이라고는 할 수 없어도(이전된 재산 그 자체가 금전인 경우에 오랫동안 받아들여져 오던 실무관행과는 다름) 증여의사의 흠결에 대하여 금전에 의한 원상회복이라는 채권적 구제수단을 허용하려는 경향이 점증하고 있다. 이런 현대적 실무관행은 불법행위wrong가 저질러지지 않은 경우에 조차도 보통법이 금전적 구제수단을 허용할 수 있다는 또 하나의 증거를 제공하는 것이다.

---

91) 잘못 이전된 재산권이 돈으로서 피고의 수중에 들어가 피고의 돈과 섞여 더 이상 가려낼 수 없게 된 경우 이따금 대안으로서 채권적인 금전적 구제수단에 의하여 지지된다.

이 분야에서의 법은 분명 진전하고 있다. 그러나 그 진전하는 방향은 아직 불확실하다. 재산권이 잘못 이전되었느냐의 여부를 평가함에 있어서만큼은 보통법과 형평법이 빈틈의 여지없이 완벽할 정도로 통일된 자세를 취하고 있다. 또 재산권이전의사의 흠결이냐, 또는 증여의사의 흠결이냐의 여부를 판단하는 일과 관련하여서는 두 법체계가 각자 서로 다른 기준을 제시하고 있지만, 두 법체계는 결과적으로는 무척 일치되는 양상을 보여주고 있다. 이제는 구제수단이라는 차원에서도 마찬가지의 성과를 얻을 필요가 있다. 여기서의 결정적인 문제점은 부당이득을 이유로 하는 청구에 물권적 지위라는 특권을 부여할 것인지의 여부와, 또 그런 물권적 구제수단이 불가능할 경우 대안으로서 금전적 구제수단에 의하여 이를 뒷받침해주어야 할 것인지의 여부가 문제로 된다.

이런 문제들에 대한 해답은 선례에서 찾을 수 없다. 이제 법은 기로에 서 있는 것이다. 그리하여 정책policy에 터잡은 결단을 내려야 한다. 경제적 관점에서 부당이득 청구에 물권적 특권을 부여해야 한다는 논거에 설득력이 있다면, 이 분야에서의 법적 진화는 단지 이런 대응책의 배타성에서 탈피하는 일에 다름 아닐 터로서, 대체수단으로서의 금전적 구제수단(채권적 청구) 또한 불가피하게 허용되어야 함을 인정하는 데까지 도달하게 될 것이다. 이는 당사자 중 일방 또는 타방이 계쟁재산을 처분했다는 우연한 사정에도 불구하고 원고의 권리를 온전히 보전해주게 될 것이다. 그렇지 않으면 단일한 물권적 대응책만이 지배하게 된다. 그러나 이야말로 진짜로 발목을 잡는 장애물이 된다. 현대의 반물권적 anti-proprietary 움직임은 부당이득을 이유로 하는 여러 청구권 간에 어떤 부류에는 특권을 주고 다른 쪽 부류에게는 그렇게 하지 아니함으로써 차등을 두고자 하는 욕구를 반영하는 것일지도 모른다. 채권법의 다른 분야에서의 법의 진화는 같은 유형의 청구의 아래 단계에 있는 여러 하위범주 간에 차별화할 수 있는 원칙을 허용함으로써 불가피하게 진전해왔다. 이런 근거에 터잡아 이제는 재산권이전의사의 흠결과 증여의사의 흠결에 대한 각 구제수단 간에 차별화하는 것이 적절할 수도 있다. 실로 소유권의 안전과 거래의 안전 간에 알맞은 균형을 유지하려면, 이런 이중적 범주화의 작업은 매우 합당한 구분선을 그어줄 수 있을 것으로 보인다. 이전의 의사가 전혀 없이 재산권을 이전한 원고는 소유권의 안전을 좀 더 강력하게 보호받아야 한다.(법적으로 인정되는 의사에 대한 법의 엄격한 접근방법을 채택) 예상하지도 못한 채로 자신이 비이해타산적non-commercial 거래(증여의사가 흠결된 증여를 한 경우)를 했음을 발견하게 되는 원고들은 아마 덜 보호를 받게 될 것이다. 물권적 구제수단이 아닌 채권적 구제수단은 그 경우 원고가 확보할 수 있는 유일한 구제수단이 될 것이다. 그럼에도 이런 움직임은 그 자체로서 이미 인정받을 만한 값어치가 있다. 이는 곧 법의 변화를 의미하는 것이다. 여기서 서로 경합하는 문제들에 대하여는 신중하게 경중을 비교하고, 그에 따라 정책적인 판단을 내려야 하는 것이다.

제7절 물권적 구제수단과 입장변화의 항변

부당이득을 근거로 하는 청구에 대하여 채권적 및 물권적 구제수단을 제공하는 데 있어서의 일관된 자세는 결과적으로 방어방법에 있어서도 일관된 자세를 요구하게 된다. 가령 원고가 일방적으로 피고에게 1,000파운드를 잘못 지급하자 피고는 이 눈먼 돈에 고무되어 그중 200파운드를 공익법인에 즉각 기부한다고 가정해보자. 이런 사례는 입장변화의 전형적인 경우로서 받아들여지고 있다.[92] 이런 방어방법은 부당이득의 법리가 현대적으로 진전된 형태로서 당초 1,000파운드의 원상회복 채무를 800파운드로 축소시켜주는 역할을 한다.

---

92) *Lipkin Gorman (a firm) v Karpnale Ltd* [1991] 2 AC 548 (HL), 579-80 (Lord Goff). 계약에 의한 약정이 백지화되어야 하는 경우에는 입장변화의 항변은 그 적용의 여지가 훨씬 줄어든다. 그 경우 이 항변은 위에서 윤곽을 그려본 부류의 공익법인 기부의 경우를 포함하지 않게 된다. 그것은 그 취득한 재산의 가치가 취득자의 노력에 의하여 상승하였거나, 또는 그 재산의 내재적 속성으로 인하여 재산의 가치가 떨어졌거나, 또는 양도인이 그 재산을 특정한 방법으로 다루어달라고 특별히 요청함으로 인하여 그 재산의 가치가 떨어진 경우에만 소용이 될 듯하다. 이것은 입장변화의 항변에 관한 논의에서 아직은 정면에서 또는 꾸준히 인정되지 않고 있지만 꽤 설득력 있는 제약이다.

그러나 만약 부당이득을 이유로 하는 원고의 구제수단이 물권적이라면 피고는 그 받은 1,000파운드를 원고를 위하여 결과적수탁자로서 보유하는 셈이 된다. 따라서 만약 그 경우 피고가 이 자금으로부터 200파운드를 공익법인에 기부하면 결과적 신탁관계에서 남는 돈은 800파운드에 불과하다. 그러므로 부당이득 반환채무는 채권적으로든 물권적으로든 결국 800파운드로 국한된다. 그러나 이는 단지 우연의 일치일 뿐이다. 피고가 자기의 재원에서 200파운드를 공익법인에 기부했지만 거기에는 새로 생긴 눈먼 돈의 덕분에 그런 결심을 하게 된 사연이 있다면 어찌할 것인가? 이런 상황에서 입장변화의 항변은 채권적 반환의무를 축소시켜줄 것이며, 원고로부터 넘어온 당초의 1,000파운드가 여전히 고스란히 피고의 손에 그대로 특정되어 남아 있다는 사실에도 불구하고 물권적 청구권이 그만큼 줄어들지 않는다면 매우 부당한 결과가 될 듯하다.

이런 사례에서 보듯이 형평법상의 물권적 대응책을 평가함에 있어서는 상당한 주의를 필요로 한다. 여기서 1,000파운드의 돈이 형평법상 원고의 소유라고 말하고 싶은 유혹을 받는 것은 사실이지만, 이는 결코 옳지 않다. 잘못된 재산권의 이전으로 인하여 원고는 부당이득을 이유로 하는 특권적 청구권claim을 가지게 되지만, 그 결과 여하 간에 잘못 이전된 돈 그 자체에 대하여 곧장 소유권을 가지는 것은 아니다. 형평법이 이런 부당이득반환청구권에 특권을 주는 메커니즘은 당초의 재산(및 그 추급할 수 있는 대체물[93])에 대한 집행을 확보하기 위한 것이며, 여기서 특권을 부여받는 것은 부당이득반환청구권일 뿐이지 1,000파운드에 대한 원고의 소유권이 아닌 것이다. 만약 궁극적인 청구권이 1,000파운드에 대한 것이라면 원고는 그 돈 전체를 청구할 수 있어야 할 것이다.[94] 그러나 만약 그 청구권이 그보다 적은 금액에 국한된다면, 당초의 재산은 원고의 청구권에 부여된 특권을 확보해주기 위한 담보security로서만 존속할 뿐이다.

이런 분석방법은 원고가 그 청구에 의하여 정확히 무엇을 구하는지의 여부

93) 제4장 제7절 본문 및 제1관을 보시오.

94) 제6장 제3절 제1, 2관을 보시오.

를 철저한 이론적 바탕 위에서 분석하는 일이 얼마나 중요한지를 조명해준다. 만약 재산권의 이전이 처음부터 잘못된 것이라면 원고는 부당이득을 이유로 하는 구제수단을 허용받을 수 있게 되는데, 그 경우 원고가 반드시 당초의 재산을 꼭 회복해야만 하는 것은 아니다. 또 원상회복청구권은 원고가 이전된 재산에 대한 법적 소유자이자 수익적 소유자beneficial owner[역주6]로 여전히 남아 있기 때문이 아니라, 원고가 부당이득반환청구권을 가지기 때문에 발생하는 것이다. 설사 법적으로 일단 그 재산에 대한 소유권이 원고에게 아직 존속하고 있다고 간주되더라도, 그 이후에 일어나는 사건들로 인하여 피고는 원고의 우선특권적 권리를 삭감할 수 있는 방어방법을 제출할 수 있도록 허용받는 것이다. 이와는 대조적으로, 원고가 가령 신임관계에서의 의무 위반으로 인한 이득에 대한 청구와 같은 어떤 다른 물권적 청구를 제기하는 경우이거나[95] 원고가 특정재산에 대하여 서로 저촉하는 소유권 간에서의 우선을 주장할 경우에는 그 분석 결과는 크게 달라질 수 있을 것이다.[96]

제8절 대체물에 대한 권리를 주장함으로써 물권적 청구의 이점을 보전하기

전형적으로 원고에게 제기되는 그다음 문제는 원물에 관한 원고의 당초의 물권적 청구권이 대체물에 대하여서는 과연 어느 정도까지 유지될 수 있겠느냐 하는 것이다. 만약 원고가 자기의 자동차를 피고에게 잘못 이전하고 피고가 이를 처분하여 그 판매대금을 그림에 투자하면 원고는 자신의 당초의 물권적 청구권을 그림이라는 대체물에 대하여도 확보함으로써 이런 특권을 계속 보전하고 싶어 하는 것이다. 이는 원고의 밀가루wheat가 처분되어 그 판매대금이 피고

95) 제5장 제2절 제2관을 보시오.
96) 제4장 제4절 제1관, 제2관, 제3관, 제4관을 보시오.

의 은행계좌에 입금된 경우에도 마찬가지이다. 당초의 재산이 이제 더 이상 피고의 수중에 남아 있지 않다면 원고는 추급이 가능한 대체물상에 원고의 권리를 확보함으로써 원고의 당초의 권리가 가지던 특권적 지위를 보전할 수 있게 될 것이다.[97] 그러나 이런 추급의 원칙은 매우 제한되어 있다. 정통적 견해에 의하면 원고는 당초의 원물이 대체물로 바뀌던 당시 형평법상 원고에게 속하던 재산에 한하여 이를 추급할 수 있다고 시사한다. 따라서 잘못된 재산권이전의 경우 이런 제한은 상당한 문제를 불러일으킬 수 있다.

그 경우의 구제수단이 물권적이라고 가정하더라도(이것은 현재 갈수록 논란의 대상이 되고 있다), 잘못된 재산권이전으로 인하여 법적 소유권 및 수익자로서의 권리가 피고에게 효과적으로 넘어가는 경우가 자주 있다. 그렇게 되면 원고는 재산권의 이전행위를 취소하거나 계약 위반을 이유로 계약을 해제할 때까지는 그 이전된 재산에 대하여 아무런 권리도 가지지 못하게 된다. 원고가 이렇게 하기 전에 피고가 그 재산을 처분해버리면 그에 따라 얻게 되는 대체물은 원고의 소유물의 대체물이 아니라 피고의 소유물의 대체물이 되는 것이다. 이와는 대조적으로 만약 잘못된 재산권이전이 무효void라면 그 경우에는 원고에게 유리한 쪽으로의 분석이 좀 더 가능해진다.

이렇게 대체물에 대한 추급의 문제를 분석하는 데 있어서의 어려움에도 불구하고 잘못된 재산권이전이 돈money에 관한 것일 때에는 실무관행은 적어도 부분적으로나마 타개책이 있음을 시사한다. 돈에 관하여는 금전화된 취소monetized rescission가 일상적으로 허용되고 있으며, 시의성을 맞추기 어렵다는 문제점에도 불구하고 당초의 매수자금으로 취득한 추급가능한 대체물에 대하여 원상회복이라는 구제수단이 자주 확보되고 있다.[98] 불행하게도 이 바탕에 깔려

97) 제4장 제7절 본문 및 제1관을 보시오.

98) 밀레 대법관은 사실심 판사이던 당시 *El Ajou v Dollar Land Holdings Ltd* [1993] 3 All ER 717 사건에서 이런 견해를 취한 것으로 보인다. (그러나 다른 이유로 파기되었다. [1994] 2 All ER 685 (CA) ((ChD)). 또 같은 대법관은 *in Lonrho plc v Fayed (No 2)* [1992] 1 WLR 1, 12 (ChD)에서도 방론으로 같은 취지로 설시했다.

있는 분석론은 아직 충분히 검토된 바 없다. 그러나 유추해볼 것이 있다. 잘못된 재산권이전이 주식을 맞바꾼 경우로서 원고가 그 거래를 취소하기 전에 피고가 맞바꾼 주식을 팔아 그림을 구매한다고 가정해보자. 여기서 금전화된 취소가 허용된다면 원고는 이제는 엄격한 의미에서의 원상회복restitutio in integrum[역주7] 가능하지 않다는 이유만으로는 자기의 구제수단을 추구하는 데서 방해받지 않게 될 것이다. 그리하여 원고는 취소권right to rescind을 계속 보유하게 될 것이다.[99] 그리고 추급할 수 있는 대체물로서의 그림에 대하여 원고가 금전적 구제수단을 확보하는 두 번째 단계는, 원고가 그 주식에 대하여 단순형평권mere Equity이라는 권리를 가지며,[100] 이 권리가 대체물에 추급[101]한다는 좁은 근거 위에서 정당화되거나 원고와 피고 간에서 원고의 부당이득을 이유로 하는 특권이 그 어떠한 사실상의 물리적 대체물에 대하여도 권리를 온전히 보전할 수 있다는 상당히 넓은 근거에서도 정당화될 수 있는 것이다. 이 두 개의 통로는 정통적인 대체물추급의 원칙을 확장시켜주겠지만, 그것은 대체로 원칙에 입각하고 있는 것이다. 그러나 현재 물권적 구제수단의 확장에 대하여 상당한 반감이 지배하고 있음을 전제로 하면, 두 가지 방법 중 어느 것도 선호의 대상이 되지는 못한다. 반면 물권적 구제수단의 잠재적 영역을 정력적으로 확장시키고 있는 현대의 발전상황이라는 매우 대조적인 현상에 관하여는 다음 절에서 살펴보기로 한다.

---

99) 이는 법에서의 획기적 자세전환이다. *O' Sullivan v Management Agency and Music Ltd* 〔1985〕 QB 428 (CA); *Mahoney v Purnell* 〔1996〕 3 All ER 61 (QB)을 보시오.

100) 이런 분석방법이 물론 항상 허용되는 것은 아니다. 그것은 취소할 수 있는 계약의 경우에 가능하지만 계약이 목적달성불능으로 되었거나 반대급부의 전면적 흠결로 인하여 해제된 계약의 경우에는 그렇지 않다.

101) 이와는 대조적으로 *Bishopsgate Investment Management Ltd (in Liq) v Homan* 〔1995〕 1 All ER 347 사건에서는 피고가 원고의 재산을 취득하기 전에 취득한 재산의 대체물에까지 추급할 가능성을 부정한다—그런 재산은 원고의 재산에 대한 대체물이 될 가능성이 없는 것이다. 그러나 L. Smith의 "Tracing into the Payment of a Debt" 〔1995〕 CLJ 290 논문을 보면 이런 원칙조차도 보편적이 되어서는 안 된다고 주장하고 있다.

제9절 이득을 청구함으로써 원상회복청구권을 확장하기

이런 부당이득 사안들에서의 마지막 문제로서 원고가 부수적 이익ancillary profits을 회수할 수 있는지의 여부에 관하여 살펴본다. 통상 재산권을 잘못 이전해준 원고가 그 거래를 무효화하고 구제수단을 강구하기 전에 피고는 그 취득한 재산을 이용하여 이득을 추구하는 데 사용하는 경우가 자주 있다. 이 경우 원고로서는 이렇게 하여 피고가 얻은 이익 중 일부라도 자신에게 귀속될 수 있겠는지의 여부에 관심을 가지게 될 것이다.[102] 피고가 이렇게 해서 얻는 이익은 우선 세 가지 형태로 나누어볼 수 있고, 그 하나하나는 별도로 따져볼 만한 가치가 있다.

첫째, 피고는 자기가 취득한 재산의 시장가치가 증가함으로써, 또는 그 재산이 생성하는 "과실"로부터 이득을 얻을 수 있다. 예컨대 피고가 취득한 주식의 가치가 상승하거나 또는 배당금을 받는 경우가 그것이다. 둘째, 피고는 그 재산을 이용하여 이득을 얻을 수도 있다. 즉, 피고는 자기가 얻게 된 자동차를 택시로 사용하거나 취득한 광산에서 금을 캐낼 수도 있다.[103] 셋째, 피고는 그 취득한 재산을 처분하여 그 매각대금으로 좀 더 이윤을 내주는 다른 재산에 투자함으로써 이득을 얻을 수도 있다.[104] 즉, 피고가 취득한 택시를 팔아 그림을 샀는데, 그것이 피카소의 명작으로 판명되는 경우이다. 더욱이 이런 각각의 이득은

102) 원고는 부당이득청구권을 행사해야 할지, 또는 다른 청구권(불법행위 또는 계약)을 행사해야 할지의 여부를 놓고 그중에서 선택해야 할지도 모른다. 원고는 하나의 피해에 대하여 두 번이나 손해회복을 받을 수는 없는 것이다: *Tang Man Sit v Capacious Investments Ltd* 〔1996〕 AC 514 (PC); *Kuwait Airways Corp v Iraqi Airways Co (No 6)* 〔2002〕 AC 883 (HL).

103) 그리고 피고는 이런 두 개의 사례에서와 정확히 똑같은 방법으로 취급되지는 않을 것이다.

104) 이런 사례에서의 유일한 난점은 만약 피고가 원물을 점유하고 있지 않다면 그는 그 원물을 원상회복할 수 없으므로 원고는 계약을 취소하지 못하게 될 수도 있다는 점이다. 이로 인한 잠재적 불공평의 문제에 관하여는 이미 언급한 바 있다. 앞 절에서는 바로 이런 장애에도 불구하고 당초의 청구권을 보전하기 위하여 대체물에 대한 추급을 할 수 있는 가능성에 대하여 생각해본 것이다.

원고가 잘못된 재산권의 이전을 무효화시키는 조치(그런 조치가 필요할 경우)를 취하기 전에도, 또는 후에도 생겨날 수 있다.

그런 이득이 당초의 재산으로부터 생겨나고 그것이 당초의 재산에 내재하는 속성인 경우 그것은 당연히 원고에게 귀속한다. 이에 관하여는 반론이 없으며 그 가치가 증가되는 시점 여하 간에 모두 마찬가지로 된다. 만약 피고가 취득한 주식의 가치가 증가하면 원고는 피고가 얻은 이익을 일일이 따져볼 필요 없이 그 주식을 특정물로서in specie 회복하면 된다. 이와 비슷하게, 배당금이 지급되면 원고는 이 또한 회수할 수 있다. 실로 원고는 피고의 수중에 들어 있는 자기의 당초의 주식을 특정할 수 있는 한 그 주식 자체에 대하여 물권적 청구권을 가지게 되는 것이다. 이 원칙은 당초의 재산과 그 당초의 소유권으로부터 필연적으로 유래하는 "과실fruits"에 미친다. 여기서의 청구는 진정한 의미에서의 "이득profits"에 대한 청구가 아니라, 이전된 재산의 전부(천연과실natural accretions을 포함하여)에 대한 청구에 불과한 것이다.

다른 형태의 이득에 관하여는 각각의 시제time frames별로 따져보면, 그 분석은 매우 쉬워진다. 만약 원고가 자기의 물권적 청구권을 행사한 연후에 피고가 이득을 얻게 되면, 그 경우 원고는 때로(또는 아마도 항상) 이런 이득에 대한 권리를 가져야 한다고 시사하는 다양한 주장들이 있었음[105]을 상기해보라. 이런 주장들은 재산법, 부당이득 및 불법행위의 각 법리에 기초하고 있다. 여기서 재산법에 기초한 주장은 재산의 소유자는 그 당연한 권리로서, 또 자기의 소유권에 근거하여, 그 재산으로부터 생성되는 어떠한 대체물에 대하여도 소유권을 가지게 됨을 시사하고 있다.[106] 이는 곧 원고가 피카소의 그림을 회수할 수 있으며, 또 광산으로부터의 이득도 회수할 가능성이 약간 있지만, 택시요금이라는 이득을 회수할 가능성은 별로 없음을 의미한다. 한편 부당이득의 법리에 터

105) 제4장 제7절 제2관을 보시오.

106) *F C Jones & Sons (Trustee in Bankruptcy) v Jones* 〔1997〕 Ch 159 (CA); *Foskett v McKeown* 〔2001〕 1 AC 102 (HL).

잡을 경우의 논거는 피고가 다른 사람의 재산을 이용하여 이득을 얻으면 필연적으로 부당이득이 되므로 이런 이득은 원고에게 귀속되어야 한다는 논리가 된다. 이런 분석론에 의할 경우 앞에서 본 어느 사례에서건 원고는 그 이득을 모두 회수할 수 있다. 이 두 가지의 분석론은 모두 피고가 이득을 얻는 데 사용한 계쟁재산 위에 원고가 물권적 권리를 주장할 수 있음을 전제로 한다. 또 한편 불법행위의 법리에 터잡은 논거는 피고가 이런 이득을 얻게 될 경우 그것이 원고에 대한 불법행위를 구성하여 이득토해내기disgorgement of profits라는 구제수단을 허용하게 되면 원고는 오직 그런 이득을 토해내라고 요구할 수 있을 뿐임을 시사한다. 만약 피고가 수임자fiduciary라면 앞에서 본 사례들에서 취소 이후에 얻어진 이익은 그 형태 여하 간에 모두를 토해내야 된다. 만약 수임자가 아니라면 아무것도 토해낼 것이 없을 것이다. 이 세 가지 모델들 중 어느 것이 정확한지를 아는 일이 매우 긴요함은 분명하다. 어느 것을 택하느냐에 따라 그 결과가 상당히 달라질 수 있다. 이 책에서는 불법행위라는 차원에서의 분석을 시도하지만[107] 논란은 아직도 계속되고 있다.

물론 원고가 잘못된 재산권의 이전을 무효화하기 위한 조처를 취하기 전에 피고가 이미 이득을 얻는 경우가 좀 더 자주 보이는 사안일 것이다. 즉, 피고가 그 재산의 법적 소유자이자 수익적 소유자의 지위를 유지하고 있는 시점에서 이득을 얻는 경우가 더 자주 있다는 말이다. 그렇게 되면 일단 취소가 행해진 상황에서는, 법이 피고가 어떤 점에서도 출발 당시부터 그 재산을 마치 신탁관계에서 수탁자로서 보유하고 있는 양 간주하기로 하지 않는 이상 재산법과 부당이득법리상의 토해내기 모델은 아무런 토해내기 의무를 생성해내지 못하게 될 것이다. 원고와 피고 간에서는 이것이 선택된 접근방법이라고 보인다.[108] 재산법 및 부당이득의 법리에 터잡은 논거는, 그 경우 취소 전에 얻은 이익도 그

107) 제4장 제7절 제2관을 보시오.

108) 아마도 *F C Jones & Sons (Trustee in Bankruptcy) v Jones* 〔1997〕 Ch 159 (CA)에서 유추해 볼 만하다. 이 사안에서 재산권에 대한 다툼은 취소로 인해서가 아니라 소급효(파산선고가 되면 그 효력이 파산사유 발생시로 소급)로 인하여 생겼다. 그러나 소급효가 발생

런 이득이 마치 취소 후에 얻어진 양 피고에게 토해내도록 요구할 수 있게 될지도 모른다. 그러나 결코 여기서 이론적 논거에 의하여 직접적인 결과를 도출할 수는 없다.[109] 이와는 대조적으로 불법행위에 터잡는 논거는, 피고가 수임자로서의 의무에 위반한 경우라면 즉각적으로 토해내기라는 구제수단을 생성하게 될 것이다. 이런 분석론은 재산의 소유권에 터잡는 것이 아니라, 단지 수임자가 신임관계에서 권한 없이 이득을 얻었음을 이유로 한다. 재산소유권에 관하여 너무 많은 관심을 기울이지 않고서도 이런 논거가 가능해진다는 사실로 인하여 재산소유권의 문제가 결정적으로 작용하는 재산법과 부당이득법리에 의한 접근방법으로부터 불법행위 법리에서의 접근방법을 분리해낼 수 있게 된다. 더욱이 불법행위의 법리에 터잡은 접근방법이 예고하는 더욱 차별화된 결론은 실제로 판례들에 의하여서도 지지되고 있다. 즉, 취소 전에 이득을 얻는 수임자들은 토해내야 하는[110] 반면, 신임관계가 없는 당사자들은 토해내지 않아도 된다는 것이다.[111]

이득의 반환을 성공적으로 청구해낼 수 있으려면 그 청구권이 물권적인지, 또 물권적이어야 하는지의 여부에 관하여 격렬한 논쟁이 벌어지고 있다. 이득에까지 추급할 수 있어야 하는 이유와 그 추급의 과정만으로는 충분한 답을 제공하지 못한다. 이득에 대한 재산법적 차원에서의 분석은 그 용어에 비추어볼

하기 전의 투자분은 재산법의 법리에 터잡아 이를 붙잡을 수 있었다. 그러나 *Halifax Building Society v Thomas* [1996] Ch 217 (CA)와 대조하시오.

109) 여기서의 문제는 재산에 관한 소유권에 관한 것이다. 이는 재산법과 부당이득의 법리에 터잡은 접근방법에 매우 치명적이 된다. 예컨대, 당초의 청구권에 우선적 지위를 확보해주는 방식으로 대체물 추급이론을 지지하는 판례들은 이득을 토해내야 한다는 분석론에 필수적인 재산법적 발상이 깔려 있음을 제대로 입증해주는 것이다.

110) *Ryall v Ryall* (1739) 1 Atk 59; *Bulmer, in re; ex p Greaves* [1937] 1 Ch 499 (CA), 511 (Lord Wright MR); *O'Sullivan v Management Agency and Music Ltd* [1985] QB 428; *Mahoney v Purnell* [1996] 3 All ER 61 (QB).

111) *Cave v Cave* (1880) 15 ChD 639 (ChD), 645, 647~648 citing Lord Eldon in *Lewis v Maddocks* 17 Ves 48, 57; *Bristol & West Building Society v Mothew* [1998] Ch 1 (CA), 16-17; *Colbeam Palmer Ltd v Stock Affiliates Pty* Ltd (1970) 122 CLR 25 (Aust HCt).

때 물권적 대응책임을 시사한다. 불법행위법의 차원에서의 분석 또한, 비록 앞의 장들에서는 잠재적으로 선호할 수 있는 대안적 접근방법을 제한했지만,[112)] 적어도 현재의 정통적 토해내기 논리에 의할 경우에는 마찬가지가 된다.[113)] 부당이득의 법리 차원에서의 분석은 이를 정착시키기가 더 어렵다. 역사에 비추어볼 때 이런 대응책은 물권적이지만, 현대의 경향은 채권적 구제수단을 선호하면서 더욱 제한적으로 되어가고 있는 것이다.

분명히 이득을 토해내도록 하는 이런 다양한 모델들은 똑같은 사실관계에 대하여 서로 꽤 다른 대응방법들이 있음을 보여준다. 여기서 어떤 견해를 취해야 할 것인지의 문제는 부당이득법의 영역에서 가장 격렬하게 논쟁이 벌어지고 있는 분야들 중 하나다. 그 해답은 매우 중요하다. 만약 재산법 또는 부당이득의 법리차원에서의 분석이 정확하다면, 그때에는 이득을 얻는 피고는(그 피고가 선의든, 정을 몰랐든, 또는 다른 경우든 간에) 이를 토해내야 할 것이다. 만약 불법행위 차원에서의 분석이 정확하다면, 피고가 그 재산에 대한 관계에서 원고에 대하여 특정한 의무를 부담하지 않는 한 피고는 토해내야 할 이유가 없게 될 것이다.

제10절 정리

이 장에서는 다수의 어려운 논거들을 살펴보았다. 그리하여 판례법에서 형평법이 맡은 역할을 묘사하거나 옹호함에 있어서 가장 논란의 대상이 되는 문제들이 거론되었다. 그러나 그 결론은 오히려 생각보다 훨씬 간략하게 요약될 수 있다.

첫째, 부당이득의 법리는 재산권이 잘못 이전된 것을 시정하는 데 목표를 둔

112) 〔1994〕 1 AC 324 (PC).

113) 제5장 제2절 제2관을 보시오.

다. 그 기본적인 원칙은 만약 재산권을 이전할 의사가 없었으면 원상회복이 허용된다는 것이다. 원고가 "나는 당신이 그런 상황에서도 그 재산을 소유해도 된다고는 생각하지 않았소"라고 표명할 수 있을 경우에는 원상회복이 허용된다는 것이다. 정통적인 부당이득의 법리는 이렇게 표명할 수 있는 사안에 해당하는지의 여부를 결정함에 있어 두 가지 메커니즘을 채택하고 있다. 즉, 원고 쪽의 "의사에 중대한 하자"가 있었는지의 여부를 탐구하거나, 또는 거래에서 "거래기초의 흠결" 또는 "반대급부의 흠결"이 있었느냐의 여부를 탐구하는 것이다. 만약 이런 조건들 중 어느 것이라도 충족되면 원고는 그 거래를 무효화할 수 있다. 이런 정통적인 분석은 분석기법상의 상당한 난점을 감수해야 하며, 이런 난점은 재산권의 잘못된 이전 여부에 관하여 두 가지의 핵심적 메커니즘을 수정함으로써 개선될 수 있다. 여기서 재구성된 모델에 의하면 잘못된 재산권의 이전은 "이전의 의사가 없었거나" 또는 "증여의 의사가 없었을" 경우에는 구제를 받을 수 있음을 시사한다. 첫 번째 범주는 원고의 의사가 법적으로 적절하다고 인정될 수 있는지의 여부에 관한 문제이며, 두 번째 범주는 명백히 이해타산적인 거래가 의도된 경우에 그런 재산권의 이전이 증여로 해석될 수 있겠는가의 여부이다.

그다음의 문제는 이런 잘못된 재산권의 이전이 정확히 어떤 방법으로 구제를 받아야 하는가에 관한 것이다. 역사적으로 볼 때 부당이득의 법리에 터잡은 구제수단은 거의 예외 없이 물권적이었다. 그러나 이제는 증여의 의사가 흠결된 경우에 물권적 대응책을 부정하려는 움직임이 가속화되고 있으며, 또한 재산권이전의 의사가 흠결된 경우에도 마찬가지로 대응하려는 좀 더 강화된 움직임이 있다. 또한 비록 증여의 의사가 흠결된 경우에 국한되는 것이기는 하지만, 대안으로서 채권적 구제수단으로서의 금전배상의 가능성을 인정하는 경향이 증가하고 있다. 이 분야에서의 법은 분명히 진화하고 있다. 따라서 이제 중요한 결정이 내려져야 한다. 현재 제안되고 있는 몇 가지 가능성 중에서 가장 그럴듯한 방안은 부당이득에 터잡은 모든 청구에 대하여 물권적 보호의 특권을 유지해주든지, 또는 대안으로서 재산권이전의 의사가 흠결된 경우에는 물권적 구제수단을 허용하지만, 증여의 의사가 흠결된 경우에는 그렇지 않도록 차별화하는 방법이 떠오른다. 덧붙여서 이런 모든 청구권에는 물권적 대응책이 실패할 경우 대안으로서의 채권적 구제방법인 금전배상을 허용하도록 해야 하는 것으로 보인다. 이는 원고는 물론 피고 또한 불리한 대우를 받지 않도록 해주기 위하여 그 재산상의 간섭을 수용해줄 수 있는 유일한 방법으로 자주 거론된다.

물권적 구제수단이 제공하는 이점은, 그것이 입장변화의 항변에 의하여 희석되든 말든 간에 적절한 보호를 받을 필요가 있다. 그것은 부당이득 차원에서의 청구가 향유하는 물권적 지위라는 특권이 대체물에까지도 추급할 수 있는가, 특히 그런 대체물로의 전환이 잘못된 재산권이전이 취소되기 전에 이미 이루어졌을 경우, 그런 물권적 지위라는 특권이 대체물에까지 추급할 수 있는가 하는 가상적 쟁점으로서 남게 된다. 어떤 판례들은 이런 가능성을 인정하고 있는데, 비록 설득력 있는 이론적 분석은 어렵지만 결코 불가능하지는 않은 것이다.

아마도 더욱 중요한 것으로는, 피고가 그 이전받은 재산을 이용하여 이득을 얻게 되었을 때, 특히 원고가 그 잘못된 재산권이전을 취소하기 전에 그런 이득을 얻었을 때, 법은 원칙에 입각한 방법으로 이를 다루어야 할 필요를 절감한다. 여기서 원고가 언제 피고로부터 이런 이득을 회수할 수 있는지를 설명하기 위하여 세 가지의 분석방법이 서로 경쟁하고 있다. 이 책에서는 불법행위적 분석방법이 선호되고 있다. 이에 의하면 피고의 이득이 토해내기를 적절한 구제수단으로 보아야 할 만큼 법적으로 불법행위를 구성한다면 이들을 토해내는 일만이 가장 쓸 만한 방법임을 암시한다. 예를 들어, 수임자인 피고는 토해내야 하는 것이다. 왜냐하면 수임자는 신임관계상 수권 없이 이득을 얻을 수 없으며, 원고의 재산을 활용하여 그런 이득을 얻게 되었는지의 여부에 상관없이 신임관계에서는 수권 없는 이득을 얻을 수 없기 때문이다.

마지막으로, 매우 중요한 것인데 부당이득에 터잡은 청구에 관하여 재구성해본 모델에 의하면 "재산권이전의사의 흠결"의 경우와 "증여의사의 흠결"의 경우로 분류하는데, 이렇게 재구성해본 모델은 보통법과 형평법의 각 전략이 즉각적으로도 통합될 수 있는 여지를 만들어주고 있다. 보통법과 형평법은 이 두 가지 범주를 정의하는 데서 이미 빈틈의 여지없이 그리고 모순 없이 통합되어 있다. 구제수단으로서의 대응책이 지니는 각자의 유형은 거의 괴리 없이 합리적으로 통합될 수 있다. 실로 이 두 개의 범주는 구제수단 차원의 실무에서 다음의 진화 단계를 위한 기초가 될 수 있다. 이미 지적한 바와 같이 부당이득의 청구에 관한 이 두 가지 청구권의 서로 다른 범주에 관하여 좀 더 주의깊게 살펴보면, 이들이 보통법상의 전반적인 청구권의 서열계층구조에 모순 없이 그리고 합리적으로 적응하려면 그 보호의 정도가 서로 달라야 함을 암시하는 것일 수도 있다.

【 역주 】

1 =misconceived. 우리의 부당이득법리상 "법률상 원인 없이"에 해당한다고 보이지만, 외연은 일치하지 않는다.

2 우리 민법상은 무효인 경우와 취소할 수 있는 경우가 모두 있다.

3 1990년대.

4 위에서 본 대로 주관적 관점에서의 취소voidable 사유에 기하여 거래를 취소할 경우 원고가 받은 것에 갈음하여 피고에게 금전으로 반환하는 것.

5 귀족원이자 최고법원이다. 그러나 "최고법원법Supreme Court of Judicature Act 1873"에서 말하는 "최고법원Supreme Court"에는 해당하지 않는다.

6 신탁의 수익자처럼 신탁재산에 대한 법적 소유권은 수탁자에게 있지만, 형평법상 그 신탁재산에서 얻어지는 이익을 향유할 수 있는 권리자=수익자Equitable owner.

7 법률상은 아무런 문제가 없지만, 법원이 형평의 견지에서 계약을 무효화하고 원상회복을 명하는 경우.

제9장 참고문헌

Birks, P., "Restitution and Resulting Trusts" in S. Goldstein (ed.), *Equity and Contemporary Legal Problems* (Jerusalem: Hamaccabi Press, 1992), p. 335.

Burrows, "Swaps and the Friction between Common Law and Equity" [1995] RLR 15.

Maudsley, R. H., "Proprietary Remedies for the Recovery of Money" (1959) 75 LQR 234.

Millett, Lord, "Proprietary Restitution" in S. Degeling and J. Edelman (eds), *Equity in Commercial Law* (Sydney: Lawbook Co., 2005), Ch. 12.

Millett, Sir P., "Restitution and Constructive Trusts" (1998) 114 LQR 399.

Paccioco, D., "The Remedial Constructive Trust: A Principled Basis for Priority Over Creditors" (1989) 68 Canadian Bar Review 315.

Stevens, R. and McFarlane, B., "In Defence of *Sumpter v Hedges*" (2002) 118 LQR 569.

Swadling, W., "A New Role for Resulting Trusts?" (1996) 16 Legal Studies 110.

_____, "Rescission, Property and the Common Law" (2005) 121 LQR 123.

Weinrib, E., "Restitutionary Damages as Corrective Justice" (2000) 1 Theoretical Inquiries in Law 1.

Worthington, S., "The Proprietary Consequences of Rescission" [2002] Restitution Law Review 28.

참고판례

Alati v Kruger [1955] 94 CLR 216 (Aust HCt)

Bishopsgate Investment Management Ltd (in liq) v Homan [1995] 1 All ER 347

Chase Manhattan Bank v Israel British Bank [1981] 1 Ch 105

Daly v Sydney Stock Exchange Ltd (1986) 160 CLR 371 (Aust HCt)

Erlanger v New Sombrero Phosphate Co (1878) 3 App Cas 1218 (HL)

Foskett v McKeown [2001] 1 AC 102 (HL)

Re Goldcorp Exchange Ltd (in rec) [1995] 1 AC 74 (PC)

Goss v Chilcott [1996] AC 788 (PC)

Halifax Building Society v Thomas [1996] Ch 217 (CA)

F C Jones & Sons (Trustee in Bankruptcy) v Jones [1997] Ch 159 (CA)

Lipkin Gorman (a firm) v Karpnale Ltd [1991] 2 AC 548 (HL)

Mahoney v Purnell [1996] 3 All ER 61 (QB)

O'Sullivan v management Agency and Music Ltd [1985] QB 428 (CA)

Sinclair v Brougham [1914] AC 398 (HL)

Kuwait Airways Corp v Iraqi Airways Co (No 6) [2002] AC 883 (HL)

Westdeutsche Landesbank Girozentrale v Islington LBC [1994] 1 WLR 938 (Hobhouse J)

Westdeutsche Landesbank Girozentrale v Islington LBC [1996] AC 669 (HL)

제6부
결론

제10장 **형평법 통합하기**

마지막 제10장에서는 출발 당시에 제기했던 문제들로 돌아가본다. 그동안 다양한 문제에 관하여 자세한 분석들을 해보았다. 이제 한 가지 핵심적인 문제가 남는다. 보통법과 형평법이라는 이 두 체계가 완전히 통합되어야 할 것인가, 말 것인가? 통합을 꺼리는 이유의 상당 부분은 고질적인 보수주의에 있다. 또 일부는 분석적 접근시에 드러나는 두 법체계 간의 분명한 차이에 있다. 그러나 부분적으로 또 다른 이유는 결코 명예로운 것이 아니다. 그것은 곧 무지하거나 교육받지 못한 사람들을 배제하고 전문실무가들만이 발전시켜온 영역을 보전하자는 데 있다. 형평법은 매우 "어려운hard" 법 분야로서 아주 정교한 논리와 분별력을 갖춘 사람들만이 접근할 수 있는 분야라는 신화를 유지해온 것이다.

이 책에서 추진하는 통합의 기본강령은 법이 발전하려면 가능한 한 일관성이 있어야 하며, 원칙에 입각해야 하고, 합리적이어야 하며, 또 바탕에 깔려 있는 정책목표에 부합하도록 적절히 방향감각을 확보해야 한다는 점이다. 물론 판례법체계가 빨간색 규칙과 녹색 규칙, 그리고 빨간색 실무관행과 녹색 실무관행 두 가지를 모두 그대로 지닌 채로 지속할 수도 있겠지만, 이는 차선책에 불과하다. 보통법과 형평법의 양립으로 인하여 야기되는 잠재적 어려움은 분명히 드러난다. 일관성 있는 판례법체계야말로 비슷한 권리는 비슷한 방법으로 구제되어야 하며, 가장 높이 평가되는 법리는 가장 높은 구제수단을 부여받을 수 있어야 한다는 것이다. 이런 복안에는 아무런 괴리가 없어야 하며, 또 권리의 서열구조가 구제수단의 서열구조와 상응하지 않는 상황이 되어서도 안 된다. 이런 양상을 법체계로서 유지하는 일은 어차피 불가피하게 그렇게 되겠지만, 시간을 두고 진화할 것이며, 또한 예외 없이 매우 어려울 것이다. 이것은 전체적인 계획에 대한 신중하고도 포괄적인 통찰력을 필요로 하며, 논리적이고도 방어능력이 있는 다양화와 차별화의 유형을 개발하고 유지하려는 헌신적 노력을 필요로 한다. 그런데 역사적으로 이렇게 두 갈래로 갈라진 법체계는 이런 결과를 도출해내는 데 방해가 된다.

이런 상황에서 판례법이 더 전진하기 위한 최선의 길은 통합뿐이다. 이는 이미 법원행정의 차원에서는 달성되었다.[역주1] 이제는 이론차원에서도 통합이 강력히 요구되는 것이다. 여기서 가장 생산적이라고 할 만한 움직임의 방향은 그동안 형평법과 보통법이 이룩해낸 지혜를 추출하여 이를 일관성 있는 분석구조 속에 쓸어담는 시도를 하는 일이다. 물론 이렇게 하려면 상당한 외과적 수술도 필요할 것이다. 일부는 버려야 하고, 일부는 재배치해야 하며, 일부는 다른 영역으로 옮겨야 하겠지만, 좀 더 정교하고 다양화되고 조정된 체계의 기초는 이미 존재하고 있다. 따라서 결코 이를 혁명적이라고 과장할 필요는 없다. 역사상의 사법적 노력을 지속하는 일만으로도 충분히 달성할 수 있는 것이다. 판사들이 새로운 법리를 고안해낼 때는 대개 기존의 이론들을 토대로 하여 기존의 재산법, 부당이득법, 불법행위법 및 계약법에 적용되는 것을 적절히 유추해내는 방법을 추구하게 된다. 이런 식으로 "지도적 역할을 하는leading" 판례들은 법에서의 논리적 일관성을 확보하기 위하여 필요한 메커니즘으로서 전형적으로 넓은 범위에 걸쳐서 설득력을 추구하게 된다. 그리하여 관련된 모든 중요 원칙들을 살펴봄으로써 새로운 진전이 이루어지고, 그 한계가 정해지기도 하여 새로이 형성된 원칙이라고 해봤자 단지 낡은 원칙들을 타당성 있게, 의미 있게, 그리고 논리적으로 일관성 있게 연장한 것에 불과하다고 할 만하다.

통합을 위한 논의를 계속하기 위하여 이 장에서는 두 가지 목표에 초점을 맞추기로 한다. 첫 번째 목표는 통합이라는 현실적 작업이 일반적으로 생각하듯이 그렇게 어렵기만 한 일은 아님을 보여주는 데 있다. 앞의 장들에서 나타나고 검토된 그동안의 모든 지혜들이 이를 뒷받침해준다. 그리하여 떠오르는 그림은 의미 있는 실무적 통합이자 두 법체계 간의 상호 거름주기cross-fertilization라고 할 수 있다. 여기서 되풀이되는 이런 그림은 이중적 체계가 불가피하다는 주장에 감히 도전할 수 있게 해준다.

두 번째 목표는 좀 더 적극적이다. 그 통합의 실무적, 지적인 이점이 무엇이든간에 현재로는 통합이 불가능하다는 생각들이 끈질기고도 강력한 생명력으로 남아 있다. 이런 주장들의 논거는 두 법체계 간에는 철학적으로, 그리고 사법적으로, 도저히 극복할 수 없는 심각하고도 결정적인 괴리가 있다는 주장으로 모이게 된다. 여기서의 핵심적 관심사안은 보통법이 규칙과 권리에 터잡은rules-and rights-based 체계임에 반하여, 형평법은 유난히 양심에 기초하고conscience-based 재량성이 강한discretionary 체계라는 데 집중된다. 이 장에서는 이런 견해들을 극복하는 데 도전해보기로 한다.

만약 이런 두 가지 목표를 달성할 수 있게 된다면 그때에는 보통법과 형평법 간의 지적, 사법적, 또 이론적인 통합을 위한 기초가 활짝 열리게 될 것이다.

제1절 이론적 통합의 실제

앞의 9개 장에 걸쳐서 그려본 그림들은 판례법체계 전반에 걸쳐서 의미심장한 조화와 놀라울 정도의 일치 및 일관성을 보여주고 있다. 일반적으로 인정되는 바와 같이, 이런 두 체계 간의 수용현상은 바탕에 깔려 있는 문제가 하위수준의 규칙들보다는 근본적인 일반원칙에 따라 분석될 경우에만 드러난다. 그러나 이는 두 법체계 간의 통합이 가능하고도 또한 이롭다는 생각을 더욱 강화시켜주는 데 도움이 될 뿐이다.

판례법의 일부는 이미 빈틈없이, 그리고 눈치 챌 수 없을 정도로 잘 통합되어 있다. 두 법체계가 채권 및 기타의 무체재산권의 양도성에 대하여 취하는 현대적 자세 및 그로 인하여 두 법체계가 이제 이런 형태의 재화wealth 또한 재산권으로 인정한다는 점을 돌이켜보라.[1] 또한 두 법체계 모두가 의사결정을 규율하거나, 합목적성의 원칙[2]을 적용하는 접근방법, 그리고 위약금의 원칙을 적용하여[3] 합의된 구제수단으로 개입하는 방법들에 대하여도 상기해보자. 이런 모든 영역들은 이제 더 이상 두 법체계 중 어디에 속하느냐를 굳이 따질 여지가 없으며, 또한 이론에서나 실무에서나 두 법체계의 접근방법을 굳이 구분할 만한 거리도 이제는 거의 없다.

한 걸음 더 나아가서 두 법체계가 별 어려움 없이 통합될 수 있는 분야도 많이 남아 있는데, 이는 두 법체계가 비슷한 사실관계를 규율하기 위하여 비슷한 원칙과 구제수단을 고안해냈기 때문이다. 두 법체계는 이제 너나없이 인정션injunction을 발령하며, 또한 이를(혼란을 초래하는 스타일이지만) "형평법상의 법정손해배상Equitable damages"에 의하여 보충하고 있다.[4] 비록 보통법이 계약에 대한 간섭에 주력하는 데 관심을 가지고 있으며, 형평법은 신탁과 여타의 신임관계에서의 간섭에 주력하는 데 관심을 가지고 있기는 하지만, 두 법체계는 또한 방조책임accessory liabilities의 개념을 공유하고 있다.[5] 두 법체계는 또한 약속을 심사함에 있어서도 유사한 전략을 구사함으로써 원고의 의사에 하자 있음을 피고가 알았거나 또는 어떤 형태로든 그에 대하여 책임이 있을 경우에만 객관

1) 제3장 제5절 전반부를 보시오.
2) 제5장 제3절 제3관을 보시오.
3) 제7장 제3절 제4관을 보시오.
4) 제2장 제1절 제2관과 제6장 제1절 제1관을 보시오.
5) 제6장 제4절 제2관을 보시오.

적 관점에서의 접근법으로부터 이탈하는 자세를 취한다. 이런 후자의 원칙을 발전시킴에 있어서 보통법의 초점은 경제적 압력economic pressure에, 형평법의 초점은 사회적 압력social pressure에 집중되었다. 그럼에도 각 원칙들 그 자체와 각 대응책들은 똑같은 명제에 의하여 동기를 부여받고 있음이 분명하다.[6]

이런 것들이야말로 쉬운 사안들이다. 그러나 이제 눈을 돌려 많은 사람들이 실무적 통합이 불가능한 사례로 보고 있는 원칙들과 실무관행들로 돌아가보면, 이제 눈앞에 전개되는 풍경은 결코 더 이상 적대적이지 않다. 이런 범주 속에서 가장 두드러지는 후보로서는 신탁을 꼽을 수 있다. 신탁이야말로 형평법이 판례법에 기여한 가장 주된 공적으로서, 일반적으로 신탁이 존재하려면 형평법이라는 독자적인 법체계를 절실히 필요로 한다고 생각되었다. 그러나 신탁이 과연 이런 대우를 받을 자격을 가지고 있는지는 이제 의문의 대상이 되고 있다. 만약 재산이라는 개념을 그 근본에까지 내려가서 보면, 재산권이라 함은 그에 주어진 혜택을 향유할 권리에 다름 아니다. 덧붙이자면 이런 혜택들이 제3자의 간섭으로부터 특별히 보호받을 수 있으며, 또한 양도성과 관련한 특별한 이점이 있다는 정도일 뿐이다. 그리하여 신탁은 그로 인한 혜택이 아무리 사회적, 상업적 맥락에서 예외적인 것으로 드러났더라도 이런 분석의 틀 안에 쉽사리 수용되는 것이다.[7] 실로 유추가 필요하다면 형평법상의 담보권은 이미 이런 식으로 통합된 것으로 볼 수 있다. 즉, "형평법상의" 담보권Equitable charge에 수반하는 꼬리표가 어느 법체계에 따라가서 붙어야 할지에 관하여는 이제 아무런 관심이 없는 것이다. 여기서의 초점은 단지 물권의 다발 안에 편입되어 있는 다양한 권리와 혜택에 집중될 뿐이다.

이렇게 어려운 사안들의 범주는 신탁의 경우를 뛰어넘어 확장되지만, 합리적인 통합에 대한 실질적 장애의 증거는 여전히 거의 보이지 아니한다. 때로 어려움이 있다면 차별화된 발전의 문제에 있을 뿐이다. 형평법상의 금반언에 의하

6) 제7장 제2절을 보시오.
7) 제3장 제6절을 보시오.

여 가해지는 다양한 간섭들은 형평법의 진화적 전진을 보여주는 구체적 사례로 볼 수 있으며, 보통법에서도 좀 더 개선되고 합리화된 상응하는 발전을 기대하게 된다.[8] 이런 형평법상의 금반언에 대한 분석은 용어에 의한 오도의 가능성 뒤에 자리잡고 있을 수 있는 모호성을 예리하게 지적해줄 수 있게 된다. "금반언"이라는 그 공통된 이름에도 불구하고 "금반언"이란 개념 모두가 채권법의 똑같은 하위범주에 끼워 맞춰지지는 못함이 분명하다. 이와 유사하게 "형평법상의 일반 손해배상Equitable compensation" 또한 그 이름에도 불구하고 불법행위에 대한 구제수단으로서 강구된 손해배상compensatory damages(또는 보상compensation)보다는 계약 위반에 대한 구제수단으로서 강구된 기대이익의 손해expectation damages의 개념과 좀 더 공통점을 가지고 있는 것으로 보인다.[9] 이런 용어상의 분화는 합리적인 분석을 불필요하게 오도할 수도 있다. 마지막으로 두 법체계 간의 차이점에 대한 분석에서 심지어 작은 차이점만으로도 때로는 바탕에 깔려 있는 공통점을 불균형하게 호도할 수 있으며, 그리하여 그 대신에 차별성을 과장하게 될 수도 있다. 이는 부당이득의 경우에 그러했다고 감히 주장할 수 있다. 정통적인 보통법의 분석에 의하면 원고의 재산권이전의 의사에 중대한 하자vitiated가 있거나, 또는 거래기초의 흠결이 있을 경우에는 채권적 원상회복이라는 구제수단이 허용됨을 시사해주고 있다. 물권적 원상회복청구권을 발생시켜 주는 사실 관계와 이런 전제조건들 간을 정렬시키는 일은 신경질 날 정도로 미꾸라지처럼 손가락 사이를 빠져 나가고 있다. 그러나 이미 받아들여진 분석방법에 조금만 수정을 가하더라도 두 법체계 간의 괴리를 현저히 감소시킬 수 있는 것이다.[10] 한 마디로 이렇게 어려운 사안에서조차도 판례법이라는 풍경에 합리적이고 일관되며 통합된 지도를 그리려는 단호한 노력에 방해가 되는 것은 거의 없다.

---

8) 제8장 제3절 제4관을 보시오.
9) 제6장 제3절 제3관을 보시오.
10) 제9장 제1절 제2관을 보시오.

그렇다고 하여 아무 문제도 없다고 부인하려는 것은 아니다. 짝맞추기mapping를 해보려는 시도야말로 바로 보통법과 형평법 간에 심각한 괴리가 있음을 그대로 드러내는 것이다. 실로 이런 괴리들 중의 몇 가지는 두 법체계 간의 경계선을 가로질러서 비교 대조할 경우에만 완전하게 노출될 수 있다. 두드러지는 것은 재산의 특정회복에 관련된 보통법과 형평법의 각 원칙 간의 차이점이다.[11] 이런 불합치점을 탐구함으로써 합리적인 정렬을 위한 전략이 일보 전진하는 것이 가능해진다. 각 법체계의 원칙을 목적론적으로 이렇게 재구성하는 작업은 유익할 뿐이다. 물론 다른 어려움들도 있다. 때로 정통적인 분석방법은 일관되고 납득할 만한 논거를 만들어내지 못하는 것으로 보인다. 실체적 불공정성substantive unfairness에 관한 현재의 원칙들이 바로 이런 범주에 들어갈 듯하다.[12] 또 다른 경우에는 이런 일을 위하여 각 법체계별로 엉뚱한 도구를 사용한다는 문제가 제기되기도 한다. 이는 주거용 주택에 대한 의제신탁의 경우에 그렇게 된 듯하다. 이 문제에 관하여는 성문법의 개입을 필요로 하는 것이며, 처음부터 전혀 다른 목적을 달성하기 위하여 강구되었던 이론적 원칙들을 가지고 더 이상 놀아날 필요가 없다.[13] 마지막으로 법이 바야흐로 교차로에 도달한 만큼 이제는 선택이라는 결단을 해야 한다는 데 어려움이 있다. 그렇게 되면 더 이상 정책적인 명제를 회피할 수 없는 것이다. 법이 자유로 선택할 수 있도록 제시된 몇 가지의 선택 가능한 대안 중에서 어느 것이라도 합리적 전략을 제공해줄 것으로 보인다. 현재의 목적을 달성하기 위한 최선의 통로는 그럼에도 불구하고 선택되어야 한다. 논쟁의 여지가 있지만 이야말로 법이 제2차 대박이익을 토해내게 해야 할 것이냐의 문제에 직면하고 있는 사안이다. 몇 가지 분석론적 대안이 제안되었으며, 이제 법은 그중 하나의 안을 선택할 필요가 있는 것이다.[14]

이 모든 것은 단지 실제적인 이론적 통합이 현대 판례법의 수중에 있음을 시

11) 제6장을 보시오.

12) 제7장 제3절 제1관, 제2관, 제3관, 제4관을 보시오.

13) 제8장 제4절 제4관을 보시오.

14) 제4장 제7절 제2관을 보시오.

사하는 데 이바지한다. 실로 우리가 설사 아무런 일도 하지 않아도 통합작업은 판례법이라는 체계의 사다리를 기어 올라가고 있을 것이다. 여기서 필요한 것은 단지 합리적 선택이며, 그럼으로써 진화의 과정을 통하여 이를 마침내 궁극적으로 해내고야 말 것이다. 만약 어떤 선례가 필요하다면 그때에는 미국의 판례법체계야말로 이런 통로를 잘 거쳐 가고 있는 것으로 보인다. 만약 단지 사려 깊고 단호한 노력만으로도 이런 개선책을 신속히 달성할 수 있는 법체계라면 그런 노력은 매우 가치 있어 보인다. 그러나 앞에서도 지적했다시피 통합을 위한 이러한 실무적 논쟁만이 유일한 관심의 대상은 아니다. 그래서 다음 절에서는 각 재산권 나름의 철학을 둘러싼 논쟁을 살펴보기로 한다.

제2절 사법적 통합

종래 형평법과 보통법을 통합해볼 수 있었던 기회는, 좋게 말하자면 제도적 무기력으로 인하여 방치되었고, 나쁘게 말하자면 여러 번에 걸쳐 퇴짜를 맞은 바 있었다. 여기서 결정적인 문제는 과연 이중적 법체계를 지속시키는 것이 이제 불가피한 일인지의 여부에 관한 점이다. 이는 결코 한가로운 문제가 아니다. 앞에서 어린이들의 유치원 게임에 관한 논의에서 분명히 보았던 대로 "빨간색"과 "녹색"의 심판, 그리고 "빨간색"과 "녹색"의 규칙으로 끌고 나가려는 시스템은 내적 일관성internal coherence을 유지하기에는 불가피하게 어려움에 봉착하게 될 것이다. 두 가지의 규칙을 적용하게 됨에 따라 비슷한 사건들이 비슷하게 취급되지 못하며, 상이한 사건들이 그에 합당하게 상이한 방법으로 처리되지 못할 위험에 처하게 된다. 이에도 불구하고 현재 지배적인 견해는 통합이 불가능하며, 이중적 법체계가 불가피하다는 것이다. 이런 논의는 당연히 두 가지의 핵심쟁점을 건드리게 된다. 첫째, 형평법이 간섭하는 이유는 보통법과 달리 양심에 근거한 도덕에 있다는 것이다. 둘째, 형평법의 간섭은 보통법과는 달리 구제할 수 없을 정도로 과다한 재량권을 행사하는 잘못이 있다는 것이다. 두 가

지의 주장 모두는 과장된 것으로 보이지만, 어쨌든 신중하게 따져볼 가치가 있다.[15)]

제1관 형평법은 유난히 양심에 기초한 재판체계라고 말할 수 있는가

위에서 본 첫 번째의 논의는 형평법의 추론과 그 간섭주의 실무관행을 어떻게 내적으로 합리화할 근거가 있겠는지에 집중된다. 그리하여 형평법의 가치체계 또는 간섭의 동기는 보통법의 그것과 개념적으로 너무나 달라서 이 두 체계를 의미 있는 통합된 하나의 체계로 만드는 것은 불가능하다고 시사한다.

이런 논의는 매우 깊은 경지에까지 당도하고 있다. 이런 논의를 뒷받침하기 위하여 보통 세 가지 근거가 제시되고 있다. 첫째, 형평법이 내리는 결론이 보통법의 그것과 다르다는 사실에서 상이한 가치체계의 증거를 발견하는 것이다. 이 말은 일리가 있지만 반드시 서로 다른 개념적 추론 때문에 그런 것은 아니다. 법의 변화는 필연적으로 형평법, 보통법 또는 의회입법에 의하여 추구될 수밖에 없다. 그리하여 보통법과 성문법 규정 간에서, 또는 보통법과 형평법의 원칙 간에서 결과적으로 피할 수 없는 차이를 보이게 된다. 더욱이 선호되는 개혁의 통로는 불가피하게 최소한의 저항과 최대한의 효율성을 제공하는 것이어야 한다. 상당 기간 동안은 법의 변화가 주로 형평법을 통해서 초래될 수 있었는데, 그것은 보통법이 그 자체의 경직된 영장체계에 의하여 너무나 꽉 막혀 있었기 때문이었다.[16)] 이와는 대조적으로 20세기는 보통법이 특별히 생동하는 기간이었다고 할 수 있다. 이 기간 중 보통법은 과실negligence, 과실에 의한 착오진술negligent misstatement, 경제적 압박economic duress, 그리고 부당이득 등의 분야에

15) 여기서 개진되는 주장은 초기의 논문인 〔2002〕 55 Current Legal Problems 232-264에서 인용한 것이다.

16) 제1장 제1절 제3관을 보시오.

서 법리를 고안해내거나 이를 정교화시킬 수 있었다. 이제는 의회의 입법을 통한 개혁이 선호되고 있다.

중요한 것은, 서로 다른 개혁 메커니즘을 선택하게 되었다 하더라도 그것이 그 메커니즘마다 개념적으로 서로 다른 결과를 불러올 수 있는 능력 때문에 그런 것이었음을 시사해주는 역사적 물증은 없다는 점이다. 양심에 기초한 개혁은 형평법에 의해서만 가능하고, 다른 개혁은 보통법이나 의회입법을 통해서만 가능하다는 식의 생각은 그릇된 것이다. 가령 형평법이 부당한 영향력의 행사undue influence라는 개념을 발전시킨 것이나, 또는 보통법이 경제적 강박economic duress의 개념을 유사하게 발전시킨 것들을 기억해보라.[17] 또 통합반대론자들이 생각하듯이 개념적 동기가 서로 다르다고 하는 이유로서 보통법과 형평법의 경계를 가로질러서 개혁을 상호 전달하는 일이 불가능하다는 주장 또한 옳지 않다. 형평법 초기의 상이한 절차적인 원칙들을 기억해보라. 양심에 기초한 형평법 체계에만 가능하다는 선입견을 깨뜨리는 것으로서 이런 절차적 전략은 이제 상당히 전반적으로 채택되고 있다.[18] 이와 똑같은 종류의 상호 거름주기의 작용이 도처에서 드러나고 있는 것이다.[19]

실로 이런 상호 거름주기의 과정은 현재에도 진행형이다. 그 역사가 여하튼간에 형평법은 이제 보통법으로부터 차용해보려는 경향이 점차 짙어지고 있다. 이는 특히 논란의 대상이 되는 취소시의 금전적 구제수단,[20] 그리고 형평법상의 주의의무(이런 분명한 주의의무가 존재한다고 할 경우[21]) 위반시 이를 시정하는데 있어서 상당성remoteness 및 예견가능성foreseeability에 의한 제한 등의 분야에서 분명히 드러난다. 이런 경향에 대하여는 자주 비난이 가해지며, 더욱 나쁜

---

17) 제7장 제2절 제3관을 보시오.

18) 제2장 제3절 본문을 보시오.

19) 1967년의 허위표시법 제2조(선의의 허위표시) 및 1999년의 계약(제3자의 권리)법을 보시오. 보통법은 또한 형평법으로부터 착오mistake, 위약금penalties, 권한의 남용fraud on the power 등에 관한 원칙들을 "차용borrow"했다.

20) 제9장 제4절 제2관을 보시오.

21) 제6장 제2절 제3관을 보시오.

것은 "융합의 오류fusion fallacy"라는 명목의 붓으로 말재간을 부리며 이를 뭉개려는 움직임도 있다. "융합의 오류"라는 개념은 보통법과 형평법의 원칙들을 합치는 것은 허용되지 않는다는 뜻이다. 보통법상의 항변으로 형평법상의 청구원인에 대항(즉 신임관계상의 의무fiduciary duty 위반을 이유로 하는 청구에 대하여 기여과실contributory negligence을 주장하는 경우)한다든지, 또는 형평법상의 불법행위(즉 부당한 영향력의 행사에 대한 손해배상)에 보통법상의 구제수단을 허용한다든지 하는 것은 이론적으로 건전치 못하다는 것이다.[22] 그러나 형평법은 당초부터 보통법으로부터 차용하는 데서 시작한 법체계이다. 예컨대 형평법은 보통법이 11세기와 12세기에 개발해냈던 대인적in personam 구제수단을 채용하여 이를 발전시킴으로써 형평법 나름의 좀 더 정교한 체계를 만들어낼 수 있었던 것이다. 한참 지나서야, 즉 보통법이 오랫동안 정체를 겪고 난 후에야, 형평법이 보통법으로부터 빌려 오려는 시도는 시들해져서 단념하기에 이르렀다. 현대의 두 법체계 간 구제수단에서의 차이점들이 두 법체계 간의 개념적 괴리의 간극을 메울 수 없을 정도는 아니다. 이들은 단지 법적 개혁의 진화통로를 따라서 있어 왔을 서로간의 경쟁과 사건들을 단순히 반영할 뿐이다.

비판의 두 번째 쟁점은 좀 더 미묘한 편이다. 즉, 형평법이 잘못을 저지른 피고의 양심을 시정하는 데 초점을 맞춤에 비하여 보통법은 그렇지 않으며, 또는 적어도 그렇게 제한적이지 않다는 점에서 서로 상이한 가치체계를 가지고 있음을 입증한다고 생각하는 것이다. 그들이 이로써 의도하는 귀납적 결론은, 형평법은 성공적인 원고를 위해서는 아무런 권리도 창설해내지 않는다는 것이다. 즉, 형평법은 피고가 현존하는 보통법상의 권리에 터잡아 이를 실현하는 것이 양심에 비추어 타당하지 않을 경우 피고에게 이를 행하지 못하도록 할 뿐이라는 것이다.[23] 달리 말하자면 형평법의 기능은 정의를 실현함에 있지 않고 부정

22) 그러나 보통법이 형평법으로부터 차용해온다 하여 똑같은 잘못을 저지르는 것은 아니다.
23) *Re Diplock* [1948] 1 Ch 465 (CA); *Westdeutsche Landesbank Girozentrale v Islington LBC* [1996] AC 669 (HL).

의injustice에 제동을 거는 일이라는 것이다. 결국 형평법은 적극적, 혁신적이 아니라 반동적이라는 것이다.

이런 주장은 두 가지로 해석될 수 있다. 특별한 수준에서 형평법은 피고의 양심에 비추어 허용될 때에만 개입한다는 의미를 내포하고 있다. 보통법은 아마도 이보다 덜 성급할 것이다. 형평법의 양심의 기준은 피고가 알았느냐, 또는 그런 의사를 가지고 있었느냐에 관해서인 것으로 추정된다. 어딘가 일단 성숙한 척도에 비추어 피고의 양심이 악의 "영향"을 받았으므로 형평법이 개입해야 한다고 말할 정도는 되어야 한다는 것이다. 그러나 실무관행상은 이런 차이점을 발견할 수 없다. 형평법이든 보통법이든 간에 둘 다 무과실책임론strict liability[24]에 근거한 불법행위이론을 고수하고 있으며, 예컨대 두 체계 모두 정을 알았거나, 의사가 있었거나, 또는 주의의무가 결여된 경우가 책임의 성립 여부에 결정적으로 작용하는 불법행위체계를 보유하고 있는 것이다. 이중 한 법체계는 피고에게 초점을 맞추고, 다른 법체계는 그렇지 않다는 식의 생각은 구체적인 사실관계에 비추어볼 때 결코 지지를 받을 수 없는 발상이다.

이렇게 서로 다른 초점을 가진 생각은 달리 설명해볼 수도 있다. 형평법은 (피고의) 의무에 초점을 맞추고, 보통법은 (원고의) 권리에 초점을 맞춘다는 것이다. 즉, 똑같은 의무와 권리의 차이가 판례법(보통법과 형평법의 두 체계 모두를 합친 것을 말한다)과 대륙법을 구별한다고 설명되기도 한다. 대륙법은 법전화되어 있어 원고라면 원칙상 당연히 자기가 특별한 법적 권리를 가지고 있다고 주장할 수 있는 것으로 알려져 왔다. 이와는 대조적으로 판례법하에서는 선례가 집적됨에 따라 서서히 판례법의 원칙들이 생겨나게 되었고, 원고는 그때서야 차츰 자기가 법적 권리를 가지고 있음을 주장할 수 있게 되었으며, 더 중요한 것으로는 이를 인정받을 수 있게 되었다는 것이다. 충분한 시간이 주어진다면 어떤 특별한 상황에서는 피고가 특정한 방법으로 행위할 의무를 지게 됨을—또

24) 보통법상의 불법영득conversion에 관한 원칙이나 형평법상의 수임자의 의무fiduciary duties에 관한 원칙들이 이를 그대로 보여준다.

원고도 그런 의무를 질 것이다—시사하는 일반원칙이 차츰 성립될 수 있을 것이다. 일단 그런 원칙이 성립되면 그때에는 원고가 피고에게 자기에게 부담하고 있는 의무 그대로 이행하라고 청구할 권리를 가진다고 말하더라도 정확한 이야기가 될 것이다. 만약 이런 권리와 의무의 구분이 이런 발전과정과 관련되어 있는 것이라면 그때에는 보통법과 형평법은 모두 필연적으로 피고의 의무에 초점을 맞추어야 한다. 선례에 근거하여 형성되는 법적 체계에서는 권리란 곧 확립된 의무라는 점에서 동전의 다른 한 면에 다름 아닌 것이며, 새로운 권리는 필연적으로 새로이 진화하는 새로운 의무에 터잡아서만 인정받을 수 있다는 것이다. 오로지 빈사상태의 판례법체계만이 "권리에 기초rights-based" 한 것이라고 인정받을 수 있을 것이다.

통합반대론자들이 이렇게 가치 관련의 논거로서 내세우는 세 번째이자 마지막 주장은 오히려 좀 더 일반적인 것이다. 그 초점은 구제수단에서의 차이점에도 있지 않고, 또 원고와 피고 중 누구에게 초점을 맞출 것이냐 하는 데에도 있지 않으며, 오로지 추론reasoning에서의 차이점에 있을 뿐이다. 형평법상의 추론은 보통법과 달리 도덕적이나 양심에 기초conscience-based하고 있다는 것이다. 가장 이론적인 수준에서 보면, 이런 주장은 법과 도덕 간의 바람직한 관계에 대한 오랫동안의 논쟁에 끼어드는 셈이 된다. 아주 거칠게나마 그 양태를 그려보자면, 형평법은 자연법에 기초하여 도덕 및 정의의 개념과 그런 명분하에서 개발해내는 법적 원칙들 간에 어떤 근본적 연관성이 있다고 주장하는 모습이 될 듯하다. 반면 보통법은 구제할 수 없을 정도의 실증주의자positivist의 모습을 띠고 그 어떤 지배적인 도덕관념에도 별로 매이지 않은 채로 법적 제재의 위협을 내세워 강제규정들을 부과하는 모습일 것이다. 그러나 실제로 이 두 가지는 모두가 극단적으로 오도하는 표본이라 할 만하다. 법과 도덕성을 대치시키는 이분법은 보통법과 형평법 간의 대립구조에 결코 잘 맞아떨어지지 않는다.

특히 형평법은 도덕성을 추구하면서 이타주의 내지 타인을 배려하는 행동을 뜻하는 데 비하여, 보통법은 사익을 추구할 뿐이라는 시각이야말로 옳지 않다. 그 어떠한 법적인 규칙이나 원칙 여하 간에 사익을 추구하는 행동에 어떤 제약을 가하는 것이 일반인데, 이는 다른 사람의 권리를 보호하고 또한 조장해주기 위한 것이다. 이는 보통법상의 계약 및 불법행위에 관한 원칙들에서든 형평법상의 충실의무와 비밀유지의무에 관한 원칙들에서든 마찬가지이다. 더욱이 법적인 원칙이라면 예외 없이 그 원칙이 존중받도록 확보하기 위한 전략을 구사하는 것이 당연하다. 어느 법의 원칙이든 간에 어느 당사자라도 예외 없이 사익을 추구하고 있음을 기본적 사실로 인정하면서 이런 사익이 사회적으로 바람직한 목적의 달성을 위하여 방향을 재정립할 수 있도록 유인제를 제공해주는 것이다. 여기서의 최선의 유인제라 함은 계약을 위반했을 때, 이를 원래의 의무를 제대로 이행하는 것과 비교할 경우, 경제적인 관점에서 마찬가지로 비용이 든다는 사실을 알게 해주는 일이다. 그리하여 계약 위반에 대한 구제수단으로서는 기대이익expectation damages의 배상이 되어야 하고, 불법행위에 대한 구제수단으로서는 손해배상compensatory damages이 되어야 하며, 신임관계에서의 의무위반에 대하여는 먹은 것을 토해내도록 하는 일disgorgement이 되어야 한다는 것이다. 이런 구제수단들은 바로 이타주의altruism가 아니라 사익self-interest에 호소하기 때문에 제대로 작동이 가능한 것이다. 결국 형평법이든 보통법이든 간에 그 목표와 전략 간에 어떠한 두드러진 도덕적 차이도 존재하지 않는 것이다.

또 좀 더 철학적 차원에서 본다면, 형평법원칙의 발전과정에 도덕이 주입되어 있는 데 반하여, 보통법에는 그렇지 않다는 견해 또한 옳지 않다. 보통법이 법을 종교로부터 해방하기 위하여 스스로 도덕에 뿌리박고 있음을 자주 부인해온 것은 사실이지만, 이는 법을 종교로부터 해방시키고자 하는 투쟁에서 불가피한 일부로서 이를 정당화하는 데 사용되었을 뿐이다. 형평법은 그러지 않았다. 형평법이 자체의 원칙을 법체계의 일부로 확립시키고자 노력하면서 심지어 국왕의 그늘로부터도 벗어나고자 노력하고 있던 당시에조차도 형평법은 항상 그 뿌리가 도덕에 있으며, 도덕에 근거한 개혁 전략을 가지고 있음을 시인해왔다. 한쪽에서는 도덕성의 주입을 시인하고 한쪽에서는 이를 부인한 것이 보통법과 형평법 간의 차이점을 과장했을 수는 있다. 역사에 의하여 암시되는 진실은, 법의 진보는 하나도 빠짐없이 그 법원칙이 적용되는 사회에서 받아들여지거나 진화하는 도덕적 관념에 기초하고 있다는 점이다.

마찬가지의 과정이 현대의 법의 발전양상에서도 보인다. 도덕적 관념이 서서히 법의 모습을 갖추고 대두한다. 이는 아마도 인종, 종교, 그리고 연령에 의한 차별을 금지하는 법이나, 노사관계에서 부당해고의 여부를 다루는 법이나, 또 소비자보호법의 분야에서 가장 두드러질 것이다. 그러나 처음에는 법의 영역 밖에서 시작하지만 차츰 서서히 공식적인 법의 체계 내로 통합되는 중재절차나 사법적 심사원칙들과 같은 좀 더 미묘한 차원에서도 이는 분명히 드러난다. 이런 발전과정의 어느 것도 형평법만이 법에 있어서의 도덕적 추론의 유일한 담당자라거나 또는 그것이 좀 더 크게 강조되어야 한다고 시사해주지 않는다.

도덕적 추론에 차이가 있다는 주장에 대하여는 실무차원에서도 또한 의문이 제기될 수 있다. 현대의 판사들은 똑같은 법정에서, 그리고 또한 똑같은 사건에서, 보통법과 형평법에 터잡은 결론을 내려야 한다. 그들이 한 사건에서 써먹는 개념적 논리와 근본적으로 전혀 다른 형태의 개념적 논리를 다른 사건에서도 논리정연하게 써먹을 수 있으리라고는 상상하기도 버거운 일이다. 실로 어떤 판사들은 직설적으로 형평법의 양심 개념에는 별로 특별한 것이 없다고 주장하기도 한다. 여기서의 문제는 현대적인 문제가 아니다. 16세기가 되면 형평법의 재판을 맡은 총무대신은 보통법 판사들을 불러 자기가 판결을 내리는 데 도움을 달라고 요청하곤 했다. 이렇게 '보통법 판사'들은 '형평성 있는' 판단을 내려달라는 요청을 받았다. 이들 판사가 구사한 언어를 읽어보면 개념적으로 서로 다른 도덕적 추론에 의존하고 있다는 생각은 전혀 일어나지 않을 정도다. 실로 보통법 판사들과 형평법 판사들은 비슷한 문제와 비슷한 개념들을 놓고 고심했으며, 그럴 경우 그들의 목표는 일치되는 것으로 나타나는 것이다. 양자는 때로 도덕적 추론에 명시적으로 의존할 수도 있다. 예컨대 보통법의 현대적 개념인 과실에 기인한 불법행위tort of negligence를 "발명"해냄에 있어 선도적 판결은 기독교적—그리고 의문의 여지없이 도덕적—개념과 함께 시작되었다. 즉, "네 이웃을 너 자신과 마찬가지로 사랑하라"라는 명제와 함께 시작되는 것이었다. 그리고 이는 법에서 너의 이웃을 해치지 말라는 의무로 확립된 것이다.[25] 좀 덜 명확하지만, 다른 쪽 법체계의 유사한 이론에 의존하는 것은 바탕에 깔려 있는 도덕적 추론에서의 유사성을 호도하는 것일 수도 있다. 예컨대 보통법상의 경제적 강박economic duress과 형평법상의 부당한 영향력undue influence의 행사에 관한 원칙들 간의 유사점, 또는 행정행위에 권한남용이 없는지에 대한 사법적 심사judicial review를 허용한 보통법상의 "웬즈베리" 합리성의 원칙과 형평법상의 권한남용fraud on the power에 관한 원칙 간의 유사점을 보라.

한 마디로 어떤 관점을 택하든 간에 이런 개념적 추론이 형평법에 특이한 것이라고 규정하는 것은 지지를 받기 어렵다. 오히려 반대로 개입을 제한하는 여러 가지 조건들을 보면 두 법체계 모두에서 눈에 띄게 유사한 모습을 보여준다. 두 법체계 중 어느 하나를 버리고 다른 하나를 선택하는 것은 어느 법체계를 취할 경우 바람직하지 않은 제약을 회피하기 위한 것이거나, 또는 역사상 어느 주어진 시점에서 구제수단에 대한 바람직하지 않은 제약을 우회하기 위해서였음에 불과하다. 그러므로 만약 보통법의 통로보다 형평법의 통로를 택하면 그로 인한 결과적 방향이 개념적으로 달라지리라고 상정하는 것은 현실을 모르는 이야기이다.

보통법을 그 장치로만 굴러가도록 내버려두었더라면 형평법과 비슷한 경로(아마도 비록 똑같지는 않았더라도)를 거쳐서 진화했으리라는 생각은 대륙법과의 비교를 통하여 더욱 강화된 지지를 얻을 수 있게 된다. 이런 비교에 의할 경우 판례법의 이중적 법체계에 의하여 도달하고자 하는 결과는 다수의 대륙법체계 국가들에서 도달하는 목표에 비교할 경우 매우 유사함을 시사한다. 아마도 당연한 일이겠지만, 그로 인한 귀납적 결론은 선진국들 간에서의 도덕적 동기는

25) *Donoghue v Stevenson* 〔1932〕 AC 562 (HL), 580. 흥미롭게도 이 판결은 애트킨 경(이 사람은 보통법에 정통한 변호사이다)과 두 명의 스코틀랜드 변호사(이 사람들은 로마-네덜란드 법에 정통한 사람들이다)에 의해서 내려졌는데, 그때 정작 다른 두 명의 형평법원 판사들은 법을 바꾸어서는 안 된다고 강력히 항의했음에도 불구하고 이런 판결이 내려진 것이었다.

결코 서로 다르지 않다는 점이다. 확실히 이들 간에는 일치점이 있다. 똑같은 판례법체계 내에 있는 판사들이—이는 곧 보통법과 형평법을 다루는 판사들을 말한다—서로 다르고 화해할 수 없는 도덕적 관념에 기초하여 활동하도록 요구하는 전략을 채택하기로 결정하리라고 기대하는 것은 더욱 어려운 일이다.

제2관 형평법의 간섭은 유난히 자의적인가

통합을 반대하는 두 번째 논거는 더욱 중요하다. 이에 의하면 보통법은 법에 따라as of right 움직임에 반하여, 형평법의 개입은 자의적discretionary이므로 두 법체계 간의 통합은 불가능하다는 것이다. 보통법은 예측가능성predictability을 위해서 노력하며, 그리하여 매 사건마다 그것이 어떤 일반화된 유형에 속하는 것인지를 따져본다는 것이다. 이에 반하여 형평법은 구체적 정의individual justice를 추구함으로써 개개의 사건을 하나하나 독특한 것으로 처우한다는 것이다. 이런 대립적 접근방법은 결코 섞일 수도 없고 조화될 수도 없다는 것이다. 그러나 이는 매우 큰 오해를 초래한다. 실로 법률가에게 보통법과 형평법 간의 중요한 차이가 무엇이냐고 물어보면, 그들의 답은 바로 불가피하게 이런 대답으로 축약된다. 여기서 아주 분명한 하나의 그림이 떠오른다. 형평법에서 원고는 만약 판사가 허용할 경우에는 특정이행의 명령을 받을 수 있다. 즉, 인정션도 받아낼 수 있고, 원고에 대한 신임관계상의 의무에 위반한 자에 대하여 먹은 것을 토해내라는 판결을 받아낼 수도 있다. 오로지 판사가 허락하기만 하면 가능한 것이다. 원고의 형평법상의 권리는 판사가 허용하기만 하면 제3자에게도 우선한다. 반면 보통법상의 원고는 피고의 계약 위반으로 손해를 입었든지, 불법행위로 손해를 입었든지, 또는 부당이득의 회복을 위한 청구 차원에서든지 간에 자기의 입증책임만 다하면 손해배상을 받을 권리를 얻게 된다. 이런 식의 주장은 방어방법에 관하여서도 마찬가지로 제기되며, 또 역사적으로는 심지어 절차상의 실무관행과 관련하여서도 마찬가지로 제기된다. 만약 이것이 진실이라면 보통법은 법적 권리에 관한 것임에 반하여, 형평법은 그렇지 않다는 결론이 된다. 형평법은 단순히 피고에 대한 기분 내키는 대로의 사법적 명령에 불과한 것이 된다.

이렇게 마음껏 재량권을 발동하는 형평법의 모습은 형평법을 "양심"의 법으로 보는 관점을 그대로 반영하는 것이다. 형평법은 보통법이 불가능하다고 여기는 곳에서 신의성실을 요구하고 정의를 구현할 수 있는 것으로 보인다. 형평법은 그 절차적 원칙들에 수정을 가하고, 의무를 재구성하며, 구제수단을 재형성하는 방법으로 이런 목적을 달성할 수 있다—아마도 사건을 담당하는 판사의 기분에 일체가 좌우되는 것이리라. 이렇게 되면 형평법은 구체적 사건에 매이고, 상황 논리에 매이며, 인적관계에 매이며, 심지어 변덕스럽기조차 한 법체계가 되어버리는 것이다. 이에 반하여 보통법은 합리적이고 분석적이며, 객관적이고 보편적이라고 받아들여진다. 이야말로 시대착오적인 관찰이 아닐 수 없다.

이런 주장의 진실성 여부는 통합의 가능성 여부를 결정하는 데 결정적일 수 있다. 법은 법적 권리에 관한 것이다. 이것보다도 더한 것은 권리와 구제수단 간에 고유한 상호 관계가 있다는 점이다. 즉, 원고는 그 권리 침해를 이유로 법원이 구제수단을 허용하지 않는 한 법적 권리를 가지지 못한다. 만약 법원이 일상적인 방법으로 개입하지 않는다면 그때 원고는 기껏해야 도덕적 권리를 가질 뿐이다. 통합된 하나의 법체계는 법적(보통법) 및 도덕적(형평법) 권리의 조합에 의하여 수립될 수 없다. 그것이야말로 난센스가 될 것이다.

형평법은 이렇게 용납할 수 없는 비법적non-legal인 방식으로 재량권을 발휘하고 있는 것일까? 출발 당시에는 그랬을 수 있다. 형평법은 당초 개개의 구체적 사건을 개별적인 차원에서 다루었다. 그 목표는 보통법의 결함을 보완하는 데 있었다. 실로 형평법이 초기에 구체적 사건들에서 개별적 대응책을 마련한 것이야말로 형평법이 총무대신의 치맛자락에 휘둘리지 않도록 해준 공신이었다. 이런 실무관행이 지속했을 수도 있다. 또 형평법이 그럴 만한 사건에서는 보통법에 의하여 정착된 원칙들을 단순히 부정하고 이를 변형시키는 재량권을 발휘했을 수도 있다. 그럴 경우 그 재판권은 사면을 행하거나 또는 하사품을 내리는 권한에 유사해졌을 수도 있다. 이런 유형의 권한들은 법적 시스템에 의하여 지지되기도 하고, 심지어 규율을 받기도 하지만 그렇다고 결코 이를 법적인 권리로까지 승화시켜주지는 못하는 것이다.

그러나 형평법은 이런 식으로 작동하는 쪽을 선택하지는 않았다. 그 대신 형평법은 하나의 분명한 법적 역할을 맡았다. 즉, 형평법은 예측가능하고도 원칙론적인 방법으로 자신의 구제수단을 제공해줌으로써 마침내 실현가능한 권리를 창설해내기에 이른 것이다. 초기의 총무대신들은 형평법을 법의 체계 내로 끌어들이려고 단호한 노력을 기울여 성공하기도 했다. 그 결과는 "은사bounty"가 아니라 "법law"이었다. 그리하여 그 후 실제로 형평법의 원칙들은 자기들이 누그러뜨리고자 했던 보통법의 원칙들처럼 경직되고 기술적인 법체계로 신속히 변화해갔던 것이다.[26)]

이런 변화들에도 불구하고 형평법이 아직도 과다한 재량권의 발동으로 인하여 통합이 불가능하다고 보아야 하겠는가? 그렇지 않다고 본다. 실제로 현대 형평법의 일부는 오히려 보통법이 제공하는 것보다 훨씬 덜 재량적이라고 여겨지고 있다. 형평법상의 물권적 구제수단들은 판사의 재량에 의하여 부여되는 것이 아님에 분명하다. 만약 그렇지 않다면 파산법은 소극farce으로 바뀔 것이다. 또 신탁의무의 위반, 신임관계상의 의무 위반, 또는 비밀유지의무 위반에 대한 구제를 위한 형평법상의 배상을 허용하는 데 있어서도 그런 재량권의 행사가 엿보이지 않는다. 만약 원고가 그런 구제수단을 원한다면 원고는 자기의 주장사실을 입증해야 하는 것이다. 물론 보통법에서와 마찬가지로 계량quantification의 문제가 난점으로 남을 수 있다. 이 경우 손해의 평가문제는 판사에게 그 권한을 행사하도록 요구할 것이다.

그러나 다른 상황에서는 형평법의 대응책에 분명한 재량적 요소가 있었음을 시인해야 한다. 이런 재량권은 원고가 법원으로부터 피고에게 스스로 특정한 형태로 행위하도록—예컨대 어떤 맡은 용역을 완수하라든지, 또는 손상된 재산을 수리하라든지 하는 경우—하는 명령을 받아내고자 할 때 가장 잘 발휘될

26) *Re National Funds Assurance Co* (1878) 10 ChD 118, 128.

수 있을 것이다. 그럴 경우 법원의 실무관행은, 원고는 물론 피고가 처한 상황을 모두 고려해 그 재량권을 발휘하여 그 요청받은 대로 구제수단을 발동할 것인지의 여부를 결정하는 일이다.[27)]

그럼에도 이런 형태의 재량적 구제방법은 형평법을 보통법과는 상이한, 그리고 도저히 서로 조화될 수 없는 존재로 특징짓지 못한다. 실제로 보통법은 그 작동하는 거의 대부분의 영역에서 이와 마찬가지 형태의 재량적 실무관행을 정확히 그대로 채택하고 있다. 예컨대 보통법이 형사법 분야에서 흥분상태provocation와 정당방위self-defence의 문제를 평가하는 경우의 접근방법을 보라. 또 소비자계약에서 불공정한 조항을 평가할 때를 보라. 계약에서 보통법상의 금반언의 문제를 평가할 때를 보라. 불법행위에서 주의의무가 있는지의 여부, 또는 원고의 과실이 원고 자신의 손해에 기여했는지의 여부를 평가할 때를 보라. 실로 손해를 계량함에 있어 채권법의 전 분야에 걸쳐서 내려지는 그 판결들을 보라. 이런 모든 사례들은 보통법에 있어서도 개별화되고 재량적인 실무관행이 있음을 보여주는 실례가 되며, 그것이 보통법이라는 건축물과는 근본적으로, 그리고 구제할 수 없을 정도로 불합치하는 실무관행이라고는 결코 여겨지지 않는 것이다.

실로 보통법이 선명한 노선에 따르기보다는 재량적인 기준을 통하여 사법적 판단을 내리고자 하는 점증하는 경향이야말로 의문의 여지가 없다. 결국 합리성 내지 상당성이라고 하는 개념에 좀 더 의지하고자 하는 경향—여러 가지 면에서 그 자체가 현대적 의미에서의 도덕성 개념이라고 볼 수 있다—은 바로 이런 현상을 보여주는 가장 두드러진 예라고 할 수 있으나, 위에서 인용된 사례들은 그런 주장에 힘을 실려준다. 법의 정교화를 반영하는 것일 수도 있으며, 또는 가장 넓은 의미에서 도덕성에 대한 경제적 합리주의의 파급효를 단순히 반영하는 것일 수도 있다. 그 이유가 어디에 있든 간에 피고는 원고가 주장하는 의무를 져야 할 것인지의 여부, 그리고 원고가 요청하는 구제수단을 허용할 것인

---

27) 제2장 제1절 제2관을 보시오.

지의 여부를 판단하는 데 있어서 형평법과 보통법은 이제 공통적으로, 이런 재량적 실무관행을 채용하고 있는 것이다. 예컨대 보통법은 계약이 존재하는지의 여부, 또는 피고가 불법행위법상의 주의의무를 져야 하는지의 여부 등을 판단하는 데 있어 이런 재량권을 행사한다. 또 형평법은 피고가 수임자로서의 의무를 지는지의 여부, 또는 비밀유지의무를 져야 하는지의 여부를 판단함에 있어 마찬가지의 실무적 입장을 취하고 있다. 적절한 구제수단을 결정함에 있어 보통법은 자주 상당성 내지 합리성이라는 기준을 채택함으로써 그런 기준에 합치하는지의 여부를 판단함에 있어 드러나지 않게 재량권을 행사하고 있다. 형평법 또한 공정성과 양심성이라는 기준을 채택하고 그런 조건들에 합치하는지의 여부를 판단함에 있어 드러나지 않게 유사한 재량권을 행사하고 있다.

이렇게 형평법과 보통법이 재량권을 행사하는 실무관행은 서로 간에 각자의 법체계와 부조화한 것도 아니고 법의 개념에 어긋나는 것도 아니다. 이들이 통합 반대의 논의에 기름을 부어주는 것도 아니다. 이를 적절히 이해하려면 재량권의 행사에는 다양한 형태가 있음을 인정하는 것이 중요하다. 즉, 어떤 판사는 어떤 특정한 원칙의 적용 여부에 관하여 재량권을 가질 수 있다. 또 그 대신에 판사는 주어진 상황에서 특정한 원칙이 적용되는지의 여부에 관하여 판단할 재량권을 가질 수 있다. 이 두 개의 문장을 조심스럽게 읽어 논점에 차이가 있음을 알아야 한다. 첫 번째의 문장은 어떤 원칙을 자기 마음대로 적용할지 말지에 관한 재량 또는 권한을 의미한다. 따라서 그 권한의 행사는 어떤 공식적이거나 합리적인 원칙에 터잡을 필요가 없다. 이것이야말로 초기의 총무대신들이 활동하던 방식이었다. 이런 형태의 재량권은 법의 개념과는 분명히 합치하지 않는다. 만약 형평법이 이런 식으로 작동하기를 지속했다면 결국 개별적, 구체적 사건에서마다 용납할 수 없는 재량권의 행사로 인하여 보통법과는 합치할 수 없게 되었을 것이다. 그러나 재량권의 행사라고 하여 모두가 바로 이런 유형에 속하는 것은 아니다. 위에서 본 두 번째 문장은 어떤 특정한 사실관계에 어떤 주어진 원칙이 적용될 수 있는지의 여부를 판단함에 있어 재량권이 있음을 의미한다. 이런 재량권의 행사는 법의 개념과 합치하는 것이다. 실로 법체계치고 이런 재량권의 행사 없이 작동하는 법체계를 상상하기가 어렵다. 형평법과 보통법의 두 법체계 모두의 실무에서 분명히 드러나는 재량권이야말로 바로 이 두 번째의 용납할 만하고도, 진실로 개별화된 재량권 행사의 실무라 아니할 수 없다. 이는 무조건 선명한 노선에 따르는 방법과 구체적 사실에 민감한(재량적인) 정의를 구현하는 방법론 간을 구분하는 아리스토텔레스적 관점을 반영하는 것으로서 그 단층선은 보통법과 형평법의 구분방식에 의하여 규정될 수 없음이 분명하다.

여기서 중요한 논점은 보통법과 형평법 모두가 그 사법적 판단에 있어서는 재량권을 발휘한다는 점이다. 모든 법은 불가피하게 일반성general을 띠고 있으므로 단순성, 확실성, 예측가능성 및 균일성이라는 필요를 충족시켜줄 수 있다. 그러나 법은 또한 예외 없이 일반성에 내재하는 불공정성에 대처하기 위하여 사법적 재량권을 발휘해야 한다는 압력을 받고 있다. 그러므로 형평법이 실무에서 이런 재량권을 발휘하는 데 있어서는 독특하거나 이색적인 것이 없다. 결국 여기서는 두 체계 간의 통합에 지장이 되는 요소가 드러나지 않는 것이다. 실로 통합된 법체계는 현존하는 형평법과 보통법 간의 재량적 입력input을 재정의하고 개발해주는 일을 지속할 것이다.

이 모든 논쟁들은 결국 하나의 쟁점으로 집약된다. 오랫동안 지속해온 반대의 견해에도 불구하고 형평법의 도덕적 기초도, 또 그의 재량적 실무관행도, 보통법과 형평법이 이제는 돌이킬 수 없는 이중적 법체계의 길을 갈 수밖에 없다는 주장을 뒷받침할 만한 하등의 필연적 근거를 제공하지 못한다. 통합은 가능하다. 통합은 또한 좀 더 나은 사법적 정의의 구현을 위해서도 바람직하다. 통합은 비슷한 사안을 비슷하게 처리해주어야 한다는 목표를 더욱 활성화해줄 것이다. 통합은 또한 어느 법체계에 속하느냐의 우연적인 사정에 따를 것이 아니라, 사건에 어떤 의미상의 차이점이 있는지의 여부에 기초하여 차별화를 이끌어낼 수 있을 때에만 법의 합리적 진화를 가능하게 해줄 것이다. 두 체계 간의 차이를 추출해내는 정통적 구분법에서의 역사적 시대착오는 현재의 법체계를 현시점에 맞추어 평가하기 위한 차원에서라도 폐기될 필요가 있다.

제3절 정리

이제 끝맺는 이야기는 간단하다. 이 이상야릇하기만 한 영국 판례법의 이중적 체계가 어떻게 생성되기 시작하여 보통법과 형평법이라는 두 가지 법체계로 뚜렷이 구분되기에 이르렀는지는 역사가 잘 설명해줄 수 있을 것이다. 그러나 과연 무엇이 의문의 여지없이 반직관적counter-intuitive 선택이었는지를 설득력 있게 설명해주는 데는 역사로도 충분치 못할 것이다. 이중적 법체계에 내재하는 특성으로 인하여 비슷한 사건들이 비슷하게 처리된다는 보장을 받기 어렵게 되며, 상이한 사건들은 상이한 방법으로 방어할 수 있어야 함을 보장하기도 어렵게 된다. 두 법체계의 경계선을 가로질러 적정한 감독을 행하고, 그리고는 이에 따라 원칙과 실무를 정렬해줄 수 있는 아무런 공식적인 방법이 없다. 이와 비교할 경우 통합된 법체계는 논리정연하고, 원칙론적이며, 또 쟁점에 집중할 수 있는 법적 원칙을 제공해줄 가능성이 훨씬 높아진다. 이런 이점들은 어느 경우에도 매력적이지만, 이제 판례법체계를 구성하는, 폭발적으로 성장하는 법체계 전체를 다루는 데 있어서 추가적인 혜택을 제공하기조차 한다.

보통법과 형평법의 이론들을 포괄적이고도 합리적으로 통합하는 것이야말로 원칙론적인 법적 발전을 추구하는 데 있어서 유일하게 옹호할 수 있는 현대적 대안이라고 보인다. 이 장에서는 통합의 실무작업이 결코 상상하는 만큼 그렇게 어려운 일은 아님을 보여주었다. 형평법의 가장 유명한 발명품인 "신탁"조차도 이런 법체계에 쉽사리 수용될 수 있는 것이다. 그런 진전을 방해하는 것은 실무가 아니라 이론이다. 여기서의 핵심 관건은 이미 수백 년간의 관심사항 그대로다. 즉, 형평법은 보통법의 원칙과 권리에 기초한 실무관행과 근본적으로 불합치하는 독특한 양심에 기초한 재량적 법체계이기 때문에 개념적으로도 철학적으로도 통합이 불가능하다는 주장이다. 그러나 이런 주장을 잘 분석해보면 결국 논리적으로 설득력 있는 기초를 흠결하고 있음이 드러난다. 이런 주장이 미래에도 계속 지배하도록 허용해서는 안 될 것이다.

단호함과 예리한 눈으로 상세하고도 치열한 분석을 통하여 추구하는 통합작업은 결국 논리정연하고, 치밀하며, 또 차별성 있는 법체계를 이룩해줄 터로서 현대사회의 요구를 감당할 만큼 충분히 무장되어 있을 것이다. 이렇게 포괄적인 이론적 통합은 형평법과 보통법이 품어야 할 원대한 목표가 되어야 함에 틀림없다. 이야말로 판례법체계 내에서 형평법을 위한 최선의 계획임에 틀림없는 것이다.

【 역주 】

1 이제는 보통법과 형평법의 법원이 따로 있지 않고 통합되어 있다.

제10장 참고문헌

Ames, J. B., "Law and Morals" (1908) 22 Harvard Law Review 97.

Beatson, J., "Unfinished Business: Integrating Equity" in J. Beatson (ed.), *The Use and Abuse of Unjust Enrichment* (Oxford: Oxford University Press, 1991), Ch. 9.

Burrows, A., "We Do This At Common Law But That In Equity" (2002) OJLS 1.

Coing, H., "English Equity and the Denunciatio Evangelica of the Canon Law" (1955) 71 LQR 223.

Denning, A., "The Need for a New Equity" [1952] CLP 1.

Duggan, A., "Is Equity Efficient?" (1997) 113 LQR 601.

Emmerglick, L. J., "A Century of the New Equity" (1945) 23 Texas Law Review 244.

Erlich, I. and Posner, R. A., "An Economic Analysis of Legal Rulemaking" (1974) 3 Journal of Legal Studies 257.

Evershed, R., "Reflections on the Fusion of Law and Equity After 75 Years" (1954) 70 LQR 326.

Getzler, J., "Patterns of Fusion" in P. Birks (ed.), *The Classification of Obligations* (Oxford: Clarendon Press, 1997), Ch. 7.

Gleeson, The Hon A. M., "Individualised Justice—The Holy Grail" (1995) 69 Australian Law Journal 421.

Holdsworth, W. S., "Equity" (1935) 51 LQR 142.

Kaplow, L., "Rules Versus Standards: An Econmic Analysis" (1992) 42 Duke Law Journal 557.

Mason, The Hon. Sir Anthony, "Equity' s Role in the Twentieth Century" (1997/98) 8 King's College Law Journal 1.

Mason, A., "The Place of Equity and Equitable Remedies in the Contemporary Common Law World" (1994) 110 LQR 238.

Mason, K., "Fusion: Fallacy, Future or Finished?" in S. Degeling and J. Edelman (eds.), *Equity in Commercial Law* (Sydney: Lawbook Co., 2005), Ch. 3.

Millett, P. J., "Equit—The Road ahead"(1995) 9 Trust Law International 35.

———, "Equity's Place in the Law of Commerce" (1998) 114 LQR 214.

Newman, R. A., *Equity and Law: A Comparative Study* (1961, Oceana Publications Inc., New York).

Pound. R., "Mechanical Jurisprudence" (1908) 8 Columbia Law Review 605.]

Smith, L., "Fusion and Tradition" in S. Degeling and J. Edelman (eds), *Equity in Commercial Law* (Sydney: Lawbook Co., 2005), Ch. 2.

⋙ 참고문헌(Bibliography)

Adams, G. B., "The Origin of English Equity" (1916) 16 Columbia Law Review 87.

Akkouh, T. and Worthington, S., "*Re Diplock* (1948)" in C. Mitchell and P. Mitchell (eds), *Landmark Cases in the Law of Restitution* (Oxford: Hart Publishing, 2006), Ch. 11.

Ames, J. B., "Law and Morals" (1908) 22 Harvard Law Review 97.

Atiyah, P. S., "Consideration: A Restatement" in P. Atiyah, *Essays on Contract* (Oxford: Clarendon Press, 1988, revised 1990).

Austin, R., "Fiduciary Accountability for Business Opportunities" in P. D. Finn (ed.), *Equity and Commercial Relationships* (Sydney: LawBook Co., 1987), Ch. 6.

Baker, J. H., *An Introduction to English Legal History* (4th edn, London: Butterworths, 2002).

_____, "The Court of Chancery and Equity" in J. H. Baker, *An Introduction to English Legal History* (4th edn, London: Butterworths, 2002).

Beatson, J., "Unfinished Business: Integrating Equity" in J. Beatson (ed.), *The Use and Abuse of Unjust Enrichment* (Oxford: Oxford University Press, 1991), Ch. 9.

Bigwood, R., "Undue Influence: 'Impaired Consent' or 'Wicked Exploitation'?" (1996) 16 OJLS 503.

Birks, P., "Misdirected Funds: Restitution from the Recipient" [1989] *LMCLQ* 296.

_____, "Mixing and Tracing: Property and Restitution" (1992) 45 *CLP* 69.

_____, "Restitution and Resulting Trusts" in S. Goldstein (ed.), *Equity and Contemporary Legal Problems* (Jerusalem: Hamaccabi Press, 1992), 335.

_____, "Receipt" in P. Birks and A. Pretto (eds), *Breach of Trust* (Oxford: Hart Publishing, 2002), 213.

Birks, P. and Chin, N. Y., "On the Nature of Undue Influence" in J. Beatson and D. Friedmann (eds), *Good Faith and Fault in Contract Law* (Oxford: Clarendon Press, 1995), Ch. 3.

Bright, S. and McFarlane, B., "Proprietary Estoppel and Property Rights" [2005] CLJ 449.

Burrows, A., "Swaps and the Friction between Common Law and Equity" (1995) RLR 15.

_____, *Fusing Common Law and Equity: Remedies, Restitution and Reform* (Hochelaga Lecture, University of Hong Kong and Sweet & Maxwell, 2002).

_____, "We Do This At Common Law But That In Equity" (2002) OJLS 1.

Calnan, R., "Imposing Proprietary Rights" [2004] 12 RLR 1.

Capper, D., "Undue Influence and Unconscionability: A Rationalization" (1998) 114 LQR 479.

Cartwright, J., "An Unconscionable Bargain" (1993) 109 LQR 530.

Chambers, R., *Resulting Trusts* (Oxford: Clarendon Press, 1997).

_____, "Constructive Trusts in Canada" (2001) 15 Trust Law International 214 and (2002) 16 Trust Law International 2.

Coing, H., "English Equity and the *Denunciatio Evangelica* of the Canon Law" (1955) 71 LQR 223.

Conaglen, M., "Equitable Compensation for Breach of Fiduciary Dealing Rules" (2003) 119 LQR 246.

_____, "The Nature and Function of Fiduciary Loyalty" (2005) 121 LQR 452.

Cooter, R. and Freedman, B., "The Fiduciary Relationship: Its Economic Character and Legal Consequences" (1991) 66 New York University Law Review 1045.

Davidson, I. E., "The Equitable Remedy of Compensation" (1982) 13 Melbourne University Law Review 349.

Denning, A., "The Need for a New Equity" [1952] CLP 1.

Devonshire, P., "Freezing Orders, Disappearing Assets and the Problem of Enjoining Non-Parties" (2002) 118 LQR 124.

Duggan, A., "Is Equity Efficient?" (1997) 113 LQR 601.

_____, "Till Debt Us Do Part: A Note on *National Australia Bank Ltd v Garcia*" (1997) 19 Sydney Law Review 220.

Easterbrook, F. H. and Fischel, D. R., "Contract and Fiduciary Duty" (1993) 36 Journal of Law and Economics 425.

Edelman, J. and Elliott, S. B., "Money Remedies against Trustees" (2004) 18 Trust Law International 116.

Elliott, S. B., "Remoteness Criteria in Equity" (2002) 65 MLR 588.

Elliott, S. B. and Mitchell, C., "Remedies for Dishonest Assistance" (2004) 67 MLR 16.

Emery, C., "The Most Hallowed Principle—Certainty of Beneficiaries of Trusts and Powers of Appointment" (1982) 98 LQR 551.

Emmerglick, L. J., "A Century of the New Equity" (1945) 23 Texas Law Review 244.

Erlich, I. and Posner, R. A., "An Economic Analysis of Legal Rulemaking" (1974) 3 JLS 257.

Evans, S., "Rethinking Tracing and the Law of Restitution" (1999) 115 LQR 469.

Evershed, R., "Reflections on the Fusion of Law and Equity after 75 Years" (1954) 70 LQR 326.

Finch, V. and Worthington, S., "The Pari Passu Principle and Ranking Restitutionary Rights" in F. Rose (ed.), *Restitution and Insolvency* (London: Mansfield Press, 2000), Ch. 1.

Finn, P. D., *Fiduciary Obligations* (Sydney: Law Book Co., 1977).

_____, "The Fiduciary Principle" in T. G. Youdan (ed.), *Equity, Fiduciaries and Trusts* (Toronto: Carswell, 1989), Ch. 1.

Fox, D., "Common Law Claims to Substituted Assets" [1999] RLR 55.

Frankel, T., "Fiduciary Law" (1983) 71 California Law Review 795.

Fung, E. and Ho, L., "Change of Position and Estoppel" (2001) 117 LQR 14.

Gardner, S., "Rethinking Family Property" (1993) 109 LQR 263.

_____, "The Remedial Discretion in Proprietary Estoppel" (1999) 115 LQR 438.

Garton, J., "The Role of the Trust Mechanism in the Rule in *Re Rose*" [2003] Conveyancer 364.

Getzler, J., "Patterns of Fusion" in P. Birks (ed.) *The Classification of Obligations* (Oxford: Clarendon Press, 1997).

Gleeson, The Hon. A. M., "Individualised Justice—The Holy Grail" (1995) 69 Australian Law Journal 421.

Glister, J., "The Nature of *Quistclose* Trusts: Classification and Reconciliation" [2004] CLJ 632.

Goode, R., "The Right to Trace and its Impact in Commercial Transaction" (1976) 92 LQR 360, 528.

_____, "Inalienable Rights?" (1979) 42 MLR 553.

_____, "Ownership and Obligation in Commercial Transactions" (1987) 103 LQR 433.

_____, "The Recovery of a Director's Improper Gains: Proprietary Remedies for the Infringement of Non-Proprietary Rights" in E. McKendrick (ed.), *Commercial Aspects of Trusts and Fiduciary Obligations* (Oxford: Clarendon Press, 1992), Ch. 7.

_____, "Proprietary Restitutionary Claims" in W. R. Cornish, R. Nolan, J. O'Sullivan and G. Virgo (eds), *Restitution: Past, Present and Future* (Oxford: Hart Publishing, 1998), 63.

Grantham, R., "Doctrinal Bases for the Recognition of Proprietary Rights" (1996) 16 OJLS 561.

_____, "Liability for Interfering in a Breach of Trust" (1998) 114 LQR 357.

_____, *Enrichment and Restitution in New Zealand* (Oxford: Hart Publishing, 2000), Ch. 7, 285-8.

Grantham, R. B. and Rickett, C. F., "Disgorgement for Unjust Enrichment?" [2003] CLJ 159.

Gray, K., "Property in Thin Air" [1991] CLJ 253.

Green, B., "Grey, Oughtred and Vandervell—A Contextual Reappraisal" (1984) 47 MLR 385.

Gretton, G. L., "Trusts Without Equity" (2000) International and Comparative Law Quaterly 599.

Guest, A. S., "Accession and Confusion in the Law of Hire-Purchase" (1964) 27 MLR 505.

Hackney, J., "More than a Trace of the Old Philosophy" in P. Birks (ed.), *The Classification of Obligations* (Oxford: Clarendon Press, 1997), Ch. 6.

Handley, K. R., "Exploring Election" (2006) 122 LQR 82.

Hansmann, H. and Kraakman, R., "Property, Contract and Verification: The *Numerus Clausus* Problem and the Divisibility of Rights" (2002) 31 Journal of legal Studies 373.

_____ and Mattei, U., "The Functions of Trust Law: A Comparative Legal and Economic Analysis" (1998) 73 New York University Law Review 434.

Harpum, C., "The Stranger as Constructive Trustee" (1986) 102 LQR 114, continued at 267.

Haskett, T., "The Medieval English Court of Chancery" (1996) 14 Law and History Review 245.

Hayton, D., "Uncertainty of Subject-Matter of Trusts" (1994) 110 LQR 335.

_____, "The Irreducible Core Content of Trusteeship" in A. J. Oakley (ed.), *Trends in Contemporary Trust Law* (Oxford: Oxford University Press, 1996), 47.

_____, "English Fiduciary Standards and Trust Law" [1999] 32 Vanderbilt Journal of Transnational Law 555.

____, "Developing the Obligation Characteristic of the Trust" (2001) 117 LQR 96.

Hazeltine, H. D., "The Early History of English Equity", in P. Vinogradoff (ed.), *Essays in Legal History* (Oxford: Oxford University Press, 1913), Ch. 13.

Ho, L. and Smart, P. S. J., "Reinterpreting the *Quistclose* Trust: A Critique of Chambers" Analysis" (2001) 21 OJLS 267.

Holdsworth, W. S., "The Relation of the Equity Administered by the Common Law Judges to the Equity Administered by the Chancellor" (1916) 26 Yale Law Journal 1.

_____, "Equity" (1935) 51 LQR 142.

Honoé, A. M., "Ownership", in A. Guest (ed.), *Oxford Essays in Jurisprudence* (Oxford: Oxford University Press, 1961), 106.

Jackson, D., "Estoppel as a Sword" (1965) 81 LQR 84, 223.

Jones, G., "Unjust Enrichment and the Fiduciary"s Duty of Loyalty" (1968) 84 LQR 472.

Kaplow, L., "Rules Versus Standards: An Economic Analysis" (1992) 42 Duke Law Journal 557.

Kurshid, S. and Matthews, P., "Tracing Confusion" (1979) 95 LQR 78.

Langbein, J. H., "The Contractarian Basis of the Law of Trusts" (1995) 105 Yale Law Journal 625.

_____, "The Secret Life of the Trust: The Trust as an Instrument of Commerce" (1997) 107 Yale Law Journal 165.

Lanyon, E. V., "Equity and the Doctrine of Penalties" (1996) 9 Journal of Contract Law 234.

Lowry, J. and Edmonds, R., "The Corporate Opportunity Doctrine: The Shifting Boundary of the Duties and its Remedies" (1998) 61 MLR 515.

Maitland, F. W., *Equity: A Course of Lectures*, A. H. Chaytor and W. J. Whittaker (eds), J. Brunyate (rev.) (2nd edn, Cambridge: Cambridge University Press, 1969), Lectures

1 and 2.

Mason, A., "The Place of Equity and Equitable Remedies in the Contemporary Common Law World" (1994) 110 LQR 238.

____, "Equity's Role in the Twentieth Century" (1997/98) 8 King's College Law Journal 1.

Mason, K., "Fusion: Fallasy, Future or Finished?" in S. Degeling and J. Edelman (eds), *Equity in Commercial Law* (Sydney: Lawbook Co., 2005), Ch. 3.

Matthews, P., "Proprietary Claims at Common Law for Mixed and Improved Goods" (1981) 34 CLP 159.

____, "The Legal and Moral Limits of Common Law Tracing" in P. Birks (ed.), *Laundering and Tracing* (Oxford: Oxford University Press, 1995), Ch. 2.

Maudsley, R. H., "Proprietary Remedies for the Recovery of Money" (1959) 75 LQR 234.

Meagher, R. P., Heydon, J. D. and Leeming, M. J., *Meagher, Gummow and Lehane's Equity: Doctrines and Remedies* (4th edn, Australia: Butterworths, 2002).

Millett, P. J., "The *Quistclose* Trust: Who Can Enforce It?" (1985) 101 LQR 269.

____, "Tracing the Proceeds of Fraud" (1991) 107 LQR 71.

____, "Bribes and Secret Commissions" (1993) 1 RLR 7.

____, "Equity—The Road Ahead" (1995) 9 Trust Law International 35.

Millett, Sir P., "Equity's Place in the Law of Commerce" (1998) 114 LQR 214.

____, "Restitution and Constructive Trusts" (1998) 114 LQR 399.

Millett, Lord, "Proprietary Restitution" in S. Degeling and J. Edelman (eds), *Equity in Commercial Law* (Sydney: Lawbook Co., 2005), Ch. 12.

Mitchell, C., "Assistance" in P. Birks and A. Pretto (eds), *Breach of Trust* (Oxford: Hart Publishing, 2002), 139.

Newman, R. A., *Equity and Law: A Comparative Study* (New York: Oceana Publications Inc, 1961).

Nicholls, Lord, "Knowing Receipt: The Need for a New Landmark" in W. R. Cornish, R. Nolan, J. O'Sullivan, and G. Virgo (eds), *Restitution: Past, Present and Future* (Oxford: Hart Publishing, 1998), Ch. 15.

Nolan, D., "Following in their Footsteps: Equitable Estoppel in Australia and the United States" (2000) 11 King's College Law Journal 202.

Nolan, R. C., "The Proper Purpose Doctrine and Company Directors" in B. A. K. Rider (ed.), *The Realm of Company Law* (London: Kluwer, 1998), Ch. 1.

Oakley, A. J., "Has the Constructive Trust Become a General Equitable Remedy?" (1973) 26 CLP 17.

_____, "Proprietary Claims and their Priority in Insolvency" [1995] CLJ 377.

O'Sullivan, J., "Rescission as a Self-Help Remedy: A Critical Analysis" [2000] CLJ 509.

Paccioco, D., "The Remedial Constructive Trust: A Principled Basis for Priority Over Creditors" (1989) 68 Canadian Bar Review 315.

Penner, J., "The Bundle of Rights Picture of Property" (1996) 43 University of California at Los Angeles Law Review 711.

Phillips, J., "Equitable Liens—A Search for a Unifying Principle" in N. Palmer and E. McKendrick (eds), *Interests in Goods* (2nd edn, London: Lloyd's of London Press, 1998), Ch. 39

Phillipson, G., "Transforming Breach of Confidence? Towards a Common Law Right of Privacy under the Human Right Act" (2003) 66 MLR 726.

Pound, R., "The Decadence of Equity" (1905) 5 Columbia Law Review 20.

____, "Mechanical Jurisprudence" (1908) 8 Columbia Law Review 605.

____, *Law and Morals* (2nd edn, London: Oxford University Press, 1926).

Rickett, C. E. F., "The Classification of Trusts" (1999) 18 New Zealand Universities Law Review 305.

Ridge, P., "Uncertainties Surrounding Undue Influence" [2003] New Zealand Universities Law Review 329.

Rudden, B., "Things as Things and Things as Wealth" (1994) 14 OJLS 81.

Schwartz, A., "The Case for Specific Performance" (1979) 89 Yale Law Journal 271.

Scott, A., "The Nature of the Rights of the Cestui Que Trust" (1971) 17 Columbia Law Review 269.

____, "The Fiduciary Principle" (1949) 37 California Law Review 539.

Sealy, L. S., "Fiduciary Relationships" [1962] CLJ 69.

____, "Some Principles of Fiduciary Obligation" [1963] CLJ 119.

Shepherd, J. C., "Towards a Unified Concept of Fiduciary Relationships" (1981) 97 LQR 51.

Sheridan, L. A., "Equitable Estoppel Today" (1952) 15 MLR 325.

Sherwin, E. L., "Constructive Trusts in Bankruptcy" (1989) 2 University of Illinois Law Review 297.

Shiner, R., "Aristotle"s Theory of Equity" (1994) 27 Loyola of Los Angeles Law Review 1245.

Smith, L., "Tracing into the Payment of a Debt" [1995] CLJ 290.

_____, *Tracing* (Oxford: Oxford University Press, 1997).

_____, "W(h)ither Knowing Receipt?" (1998) 114 LQR 394.

_____, "Constructive Trusts and Constructive Trustees" [1999] CLJ 294.

_____, "Unjust Enrichment, Property and the Structure of Trusts" (2000) 116 LQR 412.

_____, "The Motive, Not the Deed" in J. Getzler (ed.), *Rationalizing Property, Equity and Trusts* (London: Lexis Nexis; Butterworths, 2003), Ch. 4.

_____, "Fusion and Tradition" in S. Degeling and J. Edelman (eds), *Equity in Commercial Law* (Sydney: Lawbook Co., 2005), Ch. 2.

Smith, S. A., "Substantive Fairness" (1996) 112 LQR 138.

_____, "Constructing Under Pressure: A Theory of Duress" (1997) 56 CLJ 343.

Stevens, R. and McFarlane, B., "In Defence of *Sumpter v Hedges*" (2002) 118 LQR 569.

Swadling, W., "A New Role for Resulting Trusts?" (1996) 16 Legal Studies 110.

_____, "Rescission, Property and the Common Law" (2005) 121 LQR 123.

Treitel, G., "Consideration: A Critical Analysis of Professor Atiyah's Fundamental Restatement" (1976) 50 Australian Law Journal 439.

Vinogradoff, P., "Reason and Conscience in Sixteenth-Century Jurisprudence" (1908) 24 LQR 373.

Waddams, S., "Johanna Wanger and the Rival Opera Houses" (2001) 117 LQR 431.

Walker, Lord, "Dishonesty and Unconscionable Conduct in Commercial Life—Some Reflections on Accessory Liability and Knowing Receipt" (2005) 27 Sydney Law Review 187.

Warren, S. and Brandeis, L. D., "The Right to Privacy" (1890) 3 Harvard Law Review 289.

Waters, D. M. W., "The Nature of the Trust Beneficiary's Interest" (1967) 45 Canadian Bar Review 219.

Watts, P., "Property and "Unjust Enrichment": Cognate Conservators" (1998) New

Zealand Universities Law Review 151.
Weinrib, E., "The Fiduciary Obligation" (1975) 25 University of Toronto Law Journal 1.
_____, "Restitutionary Damages as Corrective Justice" (2000) 1 Theoretical Inquiries in Law 1.
Williston, S., "The Right to Follow Trust Property When Confused With Other Property" (1888) 2 Harvard Law Review 28.
Worthington, S., *Proprietary Interests in Commercial Transactions* (Oxford: Clarendon Press, 1996).
____, "Fiduciaries: When is Self-Denial Obligatory?" [1999] CLJ 500.
____, "Reconsidering Disgorgement" (1999) 62 MLR 218.
____, "Sorting Out Ownership Interests in a Bulk: Gifts, Sales and Trusts" [1999] Journal of Business Law 1.
____, "Subrogation Claims on Insolvency" in F. Rose (ed.), *Insolvency and Restitution* (London: LLP, 2000), Ch. 4.
____, "Justifying Claims to Secondary Profits" in E. J. H. Schrage (ed.), *Unjust Enrichment and the Law of Contract* (London: Kluwer, 2001), 451.
____, "Integrating Equity and the Common Law" (2002) 55 Current Legal Problems 223.
____, "The Proprietary Consequences of Rescission" [2002] Restitution Law Review 28.
____, "An "Unsatisfactory Area of the Law"—Fixed and Floating Charges Yet Again" (2004) 1 International Corporate Rescue 175.
____, "The Disappearing Divide Between Property and Obligation: The Impact of Aligning Legal Analysis and Commercial Expectation" in S. Degeling and J. Edelman (eds), *Equity in Commercial Law* (London: Sweet & Maxwell, Thompson, and Carswell, 2006), Ch. 5.
____, "Proprietary Remedies and Insolvency Policy: The Need for a New Approach" in J. Lowry and L. Mistalis (eds.), *Commercial Law: Perspectives and Practice* (London: Lexis-Nexis: Butterworths, 2006), Ch. 1.
Youdan, T., "Formalities for Trusts of Land, and Doctrine in *Rochefoucauld v Bousted*" [1984] CLJ 306.

≫ 찾아보기

ㄱ

3당사자 간의 관계 218, 362, 364
가부장 339, 357, 364, 368, 370
가정적 104
가정적 질문 104
가처분 81, 99~100, 102
간섭 13~14, 62, 120, 122, 130, 134~135, 139, 166~167, 191, 269, 277, 295, 309, 322~323, 338, 359, 364, 368, 371, 374~375, 416, 425, 435, 449~450, 480, 488, 519, 528~530, 532~533, 541
간수 303
간주 59, 93, 117, 122, 125, 127, 137, 140, 145~146, 151, 161~162, 168, 173~174, 186, 188, 240, 245, 269, 283, 289, 300, 306, 309, 315, 323
간주수탁자 324, 327, 332
강요 69, 72, 80, 163, 186, 200, 203, 237, 242, 247, 354, 399, 425, 436, 446, 505
강제 15, 70, 74, 77, 79~80, 100, 145~147, 154~155, 159, 181, 199, 232, 246, 260, 328, 337, 344~346, 386~387, 389, 391~392, 397~398, 404~406, 413~414, 416~418, 429~430, 447, 481, 537
강제방법 58
강제의 기법 58
강제집행 59, 75
개방적 86~87, 197, 360, 465~466, 475, 496
개입 22, 43, 51~52, 55~59, 68, 72~73, 75~76, 80~81, 89, 61~63, 119~122, 128, 130, 132, 140~142, 145, 154~157, 161, 227~228, 232, 255~256, 258, 260, 271, 273, 288, 299, 305, 312, 328, 337~340, 343~344, 346~347, 349~350, 353~355, 357, 365~369, 371, 373~377, 379~381, 385, 387, 389~390, 393~397, 399, 402, 414, 416, 435~436, 446, 449, 479, 488, 528, 531, 536, 540~542
개혁 51, 76~77, 251, 462, 473, 495, 533~535, 538
개혁과제 61
개혁안 76
거래 73, 91, 113, 116, 119, 121, 125~128, 132, 147~148, 152, 158, 161, 170, 173, 176~177, 180~181, 204, 220, 230, 234~235, 245~248, 254, 294, 297, 305, 309, 319, 323, 326, 329, 332, 338~340, 342, 345~348, 350~354, 356~373, 379~382, 386~387, 389, 391~392, 396~401, 403~404, 418, 420, 425, 444, 446, 449~350, 455, 457~464, 466~467, 469~470, 472~478, 480, 487, 492~496, 503~504, 507~508, 512~513, 518, 520, 530

거래의 안전 173, 177, 180, 220, 294, 297, 338, 348, 352, 379, 507
게임 39~41, 43~44, 51, 63, 532
결과적신탁 140, 143~145, 161~162, 194, 294, 299, 307~308, 324, 345, 393, 428~434, 436, 477, 500~505
결과적신탁의 추정 429~432, 477, 501~505
경계선 43, 57~58, 117, 121, 130, 193, 244, 270, 276, 356, 368, 407, 424, 457, 462~464, 471, 496, 547
경매 75, 123, 325, 374, 382
경제적 위치 56~57, 71
경직성 76
경합 123, 134, 167~169, 175~176, 178, 181, 183, 200, 208, 263, 265, 328, 445, 473, 481~483, 490, 508
계량화 56~57, 279, 290, 303, 312, 341, 355, 362, 488
계속적공급계약 471
계약 19, 46, 55~57, 61~62, 70~85, 87, 89~90, 92~99, 104, 107, 113, 118, 125, 127, 130~133, 136, 138, 140~144, 147~152, 155~158, 160, 171, 182, 197, 218, 221, 229, 232, 238, 240, 244~246, 249~254, 260~261, 263, 269, 271~272, 283, 286, 288, 305, 308, 321, 326~327, 330, 337~368, 370~382, 385~395, 397~407, 410~425, 428~429, 431~432, 435~447, 449~450, 455~456, 474, 482~484, 493~501, 503~505, 508, 511~513, 520, 526, 528, 534, 544~545
계약 외 제3자 배제의 원칙 147
계약(제3자의 권리)법 77, 133, 386, 404~405, 534
계약기초의 흠결 460~461, 489
계약 위반 72, 76, 79, 92, 140, 143~144, 232, 271, 338, 370~371, 386, 403, 460~461, 470~471, 511, 530, 538, 541
계약 위반의 교사 130
계약의 변경 410
계약의 원인 386
고의 43, 89, 102, 107, 319
고정적 담보 157~158
공개의무 329
공사도급계약 82, 85
공사중지명령 82
공서양속 463, 474
공연계약 80
공익법인 75~76, 382, 456, 508~509
공인회계사 317, 325
공정거래법 148
공정성 41, 60~61, 369, 545
공정하고 합리적인 사람 329, 366~367, 449
공지 84, 264
공지의 사실 84
공통의 착오 349
공통의사 의제신탁 435~438
과실 57~58, 87~88, 92, 197, 281, 286~292, 304, 306, 330, 352, 422, 424, 513~514, 533, 544
과실상계 107
과실에 의한 불법행위 62, 277, 287~288, 291, 352, 423~424, 539
과실책임 15, 423

관계 40, 43~44, 48, 52~53, 101, 114~116, 118, 122~125, 155, 161, 181~182, 189, 201, 212, 218, 229, 231~233, 238, 247, 251, 261, 265, 296, 329, 358, 360~364, 376, 406, 412, 430, 432, 435, 456, 460~463, 488, 498, 517, 537, 542
관리권 122, 137, 139, 227, 232, 235, 237, 281, 309, 320
관리자 71, 158, 162, 185, 235, 260, 332
광산회사 78
괴리 17, 76, 98, 277, 297~298, 311, 331, 466, 476~477, 501, 520, 526~527, 530~531, 535
교부 80, 107, 181, 387, 396, 398, 445
교환가치 121, 153
구두에 의한 명예훼손 85
구두증거배제 342
구실 87, 217, 263, 338, 343, 367, 390
구제대상 87
구제수단 17, 24, 47~48, 54, 56~58, 60, 62, 65, 70~74, 76~78, 82~83, 89, 97, 104~106, 120, 139, 144, 147, 160, 166, 176, 185, 192~193, 199~200, 202, 207, 209, 227, 230~235, 238~249, 251~252, 260~263, 267~272, 276~283, 285~291, 293~297, 299~303, 305~309, 316, 318, 325, 327, 331~332, 337~338, 344, 352~353, 355~356, 362, 370, 374~375, 378, 382, 386~389, 393, 400, 402~404, 408, 411~416, 419~424, 434, 437~438, 440, 443, 448~450, 455~456, 466, 468, 470~471, 473~474, 477~484, 487~488, 493, 495~500, 503, 506~513, 516~520, 528, 530, 534~545, 537~538, 540~545
구제전략 56, 422
구체적 14, 20, 40~41, 48, 68, 104, 145, 173, 179, 187, 198, 232, 257~258, 267, 306, 350, 360~363, 367, 380, 472, 485, 498, 530, 541~542, 545~546
국왕 13, 47, 49, 50~53, 65, 265, 382, 538
국왕의 대권 49
권력투쟁 50~51
권리 52~56, 58~59, 67~73, 75, 77, 79, 82~88, 90~101, 104~107, 115~137, 139~163, 166, 168~172, 175~178, 180~184, 186~197, 199~200, 202~203, 207, 209~213, 215~221, 232, 240~241, 243~244, 248, 253, 258, 261~262, 271, 276~278, 280~281, 289, 293~294, 296~302, 310, 312~322, 326, 328~332, 337~339, 343, 347, 353, 355, 370, 373~376, 380, 386~387, 389, 391~394, 396~397, 399, 401~405, 407~408, 410~417, 419, 426~430, 432~438, 440~449, 459~503, 507, 510~515, 520, 526~527, 529, 534~538, 541~543, 547
권리다발 133
권리들의 다발 123~125, 131, 137, 147, 152, 154, 161~162, 320~322, 450
권리에 기초 537, 547
권리이전증서 89, 342
권리행사 170~171, 173~174, 183~185, 187~194, 196, 199, 202~203, 208, 210, 296
권한남용 228, 249, 252~253, 277, 540
권한유월 253, 255

권한의 남용 253, 255, 260, 306, 534
권한의 제한 235, 255
규칙 39~45, 47~57, 60, 64, 67~70, 86, 97, 96, 98, 105~106, 120, 193, 298, 396, 526~528, 532, 537
금반언 22, 93~94, 390~392, 398, 406~424, 432, 450, 529~530, 544
금전배상 74~75, 107, 147, 267, 518~519
금전적 구제수단 74~75, 107, 147, 267, 518~519
금전적 손해 56, 58, 247~248, 287~288, 291, 305, 352, 487, 497~498, 500, 534, 506~507
금전채권 126, 130, 163
금전화된 취소 495~497, 499, 511~512
금지가처분 98~99
금지명령 83~84, 86, 99, 107, 160, 267~268, 278~279, 423~424
금지조항 85
금지항목의 열거주의 261, 267, 273
기금 57, 138, 151~153, 290~292, 306, 325
기금화된 재산 290
기대이익 56, 71~72, 259, 263, 285~286, 351, 386, 412, 418, 439, 530, 538
기속력 55, 61, 80, 94, 133, 339, 342~343, 347~348, 380, 385~386, 393, 410, 418, 421, 464~467, 472~473
기여가치 217
기여과실 87, 287, 292, 535
기준시점 142, 291
기한 88~89, 371~372, 374, 405, 409
기한을 지키는 일이 매우 요긴 372
깨끗한 손 88, 96

ㄴ

낙태 85
날인 80
내밀 328
내포된 조건 426, 430
네거티브 시스템 273
네모 다트 원칙 178
노팅엄 52
놀이 39~42, 44~47, 51, 56
뉘우침 433

ㄷ

단기간의 최고 81
단독행위 346, 348
단순한 기대 69
단순형평권 160, 182~183, 492, 512
단일화된 총체적 계약 471
달팽이 282
담보 75, 120, 152~159, 162, 171, 175~176, 178, 186, 207, 211, 218~219, 221, 244, 248, 282, 294, 321~322, 362~363, 373~376, 382, 426~428, 482, 509
담보권 75, 119, 123~124, 137, 152~159, 161~162, 178~179, 183, 219, 282, 294, 321~322, 362, 373, 443, 480, 486, 529
담보부채권 89, 130
담보제공 156, 322, 373~374
담보제공계약 75, 157
답변서 59~60
당좌계정 204

당좌대월 214~215
대가관계 93, 144, 147, 155, 339, 386, 406~407, 410, 412, 450
대가관계의 원칙 404, 406, 411
대륙법 13~16, 45~46, 48, 70, 137, 148, 151, 163, 195, 251~252, 385~386, 405, 468, 536, 540
대물적 권리 121
대박 169, 185, 187, 192~193, 196~197, 200, 205, 210, 230, 234, 241, 248, 483, 531
대법원 78, 271, 363~364, 282, 411~412, 467, 502
대법원법 87, 101~102
대세적 121, 127, 181
대여 75, 138, 153~154, 289, 321, 373, 426~428
대위 218~219, 427, 450
대인적 58, 102, 240, 535
대체물 73, 169~170, 172~174, 184, 187~188, 190~197, 202~203, 207, 212~242, 293, 300, 309, 319, 322, 432, 480, 483, 509~510, 514, 519
대체물추급 167, 169~170, 173~174, 182, 184~193, 195~196, 198, 202~210, 213~220, 300, 313, 427, 447, 483, 511~513
대체물추급청구 190, 195~196, 188
대출금 75, 128, 382, 427, 429
도덕 45, 51, 63, 69, 107, 116~117, 124, 432, 435, 532, 537~542, 544, 546
도덕적 권리 69, 542
도덕적 추론 539
도발 20, 22, 172
도장 80
독립한 자문 329, 359, 363~367
독점 148
동결 102, 158, 446
동산 126~127, 149, 163, 167, 191, 295, 344, 399, 414, 446, 485~486, 488, 490~491, 493, 496
동산매매법 393, 427, 446
동의를 무효로 만들 정도로 354
동의에 하자 356, 358, 363~364, 367~369, 380~381
등기 121, 156, 173, 175~178, 180~181, 398, 481, 486, 493
등록 121, 138, 141, 156, 173, 175~176, 180~181, 396, 481, 486, 493

ㄹ

렘브란트 149

ㅁ

마레바 가처분 98, 102
마티스 72~73, 80
만약의 계약 417, 420
매매대금 74, 182, 246~247, 300, 390, 394, 441~446, 494
매매목적물 82, 248, 344, 393, 431, 440~445, 450, 501
매수대금의 결과적신탁 429~431, 500, 504
매수인 56, 72~74, 92, 118~119, 140~144, 146, 179~183, 210, 310, 314, 343, 351~352, 369, 371, 389, 393~394,

404, 427, 429, 440~447, 494, 501
매수인이여 조심하라 369
매슬로 107
면제 88, 92~94, 149, 303, 456
명나라의 도자기 73, 77, 82, 140
명령 40, 43, 49, 57~59, 71, 78~79, 82~87, 100~103, 140~141, 144, 160, 230, 239, 245, 269, 277, 295, 300, 340, 388~389, 424, 448, 496, 542~543
명목상 78
명시적신탁 138~140, 142~145, 147, 155, 161~162, 185, 193~196, 205, 231, 235, 296, 299, 309, 311~312, 331, 344, 425, 428, 449, 503
명예훼손 86
목적달성불능 462~463, 503~505, 512
목적에 입각한 250
무과실책임 289, 314~317, 324, 488, 490~491, 536
무상취득자 310, 314, 318, 320, 322, 481, 492
무체재산 114, 126, 130, 136, 396
무체재산권 126~130, 133, 161, 396, 399, 528
무효화 175, 230, 273, 347, 353, 361, 365, 368, 377, 380, 385, 387, 438, 459, 478, 491, 500, 513~515, 518, 520
묵과할 수 없을 정도로 부주의하게 231
묵시적 조건들 435, 502
묵인 90~93, 329
문서 57, 65, 71, 80, 86, 97~98, 100, 107, 253, 294, 341~342, 357, 388, 392, 420
문서에 의한 명예훼손 86
문서의 제출 97~98, 100
문헌 17, 63, 419
물건 15, 46, 57, 59, 72~74, 77, 99, 101, 114~118, 122, 126, 154, 161~162, 168~173, 175~177, 184, 191, 210, 214~215, 286, 301, 320, 338, 389, 393, 490
물권 18, 115~116, 118
물권적 115~116, 118~119, 135~136, 141, 143~144, 148~150, 154~155, 159, 161~162, 167~168, 185, 193, 195, 197~199, 202, 207, 209, 219, 228, 234, 252, 270, 293, 299, 240~245, 248, 323~324
물권적 권리 136, 140, 145, 156, 159, 169, 182, 215, 219~220, 243~244, 478~479, 507, 519
물권적 권리의 몰취에 대한 구제수단 374
물권적 금반언 413~414, 419, 432, 438
물권적 이해관계 119, 124, 194, 217~219
물권적 지위 144, 166, 173, 191, 200, 207, 219, 240~241, 243~244, 478~479, 507, 519
물권행위 107
물리적 강박행위 354
물리적 및 경제적 강박 357, 361, 492
물상대위 195
물품매매법 74, 118, 177
미국 14, 46, 107, 148, 158, 265, 329, 448, 532
미성년자 148, 473
민사법 65, 229, 332
민사상의 불법행위 325

민소법원 48

ㅂ

반대급부 80, 107, 144, 342, 386, 399~400, 404~406, 410, 414, 418~420, 423, 460~464, 466~475, 493, 499, 501, 512, 518
반대급부의 흠결 460~467, 469~470, 472, 518
반물권적 507
반신탁법 148
반환 57, 71, 91~92, 167, 199, 299, 348, 406, 416, 444, 459~462, 486~487, 494~510, 516, 520
방어방법 68, 92~97, 105, 229, 245, 265~266, 283, 287, 292, 341, 407, 456, 487~489, 508, 510, 541
방조책임 325~327, 330, 528
방패 407, 410, 415
배당 74, 95, 152, 197, 207, 209, 241~243, 382, 398, 440, 483, 513~514
배심원 13~14, 49~51, 54, 59~60
배심제도 50
배제 51, 115~123, 130, 135, 137, 147, 151, 160~161, 260, 342, 525
배타성 116, 120~122, 124~125, 130, 134, 140, 156, 160, 507
배타적 118, 156
백지화 166, 245, 255, 345, 347~348, 352~358, 365, 391~392, 474, 491, 508
번복 347, 359~360, 367, 406, 429~434, 477, 502~504
법개혁(계약의 목적달성불능)법 463
법률상 원인 없이 520
법률의 규정 117, 119, 140, 143, 155~156, 251, 324, 393~394, 443, 462~464, 481
법률의 착오 459, 464~465
법언 146, 176, 240~241, 369, 440
법원조직법 54, 86, 104, 279
법인 121, 150, 163, 242, 257, 315
법적 15, 41, 45~46, 49, 53, 61, 65, 67~107, 114~117, 126~129, 132~134, 137, 141, 147~149, 153~154, 162, 192, 194, 217~218, 229, 232, 236, 253, 258, 270~272, 294, 298, 300, 329, 337~339, 358, 369, 373, 376, 380, 386, 388~389, 393, 395~400, 407~408, 411~413, 415~419, 427~436, 440~446, 449, 459, 463, 465~466, 468~469, 472~473, 475~477, 482, 485~488, 490~495, 498~500, 507~508, 510~511, 520, 535~537, 541~543, 547
법적 권리 67, 70, 85, 87, 92~94, 104~106, 115, 170~171, 192, 329, 337~339, 380, 389, 407~408, 411, 415, 419, 428~429, 491~494, 536, 541~542
법적 소유자 132, 137, 232, 298, 373, 396~397, 431, 434, 449, 510, 515
법적 수단 83
법체계 14~15, 17, 19~22, 39, 41, 44~45, 46~54, 56~61, 63~71, 78, 87, 103~106, 129, 131, 147, 260, 271, 276, 278, 280, 283, 287, 292~293, 295, 297, 326, 330, 350, 356, 377, 381, 385~386, 423~424, 476~479, 483, 488, 496, 499, 501, 505~507, 525, 532, 535~536, 538, 540, 543, 545, 548

법화 177
변호사 55, 231, 249, 289, 317, 323, 325~326, 332, 357~358, 360~362, 382, 411, 540
병원 72, 81, 284
보관 71, 139, 141, 143~144, 146, 171, 184,295, 232, 240, 302~303, 393, 397, 401, 414, 479, 487
보관의무자 303~304
보완적 역할 61
보통법 13~15, 17, 19~20, 22, 39, 47~65, 67~73, 76~78, 81, 86~88, 90~94, 97~98, 100, 103~106, 113~114, 125~136, 141~156, 161~163, 167~168, 171~172, 175~184, 189~196, 199~204, 208, 216, 220~221, 229~233, 254~256, 258~261, 265~268, 270~272, 276~279, 282~299, 302~304, 307, 310~311, 314~323, 326~327, 330~332, 339~343, 346~359, 369, 373, 377~381, 385~393, 396~411, 415, 420, 422, 424~425, 434~435, 439~440, 449~450, 456, 458, 476~479, 483~486, 488~490, 493~498, 505~508, 519~520, 525~548
보통법 법원 13~14, 65, 86, 98, 103, 126, 181, 260, 279
보통법상 소유자 134, 151, 162, 168, 320
보통법상의 강박 354
보통법상의 불법점유 304~305, 314~315, 536
보통법상의 재산 195, 318, 321, 434
보호 전략 74, 265, 302, 327
보호하는 이익 284
본인 163, 221, 231, 237, 240~250, 254, 270~271, 281~282, 285, 291, 307, 328, 360~361
부 482
부당이득 19, 56~57, 62, 70~72, 144, 200~203, 207, 229, 245, 251, 314~319, 322~325, 345, 355~356, 380, 408~409, 416~425, 432, 438~439, 449, 455~464, 468~520, 526, 530, 533, 541
부당한 15, 163, 182, 230, 257, 338, 353, 354, 357~362, 364, 368, 381, 385, 412, 421, 458, 462, 476, 491, 495, 504, 509, 534~535, 540
부당한 영향력의 행사라고 추정 357
부당한 영향력의 행사 15, 182, 353, 357~363, 368, 381, 458, 491, 495, 504, 534~535
부동산 126, 149, 163, 246~247, 289, 374, 382, 419, 423, 442~443
부모 221, 357~358, 360, 418~419
부부관계(미혼 동거자들) 358, 364
부負의 자본 158
부수적 이익 513
부작위 98, 107
부적절한 압력 91
부적절한 영향력의 행사 357, 362
부정직한 방조 312, 323~326
부합물 173
분배 116~117, 448
분할 149, 150, 153, 162, 414, 449
분할가능한 계약 471
불공정 15, 20, 40, 85, 245~246, 338~341, 365~370, 373, 379~382, 431, 434, 439, 482, 531, 544, 546

불공정한 거래 365~366, 369, 380, 382, 495
불법영득 167, 191, 486
불법점유 294~295, 301, 305, 314, 316, 322, 331, 488, 490~491, 498, 536
불법행위 56~57, 61~62, 65, 67, 70~71, 85~86, 101, 107, 130, 144, 167, 190~191, 202~204, 230~231, 249~250, 262, 265,266~272, 276~332, 340, 351~352, 355~356, 382, 392, 401, 416~417, 422~424, 438~439, 449, 455~456, 482, 486, 488, 490~497, 506, 513~519, 526, 530, 536~539, 544~545
불어난 재산 214
불완전한 증여 395, 397~398
비밀 85, 98~99, 198, 261~266, 328
비밀누설 85
비밀유지 85
비밀유지의무 55, 61, 65, 84, 228~229, 261, 263~270, 287, 328, 538, 543, 545
비밀유지의무 위반 65, 229, 263, 265, 267~268, 270~271, 287, 543
비상장법인 73, 140~141
비양심적인 행위 329

ㅅ

사기 89, 97, 107, 287, 309, 343, 352~353, 365, 390, 429, 433, 436~437, 492~493, 497
사기방지법 343, 391
사법법 371
사법적 개입 128, 161
사법적 입법 163
사법행정 14, 54, 63, 279
사생활보호 261, 328~329
사실관계의 공통성 107
사실상의 부당한 영향력 행사 357
사실에 입각 238, 249, 317
사실의 착오 459
사실혼관계 361, 430, 433
사용가치 268
사용권 382
사익 233, 238, 247, 252, 265, 353, 364, 537~538
사회적 압력 357, 381, 529
상계 88, 94~96, 107, 472~486
상당성 288, 304, 332, 352, 411, 534, 544~545
상당인과관계 302
상속 132, 365, 382, 395~396, 405
상속세 132
상호 거름주기 64, 527, 534
상호주의 77, 444
새로운 물건 172
생명유지 72, 81~82
생전증여의 추정 430~431, 433
생활방해 57, 268~269, 280
서면 49, 51, 60, 107, 127, 138, 341, 343, 345, 381, 387, 391, 393~396, 398, 403, 414, 420, 435, 437, 464, 473
서면에 의한 질문절차 60
서명 57, 77, 80, 107, 341, 343, 354, 387~389, 396, 411, 429
서식 50, 59, 442
섞이는 경우 212, 215
선량한 관리자의 주의의무 332

선례 41, 45~46, 50~51, 53, 269, 422, 507, 532, 536~537
선례 존중 51, 53
선서진술서 60
선의 135, 160, 167, 171, 176~183, 199, 201, 208, 212, 220, 234, 310, 314, 317, 321, 353, 367, 408, 457, 480, 490, 497, 517, 534
선의매수인 180~183
선의의 매수인 180, 310, 314
선의의 취득자 171, 173, 176, 180, 182
선입선출 204, 208~209
선제금지명령 86
선착순의 원칙 178
설정 75, 85, 89, 119, 123, 138, 140, 144, 148~152, 155, 159, 161, 163, 175, 178, 219, 228, 231, 303, 306, 345, 357, 393~394, 398~399, 401, 427~428, 436, 502
성문법 21, 41, 48, 60~61, 70, 81, 84~87, 90, 92, 96, 98, 101, 103~104, 106, 127, 130, 134, 154, 158, 175, 177, 247, 254, 258, 263, 267~280, 295~299, 301, 328, 343~345, 353, 365, 386~387, 389~395, 399, 404, 420, 425, 430, 435, 437~438, 445~446, 473~474, 482, 497, 499, 501, 503, 531, 533
성문법체계 46
소급적 대체물추급 214
소송 13, 49, 54, 59~60, 76, 83, 89~92, 98~102, 126, 209, 218, 258, 278~279, 287~288, 292, 309, 403, 488
소송 계속 99
소유 46, 103, 114, 116, 122~123, 132, 150, 154, 156, 174, 183, 194, 199, 228, 240, 247, 285, 291, 298, 321, 328, 374, 396, 413, 431~432, 435, 442, 459, 486, 495
소유권 59, 74, 115~124, 126, 136~137, 141, 143~147, 152~156, 159, 162~163, 167~170, 172~205, 210, 215, 220, 221, 294~302, 307, 310, 314, 317~322, 331, 344, 347, 349, 373, 375, 382, 388~389, 393, 395~399, 414, 427, 434, 437, 439, 441~449, 459, 463, 465~466, 471, 473, 479~481, 484, 498~501, 507~511, 514~516, 520
소유권분쟁 169, 171, 175, 220, 490
소유권의 귀속에 관한 분쟁 168
소유권의 분점 173
소유권의 안전 294, 297, 463, 465, 487, 490, 507~508
소유권이전증서 388
소유자 15, 104, 115, 118, 120, 123~124, 129~132, 134, 137, 141, 143, 145, 149~152, 154, 161~163, 168~169, 173~176, 181, 187, 189, 191, 194, 197~201, 209, 220, 232, 249, 278, 285, 290, 294~311, 317~319, 320~323, 331, 373~374, 393, 396~398, 401, 413, 419, 431, 434~439, 443, 449, 460, 478~479, 489, 510, 514~515
소인 107
소장 54, 59~60, 68
손해 56~58, 72, 76, 78~79, 82, 95, 99, 102~103, 179, 181, 186, 190~191, 200, 227, 230, 234~235, 239, 242, 246~247,

259, 261, 267~272, 279~281, 285~286, 288~292, 303~306, 314, 330, 351~352, 370~374, 377~379, 392, 400~404, 412, 416, 418, 438, 446, 456~457, 460~462, 470, 530, 541, 543~544
손해배상 15, 56~57, 72~73, 76, 78, 80, 86, 88, 92, 102~103, 126, 140, 155, 167, 172, 191~192, 197, 267~270, 272, 277~280, 287~288, 290~291, 295~298, 305, 310, 331, 349, 351, 353, 355~356, 371, 378, 388, 392, 404, 422~424, 440, 444, 482, 488, 530, 535, 538, 541
손해배상액의 예정 조항 378
손해액 71, 75, 267, 378, 403, 486
수급자 84~85
수색명령 98, 100
수색영장 100~101
수영장 78~79
수익권 122
수익자 89, 104, 126, 132~137, 142~153, 162~163, 179~181, 184~186, 193, 196~198, 204~205, 208~211, 228, 231~235, 238~239, 243, 248, 254, 258~259, 281, 283, 291, 294~306, 309~314, 318~319, 323~326, 344~345, 401, 427~429, 436, 442, 491, 503, 511, 520
수임자 15, 22, 24, 90, 136, 149, 185, 187~190, 192, 195, 198, 202, 206, 211, 228~252, 256, 259~261, 269~273, 281, 284~286, 288~292, 296, 298~301, 305, 307, 310, 312, 314, 326~327, 331, 357, 360~362, 488, 515~516, 519, 536, 545
수임자의 의무 233, 246, 248, 250, 536
수임자의 주의의무 22, 24, 185, 187~190, 192, 228, 231, 236~240, 250, 288, 299
수증자 80, 144, 146, 163, 395~398, 405, 491
수탁자 75, 89, 132, 145, 148~152, 162~163, 178~181, 185~187, 190~193, 198, 204~213, 221, 227~235, 243~244, 248, 253~259, 277,281~284, 290, 295, 297~298, 300~309, 311~316, 318~320, 322~327, 331~332, 345~346, 361, 394, 398, 401~402, 428, 431, 440, 479~480, 486, 503, 505, 515, 520
순수 경제적 손해 286
승인 91, 198, 200, 205, 234, 244~245, 442
시민적이고도 정치적 52
시장위험 247
시장전략 85
시제 514
시차를 두고 149
신뢰 90, 132, 177, 246, 263, 298, 329, 344, 392, 407, 409, 413~416, 422~424, 434, 438~439, 457
신뢰이익 71, 412, 414, 418, 422, 439, 460
신뢰지출 408
신의성실 252, 254~255, 306~307, 329, 542
신의성실과 공정한 거래 329
신임관계 15, 65, 163, 188, 192, 195, 201, 203, 238, 248~254, 259~260, 269~270, 291, 296~297, 301~302, 310, 312, 323, 326, 332, 355, 361, 245, 498, 510, 516, 519, 535, 538, 541, 543

신탁 15, 22, 75, 132~133, 136, 141~155, 163, 179~180, 184, 187~189, 194, 204, 208, 210, 221, 227, 231, 254, 258~259, 261, 290~291, 299~303, 305~306, 309, 312, 315, 318, 323~326, 344~345, 393, 397~402, 425~428, 447~449, 502~505, 520, 528~529, 547
신탁기금 151~152, 162, 178, 184, 186, 192~193, 198, 208, 243~244, 259, 290, 303, 306, 308, 314, 323, 488
신탁설정계약 136
신탁설정조항 302
신탁설정합의 138
신탁자 133, 136~139, 163, 212~214, 216, 228, 243, 253, 309
신탁재산 126, 132~136, 138~139, 142, 147, 152, 162~163, 179, 180~181, 185~186, 190, 198, 209~214, 235, 244, 288, 295~297, 302, 305, 307, 309~312, 314, 327, 398, 401, 427, 520
신탁제도 137, 151
신탁증서 185, 145, 184~185, 232, 302, 306, 309
실권 121
실시권 376
실시료의 변제기 376
실체법적 원칙 55~56
실체적 불공정성 339, 369, 373, 379, 380, 531
실체적 정의 379
심리조작게임 63
십자군 132~133, 136, 146
쌍무계약 127, 418
쌍무적 96, 147
쌍무적 성격 147

ㅇ

악의 179, 199, 255~256, 536
알았다고 의제 121, 134, 140, 362, 364
압수수색영장 101
앤턴 필러 명령 98, 100
약속 72, 75, 77~80, 94, 107, 127, 132, 147~148, 156, 163, 263, 271, 301, 307, 320, 331, 337~382, 385~450, 458, 460, 462, 465, 471, 528
약속에 대한 심사 337
약속에 터잡은 금반언 409~411, 413, 415
약속의 신탁관계 401
약인 93~94, 144, 147, 339, 404, 450
약품 81, 83
양도 75, 114, 120~129, 131~139, 142, 152, 161, 163, 178, 394~395, 403, 489
양도권 122
양도성 116, 121~125, 162~163, 528~529
양도제한 121
양분법 55
양수인 127, 178
양심 266
양심에 기초하고 14, 52, 63, 97, 266, 527, 532~537, 539, 542, 545, 547
양심을 다루는 법원 97
억지 74, 200, 230, 233, 237, 241~242, 262~263, 270, 301, 326, 328, 353, 392, 401, 437, 474

언질 382, 414, 423
연금신탁 149
영국 13~15, 23, 45~47, 52~53, 62~65, 74, 88, 107, 125, 157~158, 163, 232, 252, 266, 292~293, 330, 364~366, 382, 391, 404, 408, 411, 415, 421, 422, 430, 435~437, 445~446, 547
영연방 국가 158
영장 14, 49~50, 59, 101
영장제도 13, 50, 54, 72
영향력 있는 관계 358
예상가능성 288
예측가능성 372, 379, 541, 546
오노레 122
완고성 50
왕좌법원 48, 54
외관상의 권한 319
외관이론 254
요식행위 80, 93~94, 98, 107, 127, 138, 238, 338, 343~344, 386~389, 394, 395, 398~399, 442, 450, 503
욕구단계설 70
용어 16, 41, 48, 80, 107, 125, 136, 138, 140, 169, 231, 233, 263, 268, 280, 287~291, 299, 307, 308, 311, 323~324, 357, 360, 389, 419, 428, 482, 516, 530
우선권다툼 169, 175, 182~183, 220, 297, 310, 321, 323, 489~490
우선대우 106, 146
우선변제권 74~75, 155~156, 162, 167, 168, 170, 186, 192~193, 207, 211, 244, 248, 294, 419, 443~444, 486, 501
우열관계 70, 297, 332
원격성 332, 382
원래의 정체성 173~174
원물추급 169, 171~174, 182~183, 187~189, 199
원본권 122
원시사회 58, 69, 127
원칙 17, 21, 24, 45~48, 51~56, 61~62, 65, 76, 81, 89~98, 104~105, 127, 132~135, 147, 150, 160, 168~183, 187~217, 220~221, 228~242, 246, 248, 251~268, 277~304, 307, 310~320, 328~331, 345~347, 350, 353, 356, 360, 363, 365, 368~370, 386, 391~395, 400~412, 415, 416, 419, 423, 427, 433~435, 437, 441~444, 450, 458, 468, 476, 478, 483, 487~491, 495~499, 505, 511~514, 518~519, 525, 528, 529, 531, 534~538, 540~543, 545, 547
원칙의 이중성 63
웬즈베리 비합리성 254
위계서열 105, 313
위계질서 68, 277
위법성 359, 361
위약금 375, 377~379, 528, 534
유동적 담보 157~158, 162
유체동산 126~129, 136
유추 21, 44, 84, 89~90, 248, 270, 304~308, 314, 317~318, 323, 331, 340, 353, 355, 367, 417, 481, 504, 512, 515, 526, 529
유치권 154~155
융합오류 287
은밀한 이익금지의 원칙 237

은사 49, 51~53, 543
은행 75, 103, 119, 123, 128, 158, 183, 214~218, 323, 325, 332, 357, 362~325, 368, 382, 444~445
은행계좌 57, 203, 207~209, 214~215, 511
음주측정기 266
의무 50, 52, 57, 67~71, 75~78, 87, 95, 101, 130~136, 141~148, 155, 187, 186, 189, 193, 199~202, 204~213, 227~238, 240~245, 248~251, 257, 270, 271, 281~286, 291~292, 298~312, 315, 320~322, 325, 329, 341, 344, 351~352, 361, 370, 379, 382, 397~400, 404, 407, 416~418, 421~426, 441~443, 448, 456, 459, 461, 469~473, 479, 481, 501, 504~505, 510, 515~517
의무에 입각 307~308
의사 77, 80, 93, 127, 138~139, 144, 176, 177, 205, 221, 245, 251, 266, 283~284, 338, 341, 349, 352~357, 368, 370, 380, 386, 396, 399, 409~410, 415, 421, 428, 430, 434, 436, 457~470, 473~477, 481~486, 489~495, 499, 500~505, 508, 518~519, 528, 530, 536
의사결정권자 252, 256
의사표시 107, 338, 339~340, 342, 348, 365, 369, 381~382, 386~387, 397, 409
의식 16, 121, 135, 233, 331, 355~356, 435, 472
의제 121, 134, 140, 145, 150, 176, 180, 194, 300, 312, 323~325, 362, 364, 367, 399
의제수탁자 327, 393, 394
의제신탁 140, 143~145, 155, 161, 185, 270, 294, 299~300, 307~309, 312, 324, 344~345, 390, 393, 400, 414, 428, 432, 435~438, 441, 444, 448~449, 531
의회입법 128, 533~534
이득 45, 184, 243, 301, 341, 353, 355, 361, 363, 377, 386, 392, 395, 421~423, 455~456, 482, 487, 489, 509~510, 513~519
이득토해내기 515
이론적 통합 531, 548
이사 92, 237, 245~247, 258, 361, 442, 473
이웃 57, 123, 127, 283, 539~540
이익의 반환 91~92, 416
이중성 60~61, 63
이타적으로 213
이타주의 537, 538
이해관계 103, 119, 124~125, 145, 155, 178, 192, 194, 200, 215~218, 228, 235, 245, 265~266, 279, 295~297, 324, 328, 330, 344, 352, 376, 395, 428, 448
이행계약 388
이행명령 81, 279, 423
인과관계 288, 304, 332, 459, 466
인과관계에 관한 예측의 착오 459
인과관계의 착오 459, 466
인권법 85, 265
인도 46, 57, 72, 74, 80, 96, 98, 118, 123, 140~142, 146, 163, 229, 296, 399, 447, 472
인신전속적 127, 161

인신전속적 계약관계 113
인적 권리 130, 133, 135~137, 141, 145, 159, 161, 163, 175, 209
인정션 22, 82~89, 97, 103, 107, 229, 277~280, 331, 423, 528, 541
일관성 18~19, 41~44, 51~58, 60, 63~64, 68, 82, 94, 106, 194, 217, 232, 246, 270, 272, 316, 318, 330, 356, 424~425, 447, 463, 468, 476, 478, 506, 525~527, 532
일관성의 결여 106
일반손해배상 288, 291, 305
일반이론 61
일방적 계약 417~418, 450
일방적 착오 349, 468, 501, 504
일부의 이행 390
임금기금 115
임대료 96, 119, 410~411,
임차권 123, 136
입장변화 88, 355, 362, 408~409, 456, 462, 508~509, 519
입장의 변화 202, 315~316, 408

ㅈ

자기 부죄의 거부특권 101
자기 이익의 전반적 부정 250
자기가 가지지 않은 것을 남에게 줄 수 없다 177
자기부정 228, 233
자기재산에 대한 주의의무 332
자동적 결과적신탁 144
자동차 74, 144, 155, 120, 126, 129, 154, 167, 171, 189~194, 218, 347~348, 382, 478~479, 488, 494~496, 498, 510, 513
자비 49
자산담보부증권신탁 152
자연인 163
자연적이고 내적 52
자의성 63
자의적 106, 436, 541
작용기제 89, 90, 468
작위 107
작위 또는 부작위의 명령 107
작위명령 83
잠정적 83~84, 99, 365
재량권 43, 50, 52, 78~79, 143, 191, 198, 205~206, 211, 228~229, 249~250, 254~260, 300, 435, 439, 448~449, 532, 542, 545
재량성이 강한 527
재량적 신탁 143
재무법원 48
재산 19, 52, 57~59, 80, 82, 71, 75, 91, 102~103, 114~127, 130~136, 143~146~161, 168~171, 176, 178, 180, 184, 186~192, 195~208, 213~217, 220~221, 228, 231~232, 235, 240~243, 249~250, 261, 268~269, 278, 283, 291, 295~298, 301, 304, 307, 314, 317, 321, 323, 345, 357, 362, 373, 387, 388, 391~398, 414, 421, 426, 429~433, 436, 444, 449~458, 471, 474, 477~478, 483~485, 487, 489~499, 502~518, 526, 531
재산(잡칙)법 80, 343~345, 387, 391, 393, 436, 441

재산권 58~59, 61, 68, 82, 85~86, 113~127, 131, 142~148, 152~161, 166, 168, 170, 175~181, 185~186, 190, 196, 201, 210, 218~220, 227, 268, 277, 293, 297~301, 310, 313, 319~322, 337, 343~346, 354, 372~374, 386, 389, 396~401, 429~430, 432, 443, 456~462, 465~475, 480~485, 487, 489, 491, 496~518, 528~529, 532
재산권이전의사의 흠결 421, 468, 472, 476, 484~485, 491, 498~500, 506~507, 519
재산법 22, 127~128, 130, 138, 153, 199, 202, 207, 305, 310, 317, 344, 365, 379, 382, 391, 393~394, 396, 403, 436, 482, 514~517
재산분할 150~152
재산을 쪼개는 152, 156
재판권 47~54, 58, 60, 76, 85~86, 102~103, 181, 257, 268~269, 323, 340~343, 349~350, 360~361, 365~368, 374~392, 398, 435, 457, 494, 501, 542
재화 113, 125, 127~128, 131, 262, 319, 481, 528
저당권 75, 119, 123, 154, 163, 218, 357, 362, 373, 429, 436
저당물 123
적절한 설명 329
전당 154
전체적인 맥락 284
전후 사정을 고려하여 414
절차 59~60, 67~102, 129, 188, 279, 394, 397, 399, 403, 541
절차적 금반언 392, 406, 416
절차적 불공정성 339, 365~366, 368, 371, 380~382
절차적 정의 379
절충식계산 209
점유 15, 78, 117, 119, 122~126, 155, 157, 162, 168, 194~299, 310, 316, 348, 382, 390, 392, 485, 488, 490, 495, 513
점유이익 123
점유취득의 안전 294
정기용선 375
정당방위 544
정보 98, 228, 245, 251, 261~273, 328, 356, 381, 417
정보의 보유자 261
정을 알면서 308~314, 320~327, 490
정의 14, 41, 60~61, 86, 88, 98, 100, 102, 118, 140, 160~161, 228~230, 236, 249~251, 257, 265~266, 291, 312, 321, 345, 356, 379~381, 389, 400~406, 415~416, 421, 425, 448, 456, 465, 520, 535, 537, 539, 541~542, 546
정의의 구현 140, 266, 546
정정 57, 89, 341~342
정착물 173
정책적 고려 79~80, 463
제3자 56, 58, 75, 77, 82, 99, 103, 115, 116, 120~126, 130~151, 163~169, 170~174, 181, 221, 225, 254, 256, 277, 291, 297, 302, 306, 309~318, 321, 323~339, 342, 348, 387, 395, 400~405, 419, 427, 432, 442, 473, 480~481, 485, 489~490, 529, 534, 541

제3취득자의 책임 309~311
제러미 벤담 114
제소지연 88
조건 83, 86, 102, 104, 136, 138, 145, 158, 176, 179~180, 185, 219, 239, 264, 268~269, 280, 284, 289, 291, 303~308, 312, 314, 320~324, 341, 344, 351, 360~362, 367, 371~376, 417, 425~426, 432, 502
조건부증여 419
조심성 있는 사람 282, 284
종교지도자 357, 360
종국적 83~84, 98~99
종국적 금지명령 84
주거용 주택 435, 436~438, 449, 531
주식 73, 114, 120~121, 126, 128, 138, 141~146, 152, 167~168, 185~186, 189~193, 196~197, 199, 203, 205~212, 302, 305, 307, 394, 396~398, 415, 442~447, 486~493, 512~514
주의의무 15, 22, 24, 136, 145, 150, 162~163, 185~192, 208, 228, 231~232, 236, 238, 240, 250, 281~289, 291, 293, 299, 303~306, 326, 332, 364, 472, 534, 536, 545
주장과 답변 59
주택매수자금 75
중간최저잔고의 원칙 214
중대한 하자 있는 의사 409, 458~459, 465~466, 468, 476, 489
중동 132
중요 17, 20, 41~58, 62~69, 73~77, 81~82, 88~89, 92, 95, 117, 120~129, 133, 136, 145, 153, 173, 177, 180~181, 189, 192~196, 204, 213, 219, 230, 232, 238, 241, 251, 255, 258, 262, 267, 278, 280, 284, 287, 290, 292, 295, 297, 306~307, 309, 313, 315, 326, 329, 337, 341, 344, 348, 352, 362~363, 367, 369, 372, 376, 381, 387, 386~389, 396, 401, 404~409, 418, 420, 426, 430, 433, 440, 450, 456, 468, 470~471, 477, 487~488, 490, 494, 501, 510, 517, 519, 534, 536, 541, 545~546
증거 60, 85, 98, 100~102, 212, 304~305, 326, 346, 358, 360, 363, 409, 436, 437, 477, 502, 506, 529, 533
증거개시 100, 105
증거낚기 101
증서 80, 93, 163, 339, 387
증언 59
증여 80, 91, 94, 107, 134, 138, 144, 146, 148, 163, 319, 338~348, 355, 365, 380~387, 393, 395, 397~399, 405, 409, 414, 417, 419, 421, 429~433, 450, 465~468, 470, 473~477, 484~489, 493, 499, 501~508, 518~519
증여의 약속을 받은 자를 도와주지 않겠다 94
증여의사의 흠결 409, 421, 467, 470~471, 472, 474, 477, 501~507, 519
증인 13, 59, 80, 368, 379, 382, 387, 399
지역권 123
지위에 입각 238, 249, 250~251
지적 이중성 60~63
직접성 400, 402

직접의 계약관계 401
진실발견절차 60
진화 40~47, 50~56, 63, 81, 105, 117, 129, 131, 133, 137, 248, 253, 302, 330, 361, 369, 374, 405, 409, 507, 518, 520, 526, 530, 532, 535, 537, 539, 546
질권 154
집행 59, 101~103, 380, 509
징벌적 배상 239

ㅊ

차별화 40~41, 68~69, 71, 80~82, 87, 98, 105~106, 185, 192, 195, 271~272, 276, 278, 280~281, 289, 297, 331, 354, 405, 416, 483, 507, 516, 519, 526, 529, 546
차액 57, 81
착오 89, 339, 342, 348~350, 353, 369, 368, 381, 407, 409, 421, 455~459, 465, 466~469, 476, 499~505, 534
착오진술 422, 424, 533
창설 113, 120, 125, 131, 135, 137, 142, 146, 154~155, 157, 159~162, 166, 276, 281, 282, 337~338, 372, 407~408, 411, 448, 535, 480, 543
채권 18, 75, 94~96, 103, 114, 117~119, 121, 125~126, 129~131, 148, 150, 153~157, 163, 175, 195, 206, 211, 218, 243~244, 270, 299, 305, 307, 309~314, 322, 401, 425~427, 447, 478, 480~483, 488, 490, 500, 505~509, 517~519, 528, 530
채권의 동종 107
채권자평등의 원칙 427, 483
채권적 115, 125, 159~161, 172, 178, 186, 197, 202, 207, 209, 240~243, 248, 270, 293, 299, 302, 305, 308, 311~315, 322, 326, 401, 425~426, 447, 478, 480~483, 488~490, 493, 495, 497, 500, 505~509, 517~519, 530
채무불이행 72, 89, 482
처분금지가처분 98, 102~103
천연과실 514
청구권 89, 94, 131, 186, 191~199, 203~211, 215, 239, 241~243, 252, 278, 283, 296, 302, 309~318, 323, 348, 410, 443~448, 483, 488, 497, 500, 507, 509~520
청구원인 87, 287, 411~415, 470, 479, 494, 501
총무대신 13, 47, 51, 539, 542~545
최고법원법 86, 520
추급 167, 169~175, 189~196, 200, 204, 208~210, 213~219, 221, 242, 300, 309, 313, 483, 486, 509~516, 519
추론 91, 142, 210, 211, 196, 331, 361, 367~368, 436, 486, 533, 537, 539, 540
추인 198, 205~206, 247, 302
추정 103, 138, 144, 185, 201, 204~214, 221, 255, 265, 298, 347, 357~363, 367, 380, 425, 429~434, 449, 477~478, 501~505
추정한다 144, 505
출소기한 88~92, 423

충실 185, 198, 228, 233, 236~237, 238, 341, 421
충실의무 61, 192, 202, 206, 211, 221, 230, 232~240, 247, 305, 312, 323, 361, 538
충실한 관리자 185
취득의 안전 294, 298, 301~302, 319, 463, 465, 470~471, 487, 490
취소 57, 73, 89, 107, 160, 182, 230, 245~247, 255~259, 273, 288, 340, 347~354, 357, 362, 365~366, 397, 484, 491~499, 511~520, 534
침해 58, 70, 82~56, 99, 101, 237, 278~281, 299, 320, 328, 481, 486~489, 507, 527, 542

ㅋ

카베아트 엠프토르 369
칼 407~408, 411, 415
커먼로 48~49
케언스 경의 법률 268, 278
퀴스트클로스 신탁 426~428

ㅌ

태만 88~91, 239, 247
태만히 232, 278
터무니없이 불공정한 365
토지매매계약 74, 390, 440
토해내기 242, 244, 248, 263, 268~272, 301, 515~516
토해내도록 하는 구제수단 239~248, 271, 300, 516, 519
토해내라고 207, 234, 239~241, 269, 515
토해내야 202, 206, 237, 247, 251, 316, 325, 515~519
통일상법전 158
통제권 117, 296, 482, 486
통합 525~548
통행할 권리 123
통화 177
투기성 91
특별한 사정 43, 89, 284, 292
특정물로서 514
특정이행 22, 57, 71~107, 388~444, 447, 493, 502, 541
특정이행에 준하는 구제 388~389
특정회복 294~301, 331, 433, 483, 499
특허권 374, 376

ㅍ

파급효 58, 220, 230, 305, 341, 407, 426, 498, 506, 544
파산 74~75, 95~96, 103, 117~119, 122, 133, 141, 142, 152~156, 186~203, 210~212, 215, 221, 240~244, 295, 386, 426~427, 446, 448, 480~501, 515, 543
파산법 117, 159, 192~195, 242, 313, 543
파산법상의 보호 130, 191, 300, 501
파산재단 95, 117~119, 133, 141, 195, 200, 242~243, 440
파생적 319
판단 120~122
판례 63, 88, 90~93, 102, 190~193, 196, 216~221, 246, 255, 259, 261, 264~265,

270, 284~287, 303, 312~314, 344, 362, 366, 368, 370, 375~376, 380, 391~394, 400, 410, 415, 420~421, 424, 435~438, 468, 479, 501, 516, 519, 526
판례법 46~48, 59~68, 76~88, 92, 97, 103~106, 125, 158, 195~196, 215, 227, 271, 276~280, 288, 293, 298, 300, 328~331, 381, 438, 449, 456~458, 468, 477, 482~483, 496, 501, 505, 517, 526, 528~531, 536, 540, 547
판례법체계 46, 48, 55~70, 79, 87, 96, 137, 251, 271, 478, 526~527, 537, 541, 547~548
편의의 균형 99
평결 50, 54
평등배당식 209
폐기 71, 97, 100, 208, 375~376, 391~392, 408, 438, 462, 546
포기 77, 88, 92~94, 106, 410, 443
표현자유의 원칙 265

ㅎ

합당한 기대 329, 446
합리적 기대 329, 439
합리적 신뢰 329
합리적인 사람 329
합목적성 256~259, 528
합의에 의하여 121, 138~140, 155, 161, 378, 443, 480
항변 77, 87~90, 94~96, 201~202, 292, 315~317, 355, 362, 392, 403, 408~409, 456~458, 508~509, 519, 535
해석론 50~51, 199, 204, 402
해제 72, 89, 160, 371, 461~465, 470~472, 499, 501~505, 511
해지 72, 295, 371, 395~396, 460~465, 470~472, 499
향유 115, 120~121, 133, 136~137, 146, 149, 161, 168, 184~185, 197, 200, 519~520, 529
허리띠와 멜빵 263
허용하는 행위를 나열 228
허용항목의 열거주의 229
허위표시 77, 350~353, 362~364, 381, 392, 458, 476, 492, 495, 497, 504
허위표시법 497, 534
현금화 116
현실인도 485
현실적인 정의 496
형식주의 59
형평법 14~24, 39~87, 100~107, 113~114, 124~137, 153~158, 179~183, 254~261, 299~302, 476~479, 525~548,
형평법상 87~92, 153~163, 254~261, 278~281, 298~325, 357~362, 372~374
형평법상 수임자의 주의의무 228
형평법상의 권리 85~86, 133~136, 141~142, 153, 159~160, 180~183, 189, 196, 210, 310, 316, 389, 393~394, 405, 441~443, 447, 490, 496, 541
형평법상의 담보권 137, 155~156, 161~162, 183, 294, 321~322, 443, 529
형평법상의 소유자 137, 149, 151, 162, 181, 187, 194, 198~199, 209, 296~298, 302, 318, 320, 393, 401, 443
형평법상의 일반손해배상 288, 291, 305

형평법상의 법정손해배상 270, 331
형평법상의 우선변제권 155, 167~168, 186, 193, 207
형평법상의 재산권 58, 82, 135, 146, 157, 189~190, 270, 277, 293, 299, 300, 310, 321~322, 372, 498
형평법상의 환매권 372~375
형평법원 48, 52, 59~60, 64~65, 74, 80, 97, 102, 104, 126, 162, 181, 188, 196, 245, 279, 540
형평법원법 279
형평법은 그렇게 되어야 할 일은 이미 그렇게 된 것으로 간주한다 241, 447
형평법은 되어야 할 일이 그렇게 된 것처럼 취급한다 146
형평법은 사기범이 성문법을 빙자하도록 허용치 않는 것 343
형평법은 실정법에 따른다 89
형평법의 보호를 받으려는 자는 스스로도 결함이 없어야 한다 96
형평법의 총아 135, 179~183
형평스러운 68
형평의 관점에서 대등할 경우 선착순으로 우선권을 준다 179
호주대법원 412
혼합물 172~174, 196, 486
혼합형 대체물 203~221
확인의 이익 107
확인재판 104
확인판결 103~105
환어음 126
환취 118, 133, 141, 440
회사법 175, 258, 443, 473
회생담보권자 119
회생절차 107
회생채권자 119
후순위 178, 179, 242~243
후회 366, 433

A

abuse 228, 253, 255, 549
accession 173, 222
accessory liability 326, 330
acquiescence 91
actual undue influence 357
adequate explanation 329
administration of justice 266
affidavit 60
against the whole world 121
against the world 127
along a time line 149
altruism 538
altruistically 233
analogy 299, 481
ancillary profits 513
anti-proprietary 507
anti-trust 148
Anton Piller 25, 98~101, 109
appropriated 118
artificial person 163
asset securitization trusts 152
assignee 178
at short notice 81
automatic resulting trust 144
avoid 347, 491

B

backwards tracing 215
bailee 303
bailment 303
balance of convenience 99
belt and braces 263
beneficiary 89, 132, 164
bills of exchange 126
binding 55
bona fide purchaser 181
bona fides(good faith) 255
bounty 49, 51, 543
breach of confidence 228, 263, 274
bundle of rights 123, 164

C

Cairns' Act 268, 279, 349
cancellation 97
cashable 116
causal mispredictions 459
causal mistakes 459
causation 288
cause of action 87, 107, 411
caveat emptor 369
certainty of transactions 294
Chancellor 47, 66, 132
Chancery Amendment Act 279
change of position 88, 202, 315~317, 355, 362, 408, 451, 456, 462
choses in action 126
choses in possession 126
civil wrong 325, 332
civil wrongs 56~57
civilis et politica 52
claim 169, 509
claiming 170, 183~184, 189
clean hands 88, 96
coerced 354
coherence 42, 106, 532
commitment 382, 465
common intention constructive trust 436
common law 13, 46, 48~49, 65
Common Law 48~49, 65~66, 108, 154, 222, 274, 305, 314, 521, 549
Common Law liens 154
common mistake 349
Companies Act 175
conditional 417, 419, 441, 463
conditional gift 419
conditions 371
confidence 85, 228, 263, 273~274
confidential 328
conscience 52, 97, 527, 537
conscience-based 527, 537
consensual arrangement 138
consensually 139~140
consideration 93, 144, 147, 155, 256, 386, 404, 407, 441, 451, 460, 468, 475
constructive 140, 311, 399
constructive fiduciary 327
constructive notice 121, 134, 140, 156
constructive trust 140, 185, 327, 333, 428, 436, 521
constructive trustee 327, 333
contempt of court 72~73
context 195, 284, 324, 451

contract 36, 56, 77, 107, 130, 164, 222, 274, 333, 382~383
contract re-negotiation 410
Contracts(Rights of Third Parties)act 77
contributory negligence 87, 292, 535
conversion 167, 294, 301, 304, 314, 316, 331, 486, 490, 498, 536
counter-perfomance 80, 144
Court of Chancery 48, 64, 66, 126
Court of Common Pleas 48
court of conscience 97
create 120, 161, 448
cross-fertilization 527
crystallize 158
currency 177
custody 303

D

de facto couples 364
debt 113, 126, 130, 158, 383, 512
debt capital 158
declarations 103~104
declaratory orders 104
deed 25, 28, 80, 89, 93, 94, 139, 165, 274, 342, 387
deemed 324, 327
deemed trustee 324, 327
deemed trustees 324
default rules 238
defense 59, 77, 87
deferred 242
delay 88, 90
delivery up 97
derivative 126, 319
deterrence 200, 241, 301, 328
detrimental reliance 415
disclosure 100
discretion 63, 78, 143, 259, 451, 527, 541
discretionary 63, 143, 259, 527, 541
discretionary trusts 143
disgorgement 92, 193, 538
disgorgement of profits 515
disgorgement remedy 234
dishonaorable 85
dishonest 326, 343
dishonest assistance 312, 326, 333
disjunction 297
divided patrimony 151
divisible contracts 471
doctrine of consideration 404
dualist 45
duties of disclosure 329
duty of care 15, 281, 287

E

easement 123
economic 116, 164, 274
enforcement techniques 58
English Hight Court of Chancery 48, 64, 66
enjoyment 115
entire contracts 472
Equitable 68, 327
Equitable charge 529
Equitable charges 137, 155
Equitable compensation 246, 288, 291, 305, 530

Equitable damages 280, 331, 528
Equitable lien 186, 451, 486
Equitable liens 155
Equitable owner 134, 136, 520
Equitable property interest 82
Equitable proprietary right 160
Equitable rights 85~86
Equity 39, 48~49, 59, 66, 89, 94, 96, 108, 146, 179, 274, 343, 383, 415~416, 521, 549
Equity follows the law 89
Equity of redemption 372~373
Equity treats as done that which ought to be done 146, 240
Equity will not allow a statute to cloak a fraud 343
Equity will not assist a volunteer 94
Equity' s darling 160
Equity' s darlings 135, 180
establishment 148
estate 30, 133, 204, 223
estoppel 22, 93~94, 390, 406, 407, 413, 451
excludability 116
exclude 115
excuses 87
executory contract 388
exemplary damages 239
expectant heirs 365
express trust 138

F

fact-based 238, 249
failure of basis 460
failure of consideration 460
fairness 60
fee simple 373, 382
fiduciary 90, 195, 198, 203, 231, 244, 260, 262, 271, 281, 515
fiduciary duties 223, 536
fiduciary obligations 22, 136, 150, 185, 228, 299, 361
final 83
final prohibitory injunction 84
first in first out 204
first in time 178~179
fishing expedition 101
fixed charge 157
fixture 173
flawed 458, 460
floating charge 157, 164
follow 167, 174, 215, 222
following 168~169, 183
for proper purposes 256
foreclosure 374, 382
foreseeability 288, 352
formalities 93, 383
fraud 222, 287, 343, 493, 534, 540
fraudulent 343, 351
freeze 102
fruits 514
frustrated 462, 499
fund 57, 151, 291
fusion fallacy 287, 535, 549

G

game of musical chairs 158
general denial of self-interrest 250
genuine remorse 433
gift 80, 91, 386, 395, 409, 503
good faith 252, 255
good faith and fair dealing 329, 383
gratuitous 93

H

He who comes to Equity must come with clean hands 96
hierarchy of needs 70
Honore 122, 163, 164
House of Lords 271, 363, 502
hypothetical 104

I

if contract 47
impaired consent 356, 383
implied term 426
improper 96~97, 339
in bad faith 231
in Equity 59, 549
in personam 58, 535
in specie 228, 486, 514
incoherence 106
independent advice 329, 359, 363
inducing a breach of contract 130
infer 91, 367
information 33, 327
injunction 15, 22, 71, 81~84, 98, 103, 331, 423, 528
insurance policies 126
intention 138, 353, 407, 468, 475, 476
interlocutory 83, 98
interlocutory injunction 98
intervention 63, 119

J

Jeremy Bentham 114
Judicature Act 54, 104, 371, 520
judicial intervention 119
judicial law~making 163
justice 60, 266, 416, 496, 521, 536

K

King' s Bench 48, 54
knowing assistance 312

L

laches 88~91
law of privacy 328
legal 15, 65, 126, 397
legal code 41
legal owner 133~134
legal property 56
legal rights 69
legal tender 177
legitimate expectations 329
liability in knowing receipt 311
liberal 87, 475

liquidated damage 378
Lord Cairns' Act 268, 279
lowest intermediate balance 214
loyal manager 185
loyalty 15, 61, 185, 228, 233, 274, 301

M

mandatory injunction 423
mandatory injunctions 83
Mareva 98, 102, 109
market objectives 73
market risk 247
Maslow 70
Matisse 73
maxim 146
mechanism 89, 451
mercy 49
mere defamation 86
mere equities 160, 182
mere expectations 69
ministerially 323
misconceived 464, 484, 494, 520
misrepresentation 77, 350, 352, 476
Misrepresentation Act 353, 497
mistake 349, 458, 465, 534
mistakes of fact 459
mistakes of law 459
mixed inputs 215
mixtures 172, 184, 196
monetized rescission 495, 499, 511
moot 104
moral rights 69
mortgage 373
mortgages 154, 358
mutual 96, 282, 342
mutuality 77

N

natural accretions 514
natural person 163
naturalis et interna 52
negative relief 104
negligence 15, 57, 281, 287, 330, 533
negligence liability 423
negligent misstatement 422, 533
negligently 232
neighbors 283
nemo dat quod gwod non habet 177
nominal 76
notice 121
Nottingham 52
nuisance 57, 267, 280

O

obligation of loyalty 233
obligation of loyalty 233
obligations 22, 66, 136, 227, 549
obligations-based 307
on relevant considerations 256
(by) operation of law 119, 140, 423, 462
original identity 173
ostensible authority 255, 319
own 114, 122, 328, 382
ownership 59, 116, 120, 163~164, 274

P

parole evidence 342
particular circumstances 284
partitioning 152
part-performance 390, 437
paternalistic 339, 370
pawn 154
penalties 377, 383
personal 102, 115, 125~127
personal contract 113
personal property 149, 293
personal property-holding obligations 312
physical delivery 485
physical duress 354
pleadings 59
pledges 154
pooled assets 290
practical justice 496
precedent 41
precedent-based 45
predictability 372, 541
prerogative 49, 52
prescribe 228, 252
presumed resulting trust 144
presumed undue influence 357
presumption of advancement 430
presumptions 144, 213
principal 231, 233
principles 65
priority disputes 168~169
privilege against self-incrimination 101
privity 147, 400~402
procedural unfairness 339
procedures 59
profits 92, 222, 513~514
prohibitory injunctions 83
promise 107, 337, 382, 460, 465
proper 256, 274, 388
property 27, 56, 82, 114~117, 125~126, 164~165, 222, 274, 401, 410, 451~452, 487, 521
property right 85, 41
proprietary 115~116, 125~126, 419
proprietary estoppel 413, 451
proprietary rights 121, 126, 133, 160, 164
provocation 544
proximate 289
prudent people 284
public domain 264
public policy 463, 474
publication of libel 86
purchase money resulting 430
pure economic loss 286
purely personal 127
purpose-based 250

Q

qualified 62, 460, 463
quantified 56
quia timet injunctions 83
Quistclose trust 426, 451

R

real property 126

real rights 121
real subrogation 195
reasonable expectations 329, 439
reasonable people 284
reasonable reliances 329
reasoning 537
rebuttable 359
receiver 71
recipient responsibility 311
reciprocity 147
recovery of profits 92
rectification 27, 71, 89
register 175
relationship 114, 238, 274, 296
release 88, 92~93
reliance 71, 329, 407, 413
reliance contract 441
reliance expenditure 408
relief analogous to specific performance 388
Rembrandt 149
remedial strategies 56
remedies 65~66, 106, 108, 222, 274, 333, 370, 521, 549
remoteness 288, 382, 534
repentance 433
representation 77, 350, 352~353, 406, 476, 497
retention of title 427
rescind 245, 273, 347, 491, 512
rescission 160, 288, 498, 521
restitutio in integrum 497, 512
restitution 521
resulting trust 140, 143, 428, 521
right to the capital 122
right-giver 126
rights-based 527, 537
rolling calculation 209
rolling charge 209
rules 65, 549

S

Sales of Goods Act 74, 177
seal 80, 107
secret 328
security interest 123
security of receipt 294
self-defence 544
self-denial 228
self-interest 250, 538
set aside 255, 350
set-off 88, 94
settlor 133
shared ownership 173
shield 407
social pressure 476
specific restitution 71
statement of defense 59
statement of the claim 59
status-based 238
Statute of Frauds 343
statutes 48, 88
Statutes of Limitation 88
strict liability 289, 488, 490, 536
subrogation 195, 218
substantive 55, 339, 369, 531
substantive unfairness 339, 369, 531

swollen assets 214
sword 407

T

tangible 126
terminate 72, 461, 499
terminated 499
terminology 125
the fair and reasonable man 329
thing 114, 117, 126
things in action 126
things in possession 126
time frames 514
time is of the essence 372
time stipulations 371
timing 142, 395
title conflict 167
title conflicts 168~169
title deed 179
tort of conversion 304
trace 167, 169, 215
tracing 169~170, 184, 188, 190, 215, 427
tracing claim 188, 190
trade 113, 375
transferability 116
trespass 280, 299
trust 22, 132, 136, 138, 140, 143~144, 148, 151~152, 299, 302~303, 324, 394, 401, 426, 428
trust fund 151, 302
trust of a promise 401
trust property 138
trustee 132, 303, 324, 327

U

ultra vires 253, 255
unacceptably carelessly 231
unconscionable 329, 338, 365, 380, 382, 412
unconscionable bargain 380
unconscionable bargains 365
unconscionable conducts 329
undue influence 182, 357, 534, 540
undue pressure 91
unfair 85, 338~339, 369, 380, 531
Uniform Commercial Code 158
unilateral contract 417, 450
unilateral mistake 349, 468, 501
unilateral promise 346
unintended gift 467, 492, 499
unintended gifts 409
unintended transfer 466, 484
unjust 56~57, 85, 201, 318, 329, 408, 419, 421,455
unjust enrichment 56~57, 201, 408, 419, 455
unjust factors 329
unqualified 62
unwind 245, 352, 392, 464
use value 268

V

value contributions 217
vitiate 354, 409, 458, 464, 476, 530
vitiated intention 409, 458, 464, 476

void 253, 255, 346~347, 389, 462, 491, 511, 520
voidable 255, 347, 491, 520
volunteers 144, 310, 492

W

wages pool 115
waive 77
waiver 88, 92, 410
wealth 113, 125, 528
Wednesbury 255, 307
"Where the equities are equal, the first in time prevails" 179
withdraw 118
writ 13, 49, 59, 72
wrong 56~57, 65, 96, 305, 323, 332, 340, 359, 361, 494, 506
wrongfulness 359

형평법

초판 2쇄 발행 | 2010년 9월 30일

지은이 | 새라 워딩턴
옮긴이 | 임동진
발행인 | 고화숙
발행처 | 도서출판 소화
등 록 | 제13-412호
주 소 | 서울시 영등포구 영등포동 7가 94-97
전 화 | 2677-5890
팩 스 | 2636-6393
홈페이지 | www.sowha.com

ISBN 978-89-8410-349-8 03360

값 25,000원